Étienne BOURDEU
Jean-Philippe CÉNAT
David RICHARDSON

LES TEMPS MODERNES

Deuxième édition

Cours complet

Méthodologie

Atlas en couleur

ARMAND COLIN

Les ressources complémentaires
sont disponibles en ligne à l'adresse :

http://armand-colin.com/ean/9782200614560

Illustration de couverture : Louis XIII à cheval, tapisserie fabriquée à Bruxelles en 1650 d'après les dessins de Jacob Jordaens, de la série « L'école d'équitation », (détail), Vienne, Kunsthistorisches Museum, © akg-images / De Agostini Picture Lib.

Armand Colin est une marque de
Dunod Éditeur 11 rue Paul Bert, 92240 Malakoff
www.dunod.com
ISBN 978-2-200-63895-5

Table des matières

MÉTHODOLOGIE

Introduction

Les historiens divisent traditionnellement l'histoire en quatre grandes périodes. Les Temps modernes s'étendent ainsi de la fin du Moyen Âge au début de l'ère contemporaine et correspondent aux trois siècles qui vont de la prise de Constantinople (1453) par les Turcs ottomans ou des débuts de la présence européenne sur le continent américain (1492) à la fin du XVIIIe siècle. La période est marquée par le début d'un processus qui amène de profondes mutations sociales et économiques suscitées par l'industrialisation et par les bouleversements politiques qu'entraîne la Révolution française.

Mais comme rien n'est simple avec les historiens, il existe également un débat récurrent sur la pertinence d'isoler les trois siècles de la période moderne des époques antérieure ou postérieure. Il y a bientôt quarante ans, Fernand Braudel soulignait la profonde continuité allant du milieu du XIVe au milieu du XVIIIe siècle. Plus récemment, Jacques Le Goff s'interrogeait sur l'intérêt de « découper l'histoire en tranches », voyant davantage d'éléments de continuité dans la période courant de l'Antiquité tardive au milieu du XVIIIe siècle que d'éléments de rupture. La pertinence géographique de cette périodisation a aussi été questionnée : ce qui était valable pour l'extrémité occidentale du continent eurasiatique ne l'était pas pour le reste du globe.

Au-delà de ces critiques – fondées – sur la périodisation et la géographie des Temps modernes, il vaut sans doute mieux se demander dans quelle mesure cette notion même de Temps modernes fournit un outil d'intelligibilité pour comprendre les XVIe, XVIIe et XVIIIe siècles. À cette interrogation, les réponses ont varié avec le temps, tant l'histoire ne s'écrit qu'à partir des questions que le présent pose aux historiens. Ainsi, l'époque moderne a pu être considérée par Jules Michelet comme l'acte de naissance de l'individu ; d'autres y ont discerné la phase d'accumulation primitive de capital ayant permis le décollage économique de la fin du XVIIIe siècle. Plus récemment encore, la fin du XVe siècle a été vue comme le début d'un processus de longue durée permettant la mise en connexion du monde, dans ses versants économiques, culturels et politiques. Au passage, une telle définition a la vertu de ne plus isoler l'Europe des autres continents.

Il ne faudrait pas croire néanmoins que l'appellation de Temps modernes soit une pure création d'historiens contemporains et qu'elle ne corresponde pas à une réalité historique. À bien des égards, l'adjectif « moderne », dans le sens d'« actuel », de « récent », désigne une disposition d'esprit particulière à l'égard du temps, une conscience aiguë de vivre des événements inédits. Pourtant, et il s'agit du deuxième trait saillant de la modernité, cette dernière se pense et se définit à partir de termes et de concepts hérités de traditions historiques parfois lointaines. C'est le chroniqueur lombard installé à Séville Pierre Martyr d'Anghiera qui prend conscience que les terres atteintes par les Européens au-delà de l'océan Atlantique leur étaient jusque-là inconnues et forge l'expression latine de « nouveau monde » (*orbis novus*) dès 1494 ; c'est Charles Perrault qui compare « le siècle de Louis [XIV] au beau siècle d'Auguste ». Ce double mouvement – conscience de l'inédit et réinvestissement d'un outillage intellectuel plus ancien – aboutit à une situation paradoxale : lorsque le XVIIIe siècle s'achève, nombre de structures héritées du Moyen Âge semblent encore en place mais leur signification paraît avoir disparu.

Paradoxalement, il n'existait pas en langue française de synthèse ou de manuels récents sur l'Europe des Temps modernes, la dernière édition d'un tel ouvrage remontant à plus de vingt ans. Les travaux généraux sur l'un des trois siècles de l'époque moderne ou sur l'histoire de France ont certes été nombreux et, notamment pour cette dernière, ont permis de faire un bilan actualisé des dernières avancées historiographiques. Mais rien de semblable n'a été fait pour le continent européen.

À l'heure où l'enseignement dans le secondaire accorde une nette primauté à l'époque contemporaine, l'étudiant qui fait le choix de l'histoire pour ses études supérieures peut se trouver démuni face aux périodes antérieures. C'est à ce lecteur idéal que le présent ouvrage s'adresse ; ce choix explique la présence d'exercices corrigés et de conseils méthodologiques. Les différents chapitres présentent des synthèses actualisées qui montrent, au-delà de leur utilité académique, l'importance historique de l'époque moderne : il ne s'agit pas uniquement d'une période préparant les temps présents ni simplement de la conclusion d'un très long Moyen Âge. Dans cet entre-deux, nous espérons que la lectrice ou le lecteur pourra « rompre l'os et sucer la substantifique moelle » des Temps modernes et y trouver de quoi aiguiser son intelligence et sa curiosité.

PARTIE 1

LE XVIe SIÈCLE

CHAPITRE

1

Économie et société au XVIe siècle

PLAN DU CHAPITRE

Il ne faut pas imaginer les sociétés et l'économie du XVIe siècle à partir d'un exemple contemporain : parce que la révolution industrielle n'a pas eu lieu, nous sommes en présence de formations sociales beaucoup plus proches de celles du Moyen Âge que de ce qui apparaît à partir du XIXe siècle.

En effet, si la société peut être définie comme une « communauté d'individus organisée dans le cadre d'un État ou d'une civilisation à un moment historique défini », une telle définition pose problème : durant la période qui nous intéresse, l'État est, au mieux, en pleine construction, il est donc largement inachevé. Par conséquent, il n'englobe pas la totalité de la société. De la même façon, la conception de l'économie de l'époque moderne diffère de celle que l'on peut se faire maintenant : nous ne sommes pas en présence d'une économie fondée sur la croissance dans laquelle on estime que les richesses peuvent s'accroître grâce à la production ; au contraire, le volume des richesses est pensé comme limité et ne peut donc augmenter. Il résulte de cette situation que les sociétés de l'époque moderne se structurent et fonctionnent selon d'autres logiques que celles qui régissent notre époque.

Problématiques

– Comment sont structurées et organisées ces sociétés ?

– Par quels éléments sont-elles régies si l'influence de l'État n'est pas déterminante ?

L'histoire sociale, des groupes sociaux aux réseaux

L'histoire sociale s'est construite contre l'histoire biographique. Dans la seconde moitié du XIXe siècle, c'est-à-dire au moment où l'histoire affirmait son caractère scientifique en se dotant de règles et de méthodes explicites, l'intérêt pour les individus et les grands personnages historiques a commencé à refluer : il ne permettait pas de rendre compte des grandes évolutions caractérisant une époque et avait ainsi un caractère trop partiel. Pour surmonter cet obstacle, les historiens se sont alors tournés vers l'étude de groupes sociaux définis selon des caractéristiques précises. Une telle approche a marqué durablement la pratique historienne mais souffrait de deux inconvénients : d'une part, elle ne permettait pas de saisir les interactions entre les différents groupes sociaux ; d'autre part, les explications qu'elle fournissait ne parvenaient pas à rendre compte de la position périphérique de certains acteurs au sein de leur propre groupe.

Avec les années 1980 qui correspondent à la généralisation de l'outil informatique et à un renouveau des approches sociologiques, la constitution de base de données et la prise en compte du modèle réticulaire ont permis de mieux comprendre le fonctionnement des sociétés, tout en permettant de réintroduire l'importance des acteurs individuels. En analysant les relations entre individus et ce qui circule entre eux, il a été possible de mettre en évidence qu'un acteur pouvait appartenir à plusieurs groupes et que ces groupes interagissaient. Ils apparaissent désormais comme des blocs parcourus de failles, failles qui sont moins des faiblesses que des dynamiques sociales.

I. Tableau d'ensemble

D'un point de vue démographique et économique, le XVIe siècle peut se diviser en deux grandes périodes : ce que les historiens appellent le « beau XVIe siècle », tout d'abord, qui s'étend jusqu'aux années 1550-1560 ; ensuite, à partir du milieu du siècle, une deuxième période s'ouvre, davantage marquée par les épidémies, les disettes et les pestes, ce qui affecte l'économie et les sociétés européennes.

Pourtant, si tous les éléments convergent pour parler d'une période de dynamisme démographique pour le premier XVIe siècle, il faut nuancer cette idée : il ne s'agit le plus souvent que d'un rattrapage des niveaux antérieurs à la grande épidémie de peste du milieu du XIVe siècle. Il reste donc à déterminer l'ampleur et la nature exacte de cette « copiosité du populaire ».

1. Aspects démographiques

Dans sa totalité, l'Europe de la première modernité rassemblerait aux alentours de 80 millions d'habitants en 1500 (voir tableau 1). Étant donné les lacunes des sources, ce qui importe ici, c'est moins l'exactitude du chiffre que l'ordre de grandeur qui permet de situer l'Europe par rapport à d'autres espaces : 20 millions pour l'Empire ottoman dans son ensemble, 15 millions pour les Amériques à la même époque, entre 100 et 200 millions pour l'Asie, entre 70 et 80 millions pour l'Afrique. Surtout, avec l'Asie (Chine notamment), l'Europe est l'une des rares parties du monde où la population s'accroît : à la fin du XVIe siècle, la population européenne compte environ 100 millions d'habitants.

Tableau 1. **Évolution des populations d'Europe entre 1500 et 1600 (en millions d'habitants)**

	1500	1600
Scandinavie	2	2,25
Îles Britanniques	5	6,25
Allemagne[1]	9	12
France[1]	15	18,5
Péninsule Ibérique[1]	7,75	10,5
Italie[1]	10	12
Europe centrale[2]	12,25	15,25

1 : dans ses frontières actuelles
2 : Autriche, Hongrie, République tchèque, Pologne, Slovaquie, Roumanie

Cette population est inégalement répartie. Si la densité moyenne tourne autour de 30-35 hab./km^2, certaines régions sont de véritables déserts humains : Russie, Scandinavie, Écosse, l'Italie méridionale… D'autres, au contraire, font déjà figure de zones densément peuplées : Flandres et Brabant, Rhénanie, Bassin Parisien, Italie du Nord où la densité peut monter jusqu'à 60 hab./km^2. Dans l'ensemble, cette population est inégalement répartie et certains territoires font figure de puissances démographiques, comme le royaume de France. D'autres, à l'inverse et malgré leur étendue, sont peu peuplés.

Taux de natalité : sur une année, part du nombre de naissances par rapport la population totale.
Taux de mortalité : sur une année, part du nombre de décès par rapport la population totale.
Taux de mortalité infantile : sur une année, part du nombre de décès d'enfant d'un an ou moins par rapport au nombre total de naissances.

En ce qui concerne les structures démographiques, l'Europe est marquée par un **taux de natalité** élevé (40 pour mille contre 10,9 pour la France en 2021) mais des **taux de mortalité** également assez élevés : 10 pour mille pour la **mortalité infantile** (3,7 en France en 2021), 10 pour mille également pour la mortalité juvénile, l'espérance de vie moyenne tournant autour de 20-25 ans. Nous sommes donc en présence de sociétés marquées par un régime démographique ancien où les nombreuses naissances sont compensées par un nombre élevé de décès.

On peut distinguer plusieurs phases dans l'évolution des sociétés européennes au XVIe siècle.

Il y a tout d'abord ce que l'on appelle le « beau XVIe siècle » qui commence vers 1450 et qui dure jusque dans les années 1560 : il s'agit non seulement d'une récupération démographique suite à la grande peste de 1347-1350 et aux multiples guerres qui ont frappé l'Europe (guerre de Cent Ans, guerres civiles dans la péninsule Ibérique et en Angleterre…) mais il s'agit également d'un dépassement des niveaux antérieurs. Dans bien des endroits, les niveaux de population atteints ne seront pas dépassés avant le XVIIIe siècle, voire le XIXe siècle. Suite à cette période de croissance, une stagnation commence qui n'a pas touché tous les États en même temps ni de la même façon.

La fin du XVIe siècle et le début du siècle suivant sont marqués par des guerres civiles, par le retour de la peste (1597 dans la péninsule Ibérique par exemple), par un refroidissement global du climat qui entraîne de mauvaises récoltes récurrentes.

2. Des sociétés d'ordres

Partout, ou presque, en Europe, les sociétés restent marquées par l'idéal médiéval d'une société tripartite : chacune des composantes est définie par son activité principale et on trouverait ainsi des *oratores* (« ceux qui prient »), des *bellatores* (« ceux qui combattent »), des *laboratores* (« ceux qui travaillent »). Il s'agit ainsi d'ordres qui structurent les sociétés et qui sont définis par des **privilèges** et des devoirs. Concrètement, les deux premiers ordres, les nobles et le clergé, sont le plus souvent exemptés des impôts personnels en reconnaissance des services rendus à la société (prière, impôt du sang…). En outre, à l'image de ce que l'on peut trouver dans les épîtres de Paul, la société est pensée comme un corps dont chaque groupe social est un membre doté d'une fonction précise ; le prince incarne la tête d'une société monarchique par exemple. Une telle conception de la société justifie l'ordre social existant et rend difficile toute réflexion sur le changement dans des termes positifs.

Privilège : distinctions dont jouissent certaines personnes ou certains groupes de personnes. Dans les sociétés inégalitaires d'Ancien Régime, les privilèges sont l'un des fondements de la hiérarchie sociale : ils confèrent un droit honorifique (port de l'épée pour les nobles), économique (imprimer un livre), fiscal (exemption d'un impôt ou droit de lever une taxe), etc. À ce titre, ils concernent les trois ordres.

Nobles et religieux ne représentent qu'une infime proportion de la population totale : en France par exemple, ils ne dépassent pas 3 % de la population. Cette division de la société en plusieurs ordres se retrouve également dans les différentes assemblées représentant les royaumes ou les territoires : les religieux siègent ensemble, de même que les nobles et le troisième ordre, le plus souvent composé de riches citadins. Ces catégories socio-politiques se constatent aussi bien en France (États Généraux et provinciaux), qu'en Castille (*Cortes*), dans le Saint-Empire Romain Germanique (diète impériale subdivisée en trois collèges : électeurs, princes et villes d'Empires) ou en Hongrie, en Pologne…

« Vous êtes le corps du Christ, et vous êtes ses membres, chacun pour sa part » (Paul de Tarse, I Corinthiens, XII, 27).

Les ordres privilégiés, notamment la noblesse, ne sont pas pour autant hermétiquement fermés sur eux-mêmes. Il est par exemple possible d'intégrer la noblesse soit en acquérant une terre noble, soit en menant noble vie et en faisant oublier ses origines roturières. Ponctuellement, il est également possible d'acquérir ou de recevoir une charge anoblissante, à titre viager ou héréditaire, comme certains offices en France (secrétaires royaux) ou des offices municipaux comme en Castille… Plus rarement encore, le souverain peut accorder des lettres d'anoblissement. La réciproque est également vraie et il est possible de déchoir, c'est-à-dire travailler de ses propres mains parce que les ressources ne sont plus suffisantes pour vivre noblement. Dans un cas comme dans l'autre, il s'agit néanmoins d'une exception et la règle de la stabilité sociale l'emporte largement.

II. Des sociétés et des économies essentiellement rurales

À l'exception de très rares territoires comme les Pays-Bas ou l'Italie du Nord, les sociétés européennes sont des sociétés non seulement rurales (dont la majorité de la population vit à la campagne) mais également paysannes (elles vivent essentiellement du travail de la terre). Entre 80 et 90 % de la population européenne sont ainsi concernés par ce phénomène.

Curé : desservant d'une paroisse à qui est confié le soin des âmes (« *cura animarum* »).
Paroisse : circonscription ecclésiastique et communauté d'habitants confiées à la charge d'un curé.

1. Les cadres sociaux

Les sociétés rurales de la première modernité sont également très hiérarchisées. Non seulement elles sont le plus souvent sous la juridiction d'un seigneur et la conduite spirituelle d'un **curé** dans le cadre d'une **paroisse** mais elles connaissent de fortes différences sociales internes. Au sommet de cette échelle sociale rurale se trouvent les notables locaux comme les notaires et les paysans les plus aisés, parfois appelés « coqs de village » : ces derniers sont propriétaires de la terre qu'ils exploitent, prennent à bail des parcelles seigneuriales supplémentaires pour les exploiter, possèdent leur propre outillage de labour. De la sorte, ils dégagent des surplus et peuvent vendre une partie de leur récolte. Comme ils sont en possession d'argent, ils prennent également à **ferme** la perception de la dîme et des droits seigneuriaux. Par conséquent, ils sont souvent des intermédiaires entre la communauté villageoise et les seigneurs. En-dessous de ces paysans aisés se situent les fermiers qui exploitent à ferme une parcelle en échange d'une redevance en argent et les métayers qui paient une redevance en nature et dont les parcelles leur permettent de subvenir aux besoins de leur famille. Enfin, en dernier, arrivent les brassiers ou journaliers qui ne disposent pas de parcelle d'une taille suffisante pour se nourrir et qui sont obligés de se louer pour exploiter d'autres champs.

Ferme : accord par lequel le propriétaire d'un bien ou d'un droit (une exploitation agricole ou la levée d'une taxe) en abandonne la jouissance pour une durée et un prix déterminés.

Ces différentes catégories se retrouvent en revanche dans le cadre de la communauté d'habitants qui, sous une forme ou sous une autre en Europe, constitue la cellule politique de base des sociétés de l'époque moderne. Elle réunit l'ensemble des chefs de famille d'un village et gère les **communaux**, se charge de faire respecter les usages et coutumes, nomme les bergers et les messiers… C'est également cette communauté d'habitants qui se charge de répartir l'impôt entre les différents **feux**. La fabrique de l'église est le pendant de la communauté d'habitants pour la gestion des biens de la paroisse : les membres de cette fabrique, les marguilliers, sont élus parmi les notables et gèrent les biens de la paroisse.

Communaux : ensemble de biens (bois, landes, marais, pâquis, etc.) dont une communauté d'habitants a l'usage.

Feu : unité fiscale correspond à toutes les personnes vivant dans un même foyer.

Pieter Bruegel, *La kermesse de Hoboken,* 1559

Le cadre juridique de ces campagnes demeure majoritairement celui de la seigneurie: un seigneur, qui exerce également la justice, possède la propriété réelle de terres qu'il fait mettre en valeur par des paysans; cette partie de la seigneurie s'appelle la « réserve ». Il dispose également d'une « propriété éminente » sur les autres terres de la seigneurie: les exploitants de ces parcelles sont censés les tenir du seigneur à qui ils versent annuellement une redevance, le cens (ces parcelles s'appellent également « censives »); ils lui versent d'autres redevances comme les champarts, les droits de lods et ventes en cas de succession. Surtout, le seigneur dispose de droit de commandement, le ban, sur l'ensemble de la seigneurie: il impose ainsi aux paysans l'usage de son moulin, de son pressoir, de son four.

Pour toutes ces raisons, l'espace vécu est extrêmement fractionné: n'existe réellement que ce qui se passe dans un rayon d'une journée de marche. Au-delà, c'est l'inconnu ou le domaine du ouï-dire où l'on évite le plus possible de se rendre. Ce morcellement détermine en grande partie l'existence des populations: on épouse à l'intérieur de cet espace, on se rend régulièrement au marché qui organise cette cellule spatiale, plus rarement on pousse plus loin pour se rendre à une foire.

2. Les conditions de la production

Durant toute la première modernité, les campagnes constituent également les cadres spatiaux essentiels de la production économique. En premier lieu parce que la production agricole détermine l'existence de ces sociétés; ensuite, parce que les premières formes de l'industrie y sont également présentes et même dynamiques.

Terroir : ensemble des terres exploitées par une communauté.

Le **terroir** d'un village se divise en trois types d'espaces qui sont mis à profit de manière différente pour l'activité agricole : l'*hortus*, l'*ager* et le *saltus*. Le *saltus* est l'ensemble des terres qui ne sont pas régulièrement cultivées. Parfois boisé, il joue un rôle considérable dans la diversification de la production agricole puisqu'il permet de nourrir quelques têtes de bétail sans empiéter sur les cultures. À l'opposé, l'*hortus* correspond à l'espace jardiné permettant de cultiver des « herbes » (choux, poireaux) ou des « racines » (navets, carottes, raves). L'*hortus* domestique est également un lieu important d'expérimentation agricole puisque c'est là que sont introduites dans un premier temps les cultures nouvelles, et de diversification économique car des plantes offrant un complément de revenu comme le lin ou le chanvre y sont cultivées. Mais l'espace agricole par excellence reste le champ cultivé, l'*ager*. Dans une perspective en priorité d'autoconsommation, on y produit d'abord et avant tout des céréales, base de la nourriture partout en Europe. On sème ainsi du froment, de l'orge, du seigle, de l'épeautre, du méteil… Ce sont des cultures à faible rendement (8 grains récoltés pour 1 semé dans les régions les plus fertiles, en moyenne 4 à 5 pour 1). Surtout, d'une année sur l'autre, ces rendements peuvent varier de façon considérable, rendant difficile toute volonté de prévision de la part des paysans.

Sole : ensemble des parcelles consacrées à la même culture.

Le système agraire est dominé par la pratique de l'assolement, majoritairement biennal dans l'espace méditerranéen, triennal ailleurs (figure 1) : les terres cultivées sont divisées en plusieurs **soles** qui supportent chaque année une culture différente et qui connaissent à intervalles réguliers une période de jachère durant laquelle la terre est laissée au repos. En l'absence de techniques d'amendement artificiel de la terre, un tel système permet de reconstituer les éléments nutritifs du sol et d'assurer des rendements agricoles corrects.

Fig. 1 L'assolement triennal : la succession des cultures sur une même parcelle

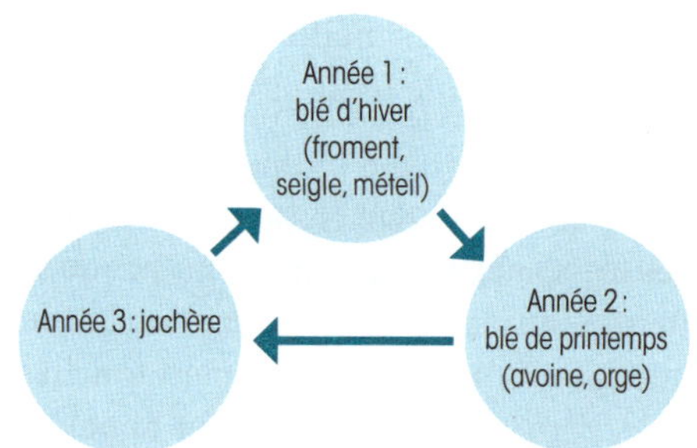

Les progrès techniques, et donc l'amélioration des rendements, sont relativement rares. Cela est notamment dû au fait que le niveau précaire de la production agricole rend risquée toute innovation. Au XVIe siècle, seules quelques régions des Flandres connaissent de véritables innovations dans le mode de culture.

Un ensemble d'innovations agricoles : le modèle cultural flamand

Il s'agit de la rupture du cycle des assolements (blé de printemps, blé d'hiver, jachère) par l'introduction de prairies artificielles et de plantes fourragères (navet, trèfle, luzerne). Un tel système permet de reconstituer la qualité nourricière des sols grâce à des plantes qui fixent l'azote dans les sols et de fournir un aliment pour du bétail, qui produit à son tour de la fumure. Un tel système permet un accroissement sensible des rendements et introduit une forme de diversification alimentaire (lait, notamment).

De même, l'outillage n'évolue guère : on en reste à la charrue et à l'araire, la moisson se fait à la serpe et à la main. Enfin, si la littérature agronomique devient un genre en vogue au XVIe siècle, son impact est assez limité : on redécouvre des auteurs antiques comme Varron ou Columelle, des manuels agronomiques sont rédigés par Charles Estienne (*L'agriculture et maison rustique*, 1564), **Olivier de Serres** (*Le Théâtre d'agriculture et mesnage des champs*, 1600). Ces ouvrages sont toutefois inconnus de la majorité des paysans qui ne savent pas lire et la majeure partie des innovations agricoles s'inscrit dans le cadre de savoirs tacites ou implicites, transmis par l'expérience.

Olivier de Serres,
Le Théâtre d'agriculture, 1605,
frontispice

L'essentiel de la vie est ainsi rythmé par les travaux des champs qui laissent relativement peu de temps. Seuls l'hiver et la période entre les moissons et les vendanges laissent quelque peu de répit. Tout au long de la période, l'équilibre reste précaire entre le niveau de la production agricole et le nombre de naissances. Si une mauvaise récolte a lieu, c'est tout cet équilibre qui est ruiné et le taux de mortalité s'élève brusquement. Toutefois, sous l'effet de la croissance démographique, de nouvelles terres sont nécessaires pour nourrir une population en augmentation. On assiste donc, au moins jusque vers 1560, à de nombreux défrichements pour accroître l'étendue des terres cultivées. Mais dans la mesure où les meilleures sont déjà **emblavées**, l'augmentation de la production agricole n'est pas aussi rapide que la croissance démographique.

Emblaver : ensemencer de blé.

Enfin, les campagnes sont également le cadre d'une petite industrie relativement dynamique : les forêts abritent de petites usines de métallurgie, de verrerie, etc. essentiellement destinées à la consommation locale. Il faut également remarquer que les campagnes sont progressivement touchées par un nouveau mode de production, le *Verlagssystem*, également appelé *output system* : un marchand-fabricant de la ville distribue à des foyers ruraux de la matière première et une avance de salaire, à charge pour eux de le transformer en produit fini (textile, coutellerie…). À la réception, le marchand-fabricant verse le restant de l'argent et vend les produits en ville. Ce mode de production permet aux paysans de diversifier leurs revenus, de mettre à profit la morte-saison hivernale et d'intégrer progressivement l'économie monétaire.

III. Le monde des villes

Contrairement à la définition contemporaine, les villes de l'époque moderne ne se définissent pas seulement en fonction d'un seuil de nombre d'habitants, d'une continuité du bâti ou de fonctions de commandement. Durant l'Ancien Régime, une ville est certes un espace densément peuplé mais il est également ceint de murailles et, surtout, il peut être doté de privilèges (c'est ce que l'on appelle en France les « bonnes villes »).

1. Les structures sociales et démographiques

Quantitativement, les villes regroupent bien moins de population dans l'Europe moderne (10 % par exemple de la population du royaume de France, un peu moins de 15 % en moyenne à l'échelle de l'Europe) ; elles n'en jouent toutefois pas moins un effet d'entraînement décisif dans les mutations des sociétés européennes. Tout d'abord, d'un point de vue démographique, les villes diffèrent des campagnes : les naissances y sont plus rares, les décès plus nombreux. Surtout, les villes absorbent un flux continu de migrants fuyant les campagnes, notamment pour échapper aux crises alimentaires et aux guerres. Tout au long du XVIe siècle, le nombre de villes s'accroît, de même que leur taille (voir tableau 2). Il en résulte une progression du taux d'urbanisation qui atteint les 17 % sur l'ensemble du continent européen.

Tableau 2. **Les principales villes d'Europe (en milliers d'habitants)**

	1500	1600
Constantinople	200	700
Lisbonne	70	110
Londres	60	187
Milan	104	119
Naples	125	275
Paris	225	250
Prague	70	100
Rome	38	110
Séville	45	100
Venise	115	151

Les villes, particulièrement celles dotées de privilèges, se distinguent par une organisation sociale spécifique. Le plus souvent, une organisation sur trois niveaux peut être décelée : le premier est formé d'une assemblée générale regroupant sinon l'ensemble des chefs de famille de la cité, du moins des représentants, fréquemment désignés dans le cadre d'une paroisse.

Au niveau supérieur se trouve un conseil dont les membres sont désignés par les représentants des paroisses. C'est au sein de ce conseil que sont choisis les membres du corps de ville, troisième niveau de l'organisation des villes (les *regidores* en Castille, le maire et les échevins dans le nord de la France et les Pays-Bas, les consuls dans le sud…) qui exercent l'essentiel du pouvoir. Il est à noter, enfin, que tout au long du XVIe siècle, il existe des tentatives de la part des pouvoirs centraux d'exercer un contrôle plus étroit sur les villes et les institutions municipales. C'est ainsi que les rois de Castille désignent des *corregidores* qui finissent par s'imposer aux membres du corps de ville, que les rois de France tentent de faire désigner les prévôts des marchands à Paris ou à Lyon. Mais ces tentatives peuvent être assez tardives (années 1590 pour Paris et Lyon) et ne sont pas systématiques, de sorte qu'il n'y a pas d'homogénéisation des formes du gouvernement urbain.

Assemblée de la prévôté des marchands de Paris, 1528

2. Les villes, centres d'impulsion de l'économie

Au cours de l'époque moderne, les villes concentrent de plus en plus de richesses. Elles abritent des sièges de l'autorité et des élites sociales et politiques, ce qui en fait de petits centres de consommation. Plus important encore, cette concentration d'argent tend à faire des villes des lieux de domination des campagnes : face à la lente monétarisation des redevances (comme les fermages et les impôts) et à la rareté du numéraire dans le monde rural, il est souvent nécessaire d'emprunter de l'argent aux bourgeois des villes. De même, l'investissement pour améliorer la production agricole se fait fréquemment grâce à des emprunts. Moyennant l'hypothèque de leurs biens, les paysans mais aussi les petits seigneurs ont accès à cet argent mais ne peuvent que rarement rembourser leurs prêts. De plus en plus de citadins deviennent ainsi propriétaires de tenures, parfois anoblissantes, ce qui assure des revenus et un approvisionnement personnel. La première modernité voit ainsi l'essor des villes qui acquièrent peu à peu des fonctions de commandement sur les campagnes.

D'un point de vue économique, les villes sont par excellence le lieu de la production artisanale, essentiellement destinée, elle aussi, à une consommation locale : boulangerie, peausserie, ferronnerie, charronnerie mais surtout production textile.

La plupart de ces professions sont organisées en corps de métiers ou corporations (ce dernier terme date du XVIIIe siècle) : il s'agit d'un regroupement de personnes exerçant la même profession dans un même territoire (en général une ville donnée), regroupement doté d'une personnalité juridique propre et de règles de production strictes portant sur la qualité et la quantité de produits fabriqués. Le corps de métier dispose du monopole de la fabrication et de la commercialisation d'un produit sur le territoire donné. On n'intègre le corps de métier qu'avec l'accord des autres membres et il est strictement hiérarchisé en maître, compagnon et apprenti. Le passage de l'un à l'autre de ces statuts se fait selon des règles édictées par le métier. Cette structuration de la production dans les villes en corps de métiers a l'avantage d'assurer aux maîtres qui en font partie une relative sécurité matérielle, tout en définissant une qualité de production similaire entre les différents ateliers artisanaux. Toutefois, elle néglige les conditions des compagnons et des apprentis et, surtout, il limite l'innovation technologique assimilée à de la concurrence.

C'est également à partir des villes que s'organisent les échanges économiques, à courte comme à longue distance. Dans cette dernière catégorie, la plus lucrative, les échanges mettent en relation des espaces qui sont économiquement complémentaires : du Nord, et notamment de l'espace baltique, viennent le bois, les peaux, l'ambre, les poissons transformés, l'étain, le fer ; du Sud, et particulièrement de l'espace méditerranéen, arrivent les épices, le sucre, le sel, les huiles et les olives, l'argent et l'or. L'origine de ces échanges explique que la rencontre s'effectue dans ce que l'on appelle l'« isthme européen », la région entre Anvers et Venise, où se concentre une grande partie des richesses du continent européen.

À cette complémentarité entre l'Europe du Nord et celle du Sud, il faut ajouter la domination de certains espaces urbains sur des régions plus ou moins vastes. Il ne s'agit pas seulement de villes dont la seule taille leur assure un rayonnement sur le territoire environnant mais de cités dont l'importance économique est sans mesure avec la taille démographique. Deux phénomènes sont ainsi à l'œuvre : d'une part, chacune de ces villes entretient des échanges économiques intenses avec son espace proche (Lyon avec l'espace français, Nuremberg avec l'Allemagne centrale, Lucques avec l'Italie du Nord par exemple) ; d'autre part, à l'échelle européenne, elles participent à des échanges à longue distance emblématiques des dynamiques économiques de la première modernité : ports espagnols et portugais de l'Atlantique, ports de la mer du Nord et de la Baltique, Méditerranée.

Ces échanges ont des lieux et des temps de prédilection qui s'incarnent dans les foires. À l'origine, elles sont une sorte de marché de plus grand rayon d'action : alors que ce dernier couvre un espace de 10 à 15 km de rayon et porte sur l'échange de produits de consommation courante, la foire implique un plus large rayonnement et une spécialisation économique. Conscients des retombées économiques par l'intermédiaire de l'impôt de telles manifestations, les différents pouvoirs politiques cherchent à organiser et attirer ces événements économiques. Il accorde ainsi des privilèges et des franchises partielles ou complètes sur l'entrée et/ou la sortie des marchandises. Si la première modernité ne voit pas la création de ce phénomène, il coïncide néanmoins avec la multiplication des foires. En 1494, Charles VIII accorde un privilège à Lyon ; les villes germaniques de Francfort-sur-le-Main et de Leipzig prospèrent grâce à leur foire, de même que Medina del Campo en Castille, Anvers aux Pays-Bas ou Plaisance en Italie. Se met ainsi en place un circuit des foires qui permet notamment le règlement des dettes réciproques des marchands et des financiers. Toutefois, après 1622, les foires perdent de leur importance économique, au profit de nouvelles places financières, les bourses.

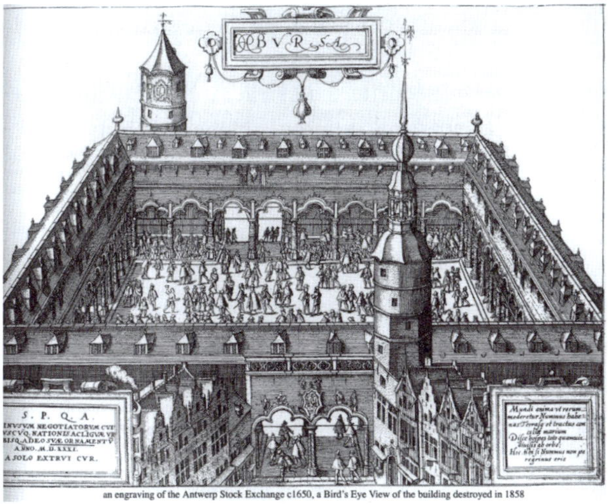

La Bourse d'Anvers, 1531

Des réseaux de sociétés commerciales ou bancaires se mettent également en place à l'échelle de l'Europe et s'appuient sur le réseau urbain existant. De grandes firmes voient le jour au XVIe siècle, comme celle des Fugger originaires d'Augsbourg. Deux grands types d'organisation dominent ces firmes. D'une part, on peut distinguer les compagnies organisées en comptoirs qui appartiennent à la société et qui intéressent ses correspondants (les facteurs, actifs au sein de factoreries) aux bénéfices globaux. D'autre part, on trouve des compagnies structurées en maison-mère et en filiales et une partie seulement du capital de ces dernières est détenue par la maison-mère. Enfin, il est à noter que si, jusqu'au début du XVIe siècle, l'essentiel de ces compagnies sont italiennes, elles deviennent entre les années 1510 et 1560, allemandes (les Fugger, les Welser, les Hochstetter). À partir des années 1557, ce sont les Génois qui prennent le relais.

Les Fugger

Famille allemande originaire d'Augsbourg qui, après avoir fait fortune dans le textile, s'est lancée dans la banque. Jakob Fugger, dit le Riche, (1459-1525) développe un réseau bancaire vers l'Italie et les Flandres ; il exploite à ferme les mines de cuivre du Tyrol et entre ainsi en relation avec l'empereur Maximilien Ier. Il intègre la noblesse d'Empire en 1511 et finance l'élection impériale de Charles Quint en 1519. Son neveu et successeur, Anton (1493-1560), poursuit cette politique : il finance l'élection au trône de Hongrie de Ferdinand de Habsbourg et obtient le titre de comte d'Empire en 1526. Il reçoit également le droit d'exploiter les mines espagnoles de mercure d'Almaden et obtient de Charles Quint des concessions dans l'actuelle Amérique du Sud. À la génération suivante, Johann Jakob (1516-1575) et Ulrich (1526-1584) doivent faire face aux banqueroutes qu'opère le monarque hispanique Philippe II en 1557 et s'illustrent par leurs travaux humanistes et leurs collections, notamment de livres.

À retenir

- Les sociétés de la première modernité sont essentiellement rurales, à quelques exceptions près, comme les Pays-Bas ou l'Italie septentrionale. Elles restent caractérisées par des modes de vie et des structures hiérarchiques proches encore du Moyen Âge. Rurales ou urbaines, il s'agit de sociétés d'ordres, nettement hiérarchisées.
- Si les campagnes forment la base de l'encadrement social et de la production économique, les villes constituent le creuset du dynamisme économique : c'est là que se concentrent le pouvoir et les richesses ; les espaces urbains sont également le foyer des innovations économiques et sociales les plus visibles.
- Dans ces ensembles, l'État encore en construction fait peu sentir son poids. Les solidarités collectives comme le poids des traditions et des coutumes rendent son intervention souvent inutile, voire peu souhaitable. Ce n'est qu'en cas d'urgence extrême que la nécessité d'un détenteur d'une autorité suprême se fait sentir.

LES DATES ESSENTIELLES

Première moitié du XVIe siècle : période de croissance économique et démographique (« beau XVIe siècle »)

1519 : Jakob Fugger finance l'élection impériale de Charles Quint

1557 : renégociation de la dette de la monarchie hispanique ; les Génois succèdent aux Germaniques comme principaux financiers de Philippe II

1597 : peste atlantique

POUR ALLER PLUS LOIN

Sélection bibliographique

Jean-Pierre BARDET et Jacques DUPÂQUIER (dir.), *Histoire des populations d'Europe. I. Des origines aux prémices de la révolution démographique*, Fayard, 1997.

Guillaume CALAFAT et Mathieu GRENET, *Méditerranées. Une histoire des mobilités humaines, 1492-1750*, Points, 2023.

Stéphane DURAND, *Les villes en France. XVIe-XVIIIe siècle*, Hachette, 2006.

Jean JACQUART, Emmanuel LE ROY LADURIE et Hugues NEVEUX, *Histoire de la France rurale*. Tome 2, *L'Âge classique des paysans, 1340-1789*, Seuil, 1992.

Guy SAUPIN, *Les villes en France à l'époque moderne (XVIe-XVIIIe siècle)*, Armand Colin, 2002.

Olivier ZELLER, *Histoire de l'Europe urbaine*. 3. *La ville classique, XVIe-XVIIIe siècle*, Seuil, 2003.

CHAPITRE

2

Religions, Églises et confessions dans l'Europe du XVIe siècle

PLAN DU CHAPITRE

Le xvie siècle est un siècle d'angoisse, de peur. La fin des temps et la question du salut structurent en grande partie les mentalités de cette époque. Dans un tel contexte, la religion joue un rôle important, notamment parce qu'elle propose un discours et des outils pour échapper à l'angoisse de la damnation éternelle. Mais l'institution ecclésiastique est alors en crise, à la fois parce que le schisme d'Occident (1378-1418) a pu révéler les faiblesses de la papauté et parce que le clergé n'est pas toujours en mesure de jouer son rôle de guide spirituel. Face à cette crise, des réponses sont proposées le plus souvent au sein de l'Église mais parfois aussi en dehors.

Problématiques

– Comment s'exprime cette aspiration à une rénovation religieuse ?

– Dans quelle mesure constitue-t-elle une rupture pour les sociétés européennes ?

I. La religion au début du xvie siècle, un phénomène polymorphe

Il est difficile de saisir l'importance de la religion dans l'Europe du xvie siècle si on la cantonne au seul domaine de la spiritualité ; elle en est une dimension essentielle mais pas unique puisque le phénomène religieux s'inscrit également dans des cadres mentaux, sociaux, et politiques de longue durée qu'il convient d'aborder.

1. Minorités religieuses, dissidences et non-chrétiens en Europe

Même si le christianisme romain est majoritaire dans l'Europe du début du XVIe siècle, il ne faut pas oublier que d'autres religions et d'autres courants religieux sont également présents. Qu'elle soit pacifique ou, plus souvent conflictuelle, cette coexistence religieuse est d'autant plus importante qu'elle a contribué à définir certains traits caractéristiques des religions ainsi mises en contact.

Le XVIe siècle, « un siècle qui veut croire » ?

Dans le sillage de Lucien Febvre et de son ouvrage *Le Problème de l'incroyance au XVIe siècle : la religion de Rabelais* (1942), l'athéisme a souvent été pensé comme impossible au siècle de la Renaissance et des Réformes. Pourtant, l'outillage mental de cette époque permet de penser la mortalité de l'âme et de critiquer la religion ; à bien des égards, le mouvement humaniste a contribué à alimenter ce courant intellectuel en redécouvrant des traités antiques permettant de mettre à distance l'enseignement officiel de l'Église. Ainsi, la redécouverte par le Pogge du *De Natura rerum* de Lucrèce en 1417, puis sa première édition en 1473 donnent un fondement au matérialisme atomiste. Un siècle plus tard, Pietro Pomponazzi (1462-1525) publie un traité intitulé *De Immortalitate animae* (*De l'immortalité de l'âme*, 1516) s'appuyant sur une lecture déchristianisée d'Aristote ; il aboutit à la conclusion que l'âme est inséparable du corps et donc mortelle comme lui. Plusieurs personnes sont condamnées pour suspicion d'athéisme, tel Étienne Dolet à Paris en 1546 ou Jacques Gruet dans la Genève de Calvin en 1547. Mais il est difficile d'apprécier l'ampleur de ce phénomène puisque les historiens dépendent pour l'essentiel des sources émanant des institutions répressives, comme les Inquisitions, et que nombre d'irréligieux adoptent une attitude de conformisme religieux pour éviter d'attirer l'attention des autorités.

Un premier groupe de non-chrétiens dans cette Europe majoritairement chrétienne est formé par les Juifs. À l'orée du XVIe siècle, leur présence officielle est quasi-nulle dans les royaumes d'Angleterre ou de France, depuis les expulsions décrétées respectivement en 1290 et en 1394. En revanche, de véritables communautés structurées existent en Pologne, qui abrite l'une des plus importantes populations juives d'Europe (100 000 personnes), et dans la péninsule Ibérique. En Castille, ces communautés juives résident dans des quartiers spécifiques, les *juderías*, disposent de leurs propres institutions (écoles, hôpitaux…) et d'un droit spécifique et lèvent des impôts dont une partie est reversée au souverain. Nombre de Juifs se convertissent également au christianisme, devenant ainsi des judéoconvers (ou *conversos*), et parviennent à intégrer les élites locales ou la petite noblesse

Toutefois, cette situation évolue à la fin du XVe siècle : d'une part, avec la généralisation des statuts de pureté du sang en Castille, nombre d'institutions (municipalités, **chapitres**, ordres militaires…) se ferment aux Juifs, qu'ils le soient effectivement ou qu'ils soient des convertis ou des descendants de convertis. D'autre part, avec la création d'une Inquisition royale castillane en 1478, un soupçon général est jeté sur ces *conversos*, accusés de pratiquer en secret la religion de leurs ancêtres. Le 31 mars 1492, l'expulsion des Juifs (environ 100 000) est décrétée dans les Couronnes de Castille et d'Aragon. Dans un premier temps, beaucoup se réfugient au Portugal : le royaume ne met en œuvre une législation d'expulsion qu'à partir de 1496 et encore son application n'est-elle pas systématique. C'est avec la création d'une Inquisition portugaise en 1536 que les départs depuis le Portugal se font plus massifs.

Chapitre : ensemble des chanoines d'une église cathédrale ou collégiale.

Ces exilés rejoignent de petits groupes qui existaient déjà de façon discrète, dans les Pays-Bas, dans la péninsule italienne (le ghetto de Venise est créé en 1516) ou rejoignent des communautés plus importantes, particulièrement dans l'Empire ottoman. Au milieu du XVIe siècle, d'autres communautés se reconstituent là où elles avaient disparu, comme en France. En 1550, Henri II octroie des lettres patentes aux « Portugais appelés nouveaux chrétiens » s'installant à Bordeaux pour faire du commerce. De même, l'Angleterre élisabéthaine commence à accueillir des marchands étrangers qui sont en fait des Juifs venant de la péninsule Ibérique ou des Flandres. Ainsi, en un demi-siècle, la localisation des Juifs en Europe a connu un véritable renversement : les importants foyers du judaïsme ibérique ont disparu et de petites communautés apparaissent là où toute présence juive officielle avait disparu durant le Moyen Âge.

La présence musulmane dans l'Europe du XVIe siècle est également loin d'être négligeable. Contrairement à ce qui a longtemps pu être écrit, cette présence ne débute pas avec la période contemporaine et la constitution des empires coloniaux ou les migrations qui en découlent. D'une part, l'une des premières puissances européennes du temps n'est autre que l'Empire ottoman qui s'étend alors jusqu'à l'Adriatique : si les chrétiens et les juifs, jouissant du statut officiel de *dhimmi*, y sont nombreux, les musulmans assurent logiquement à l'islam une place prépondérante dans cet espace. D'autre part, des musulmans habitent également dans des terres placées sous la domination d'une autorité chrétienne. Ainsi, Catherine de Médicis et sa fille Marguerite de Valois comptent dans leur entourage deux jeunes femmes, Ayche et Fatma, capturées par les chevaliers de Malte en 1557 ; mais elles ont été baptisées et ont pris le nom de leur maîtresse, la première se faisant désormais appeler Catherine et la seconde Marguerite. De même, durant l'hiver 1543-1544, la flotte du sultan Soliman hiverne dans le port de Toulon, en vertu de l'alliance nouée avec François Ier pour lutter contre Charles Quint ; à cette occasion, plus de 30 000 marins ottomans s'installent dans la ville.

Cette présence est toutefois plus significative dans les territoires qui, jusqu'à une date récente, étaient encore sous domination musulmane, comme la péninsule Ibérique. En effet, avant la prise par Isabelle de Castille et Ferdinand d'Aragon de Grenade, les deux monarques hispaniques signent un traité (1491) avec le roi Boabdil au terme duquel l'existence de communautés musulmanes est officiellement reconnue dans ces territoires passés sous un pouvoir chrétien : ces *aljamas* sont régies par leur propre droit et disposent de leurs propres institutions. Mais face aux vexations subies (notamment les baptêmes forcés), ces musulmans grenadins finissent par se révolter au tout début du XVIe siècle. En 1501 et 1502, la reine de Castille publie deux décrets obligeant ses sujets musulmans à se convertir au christianisme ou à s'exiler. Dans la couronne d'Aragon, la situation est sensiblement différente : il y a une importante population musulmane, composée pour l'essentiel de petits artisans et de main-d'œuvre agricole au service des grands propriétaires nobles. Suite à une révolte populaire dans les années 1520 qui a pratiqué des baptêmes forcés, le pouvoir royal décide en 1525 d'une mesure similaire à celle de la Castille en 1501-1502 : les musulmans qui refusent le baptême sont expulsés. Dès lors, s'il n'y a plus de musulmans à titre officiel dans les royaumes hispaniques, la question qui se pose désormais est celle de la sincérité de la conversion de ces morisques. Face au risque qu'ils représentent et au rôle de « cinquième colonne » ottomane qu'ils peuvent jouer, ces musulmans convertis ou ces descendants de convertis sont finalement expulsés par Philippe III entre 1609 et 1614.

Femme et fillette morisques, in Christoph Weiditz, *Trachtenbuch*, v. 1530-1540

À côté de cette présence importante de non-Chrétiens en Europe, il existe également des Églises dissidentes issues du Moyen Âge, et donc avant même l'apparition des Réformations. Le cas le plus exemplaire est sans doute fourni par la Bohême : née de l'hérésie hussite (début du XVe siècle), une Église utraquiste y coexiste avec l'Église romaine. Cette Église utraquiste admet le mariage des prêtres et permet au fidèle la communion sous les deux espèces du pain et du vin (son nom vient du latin *uter*, l'un et l'autre). Cette coexistence est officiellement reconnue par le roi de Bohême Vladislas IV en 1512 qui prolonge à perpétuité de précédents accords signés en 1485. Plus tard, une troisième composante, issue d'une rupture au sein des utraquistes, apparaît sous le nom de l'Unité des frères.

2. L'Église catholique, une structure d'encadrement social

S'il existe des minorités, chrétiennes ou non chrétiennes, dans l'Europe du début du XVIe siècle, la religion majoritaire reste le catholicisme, du moins pour la partie occidentale du continent. Il fournit certes un ensemble de dogmes à ses croyants mais également une organisation très hiérarchisée permettant un réel encadrement des populations.

Carte 1 L'Europe religieuse au XVIe siècle

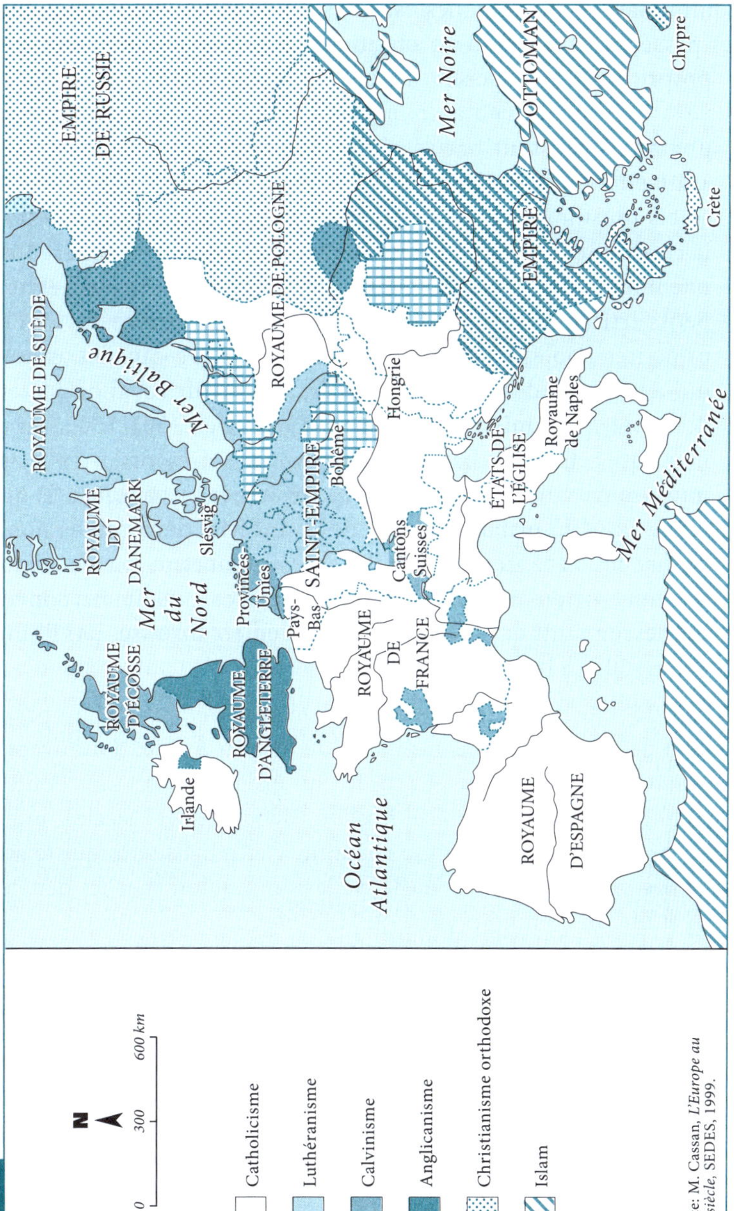

Source: M. Cassan, *L'Europe au XVIe siècle*, SEDES, 1999.

La première forme d'encadrement est sans doute celle du temps qui rythme l'existence des femmes et des hommes de l'époque moderne. À l'échelle d'une vie, d'une part : les grands moments de l'existence ne trouvent leur expression que par l'intermédiaire de l'Église. En l'absence d'état-civil proprement dit, celle-ci joue le rôle d'institution enregistrant les changements d'état des individus. C'est ainsi dans les registres paroissiaux que sont notifiés les baptêmes, les mariages et les enterrements ; ces registres deviennent dès lors les documents attestant de la naissance et du décès. Au-delà de la conservation de la mémoire de ces événements, l'Église aussi joue le rôle de l'institution qui consacre l'appartenance ou l'exclusion d'un individu à une communauté, par l'intermédiaire du sacrement du baptême ou de l'excommunication. Cette dernière a ainsi une signification qui dépasse le seul cadre religieux : recevoir une **excommunication**, c'est subir une forme de mort sociale.

Excommunication : sanction prononcée par le pape ou un évêque retranchant un individu de la communauté chrétienne. La personne excommuniée ne peut plus recevoir les sacrements de l'Église.

D'autre part, l'encadrement du temps par l'Église catholique marque également le déroulement de l'année. À cet égard, une triple temporalité peut être mise en valeur : le calendrier est ainsi un calendrier religieux, scandé moins par l'écoulement des jours de la semaine que par la fête des saints. Par exemple, le changement d'année ne se produit pas encore le 1er janvier mais le jour de Pâques ou de l'Annonciation (25 mars). Dans le royaume de France, il faut attendre une ordonnance de Charles IX de 1564 pour que le 1er janvier marque le début d'une nouvelle année. L'obligation agricole est au fondement d'une deuxième temporalité qui se fond avec le calendrier chrétien. En effet, le calendrier de travail des paysans se divise en deux grands temps, celui des travaux dans les champs et celui des veillées. Le premier court du printemps, coïncidant avec la fête de l'Annonciation (25 mars), jusqu'à l'automne (la Saint-Martin, 11 novembre) ; il est marqué par des fêtes qui sont autant de repères pour les travaux à effectuer : moissons à la Saint-Jean d'été (24 juin), vendanges à la Saint-Michel (29 septembre)… Ces fêtes sont d'ailleurs souvent choisies comme date de départ des baux agricoles. Le second temps du calendrier agricole, correspondant dans les grandes lignes à l'hiver et à des journées plus courtes, se passe en travaux domestiques ou préparatoires à l'activité agricole. Enfin, le calendrier est un calendrier civique où les fêtes des saints sont des moments de célébration de la communauté à laquelle on appartient. Les villes célèbrent ainsi leur patron (sainte Geneviève à Paris, saint Marc à Venise), mais également les différents métiers : saint Crépin pour les cordonniers, saint Vincent pour les vignerons…

Le calendrier grégorien

Au début du XVIe siècle, le calendrier en vigueur en Europe est hérité de l'époque romaine ; il s'agit du calendrier julien, fondé sur le cycle du soleil et comptant 365,25 jours par an (un jour est rajouté tous les quatre ans, au mois de février). Toutefois, le calendrier julien comporte une erreur de calcul qui représente trois jours sur une durée de 400 ans. Au XVIe siècle donc, ce décalage a abouti à une différence de 10 jours entre le calendrier julien et le changement des saisons, défini par les équinoxes et les solstices. Pour y remédier, le pape Grégoire XIII a chargé une commission, comprenant notamment le mathématicien jésuite Clavius, de résoudre ce problème. La solution prend la forme du calendrier grégorien qui préconise notamment de sauter dix jours pour faire de nouveau coïncider le calendrier avec le cycle du soleil. De plus, trois années bissextiles sont supprimées tous les 400 ans (celle des années centenaires non divisibles par 400 : 1700, 1800...). La **bulle** *Inter gravissimas*, fulminée en 1582, impose ainsi de passer directement du 4 au 15 octobre. Si ce calendrier grégorien est assez rapidement adopté par les pays catholiques, son entrée en vigueur peut parfois tarder, comme en Angleterre où le nouveau calendrier n'est introduit qu'en 1752.

Bulle pontificale : document émis par le pape portant son sceau (en latin, *bulla*). La bulle est désignée par les premiers mots du texte, le plus souvent en latin.

Une autre forme de cadre que fournit l'Église aux sociétés modernes tient aux **bénéfices** qu'elle accorde à ses membres. En effet, à chaque office ecclésiastique est attachée une part de revenus assurant à son titulaire des moyens de subsistance. Le bénéfice est alors géré par son possesseur comme une propriété viagère : il peut l'échanger contre un autre, le fractionner, parfois même la céder à une personne de son choix. Le bénéficiaire peut également cumuler les bénéfices, ce qui suppose qu'il ne réside pas toujours là où se trouve sa charge. Certains bénéfices ecclésiastiques peuvent même être conférés à des laïcs : ils n'exercent alors par la charge spirituelle liée à l'office et se contentent d'en percevoir les revenus ; une telle pratique s'appelle la commende et concerne le plus souvent des abbayes.

Bénéfice : droit accordé à un ecclésiastique de percevoir des revenus sur les biens de l'Église en échange d'obligations spirituelles.

La collation, c'est-à-dire l'octroi, d'un bénéfice ne dépend pas toujours de la seule Église. Dans de nombreux cas, la nomination dépend d'un pouvoir temporel et l'institution ecclésiastique ne fait alors qu'entériner cette nomination. C'est par exemple le cas du royaume de France après le concordat de Bologne en 1516 : celui-ci permet au souverain de désigner les évêques et nombre d'abbés de son royaume ; en échange, le pape voit reconnaître son autorité par la confirmation qu'il doit nécessairement accorder au candidat et il perçoit également à cette occasion une taxe. Le concordat de Bologne permet ainsi à la monarchie française de disposer d'un important réservoir de récompenses à distribuer à ses fidèles. Un tel système de **patronage** existe dans d'autres régions, comme dans la péninsule Ibérique. Charles Quint dispose ainsi du droit de nomination à tous les évêchés des couronnes de Castille et d'Aragon à partir de 1523. Concrètement, les conseils compétents établissent après consultation des autorités locales une liste de trois candidats, la *terna*, au sein de laquelle le souverain choisit le futur

Patronage : faculté d'un individu ou d'une institution à désigner le desservant d'une église.

titulaire. Ce droit de patronage est particulièrement fort dans les Indes : depuis les années 1501-1508, le roi de Castille nomme à tous les bénéfices séculiers. Qu'il s'agisse du royaume de France ou de celui de Castille, le patronage royal est décisif dans la mise en place d'une fidélité envers le souverain. Cela lui permet de mettre en place des réseaux de clientèle qui lui sont fidèles par ce qu'ils tiennent du roi leur position. Ce faisant, celui-ci nomme des proches mais aussi des personnes qui méritent selon lui d'être récompensées. Ce système bénéficial est donc d'une importance majeure pour comprendre la place de l'Église dans les sociétés et les royaumes de la première modernité.

À une tout autre échelle, le droit de patronage peut être exercé par des particuliers dans le cadre de chapellenies. En effet, un individu aisé peut décider de fonder un lieu de culte dont les prières assureront le salut de son âme. À ce lieu de culte sont associés un desservant et un revenu. La constitution d'un tel bénéfice permet en outre à son fondateur ou à ses héritiers de désigner le bénéficiaire selon des procédures définies dans l'acte de fondation. Au-delà de sa dimension strictement religieuse qu'il ne faut pas sous-estimer, une telle fondation permet à son fondateur d'assurer des revenus à une partie de sa descendance en lui réservant ce bénéfice. L'Église constitue donc un débouché social primordial pour l'équilibre des sociétés de l'époque moderne.

II. De la Réforme à la Réformation

Réforme, réformes, réformation : le mot de « réforme » est de moins en moins employé comme synonyme de « protestantisme », notamment parce que la volonté de réforme religieuse n'apparaît pas avec Luther. On tend ainsi à lui préférer celui de « Réformation » pour désigner les différents courants confessionnels en rupture avec l'Église catholique à partir de 1517. Le terme de « Réforme » (avec la majuscule) peut en revanche être employé à propos du calvinisme français.

La Réformation protestante n'apparaît pas sans raison dans l'Europe du XVIe siècle. Elle a été en partie préparée à l'intérieur même de l'Église catholique et ses origines s'inscrivent dans un faisceau de causes complexes, aussi bien économiques et sociales que psychologiques. En aucun cas toutefois, il ne faut sous-estimer la sincérité de l'attachement religieux des multiples acteurs qui interviennent dans cette histoire complexe.

1. Les mouvements de rénovation à l'intérieur de l'Église

Avant même l'affirmation des thèses de Martin Luther en 1517, l'Église catholique était déjà travaillée par différents courants et mouvements spirituels dans l'objectif de lui redonner une forme plus pure, plus proche de ses origines évangéliques. C'est en ce sens premier qu'il faut comprendre le terme de « réforme ». Reprenant une formule latine apparue au Moyen Âge, il s'agit alors de mener une réforme *in capite et in membris*, dans « la tête et dans les membres » c'est-à-dire à l'intérieur même de la papauté et de la hiérarchie ecclésiastique comme parmi les fidèles.

Dès la fin du Moyen Âge, de nouvelles formes spirituelles se développent, témoignant d'un rapport nouveau à la religion. Issue d'un courant remontant à la toute fin du XIVe siècle, la *devotio moderna* est sans doute le meilleur exemple de ce renouveau spirituel : née en terre flamande, elle prône la lecture des Évangiles par les fidèles eux-mêmes et la prière intérieure. Dans la deuxième moitié du XVe siècle, l'édition de *L'Imitation de Jésus-Christ*, attribuée à Thomas a Kempis, prolonge le succès de la *devotio moderna* en proposant une méditation sur l'humanité de Jésus. Toutefois, c'est surtout l'organisation de ce courant spirituel qui lui assure un large écho. Dès la fin du XIVe siècle, un monastère regroupant des **chanoines** est fondé à Windesheim, dans les Pays-Bas ; son objectif est de réunir une communauté d'hommes, appelée Frères de la vie commune, qui ne prononcent pas formellement de vœux monastiques mais qui reconnaissent l'obéissance à un directeur et mènent une vie pauvre et chaste. Ces Frères se destinent à l'enseignement et mettent en place une pédagogie innovante, rompant avec la tradition scolastique. Le mouvement rencontre un vif succès et essaime dès le début du XVe siècle. Avant la fin du siècle, un certain nombre de collèges parmi les plus anciens et les plus célèbres sont gérés par des personnes formées par les Frères de la vie commune, comme le collège Montaigu de Paris administré à partir de 1483 par Jean Standonck. Ce faisant, la *devotio moderna* dépasse les seules frontières des Pays-Bas.

Chanoine : certaines églises (cathédrale, basilique, collégiale) sont dotées d'une petite communauté de clercs dont la tâche principale est de participer aux prières et aux offices du chœur ; ce sont les chanoines, réunis au sein du chapitre. S'ils ne sont pas moines, ces chanoines suivent parfois une règle de vie religieuse. Ils perçoivent également un bénéfice. Enfin, dans un certain nombre d'églises cathédrales (surtout en terre impériale), les chanoines procèdent à l'élection de l'évêque.

L'illuminisme espagnol est un autre exemple d'une aspiration à une spiritualité renouvelée. Ce mouvement apparaît au tournant des XVe et XVIe siècles, en Castille surtout, et connaît son apogée dans les années 1520. Il s'agit pour l'essentiel d'une forme intériorisée du christianisme, mettant l'accent sur l'oraison mentale et l'accès direct à l'Écriture aux dépens du formalisme religieux (jeûnes, mortifications…) et des institutions ecclésiastiques (monachisme, indulgences…). Les franciscains, les ***conversos*** et les femmes y jouent un rôle important, telle Sor María de Santo Domingo, dite la *beata* de Piedrahita : elle a des extases lui permettant de faire des prophéties et, par son union avec le Christ, d'avoir des connaissances théologiques qui la font rivaliser avec les docteurs les plus savants. Ces femmes réunissent autour d'elles des petits groupes de personnes qui partagent leur sensibilité religieuse. La Bible y est lue, soit en latin soit en **langue vernaculaire** mais sans l'intermédiaire d'un représentant officiel de l'Église. De plus les soupçons de promiscuité sexuelle comme de relais des idées nouvelles d'Érasme et de Luther amènent l'Inquisition à réprimer ce mouvement à partir de 1525.

***Converso* :** juif hispanique converti au catholicisme.

Langue vernaculaire : langue communément parlée au sein d'une communauté donnée.

Qu'il s'agisse des Frères de la vie commune ou des *alumbrados* castillans, les sociétés européennes du début du XVIe siècle sont travaillées par un profond désir de renouveau spirituel. Et cette aspiration rencontre plus d'une fois les tentatives de renouveau menées par des membres de la hiérarchie catholique.

En effet, des membres de l'Église elle-même tâchent de procéder à une réforme intérieure de celle-ci. C'est le cas par exemple du franciscain

Francisco Jiménez de Cisneros (1456-1517) : moine franciscain en 1484 et cardinal en 1507, il contribue à réformer son ordre en Castille, devient confesseur de la reine Isabelle en 1492 et archevêque de Tolède en 1495. Il est régent de Castille à deux reprises, en 1506-1509 et en 1516-1517. Il lance également des expéditions contre l'Afrique du Nord qui aboutissent à la prise d'Oran en 1509.

Synode : réunion d'ecclésiastiques convoquée par un évêque pour traiter de questions concernant le diocèse.

Concile : assemblée des évêques de l'Église catholique ; un concile général convoque tous les évêques de l'Église dans le monde alors qu'un concile particulier n'en réunit qu'une partie (d'un pays, par exemple).

Francisco Jiménez de Cisneros : provincial de son ordre pour la Castille, il entreprend de le réformer, en privilégiant la branche des Observants (qui respectent scrupuleusement le vœu de pauvreté) au détriment des Conventuels. Il élargit ensuite son projet de réforme à tous les ordres monastiques de Castille et au clergé séculier de son archevêché. Ainsi, lors de **synodes** tenus à Alcalá de Henares (1497) et à Talavera (1498), il rappelle l'obligation de résidence pour les curés et les astreint, sous peine d'amende, à expliquer l'évangile à leurs paroissiens et à enseigner la doctrine catholique aux enfants. La fondation de l'université d'Alcalá de Henares, au tournant des XVe et XVIe siècles, s'inscrit dans cette même logique : il s'agit de dispenser une meilleure formation théologique au membre du clergé hispanique. Les premiers cours y sont donnés en 1509. Il est intéressant de relever que malgré l'énergie déployée par Cisneros, son action n'a pu se concrétiser que parce qu'il disposait également de l'appui du pape et du pouvoir temporel.

Ce lien étroit avec le pouvoir temporel est d'ailleurs un trait important de nombre de tentatives de réformes propres à l'Église du début du XVIe siècle, du moins il permet de rendre compte de leur succès ou de leur échec. Ainsi, en 1493, le roi de France Charles VIII réunit une assemblée d'ecclésiastiques à Tours pour réformer l'Église de France ; la nécessaire qualité des desservants y est rappelée. De même, en 1528, une série de conciles provinciaux se tient dans différentes provinces métropolitaines du royaume dans le but de combattre les idées nouvelles de Luther. Le plus important de ces **conciles** se tient à Paris et concerne la province de Sens : cinq des évêques présents ont un lien direct avec la cour.

À l'inverse, d'autres projets, non moins ambitieux, échouent faute d'un soutien politique suffisamment fort, comme dans le cas de l'action de Jacques Lefèvre d'Étaples et de l'évêque de Meaux, Guillaume Briçonnet. Après une première réforme de l'abbaye de Saint-Germain-des-Prés en 1507, il devient en 1515 évêque de Meaux ; il s'adjoint alors les services de l'humaniste Lefèvre d'Étaples. Ils rénovent la formation du clergé local, forment un nombre important de prédicateurs, divisent le diocèse en de multiples « stations », chacune d'elle assignée à un prédicateur particulier, ils font venir des humanistes tels que Vatable (futur lecteur au Collège royal), Guillaume Farel professeur de grammaire et de philosophie… Formant le cénacle de Meaux, ils travaillent à une rénovation de la prédication en diffusant les textes de la Bible grâce à l'imprimerie. Toutefois, cette expérience se heurte d'une part aux réticences des populations qui voient remettre en cause un certain nombre de leurs traditions et d'autre part aux craintes des institutions politiques et religieuses qui craignent l'extension du luthéranisme. Le groupe de Meaux est dissous en 1525 sous la pression de l'Université de Paris et du Parlement. Malgré son échec, ce courant évangélique de retour au message biblique empreint profondément les sociétés modernes et montre à quel point ces dernières sont en réelle effervescence religieuse au tout début du XVIe siècle.

2. Luther, Zwingli et Calvin

Les doctrines de Martin Luther, Huldrych Zwingli et Jean Calvin apparaissent toutes trois en l'espace d'une génération à partir de 1517 et insistent sur l'importance du retour au seul texte biblique et au salut assuré par la foi seule, et non plus avec le concours des œuvres, c'est-à-dire des actes ; c'est le principe du salut *sola fide, sola scriptura* (« par la seule foi, par la seule Écriture »).

« L'homme est justifié par la foi sans la pratique de la Loi » (Paul de Tarse, Épître aux Romains, III, 28)

Martin Luther est le premier à affirmer ce retour. En commentant l'Épître aux Romains de saint Paul, il y trouve le fondement de sa théologie. C'est au moment de cette redécouverte que la vente d'**indulgences** est relancée par Léon X pour financer les travaux de la basilique Saint-Pierre à Rome ; Luther fait alors connaître son opposition par les 95 Thèses (31 octobre 1517), évoquant notamment le fait que ces indulgences « ne sont pas les mérites du Christ ou des saints, car ceux-ci produisent toujours, sans l'intervention du pape, la grâce pour l'homme intérieur, ainsi que la croix, la mort et l'enfer pour l'homme extérieur » (thèse LVIII).

Indulgences : rémission d'une peine temporelle due aux péchés. Dans l'Église catholique, l'absolution obtenue au moment de la confession permet d'effacer l'offense faite à Dieu lors d'un péché ; reste alors la peine temporelle qui doit être purgée soit durant la vie du pécheur (pèlerinage, récitation de prières, pénitence…) soit dans le purgatoire. L'indulgence permet précisément de réduire la durée de cette peine temporelle. Dès le Moyen Âge, la pratique de l'octroi par le clergé d'indulgences contre de l'argent se répand.

Martin Luther (1483-1546)

Fils d'un mineur de cuivre, Martin Luther est d'abord l'élève des Frères de la vie commune ; il fait ensuite des études à l'université d'Erfurt. En 1505, il devient moine augustin, toujours à Erfurt. Il reçoit son grade de docteur en théologie en 1512 et commence alors à enseigner à l'université saxonne de Wittenberg, récemment ouverte. Luther y dispense plusieurs enseignements sur la Bible. C'est à cette occasion qu'il découvre la justification par la foi dans les épîtres de Paul. Le 31 octobre 1517, il fait connaître son désaccord avec la pratique des indulgences (les « 95 thèses »). Condamné par la papauté (bulle *Exsurge Domine*, 1520), excommunié (bulle *Decet romanum pontificem*, 1521), Luther est également mis au ban du Saint-Empire en 1521 (diète de Worms). Protégé par le duc de Saxe Frédéric III, Luther met à profit ce temps où il est caché pour rédiger plusieurs traités importants : un *Grand* et un *Petit Catéchisme* (1529), une traduction de la Bible en langue allemande (1534). En 1525, il épouse une ancienne religieuse. À partir de la seconde moitié des années 1520, il publie des traités pour clarifier ses positions sur l'Eucharistie et condamner les révoltes de paysans contre les princes.

Bien que Luther agisse dans un premier temps dans le cadre traditionnel de la controverse théologique et soumette ainsi ses thèses à la discussion de l'Église et de l'Université, il enclenche néanmoins un processus qui le pousse à clarifier ses idées et à fonder une nouvelle confession. Malgré son excommunication et ses condamnations par la papauté et par la diète impériale, Luther parvient à continuer sa réflexion dans une relative sérénité matérielle grâce à la protection du duc de Saxe Frédéric III. En opposition avec l'Église romaine, il aboutit ainsi à l'idée du sacerdoce universel (chaque chrétien peut être prêtre) et de la consubstantiation (lors de l'Eucharistie, le corps et le sang du Christ

Martin Luther

sont dans le pain et dans le vin, ce qui sous-entend la permanence de ces aliments). Préparée par le renouveau spirituel que connaissait l'Europe du début du XVIe siècle, la théologie de Luther rencontre un vif succès : elle permet de justifier le détachement vis-à-vis de Rome et elle contribue au désangoissement du croyant, en l'assurant que le salut est possible.

Si Luther est un religieux formé à la théologie, Huldrych Zwingli et Jean Calvin sont davantage des clercs formés à la méthode de l'humanisme. Comme Luther, tous deux insistent sur un retour à l'autorité des Écritures comme seule source du salut. Zwingli, qui implante la réforme à Zurich dès 1518 en dénonçant la vente d'indulgences dans les cantons suisses, instaure une confession d'où est bannie la consubstantiation au profit d'une présence symbolique et rejette le secours des sacrements et des saints dans le salut individuel. Pour cette raison, les zwingliens sont aussi appelés « sacramentaires ». Calvin, de son côté, installé à Genève de manière définitive en 1541, reprend l'idée de la présence symbolique lors de la Cène, tout en mettant au premier plan l'idée que les hommes sont prédestinés. L'une des spécificités de la Réformation calviniste est la vigoureuse organisation de l'Église de Genève autour de quatre ministères : celui de la Parole (pasteurs), de la Doctrine (docteurs), de la Charité (Diacre) et de la Correction (Anciens). Cela aboutit à la mise en place d'une organisation presbytéro-synodale et à un contrôle plus étroit des croyants. De la même façon que Zwingli et à la différence de Luther, la Réforme de Calvin se déploie dans une cité marquée par une forte tradition d'autonomie politique et non dans un État territorial. Dans un tel cadre, l'autorité municipale joue un rôle capital dans l'adoption de la nouvelle confession. Sans sous-estimer une fois encore la sincérité de ce choix, le passage à la Réformation permet au Magistrat urbain de renforcer son autonomie face au pouvoir épiscopal ou seigneurial, mais également d'accroître la cohésion de la cité.

Jean Calvin

Jean Calvin (1509-1564)

D'origine picarde, Jean Calvin s'appelle en réalité Jean Cauvin. Il débute ses études à Paris, au collège Montaigu, avant de faire son droit aux universités d'Orléans et de Bourges. Il s'intéresse alors à l'humanisme (il rédige un commentaire du *De Clementia* de Sénèque) et latinise son nom en Calvin. En 1533, il participe à la rédaction du discours du recteur de la Sorbonne, Nicolas Cop, plaidoyer pour l'évangélisme. Condamné par la faculté de théologie, Calvin doit s'enfuir et trouve d'abord refuge auprès de Marguerite de Navarre, à Angoulême et à Nérac. Il rédige un exposé de sa théologie, l'*Institution de la religion chrétienne*, publié une première fois en latin en 1536 et en français en 1541. C'est d'ailleurs le premier traité théologique publié en français. Toujours en 1536, il se rend à Genève à la demande de son ami Guillaume Farel pour participer à la réforme de la ville. Il est obligé de quitter la cité suisse dès l'année suivante et séjourne jusqu'en 1541 à Strasbourg où il s'occupe de la paroisse des Français. Dans la ville alsacienne, il rencontre une organisation qu'il reprend lors de son retour définitif à Genève. Il fait alors de cette ville l'un des centres de la diffusion de la Réformation à l'échelle de l'Europe.

3. Les réformes radicales

Les idées de Luther sont rapidement diffusées, notamment dans le Saint-Empire grâce à l'imprimerie. C'est le cas par exemple de ses 95 thèses et cette situation aboutit très vite à l'émergence de pôles incontrôlés de la Réforme. L'intérêt historique de ces « réformes radicales » est qu'elles poussent les réformateurs, et plus particulièrement Luther, à préciser leur doctrine.

Dès 1521, au moment où il demeure à la Wartburg, Luther est confronté à l'action d'un de ses disciples, Andreas Bodenstein plus connu sous son surnom de Karlstadt. Celui-ci prône l'établissement de vastes communautés de laïcs illuminés, l'interdiction de la messe non-évangélique, le retrait de toutes les images dans les églises et le culte en langue vernaculaire. Par l'intermédiaire du duc de Saxe, Luther parvient à faire condamner ces « exaltés » (*Schwärmer*).

Les années 1520 correspondent au moment où le luthéranisme naissant sert de point de ralliement à de nombreux mouvements de contestation germaniques qui trouvent leur origine d'abord dans les difficultés économiques et sociales du moment. En 1522-1523, des chevaliers impériaux, emmenés par Franz von Sickingen et Ulrich von Hutten, s'en prennent aux grands seigneurs territoriaux de l'Empire et attaquent l'archevêque-électeur de Trèves. Le mouvement est rapidement réprimé par l'électeur palatin et le landgrave de Hesse. Entre 1524 et 1526, ce sont les paysans germaniques qui se révoltent sous la direction de **Thomas Münzer**. Celui-ci trouve la doctrine de Luther trop « efféminée » et préconise le renversement de l'ordre social qui empêche la réalisation de l'ordre évangélique. Cette révolte, connue sous le nom de guerre des paysans, est en réalité une série de soulèvements touchant la Franconie, la Souabe, la Thuringe, le Tyrol, les États autrichiens, la région du Main… Elle est due à un accroissement des difficultés économiques et à un alourdissement de la tutelle seigneuriale. Avec l'apparition des Réformations, elle trouve une justification religieuse et revendique un traitement plus conforme à la justice chrétienne. La révolte est écrasée lors de la bataille de Frankenhausen en mai 1525 ; Münzer est capturé et exécuté (cf. p. 89). Dans ces deux cas, Luther affirme la nécessité de la soumission à l'ordre temporel et rappelle aux paysans que « qui se servira du glaive périra par le glaive ; même si les princes sont méchants et injustes, rien n'autorise à se révolter contre eux ». Ce faisant, il se tourne clairement vers l'autorité monarchique pour l'établissement de la Réforme.

Thomas Münzer

Le dernier exemple de réforme radicale, l'épisode anabaptiste de Münster, en 1534-1535 est également le plus original. Les anabaptistes estiment inutile le baptême des individus qui ne sont pas en état de revendiquer leur foi, comme les nouveaux nés ; ils préconisent donc le baptême des seuls adultes ou un deuxième baptême pour ceux-ci. En 1534, la ville de Münster devient le siège d'une expérience religieuse d'où sont expulsés les non-croyants. Sous l'autorité de Jan de Leyde (devenu « roi de justice »), la ville se proclame « Nouvelle Jérusalem ». Rapidement assiégée par les troupes du prince-évêque, la cité met en place une expérience sociale et religieuse originale fondée sur la communauté des biens et une lecture littérale de l'Ancien Testament. La ville est reprise en 1535 et l'anabaptisme, s'il subsiste, adopte désormais le pacifisme.

S'ils ne sont pas parvenus à s'implanter durablement, ces différents mouvements fondés sur une conception radicale et intransigeante de la réforme ont néanmoins joué un grand rôle dans la définition et la clarification de la Réformation comme mouvement établi. C'est au moins autant contre eux que contre le catholicisme romain que Luther et Calvin rédigent leurs traités.

III. Divisions et consolidations confessionnelles

1. L'éclatement de la Chrétienté

La conséquence la plus immédiate de l'apparition des réformes est la fin de l'unité religieuse de l'Europe occidentale. Le catholicisme jusque-là dominant recule face à la diffusion du calvinisme et du luthéranisme. Le calvinisme se propage à partir de Genève d'où part un grand nombre de pasteurs et où sont imprimés des livres réformés. De Genève, la nouvelle confession gagne les Pays-Bas, la Hongrie, l'Écosse ainsi que la France, particulièrement la partie méridionale du royaume où on a pu parler de « Provinces-Unies du Midi ». La force de ce mouvement tient avant tout à la cohérence du modèle presbytéro-synodal et à la logistique fournis par Genève.

Le luthéranisme quant à lui se diffuse essentiellement dans la partie septentrionale du Saint-Empire et de l'Europe, particulièrement en Scandinavie. Il reçoit une première reconnaissance officielle en 1527 lorsque les diètes des royaumes de Suède et de Danemark établissent de nouvelles liturgies rompant avec la romaine et faisant du luthéranisme la confession de leur royaume respectif. Dans le Saint-Empire, la reconnaissance est plus longue et il faut attendre la paix de religion d'Augsbourg de 1555 pour voir le luthéranisme reconnu officiellement : dans chaque territoire, c'est le prince qui impose sa confession à ses sujets (principe du *Cujus regio, ejus religio*, « tel prince, telle religion »). Mais le calvinisme en est exclu jusqu'en 1648.

Le cas anglais constitue un exemple à part. Si Henri VIII cesse de reconnaître l'autorité religieuse de Rome en 1534 (Acte de suprématie), il ne s'agit alors que d'une décision ecclésiologique et non théologique. Quoiqu'entouré de nombreux conseillers luthériens, le roi demeure fidèle au dogme catholique et il faut attendre sa mort en 1547 pour voir les premiers livres de prière officiels pencher vers un sens plus réformé. Les influences luthérienne, calviniste, voire catholique (règne de Marie Tudor, 1553-1558) alternent et ce n'est qu'avec l'avènement d'Élisabeth Ire (1558-1603) que l'Angleterre s'engage de manière claire vers une voie calviniste.

2. La réaction catholique

L'apparition de la Réformation luthérienne polarise très rapidement les débats confessionnels : les évangélistes comme Briçonnet, Lefèvre d'Étaples ou Érasme, de même que les « fidèles entre deux chaires » refusant de choisir entre la Rome catholique et la Genève calviniste sont rapidement marginalisés.

L'Église catholique, quant à elle, réagit de manière progressive. Dans un premier temps, un certain nombre de nouveaux ordres religieux sont créés comme les Jésuites par Ignace de Loyola ou les théatins par Gaetano de Thiene et Pietro Carafa en 1524. Des réformes, dans le sens de rénovation, des ordres déjà existants sont également entreprises. Puis, confrontée à des remises en cause d'ordre théologique, le pape Paul III convoque un concile général dont la mission est de préciser le dogme et de renforcer la discipline ecclésiastique. C'est le concile de Trente qui s'ouvre en 1545 et s'achève en 1563. Il réaffirme la place des œuvres dans le salut de l'homme, ainsi que le caractère sacrificiel de la messe. En ce qui concerne la discipline, il rappelle l'obligation de résidence pour les évêques et interdit le cumul des charges. Enfin, il préconise une meilleure formation du clergé.

Les Jésuites

Lors d'un vœu prononcé sur la colline de Montmartre en 1534, plusieurs étudiants (parmi lesquels le Guipuzcoan Ignace de Loyola, le Navarrais François Xavier et le Savoyard Pierre Favre) font le serment « de se dédier au service du Seigneur dans la pauvreté ». Leur projet est alors d'administrer les sacrements sans en retirer aucun bénéfice, d'effectuer un pèlerinage à Jérusalem et de se mettre au service du pape. Empêché par la maladie d'aller à Jérusalem, Ignace de Loyola se rend à Rome pour faire confirmer la Compagnie de Jésus par le pape Paul III (bulle *Regimini militantis Ecclesiae*, 1540). Les Jésuites sont des prêtres dont la formation est extrêmement poussée (jusqu'à une dizaine d'années avant de prononcer les vœux) et dont le travail s'effectue au milieu des croyants. Celui-ci va dans deux directions principales : l'enseignement, inspiré des méthodes des Frères de la vie commune (premier collège jésuite ouvert à Messine en 1548) ; l'évangélisation (François Xavier arrive à Goa en Inde dès 1542 et se rend au Japon en 1549). Les Jésuites jouent un rôle de premier plan dans la mise en œuvre de la Contre-Réforme catholique ; ils sont également proches du pouvoir temporel : nombre de confesseurs royaux sont issus de leurs rangs et les collèges visent en priorité les enfants de la noblesse.

Le pape Paul III approuve la création de la Compagnie de Jésus, 1540

Si les canons du concile sont reçus dès 1564 dans les royaumes ibériques et permettent, d'une manière générale, l'installation d'une Contre-Réforme catholique efficace, ils tardent parfois à être adoptés par certains États comme en France où ils n'acquièrent force de loi qu'en 1615, sans être d'ailleurs réellement appliqués. Mais l'œuvre de rénovation est en cours et a été accélérée par l'apparition des Réformes.

À retenir

- La religion est omniprésente dans l'Europe du début du XVIe siècle, mais il existe des minorités religieuses et l'Église catholique elle-même est traversée par de multiples tensions et aspirations à un renouveau.
- Le projet des réformateurs n'était pas de créer une nouvelle confession mais de réformer l'Église de l'intérieur. Mais face à l'hostilité des institutions ecclésiastiques et grâce à la protection politique de princes ou de cités, des réformateurs comme Luther, Calvin ou Zwingli finissent par se séparer définitivement de la papauté.
- Cet éclatement du christianisme occidental met fin à l'illusion d'unité religieuse du continent et amène d'une part nombre d'États à se construire autour d'une confession, marginalisant ou rejetant les autres, d'autre part, l'Église catholique à entreprendre sa propre réforme, initiée avec le concile de Trente (1545-1563) qui redéfinit des points cruciaux du dogme et insiste sur la discipline ecclésiastique. Cette Réforme est d'une ampleur telle qu'aucun concile universel ne sera plus convoqué avant la fin du XIXe siècle.

LES DATES ESSENTIELLES

1478 : Création de l'Inquisition royale en Castille

1516 : Concordat de Bologne entre François Ier et Léon X

1520 : Condamnation de Luther par la papauté

1522-1525 : Guerre des chevaliers et guerre des paysans dans le Saint-Empire

1534 : Henri VIII chef de l'Église d'Angleterre

1541 : Calvin à Genève ; publication en français de son *Institution de la religion chrétienne*

1545-1563 : Concile de Trente

POUR ALLER PLUS LOIN

Sélection bibliographique

Esther BENBASSA, *Histoire des Juifs de France*, Seuil, 2000 (1re éd. : 1997).

Anne BONZON et Marc VENARD., *La religion dans la France moderne. XVIe-XVIIIe siècle*, Hachette, 2008 (1re éd. : 1998).

Jocelyne DAKHLIA et Bernard VINCENT (dir.), *Les musulmans dans l'histoire de l'Europe. I. Une intégration invisible*, Albin Michel, 2011.

Jean DELUMEAU et Monique COTTRET, *Le catholicisme entre Luther et Voltaire*, PUF, 2010 (1re éd. : 1971).

Didier FOUCAULT, *Histoire du libertinage. Des goliards au marquis de Sade*, Perrin, 2010 (1re éd. : 2007).

Enrique GARCÍA HERNAN, *Ignace de Loyola*, Seuil, 2016.

Nicole LEMAÎTRE, *L'Europe et les Réformes au XVIe siècle*, Ellipses, 2008.

Jean-Marie MAYEUR *et al.* (dir.), *Histoire du christianisme. Tome VII : De la Réforme à la Réformation, 1450-1530*, Desclée, 1994 et *Tome VIII : Le Temps des confessions, 1530-1620-30*, Desclée, 1992.

Benoist PIERRE, *La Monarchie ecclésiale. Le clergé de cour en France à l'époque moderne*, Champ Vallon, 2013.

Bernard VINCENT, *L'islam d'Espagne au XVIe siècle. Résistances identitaires des morisques*, Bouchene, 2017.

CHAPITRE

3

La mise en connexion du monde

PLAN DU CHAPITRE

I. À la recherche des « Grandes Découvertes »

II. Découvrir, conquérir et exploiter

III. Les effets-retours de l'exploitation des mondes nouveaux

Grandes Découvertes : ensemble des voyages, essentiellement maritimes, effectués au XVe et au XVIe siècle qui ont permis aux Européens d'avoir une meilleure connaissance du monde. Ces voyages sont surtout le fait de navigateurs au service des monarchies portugaise et castillane, même si la France ou l'Angleterre y jouent un rôle mineur.

Christophe Colomb découvre l'Amérique le 12 octobre 1492.

Mais que signifie « découvrir » ? À qui peut-on attribuer le bénéfice de la « découverte » d'un continent ou d'un nouveau territoire ? Ainsi, au début du XIe siècle, un navigateur norvégien, Leif Erikson, aurait atteint des terres qu'il aurait baptisées « Vinland » et qui correspondraient à la côte nord-est de l'actuel continent américain. Pourtant, Leif Erikson n'en est pas considéré comme le « découvreur ». Cela tient à la fois au fait que les établissements fondés n'ont pas été durables et que l'information concernant ces territoires n'a pas circulé.

Par ailleurs, les populations habitant le continent américain au moment de l'arrivée des Européens à partir du XVIe siècle, les populations amérindiennes ou précolombiennes, avaient évidemment conscience de leur existence ; parler de « découverte » de l'Amérique revient donc à privilégier un point de vue européen. Pour ces raisons, le terme de « rencontre » a pu être privilégié, notamment à partir des années 1990 et des commémorations célébrant le cinquième centenaire de l'arrivée de Christophe Colomb dans le Nouveau Monde.

Ces questions ne sont pas de pure rhétorique : pendant longtemps, l'histoire des voyages d'exploration et des « **Grandes Découvertes** » a privilégié le point de vue exclusif des Européens traitant les autres populations comme des acteurs passifs ou secondaires, ne rendant compte ni des spécificités de l'expansion européenne ni des dynamiques locales des implantations. L'insistance sur la « découverte » a également eu pour effet de mettre l'accent sur les événements encadrant immédiatement la date de 1492, reléguant à l'arrière-plan une séquence temporelle beaucoup plus ample, en amont comme en aval. Dès lors, il s'inscrit dans une poussée plus globale où les facteurs économiques et culturels ont une importance de premier plan ; cette poussée aboutit également à une première mondialisation sous l'égide des Ibériques.

Problématiques

– Dans quelle mesure les voyages d'exploration et les conquêtes extra-européennes du XVIe siècle ont-ils contribué à la mise en place d'une première mondialisation ?

– Quelles sont les conséquences de cette dernière pour le continent européen ?

Histoire de la mondialisation et histoire connectée

À partir des années 1980, la façon d'écrire l'histoire des « Grandes Découvertes » a été profondément modifiée par des préoccupations contemporaines et a orienté l'écriture de ce récit dans deux grandes directions.

D'une part, sous l'effet de la mondialisation économique et des problèmes que cette dernière soulève, les historiens ont cherché à établir les origines et les conséquences de l'intensification des échanges à l'échelle mondiale. Notamment illustrée par les travaux de Serge Gruzinski, cette démarche s'est intéressée aux circulations, aussi bien économiques que culturelles, et a par exemple mis en évidence les processus de métissage des imaginaires. Ainsi, une occidentalisation du monde a pu être mise au jour dès le XVIe siècle correspondant à une extension de la sphère occidentale au moyen de la diffusion des savoirs européens.

D'autre part, le renouveau de l'histoire coloniale a également joué un rôle important. Sous l'influence des *Subaltern Studies* indiennes, une histoire connectée de l'expansion européenne a commencé à voir le jour : pour dépasser les cloisonnements nationaux empêchant de comprendre pleinement des processus se déployant à l'échelle mondiale et éviter les récits ethnocentrés, il s'agit désormais de prendre en compte le point de vue des sociétés confrontées à l'irruption des Européens et de restituer les rencontres, les réceptions et les interactions entre les différents acteurs de ces phénomènes. Cela a donné lieu à des études analysant aussi bien la présence portugaise dans le monde indien (Sanjay Subrahmanyam) que la rencontre entre Hollandais et Javanais (Romain Bertrand).

I. À la recherche des « Grandes Découvertes »

Comprendre la portée exacte de cette première mondialisation n'est possible qu'à condition de la replacer dans un temps plus long et de la saisir comme un phénomène non plus unidimensionnel (c'est-à-dire exclusivement géographique ou économique ou politique...) mais bien global. Une telle approche doit permettre de comprendre les spécificités des voyages européens de la fin du XVe et du début du XVIe siècle ; en effet, si les Ibériques ne sont pas les seuls à entreprendre d'explorer le monde (les Chinois s'y lancent par exemple en même temps que les Portugais, avec les voyages de l'amiral Zeng He dans l'océan Indien entre 1405 et 1433), ils sont en revanche les premiers à construire des empires sur tous les continents alors connus.

1. Le monde à la fin du Moyen Âge

Avant la mise en relation de tous les continents connus, les Européens se représentaient le monde comme un espace clos et fini. Il faut entendre par là que l'ensemble des terres était à peu près connu, soit directement soit par l'intermédiaire de textes anciens faisant autorité (comme la *Géographie* de Ptolémée) et que des limites précises pouvaient lui être assignées. De telles représentations du monde se matérialisaient dans des cartes dites « T dans l'O » ou OT (pour *Orbis Terrarum* : disque de la Terre) : toutes les terres habitées, l'Afrique, l'Asie et l'Europe, sont séparées par un T formé par la Méditerranée et les fleuves du Don et du Nil ; l'ensemble est limité par le cercle infranchissable de la mer Océane. Conforme en cela à la vision religieuse de l'époque, le centre de ces cartes est Jérusalem.

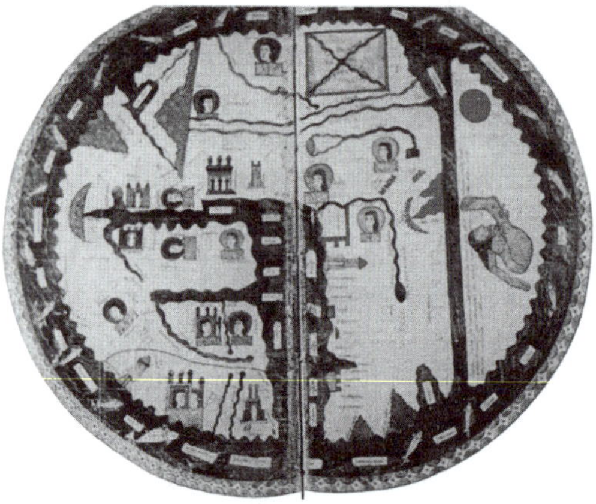

L'*Orbis Terrarum* de l'Apocalypse de Saint-Sever (XIe siècle)

Les voyages, à des fins commerciales ou religieuses, qui ont eu lieu durant le Moyen Âge central (l'Italien Jean du Plan Carpin auprès des Mongols de Karakorum vers le milieu du XIIIe siècle, Marco Polo à Pékin dans le dernier quart de ce même siècle) ne permettent pas, à proprement parler, de découvrir de nouvelles terres. Toutefois, ils ont une importance réelle dans la dynamique de mise en connexion du monde lancée à partir du XVe siècle dans la mesure où ils font connaître à la Chrétienté l'Extrême-Orient et ses richesses et qu'ils réactivent le mythe d'un royaume chrétien, le royaume du Prêtre Jean, existant au-delà des terres d'Islam prêt à aider les Occidentaux pour lutter contre les musulmans. À ce titre, les hommes du XVe siècle ne font que renouer avec ces traditions mais en employant d'autres moyens.

2. Du poivre, de l'or et Dieu : les moteurs des voyages d'exploration

Bien que renouant avec les grands voyages du XIIIe siècle, les expéditions du XVe siècle s'en démarquent par bien des aspects. Le premier tient sans doute au fait qu'il s'agit désormais d'entreprises coordonnées bénéficiant de l'appui d'autorités politiques. Ainsi, à partir des années 1420, les explorations portugaises des côtes africaines sont financées par le prince Dom Henri : il dispose du titre de grand-maître de l'ordre du Christ, ce qui lui assure d'importants revenus, et perçoit également des droits sur la production de savon et la pêche du thon pour armer des flottes. On est ici loin des périples individuels et ponctuels et la coordination de ces voyages témoigne également de l'essor de l'État moderne.

Les expéditions du XVe siècle ont également des objectifs économiques. En effet, l'or reste relativement rare en Europe et son prix, notamment par rapport à l'argent, s'apprécie à partir de 1450. Les Européens sont alors dépendants des approvisionnements extérieurs, notamment en provenance de la boucle du Niger : le métal précieux est acheminé par caravanes à travers le Sahara et gagne ensuite les foires situées en bordure du désert comme Sijilmassa ; des marchands venant du Maghreb acquièrent cet or pour le vendre ensuite aux Génois, aux Hispaniques ou aux Portugais. Avec le XVe siècle, se passer de ces intermédiaires devient un but à part entière de l'exploration des côtes africaines. C'est une même volonté d'accès direct aux épices, notamment au poivre, qui incite certains navigateurs à chercher d'autres routes que celle de la Méditerranée orientale : le Levant est alors le débouché de la longue route caravanière qui part de Chine et les marchands italiens, Génois et Vénitiens, sont parvenus à occuper une position d'intermédiaires incontournables dans ce commerce.

À ces facteurs économiques et commerciaux s'en ajoutent d'autres, politiques et religieux. Au XVe siècle, les royaumes du Portugal, de Castille et d'Aragon ont achevé la ***reconquista*** ou sont en passe de le faire. Ils mettent en place une politique de croisade visant les terres musulmanes et leur permettant de poursuivre ce mouvement de conquête hors d'Europe : les Portugais prennent ainsi Ceuta en 1415 et envisagent dès lors de prendre le Maroc. Mais en 1437, après leur échec devant Tanger, ils songent davantage à contourner le royaume maghrébin. Leur projet rencontre alors le mythe médiéval du royaume du prêtre Jean et l'idée de retrouver des populations chrétiennes plus ou moins légendaires en Afrique et en Asie pour s'en faire des alliés contre les musulmans les motive également. Il s'agit de l'expression du **millénarisme** qui imprègne les consciences de la fin du Moyen Âge et du début de l'époque moderne.

Mais la soif d'or et d'épices, la poussée millénariste ou l'esprit de croisade ne sauraient cacher les difficultés auxquelles se sont heurtées les entreprises

Reconquista : conquête des territoires ibériques jusque-là possédés par les musulmans. Commencée au Moyen Âge, la *reconquista* s'achève en 1492 avec la prise de Grenade et la fin du dernier royaume musulman dans la péninsule Ibérique.

Millénarisme : forme religieuse présente dans de nombreuses religions et particulièrement dans le judaïsme, le christianisme et l'islam. Dans sa forme chrétienne, elle consiste dans l'espérance d'un royaume de paix et de justice gouvernée par un messie où régnera la paix pendant mille ans avant le jugement dernier.

maritimes. En effet, un certain nombre d'obstacles techniques s'oppose de façon tout à fait concrète à la navigation au long cours sur des mers inconnues. Ce n'est qu'une fois ces obstacles surmontés que des expéditions peuvent se lancer dans des voyages toujours plus lointains. Le premier de ces obstacles tient à la capacité à s'orienter et à se repérer. Quand s'achève le Moyen Âge, l'astrolabe, apparu dans le monde arabe au VIIe siècle, et la boussole, utilisée par les Chinois à partir du Xe siècle, ont été améliorés et se sont généralisés.

Astrolabe de Khafif, syro-égyptien, fin IXe s.

D'autres innovations techniques importantes interviennent dans le courant du XVe siècle. Ainsi, la galère, conçue pour la Méditerranée, est peu à peu délaissée et la caravelle, apparue dans le monde ibérique à partir de 1440, s'impose. Celle-ci, avec son haut-bord et son faible tirant d'eau, peut aussi bien faire face à la navigation hauturière qu'à du cabotage le long des côtes. Dotée de voiles latines (triangulaires), elle est facilement manœuvrable et ses voiles carrées lui permettent d'avancer assez rapidement. Le château arrière lui confère aussi une certaine solidité.

Enfin, la maîtrise du régime des vents a permis, d'abord aux Portugais, d'importants gains de temps dans leurs expéditions. En effet, dans la zone tropicale, des vents réguliers soufflent dans la direction nord-est/sud-ouest pour l'hémisphère Nord et dans la direction sud-est/nord-ouest dans l'hémisphère Sud. En acceptant de perdre de vue les côtes pour suivre ces vents porteurs, les navigateurs portugais sont ainsi parvenus à contourner les vents contraires et à mettre au point la technique de navigation dite de la *volta* pour rejoindre plus rapidement le Portugal ou, à l'inverse, le golfe de Guinée.

Ainsi, quand s'ouvre le XVIe siècle, les conditions tant culturelles qu'économiques ou techniques sont réunies pour favoriser des expéditions maritimes au long cours. D'ailleurs, d'importants progrès dans la reconnaissance de l'Atlantique ont déjà été effectués avant le premier voyage de Christophe Colomb.

3. Progression des voyages et premiers systèmes d'exploitation

Ces progrès sont à considérer autant comme une série de voyages toujours plus avant dans des espaces inconnus que comme une somme d'expériences répondant à des problèmes précis soulevés par ces voyages.

Ainsi, dès 1312, les Canaries sont redécouvertes par des marins normands et passent rapidement sous domination castillane. C'est ensuite le tour de Madère en 1341 puis des Açores en 1420. En dépit de la faible superficie de ces terres, leur acquisition est décisive : elles offrent des points de ravitaillement loin au sud et dans l'océan, permettant aux expéditions portugaises de pousser plus loin. Dès lors peut commencer la reconnaissance méthodique des côtes africaines : en 1434, le cap Bojador est doublé alors que l'on pensait qu'il était une des limites du monde ; en 1445, le Cap-Vert est atteint ; en 1461, une forteresse portugaise est établie à Arguin, sur l'actuelle côte mauritanienne, pour capter l'or transporté par les caravanes avant qu'il n'arrive au Maghreb; en 1471, l'équateur est franchi pour la première fois; en 1482, les Portugais édifient une forteresse dans le golfe de Guinée, à São Jorge da Mina (actuel Ghana), toujours dans le but de se rapprocher de l'or de la boucle du Niger et de mieux contrôler son approvisionnement. Peu à peu, le projet d'exploration coordonnée des côtes africaines se mue en celui de contourner le continent; c'est chose possible à compter de 1487 lorsque Bartolomeu Dias atteint le cap de Bonne Espérance et rend envisageable la **circumnavigation** de l'Afrique.

Circumnavigation : Voyage maritime autour d'une île, d'un continent ou de la terre.

Ces voyages d'exploration s'accompagnent également de la mise en place d'un système d'exploitation économique et sociale qui constitue la première expérience coloniale systématique des Européens hors d'Europe. Dans les archipels proches des côtes africaines (Canaries, Açores, Madère), de nouvelles cultures sont introduites, comme le blé ou la canne à sucre, et destinées à l'exportation vers l'Europe. Pour mettre en valeur ces domaines agricoles, les populations autochtones étant peu nombreuses ou ayant disparu (comme les Guanches des Canaries), un système esclavagiste est mis en place: avec des capitaux italiens, des esclaves sont achetés sur les côtes africaines puis contraints de travailler dans les exploitations sucrières; le sucre est ensuite exporté et vendu en Europe. Ce premier système de traite d'esclaves ne se limite toutefois pas aux archipels atlantiques puisque nombre d'esclaves en provenance de la Sénégambie sont également acheminés vers Lisbonne ou Séville, d'où ils sont ensuite envoyés ailleurs en Europe. De la sorte, ces voyages d'exploration et l'occupation des îles qui en découle constituent les premiers laboratoires de l'expérience coloniale et servent de cadre de référence aux explorateurs se lançant dans de lointaines expéditions maritimes.

II. Découvrir, conquérir et exploiter

Les Ibériques sont les premiers à se lancer dans de grands voyages d'exploration; de ce fait, tout au long du XVIe siècle, ils disposent d'un temps d'avance sur les entreprises maritimes des autres puissances européennes. Pour autant, les rythmes, les objectifs et les zones explorées ne sont pas les mêmes pour les Hispaniques et les Portugais.

▶ Voir carte 2, Atlas en fin d'ouvrage

1. Le temps des découvertes

Si les voyages des Portugais et des Castillans sont, à peu de chose près, concomitants, ils s'effectuent néanmoins dans des directions différentes. Dans la continuité de l'expédition de Bartolomeu Dias, l'objectif des Portugais est désormais d'atteindre l'Inde par voie maritime pour accéder directement aux épices. Dans cette perspective, Vasco de Gama part du Portugal en juillet 1497 à la tête d'une flotte de quatre navires; après avoir franchi le cap de Bonne Espérance, il longe le littoral oriental de l'Afrique, s'arrêtant à Mombasa et Malindi. Là, il engage un pilote indien qui connaît les routes maritimes et les courants. De la sorte, les populations locales jouent elles-mêmes un rôle de premier plan dans ces voyages. La ville de Calicut est atteinte le 20 mai 1498. Mais face à l'hostilité du souverain de Calicut, Vasco de Gama doit se réfugier à Cochin. Le bilan de ce premier voyage européen vers l'Inde est nuancé : d'un point de vue strictement commercial, le bénéfice est relativement médiocre, la cargaison de poivre ramenée est de faible importance et de piètre qualité. Néanmoins, l'expédition de Vasco de Gama permet aux Portugais d'avoir un accès direct aux épices et d'en devenir les principaux intermédiaires en direction de l'Europe.

La couronne portugaise décide alors d'investir massivement dans le commerce des épices et un deuxième voyage en direction de l'Indc est planifié dès le retour de Vasco de Gama, en juillet 1499. Cette deuxième expédition vers l'Inde est bien plus importante puisqu'elle réunit treize bâtiments et 1 500 hommes sous la direction de Pedro Álvares Cabral ; son but est de ramener une grande cargaison de poivre. Toutefois, sur le chemin vers l'Asie et sans doute parce qu'il suit les alizés atlantiques loin vers l'ouest, Cabral découvre une terre, opportunément située dans l'hémisphère portugais défini par le traité de Tordesillas ; cette terre est le Brésil et sa découverte s'inscrit donc dans la dynamique des voyages vers l'Asie. Reprenant sa route, Cabral arrive à Calicut où il peut acquérir les épices tant convoitées et fonde un comptoir. Ce deuxième voyage portugais en Inde est important car, outre la découverte du Brésil qui permet aux Portugais de prendre légitimement pied sur le continent américain, il marque le début d'une présence permanente portugaise en Asie.

Christophe Colomb (vers 1450-1506)

Né à Gênes, il travaille d'abord pour des compagnies de commerce génoises et en acquiert une première expérience de la mer. En 1476, il s'installe au Portugal où il épouse la fille d'un gouverneur de Madère. Il continue à naviguer, notamment pour importer du sucre. Il soumet alors au roi du Portugal un projet pour atteindre l'Asie en traversant l'océan Atlantique mais le projet est refusé et Colomb quitte le Portugal en 1485. Ce projet est finalement accepté par Isabelle de Castille au moment où on assiste à un regain de messianisme dû à la prise de Grenade au début de l'année 1492. Parti de Palos de la Frontera en Andalousie le 3 août 1492, Colomb atteint l'île de Guanahani (qu'il baptise San Salvador) dans les Bahamas le 12 octobre suivant. Il explore la région et découvre ainsi Cuba et l'Hispaniola, aujourd'hui Haïti et République dominicaine. Après un retour en Castille, il accomplit trois autres voyages (1493-1494, 1498-1500, 1502-1503). À chaque fois, Colomb continue l'exploration des Antilles et du littoral de la Terre Ferme. Pour son troisième voyage en 1498, il projette de créer des colonies de peuplement et traverse l'Atlantique avec 330 colons. Il meurt en Castille en 1506 avant d'avoir pu réintégrer les titres de gouverneur des terres découvertes que lui avait promis la reine de Castille.

Du côté castillan, le premier voyage de Christophe Colomb s'inscrit dans une logique proche des expéditions portugaises : son objectif est également d'atteindre l'Inde et ses épices mais en empruntant la route de l'ouest, l'autre étant contrôlée par les Portugais. Malgré son importance, cette découverte est d'abord le fruit d'une série de hasard et d'erreurs. Cela tient tout d'abord à la représentation du monde de Colomb : s'il admet la rotondité de la Terre grâce aux travaux géographiques de Ptolémée et à l'autorité d'Aristote, Colomb se trompe en revanche en pensant qu'il peut atteindre le Japon directement par l'ouest ; son estimation de la distance est également largement sous-évaluée.

« Ensuite je veux partir pour une autre île, très grande, qui doit être Cipango [le Japon] si j'en crois les indications que me donnent les Indiens [...] Je verrai aussi en passant les petites îles qui sont sur le chemin des grandes et, selon ce que je trouverai d'or ou d'épices, je déciderai ce qu'il convient de faire. »
Extrait du journal de bord de Chr. Colomb, 11 oct. 1492

Les voyages de Colomb marquent l'irruption des Castillans sur le continent américain et les deux premières décennies de cette présence hispanique en Amérique sont d'abord marquées par d'intenses efforts d'exploration et par la prise de conscience que les nouvelles terres constituent un continent. Jusqu'en 1519, les Castillans procèdent à la reconnaissance des îles

Bateau *Victoria* de Magellan, détail d'une carte d'Abraham Ortelius, fin XVIe siècle

des Antilles et à leur colonisation : en 1510, ils s'installent sur l'île de Cuba qui devient rapidement le centre de leur présence dans l'espace caraïbe. En 1513, Vasco Núñez de Balboa passe l'isthme de Panama et atteint la mer du Sud, l'océan Pacifique : il apporte ainsi la preuve qu'il s'agit bien d'un continent à part entière. Les voyages d'exploration se poursuivent, toujours plus loin : en 1516, l'embouchure du Rio de la Plata est atteint.

Alors que l'exploration des Antilles s'achève, Magellan, un Portugais au service de Charles Quint, entame un tour du monde : parti de la péninsule Ibérique en 1519, il franchit la pointe sud de l'Amérique en 1520 mais meurt en 1521 dans une escarmouche contre des indigènes aux Philippines. C'est son capitaine en second, Juan Sebastian Elcano, qui ramène l'expédition en Europe. Parti avec cinq navires et 270 hommes, Elcano ne revient qu'avec un seul bateau et 17 marins. Mais le premier tour du monde est accompli, apportant ainsi la preuve matérielle et non plus seulement théorique de la sphéricité de la Terre.

Malgré leur retard dans ces voyages d'exploration, Français et Anglais se lancent tout de même dans l'aventure mais en suivant d'autres routes. L'Italien Giovanni Cabotto (**John Cabot**) se met au service d'Henri VII et reconnaît Terre-Neuve en 1497.

John Cabot et ses trois fils, d'apr. tableau Palais des Doges, Venise

En 1534, Jacques Cartier, un Malouin, découvre l'estuaire du Saint-Laurent, axe de pénétration vers l'intérieur des terres. Mais, au contraire des terres plus méridionales, le nord de l'Amérique semble moins riche de possibilités que les parties découvertes par les Ibériques. Pendant longtemps la seule exploitation de ces régions consiste en une pêche presque intensive au large des bancs de Terre-Neuve et Français et Anglais n'ont que les ressources de la piraterie et de l'occupation sauvage pour prétendre profiter des richesses américaines. Il faut attendre le tout début du XVIIe siècle pour que des fondations pérennes soient établies, au Québec pour les Français, en Virginie pour les Anglais.

2. Le temps des conquêtes

Les projets commerciaux cèdent le pas à des ambitions politiques : une fois de nouvelles routes et de nouveaux territoires découverts, leur conquête passe à l'ordre du jour, selon des modalités différentes pour les Portugais et les Castillans. Les premiers organisent rapidement leur présence dans l'océan Indien et constituent un réseau de forteresses et de comptoirs qui leur permettent de tenir les principaux axes commerciaux. Sous la direction d'un premier vice-roi, Francisco d'Almeida, des circuits réguliers sont mis en place entre le Portugal et l'Inde : d'Europe arrivent du plomb, du mercure, du cuivre, du corail ; d'Asie partent les épices et les pierres précieuses. Le successeur d'Almeida, Afonso de Albuquerque, entreprend de pousser plus loin la présence portugaise : en 1511, il envoie une expédition contre Malacca, plaque tournante du commerce des épices, qu'il parvient à prendre grâce à une alliance avec les Chinois. En 1513, il s'empare d'Ormuz, ce qui lui permet de tenir en respect les musulmans dans l'océan Indien.

Dans les années 1540, l'expansion dans l'est de l'océan Indien se poursuit, en direction de la côte de Coromandel ou au fond du golfe du Bengale. Des Portugais s'établissent dans ces régions, et bien au-delà, à un rythme relativement soutenu : la région de l'actuelle Birmanie est fréquentée par les marchands portugais à partir des années 1540, le Japon est atteint en 1542, un comptoir est créé à Macao, en bordure du monde chinois, en 1557. Malgré, ou en raison de, leur position dominante dans cet espace, les Portugais sont près de manquer le tournant majeur que constitue la découverte de l'Amérique. En effet, le cas du Brésil se distingue du reste de l'empire portugais : jusqu'aux années 1530, il reste un espace peu important pour les Portugais, utilisé de manière occasionnelle comme point d'appui pour la navigation vers l'Inde. Son intérêt économique se résume alors à l'exploitation du bois brésil destiné à teindre les vêtements. Ce n'est qu'à cette époque que sont créées des capitaineries héréditaires pour administrer ce territoire et que la culture sucrière y est introduite.

Hernán Cortés (vers 1485-1547)

Originaire d'Estrémadure, Cortés fait de brèves études à Salamanque et travaille dans un premier temps comme notaire. En 1504, il se rend dans le Nouveau Monde, d'abord à l'Hispaniola puis, à partir de 1511, à Cuba où il reçoit une *encomienda*. Désigné en 1519 par le gouverneur de Cuba comme chef d'une expédition chargée d'explorer et de piller les côtes du Yucatán, Cortés outrepasse le cadre de la mission qui lui est confiée : il fonde la ville de Vera Cruz et s'enfonce alors vers l'intérieur du continent, parvient à nouer des alliances avec des cités mexicas (Tlaxcala) et entre dans Tenochtitlan en novembre 1519. Pour faire confirmer ses droits et éviter de finir sa vie comme Christophe Colomb, Cortés se rend en Castille en 1528 et il est fait marquis del Valle de Oaxaca par Charles Quint.

Les conquêtes castillanes se déroulent quant à elles dans un cadre en définitive assez semblable : les *conquistadores* parviennent à conquérir des mondes relativement peuplés en jouant sur les divisions internes des Indiens (la ville de Tlaxcala contre Tenochtitlan pour Cortés, la guerre civile entre les deux successeurs de Huayna Capac, Atahualpa et Huascar, pour Pizarro). Il faut également souligner la disproportion entre les troupes relativement réduites de conquistadores (environ 300 hommes pour l'un comme pour l'autre) et les armées bien plus importantes en face (au moins 30 000 Incas lors de la bataille de Cajamarca le 16 novembre 1532). Les succès castillans ne sont dès lors possibles qu'en tenant compte du rôle joué par les Amérindiens dans la conquête même. Par exemple, Cortés bénéficie rapidement des services d'une Indienne, Malitzin (appelée doña Marina par les Castillans), qui lui sert tout à la fois d'interprète et d'informatrice. Ainsi, les Européens apparaissent moins comme des dieux vivants incarnant des légendes locales que comme des acteurs intervenant dans des situations de tension où chaque partie s'efforce de tirer profit de leur intrusion.

On peut considérer que l'expansion castillane prend fin en 1571 avec la conquête des Philippines. La mise en connexion du monde sous l'égide des Ibériques franchit alors une étape décisive. La fondation de Manille dans les Philippines ouvre un accès régulier au vaste marché chinois : les Espagnols ouvrent une route commerciale maritime reliant Mexico à la Chine, *via* Acapulco et Manille, le « galion de Manille ». Elle permet d'écouler une grande partie de l'argent produit en Nouvelle-Espagne et au Pérou en Chine et d'importer des marchandises précieuses, telles que la soie, la porcelaine ou l'or. Surtout, ce sont les quatre continents connus qui sont mis en relation et entre lesquels circulent désormais des hommes et des biens. On peut voir là le premier moment de la mondialisation.

3. Le temps des empires

Une conséquence immédiate des voyages d'exploration est d'aboutir très tôt à un partage du monde découvert ou à découvrir entre le Portugal et la Castille. En 1493, le pape Alexandre VI procède à la délimitation de deux sphères d'influence par la bulle *Inter caetera* : au-delà de 100 lieues à l'ouest d'une ligne passant par les Açores et les îles du Cap-Vert, les Hispaniques reçoivent pleine et exclusive souveraineté, accordant un droit similaire aux Portugais en-deçà de cette limite. En 1494, le traité de Tordesillas repousse cette limite à 370 lieues. Une ligne similaire est établie dans les eaux asiatiques à la suite du voyage de Magellan : en 1529, le traité de Saragosse attribue les Moluques aux Portugais et laisse la possibilité aux Castillans de prendre pied dans les Philippines. Ces partages excluent de fait les autres Européens de l'Asie ou de l'Amérique mais ont un fondement légal contestable et contesté par les monarques anglais ou français. Néanmoins, c'est dans ce cadre juridique que se construisent les premiers empires ultramarins portugais et castillans.

Les premières institutions créées en relation avec ces entreprises d'exploration maritime sont en général des institutions chargées de contrôler le commerce et d'assurer les rentrées fiscales pour les monarchies. Dans ce domaine, les Portugais servent de modèle : en 1455, une *Casa da Guiné* est fondée dans ce but et change de nom au fur et à mesure de la progression des Portugais : *Casa da Guiné et da Mina* en 1482, *Casa da India* en 1503. À la collecte des taxes, cette institution se voit ajouter l'organisation des *Carreiras da India*, les convois maritimes annuels en direction de l'Asie. Puis des *Armazéns* (entrepôts) lui sont ajoutés, autant pour stocker les précieuses denrées que pour prendre en charge tous les aspects techniques liés à la navigation (construction de navires, formation des pilotes, élaboration d'une carte maritime générale compilant les découvertes de chaque voyage...). La création d'une *Casa de Contratación* à Séville en 1503 répond à la même logique de la part des Castillans : il s'agit d'organiser la *Carrera de Indias*, prélever le *quinto real*, une taxe de 20 % perçue par le souverain, former les pilotes et tenir à jour le *padrón real*, c'est-à-dire la carte générale des possessions castillanes outre-mer.

Huaman Poma de Ayala, *El primer nueva corónica y buen gobierno*, v. 1615

D'autres institutions économiques et sociales sont créées afin d'encadrer les populations locales, essentiellement en Amérique, et de permettre la production économique. Dans la droite ligne de la *reconquista*, les Castillans introduisent l'*encomienda* dans les Antilles. Toutefois, la mortalité foudroyante dont sont victimes les populations autochtones (mortalité due au choc microbien, aux mauvais traitements, au désespoir...) rend ce système peu efficace. Pour y remédier et réaffirmer le devoir de protection du souverain envers ses sujets amérindiens, des projets de réforme de l'*encomienda* sont envisagés à partir de 1542. Mais ils provoquent une importante révolte des *encomenderos* du Pérou qui voient leur cadre de domination remis en cause. En définitive, c'est davantage le recours à une main-d'œuvre servile venue d'Afrique ou le réinvestissement d'institutions précolombiennes comme la *mita*, une forme de service dû dans les régions andines, qui assurent une production économique importante.

Progressivement se mettent aussi en place des institutions de contrôle politique qui consolident le pouvoir monarchique : dans l'Amérique hispanique, les Castillans implantent leurs propres structures de gouvernement. Des audiences sont créées, le droit castillan y est diffusé, des vice-rois sont installés (1536 à Mexico pour le royaume de Nouvelle-Espagne, 1542 à Lima pour celui du Pérou)… Le contrôle des institutions ecclésiastiques constitue également un aspect capital de l'affirmation des couronnes portugaise et castillane outre-mer. Dès 1455 et la bulle *Romanus pontifex*, le roi du Portugal s'était fait concéder le droit d'envoyer des missionnaires, de fonder des églises et des monastères dans les nouveaux territoires. Les Castillans obtiennent un droit de patronage royal tout aussi important : la bulle *Universalis Ecclesiae Regimini* de 1508 autorise le souverain à construire et fonder des églises, à créer de nouveaux diocèses ; il peut également en désigner les titulaires. Plus généralement, tout lien direct de l'Église castillane des Indes avec Rome est rendu impossible et la correspondance doit nécessairement transiter par Madrid. De la sorte, la construction d'une Église outre-mer est bien un outil politique permettant l'affirmation de l'autorité monarchique.

Quand s'achève le XVIe siècle, seuls les Castillans et les Portugais peuvent se prévaloir d'un contrôle politique et économique de territoires situés dans les quatre parties du monde. Les tentatives françaises de prendre pied au Brésil (1555) ou en Floride (1565) se sont soldées par des échecs dus à la détermination des Ibériques à maintenir leur souveraineté exclusive sur ces régions ; les Anglais n'ont pas encore fondé de colonie (la colonie de Virginie n'est fondée qu'en 1607) et les Hollandais envisagent à peine de se lancer dans le commerce des épices avec les Indes orientales (création de la Compagnie des Indes orientales en 1602).

III. Les effets-retours de l'exploitation des mondes nouveaux

Malgré ce décalage temporel dans la constitution d'empires ultramarins, les effets de cette expansion européenne sur le Vieux Monde sont profonds, aussi bien dans la péninsule Ibérique que sur le reste du continent européen.

1. Des circulations à l'échelle planétaire

La mise en place d'empires et de routes commerciales à l'échelle mondiale a pour premier effet d'accroître et d'accélérer les échanges économiques entre les différents continents. Il ne s'agit pas seulement d'un aspect technique lié à une meilleure maîtrise des routes maritimes et des conditions de navigation mais bien d'une mutation économique et sociale capitale. Ainsi, la découverte de gisements argentifères à Potosí (1545) et à Zacatecas (1548) transforme ces régions du Pérou et du Mexique en contributeurs financiers essentiels de la monarchie hispanique : on estime à 200 tonnes d'argent la production annuelle des seuls gisements de Potosí dans les années 1570 ; sur cette masse, 20 % entrent dans les caisses de la monarchie, grâce au *quinto real*, ce qui permet à cette dernière de mener une politique ambitieuse à l'échelle européenne. Ces flux de métaux précieux ne profitent pas qu'aux seuls Hispaniques : ils irriguent une grande partie du réseau bancaire européen de l'époque. En effet, alors que l'argent n'arrive à Séville qu'une fois par an, les besoins de la Couronne sont continus. Pour disposer des liquidités au moment où elle en a besoin, la monarchie hispanique recourt à des prêts octroyés d'abord par des banquiers essentiellement germaniques (Fugger, Welser) jusqu'au milieu du XVIe siècle, puis génois (Doria, Spinola). Ces financiers captent une partie non négligeable des arrivages des métaux précieux américains.

Ils ne sont toutefois pas les seuls : une part importante, mais plus difficilement quantifiable, est également acheminée vers la Chine par l'intermédiaire des Philippines et du galion de Manille. Ainsi, entre la fin de la conquête des Philippines (1571) et le début des années 1620, autant d'argent a été importé en Chine depuis l'Amérique espagnole qu'il n'en a été produit par les mines chinoises durant tout le XVe siècle. En échange, les commerçants castillans achètent de la soie et des objets manufacturés comme des paravents laqués qui sont ensuite revendus au Mexique et en Europe. L'interconnexion des différents circuits économiques aboutit donc à la mise en place d'une première forme d'économie mondialisée.

Cette mondialisation économique s'accompagne également d'une circulation élargie des biens culturels, comme l'a bien montré Serge Gruzinski. Un tel métissage des cultures est notamment rendu possible par l'installation précoce de relais culturels européens, comme l'imprimerie ou les collèges universitaires. La première presse apparaît dès 1539 à Mexico, avec l'appui de l'archevêque local, en 1556 à Goa, en 1584 à Lima et en 1593 au Japon ; l'un des premiers livres à sortir des presses nippones est d'ailleurs une traduction japonaise d'Ésope, preuve de la diffusion d'œuvres antiques européennes hors d'Europe. À destination des élites amérindiennes locales, le premier collège fondé hors d'Europe est installé à Tlatelolco, en Nouvelle-Espagne (Mexique) où le latin et la théologie catholique, entre autres, sont enseignés à de jeunes nobles mexicains.

Mais ces circulations culturelles ne se font pas à sens unique et les populations non-européennes ou métissées s'acculturent progressivement et s'approprient les techniques et les savoirs européens. Dans le contexte d'une Renaissance artistique qui redécouvre des formes antiques, des techniques et des modèles picturaux européens sont réutilisés et réinterprétés par des artistes locaux : l'église de San Miguel de Ixmiquilpan est décorée de fresques dues à des peintres indigènes mêlant motifs grotesques européens et personnages tirés des mythes aztèques. Nombre d'auteurs métis émergent également, dont les œuvres sont créées à cheval sur les deux cultures et témoignent moins de la fusion de deux cultures en une que de la création d'une troisième, empreinte de syncrétisme. Les *Comentarios reales de los Incas* publiés en 1609 par l'Inca Garcilaso de la Vega en sont un bon exemple : ils tendent à faire des Castillans les continuateurs de l'œuvre des Incas.

Inca Garcilaso de la Vega (1539-1616)

Fils d'un aristocrate castillan originaire de Badajoz et d'une cousine du souverain inca Atahualpa, l'Inca Garcilaso de la Vega est né à Cuzco. En 1560, il effectue le voyage sans retour vers la péninsule Ibérique où il rédige et publie une Histoire du Pérou avant et après la Conquête ; en Andalousie, il participe aussi à la répression de la révolte des morisques en 1570 et obtient le titre de capitaine. Ses *Comentarios Reales de los Incas* montrent toute l'ambiguïté du discours des élites métissées : il se révèle à la fois fin connaisseur du passé préhispanique et loue le gouvernement des Incas, mais il relate également la conquête avec admiration. Pour lui, les Incas sont parvenus à civiliser le Pérou et ce sont les Castillans qui ont achevé leur œuvre, amenant notamment le christianisme. Ce faisant, il place les deux cultures dans un rapport de dignité équivalente et dans une perspective historique commune.

Inca Garcilaso de la Vega

2. Un monde rénové ?

La conquête et l'exploitation de nouveaux territoires par les Européens, la rencontre avec de nouvelles humanités imposent des modifications dans les représentations d'un monde issues du Moyen Âge. Ces modifications prennent plusieurs formes.

La première et la plus évidente concerne la façon de cartographier le monde. Aux cartes en OT donnant une vision achevée du globe succèdent des planisphères où des continents restent à explorer (Amérique), voire à découvrir. La première carte portant mention du continent américain, celle réalisée par Martin Waldseemüller en 1507, en est un exemple : la projection retenue, dite cordiforme ou en porte-manteau (en raison de la forme même de la carte), témoigne des tâtonnements liés à la difficulté de représenter de manière exacte un espace désormais beaucoup plus vaste ; de même, Castillans et Portugais ne s'étant pas encore lancés dans l'exploration systématique du continent américain, seul le littoral de ce dernier est représenté (voir p. 58).

Dans cette première modification, le rôle des intermédiaires est capital ; il ne s'agit pas seulement de parvenir en territoire inconnu, encore faut-il être en mesure d'apprécier la nouveauté de l'espace atteint. S'il a bien rapporté ses expéditions, Christophe Colomb ne semble en revanche pas avoir eu pleinement conscience d'être en présence d'un nouveau continent. C'est un Italien installé à Séville, Pierre Martyr d'Anghiera, qui emploie dès 1494 l'expression de « nouveau monde » (*novus orbis*) pour désigner ce qui deviendra le continent américain. De même, l'intuition que les terres atteintes par Colomb forment un continent à part entière peut être attribuée au navigateur Amerigo Vespucci : celui-ci entretient une intense correspondance avec des savants européens à qui il fait part de ses voyages. C'est ainsi en son honneur que le cartographe Martin Waldseemüller nomme les nouvelles terres « America ».

Amerigo Vespucci (1454-1512)

Florentin au service des Médicis, il est à Séville au moment de la première expédition de Christophe Colomb ; il participe à l'armement de ses deux expéditions suivantes. À partir de 1497, Vespucci entreprend une série de voyages vers le Nouveau Monde, d'abord au service de la Castille (commandant un des navires de l'expédition d'Alonso de Ojeda en 1499, il atteint la Guyane et le fleuve Amazone) puis du Portugal (il dirige une expédition qui aurait atteint le Rio de la Plata et la Patagonie en 1502) ; il acquiert la certitude que les Indes occidentales sont en réalité un continent à part entière. En 1505, il regagne Séville où il travaille désormais à la *Casa de la Contratación* comme *piloto mayor* : il a la charge de la formation des pilotes castillans et de la cartographie des régions nouvellement découvertes.

Martin Waldseemüller, Amerigo Vespucci, carte 1507

La dernière modification concernant la représentation du monde est une réponse à certains problèmes soulevés par la rencontre avec de nouveaux peuples et la découverte de nouveaux territoires. Comment intégrer ces populations dans une vision du monde définie par la Bible et l'autorité philosophique d'Aristote ? En même temps que des tentatives faites pour essayer de concilier l'existence de territoires jamais évoqués dans les textes anciens avec l'Ancien ou le Nouveau Testament, de grandes entreprises encyclopédiques sont menées pour compiler l'histoire et les savoirs des populations avec lesquelles les Européens sont récemment entrés en contact. L'objectif n'est pas tant de garder la mémoire de peuples dont le déclin démographique est brutal que de permettre aux religieux d'évangéliser au mieux les femmes et les hommes dont la vocation est, pour les Ibériques, de devenir chrétiens. C'est ainsi que le franciscain Bernardino de Sahagún (1499-1590) ou le jésuite José de Acosta (1540-1600) compilent respectivement les coutumes et les croyances des peuples nahuatl du Mexique et incaïque du Pérou. Si tous ces traités ne connaissent pas une large circulation en Europe, ils contribuent néanmoins à une meilleure intelligence des populations amérindiennes et à d'importants transferts de connaissances et de produits vers l'Europe qui aboutissent à un important renouvellement des savoirs.

À retenir

- Les voyages de découverte et les conquêtes européennes replacés dans un contexte large et en décentrant le point de vue, ils apparaissent davantage comme un moment décisif dans la rencontre de territoires jusqu'ici séparés et dans la mise en place d'interconnexions à l'échelle mondiale que comme de simples récits à visée héroïque.
- Il y a plusieurs étapes dans cette mise en connexion où les Ibériques jouent un rôle primordial. Après les grands voyages ayant permis d'atteindre de nouveaux territoires ou de mettre au jour de nouvelles routes (jusqu'au début du XVIe s.), une première étape de conquêtes et de tâtonnements dans le modèle de gestion de ces territoires intervient (début du XVIe-milieu du XVIe s.). Enfin, durant la seconde moitié du XVIe siècle, de véritables empires se mettent en place, dotés de structures d'encadrement et de finalités économiques. Dans ces différents cas de figure, les contacts avec les populations locales sont déterminants dans l'édification de ces empires.
- La constitution de ces empires et la mise en connexion des différents continents aboutissent à une première mondialisation. On peut considérer que celle-ci commence à partir des années 1570 et de l'ouverture de la ligne commerciale reliant le Mexique hispanique à la Chine par l'intermédiaire des Philippines. Cette mondialisation a des effets profonds aussi bien sur les populations européennes, dont la vision du monde et les connaissances changent radicalement, que sur les populations extra-européennes.

LES DATES ESSENTIELLES

12 octobre 1492 : Christophe Colomb atteint les Antilles

20 mai 1498 : Vasco de Gama atteint l'Inde par voie maritime

1500 : Cabral découvre le Brésil

1519-1521 : Première circumnavigation du globe terrestre par Magellan et Elcano

1519 : Conquête de l'empire aztèque par Cortès

1532 : Conquête de l'empire inca par Pizarro

1571 : Conquête des Philippines ; mise en connexion de la Chine et de l'Amérique

POUR ALLER PLUS LOIN

Sélection bibliographique

Carmen BERNAND et Serge GRUZINSKI, *Histoire du Nouveau Monde*, Fayard, 1991-1993.

Romain BERTRAND, *L'Histoire à parts égales. Récits d'une rencontre Orient-Occident, XVIe-XVIIe siècle*, Seuil, 2011.

Romain BERTRAND, *Les Grandes déconvenues. La Renaissance, Sumatra, les frères Parmentier*, Seuil, 2024.

Patrick BOUCHERON (dir.), *Histoire du monde au XVe siècle*, Fayard, 2009.

Étienne BOURDEU (dir.), *La péninsule Ibérique et le monde, 1470-1650*, Atlande, 2014.

Serge GRUZINSKI, *La Pensée métisse*, Fayard, 1999.

Serge GRUZINSKI, *Les Quatre parties du monde. Histoire d'une mondialisation*, La Martinière, 2004.

Alain HUGON, *La Grande migration. De l'Espagne à l'Amérique, 1492-1700*, Vendémiaire, 2019.

Sanjay SUBRAHMANYAM, *Vasco de Gama. Légende et tribulations du vice-roi des Indes*, Alma, 2012.

Sanjay SUBRAHMANYAM, *L'Empire portugais d'Asie, 1500-1700. Histoire politique et économique*, Maisonneuve et Larose, 1999.

Ressources Internet

La Bibliothèque Nationale de France a également consacré deux expositions à la question de la cartographie et des cartes marines :

http://expositions.bnf.fr/marine/index.htm

http://expositions.bnf.fr/cartes/index.htm

CHAPITRE

4

La rénovation des arts et des savoirs

PLAN DU CHAPITRE

Y a-t-il eu une seule Renaissance ou plusieurs ? Il y a en effet eu plusieurs renaissances médiévales et chacune d'elles a correspondu à un relèvement intellectuel grâce à la médiation de l'écrit qui permet la transmission de connaissances à travers le temps. Mais la renaissance culturelle que connaît le continent européen au début de l'époque moderne se caractérise en outre par une émancipation partielle vis-à-vis du cadre hégémonique constitué par le christianisme, conçu à la fois comme système religieux et socio-politique.

Entendus comme une volonté de retour aux sources antiques gréco-latines respectivement dans le domaine artistique et dans celui de la culture en général, la Renaissance et l'humanisme posent aux historiens un certain nombre de problèmes. Le premier est celui de la chronologie : les premières manifestations de l'humanisme remontent à Pétrarque (1304-1374), celles de la Renaissance apparaissent avec Cimabue (mort en 1302) et Giotto (1267-1337). La fin de cet épisode historique est aussi difficile à cerner : le dernier tiers du XVIe siècle voit ainsi une réaffirmation de l'Église catholique après le concile de Trente (1545-1563) et le début du XVIIe siècle coïncide avec une forme de crise intellectuelle liée à la fin des guerres de Religion et la mise en place d'un ordre politique reposant sur de bases intellectuelles nouvelles. Le deuxième problème est celui de la géographie : si la Renaissance et l'humanisme ne sont plus conçus comme exclusivement italiens, leur dimension européenne et mondiale fait question. Avec le recul et l'accumulation des études sur ces questions, il apparaît enfin que ces deux mouvements prennent leur source dans la fin d'une époque médiévale particulièrement dynamique et recèlent des parts d'ombre obligeant à nuancer le tableau trop souvent lumineux fait de cette période.

Problématique

En quoi la Renaissance et l'humanisme ont-ils profondément modelé la culture européenne ?

Renaissance et humanisme, l'invention de deux notions

Les mots « humanisme » et « Renaissance » n'ont pas été forgés au XVe et au XVIe siècle. Dans le cas de l'humanisme, il n'existait pas de concept précis définissant ce nouveau courant intellectuel ; les personnes qui participaient à ce dernier employaient en revanche des termes tels que *studia humanitatis* ou *litterae humaniores* (littéralement : les lettres qui rendent plus humain) pour désigner leurs domaines d'activités. De même, le mot d'*umanista* désignait un professeur de rhétorique et de grammaire. Dans la seconde moitié du XIXe siècle, l'historien allemand Georg Voigt forge le mot d'humanisme pour désigner la « résurrection de l'Antiquité classique » à partir de Pétrarque.

Quant au terme de Renaissance, si Giorgio Vasari et de nombreux autres artistes l'emploient dès le XVIe siècle pour désigner le renouveau pictural que connaît l'Italie à partir du XIVe siècle, il n'acquiert son sens actuel de période historique et de civilisation que tardivement, au XIXe siècle, et sous le signe d'une triple paternité. Jules Michelet, d'abord, consacre ses cours du Collège de France pour l'année 1840 à l'histoire moderne de la France, après avoir étudié la période médiévale. Pour lui, « l'aimable mot de Renaissance ne rappelle aux amis du Beau que l'avènement d'un art nouveau et le libre essor de la fantaisie. Pour l'érudit, c'est la rénovation des études sur l'Antiquité ; pour le légiste, le jour qui commence à luire sur le discordant chaos de nos vieilles coutumes ».

Une génération plus tard, le Suisse Jacob Burckhardt, dans *La Civilisation de la Renaissance en Italie* (1860), fait de la Renaissance non plus seulement un phénomène artistique ou culturel mais lui confère le statut de civilisation à part entière dont le berceau se trouve dans la seule péninsule italienne. Elle se caractérise notamment par l'émancipation de l'individu. Enfin, en 1919, le Hollandais Johan Huizinga publie *L'Automne du Moyen Âge*: il y insiste sur les éléments de continuité entre la période médiévale et la Renaissance; il conteste également la prépondérance italienne dans le renouveau culturel que connaît l'Europe au début du XVIe siècle, en réévaluant l'apport des Pays-Bas qui apparaissent dès lors comme le second foyer européen de ce renouvellement artistique.

I. L'atelier italien de la Haute Renaissance (1494-1527/34)

Quand le XVIe siècle s'ouvre, la Renaissance et l'humanisme sont apparus depuis plus d'un siècle. Toutefois, ils restent pour l'essentiel localisés et cantonnés dans les mondes urbains de la péninsule Italienne et des Pays-Bas. Malgré des circulations individuelles permettant des transferts de techniques ou de savoirs qui ont eu lieu durant le XVe siècle, il faut attendre la fin de ce siècle pour que ces phénomènes s'imposent comme des mouvements majeurs à l'échelle de l'Europe. L'imprimerie, mise au point par Johannes Gutenberg vers le milieu du XVe siècle, et les conflits (il suffit de penser à la prise de Constantinople par les Ottomans en 1453) jouent un rôle de premier plan dans ces circulations.

Une capitale italienne de la Renaissance au XVe siècle: Florence

Le principal foyer de l'humanisme et de la Renaissance au XVe siècle est sans conteste Florence. Même si la forme républicaine des institutions est préservée, les Médicis y exercent une influence prépondérante, d'abord par l'intermédiaire de Côme l'Ancien à partir de 1434 puis de **Laurent** (le Magnifique) à partir de 1469. Depuis le début du siècle, la ville est également un chantier architectural de premier plan: la cathédrale Santa Maria del Fiore, construite dans la première moitié du siècle, voit la première construction d'une coupole depuis la fin de l'Antiquité. Au fur et à mesure que s'impose la domination des Médicis, le patronage des arts et des lettres devient l'une des formes et l'un des outils privilégiés de l'affirmation du pouvoir des Médicis: Laurent crée une académie de philosophie dans la villa de' Careggi où se réunissent Marsile Ficin, Pic de la Mirandole, Ange Politien... afin de commenter et éditer les œuvres de Platon et de la tradition néo-platonicienne. Leur collection de statues antiques sert également de modèles à de nombreux artistes.

Laurent de Médicis
par Girolamo Macchietti, 1585

Avec la mort de Laurent en 1492 et l'irruption des troupes françaises en Italie à partir de 1494, les Médicis sont chassés du pouvoir et Florence renoue avec la république, d'abord sous l'égide du moine dominicain Savonarole jusqu'en 1498, puis sous une forme aristocratique jusqu'en 1512. De nombreux artistes florentins quittent alors la Toscane.

1. Le modèle romain

L'intervention des troupes de Charles VIII en 1494 et le début des guerres d'Italie modifient durablement la géographie de la Renaissance italienne. D'une part, la guerre accélère les circulations d'artistes et d'humanistes au sein de la péninsule Italienne et en dehors de celle-ci ; d'autre part, la Renaissance et l'humanisme s'affirment comme des mouvements pleinement européens en ce début du XVIe siècle.

La fin de la domination des Médicis sur Florence, provoquée par les sermons de Savonarole et accélérée par l'arrivée des Français, amène la dispersion du foyer artistique et intellectuel abrité jusqu'alors par la capitale de la Toscane. Si la péninsule Italienne avait comporté et comporte encore au début du XVIe siècle plusieurs centres où s'épanouissent les arts et les lettres (la Mantoue des Gonzague et la Ferrare des Este, Urbino et les Montefeltre...), c'est désormais Rome qui fait figure de capitale de la Renaissance italienne, notamment en raison de la volonté des papes d'affirmer la dimension universelle de leur magistère. En effet, un grand nombre d'artistes florentins s'y installe au tournant du siècle : Michel-Ange dès 1494, Léonard de Vinci à partir de 1513. Mais le rayonnement de la ville est tel que d'autres artistes, provenant de diverses régions, sont également attirés.

Bramante et Raphaël

Raphaël, *L'École d'Athènes*, Aristote et Platon

Bramante, Donato di Pascuccio d'Antonio, dit (1444-1514) : peintre et architecte, il est d'abord au service des ducs de Milan, avant de s'installer à Rome en 1500. Il s'efforce d'adapter les formes architecturales antiques aux demandes de son temps. Il réalise ainsi le tempietto de San Pietro in Montorio ou le cloître de Santa Maria della Pace. Il dessine également des plans pour la coupole de la basilique Saint-Pierre.

Raphaël, Raffaello Sanzio, dit (1483-1520) : né à Urbino, il est d'abord l'élève du Pérugin. Il s'installe ensuite à Florence (1504) où ses Madones font la synthèse des apports de Michel-Ange et de Léonard. À Rome (1509), il réalise notamment les fresques des *stanze* du Vatican (*L'École d'Athènes*, par exemple, qui met en lumière les grands philosophes grecs redécouverts par la Renaissance).

Ces artistes sont attirés par les grands chantiers entrepris par les papes à partir du pontificat de Jules II (1503-1513). Celui-ci entreprend notamment la reconstruction de la basilique Saint-Pierre en 1506 dont il confie la réalisation à Bramante. Il engage aussi Michel-Ange pour la réalisation de son tombeau dans l'église Saint-Pierre-aux-Liens et la peinture à fresque des voûtes de la chapelle Sixtine et demande à Raphaël de décorer, toujours à fresque, les chambres (« *stanze* », en italien) du palais pontifical du Vatican.

Dans le même temps, Rome renoue avec son rôle de capitale intellectuelle qu'elle avait pu avoir au milieu du XVe siècle. Un humaniste comme le Vénitien Pietro Bembo (1470-1547) travaille ainsi à la Curie. S'il plaide pour une imitation du style de Cicéron, il travaille également à fonder la légitimité des langues vernaculaires, comme l'italien, dans ses *Prose della volgar lingua* (1525). Surtout, la Rome du premier quart du XVIe siècle fournit un modèle culturel, social et politique qui a été théorisé par Baldassare Castiglione et qui a eu une grande influence dans toute l'Europe jusqu'au XVIIe siècle.

Le *Courtisan* de Baldassare Castiglione

Né à Mantoue, Baldassare Castiglione (1478-1529) travaille d'abord au service des ducs de Mantoue et d'Urbino comme diplomate. En 1524, il est engagé par le pape Clément VII et exerce la charge de nonce (ambassadeur du pape) en Castille. En 1528, il fait publier à Venise *Le Livre du courtisan* (*Il libro del cortegiano*) qui définit les fonctions de celui qui entoure le Prince. Dans cet ouvrage qui se présente sous la forme de dialogues fictifs se tenant à Urbino, Castiglione détaille les qualités du courtisan : il doit avoir reçu une formation complète, aussi bien intellectuelle (langues, arts et lettres) que physique (équitation, danse, escrime). Il doit faire preuve de *sprezzatura*, c'est-à-dire de refus d'affectation et d'apparence de facilité. Surtout, son rôle principal est de conseiller le Prince, de lui « dire partout et toujours la vérité ». C'est en cela que son rôle est important et justifie son existence sociale.

2. Des circulations européennes

Si la péninsule Italienne peut apparaître comme le foyer originel de la Renaissance et de l'humanisme, elle n'est toutefois pas la seule région européenne à être concernée par le développement des idées nouvelles, soit que celles-ci circulent et y ait été importées soit qu'elles s'y développent de façon simultanée.

« À l'imitation doit toujours se joindre l'émulation », Lettre de Pietro Bembo à Giovan Francesco Pico della Mirandola, 1513 (voir notice p. 74).

Tout d'abord, l'expansion de ces nouvelles formes culturelles est indissociable de l'émergence de nouvelles catégories sociales qui profitent de l'expansion économique pour s'enrichir et jouer un rôle de premier plan dans les sociétés européennes. Il s'agit pour l'essentiel de marchands, de commerçants, de banquiers. Ils jouent un rôle majeur dans la production artistique de la Renaissance, en devenant des commanditaires non plus seulement d'œuvres pieuses mais aussi de portraits, de paysages… Ils assurent ainsi un nouveau dynamisme à la production artistique qui dispose de la sorte de débouchés plus importants. Les Fugger, par exemple, et l'ensemble des banquiers augsbourgeois comme les Welser et autres Hochstetter, soutiennent largement Lucas Cranach, Hans Baldung Grien ou Albrecht Dürer. Ce dernier est à Venise en 1495 et 1506, financé par son ami l'humaniste et marchand Willibald Pirckheimer ; le peintre allemand est chargé d'acheter des pierres précieuses et des livres pour son mécène mais il en profite également pour se familiariser avec les peintres vénitiens tels que Giovanni Bellini.

Les circulations d'individus permettent également de mettre en mouvement les idées de la Renaissance et de l'humanisme. L'exemple de Léonard de Vinci, venu en France à la demande de François Ier en 1516, est connu mais il n'est pas exceptionnel. Paradoxalement, l'une des monarchies européennes qui adopte le plus précocement les nouvelles idées est la Hongrie de Matthias Corvin (1443-1490) : sous l'influence de sa femme d'origine napolitaine, Béatrice d'Aragon, il fait agrandir son palais en y faisant ajouter deux ailes inspirées de l'architecture de la Renaissance italienne ; il fait également construire une bibliothèque, la Corvina, pour y rassembler une grande collection de manuscrits. Enfin, il commande des bas-reliefs en bronze à Verrocchio ou des tableaux à Filippino Lippi et Andrea Mantegna. Même si l'impact de telles œuvres reste relativement limité, en raison notamment de la partition de la Hongrie entre les Habsbourg d'Autriche et l'Empire ottoman, c'est néanmoins la preuve que la Renaissance n'est pas un phénomène exclusivement italien et qu'elle dépend étroitement des élites pour son implantation dans un territoire.

Léonard de Vinci (1452-1519), artiste et ingénieur de la Renaissance

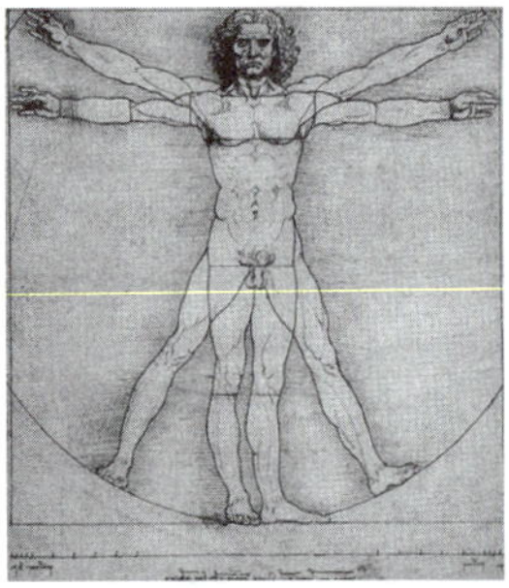

L'homme de Vitruve, par Léonard de Vinci, v. 1490

Fils illégitime d'un notaire toscan, Léonard est formé dans l'atelier du sculpteur florentin Verrocchio. Il quitte Florence pour Milan en 1481. À partir de ce moment commence une carrière où Léonard met à profit ses compétences d'ingénieur (surtout militaire et hydraulicien) pour entrer au service de nombreux princes : il sert un temps César Borgia, puis devient en 1508 « peintre et ingénieur ordinaire du roi » de France Louis XII. Après un séjour à Rome (1513-1516) où il ne parvient pas à s'imposer face à Michel-Ange et Raphaël (illustrant les rapports complexes de compétition et de réputation existant entre les artistes), il accepte l'invitation de François Ier à venir s'installer en France. À Milan, il fréquente des humanistes et des savants dont le mathématicien Luca Pacioli pour lequel il réalise les illustrations de son traité *De divina proportione* (Venise, 1509). De ses fréquentations, il garde une volonté d'introduire davantage de méthode dans la peinture, notamment pour affirmer sa propre dignité et celle de l'artiste en général. Ainsi, même si son travail répond toujours à des commandes précises, il reste marqué par une volonté de renforcer les effets de géométrie (notamment la forme pyramidale, comme la *Vierge aux rochers*) et l'adoucissement des contours des figures grâce à l'usage du ***sfumato***. Ses réflexions et sa volonté de systématisation en peinture se retrouvent dans un *Traité de la peinture*, édité pour la première fois en 1651.

Sfumato : en peinture, effet vaporeux donné aux contours des formes pour en atténuer le trait.

3. Une République des Lettres humaniste

Le premier tiers du XVIe siècle peut être considéré comme le moment où se met en place une civilisation humaniste à l'échelle européenne. La circulation des livres facilitée et accélérée par l'imprimerie, celle des humanistes eux-mêmes, la constitution d'un vaste et complexe réseau de correspondances entre les savants contribuent à la mise en place d'une « République des Lettres ».

Celle-ci est à la fois un espace structuré par des relations interpersonnelles mais aussi par des lieux et des institutions nettement identifiés par l'intermédiaire desquels s'échangent des informations et se précisent les savoirs nouveaux. L'atelier des imprimeurs s'affirme comme un des lieux privilégiés de l'élaboration du savoir humaniste. En effet, pour mener à bien l'édition critique d'un ouvrage, le philologue doit travailler avec des ouvriers spécialisés dans la composition et un entrepreneur pour réunir les fonds. Certains de ces ateliers ont une importance particulière, tels celui d'**Alde Manuce** (1450-1515) à Venise. Afin de se démarquer de l'écriture gothique de Gutenberg, il met au point les caractères romains et italiques, ces derniers inspirés de l'écriture des humanistes ; il invente aussi les premiers ouvrages de taille in-octavo, au format plus réduit que les lourds codex, donc plus facilement transportables. À Paris, c'est également un imprimeur Robert Ier Estienne (1503-1559) qui met au point un dictionnaire latin, le *Thesaurus linguae latinae* (1532). Ainsi, l'apparition de l'imprimerie initie un transfert partiel des lieux de savoir qui profite à l'atelier de l'imprimeur.

Alde Manuce

« *Homines non nascuntur sed finguntur* » [On ne naît pas homme, on le devient], Érasme, *De pueris instituendis*, 1529.

D'autres lieux constituent des foyers actifs de l'humanisme en Europe. Si l'Université, sous la tutelle de l'Église, est la gardienne de la scolastique et cherche à interdire nombre de publications humanistes, certaines s'illustrent par leur participation aux idées nouvelles. C'est le cas de l'Université Complutense de Alcalá de Henares, fondée par le franciscain Francisco Jiménez de Cisneros, à la fois archevêque de Tolède et confesseur royal. Autorisé par une bulle pontificale en 1499 et réellement ouvert en 1508, le grand chantier intellectuel de cette université est une Bible polyglotte permettant de comparer les versions araméenne, grecque, hébraïque et latine du texte. Lancée en 1504, cette entreprise aboutit à l'impression des volumes entre 1514 et 1517.

Malgré tout, les institutions de prédilection où se transmet le nouveau savoir humaniste sont les collèges et, de ce point de vue, on peut déceler une certaine continuité pédagogique entre la rénovation des collèges due aux Frères de la vie commune et les innovations du début du XVIe siècle. Ainsi, **Érasme** fonde en 1517 le collège trilingue de Louvain où le latin, le grec et l'hébreu sont enseignés et Guillaume Budé , bibliothécaire de François Ier, crée en 1530 le Collège des lecteurs royaux qui élargit son enseignement aux mathématiques, par exemple avec le recrutement d'Oronce Fine. Le projet de ces collèges est de permettre l'apprentissage de langues anciennes purifiées, comme le latin remodelé sur l'exemple de Cicéron. Ce projet ne se restreint toutefois pas qu'au monde des études supérieures. Érasme produit

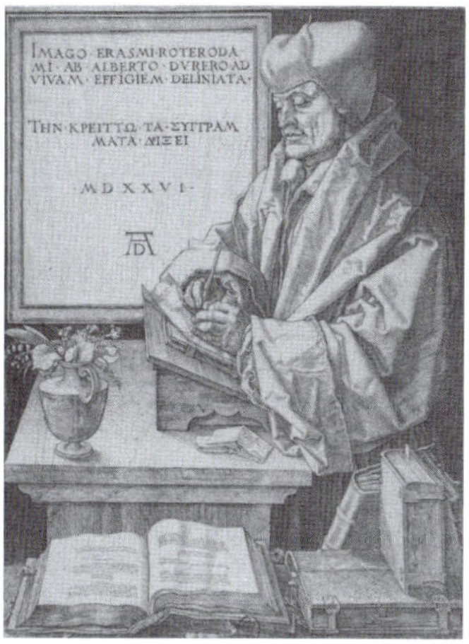

Érasme par A. Dürer, 1522

Érasme de Rotterdam (vers 1467-1536) : humaniste hollandais auteur de plusieurs traités (*Éloge de la folie*, 1509) et traducteur du *Nouveau Testament* (1516). Accusé d'avoir favorisé l'éclosion de Luther par sa critique ironique de l'Église, il dénonce néanmoins la conception de la liberté humaine de ce dernier.

Thomas More (1478-1535) : chancelier d'Angleterre et humaniste, il s'oppose au divorce d'Henri VIII. Après avoir démissionné de sa charge de chancelier, il est emprisonné et exécuté sur ordre du roi.

un grand nombre de livres destinés aux maîtres d'école comme les *Colloquia* ; il pense que tout le projet humaniste « a rendu tant d'hommes et meilleurs et meilleurs latinistes » (« *et latiniores reddiderit et meliores* »). Il est aussi important de noter que nombre d'humanistes européens ont le souci de toucher un public large (dans les limites des conditions d'alphabétisation de l'époque) et d'employer leur savoir à des tâches concrètes : c'est le sens des *Adages* (1500) d'Érasme qui sont une explication d'un certain nombre de proverbes au moyen de références issues de la culture antique. Mais ils peuvent également agir comme conseillers des princes. De ce point de vue, le projet humaniste est extrêmement ambitieux puisqu'il vise à améliorer l'être humain en accroissant le savoir.

Au sein de cette République des Lettres humaniste émergent quelques figures particulièrement importantes qui sont aussi souvent proches du pouvoir, voire développent une véritable pensée politique, comme **Thomas More** qui critique l'Angleterre de son temps sous la forme d'une *Utopie*, publiée en 1516 en latin. **Érasme** lui-même prétend se faire le conseiller des puissants pour guider leur action en fonction des critères chrétiens, comme dans l'*Institution du prince chrétien* (1516).

II. L'essaimage des idées nouvelles (1527-1562)

Alors que le premier tiers du XVIe siècle a vu l'avènement d'une culture humaniste et renaissante commune à l'Europe, ce cadre partagé se disloque, à la fois en raison d'un essoufflement du modèle italien mais aussi en raison de processus d'appropriations différenciées des idées nouvelles en fonction des régions et de l'approfondissement de la crise religieuse. Ce double mouvement contribue à l'affirmation de cultures protonationales alimentées par le retour à des sources antiques réinterprétées, mais aussi à l'extension des domaines du savoir intéressés par le renouveau culturel. Surtout, à la suite du sac de Rome en 1527 par les troupes de Charles Quint, de nombreux artistes italiens quittent la cité pontificale voire la péninsule Italienne et entrent au service de princes plus puissants, faisant essaimer les techniques et les pratiques issues de la Haute Renaissance.

1. D'un modèle culturel commun aux réappropriations nationales

L'essoufflement italien et la continuation du projet humaniste sous une autre forme en dehors de la péninsule Italienne sont visibles dès les difficultés que rencontre l'humaniste **Ermolao Barbaro** (1453-1493) : ce riche Vénitien entreprend un commentaire de Dioscoride et travaille en même temps à un autre ouvrage, *In Dioscoridem corollarii* où il vérifie la pharmacologie et le nom des plantes en vernaculaire donné par son modèle antique. La tâche étant trop importante, il l'abandonne au profit des *Castigationes Plinianae* qui compilent les différentes corrections apportées au texte de l'*Histoire naturelle* de Pline l'Ancien. Quand son *In Dioscoridem corollarii* est finalement édité de manière posthume en 1516, il ne rencontre pas le succès attendu et se heurte à l'édition d'un ouvrage de Dioscoride, la *Materia medica*, menée par le doyen de la faculté de médecine de Paris, Jean Ruel. Désormais, les connaissances accumulées et remises au jour par l'humanisme sont telles qu'il importe moins d'être un philologue qu'un érudit spécialisé dans un domaine précis du savoir pour participer à sa rénovation.

« *Siempre la lengua fue compañera del imperio* » (La langue a toujours été la compagne de l'empire), Antonio de Nebrija, *Gramática castellana* (1492)

Cet exemple montre également que des processus particuliers d'appropriation des idées nouvelles se mettent en place à travers toute l'Europe. Le réinvestissement du programme humaniste et renaissant a parfois pu déboucher sur une affirmation culturelle protonationale précoce. Ainsi, le grammairien humaniste Antonio de Nebrija publie la première grammaire d'une langue vernaculaire, le castillan, dès 1492 (*Gramática castellana*).

Pierre Lescot (vers 1500-1578) : issu d'une famille d'hommes de loi, il étudie les mathématiques, l'architecture et la peinture. À l'inverse d'autres architectes français de son temps qui sont avant tout des artisans, il possède une véritable culture théorique. Il a travaillé à Paris à l'hôtel Carnavalet (1545-1550), à la fontaine des Innocents (1547-1549) ou à l'église de Saint-Germain l'Auxerrois (1554), souvent en association avec le sculpteur Pierre Goujon.

Toutefois, la réception des idées et des modèles nouveaux est souvent plus tardive et progressive ; elle aboutit à la formulation de classicismes esthétiques différents selon les pays. Ainsi, en France, il est possible de discerner plusieurs phases dans la réception des idées et des techniques de la Renaissance. La réception des idées italiennes s'opère véritablement à partir de la toute fin du XVe siècle et du début du XVIe siècle. Elle aboutit dans un premier temps à des combinaisons hétérogènes entre les modèles italiens et les traditions nationales. À Blois, l'aile construite par François Ier entre 1518 et 1524 est une transposition du style italien, comme le montre la façade à loggia : elle reprend l'idée des Loges du Vatican, sans toutefois en maîtriser tous les détails comme le montre l'irrégularité de la succession entre les pilastres simples et doubles. Bien qu'inachevés, les travaux du château de Chambord, qui ont lieu pour l'essentiel entre 1520 et 1536, aboutissent à un résultat plus français qu'italianisant : si le célèbre escalier à double révolution et la mise au point d'une nouvelle organisation de l'habitat dans le donjon sous la forme de l'appartement sont d'inspiration italienne, l'aspect général est celui d'un château médiéval français ; la toiture où cheminées, lucarnes et tourelles se multiplient est également d'inspiration française.

Philibert de l'Orme (vers 1505-1570) : né à Lyon, il est à Rome entre 1533 et 1536. Il travaille d'abord pour le cardinal du Bellay, puis pour Henri II, qui le fait surintendant des bâtiments dès 1547, et sa maîtresse, Diane de Poitiers (galerie du château de Chenonceau, 1556-1559). C'est aussi un théoricien de l'architecture qui publie un traité intitulé *Architecture* (1567).

Ce n'est qu'après le milieu des années 1520, et plus encore à partir des années 1540, que s'élabore une véritable grammaire puisant de façon cohérente dans le répertoire artistique italien. En France, le château de Fontainebleau en témoigne, de même que les travaux du Louvre commencés en 1546 et aboutissant à l'édification de la Cour carrée par **Pierre Lescot** ou ceux du château d'Anet sous la direction de **Philibert de l'Orme**. De même, en Castille, un classicisme architectural commence à voir le jour à partir de la fin des années 1550 et les débuts du chantier du monastère-palais royal de l'Escorial, entrepris sous la direction de Juan Bautista de Toledo puis de Juan de Herrera. Si le style qui en naît est bien plus dépouillé (c'est le style *desornamentado* ou herrerien) que celui apparu en France, tous deux servent de modèle au style architectural des deux monarchies pour les deux siècles à venir.

«Plus me plaît le séjour qu'ont bâti mes aïeux, Que des palais Romains le front audacieux». Joachim du Bellay, *Les Regrets*, 1558

Un mouvement semblable peut être observé dans la littérature qui voit l'affirmation des différentes langues vernaculaires et la reprise de modèles littéraires antiques réactivés par les Italiens. Un demi-siècle après la *Grámatica castellana*, le Portugais João de Barros publie un *Diálogo em louvor da nossa linguagem* (1540) qui affirme la dignité du portugais. En France, c'est la *Défense et illustration de la langue française* (1549) de Joachim du Bellay qui procède à cet éloge. Ainsi, le recours à des modèles antiques aboutit à l'affirmation et au renforcement d'identités culturelles nationales. Mais le paradoxe n'est qu'apparent puisque le modèle antique a permis une réflexion poussée sur les règles grammaticales et rhétoriques de la langue et que ces dernières ont été reprises pour les parlers vernaculaires.

André Vésale (1514-1564) Originaire des Pays-Bas, il étudie et enseigne à Padoue et à Bologne. Il devient médecin de Charles Quint puis de Philippe II. Il meurt lors d'un pèlerinage vers Jérusalem.

2. Vers un nouveau régime des savoirs?

Une des conséquences de la méthode humaniste est de prêter davantage attention aux réalités entourant les hommes. Il ne s'agit plus de les comprendre et de les interpréter par l'intermédiaire des seules autorités reconnues, il s'agit désormais d'observer, de décrire et de comprendre. Ainsi, l'humanisme ouvre un processus de longue durée qui permet de modifier la hiérarchie interne des savoirs; ce processus déborde également le seul cadre des sciences philologiques et concerne ce que l'on appellerait maintenant les sciences.

Le Polonais Nicolas Copernic, par exemple, cherche à expliquer pourquoi l'*Almageste* de l'astronome antique Ptolémée ne parvient pas à rendre compte de certains mouvements des corps célestes. Plutôt que de reprendre le modèle d'un univers géocentré, Copernic élabore ainsi dans son *De revolutionibus orbium caelestium* (1543) le modèle d'un univers héliocentré. La démarche de Copernic est exemplaire du nouvel esprit scientifique: son modèle est moins une tentative d'explication théorique du mouvement des corps célestes qu'un schéma permettant de mieux rendre compte des observations qu'il a faites.

La même année, **André Vésale**, médecin du roi d'Espagne Philippe II, publie son *De humani corporis fabrica* dans lequel il rejette la médecine établie sur les préceptes de Galien (théorie des humeurs). Il préconise au contraire l'observation du corps, la dissection, l'expérimentation. Vésale conçoit cet ouvrage avec un système de renvois internes en fonction des parties du corps étudiés. La logique de présentation et d'ordonnancement des connaissances est ici celle du corps humain; elle constitue une première forme d'explication de son fonctionnement. Ses leçons sont reprises par **Ambroise Paré**, entre autres.

Ambroise Paré (vers 1510-1590): chirurgien de formation, il est d'abord au service du vicomte René de Rohan qu'il accompagne en Italie et à Perpignan. Il y expérimente de méthodes nouvelles et efficaces pour soigner les blessures, notamment par balles. Chirurgien ordinaire d'Henri II à partir de 1552, il rédige plusieurs traités de chirurgie en français plutôt qu'en latin, la langue savante.

Néanmoins, cette rénovation et ce réordonnancement des savoirs se font aux dépens des disciplines telles que la théologie et se heurtent aux cadres mentaux et sociaux de la première modernité. En effet, les institutions religieuses jouent un rôle d'encadrement et de légitimation des savoirs. L'*Index librorum prohibitorum*, conçu en 1559 par l'Église catholique dans le contexte de la Contre-Réforme, est un bon exemple de cet encadrement. Cet Index recense les livres qui, selon l'Église romaine, représentent un danger pour la foi ou les mœurs de ses fidèles; il regroupe aussi bien des ouvrages philosophiques et religieux (Érasme, Luther, Calvin…) dont le contenu est contraire au dogme et à la morale catholique que des traités relevant des sciences comme le *De revolutionibus orbium celestium* de Nicolas Copernic. L'influence de cet Index est décisive: il assure à la fois un magistère certain à l'institution ecclésiastique romaine et agit comme une censure sans cesse remise à jour à partir de 1571, date à laquelle est instaurée une congrégation de l'Index.

III. «L'automne de la Renaissance». Les mutations de la Renaissance et de l'humanisme (1562-1610)

Si la Renaissance et l'humanisme connaissent une crise à partir des années 1560, il ne faut pas voir celle-ci comme le moment où ces idées disparaissent au profit de nouvelles conceptions des savoirs et du monde. Il faut davantage concevoir cette crise comme un moment de mutations et de reformulation du contenu et des formes d'idées qui ont émergé au XVᵉ siècle et qui se sont épanouies au siècle suivant. Les raisons de cette crise sont à rechercher dans un contexte marqué à la fois par une volonté de contrôle accrue des productions culturelles, mais aussi par une série de bouleversements politiques et confessionnels qui amènent à une mise à jour des idées de l'humanisme et de la Renaissance.

1. L'encadrement des arts

La seconde moitié du XVIᵉ siècle coïncide avec un encadrement plus marqué des sociétés par les autorités. Un tel processus est également à l'œuvre dans le domaine de la production de biens culturels qui dépendent plus étroitement des pouvoirs. Mais la subordination des artistes et des humanistes ne date pas des années 1550: auparavant déjà, peu d'entre eux étaient libres et indépendants dans leur travail. Par l'intermédiaire du **mécénat** et du patronage, les puissants orientaient la production artistique et intellectuelle; *a posteriori*, la censure pouvait aussi intervenir. La nouveauté tient sans doute davantage au fait que la production artistique exaltant la gloire du Prince cherche à s'assurer que le message soit mieux reçu. Certains arts, l'architecture en particulier, jouent un rôle particulier à cet égard.

> **Mécénat:** fait pour une personne riche ou puissante de favoriser les arts et la culture, en passant des commandes aux artistes, en leur offrant une sécurité matérielle et en leur accordant protection et réputation. En contrepartie, le mécène exerce une fonction de contrôle, implicite ou non, sur les œuvres produites.

Avec la redécouverte de l'architecture antique et sa systématisation, il devient possible de réaliser non plus seulement des monuments isolés mais de transformer tout un territoire respectant ces canons artistiques. C'est ainsi que les fondations de cités sur des plans inspirés de l'urbanisme gréco-romain se réalisent à la fin du XVIᵉ siècle, comme Sabbioneta fondée par Vespasiano Gonzague en 1591 dans la vallée du Pô ou Charleville en 1606 par le duc de Nevers Charles Iᵉʳ

Gonzague. Jusqu'alors, les projets de réalisation de villes idéales, comme Pienza (1459) ou Ferrare (1492), étaient restés inachevés. Le XVIᵉ siècle finissant voit l'accomplissement de ces projets au fort contenu politique : ils permettent d'affirmer le contrôle exercé par un pouvoir sur un espace. La dimension militaire est également souvent présente, comme dans le cas de Palmanova, édifiée à la frontière de l'État vénitien à la demande du Sénat. Si la réintroduction de motifs antiques dans ce dernier cas est réelle (portes d'entrée de la ville), elle reste néanmoins secondaire par rapport à la formalisation des avancées de l'architecture militaire induites par la généralisation des armes à feu.

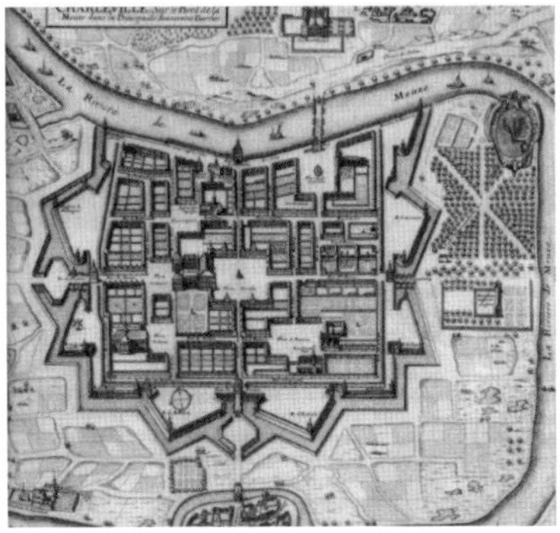

Plan orthogonal de Charleville Mézières par Edme Moreau, 1625

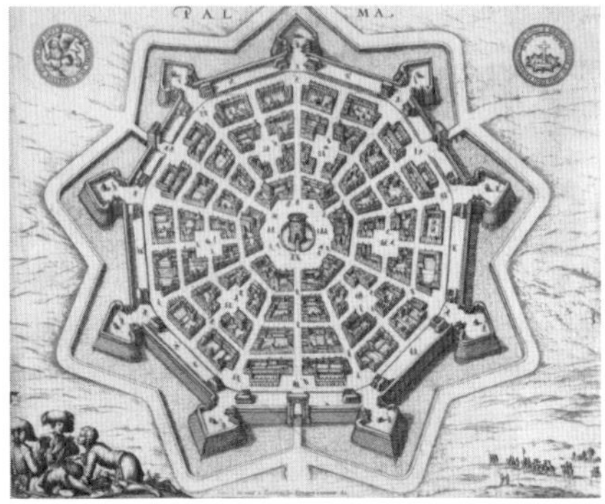

Plan de Palma Nova, in G. Braun et F. Hogenberg, *Civitates orbis terrarum*, 1597

À une autre échelle, la fin du XVIᵉ siècle correspond à une période de formalisation de modèles mis au point lors de la première partie de la Renaissance. Imposés par des commanditaires ou des autorités, ils peuvent aussi être une façon d'affirmer l'appartenance à un mouvement culturel, voire confessionnel. Ainsi, l'église du Gesù à Rome devient le prototype de l'église de la Contre-Réforme catholique : édifiée entre 1571 et 1584 d'après des plans de Giacomo della Porta, l'église appartient aux Jésuites. Sa façade reprend des motifs déjà employés par Leon Battista Alberti pour l'église de Santa Maria Novella à Florence : rythmée par des pilastres doubles, elle se déploie sur deux niveaux et est surmontée par un fronton triangulaire. Le niveau supérieur, plus étroit, est flanqué de deux volutes. Un tel modèle sera repris, tel quel ou remanié, par nombre d'églises jusqu'au XVIIIᵉ siècle.

Enfin, certains personnages historiques jouent un rôle particulier dans la codification des modèles de la Renaissance, comme le Florentin Giorgio Vasari. S'il a pu lui être reproché d'avoir figé le mouvement créatif de la Renaissance (un « âne chargé de reliques », selon Félibien), il n'en reste pas moins l'un des premiers auteurs à avoir fourni un récit historique concernant l'ensemble de la Renaissance.

Giorgio Vasari (1511-1574) et les *Vies des plus illustres architectes, peintres et sculpteurs italiens*

Giorgio Vasari joue un rôle capital dans la définition de l'idée de Renaissance, à la fois comme acteur et comme théoricien. Né à Arezzo d'un père artisan, il se forme auprès de Rosso Fiorentino notamment. Dans les années 1530 et 1540, il voyage dans la péninsule italienne. À Rome, il rencontre Michel-Ange qui l'influence profondément. Il se fixe définitivement à Florence en 1554, au service du grand-duc Cosme Ier. Il réalise par exemple le palais des Offices (1560) afin d'abriter les officiers administratifs du grand-duché. Par son activité, il contribue à fournir des cadres à la production artistique florentine et à la poser en modèle indépassable. En 1563, il joue un rôle primordial dans la fondation de l'Académie des arts du dessin dont l'un des objectifs est de définir une doctrine officielle en matière d'art.

Surtout, il est l'auteur de la première histoire de l'art critique, intitulée *Vies des plus illustres architectes, peintres et sculpteurs italiens*. Publiée une première fois en 1550, elle est rééditée en 1568 dans une version remaniée. Vasari y affirme que les arts renaissent après un Moyen Âge qui a oublié les modèles antiques, à partir du XIIIe siècle. Il distingue trois grandes étapes. La première correspond au Trecento et au retour à l'observation, incarnée par Cimabue et Giotto ; la deuxième est la formulation de règles inspirées de l'art antique pendant le Quattrocento ; enfin, la troisième coïncide avec l'apogée artistique du début du XVIe siècle illustré par Raphaël, Michel-Ange et Léonard de Vinci. Dans ce récit historique constitué de portraits d'artistes, Vasari exalte le rôle de Florence et de la Toscane et insiste sur l'importance du dessin en peinture, ce qui l'amène à minorer d'autres artistes, notamment vénitiens. Il fournit ainsi un premier cadre interprétatif de la Renaissance, par la suite imité (le *Schilderboek* de Carel van Mander, 1604).

2. Les reconfigurations des relations entre savoirs et pouvoir

Bien que leurs rapports avec les pouvoirs n'évoluent pas de la même façon, les idées et pratiques humanistes connaissent également d'importantes mutations à partir de la seconde moitié du XVIe siècle. Ces mutations procèdent à la fois de la mise en place de nouvelles façons d'exercer et de penser l'autorité, mais aussi d'épisodes historiques qui contribuent à remettre en question le pouvoir et les fondements intellectuels humanistes. Parmi ces épisodes, l'accroissement des tensions confessionnelles constitue un facteur de première importance.

Pour comprendre la raison de l'impact de ces facteurs confessionnels sur les idées humanistes, il est nécessaire de revenir sur une des querelles originelles de l'humanisme : avec la reviviscence de l'Antiquité, le soupçon de raviver

Jean Pic de la Mirandole (1463-1494): noble et philosophe d'Émilie, il passe une partie de sa vie à voyager en Italie et en Europe pour étudier la philosophie. En 1486, il rédige un traité *De omni re scibili* (« De tout ce qui peut se savoir ») dans lequel il tâche notamment d'opérer la synthèse entre les philosophies de Platon et d'Aristote et entre la philosophie et la théologie. Certaines de ses thèses étant jugées hérétiques, il se retire à Florence en 1487.

le paganisme des Anciens a vite été jeté sur les idées nouvelles comme celles de **Pic de la Mirandole**, pour les discréditer. Pour rejeter toute suspicion, les humanistes ont procédé à une véritable christianisation de leur travail, voire de leurs sources dans lesquelles certains voyaient la préfiguration du message évangélique. Ce faisant, ils respectent les cadres mentaux de leur époque pour laquelle la religion constitue le fondement et l'objectif de toute chose, même du pouvoir temporel. Quand surgissent les réformations et les affrontements confessionnels qui en découlent, le lien établi entre autorité politique et christianisme est remis en cause. Un des débats soulevés est de savoir si la religion peut s'imposer au pouvoir temporel, au risque de perpétuer les affrontements religieux, ou si, au contraire, le pouvoir temporel peut trouver des aménagements confessionnels pour restaurer la paix. Cette deuxième position est celle, par exemple, des Politiques en France. L'humanisme du XVIe siècle est profondément affecté par ce débat.

« Saint Socrate, priez pour nous », Érasme, *Colloques*, 1522.

« *Philosophia veritatem quaerit, theologia invenit, religio possidet* » (La philosophie recherche la vérité, la théologie la trouve, la religion la possède), Jean Pic de la Mirandole

En effet, les humanistes ont très tôt occupé une place de premier rang dans l'exercice de justification du pouvoir, soit qu'ils l'aient exercé (comme Thomas More ou Machiavel) soit qu'ils aient cherché à conseiller le détenteur du pouvoir (comme Érasme ou Guillaume Budé). Avec la reconfiguration des liens entre le pouvoir politique et la religion, les humanistes doivent trouver un équilibre entre les deux sphères, inventer une position dans laquelle ils parviennent à être serviteur et conseiller du Prince sans aller à l'encontre des institutions religieuses. Cette nouvelle synthèse se réalise notamment autour du néo-stoïcisme :

« Vivre avecque franchise et sans ambition
S'adonner sans scrupule à la dévotion
Dompter ses passions, les rendre obéissantes
Conserver l'esprit libre et le jugement fort [...]
C'est attendre chez soi bien doucement la mort »
Christophe Plantin (1514-1589), *Le Bonheur de ce monde*.

Juste Lipse (1547-1606): né catholique dans le Brabant, il est d'abord secrétaire du cardinal de Granvelle (1568-1570). Dans les années 1570, il se convertit au luthéranisme et enseigne à Iéna et à Leyde. Il retourne au catholicisme et obtient une chaire à Louvain. Il publie des traités d'histoire et des ouvrages philosophiques inspirés du stoïcisme (*De Constantia*, 1584). Il édite également les œuvres de Sénèque.

Si le Flamand **Juste Lipse** est considéré comme la principale figure de ce courant inspiré du stoïcisme antique replacé dans la perspective chrétienne du Salut, il n'est pas le seul ni le premier à procéder à une lecture christianisée de Sénèque ou d'Épictète. Dès 1571, Michel de Montaigne abandonne sa charge au parlement de Bordeaux pour se retirer dans son château et s'adonner à l'étude et à la rédaction de ses *Essais*. Cela ne signifie pas qu'il se retire entièrement de la vie politique : de 1581 à 1585, il est élu maire de Bordeaux ; il tente également de s'entremettre entre le roi de France Henri III et les chefs des partis catholique et protestant, Henri de Guise et Henri de Navarre. Mais son objectif reste de mener une réflexion sur lui-même à partir des outils intellectuels forgés par l'humanisme. De même Jacques-Auguste de Thou opère une distinction comparable entre activités intellectuelles et implication politique. Par exemple, il rédige une importante *Historiae sui temporis* (1604-1608) dans laquelle il récuse une vision historique inspirée du catholicisme de la Ligue ; à l'inverse, il fait du seul royaume de France, et non plus de toute la Chrétienté, l'objet de la **Providence** divine. En faisant du pouvoir monarchique le protagoniste de l'action divine, aux dépens d'autres instances plus étroitement liées à la religion, **De Thou** peut être vu comme un des jalons importants entre l'humanisme dont il a été l'élève et la mise en place d'une monarchie absolue. Par ailleurs, en rédigeant une histoire du temps présent, il symbolise la transition d'un monde centré sur l'Antiquité vers un autre structuré par le doute lié au fait que les arts et les savoirs ne sont plus organisés exclusivement par des autorités morales.

Providence : concept stoïcien et chrétien ; le fait qu'une puissance supérieure conduise les événements et les hommes vers un objectif préétabli.

Jacques-Auguste de Thou (1553-1617) : issu d'une famille de magistrats parisiens, il devient conseiller au parlement de Paris en 1578. Opposé à la Ligue, il entre au service d'Henri IV qui le nomme Maître de la Librairie du roi (1593). Parmi de nombreuses missions diplomatiques et politiques, il participe à la rédaction de l'édit de Nantes (1598). Avec le rétablissement d'un catholicisme politique durant la régence de Marie de Médicis (1610-1617), il connaît la disgrâce.

À retenir

- La Renaissance et l'humanisme sont deux mouvements de redécouverte de l'Antiquité gréco-latine, respectivement dans le domaine des arts et dans celui des lettres.
- La péninsule Italienne constitue la région où ces deux phénomènes apparaissent de la façon la plus nette dès la seconde moitié du XIIIe siècle pour s'affirmer pleinement au siècle suivant.
- Avec le XVIe siècle, humanisme et Renaissance se diffusent dans toute l'Europe et sont adaptés différemment selon les contextes locaux. Ils contribuent à la formation de classicismes nationaux et, plus largement, à une rénovation des savoirs qui débordent du seul cadre des arts et des lettres.
- L'accroissement des tensions confessionnelles et l'affirmation de pouvoirs plus structurés amènent à une mutation du contenu de l'humanisme et de la Renaissance qui prépare les évolutions du XVIIe siècle.

LES DATES ESSENTIELLES

1506 : Début des travaux de reconstruction de la basilique Saint-Pierre de Rome

1516 : Léonard de Vinci s'installe en France à la demande de François Ier

1527 : Prise et sac de Rome par les troupes impériales

1530 : Fondation du Collège des Lecteurs Royaux par François Ier

1543 : Publication de *De revolutionibus orbium celestium* de N. Copernic et de *De corporis fabrica humani* par A. Vésale

1550 : Première publication des *Vies des plus illustres architectes, peintres et sculpteurs italiens* de G. Vasari

POUR ALLER PLUS LOIN

Sélection bibliographique

Jerry BROTTON, *Le Bazar Renaissance. Comment l'Orient et l'islam ont influencé l'Occident*, Les Liens qui Libèrent, 2011.

Pascal BRIOIST, *Léonard de Vinci, homme de guerre*, Alma, 2013.

Peter BURKE, *La Renaissance européenne*, Seuil, 2000.

André CHASTEL, *Le Sac de Rome, 1527. Du premier maniérisme à la Contre-Réforme*, Gallimard, 1984.

Ressources Internet

Emmanuel BURY et Fabien MONTCHER, « Savoirs et pouvoirs à l'âge de l'humanisme tardif », *XVIIe siècle*, 266, 2015/1, p. 5-16 : https://www.cairn.info/revue-dix-septieme-siecle-2015-1-page-5.htm

Cet article, bref et éclairant, est une introduction à un numéro de la revue traitant de l'humanisme tardif.

CHAPITRE 5

L'affirmation des États au XVIe siècle

PLAN DU CHAPITRE

D'un point de vue politique, le trait saillant de l'Europe du XVIe siècle est le paradoxe qui existe entre sa diversité réelle et le maintien d'un discours sur sa profonde unité. Pourtant, malgré la reviviscence de certaines idées universalistes, cette unité est en passe de voler en éclats, à la fois en raison de l'apparition de nouvelles confessions mais aussi de l'affirmation d'autorités territoriales souveraines.

Un des phénomènes essentiels de la période moderne est donc l'accélération du processus de construction d'États territoriaux ; ils s'opposent à l'État féodal fondé sur des relations interpersonnelles par l'intermédiaire des liens de vassalité. Il s'agit d'un processus de longue durée qui a débuté dans certaines régions dès le Moyen Âge et qui n'est pas encore abouti au début du XVIIe siècle. Surtout, il ne revêt pas les mêmes formes partout en Europe : dans certains territoires, il coïncide avec une concentration des pouvoirs au profit du monarque ; dans d'autres, il est marqué par le respect et le maintien des institutions de gouvernement local ; enfin, dans certains cas, il peut y avoir survivance des structures féodales.

Cette diversité des cas a parfois fait douter les historiens de l'apparition même de la notion d'État durant la première modernité, la réservant pour une période plus tardive (à partir de la Révolution française ou du XIXe siècle). Même s'il s'agit d'un concept discuté, il est néanmoins indéniable que l'on assiste à partir de la deuxième moitié du XVe siècle à l'émergence de nouvelles façons de gouverner. Celles-ci se nourrissent des évolutions sociales et culturelles de leur temps (émergence de nouvelles catégories sociales, apparition de l'imprimerie, redécouverte du droit romain…) mais peuvent également se heurter aux cadres juridiques ou mentaux de l'époque (rôle de la religion par exemple).

Problématiques

– Dans quelle mesure ces nouvelles structures de gouvernement constituent-elles des ruptures et des innovations avec les pratiques politiques antérieures ?

– Quelles sont leurs répercussions sur les sociétés ?

I. Variété et hétérogénéité des États européens

Prodrome : signe avant-coureur, fait qui constitue le début d'un événement.

Si le renforcement des autorités étatiques est un fait, il faut néanmoins en nuancer la portée. En effet, il ne s'agit pas d'un processus linéaire, il y a des retours en arrière et des accélérations ; de même, tous les territoires européens ne sont pas concernés de la même manière. On évite ainsi de voir dans cette construction étatique du XVIe siècle les **prodromes** de réalités politiques ultérieures qui ne se situent pas sur le même plan.

1. Des territoires hétérogènes

Le premier facteur qui doit être évoqué pour nuancer la construction des États et des autorités souveraines est un facteur matériel et de longue durée, la distance et sa conséquence immédiate, la lenteur des communications. Dans un monde où les moyens de locomotion restent soumis à la traction animale et aux événements météorologiques, la construction de vastes territoires relève bien souvent de la gageure. Les nouvelles mais également les ordres royaux ou les lois mettent du temps à arriver à leur destination : depuis Venise, par exemple, une lettre va mettre une semaine pour parvenir à Gênes, deux pour arriver à Paris et trois pour atteindre Anvers. Cela implique qu'il est très difficile de faire appliquer la volonté du souverain de façon homogène. Dans des cas extrêmes, il est même possible de jouer de cette distance pour affirmer une relative autonomie vis-à-vis du pouvoir centralisé, ce qui permet de justifier nombre de révoltes.

Le second facteur qui limite l'émergence d'une autorité souveraine est la multiplicité des droits et des juridictions à l'intérieur d'un même territoire. Il s'agit d'ailleurs d'une caractéristique propre aux sociétés antérieures à l'époque contemporaine : une création institutionnelle ne remplace pas ce qui lui préexistait mais s'y rajoute, multipliant de fait les recours possibles, les arbitrages différents… Concrètement, même si un ensemble territorial se trouve sous l'autorité d'un prince, ce territoire est rarement régi par un droit homogène. Dans la monarchie hispanique, par exemple, les Habsbourg ne peuvent avoir recours qu'au droit castillan en Castille, qu'au droit aragonais dans le royaume d'Aragon, qu'au droit milanais dans le duché de Milan, etc. Il en résulte que l'autorité du monarque ne transcende pas les particularismes régionaux. Même dans le royaume de France, qui fait pourtant figure d'État pionnier dans la centralisation politique, le souverain est forcé de composer avec plusieurs parlements : il y en a un à Paris, à Bordeaux, à Toulouse, à Rennes, à Dijon, à Aix et chacun respecte des procédures distinctes. Surtout, il existe de grandes différences entre le nord et le sud du royaume : dans cette dernière partie, le droit est largement inspiré du droit écrit romain alors que dans la région septentrionale c'est un droit coutumier. Malgré une tentative de mettre ces coutumes par écrit pour les fixer (**ordonnance** de Montils-lès-Tours, 1454), ce processus est loin d'avoir abouti quand commence le XVIe siècle. Charles VIII (**lettres patentes** d'Amboise, 1498), puis Louis XII (lettres patentes de Blois, 1506) relancent un processus qui s'étend dès lors durant tout le siècle : la **coutume** d'Orléans est mise par écrit en 1509, celle de Paris en 1510, celle de Bretagne en 1539. Mais si cela assure aux plaideurs une plus grande sécurité juridique et au roi une autorité accrue dans la mesure où il est à l'origine de ces mises par écrit, ces processus de rédaction figent durablement les différences juridiques entre les provinces du royaume.

Ordonnance : règlement général émanant du roi.

Lettre patente : décision royale exprimant la volonté du roi scellée par une des chancelleries royales et contresignée par un secrétaire d'État.

Coutume : sur un territoire donné, usage juridique né d'une pratique répétée pendant un temps suffisamment long et reconnue par la collectivité.

2. Des formes étatiques multiples

Dans leur forme politique, les États européens du XVIe siècle sont également marqués par une grande diversité. En effet, contrairement à un stéréotype bien ancré, la forme monarchique n'est pas la seule qui existe alors et le modèle républicain reste largement diffusé. Venise, Gênes, les Cantons suisses ou les Provinces-Unies à partir de 1588 sont ainsi des républiques. Toutefois, il faut se garder de faire de cette forme républicaine un gage d'ouverture sociale et de démocratie. Ainsi, à Venise et à Gênes, le droit de siéger au Grand Conseil, une assemblée qui a vocation à approuver les décisions prises par les autres conseils et à élire les titulaires des charges de l'État, est défini de manière stricte : à Venise, il faut appartenir à l'une des 247 *case* (maisons) établies lors de la *serrata* (fermeture) de 1297 ; à Gênes, ce sont les 28 *alberghi* inscrits au *Liber civitatis* en 1528 qui en fournissent les membres. Quant aux Provinces-Unies, le choix de la république est fait après plusieurs expériences monarchiques peu concluantes ; il permet notamment de maintenir la prépondérance des provinces de Hollande et de Zélande, tout en préservant un ordre social fondé sur la prééminence des élites urbaines.

« Le peuple de chacune province a droit d'établir loi sur soi qui sont les coutumes », Guy Coquille (1523-1603), *Questions, Réponses & Méditations sur les articles des Coutumes* 1611.

Le principe monarchique est marqué par l'importante diversité des formes qu'il recouvre et l'hérédité n'est pas la seule forme d'accès à la couronne. Ainsi, il existe de nombreuses monarchies électives dans l'Europe du XVIe siècle : le pape, qui est à la fois l'évêque de Rome et le souverain temporel d'une principauté, est élu par le **conclave** ; l'empereur par les sept électeurs précisés par la Bulle d'or de 1356 (les archevêques de Mayence, Cologne et Trèves, le roi de Bohême, le duc de Saxe, le margrave de Brandebourg et le comte palatin du Rhin) ; le roi de Pologne par la noblesse du royaume… Souvent, ce processus

Conclave : assemblée des cardinaux réunis pour élire le pape. Durant l'élection, les cardinaux sont enfermés (*cum clave*, à clé) pour éviter toute influence extérieure et parvenir plus rapidement à un résultat.

Carte 2 Carte politique de l'Europe au début du XVIe siècle

électoral implique des négociations entre le candidat et les électeurs aboutissant à une restriction de la liberté d'action du souverain une fois élu. Ainsi, en 1573, lorsque Henri de Valois (futur Henri III de France) est élu roi de Pologne, la noblesse polonaise lui impose des *pacta conventa* par lesquels le pouvoir du roi est étroitement encadré. De même, dans le Saint-Empire, des capitulations électorales sont négociées entre le collège électoral et l'empereur qui deviennent, une fois l'élection réalisée, constitutions d'Empire.

Il reste néanmoins que l'hérédité est un principe largement partagé en Europe comme règle d'accession au pouvoir. Mais là encore, il existe de nombreuses différences. Ainsi, en Angleterre comme en Castille, une femme peut régner, comme c'est le cas pour Élisabeth Ire en Angleterre de 1558 à 1603 ou Isabelle de Castille de 1474 à 1504. À l'inverse, en France, la succession à la royauté par les femmes est exclue ; ce que l'on appelle souvent la « loi salique » constitue une des **lois fondamentales** du royaume et n'a été en réalité pleinement formulée qu'à la fin du XVIe siècle avec le risque que la couronne n'échoie à la fille du souverain hispanique, Philippe II. À partir de 1593, aînesse et masculinité sont au fondement des règles successorales pour la **dévolution** de la couronne.

Loi fondamentale : en France, ensemble des principes constitutionnels qui régissent la monarchie ; la plupart n'a pas été transcrite de façon précise par écrit.

Dévolution : attribution de biens ou de pouvoirs d'une personne à une autre.

Le destin funeste des princesses

Le rôle des femmes dans le maintien des monarchies est essentiel. Si Isabelle de Castille et Élisabeth d'Angleterre incarnent l'archétype de la femme exerçant directement le pouvoir, le rôle des reines et des princesses est en général bien différent. D'une part, par l'intermédiaire des unions matrimoniales entre dynasties, elles constituent les gages concrets de paix souvent difficiles à conclure. Ainsi, l'épouse française de Philippe II, Élisabeth de Valois, est surnommée la « reine de la paix », en référence à la paix du Cateau-Cambrésis conclue entre les monarques français et hispaniques en 1559. Plus tôt, c'était Éléonore de Habsbourg qui avait été donnée en mariage par son frère Charles Quint à François Ier pour sceller la paix de Cambrai. D'autre part, les épouses des princes ont pour mission de donner un héritier, de préférence mâle, à la Couronne. À une époque où la science médicale est encore incertaine, les grossesses constituent des risques réels : la reine Claude de France, première épouse de François Ier, meurt à 25 ans en accouchant de son septième enfant ; la femme de Charles Quint, Isabelle du Portugal, meurt également après avoir donné naissance à six enfants. Quand elles ne meurent pas en couches, ces princesses peuvent voir leur existence se résumer à une succession de grossesses : en 30 ans de mariage, Anne Jagellon, épouse de Ferdinand Ier d'Autriche, donne naissance à 15 enfants (elle meurt d'ailleurs peu de temps après la naissance de sa dernière fille, en 1547) ; Marie de Bavière, la femme de l'archiduc Charles de Styrie, accouche de 15 enfants en 19 ans de mariage. C'est à ce prix que la perpétuation des principautés est assurée.

Quelle que soit la forme du gouvernement des États européens au XVIe siècle, il existe dans chacun d'eux une forme de représentation du territoire face au gouvernant. Toutefois, qu'il s'agisse des États généraux en France et dans les Pays-Bas, des *Cortes* dans les pays hispaniques, du Parlement en Angleterre, de la Diète dans le Saint-Empire et dans nombre de pays d'Europe centrale (Bohême, Hongrie, Pologne...), il ne faut pas voir dans ces assemblées l'expression d'une souveraineté démocratique, selon des critères contemporains; elles ont d'abord pour vocation de rendre visible un ordonnancement social. Elles en reproduisent les hiérarchies et les inégalités puisqu'elles sont le plus souvent organisées selon les différents ordres sociaux. Ainsi, en France, on y trouve des représentants du clergé, de la noblesse et du Tiers État; dans le Saint-Empire, la Diète est constituée de trois collèges, celui des électeurs, celui des princes (laïcs et ecclésiastiques) et celui des villes; en Castille, enfin, les *Cortes* du XVIe siècle ne réunissent plus que des représentants des villes du royaume puisque leur fonction est de permettre la levée d'impôts dont sont exempts le clergé et la noblesse. C'est d'ailleurs une caractéristique de toutes ces assemblées: elles ont pour fonction principale de négocier avec le pouvoir le montant de l'impôt qui sera par la suite prélevé sur la population. Elles peuvent également avoir un autre rôle qui diffère selon les pays. Ainsi, en Castille, ce sont les *Cortes* qui présentent au nouveau monarque l'hommage qui vaut comme reconnaissance de son droit à régner; dans le Saint-Empire, la Diète peut aussi se prononcer sur des questions touchant l'ensemble de l'Empire, comme la question des confessions et leur statut officiel. Enfin, à l'échelle des provinces, il existe aussi des assemblées dont la fonction est essentiellement fiscale. De la sorte, l'ensemble des territoires de l'Europe du XVIe siècle dispose d'une forme de représentation dont les pouvoirs, parfois limités, n'en sont pas moins réels. Quels que soient le pouvoir ou les prétentions d'un souverain, celui-ci doit composer avec des assemblées dont il dépend pour le financement de ces projets.

3. La fin des universalismes?

Charles Quint par Pantoja de la Cruz

Durant une grande partie du Moyen Âge, le modèle politique qui permettait de penser la Chrétienté était celui d'un double universalisme, l'Empire dans sa dimension temporelle et la Papauté dans sa dimension spirituelle, dont émanait, en théorie, la légitimité de tous les autres princes. Cette conception duelle et complémentaire de la souveraineté universelle se donnait à voir lors du couronnement de l'empereur à Rome par le pape. Toutefois, lorsque s'ouvre le XVIe siècle, ce schéma est à peine plus qu'un idéal. En effet, en devenant le Saint-Empire Romain de la nation allemande (titulature officialisée en 1512), l'Empire exalte la grandeur d'un peuple qui n'aurait jamais été soumis mais paraît dans le même temps renoncer à sa dimension universelle pour affirmer son caractère « national » (même si des populations autres que germanophones le constituent également: on parle flamand dans les Pays-Bas, français en Lorraine, italien dans les fiefs impériaux d'Italie du Nord...). De la même façon, l'empereur Maximilien Ier est le premier empereur à ne pas être couronné par le pape; son successeur, **Charles Quint**, reçoit la couronne du pape Clément VII en 1530 mais à Bologne et non à Rome. Il est le dernier empereur à être couronné par le pape. Par ailleurs, la papauté voit sa primauté spirituelle battue en brèche par l'apparition des Réformations et par l'éclatement confessionnel qui en découle.

D'autres facteurs permettent de rendre compte de ce déclin des universalismes impérial et pontifical. Débutée avec le Moyen Âge central, l'affirmation des États trouve un appui d'importance dans l'humanisme qui se développe à partir du XVe siècle. De fait, un des intérêts majeurs de l'humanisme pour les monarques est qu'il dote leur autorité de justifications tirées de l'histoire, du droit, de la mythologie… C'est en raison de ces intérêts bien compris que certains princes s'attachent les services de lettrés et qu'ils cherchent à développer le nouveau courant intellectuel. Ainsi, en France, nombre de lettrés, comme Guillaume Budé ou, plus tard, **Jean Bodin** travaillent à justifier la souveraineté du roi à partir des textes anciens. Budé travaille à des *Annotations aux Pandectes* (1508), ce recueil de décisions de jurisconsultes romains puis à une *Institution du prince* (1516) dans laquelle il justifie le pouvoir à l'aide d'extraits antiques.

Jean Bodin (vers 1530-1596) : avocat au Parlement de Paris (1561), puis procureur au présidial de Laon (1576), il est député du Tiers État la même année aux États Généraux de Blois. Durant les guerres de Religion, il fait partie des Politiques et est proche du duc d'Alençon. En 1576, il publie les *Six livres de la République* dans lesquels il définit la souveraineté comme perpétuelle et uniquement soumise au droit naturel et divin et non au droit positif.

Pourtant, de façon paradoxale, le premier tiers du XVIe siècle connaît un regain d'universalisme impérial, en grande partie dû à l'élection de Charles Quint en 1519. Cette élection intervient alors que le nouvel empereur était déjà roi de Castille et d'Aragon depuis 1516. Dès lors, l'idée de la reformation de l'empire de Charlemagne resurgit. Le mythe du retour à une Chrétienté unifiée réapparaît, justifiée à posteriori par une surinterprétation de textes antiques ou littéraires : on y lit la preuve du renouveau de l'idée impériale, alliée à une résurgence d'une forme de messianisme et alimentée par certains actes comme la croisade. Les cercles proches de l'empereur travaillent également à dégager un projet impérial plus précis. La découverte et la conquête du continent américain à partir de 1519 leur fournissent des arguments, de même que la victoire de Charles Quint à Pavie en 1525 et la capture consécutive de François Ier. Avec le sac de Rome par les troupes impériales en 1527, le chancelier de Charles Quint, Gattinara, y voit une manifestation de Dieu en faveur de l'empereur et il pousse celui-ci à en revendiquer la responsabilité pour pacifier à son profit l'Italie et convoquer un concile. Il est également à l'origine de l'idée du couronnement de Charles Quint à Bologne. De même, la prise de Tunis en 1535, en présence de Charles Quint, redonne vie à l'idéal de croisade et contribue à exalter l'autorité impériale. Il y a donc un véritable réveil de l'universalisme impérial qui culmine dans les années 1530. Mais celui-ci se heurte aux réalités confessionnelles et politiques : l'incapacité à restaurer l'unité entre protestants et catholiques dans le Saint-Empire et l'opposition continue des rois de France scellent l'échec de cette restauration de l'autorité universelle de l'empereur.

Carte 3 Le Saint-Empire romain en 1555

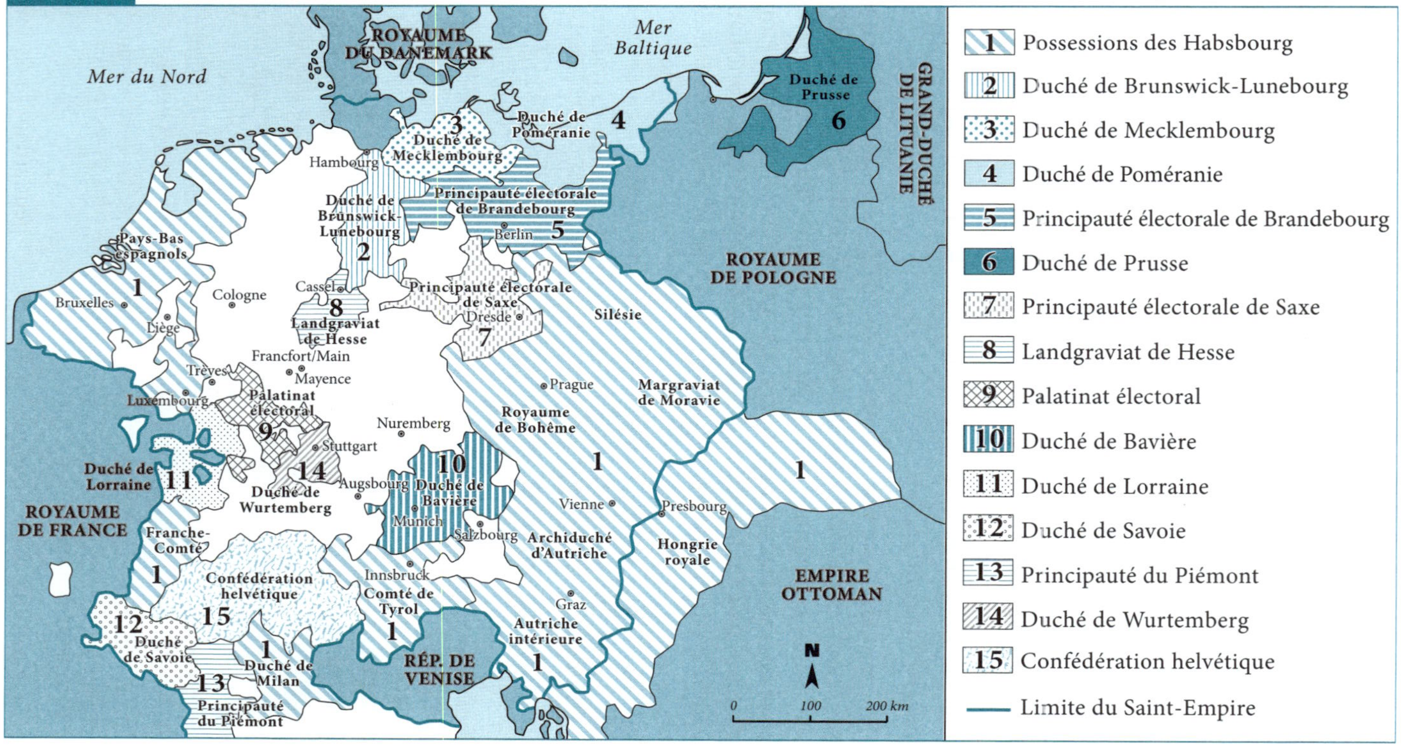

La prise de Tunis par Charles Quint en 1535

« L'Âge d'or va renaître
et sur terre et sur l'onde ;
Déjà règne Apollon,
ton frère glorieux. »
Virgile (70-19 av. J.-C.),
Les Bucoliques, IVe Églogue.

« Du sang d'Autriche et d'Aragon, je vois naître sur la rive gauche du Rhin un prince qui n'aura point son pareil pour la valeur parmi ceux dont on parle ou sur lesquels on écrit. Je vois Astrée, par lui remise sur le trône, reparaître vivante et comme ressuscitée ; je vois les vertus que le monde avait chassées lorsqu'il la chassa elle-même, rappelées par lui de l'exil. » L'Arioste (1474-1533), *Roland Furieux*, chant XV, 1532.

II. Les outils de l'affirmation étatique

Malgré l'affaiblissement des cadres universalistes et l'hétérogénéité des organisations politiques, l'Europe du XVIe siècle expérimente néanmoins de nombreux processus qui concourent à renforcer des structures étatiques embryonnaires. Ces processus revêtent différents aspects et s'appuient sur les dynamiques sociales du XVIe siècle déjà constatées.

1. Vers de nouvelles pratiques du pouvoir

Un premier phénomène qui amène à une transformation de l'exercice du pouvoir est l'affirmation d'un espace **aulique** dans les monarchies. Bien qu'existant au Moyen Âge, la cour était alors constituée de l'entourage du souverain et des personnes attachées au service domestique et personnel de ce dernier. Par ailleurs, du fait de l'itinérance de nombre de monarques, un espace curial à part entière a du mal à se développer. Progressivement, cependant, les princes se sédentarisent et comprennent que pour gagner la fidélité des lignages aristocratiques et consolider leur pouvoir, il convient d'une part de maintenir ces grands nobles à proximité en leur distribuant des récompenses et des charges et d'autre part de faire de la cour un instrument de gouvernement monarchique en y exaltant la centralité du souverain. De ce fait, l'émergence du phénomène aulique est à mettre en corrélation avec l'infléchissement du modèle féodal. Ce mouvement est facilité par la diffusion du traité de Baldassare Castiglione, *Le Livre du courtisan*, qui témoigne également du caractère pionnier des cours des petites principautés du nord de la péninsule Italienne.

Aulique/curial : qui a rapport avec la cour.

▶ Voir encadré p. 65

Si la cour française à l'époque de François Ier peut atteindre en théorie le nombre de 10 000 personnes (en réalité, moitié moins du fait d'une présence par roulement) et semble l'une des plus importantes numériquement, Charles

Croix de l'Ordre du Saint-Esprit

Quint est sans doute le premier des grands monarques européens à tenter de faire de sa cour un véritable instrument de gouvernement. Bénéficiant de l'expérience de ses aïeux bourguignons, il introduit le cérémonial des ducs de Bourgogne à la cour de Castille en 1548 ; ce faisant, il contribue à raréfier la personne royale et à accroître la valeur d'un accès direct. De même, tous les officiers de cour doivent prêter serment au monarque. En France, il faut attendre le règne d'Henri III pour voir un effort semblable : en 1575, un règlement fixe le rituel du lever du roi ; quatre ans plus tard, il élabore un règlement général de la cour qui définit, notamment, l'emploi du temps du souverain et les personnes qui y ont accès. Dans le même ordre d'idée, il crée l'**ordre du Saint-Esprit** afin de s'entourer de grands nobles catholiques dont la fonction est de le conseiller et de le servir.

La généralisation du gouvernement par conseils et la progressive spécialisation de ceux-ci constituent le deuxième processus permettant à de nouvelles structures de gouvernement d'émerger. Issus des traditionnelles *curia regis* médiévales, ces conseils rassemblaient à l'origine les grands nobles d'une principauté dont l'une des tâches était de conseiller le prince. C'était là l'un des héritages de relations interpersonnelles propres à la féodalité. Mais au fur et à mesure de la mise au pas de ces aristocraties et de l'extension des territoires sous le contrôle d'un seul et même prince, il faut désormais élaborer des formes de gouvernement plus efficaces. L'empereur Maximilien Ier entreprend ainsi une réforme du gouvernement du Saint-Empire dès la fin du XVe siècle. Avec l'aide de l'archichancelier et archevêque de Mayence Berthold von Henneberg, sont créées de nouvelles institutions comme un tribunal d'appel impérial dépendant de la diète et non de l'empereur, le *Reichskammergericht* (Diète de Worms, 1495), un conseil de gouvernement pour l'ensemble du Saint-Empire associant l'empereur et les états du Saint-Empire, le *Reichsregiment*, ou des circonscriptions de perception d'un impôt pour financer des soldats, les *Kreise* (Diète d'Augsbourg, 1500). Si toutes ces réformes ne sont pas des succès en termes d'accroissement du pouvoir impérial, elles structurent néanmoins fortement l'espace germanique. De la même façon, en France ou dans la monarchie hispanique apparaissent peu à peu des conseils spécialisés comme le conseil d'En-Haut ou le *Consejo de Estado* pour la direction des affaires politiques de l'État monarchique. La gestion des territoires du prince devient peu à peu un métier.

2. L'intégration au pouvoir de nouvelles catégories sociales

Pour cette raison, mais aussi pour ne pas dépendre des aristocrates dont ils se méfient bien souvent, les princes font également appel à de nouvelles catégories sociales pour les aider dans le gouvernement de leurs États. Il s'agit le plus souvent de membres de ces catégories sociales en pleine expansion avec l'essor économique du XVIe siècle, rarement nobles, issues de professions commerçantes ou financières qui ont souvent investi dans des études de droit. Ils acquièrent des charges de justice, de finances, de secrétaires royaux et ont pour noms *letrados* en Castille, robins en France. Dépendant du monarque qui s'appuie sur eux pour s'émanciper des aristocrates, ces nouveaux arrivés dans l'exercice du pouvoir sont de fidèles et solides soutiens du pouvoir monarchique. Par le biais de la vénalité des charges, ils contrôlent la transmission des **offices** et en font même des biens héréditaires, comme en France à partir de 1604 et l'institution de la **Paulette**.

Office : dignité qui confère à son détenteur une part de l'autorité royale.

Paulette : du nom de Charles Paulet, la paulette permet à un officier de justice ou finance, moyennant le paiement au roi d'un droit annuel, de vendre sa charge ou de la transmettre à ses héritiers.

Enfin, dans de nombreuses principautés, les souverains s'appuient sur la petite et moyenne noblesse pour s'émanciper de la tutelle des aristocrates. En contrepartie, ces membres de la noblesse seconde doivent leur situation et leur importance à leur fidélité au souverain. C'est ainsi que le roi de France Henri III choisit de mettre en avant un groupe réduit de nobles qui ne sont pas issus des grands lignages du royaume et les comble de charges et de bénéfices, comme **Anne de Joyeuse**, De la même façon, en Angleterre, Henri VII crée l'institution des juges de paix (*justice of peace*) pour concurrencer les *sheriffs* ; chargés notamment de l'exécution des jugements civils, ces *justice of peace* sont recrutés parmi la *gentry*, les gentilshommes originaires du comté. Enfin, en Russie également, Ivan III (1462-1505) et Ivan IV (1533-1584) tentent de s'appuyer sur un nouveau groupe social, les *dvoriane*, pour lutter contre la grande aristocratie foncière, les boyards.

Anne de Joyeuse (1560-1587) : symbole des mignons (favoris) d'Henri III, il est le fils d'un lieutenant général du Languedoc ; il devient conseiller d'État à partir de 1579, duc et pair en 1581, amiral de France en 1582 et gouverneur de Normandie en 1583. Il meurt à la bataille de Coutras, à la tête d'une armée royale chargée d'arrêter la progression d'Henri de Navarre.

III. Obstacles à l'affirmation de l'État ou reconfiguration du pouvoir ?

Alors que tend à s'affirmer l'autorité des États, celle-ci peut être remise en cause par l'éclatement de révoltes, phénomène récurrent de l'époque moderne. Si ces dernières peuvent n'être qu'épisodiques, elles amènent néanmoins souvent à une modification de l'exercice du pouvoir.

1. Les manifestations protéiformes des désordres et des contestations

Parmi les nombreuses formes que peut prendre la contestation du pouvoir, l'une des plus diffuses est celle du banditisme. Quel que soit le nom sous lequel on le désigne (*banditi*, *fuorisciti*, *bandolerismo*), il s'agit d'une forme de remise en cause de l'ordre politique et social qui touche en premier lieu l'espace méditerranéen, avec une vigueur particulière dans la couronne d'Aragon et en Italie méridionale.

Pour l'essentiel, les personnes qui y prennent part sont des petits nobles que la construction étatique n'a pas intégrés dans ses structures. C'est une façon pour eux de se réinsérer dans les circuits d'échanges de l'économie et d'imposer des prélèvements à une population paysanne qui paie déjà des impôts à une autre autorité. Il consiste alors pour l'essentiel en la perturbation des circulations, le plus souvent terrestres, dans des zones faiblement contrôlées par le pouvoir. En ce sens, il constitue un aveu de faiblesse de ces autorités qui ne disposent pas des moyens de contrôle nécessaires. De la même façon, ce banditisme constitue une menace ponctuelle pour les gouvernements : les espaces touchés par ce phénomène sont toujours des espaces situés à proximité des principaux axes d'échanges. Ainsi, dans la couronne d'Aragon, c'est pour l'essentiel l'axe Saragosse-Barcelone qui est concerné, soit la route qui relie Madrid à l'Italie. Même si l'autorité du Roi Catholique n'est pas directement visée, son pouvoir peut en être affecté.

Frumentaire : qui concerne le problème de la subsistance.

Par ailleurs, les États de la première modernité sont confrontés à de nombreux soulèvements ou à des révoltes de plus vaste ampleur. Bien souvent, il s'agit d'émeutes **frumentaires**, comme la « Grande Rebeyne » de Lyon en 1529. Dans ce type de cas, l'autorité monarchique n'est pas directement mise en péril et le conflit s'inscrit d'abord dans un contexte local opposant la partie pauvre de la population à la plus aisée. Souvent, la révolte s'inscrit également dans un contexte d'alourdissement de la charge fiscale, comme la révolte qui touche en 1548 le Sud-Ouest du royaume de France : alors qu'Henri II décide d'étendre à ces provinces la **gabelle** dont elles étaient exemptées, un soulèvement s'y oppose ; les révoltés sont essentiellement des paysans qui expriment à cette occasion leur défiance vis-à-vis d'un monde urbain largement exempté de ce type de fiscalité. Si le roi intervient par la violence pour ramener ses sujets à l'obéissance, il est néanmoins obligé de transiger sur la mise en place de l'impôt. Moyennant le versement d'une importante somme d'argent, ces provinces sont dites rédimées, c'est-à-dire libérées de la gabelle.

Gabelle : impôt sur le sel, voir p. 132.

L'organisation de ces révoltes répond à des schémas largement partagés : bien souvent le mécontentement populaire se cherche des porte-parole ou des intermédiaires qu'il trouve parmi les notables locaux pour s'adresser au roi ; de façon paradoxale, celui-ci est rarement remis en cause et les plaintes portent d'abord sur le mauvais entourage du prince qui ne lui prodigue pas les bons conseils. Lors de la révolte des Tards-Avisés en 1594, en révolte contre l'insécurité liée aux guerres de religion finissantes, ces paysans de Guyenne ont pour chef un notaire, un médecin et un avocat au parlement de Bordeaux.

2. Des « révolutions imparfaites »

Si les révoltes peuvent amener le pouvoir royal à négocier et transiger avec les révoltés pour restaurer son autorité, ce processus de négociation amène aussi à une reconfiguration plus importante du pouvoir. En ce sens, les révoltes ne sont pas seulement l'expression plus ou moins aboutie d'un mécontentement mais bien le moment décisif où la volonté des détenteurs de l'autorité affronte la réalité des populations gouvernées.

Dans *La Méditerranée et le monde méditerranéen à l'époque de Philippe II*, Fernand Braudel emploie l'expression de « révolutions imparfaites » pour désigner l'ensemble des révoltes qui manque de cohésion dans les objectifs politiques poursuivis ou qui n'envisage pas d'issue politique aux problèmes les poussant à la révolte. Il est vrai également que nombre de révoltes auraient pu devenir des révolutions ; certaines ont en effet eu un caractère radical et elles ont contraint les détenteurs de l'autorité à penser et exercer de façon différente leur pouvoir. Une de ces révoltes emblématiques est celle des *comuneros* ou *comunidades*. Elle éclate alors que Charles Ier de Castille vient d'être élu empereur : après avoir pris possession de ses royaumes hispaniques, il réunit les Cortès dès 1520 pour financer son élection impériale et quitte rapidement la Castille, laissant pour la gouverner un conseil composé de Flamands. Face à ce qu'ils considèrent comme un abandon, nombre de Castillans se révoltent. Les insurgés se recrutent essentiellement parmi la bourgeoisie industrielle de la laine, les artisans, les boutiquiers et les ***letrados***. Assez rapidement ces *comuneros* castillans envisagent une constitution et la formation d'un gouvernement bourgeois, la *junta general*, pour lutter contre le pouvoir de la noblesse, des patriciats urbains et de la bourgeoisie marchande. Toutefois, le mouvement insurrectionnel est défait par les aristocrates à la bataille de Villalar en 1521. Cet épisode des *comunidades* est décisif dans la définition du pouvoir de Charles Quint et des Habsbourg dans la péninsule Ibérique : l'empereur comprend que les charges de Castille doivent être occupées pour l'essentiel par des Castillans et, du fait du rôle joué par l'aristocratie dans la répression de la révolte, une large place lui est faite dans les instances du gouvernement.

Letrado : personnel administratif et judiciaire de la Couronne castillane, diplômé d'une université (le plus souvent en droit).

La guerre des paysans qui s'achève en 1525 et touche le Saint-Empire est un autre exemple de soulèvement pré-révolutionnaire qui a modifié en profondeur l'exercice du pouvoir dans les terres germaniques. Cet épisode est important à double titre : d'une part, il confirme à l'empereur récemment élu, Charles Quint, la nécessité de s'appuyer sur la noblesse territoriale de l'Empire pour maintenir la paix ; d'autre part, et de façon paradoxale, cet épisode a amené Martin Luther à dénoncer les conceptions politiques radicales de la Réforme et à justifier le pouvoir des princes en place face à la révolte. Ce faisant, il a fait de sa théologie un instrument de justification du pouvoir.

IV. L'Europe en voie de confessionnalisation

L'éclatement confessionnel que connaît l'Europe à partir du début du XVIe siècle a des conséquences paradoxales sur la construction des différents États. D'une part, il fournit de nouveaux outils leur permettant de s'affirmer, notamment grâce à ce que les historiens appellent la **confessionnalisation**. D'autre part, ce processus de construction étatique suscite de nombreuses formes de violences.

Confessionnalisation : dans le processus de construction de l'État, utilisation de l'élément confessionnel comme facteur de renforcement d'une identité territoriale et prise de contrôle progressive de l'Église par le Prince.

1. Confession et construction étatique

Le phénomène de la confessionnalisation a d'abord été observé dans l'espace germanique à partir des années 1520. Il s'agit toutefois d'une notion qui peut être appliquée avec profit à d'autres espaces afin de rendre compte de l'importance du facteur religieux dans le domaine de la politique. Ainsi, dans le Saint-Empire, la paix de religion d'Augsbourg de 1555 autorise tout prince territorial à choisir librement entre le catholicisme et le luthéranisme et à imposer sa confession à ses sujets (principe du « *Cujus regio, ejus religio* ») ; ces derniers disposent seulement du ***jus emigrandi*** s'ils entendent conserver leur religion. De cette façon, une identité confessionnelle homogène devient peu à peu un facteur d'unité territoriale au sein de ces principautés.

Jus emigrandi **:** pour un membre d'une minorité confessionnelle dans le Saint-Empire, droit de migrer en dehors du territoire sans perte matérielle.

En dehors de l'espace germanique, des processus proches de cette confessionnalisation peuvent également être observés. L'Angleterre d'Henri VIII en constitue un premier exemple puisque le monarque est également le chef de l'Église d'Angleterre. Ailleurs, dans les royaumes ibériques par exemple, l'Inquisition, sous l'autorité directe du roi, travaille à maintenir l'uniformité confessionnelle en pourchassant les dissidents et les **hétérodoxes**. Créée en 1478, cette Inquisition parvient à créer un consensus confessionnel tel que dès les années 1550, le catholicisme devient l'un des éléments essentiels de définition d'une identité hispanique. Ainsi, qu'il s'agisse de principautés catholiques ou protestantes, le facteur confessionnel devient progressivement un outil au service du pouvoir monarchique.

Hétérodoxe : qui s'écarte d'une doctrine religieuse officielle.

▶ Voir carte 4, Atlas en fin d'ouvrage

2. Les guerres confessionnelles en Europe : l'exemple des guerres de Religion en France

Le XVIe siècle se caractérise également par la manifestation, parfois le déchaînement, de violences provoquées par les tensions confessionnelles ou justifiées par des arguments religieux. Si la première moitié du siècle a surtout vu des heurts ponctuels, à partir des années 1560 les conflits prennent une tout autre ampleur.

Les guerres de Religion françaises en sont un bon exemple et s'étendent sur près de deux générations dans un contexte de fragilité du pouvoir royal. Composées de huit conflits, séparés de paix plus ou moins précaires, elles peuvent être regroupées en trois grandes périodes : de 1562 à 1570 (de la première à la troisième guerre de Religion), le parti royal reste en position d'arbitre et les rébellions sont essentiellement le fait des protestants. Même si les tentatives de conciliation religieuse menées sous l'égide du chancelier **Michel de L'Hospital** sont des échecs, la tolérance conçue comme une grâce royale reste à l'ordre du jour. C'est ainsi que l'édit de pacification d'Amboise (1563, fin de la première guerre de Religion) accorde aux huguenots une liberté de culte limitée aux faubourgs d'une ville par bailliage là où le culte protestant était déjà pratiqué au 7 mars. Répété

Michel de L'Hospital (vers 1505-1573) : nommé chancelier en 1560, il œuvre d'abord à établir une concorde entre catholiques et réformés, en insistant sur l'appartenance commune au christianisme (colloque de Poissy de 1561). Le début des guerres de Religion en 1562 scelle l'échec de cette politique et l'amène à concentrer son travail sur la réforme de l'État. Il se retire de ses charges en 1568.

en 1568 et en 1570, cet édit est complété en 1570 par l'octroi de quatre places de sûreté pour les protestants (édit de Saint-Germain-en-Laye). Mais c'est aussi reconnaître que le roi n'est plus en mesure de protéger tous ses sujets.

La deuxième grande période va de la quatrième guerre de Religion qui débute avec le massacre de la Saint-Barthélemy (24 août 1572) à la septième guerre qui s'achève en 1580. Elle voit le parti royal, mené par Henri III à partir de 1574, contesté du côté protestant et catholique. Dans ce contexte émerge un parti dit des Mécontents qui se rassemble autour du **duc d'Alençon**, le frère du roi. Alençon obtient une paix, l'édit de Beaulieu en 1576 qui accorde la liberté de culte générale aux protestants, sauf à Paris et là où réside le roi et instaure des **chambres mi-parties** dans les parlements. Enfin, huit places de sûreté leur sont accordées. Face à ces importantes concessions, les catholiques répliquent par la création d'une ligue, à l'instauration du gouverneur de Péronne, Jacques d'Humières : il s'agit d'un traité d'entraide entre catholiques.

François, duc d'Alençon (1555-1584) : dernier fils de Catherine de Médicis et d'Henri II, il occupe le premier rang dans l'ordre successoral à la mort de son frère Charles IX car Henri III, également son frère, n'a pas de descendant. Conspirant contre ce dernier, il prend en 1575 la tête du parti des Malcontents et intervient dans les guerres de Religion. Sa mort fait du calviniste Henri de Navarre l'héritier de la couronne.

Le conflit prend une tournure bien plus radicale à partir de 1584 lorsque le duc d'Alençon meurt et que l'héritier présomptif du trône devient le calviniste Henri de Navarre. S'ouvre alors la troisième phase des guerres de Religion : les ligueurs catholiques, sous la conduite des Guise, entrent en opposition ouverte et directe avec le parti royal qui choisit d'appuyer les prétentions de Navarre. Ces ligueurs sont soutenus par les Espagnols depuis les Pays-Bas, alors que le parti de Navarre reçoit l'appui des Hollandais, des Anglais et des Vénitiens.

Chambre mi-partie : juridiction composée de magistrats catholiques et protestants afin d'assurer des jugements impartiaux.

Assassinat du duc de Guise et de son frère le cardinal à Blois

En 1588, les Parisiens, en majorité ligueurs, chassent le roi de Paris (journée des barricades, 12 mai 1588) et la ligue parisienne prend ainsi des allures révolutionnaires : un autre successeur à Henri III est cherché, la fille de Philippe II est un moment envisagée (cf. p. 107). Considérablement affaibli, Henri III convoque des États Généraux, fait assassiner les duc et cardinal de Guise en 1588 et il est lui-même assassiné en 1589 par un moine, Jacques Clément. Dans ce contexte, la légitimité d'Henri IV paraît douteuse : beaucoup estiment que le calvinisme est un obstacle pour accéder à la royauté. Mais Henri IV peut compter sur deux facteurs qui lui assurent la victoire finale : d'une part, ses multiples victoires contre les troupes de la Ligue (Arques en 1589, Ivry l'année suivante) et contre les Espagnols (Fontaine-Française en 1595). D'autre part, la lassitude d'une partie non négligeable de la population qui se rallie sinon à une personne du moins au parti monarchique. Ce sont les Politiques ou Moyenneurs, exemple français de l'émancipation d'une réflexion politique parvenant à s'abstraire du carcan confessionnel. Henri IV agit également de manière adroite en abjurant le calvinisme le 25 juillet 1593 (pour la troisième fois !) après avoir reçu des leçons de catéchisme et en se faisant sacrer à Chartres le 27 février 1594. Il dispose ainsi de tous les éléments extérieurs de la légitimité. Son entrée à Paris en mars 1594 puis son absolution par le pape Clément VIII scellent sa victoire définitive. L'édit de Nantes de 1598 instaure enfin un régime de tolérance assez avancé, faisant des protestants une sorte de parti intérieur en France doté de nombreuses places de sûreté et sous protection du roi.

D'autres régions européennes sont touchées par de vastes conflits dans lesquels le facteur religieux intervient de manière décisive. C'est particulièrement le cas des Pays-Bas espagnols qui entrent en révolte contre Philippe II à partir de 1566. Le conflit n'est pas uniquement confessionnel et a également une dimension sociale et politique très forte (les villes et l'aristocratie des Pays-Bas reprochent au roi de ne pas respecter les attributions fiscales des États Généraux). En 1579, les anciens Pays-Bas de Charles Quint se divisent entre des Pays-Bas restées fidèles au monarque hispanique et au catholicisme et des Provinces-Unies majoritairement calvinistes. La guerre connaît un premier arrêt avec une trêve de douze ans signée en 1609, avant de reprendre en 1621 pour se clore définitivement en 1648.

À retenir

- Les États européens du XVIe siècle sont dans un processus de construction à la fois avancé et encore inabouti. Ils souffrent pourtant de fortes hétérogénéités internes et d'obstacles, notamment matériels, qui entravent ces processus de construction.
- Les structures étatiques parviennent à se renforcer grâce à l'affirmation d'un nouvel outil social et politique, la cour, et à l'intégration dans les organes du pouvoir de nouvelles catégories sociales qui ne sont issues ni de la noblesse ni du clergé.
- Ces processus de construction étatique ne sont pas linéaires et connaissent de nombreux obstacles, voire des retours en arrière, provoqués notamment par des révoltes. Dans cette dialectique entre construction du pouvoir et résistance à l'autorité, le facteur confessionnel joue un rôle particulier : s'il fournit au pouvoir

des outils supplémentaires pour se renforcer, il offre également des arguments pour justifier le refus d'un pouvoir. Il peut en naître des conflits importants, de portée européenne.

LES DATES ESSENTIELLES

1520-1521 : Révolte castillane des *comunidades*
1530 : Couronnement impérial de Charles Quint à Bologne
1555 : Paix de religion d'Augsbourg
1562-1598 : Guerre de Religions en France
1566 : Début de la révolte des Pays-Bas
24 août 1572 : Massacre de la Saint-Barthélemy à Paris
1579 : Union d'Arras et d'Utrecht
1604 : Institution de la Paulette en France

POUR ALLER PLUS LOIN

Sélection bibliographique

Bartolomé Bennassar, *Le lit, le pouvoir et la mort. Reines et princesses en Europe de la Renaissance aux Lumières*, De Fallois, 2006.

Yves-Marie Bercé, *Révoltes et révolutions dans l'Europe moderne, XVIe-XVIIIe siècles*, CNRS, 2013.

Jérémie Foa, *Tous ceux qui tombent. Visages et massacre de la Saint-Barthélémy*, La Découverte, 2021.

Arlette Jouanna, *La Saint-Barthélemy. Les mystères d'un crime d'État : 24 août 1572*, Gallimard, 2007.

Nicolas Le Roux, *Les Guerres de Religion, 1559-1629*, Belin, 2009.

Gregorio Salinero, *Les empires de Charles Quint*, Ellipses, 2006.

Ressources Internet

Ce site permet d'aller plus loin dans la connaissance du Saint-Empire à l'époque moderne (le glossaire est particulièrement utile).

http://saintempire.hypotheses.org/

CHAPITRE

6 La dynamique des relations internationales au XVIe siècle

PLAN DU CHAPITRE

I. Le temps des guerres en Italie (1494-1519)

II. Luttes autour de la monarchie universelle (1519-1559)

III. De la guerre universelle à la paix générale

Que le terme d'État ne recouvre pas les mêmes réalités au XVIe siècle a une incidence directe sur les modalités de leurs relations au début de l'époque moderne : elles sont effectivement beaucoup plus dépendantes de la personne du monarque, dans le cas des principautés, et ont également une dimension patrimoniale beaucoup plus affirmée. Avant qu'un droit international ne s'affirme pleinement, ce sont les enjeux dynastiques (mariage, succession...) qui régissent une grande partie des liens entre les monarchies. De la même façon, il est encore difficile de parler de relations internationales dans le plein sens de cette expression dans la mesure où, une sphère publique autonome n'existant pas, la mobilisation des opinions publiques n'est pas un enjeu, de même que le recours à des formes de conflictualité moins intenses (guerre commerciale et économique par exemple).

Il est néanmoins indéniable que le XVIe siècle européen est en grande partie structuré par une série de conflits et d'alliances dont la caractéristique principale, au-delà de la succession des batailles et des traités, tient sans doute à l'évolution des formes et des contenus. En effet, si les affrontements qui inaugurent le siècle semblent revêtir les aspects de la guerre médiévale, les innovations de l'époque (imprimerie, armes à feu, modernisation de l'appareil étatique...) tendent à transformer en profondeur les façons de mener la guerre et de conclure la paix.

Problématiques

– Quels sont les grands affrontements qui structurent les relations entre les États du XVIe siècle ?

– Dans quelle mesure les formes et les finalités de la guerre évoluent-elles ?

I. Le temps des guerres en Italie (1494-1519)

Inaugurant ce que l'on appelle les « guerres d'Italie », le franchissement des Alpes par une armée française en août 1494 lance un vaste processus de reconfiguration des relations entre les puissances européennes. Pourtant, l'aventure militaire de Charles VIII s'ouvre dans un cadre des plus traditionnels : le monarque français entend faire valoir ses droits dynastiques à la couronne du royaume de Naples. Cette expédition est aussi placée sous le signe de la croisade puisque la conquête de Naples doit être le prélude à une entreprise contre les Ottomans qui ont ravagé Otrante en 1480 et Ancône en 1490. De ce point de vue, peu de choses pouvaient laisser présager l'ampleur et la durée que l'intervention française et, à sa suite, des principales puissances européennes, prendrait.

Comprendre les guerres d'Italie : Machiavel et Guichardin

La volonté de comprendre le cycle de conflits qui s'ouvre en Italie en 1494 apparaît très tôt. À cet égard, deux hommes, tous deux Florentins et aux expériences relativement proches, ont joué un rôle décisif.

Fils d'un notaire, Niccolò Macchiavelli (1469-1527) devient secrétaire à la chancellerie de Florence après que les Médicis en ont été chassés. À partir de 1498, il exerce des fonctions politiques et diplomatiques jusqu'au retour des Médicis en 1512 ; à compter de cette date, malgré quelques épisodiques retours dans des charges officielles, il consacre l'essentiel de son temps à l'écriture. Il développe une pensée politique qui s'efforce de s'adapter à la « qualité des temps » ; ainsi dans *Le Prince* (1513), il met en place les fondements de la raison d'État : la principale qualité (la *virtù*) du prince n'est plus nécessairement d'être un homme vertueux mais de ne pas se soumettre à la fortune.

Francesco Guicciardini (1483-1540) exerce également des fonctions politiques et diplomatiques à Florence dès 1511 ; il est également un conseiller des deux papes Médicis, Léon X et Clément VII pour lequel il négocie la ligue de Cognac en 1526. À partir de 1537, il commence la rédaction d'une *Histoire de l'Italie* (publiée en 1561) dans laquelle il sort du cadre traditionnellement local des traités historiques de son époque et où il montre la responsabilité des princes italiens dans les ingérences étrangères, ainsi que les effets de celle-ci sur le gouvernement des principautés italiennes.

« J'ai décidé, quant à moi, d'écrire les choses advenues de notre temps en Italie, après que les armes des Français, appelées par nos princes eux-mêmes, eurent commencé, non sans très grande agitation, à la troubler », Francesco Guicciardini, *Histoire de l'Italie*, I, 1.

1. L'irrésistible européanisation d'un conflit

▶ Voir carte 1, Atlas en fin d'ouvrage

En janvier 1494, la mort du roi de Naples, Ferrante Ier, appartenant à la dynastie aragonaise, fournit à Charles VIII le prétexte de faire valoir ses droits sur le royaume italien ; le souverain français est en effet l'héritier des prétentions de Charles d'Anjou (mort en 1481), fils du dernier roi angevin de Naples. L'expédition française ouvre une période de plus de soixante ans durant laquelle la péninsule Italienne est tour à tour un enjeu de luttes et un champ de bataille pour les principales monarchies européennes. Surtout, malgré l'organisation politique issue de la paix de Lodi (1454) prévoyant une ligue des principaux États italiens (Milan, Venise, Florence, les États pontificaux et Naples) pour contenir les ambitions territoriales de chacun, les Italiens échouent à maintenir hors de la péninsule les troupes étrangères. Le système de ligue semble même fonctionner comme une possibilité donnée aux princes italiens de s'allier avec des souverains étrangers, aggravant par là même les ingérences extérieures dans la péninsule.

Dans un premier temps, l'élan français semble irrésistible : partie de Grenoble en août 1494, l'armée de 30 000 hommes arrive à Naples en février 1495. Dans son sillage, **Ludovic Sforza** officialise son pouvoir sur Milan en en devenant le duc à la mort – suspecte – de son cousin Jean Galéas et les Florentins, sous la direction du moine Savonarole, se débarrassent des Médicis. Les Français ne parviennent toutefois pas à s'imposer durablement et, confrontés à une ligue constituée de Venise, du pape Alexandre VI, de Ludovic Sforza, de l'empereur Maximilien Ier et de **Ferdinand d'Aragon**, ils rentrent en France dès l'été 1495, non sans avoir laissé des garnisons pour tenter de tenir le royaume de Naples. La dernière se rend toutefois aux armées napolitaines en 1497.

Ludovic Sforza, dit le More (1452-1508) : oncle et tuteur du duc de Milan Jean-Galéas, puis duc à partir de 1494, il est allié aux Français dont il encourage la descente contre Naples. Il se retourne contre eux dès 1495, doit fuir Milan en 1499 et est capturé par Louis XII en 1500. Il meurt emprisonné à Loches.

En 1498, la mort de Charles VIII ne met pas un terme aux prétentions françaises dans la péninsule mais celles-ci se déplacent de Naples vers Milan. Descendant de l'ancienne famille ducale de Milan, les Visconti, Louis XII conquiert le duché en 1499 qu'il tient jusqu'en 1513, à l'exception d'une brève période de deux ans où Ludovic Sforza parvient à reprendre son bien (1500-1501). Puis, en 1500, Louis XII s'allie avec Ferdinand d'Aragon pour reprendre le royaume de Naples au fils de Ferrante, Frédéric. L'alliance prévoit une partition du royaume italien, la partie méridionale (Pouilles, Calabre et Apulie) revenant au roi d'Aragon, le reste allant au monarque français. Mais l'alliance ne dure pas et les Hispaniques parviennent à chasser les Français du royaume de Naples en 1504. Celui-ci devient donc possession de Ferdinand d'Aragon.

Ferdinand II d'Aragon (1452-1516) : déjà roi de Sicile depuis 1468, il épouse en 1469 Isabelle qui devient reine de Castille en 1474 ; Ferdinand règne sur l'Aragon à partir de 1479. À partir de 1482 et jusqu'en 1492, il dirige la conquête du royaume musulman de Grenade. Il conquiert le royaume de Naples en 1504 et en devient roi.

La guerre en Italie est relancée par le pape Jules II qui constitue en 1508 une ligue de Cambrai réunissant Florence, l'empereur, Ferdinand d'Aragon et Louis XII ; son objectif désigné est la république vénitienne, accusée d'avoir pactisé avec les Ottomans. Malgré une nette victoire française à Agnadel, le 14 mai 1509, face aux troupes vénitiennes, Venise parvient à se maintenir. Surtout, le pape parvient à retourner la ligue de Cambrai contre les Français pour les chasser hors d'Italie. Bien que victorieux à Ravenne le 12 avril 1512, les Français sont contraints d'abandonner le Milanais, placé de fait sous tutelle suisse.

Les développements connus par la ligue de Cambrai constituent une inflexion importante dans les conflits qui ont lieu autour de l'Italie. Non seulement des acteurs nouveaux interviennent (les cantons helvétiques) mais des batailles ont lieu en dehors de la péninsule Italienne : en 1512, Ferdinand d'Aragon s'empare de la partie méridionale de la Navarre dont le prince, Jean III d'Albret, est allié à Louis XII ; la même année, les Suisses assiègent Dijon et les Anglais remportent une victoire sur les Français à Guinegatte. De ce point de vue, on peut parler, comme Alain Tallon le fait, d'une « européanisation du conflit ».

L'accession au trône de **François Ier**, en 1515, relance une nouvelle fois la guerre ; le jeune souverain français entend à la fois reconquérir le Milanais et affirmer sa valeur chevaleresque. La bataille de Marignan (13-14 septembre 1515) lui permet de remporter une victoire importante sur les Suisses et reprendre possession du duché italien. Surtout, ce succès permet à François Ier de remporter une série de victoires diplomatiques de première importance : il peut obtenir du pape le concordat de Bologne par lequel il s'assure la fidélité du clergé de France ; par la paix perpétuelle de Fribourg (1516), les Suisses s'engagent à ne plus fournir d'aide aux adversaires du roi de France. Surtout, la bataille de Marignan lui permet d'inaugurer son règne par une victoire fondant sa gloire et sa légitimité à régner. À l'issue de cette campagne, les Français semblent être en position de force dans la partie septentrionale de l'Italie.

François Ier

2. Les outils de la guerre et de la paix

Si les guerres d'Italie ont une importance historique, ce n'est pas seulement en raison des recompositions politiques et territoriales qu'elles initient. Cela tient également à ce qu'elles accélèrent une évolution des outils militaires et diplomatiques entamée au XVe siècle. En retour, ces évolutions différencient plus nettement la nature des conflits de l'époque moderne de celle du Moyen Âge.

La première mutation d'importance tient à la généralisation de nouvelles armes : les armes à feu jouent un rôle toujours plus décisif. Du bon emploi de ces armes dépend de plus en plus l'issue d'une bataille : la victoire hispanique de Cérignole sur les Français (28 avril 1503) ou le succès de François Ier à Marignan sont en grande partie dus à une utilisation nouvelle et efficace de l'artillerie. Cette dernière devient ainsi un outil tactique de première importance. Toutefois, de même que la généralisation des arquebuses, elle suppose une rupture avec les formes de combat traditionnel héritées de l'idéal chevaleresque : la décision se fait non plus à l'issue d'un combat singulier entre deux chevaliers, mais au terme d'une canonnade qui rend la mort impersonnelle et lui ôte tout héroïsme.

Cette importance nouvelle des armes à feu entraîne à son tour des conséquences sur la forme des armées et la manière de faire la guerre. En effet, la

> ***Condottiere :*** chef d'une armée mercenaire, au service d'un prince ou d'une cité. La *condotta* est le contrat qui lie le *condottiere* à son employeur.

> **Ban et arrière-ban :** obligation militaire que doivent les sujets à leur roi. Le ban est la convocation des vassaux directs, l'arrière-ban celui des arrières-vassaux (les vassaux de vassaux).

> ***Tercio :*** régiment de 2 500 soldats, répartis en 10 compagnies, créés en 1536. À cette souplesse d'organisation facilitant les manœuvres, le *tercio* ajoute la combinaison de deux armes, la pique pour repousser l'assaut de la cavalerie et l'arquebuse pour frapper à distance.

plupart des armées étaient jusqu'alors constituées de mercenaires et de ***condottieri***, ainsi que de compagnies d'ordonnances. Ces dernières consistaient en troupes de cavalerie lourdement armées, mobilisées au titre du **ban** et de l'**arrière-ban** dus à un seigneur. Leur efficacité résidait pour l'essentiel dans le choc de la charge. Si leur effectif numérique semble se maintenir au cours du XVIe siècle (aux alentours de 6 000 hommes pour les troupes du roi de France), leur importance relative diminue puisque entre 1494 et 1558, la taille des armées françaises passe de 30 000 à 50 000 hommes. Ce sont désormais les troupes d'infanterie qui jouent un rôle crucial dans les batailles. Cette mutation des armées suppose toutefois une réforme profonde du recrutement des armées. Ainsi, en Castille, trois ordonnances de 1495 et 1496 imposent à tout homme valide de posséder une arme, instituent un système rationnel de gestion financière des troupes (avec un contrôleur – *contador* – et payeur – *pagador* – par régiment) et mettent en place un système de conscription généralisée dans lequel les hommes valides de 20 à 45 ans sont répartis en douze douzièmes ; en cas d'appel royal, un douzième est tenu de servir pour une durée de trois ans, les hommes des autres douzièmes pouvant s'engager librement à titre personnel. À l'origine de la suprématie des ***tercios*** hispaniques au XVIe siècle, cet effort d'organisation se poursuit durant le règne de Charles Quint et est imité par d'autres princes, comme François Ier qui met sur pied en 1534 six légions recrutées sur une base provinciale.

Les outils militaires ne sont pas les seuls à connaître une évolution importante. D'une part, de profondes transformations touchent également la diplomatie. Le développement des structures diplomatiques avait déjà débuté dans la péninsule italienne à partir du XVe siècle, notamment dans le cadre de la paix de Lodi. Imitant le modèle vénitien, la plupart des souverains européens développent un réseau d'ambassades permanentes auprès des cours étrangères les plus importantes, à la place du système des orateurs envoyés ponctuellement pour une mission précise. Si les ambassadeurs sont dans un premier temps choisis le plus souvent parmi les hommes d'Église, ils sont par la suite issus de la haute noblesse de chacun des royaumes. Cette « révolution diplomatique » a au moins deux conséquences importantes : d'une part, elle pousse les différents monarques à élaborer un discours politique de leur représentation, notamment pour exalter leur autorité même en dehors de leur principauté. D'autre part, elle nécessite progressivement un personnel de plus en plus spécialisé dans les techniques de négociation et du droit international.

Par ailleurs, le développement de l'imprimerie permet d'autres formes de mobilisations dans la guerre que la seule intervention militaire. Ainsi, le dialogue attribué à Érasme *Julius exclusus* (1514) est-il une condamnation de la politique menée par le pape Jules II. De la sorte, l'imprimé est le support de polémiques qui se déploient à l'échelle européenne. Mais il peut également être plus ancré territorialement, comme dans le cas des déplorations (*lamenti*) qui se multiplient durant les guerres qui touchent la péninsule Italienne : elles expriment les vicissitudes auxquelles sont confrontées les populations, permettant à la fois de créer une communauté partageant les mêmes difficultés et d'exprimer une opinion sur un événement, au risque de la manipulation comme dans le cas de certains *lamenti* circulant après la bataille d'Agnadel et relevant d'une campagne anti-vénitienne. Les guerres d'Italie apparaissent donc comme un moment où les formes de la guerre se transforment et où les affrontements peuvent s'exprimer d'une autre façon que par les armes. Cette évolution marquera profondément le XVIe siècle et l'ensemble de la période moderne.

II. Luttes autour de la monarchie universelle (1519-1559)

Si les guerres dans la péninsule Italienne mettaient aux prises un grand nombre d'acteurs, leur enjeu était de savoir qui dominerait l'Europe, du moins sa partie occidentale. Avec l'affirmation d'une nouvelle génération de souverains au tournant de la décennie 1510, les affrontements prennent une autre dimension, tant dans leur dimension militaire que dans celle des symboles.

1. L'affrontement des Valois et des Habsbourg

L'avènement de François Ier en 1515 et l'élection impériale de Charles Quint en 1519 changent la nature des guerres dites d'Italie. En effet, à la veille des années 1520, l'enjeu du conflit devient un affrontement entre les deux principales maisons dynastiques d'Europe. Pour le monarque français, il s'agit d'éviter l'encerclement de son royaume ; pour l'empereur, le maintien d'un territoire hostile empêche les communications entre la péninsule Ibérique, d'une part, et les terres du Saint-Empire, des Pays-Bas ou de l'Italie d'autre part. Si cette rivalité se déroule dans un premier temps dans la péninsule Italienne, elle ne tarde pas à s'exprimer principalement en d'autres lieux.

La première phase du conflit met rapidement les Français en difficulté : après une séquence diplomatique infructueuse, notamment pour chercher l'alliance du roi d'Angleterre **Henri VIII** (entrevue du Camp du Drap d'or, 1520), ils sont défaits à la bataille de la Bicoque en 1522. Charles Quint installe alors à la tête du duché de Milan François II Sforza. La tentative de reconquête du duché par François Ier tourne ensuite à la catastrophe : lors de la bataille de Pavie (24 février 1525), le roi de France est capturé par le vice-roi de Naples, Charles de Lannoy, et de nombreux nobles du royaume sont tués ou faits prisonniers. En captivité en Castille pendant près d'un an, François Ier est contraint de signer en 1526 le traité de Madrid : il reconnaît la possession des terres bourguignonnes à Charles Quint, renonce à ses prétentions sur le Milanais et, pour sceller la paix, doit épouser la sœur de l'empereur, Éléonore de Habsbourg et laisser ses deux fils en otages. Si le traité est rapidement dénoncé par le roi et

Henri VIII

cassé par le Parlement de Paris, il marque néanmoins la fin d'une présence française durable dans le duché de Milan.

Mais selon le schéma éprouvé des guerres d'Italie, l'écrasante victoire impériale amène à une reconfiguration des alliances européennes : inquiets de la puissance de Charles Quint, le pape Clément VII, Florence, Venise et Henri VIII concluent avec François Ier la ligue de Cognac, dès le mois de mai 1526. Une armée impériale, commandée par le **connétable Charles de Bourbon**, assiège Rome et la prend le 6 mai 1527. La ville est soumise à un violent pillage par des troupes qui ne sont plus soldées et qui se paient en rançonnant les habitants. Largement exploité par la propagande impériale, l'événement permet de conforter le pouvoir de Charles Quint et d'imposer un ordre impérial à la péninsule Italienne : par la paix de Cambrai, dite paix des Dames car négociée par la mère du roi de France, Louise de Savoie, et la tante de l'empereur, Marguerite d'Autriche (3 août 1529), François Ier se voit reconnaître la possession de la Bourgogne mais doit renoncer à l'Artois, la Flandre et à toutes ses prétentions en Italie.

Connétable : chef des armées royales.

Charles III, connétable de Bourbon (1490-1527) : fait connétable par François Ier en 1515, il s'illustre dans les guerres d'Italie. La confiscation des biens de sa femme par Louise de Savoie l'amène à passer au service de Charles Quint en 1523. Il en commande les troupes et meurt lors de la prise de Rome, le 6 mai 1527.

La mise en place d'un ordre impérial en Italie passe par le couronnement de Bologne en 1530, la réinstallation à la tête de Florence d'un Médicis, Alexandre, en 1532, et l'investiture à son profit du duché de Milan après la mort sans héritier du duc François II Sforza. Ce dernier geste est la cause de la rupture de la paix par François Ier ; toutefois, s'il parvient à occuper la Savoie, ce dernier ne parvient pas à aller plus loin. Désormais, l'opposition entre Charles Quint et François Ier ne concerne plus que secondairement la péninsule Italienne : en 1536, la Provence est ravagée par les troupes impériales et Marseille assiégée, en vain. Une trêve théorique de dix ans est conclue à Nice entre François Ier et Charles Quint ; elle permet à ce dernier de traverser le royaume de France pour se rendre à Gand et y réprimer la révolte qui a éclaté en 1539. Mais la guerre reprend dès 1542 : si les Français accueillent la flotte algéroise de Khayr ad-Din et sont victorieux à Cérisoles (11 avril 1544), ils ne peuvent pousser leur avantage, la Champagne étant attaquée par une armée impériale et Boulogne étant prise par les troupes anglaises d'Henri VIII, allié de circonstance de Charles Quint.

Henri II

L'opposition entre les deux maisons dynastiques connaît alors un répit, non que la paix de Crépy (18 septembre 1544) apporte une solution durable à leur rivalité mais Charles Quint préfère alors se tourner vers le Saint-Empire pour y défaire la ligue protestante de Smalkalde et renforcer son pouvoir et François Ier meurt en 1547. Toutefois, son fils Henri II reprend les prétentions de son père en Italie et contre les Habsbourg.

Henri II renoue avec la politique d'alliance avec des princes germaniques protestants pour affaiblir l'empereur : en 1552, par le traité de Chambord, il s'engage à appuyer Maurice de Saxe en échange d'un vicariat sur les trois évêchés de Metz, Toul et Verdun. En avril de cette même année, le roi de France entreprend le « voyage d'Allemagne » pour prendre possession de ces trois villes.

Carte 4 L'Italie au milieu du XVIe siècle

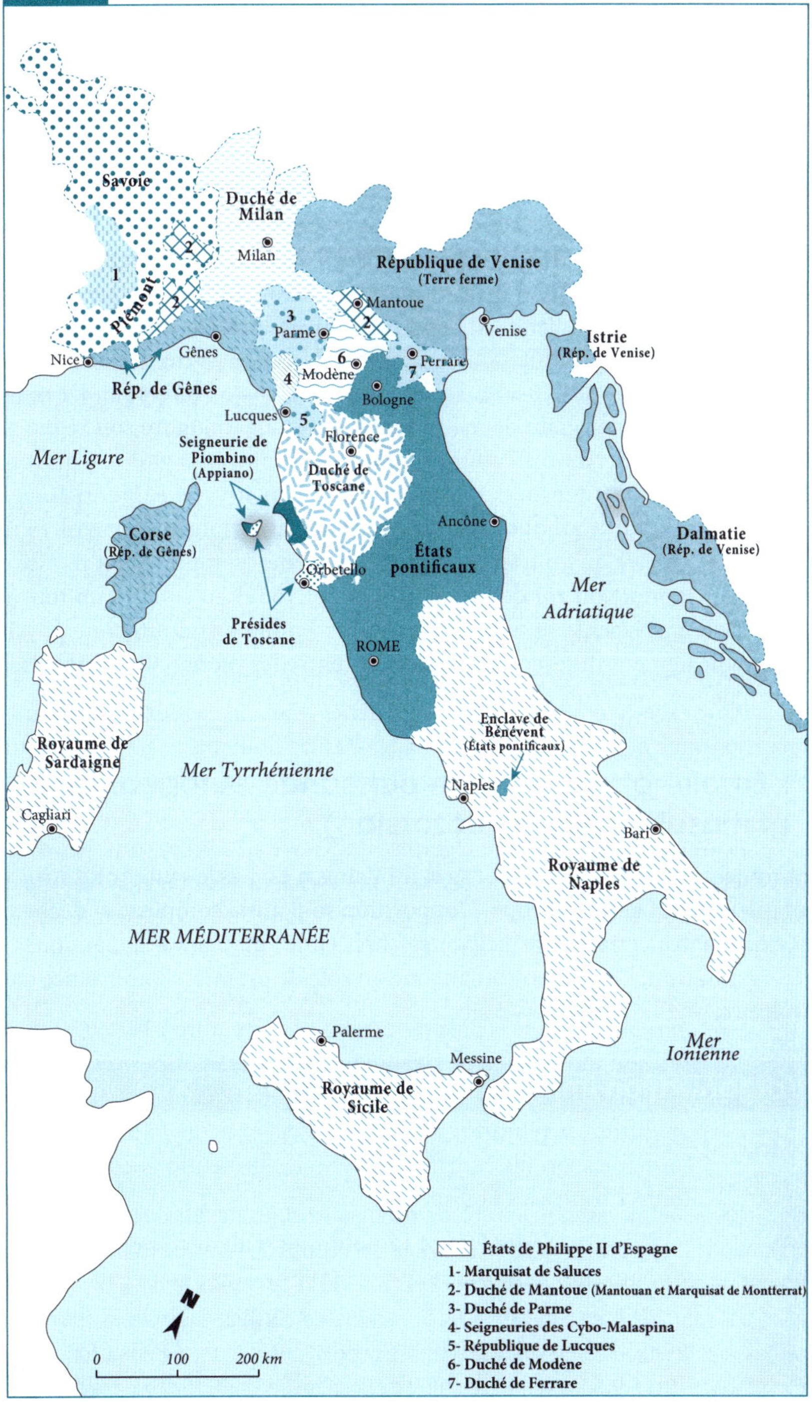

Blaise de Monluc (1500-1577): capitaine gascon, il participe aux guerres d'Italie (il commande la garnison française de Sienne qui doit se rendre en 1555). Il prend ensuite part aux guerres de Religion comme lieutenant général du roi en Guyenne où il se montre un féroce ennemi des protestants.

Fernando Álvarez de Toledo, duc d'Albe (1507-1582): aristocrate et militaire castillan. Il prend une part active à plusieurs batailles décisives pour Charles Quint et Philippe II. Il exerce également des charges de gouvernement (gouverneur général de Milan, des Pays-Bas, vice-roi de Naples).

▶ Voir carte 3, Atlas en fin d'ouvrage

Dans la péninsule Italienne, la tutelle hispanique est également mal perçue et la ville de Sienne chasse sa garnison espagnole en juillet 1552. C'est l'occasion pour les Français de reprendre pied dans la péninsule en y envoyant une garnison commandée par **Blaise de Monluc** qui y restera jusqu'en 1555.

Les abdications de Charles Quint en 1555-1556 ne changent pas fondamentalement les données du conflit. Après la courte trêve de Vaucelles (1556), les hostilités reprennent du fait du pape Paul IV, un Napolitain farouchement anti-espagnol: allié aux Français, il entreprend de chasser les Espagnols de la péninsule. Le duc François de Guise est envoyé à la tête d'une flotte pour appuyer le pape mais la menace de l'armée hispanique partie de Naples sous le commandement du **duc d'Albe** et le spectre d'une nouvelle prise de Rome contraint Paul IV à renouer avec Philippe II d'Espagne. Dans lc même temps, une autre armée hispanique avance en Picardie et remporte une importante bataille à Saint-Quentin (10 août 1557) à laquelle assiste Philippe II. De même que François Ier à Marignan, le monarque hispanique inaugure son règne par une victoire qu'il met à profit pour exalter sa légitimité et sa gloire. Confronté à l'accroissement des tensions religieuses dans son royaume, Henri II signe une paix avec le Roi Catholique, la paix du Cateau-Cambrésis (3 avril 1559). Elle n'aurait pu être qu'un traité comme les précédents, rapidement remise en cause; mais la mort du roi de France (10 juillet 1559) au cours d'un tournoi pour fêter le mariage de sa fille Élisabeth avec Philippe II donne une physionomie radicalement différente aux relations entre les monarchies française et hispanique pour les trois décennies à venir.

2. L'Empire ottoman, «une puissance européenne et musulmane» (H. Bozarslan)

L'affrontement entre les Habsbourg et les Valois n'est pas le seul conflit structurant que connaît alors l'Europe. L'opposition tout aussi complexe et décousue qui existe entre certaines principautés chrétiennes et, par ses dynamiques et son organisation, l'Empire ottoman joue un rôle de première importance dans l'évolution de l'Europe du XVIe siècle.

L'organisation impériale ottomane

La rapide expansion de l'Empire ottoman est rendue possible par une organisation à la fois souple, favorisant l'intégration rapide de populations diverses, et clairement structurée, jetant les bases d'une autorité pérenne. Ainsi, la progression rapide des Ottomans en Europe peut en partie s'expliquer par l'usage de revoir à la baisse la fiscalité pesant sur la paysannerie. Mehmet II (1432-1481), par exemple, diminue de deux jours par semaine à trois jours par an le nombre de corvées dues par les paysans serbes. À cela s'ajoute une structuration des populations non musulmanes en *millet* (communauté ou nation) : chaque *millet* dispose de son propre chef, désigné par l'administration ottomane, et de sa propre législation ; les membres d'une *millet* sont jugés selon les lois de leur communauté. Enfin, en contrepartie du paiement d'une capitation, leur culte est autorisé. À bien des égards, cette diversité religieuse institutionnalisée n'a pas d'équivalent en Europe occidentale au même moment.

L'organisation militaire de l'Empire ottoman s'avère tout aussi pragmatique et efficace. Dans le cadre de la *devchirmé* (ramassage), de jeunes garçons issus de populations non musulmanes ou récemment converties sont formés pour devenir soit des fonctionnaires de l'administration impériale soit des soldats, les janissaires. S'ils ont le statut d'esclaves, ces soldats ou ces « fonctionnaires » permettent au sultan d'échapper à la constitution de factions de cour ; de même, pour les populations européennes, il s'agit d'une réelle opportunité sociale puisque c'est par cette voie que sont formés les vizirs. Enfin le contrôle territorial de l'Empire est assuré par l'intermédiaire de l'institution du *timar* : ce sont des terres confiées à titre viager à des militaires qui en assurent la mise en valeur et qui leur permettent de lever un nombre déterminé de soldats.

Quand le sultan **Soliman Ier** prend la tête de l'Empire ottoman en 1520, ce dernier a bénéficié d'une expansion territoriale rapide qui en fait une puissance européenne à part entière : après la prise de Constantinople en 1453, les Ottomans ont achevé la conquête des Balkans (Morée, Bosnie, Albanie…). En 1517, la conquête du sultanat mamelouk s'étendant de l'Égypte jusqu'à la Syrie et la péninsule Arabique donne aux Ottomans le contrôle des lieux saints de l'islam que sont La Mecque et Médine. Par ces deux conquêtes, le sultan ottoman prétend désormais à un pouvoir universel hérité de l'ancien Empire byzantin et à un rôle central dans le monde musulman du fait de son titre de « protecteur des Lieux saints ».

Soliman le Magnifique

Soliman (1494-1566) : sultan à partir de 1520, il porte l'Empire ottoman à son apogée territorial. Il développe également les arts, notamment l'architecture, et joue un rôle important dans l'organisation législative de l'Empire, ce qui lui vaut le surnom de Kanuni (le législateur en turc).

Face au monde européen, les Ottomans progressent selon deux directions. En Europe centrale d'une part : en 1521, les troupes de Soliman prennent Belgrade. La conquête est importante puisque la ville permet de remonter le Danube et d'envisager de s'emparer du cœur économique et politique de la région. De fait, la bataille de Mohács en 1526 permet aux Ottomans de conquérir une large part de la Hongrie, après la mort du roi Louis II et d'une grande partie de la noblesse du royaume. Trois ans plus tard, en 1529, c'est Vienne, capitale des États patrimoniaux des Habsbourg, qui est assiégée, sans succès cette fois. À l'issue de cette décennie de conquête, Soliman et Ferdinand de Habsbourg s'accordent sur une trêve en 1533 au terme de laquelle Ferdinand se voit reconnaître la possession de la partie occidentale de la Hongrie en échange du paiement d'un tribut au sultan.

Carte 5 L'Empire ottoman au XVIe siècle

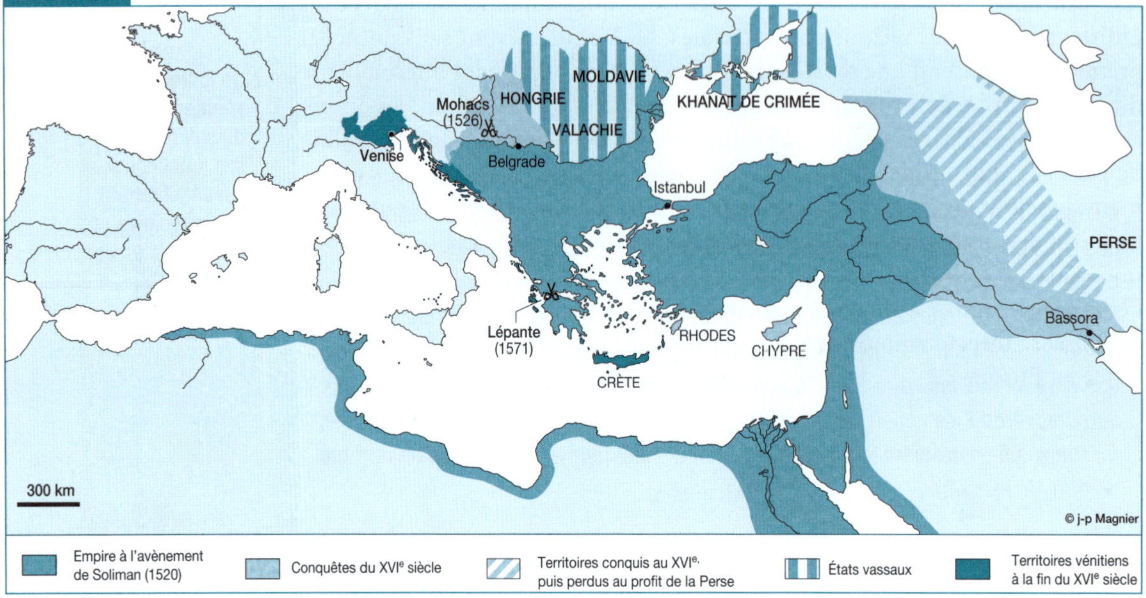

Corso **:** dans le monde méditerranéen, raids maritimes pratiqués sous prétexte de guerre sainte, s'en prenant aux navires, essentiellement marchands, pour s'emparer des marchandises et des équipages. Ces derniers deviennent esclaves et/ou sont libérés contre rançon.

La **(Sublime) Porte** est le nom donné en Europe au palais du sultan, à sa cour et à son gouvernement.

D'autre part, les Ottomans progressent également en Méditerranée, surtout à partir de 1518 lorsque Khayr ad-Din Barberousse fait allégeance au sultan Sélim Ier ; dès lors, l'importante flotte algéroise assure aux Ottomans une importante capacité d'action en Méditerranée. En 1522, l'île de Rhodes est prise et le bassin oriental de la mer intérieure est contrôlé. Toutefois, la maîtrise du bassin occidental est moins complète : une forme particulière de guerre se met en place, le **corso**, à laquelle s'adonnent aussi bien les musulmans que les chrétiens.

Mais les relations entre les puissances européennes et l'Empire ottoman ne peuvent être résumées aux seuls affrontements. Ce dernier joue également un rôle important dans les équilibres entre les principautés chrétiennes et dans un certain nombre de circulations. Ainsi, après quelques contacts sporadiques avec la **Sublime Porte** depuis le règne de Louis XII, François Ier décide d'établir des relations plus régulières avec les Ottomans au lendemain de la défaite de Pavie ; l'objectif est de disposer d'une alliance de revers contre Charles Quint. Dans ce cadre, un ambassadeur français permanent, Jean de la Forest, est établi à Constantinople en 1535. L'alliance avec la France se traduit d'abord par un accord commercial conclu dès 1536 (mais qui n'est pas officiellement reconnu par le sultan) et par l'hivernage de la flotte ottomane dans le port de Toulon en 1543-1544. La présence de cette ambassade est également importante dans la mesure où elle permet des circulations savantes : dans la seconde moitié des années 1540, l'apothicaire Pierre Belon voyage dans l'Empire ottoman, notamment pour y observer la faune et la flore. Mais les Français ne sont pas les seuls à nouer des liens diplomatiques avec les Ottomans. Pour des raisons commerciales, les Vénitiens sont sans doute les premiers à disposer d'une représentation à Constantinople par l'intermédiaire d'un **baile**. Afin de prolonger les trêves conclues avec le sultan, les Impériaux envoient à partir de 1555 un ambassadeur permanent, Augier Ghislain de Busbecq, qui réside sur le Bosphore jusqu'en 1562. Dans son cas également, le séjour en terre ottomane a permis d'importants transferts culturels : Busbecq découvre plus de 200 manuscrits grecs qu'il offre à la bibliothèque impériale de Vienne ; il met également au jour l'inscription des *Res gestae* de l'empereur Auguste à Ancyre. De ce point de vue, l'Empire ottoman participe de manière directe au puissant mouvement de l'humanisme et de la Renaissance en Europe.

Baile : représentant de la République vénitienne auprès du sultan. Au départ, ses fonctions sont essentiellement commerciales et il est davantage un consul ; avec le temps, il devient un ambassadeur de fait.

III. De la guerre universelle à la paix générale

La paix du Cateau-Cambrésis aurait pu n'être qu'une trêve comme beaucoup d'autres dans le conflit opposant Valois et Habsbourg autour de la péninsule Italienne. Mais la mort d'Henri II, la fragilisation du pouvoir monarchique français liée à la succession de **régences** et à l'affaiblissement de l'autorité royale et à l'éclatement des guerres de Religion ont des effets immédiats sur l'équilibre des relations entre les principautés européennes à partir des années 1560. La monarchie hispanique parvient à en tirer parti durant un temps mais a elle-même des difficultés à faire face aux multiples fronts que sa prépondérance lui ouvre.

Régence : période de minorité (en France, jusqu'à treize ans accomplis) ou d'absence du roi durant laquelle le pouvoir est exercé par une autre personne en son nom. En France, Catherine de Médicis est régente pendant la minorité de son fils Charles IX (1560-1563) et Marie de Médicis durant celle de Louis XIII (1610-1614).

1. Prépondérance espagnole ou recul français ?

Si la seconde moitié du XVIe siècle semble coïncider avec une prépondérance hispanique, cette dernière doit être nuancée et contextualisée. En effet, les Espagnols ne peuvent pas porter leur attention sur un seul conflit et pour comprendre l'apparente lenteur de leurs réactions, il faut aussi avoir à l'esprit qu'ils sont engagés sur de multiples fronts et que, dans un contexte de tensions financières, chaque décision a des conséquences sur l'ensemble de leurs engagements. Par exemple, à partir de 1566, les Pays-Bas entrent en révolte ; Philippe II y dépêche le duc d'Albe en 1567 seulement, par crainte d'une poussée ottomane en Méditerranée en 1565 (siège de Malte). À une autre échelle, en France comme aux Pays-Bas, les conflits confessionnels mobilisent au-delà des frontières des territoires pris dans la guerre. Des princes protestants allemands envoient des troupes en France, Vénitiens et Anglais financent les protestants français comme flamands, les armées hispaniques sont multinationales et incluent, outre les sujets du Roi Catholique, des Grecs ou des Albanais. De même que pour les guerres d'Italie, cette internationalisation des conflits confessionnels est une des raisons de leur durée et l'une des formes que prend la rivalité entre les puissances européennes.

▶ Voir carte 5, Atlas en fin d'ouvrage

Durant les années 1560 et à rebours d'une image très longtemps négative, Philippe II d'Espagne semble avoir tenté de jouer le rôle que lui assignait le traité du Cateau-Cambrésis à l'égard de Charles IX. Jusqu'au début des années 1570, il offre ses conseils au roi de France face à la montée des tensions confessionnelles. Si Philippe II privilégie des options clairement catholiques, le conflit entre Habsbourg et Valois passe alors au second plan. L'entrevue de Bayonne qui a lieu en 1565 en est un exemple : au cours du voyage entrepris par le jeune Charles IX dans son royaume pour se rapprocher de ses sujets et accroître sa légitimité, le cortège royal fait une halte à Bayonne pour permettre à Élisabeth de Valois de rencontrer son frère et sa mère, Catherine de Médicis. Elle est accompagnée du duc d'Albe qui doit transmettre des recommandations du monarque hispanique au roi et à la reine-mère sur la politique à mener à l'égard des protestants.

Guillaume d'Orange (1533-1584) : d'abord intégré à la cour de Charles Quint, il soutient ensuite les revendications d'autonomie portées par les nobles des Pays-Bas en 1566. Fuyant la répression du duc d'Albe, il se réfugie dans le Saint-Empire où il entame une campagne de propagande contre les Hispaniques et prend la tête de la révolte contre Philippe II. En 1576, il est désigné stathouder (gouverneur) des Pays-Bas par les États généraux. Il meurt assassiné par un Comtois, Balthazar Gérard.

À partir de la décennie 1570, un front commun semble toutefois se dessiner contre la monarchie hispanique, accusée de vouloir établir une monarchie universelle à son profit. Ses difficultés dans les Pays-Bas ne semblent pas de nature à nuancer cette opinion largement partagée en Europe occidentale : bien que la pacification de Gand (novembre 1576) et l'édit perpétuel (janvier 1577) stipulent que les troupes hispaniques doivent se retirer, mettant en péril l'autorité de Philippe II, une propagande hollandaise et calviniste coordonnée par **Guillaume d'Orange** se développe contre le Roi Catholique, mobilisant ainsi largement dans de nombreux pays européens.

Sébastien Ier du Portugal (1554-1578) : fils posthume du prince João Manuel, il accède au trône à la mort de son grand-père, Jean III, en 1557 et délaisse l'expansion en Asie ou en Amérique pour renouer avec la croisade. En 1578, il se lance dans la conquête du Maroc mais est tué à la bataille de Ksar el-Kebir (4 août 1578). Son corps n'ayant jamais été retrouvé, de nombreuses légendes sur son retour ont alors couru au Portugal, notamment durant l'union avec la Monarchie Catholique.

Il faut dire qu'à la fin des années 1570, la crainte d'une hégémonie hispanique a des fondements concrets : la mort du roi portugais **Sébastien Ier** et l'avènement de son oncle, le cardinal dom Henri sans héritier, font de Philippe II l'un des prétendants à la couronne portugaise. Au terme d'une campagne où ont alterné recours à la force contre un autre candidat, le prieur de Crato dom Antonio, et recherche de légitimité (cortès de Tomar, 1581), Philippe II devient roi du Portugal en 1581. Ce faisant, l'ensemble de la péninsule Ibérique est gouverné par un même souverain et les possessions ultramarines portugaises (Brésil et Inde, notamment) s'ajoutent aux territoires déjà conquis par les Castillans en Amérique.

Mais cette prépondérance connaît des revers notables, ce qui témoigne du décalage entre les prétentions espagnoles et la perception de la puissance hispanique, d'une part, et la réalité de la mise en œuvre d'une politique de puissance. L'échec de l'« invincible armada », envoyée pour conquérir l'Angleterre en 1588 en est un exemple. Le développement du conflit en France confirme ces limites : quand meurt en 1584 le duc d'Alençon et que le calviniste Henri de Navarre

Carte 6 La péninsule Ibérique à la fin du XVIe siècle

devient le successeur d'Henri III tant que celui-ci n'a pas de descendant, Philippe II accroît son implication dans la guerre civile française. L'enjeu n'est désormais plus de soutenir le parti catholique mais d'essayer de faire reconnaître sa fille née du mariage avec Élisabeth de Valois, **Isabelle-Claire-Eugénie**, comme héritière légitime de la Couronne. Si les États Généraux de la Ligue (1593) hésitent à se prononcer en faveur de cette succession espagnole, une telle option finit néanmoins par unifier contre elle les calvinistes français, les anciens partisans d'Henri III et, plus généralement, tous les tenants d'une position politique qui n'est pas déterminée par des considérations confessionnelles.

Par contraste avec cette période de guerre presque généralisée, l'extrême fin du XVIe siècle et le début du siècle suivant sont marqués par un vaste mouvement de pacification : le traité de Vervins (2 mai 1598) met un terme à l'antagonisme entre Philippe II et Henri IV. Le premier souhaite préparer sa succession et laisser des possessions pacifiées à son fils, le futur Philippe III ; le second profite de la lassitude générale pour installer une période de paix. Peu de temps après, en 1604, Anglais et Espagnols signent également la paix avec le traité de Londres. En 1609, les Provinces-Unies et les gouverneurs généraux des Pays-Bas, les archiducs Albert et Isabelle-Claire-Eugénie, s'accordent sur le principe d'une trêve, devant durer douze ans. Ce mouvement de pacification n'empêche pas un recours limité à la force : afin de renforcer les frontières de

Isabelle-Claire-Eugénie d'Autriche (1566-1633) : fille de Philippe II d'Espagne et d'Élisabeth de Valois, elle épouse son cousin l'archiduc Albert en 1598. Après avoir été une des prétendantes à la Couronne de France, elle devient souveraine des Pays-Bas espagnols à la mort de son père. Quand Albert meurt en 1621, les Pays-Bas réintègrent la monarchie hispanique et elle en est la gouvernante générale jusqu'à sa mort.

son royaume, Henri IV annexe la Bresse, le Bugey, le Valromey et le pays de Gex aux dépens de la Savoie (traité de Lyon 1601). Enfin, en 1610, Henri IV prépare une expédition militaire pour assurer aux protestants les petits duchés de Clèves et de Juliers dans le Saint-Empire, avec le risque de relancer le conflit avec la monarchie hispanique (Clèves et Juliers sont limitrophes des Pays-Bas espagnols). Mais l'assassinat du roi de France par Ravaillac, le 14 mai 1610, met un terme brutal à ce projet de réaffirmation de la puissance française. La régence qui s'ouvre alors prolonge la paix entre les deux principales monarchies catholiques d'Europe.

2. Les poussées ottomanes de la fin du XVIe siècle

Après la relative pacification du milieu du XVIe siècle, le dernier tiers du siècle voit également la reprise de l'affrontement entre les principautés chrétiennes et l'Empire ottoman. Ce dernier n'est plus accaparé sur sa frontière orientale par la Perse safavide et peut donc reporter son effort vers l'Ouest. Toutefois, pas plus qu'auparavant, il n'est possible de résumer les relations entre les sultans et les principautés chrétiennes à un affrontement défini sur des bases religieuses. En effet, Henri IV parvient à obtenir un renouvellement des capitulations commerciales en 1604; nombre de princes dont les territoires se situent entre le monde turc et le Saint-Empire acceptent de s'allier avec les Ottomans pour conserver leurs principautés. Parmi les premiers menacés par l'avancée ottomane, les Vénitiens eux-mêmes négocient régulièrement avec la Sublime Porte pour conserver leurs possessions en Méditerranée. Enfin, si la rhétorique de la croisade est régulièrement mobilisée, son écho s'est considérablement atténué et ne séduit plus que de petits princes cherchant à se faire confirmer l'appui d'un monarque plus puissant ou en rupture de ban dans leur royaume d'origine, comme c'est le cas du duc de Mercœur, ancien ligueur. La lutte contre les Ottomans est désormais l'affaire de professionnels et de mercenaires.

Comme pour les périodes précédentes, l'affrontement se déroule sur deux fronts différents qui mobilisent des puissances distinctes. Le premier de ces fronts est la Méditerranée où se déroule en 1565 le siège de Malte. Le petit archipel, situé entre la péninsule Italienne et Tunis, fonctionne comme un verrou qui permet de limiter la présence de navires musulmans en Méditerranée occidentale; en 1530, il a été confié par Charles Quint aux chevaliers de l'ordre de Saint-Jean qui, sous couvert de lutte contre les infidèles, exercent avec profit le *corso*. En mai 1565, une imposante flotte ottomane assiège l'archipel qui parvient néanmoins à tenir grâce, entre autres, à l'héroïsme des chevaliers; une flotte de secours envoyée par le vice-roi hispanique de Sicile, don Garcia de Toledo, arrive à faire lever le siège aux Ottomans. La mort de Soliman Ier, en 1566, suspend pendant quelques années tout projet de conquêtes.

Celles-ci reprennent dès 1570 avec le siège, cette fois-ci couronné de succès, de l'île de Chypre, jusqu'alors possession vénitienne. L'hégémonie ottomane est désormais assurée sur la Méditerranée orientale mais cette dernière conquête relance les projets d'alliance entre puissances catholiques. Sous l'égide du pape **Pie V**, une Sainte Ligue est constituée, regroupant des navires de la papauté, de l'ordre de Malte, de Venise et de la monarchie hispanique qui représente à elle seule la moitié des forces de la ligue. Commandée par don Juan d'Autriche, demi-frère de Philippe II, la flotte chrétienne anéantit celle des Ottomans au cours de la bataille de Lépante (7 octobre 1571). Si cette bataille rencontre un très grand écho en Europe, elle reste néanmoins sans lendemain : les Ottomans parviennent à reconstituer une flotte l'année suivante et la Sainte Ligue se dissout puisque Venise préfère négocier avec le sultan. La prise de Tunis par la flotte de don Juan, en 1573, est tout aussi éphémère. Sur le théâtre méditerranéen, malgré le caractère spectaculaire des affrontements, la progression des belligérants reste donc limitée.

Pie V (1504-1572) : dominicain devenu Inquisiteur général de la Chrétienté durant le pontificat de Paul IV, il est élu pape en 1566. Il travaille à mettre en œuvre les décisions du concile de Trente et à constituer une alliance entre princes catholiques contre les Ottomans ; c'est la Sainte Ligue qui est victorieuse à Lépante en 1571.

Les galères de la Savoie à la bataille de Lépante

Sur les confins orientaux du Saint-Empire, il en va de même. Les hostilités reprennent en 1593 et se prolongent jusqu'en 1606 au cours de ce qui est appelé la « Longue guerre turque ». Ce conflit a pour enjeu la possession de la Hongrie et mobilise bien au-delà des territoires germaniques : de nombreux princes et militaires italiens s'y rendent, à la recherche moins de gloire que d'un enrichissement ou d'une légitimité. Surtout, même si le conflit connaît un nombre peu élevé de batailles, il fonctionne comme une possibilité de maintenir sur pied des armées aguerries et d'assurer une ascension sociale aux soldats engagés au moment où le reste de l'Europe connaît une relative pacification. Il s'achève par la paix de Zsitvatorok (1606) qui n'apporte pas non plus d'importantes modifications à la frontière hungaro-ottomane mais inaugure une longue période de paix entre les deux Empires.

« En ce jour, si heureux pour la chrétienté, puisque toutes les nations du monde furent désabusées de l'erreur qui leur faisait croire les Turcs invincibles sur mer », Miguel de Cervantes, *Don Quichotte*, première partie, ch. XXXIX, 1605.

À retenir

- Si les conflits exprimant la rivalité entre les principautés européennes sont nombreux, deux d'entre eux structurent profondément les relations entre États au XVIe siècle : la confrontation entre la monarchie française et les Habsbourg, en partie issue des guerres d'Italie et l'antagonisme entre l'Empire ottoman et certains États chrétiens, au premier rang desquels ceux des Habsbourg d'Autriche comme d'Espagne.
- Si les enjeux de ces conflits apparaissent classiques (extension d'un territoire, prétention à un pouvoir universel ou lutte contre celle-ci, réclamation de droits dynastiques…), les formes de la guerre évoluent : la généralisation de nouvelles armes entraîne un changement des tactiques et des stratégies. La confrontation ne se cantonne plus aux seuls champs de bataille et d'intenses campagnes de libelles, par exemple, cherchent à la prolonger en atteignant la réputation de l'adversaire pour l'isoler et l'affaiblir.
- Ces conflits structurent en profondeur l'Europe du XVIe siècle dans la mesure où les moyens nécessaires pour faire face à l'effort de guerre s'accroissent ; cela entraîne par conséquent un accroissement des structures destinées à percevoir l'argent pour financer les armées, à fournir les troupes en armes et en ravitaillement. Si les expédients restent encore nombreux, il devient en revanche évident qu'une guerre ne peut être gagnée sans le développement d'une administration sous le contrôle étroit du pouvoir. L'État moderne commence alors à se dessiner.

LES DATES ESSENTIELLES

1494-1559 : Guerres d'Italie

24 février 1525 : Bataille de Pavie ; capture de François Ier par les troupes impériales

6 mai 1527 : Sac de Rome par les troupes impériales

1529 : Siège de Vienne par les troupes ottomanes ; paix des Dames

3 avril 1559 : Traité du Cateau-Cambrésis

7 octobre 1571 : Bataille de Lépante

1581 : Union du Portugal à la monarchie hispanique

POUR ALLER PLUS LOIN

Sélection bibliographique

Florence ALAZARD, *La bataille oubliée. Agnadel, 1509: Louis XII contre les Vénitiens*, PUR, 2017.

Hamit BOZARSLAN, *Histoire de la Turquie. De l'Empire à nos jours*, Tallandier, 2013.

Fernand BRAUDEL, *La Méditerranée et le monde méditerranéen à l'époque de Philippe II,* Armand Colin, 1949 (Retirage 2017).

Michel FONTENAY, *La Méditerranée entre la Croix et le Croissant. Navigation, commerce, course et piraterie (XVIe-XIXe siècle)*, Classiques Garnier, 2010.

Felix GILBERT, *Machiavel et Guichardin. Politique et histoire à Florence au XVIe siècle*, Seuil, 1996.

Bertrand HAAN, *L'Amitié entre princes. Une alliance franco-espagnole au temps des guerres de Religion, 1560-1570*, Presses Universitaire de France, 2010.

Géraud POUMARÈDE, *Pour en finir avec la croisade. Mythes et réalités de la lutte contre les Turcs aux XVIe et XVIIe siècles*, PUF, 2009.

Alain TALLON, *L'Europe au XVIe siècle. États et relations internationales*, PUF, 2010.

PARTIE 2

LE XVIIe SIÈCLE

CHAPITRE

7

Le « siècle de fer » : de la prépondérance des Habsbourg à l'hégémonie des Bourbons

PLAN DU CHAPITRE

Le XVIIe siècle est parfois appelé le « siècle de fer » tant les conflits ont été omniprésents et les années de paix générale rares en Europe de 1610 à 1715 (2 ans seulement !). Sur le plan géopolitique, si l'affrontement entre les Habsbourg et la France continue de structurer largement les relations internationales, on observe cependant un renversement des rapports de force, la seconde finissant par éclipser ses rivaux espagnols et autrichiens comme puissance prépondérante en Europe, à partir du règne personnel de Louis XIV. Ces conflits incessants, avec une hausse considérable des effectifs à la fois sur terre et sur mer, ont également nécessité un effort militaire sans précédent, qui a touché toutes les grands États de l'époque et particulièrement la France. Les guerres ont enfin amené les États à formaliser davantage leurs relations avec le développement d'un système diplomatique à l'échelle européenne et l'organisation de grands congrès pour négocier des traités de paix complexes.

Problématiques

– Comment la France parvient-elle à devenir la première puissance européenne au détriment des Habsbourg ?

– Comment se manifeste la révolution militaire au XVIIe siècle ?

I. La guerre omniprésente : de la guerre de Trente Ans aux guerres de Louis XIV

1. L'embrasement de l'Europe centrale : la guerre de Trente Ans (1618-1648)

La rivalité entre les Bourbons et les Habsbourg s'exprime dans les années 1620-1630 par des expéditions militaires en Italie du Nord (Valteline, Mantoue), dont les issues sont globalement favorables à la France. Mais la grande affaire qui occupe l'essentiel de l'Europe dans la première moitié du siècle est bien évidemment la guerre de Trente Ans, qui éclate le 23 mai 1618 par une révolte des Tchèques protestants contre leur suzerain catholique, qui appartient à la Maison des Habsbourg d'Autriche. Le 8 novembre 1620, l'armée impériale du général flamand Tilly écrase celle des protestants à la bataille de la Montagne Blanche, près de Prague, puis poursuit son offensive vers l'Allemagne du Nord, ce qui pousse le roi de Danemark Christian IV à venir au secours des protestants en 1625. Mais il est lui aussi vaincu, cette fois par **Wallenstein** et il est forcé de signer la paix de Lübeck en 1629. Cette année semble marquer le succès total de l'Empereur, mais celui-ci se montre trop intransigeant en voulant obliger tous les princes allemands à restituer à l'Église catholique les biens confisqués depuis la paix d'Augsbourg de 1555.

▶ Voir carte 6, Atlas en fin d'ouvrage

D'origine tchèque, **Albrecht von Wallenstein** (1583-1634) est le principal condottiere au service de l'Empereur Ferdinand II pendant la guerre de Trente Ans. Souvent victorieux, il joue parfois un jeu ambigu. Il est assassiné par ses hommes.

La France réagit par une grande offensive diplomatique. À la **diète** de Ratisbonne en 1630, l'Empereur doit licencier l'armée de Wallenstein, sa principale force militaire, et ne peut faire élire son fils Ferdinand comme son successeur. Ensuite, par un traité signé en janvier 1631, Richelieu réussit à entraîner l'ambitieux roi de Suède Gustave Adolphe (1594-1632) dans le conflit. Ce dernier, soutenu par les protestants d'Allemagne du Nord, remporte une écrasante victoire contre Tilly à Breitenfeld le 17 septembre 1631, puis s'enfonce vers la vallée du Rhin et la Bavière, en 1632. Aux abois, l'Empereur rappelle Wallenstein, en 1632. Si celui-ci ne réussit pas à vaincre les Suédois à Lützen, le 16 novembre, Gustave Adolphe est cependant tué au combat, ce qui porte un coup d'arrêt à la puissance suédoise. En 1633 et 1634, les Espagnols viennent au secours de leurs cousins de Vienne et leurs forces réunies remportent une brillante victoire contre les Suédois à Nördlingen, le 6 septembre 1634, ce qui laisse entrevoir une victoire complète des catholiques.

Diète : assemblée des divers souverains de l'Empire.

▶ Voir carte 7, Atlas en fin d'ouvrage

Cette situation oblige la France à entrer en guerre, le 19 mai 1635, après avoir signé toute une série d'alliances avec la Suède, les princes allemands protestants de la ligue d'Heilbronn, des souverains italiens (Savoie, Parme et Mantoue) et les Provinces-Unies que les Bourbons soutiennent déjà depuis 1621, lorsque les Espagnols ont repris les hostilités contre elles. La campagne de 1635 se révèle décevante pour les Français, aucune place n'étant prise dans les Pays-Bas. L'année suivante, c'est encore pire, puisque les Espagnols franchissent la Somme et s'emparent de Corbie, le 15 août. Ne cédant pas à la panique qui gagne Paris menacée, Louis XIII lève une armée de secours, qui parvient à rependre Corbie, le 14 novembre.

Prince protestant, **Bernard de Saxe-Weimar** combat pour le Danemark, puis la Suède après la mort de Gustave-Adolphe et enfin pour la France à partir de 1635 avant de mourir de fièvre en 1639.

De 1637 à 1639, le conflit s'enlise, aucun des belligérants n'arrivant à obtenir de succès décisifs. En 1638, si les troupes de **Bernard de Saxe-Weimar** (1604-1639) prennent Brisach en Alsace, la situation reste indécise du côté du pays basque. En septembre 1640, le comte d'Harcourt s'empare de Turin faisant repasser la Savoie dans l'orbite française et, en 1642, La Meilleraye occupe l'Artois. Dans toutes les possessions espagnoles, un vent de révolte gronde pour protester contre une fiscalité écrasante, la guerre interminable et une politique trop centralisatrice. Ainsi, le Portugal, qui est en union personnelle avec l'Espagne, s'en détache, en décembre 1640, en couronnant le roi Jean IV de Bragance, qui s'allie bientôt avec la France. Peu de temps avant, au printemps 1640, la Catalogne fait sécession et reconnaît Louis XIII comme son suzerain. Dans l'Empire, les Français et les Suédois progressent également.

Cousin de Louis XIV, **Louis II de Bourbon-Condé** (1621-1686) remporte de nombreuses batailles au service de la France, mais, impliqué dans la Fronde, il rejoint le camp espagnol. Pardonné en 1659, il reprend du service, à partir de 1668.

La mort de Louis XIII le 14 mai 1643 aurait pu remettre en cause ces acquis. Mais les Espagnols ne peuvent en profiter, puisque cinq jours plus tard, le jeune duc d'Enghien, le futur grand **Condé** remporte une grande bataille, à Rocroi. Cette victoire permet à Mazarin de montrer que la France est déterminée à poursuivre la guerre jusqu'au bout. Il peut compter sur la collaboration de Turenne et de Condé pour remporter d'importants succès : prises de Fribourg et de Philippsbourg, en 1644, Furnes et Dunkerque l'année suivante, ainsi que la belle victoire de Nördlingen, en Bavière. Une dernière campagne dans le sud de l'Allemagne en 1648 ouvre à Turenne la route de Vienne, ce qui oblige les Habsbourg à s'asseoir à la table des négociations.

« Il est mort aujourd'hui un homme qui faisait honneur à l'homme. », Montecucolli, rendant hommage à son ennemi Turenne tué à Salzbach.

Turenne, le meilleur stratège français du XVIIe siècle

Henri de la Tour d'Auvergne, vicomte de Turenne (1611-1675) est l'un des plus grands généraux français. Il remporte de nombreuses victoires au service de Richelieu, puis de Mazarin, notamment en Allemagne pendant la guerre de Trente Ans. Fait maréchal de France en 1643, malgré une révolte passagère, il reste fidèle au roi pendant la Fronde et permet au jeune Louis XIV de sortir victorieux de la guerre contre l'Espagne, en 1659. Promu maréchal général des camps et armées du roi en 1660, il est jusqu'à la guerre de Dévolution une sorte de mentor militaire du souverain. Encore brillant pendant la guerre de Hollande, il est finalement tué par un boulet de canon à Salzbach, le 27 juillet 1675.

Les tractations pour une paix générale commencent dès 1643, mais elles n'aboutissent qu'en 1648 avec les traités de Westphalie signés le 24 octobre. Soucieux de l'équilibre dans l'Empire, Mazarin s'efforce de calmer les ambitions de la Suède, qui obtient la Poméranie occidentale et les évêchés sécularisés de Brême et Verden, et se montre relativement modéré face à l'Autriche, qui cède à la France ses possessions alsaciennes. Mais il ne s'agit pas d'un contrôle complet sur la région, puisque de nombreuses villes et seigneuries (avec notamment Strasbourg) ne sont pas comprises dans cette cession. Mazarin consacre le morcellement de l'Empire et réussit enfin à placer dans l'orbite française les États qui vont former, en 1658, la ligue du Rhin.

2. De la paix de Westphalie à celle des Pyrénées (1648-1659)

▶ Voir carte 8, Atlas en fin d'ouvrage

Malgré la paix avec l'Autriche et une nouvelle victoire de Condé à Lens, le 20 août 1648, l'Espagne ne s'avoue pas vaincue et les troubles de la Fronde lui donnent dans un premier temps raison. En effet, la révolte des princes et la trahison de Condé en 1651 désorganisent la machine de guerre française. Mais les victoires ininterrompues de Turenne permettent à chaque fois de repousser les envahisseurs et de progresser dans les Pays-Bas. En 1657, la France s'allie avec l'Angleterre de Cromwell, ce qui amène la prise de Dunkerque et la victoire des Dunes, en 1658. Comme convenu, la première est livrée aux Anglais, qui la revendront cependant à Louis XIV, en 1662. Épuisée financièrement et en recul sur tous les fronts où elle combat (Pays-Bas, Milanais, Portugal), l'Espagne n'a d'autre choix que de négocier la paix, qui est signée, le 7 novembre 1659, sur la Bidassoa, à la frontière près de Bayonne. Le traité des Pyrénées donne à la France l'Artois, le Roussillon et quelques places dans le Nord. Condé est pardonné et retrouve ses biens. Enfin, Mazarin réussit à obtenir pour Louis XIV la main de Marie-Thérèse, la fille du roi Philippe IV, qui renonce à ses droits à la couronne d'Espagne en échange d'une dot considérable que le pays sera incapable de verser. Cela permettra à Louis XIV de faire-valoir ses droits à la succession d'Espagne, en 1667 et surtout en 1700.

3. La France victorieuse au début du règne personnel de Louis XIV

À sa mort, en septembre 1665, Philippe IV laisse pour seul héritier un enfant de 4 ans, Charles II, à la santé très fragile et dont toute l'Europe attend la fin imminente. N'acceptant pas de n'avoir aucune compensation si celle-ci survient, Louis XIV déclenche les hostilités avec l'Espagne, le 21 mai 1667, dans les Pays-Bas. La guerre est une promenade militaire et de nombreuses places tombent rapidement, notamment Lille qui se rend le 28 août. Parallèlement, la France négocie avec l'Autriche un traité secret de partition de l'héritage espagnol, qui est signé le 19 janvier 1668. Condé, désormais pardonné, fait la conquête rapide, en plein hiver, de la Franche-Comté. Mais devant les risques d'embrasement avec le reste de l'Europe (les Anglais, Hollandais et Suédois ont signé une alliance), Louis XIV préfère se montrer modéré. Il signe le 4 mai 1668 le traité d'Aix-la-Chapelle, qui donne à la France les places conquises dans le Nord mais l'oblige à restituer la Franche-Comté.

Disposant désormais de la première armée d'Europe, Louis XIV ne veut pas en rester là. Déçu de n'avoir pu achever la conquête des Pays-Bas à cause de l'intervention de la Hollande, il prépare minutieusement une guerre pour punir cette dernière de son arrogance. C'est là la principale cause de la guerre, même si doivent jouer aussi des raisons économiques (la guerre serait le prolongement de la politique mercantiliste française) et politiques (les Provinces-Unies impriment une multitude d'écrits de propagande contre l'absolutisme de Louis XIV). En vue d'une invasion, une intense campagne diplomatique est conduite pour isoler la Hollande : dislocation de la Triple Alliance et série d'accords avec le Brandebourg, la Bavière, Cologne, la Suède et surtout l'Angleterre.

Sébastien Le Prestre, marquis de Vauban (1633-1707), ingénieur et architecte militaire, Maréchal de France en 1703. Il a édifié ou remanié plus d'une centaine de places-fortes. À la fin de sa vie, soucieux de soulager la misère du peuple, il rédige un projet de réforme fiscale, La Dîme royale, qui impose à tous, sans exception, de payer un impôt sur le revenu. Cette proposition lui vaudra la disgrâce royale et l'interdiction de son ouvrage.

«Toute ville assiégée par Vauban, ville prise. Toute ville défendue par Vauban, ville imprenable», proverbe du temps de Louis XIV

Au printemps 1672, les Français conquièrent rapidement toutes les places orientales des Provinces-Unies à partir de l'Électorat de Cologne. Mais le 20 juin, les Hollandais ouvrent les écluses de Muyden, inondant ainsi l'essentiel de leur pays pour bloquer l'invasion française. Pendant ce temps, la flotte de l'amiral Ruyter (1607-1676), héros victorieux de la deuxième guerre anglo-hollandaise, résiste à plusieurs reprises aux tentatives de débarquement anglais. Pour des raisons avant tout commerciales, les Anglais et les Hollandais s'affrontent au cours de deux guerres essentiellement navales en 1652-1654, puis en 1665-1667, qui tournent plutôt à l'avantage des Anglais. Certains historiens considèrent que le début de la guerre de Hollande est en quelque sorte le troisième de ces conflits. Aux abois, les Provinces-Unies offrent une paix généreuse à Louis XIV, mais celui-ci veut une victoire totale et refuse. Malgré la prise de Maastricht le 29 juin 1673 grâce au talent de **Vauban**, Louis XIV ne réussit pas à abattre la résistance des Hollandais dirigés par le combatif Guillaume d'Orange. Il doit au contraire évacuer l'essentiel du pays, assister à la paix séparée de l'Angleterre et faire face à deux nouveaux ennemis : l'Espagne et l'Empereur.

Malgré cela, l'année 1674 est marquée par la conquête de la Franche-Comté, la victoire de Condé à Seneffe et la brillante campagne d'Alsace de Turenne pendant l'hiver. Mais ce dernier est tué par un boulet de canon à Salzbach le 27 juillet 1675 et Condé prend sa retraite la même année. Cela n'empêche pas les Français de progresser encore dans les Pays-Bas espagnols, en prenant plusieurs places. Parallèlement, en Méditerranée, les Français soutiennent, en 1675, la révolte des Messinois en Sicile contre leur maître espagnol. La flotte de Duquesne, le principal amiral français, remporte contre les Hollandais venus secourir leur allié espagnol plusieurs batailles navales qui le rend maître de la Méditerranée. Finalement, après une ultime offensive française qui aboutit à la prise de Gand et d'Ypres en mars 1678, les alliés acceptent de signer les traités

Guillaume d'Orange, l'éternel ennemi de Louis XIV

Guillaume d'Orange (1650-1702) est d'abord le principal dirigeant (Stathouder) des Provinces-Unies à partir de la guerre de Hollande en 1672. Ennemi irréductible de Louis XIV, il parvient à sauver son pays de l'invasion française et ne cesse ensuite d'essayer de contrecarrer l'expansion française en Europe. Ayant épousé la princesse Marie d'Angleterre en 1677, il est appelé par les Anglais en 1688 pour renverser son beau-père, le roi Jacques II. Suite à la Glorieuse révolution, il est couronné roi sous le nom de Guillaume III et dirige la coalition contre la France pendant la guerre de la Ligue d'Augsbourg. Mort sans héritiers en 1702, la couronne anglaise passe alors dans les mains des Hanovre.

Guillaume III

de Nimègue, en 1678-1679. Si les Provinces-Unies obtiennent une paix blanche, c'est, en fait, l'Espagne qui fait les frais de cette longue guerre, puisqu'elle doit céder de nouvelles places dans les Pays-Bas et la Franche-Comté.

Une fois passée l'euphorie de Nimègue, Louis XIV se sent bientôt frustré par un traité qui ne lui apporte pas tous les gains territoriaux espérés. La France annexe alors en pleine paix des places et territoires frontaliers qui dépendent théoriquement de ceux cédés lors des traités précédents. C'est ce qu'on appelle la «politique des Réunions», qui permet de grignoter quelques territoires et places en Lorraine, en Alsace (annexion de Strasbourg le 23 octobre 1681) et dans les Pays-Bas. Les Réunions aboutissent à une guerre ouverte avec l'Espagne en 1683-1684, qui est surtout marquée par la prise de Luxembourg. Isolés et incapables de résister à la puissance militaire française, les Habsbourg d'Espagne, puis ceux d'Autriche, occupés par une dangereuse offensive turque avec le second siège de Vienne, en 1683, finissent par reconnaître les annexions françaises à la trêve de Ratisbonne, le 15 août 1684. Apparemment victorieux, Louis XIV ne comprend pourtant pas que sa politique agressive a effrayé tous les voisins de la France, d'autant plus que cette dernière poursuit ses coups de force en intimidant Alger et Gênes par des bombardements navals. Les tensions montent d'un cran avec la révocation de l'Édit de Nantes en 1685 et la création, en 1686, de la Ligue d'Augsbourg, qui rassemble les principaux ennemis de la France.

4. La France face à l'Europe: les guerres de la Ligue d'Augsbourg et de Succession d'Espagne

À l'automne 1688, Louis XIV ayant conscience qu'il ne pourrait éviter une nouvelle guerre générale, décide de prendre les devants. Il lance une grande offensive dans le Palatinat et se rend rapidement maître des principales places de la vallée du Rhin. Loin d'intimider ses adversaires, cela déclenche progressivement l'entrée en guerre de l'Empereur, des Provinces-Unies, de l'Espagne et de l'Angleterre. Celle-ci bascule dans le camp antifrançais, lorsque Jacques II, roi catholique et mal aimé, se fait chasser du trône par son gendre Guillaume d'Orange, lors de la Glorieuse révolution de novembre 1688▸. Pour couvrir ses frontières orientales, Louvois, Chamlay (sorte de chef d'état-major de l'armée du Rhin et stratège influent à la Cour) et Louis XIV décident de piller et de ravager systématiquement le Palatinat, pratiquant ainsi la politique de la terre brûlée en territoire ennemi. Ces destructions suscitent l'indignation de toute l'Europe et n'empêchent pas la reprise de Mayence et de Bonn par les impériaux en septembre 1689.

▶ Voir p. 144

L'année 1690 est indécise. Les brillantes victoires du maréchal de Luxembourg, à Fleurus, le 1er juillet, et de Tourville, sur mer, à Béveziers, le 10 juillet, contrastent avec la défaite définitive des Jacobites, les partisans de Jacques II, à La Boyne en Irlande. Malgré la trahison de la Savoie en 1691, les armées de Louis XIV réussissent à prendre Mons et Nice. Jusqu'à sa mort en janvier 1695, Luxembourg enchaîne les victoires dans les Pays-Bas : Leuze, en 1691, Steinkerque, en 1692, Neerwinden, en 1693, ce qui lui vaut son surnom de « tapissier de Notre Dame », à cause des drapeaux pris à l'ennemi et déposés dans la cathédrale de Paris. Mais, sur mer, Tourville ne peut éviter le désastre de La Hougue, le 29 mai 1692. Changeant de stratégie, les Français se tournent vers la guerre de course, dans laquelle s'illustrent Jean Bart, Forbin, Duguay-Trouin ou Pointis.

Progressivement, la guerre s'enlise, les deux camps s'épuisant financièrement sans réussir à forcer la décision. N'arrivant pas à entrer en Piémont, les Français entament des négociations avec la Savoie, le maillon faible de la coalition. Cela aboutit en juin 1696 à la signature d'un traité de paix, qui restitue toutes ses possessions au duc de Savoie. Cette défection et quelques actions d'éclat comme la prise de Carthagène des Indes en Colombie et de Barcelone amènent finalement à la signature d'une paix générale à Ryswick, en septembre-octobre 1697. Louis XIV s'y montre modéré, en reconnaissant Guillaume d'Orange comme roi d'Angleterre et en restituant presque toutes ses conquêtes, à l'exception de Strasbourg. Il obtient également la partie occidentale de Saint-Domingue, qui deviendra, au XVIIIe siècle, la perle sucrière des Antilles.

« Il n'y a plus de Pyrénées ! » (formule attribuée à l'ambassadeur espagnol à Versailles, Castel dos Rios, en novembre 1700)

« Mon fils, soyez bon Espagnol, mais n'oubliez jamais que vous êtes né Français », Louis XIV au futur Philippe V, 16 novembre 1700)

Le 1er novembre 1700, Charles II d'Espagne meurt, en désignant comme unique héritier Philippe d'Anjou, petit-fils de Louis XIV, car, pour lui, seule la France est en mesure de préserver l'intégrité des possessions espagnoles. Bien qu'ayant signé des traités secrets de partage avec Guillaume III, Louis XIV accepte l'héritage. Cette décision entraîne le royaume, allié à l'Espagne et à la Bavière, dans une nouvelle guerre générale contre les Habsbourg, puis les Hollandais et les Anglais. Les premières années sont plutôt à l'avantage des Français, qui réussissent à contenir les offensives d'Eugène de Savoie en Italie et auraient même pu menacer directement Vienne, à partir de la Bavière en 1703. Mais à la fin de l'année, la Savoie et le Portugal déclarent la guerre aux Bourbon.

Le prince Eugène et Marlborough, les deux généraux de la Grande Alliance

Eugène de Savoie-Carignan (1663-1736) est le fils d'Olympe Mancini, une des nièces de Mazarin. Louis XIV refusant ses services dans son armée, il combat donc pour les Habsbourg d'Autriche, contre les Turcs et surtout contre la France de Louis XIV. Il remporte notamment de nombreuses victoires pendant la guerre de Succession d'Espagne, ce qui lui vaut un grand prestige et lui permet de construire un somptueux palais à Vienne, celui du Belvédère.

John Churchill, duc de Marlborough (1650-1722) est le principal général des armées anglaises pendant la guerre de succession d'Espagne, au cours de laquelle il remporte de nombreuses batailles face aux Franco-espagnols. Il est cependant disgracié en 1710 et doit se retirer dans son magnifique château de Blenheim, du nom de sa principale victoire. Il est l'ancêtre lointain de Winston Churchill.

En 1704, ces derniers essuient trois revers. Les Anglais s'emparent de Gibraltar, puis remportent la bataille navale de Velez-Malaga, tandis que Marlborough et le prince Eugène infligent une grande défaite aux Franco-bavarois, à Blenheim, ce qui les oblige à évacuer tout le sud de l'Allemagne. L'année suivante, les Alliés s'emparent de Barcelone. Mais le pire pour les Franco-espagnols advient, en 1706. Villeroy, écrasé par Marlborough à Ramillies, doit abandonner les Pays-Bas, tandis qu'Eugène, grâce à sa victoire à Turin, force les Français à repasser les Alpes. En 1707, les Bourbon se ressaisissent, en stoppant l'invasion d'Eugène en Provence et en remportant la bataille d'Almansa en Espagne. Mais, en 1708, Marlborough et Eugène sont à nouveau victorieux à Audenarde, ce qui leur permet de prendre Lille. Affaibli militairement, financièrement, et par le grand hiver de 1708-1709, Louis XIV est prêt à accepter les dures conditions de paix imposées par les Alliés. Mais ces derniers veulent en plus l'humilier, en l'obligeant à déclarer la guerre à Philippe V. Le vieux roi refuse et appelle alors personnellement son peuple à un sursaut national.

«S'il faut faire la guerre, j'aime mieux la faire à mes ennemis qu'à mes enfants.», Louis XIV, *Manifeste au peuple*, juillet 1710

En 1709, Villars, le meilleur général français de cette période, réussit à éviter une invasion du royaume en stoppant les Anglo-Hollandais à Malplaquet. En 1710, c'est l'Espagne qui est sauvée par la victoire de Villaviciosa. La mort de l'Empereur Joseph Ier en 1711 modifie l'équilibre européen, dans la mesure où son fils, Charles VI, peut alors reconstituer l'empire de Charles Quint. Les Anglais, qui ne le souhaitent pas, signent des préliminaires de paix avec la France, en octobre. La victoire de Villars à Denain en 1712 permet finalement aux Français d'obtenir une paix équilibrée, lors des traités d'Utrecht (1712-1713) et de Rastadt (1714). Philippe V conserve son trône, mais il doit renoncer à la couronne de France, céder ses possessions italiennes et les Pays-Bas à l'Autriche, et accorder à l'Angleterre des avantages commerciaux. La France conserve ses conquêtes antérieures.

«Jamais malheur n'a été accompagné de plus de gloire.», Villars à Louis XIV à propos de Malplaquet, 11 septembre 1709

Charles XII et la grande guerre du Nord

Un autre grand conflit a lieu au début du XVIIIe siècle : la grande guerre du Nord (1700-1721) qui oppose la Suède du roi ambitieux et grand stratège, Charles XII, face à une coalition comprenant le Danemark, la Russie, la Saxe et la Pologne. Malgré les succès foudroyants remportés jusqu'en 1709 par Charles XII, ce dernier finit par s'épuiser et est submergé par ses adversaires, notamment après sa défaite de Poltava en Russie, en 1709. Sa mort en 1718 aboutit finalement à la victoire de la coalition, la Suède devant renoncer à ses possessions à l'est et au sud de la Baltique. La Russie de Pierre le Grand remplace alors la Suède comme puissance dominante au Nord.

II. Faire la guerre au XVIIe siècle

1. Une hausse sans précédent des effectifs et les problèmes de recrutement

Pour mener toutes ces guerres, les différents États européens doivent lever un nombre toujours plus important de soldats. Au début du XVIIe siècle, l'armée de Louis XIII passe de 30 000-40 000 hommes à un maximum de 125-150 000, lorsque le pays s'implique dans la guerre contre l'Espagne. Un nouveau pic est atteint pendant la guerre de Hollande, avec près de 280 000 hommes en 1678, lui-même dépassé pendant la guerre de la Ligue d'Augsbourg avec près de 420 000 soldats, en 1690, sommet qui ne sera surclassé qu'avec la levée en masse pendant la Révolution et l'Empire. En comparaison, l'armée anglaise reste pendant longtemps très modeste : probablement pas plus de 35 000 hommes une fois la guerre civile terminée, en 1652, autour de 30 000 encore, en 1700, même si une augmentation significative a lieu pendant la guerre de Succession d'Espagne (75 000 soldats en 1711). Côté espagnol, l'évolution est inverse, avec un net déclin des capacités militaires du pays. Si Philippe IV peut aligner 300 000 hommes, en 1625, en 1700, cette armée ne compte plus que 30 à 40 000 hommes, qui ne constituent donc qu'une force d'appoint pour les Bourbon lorsqu'ils récupèrent le trône de Madrid.

Le recrutement de masses aussi considérables est une tâche difficile. Si on convoque encore la noblesse par le système féodal du ban et de l'arrière-ban, on a davantage recours au mercenariat (par exemple, la France recrute, en 1635, les troupes expérimentées de Bernard de Saxe-Weimar après la défaite des Suédois à Nördlingen) et surtout au racolage, suivant le procédé de l'entreprise. En France, chaque capitaine doit acheter son régiment, dont il est le propriétaire et dont il doit enrôler les hommes. La solde est ensuite versée par le roi, mais de manière tellement irrégulière que les soldats comptent au début du siècle souvent sur le pillage pour subvenir à leurs besoins. La fraude est généralisée, avec notamment l'usage des **passe-volants**. Ces pratiques ainsi

> **Passe-volants** : soldats fictifs uniquement présents les jours de revue.

que la désertion, les maladies, les carences de la logistique et de la discipline expliquent le décalage entre les chiffres théoriques que nous avons donnés et les effectifs réels, moins importants (par exemple, plutôt 340 000 hommes pour la France en 1690). En Allemagne pendant la guerre de Trente Ans, l'Empereur utilise les services de véritables entrepreneurs de guerre, comme Tilly ou Wallenstein, qui se chargent eux-mêmes de lever les troupes, de les entretenir et de les mener au combat pour le compte des Habsbourg. En France, la part des troupes étrangères (Suisses, Italiens, Allemands, Wallons, Irlandais) varie largement entre 15 % dans les années 1660 et 32 % pendant la guerre de Hollande. Ce pourcentage est globalement plus élevé pour les puissances maritimes ou les Habsbourg. En France, pour lever toujours plus de troupes, Louvois crée enfin la milice, qui permet de lever des hommes supplémentaires par tirage au sort.

Aux XVIe et XVIIe siècles, toutes les armées connaissent un développement de l'infanterie au détriment de la cavalerie, même si cette dernière continue à jouer un rôle tactique majeur et sous-estimé par les historiens. La deuxième moitié du siècle est marquée aussi par le déclin irrémédiable des piquiers, qui laissent la place aux **mousquetaires**, puis aux **fusiliers**. Grâce à la baïonnette, les fantassins n'ont alors plus besoin des piques pour se protéger de la cavalerie, et on en vient à privilégier l'étirement des lignes de feu lors des grandes batailles. Cela aboutit à une certaine impasse au XVIIIe siècle, les fusillades gigantesques n'aboutissant très souvent qu'à une guerre d'attrition peu décisive.

Les **mousquetaires** utilisent un mousquet, arme à feu portative dont le déclenchement vient d'une mèche qu'on allume. Les **fusiliers** se servent, quant à eux, d'un fusil, plus perfectionné et avec une meilleure cadence, dont la mise à feu est actionnée par une platine à silex.

Jacob van Gheyn, Mousquetaire hollandais, 1608

2. La rationalisation de l'administration militaire

Malgré une certaine improvisation, l'administration militaire commence à se structurer de manière plus rationnelle. En France, Richelieu et le secrétaire d'État de la Guerre Sublet de Noyers (1636-1643) s'efforcent de mieux encadrer les troupes et de les discipliner, en s'appuyant notamment sur les intendants d'armée, des officiers civils chargés de la logistique et de contrôler les effectifs lors des revues. Mais c'est surtout la famille Le Tellier qui joue le rôle principal. Michel Le Tellier doit d'abord faire tourner la machine militaire dans l'urgence pour faire face à l'Espagne. Puis, à partir de 1659, souvent avec la collaboration de son fils, Louvois, il peut édicter un grand nombre d'ordonnances visant à rationaliser, uniformiser et discipliner l'armée.

La famille **Le Tellier** fut à la tête du département de la Guerre pendant trois générations avec Michel IV Le Tellier (1603-1685) de 1643 aux années 1670, son fils Louvois (1643-1691) jusqu'à sa mort, et son petit-fils Barbezieux (1668-1701), lui aussi jusqu'à sa mort en 1701.

Travailleur, d'un caractère brutal et orgueilleux, Louvois sait en imposer à ses subordonnés et est apprécié du roi. Il cherche constamment à intervenir dans la direction des opérations, en développant la **stratégie de cabinet**, ce qui suscite au départ des résistances de la part des généraux comme Turenne. À partir de 1680, on entreprend d'encaserner les soldats et de leur donner des uniformes. Mais ce contrôle sur les officiers reste incomplet, à cause notamment de la vénalité des charges militaires pour les grades inférieurs. Louvois

Cette **stratégie** est conduite depuis le cabinet de Versailles, ce qui laisse moins d'autonomie aux généraux sur le terrain, même si celle-ci varie en fait beaucoup suivant le front, la période ou la qualité des commandants en chef.

s'efforce également de favoriser davantage la compétence par rapport à la naissance, en mettant en place, en 1675, l'ordre du tableau, système qui fait de l'ancienneté le critère de base pour la promotion des officiers. En 1693, Louis XIV crée l'ordre militaire de Saint-Louis, qui récompense les officiers qui se sont distingués uniquement par leur mérite. Progressivement, se développe une nouvelle éthique du service, qui demande en plus des qualités traditionnelles de courage et d'honneur, une plus grande obéissance, un certain stoïcisme au combat ou encore des qualités de gestionnaire. Mais cela est difficile à imposer à une noblesse qui continue à être favorisée dans l'avancement et à dominer les grades les plus élevés.

L'entretien d'une telle armée nécessite enfin une lourde logistique, qui est assurée essentiellement par des **munitionnaires**, ce qui est jugé plus pratique que la régie directe par l'État. Louvois perfectionne le système des étapes, qui assure le gîte et le couvert aux soldats lorsqu'ils se déplacent à l'intérieur du royaume, et des magasins, situés dans les places frontalières.

Passant un traité avec le secrétaire d'État de la Guerre, les **munitionnaires** avancent les fonds nécessaires pour fournir la nourriture aux troupes, puis sont remboursés par le Trésor royal avec un bénéfice de 10 %.

Les Invalides

En 1670, Louis XIV décide de faire construire un bâtiment susceptible d'abriter ses soldats invalides ou trop âgés pour servir. Chargé de cette mission, Louvois choisit l'architecte Libéral Bruant pour la construction de l'hôtel, dont l'enceinte principale est achevée en trois ans. Les premiers invalides s'y installent dès octobre 1674. La vie des 4 000 pensionnaires est soumise aux exigences d'une caserne et d'un monastère. Divisés en compagnies, les soldats travaillent dans des ateliers de confection d'uniformes, de cordonnerie…, afin de combattre l'oisiveté. Les grands blessés, au nombre d'une centaine, sont pris en charge dans l'hôpital. Les Invalides servirent ensuite de modèle aux autres grands hôpitaux militaires européens, notamment celui de Chelsea créé en 1681.

3. La prédominance de la guerre de siège

Au XVIIe siècle, les conflits sont avant tout des guerres d'usure, avec peu de batailles décisives et de nombreux sièges. Louis XIV, comme Louvois et Vauban, privilégient d'ailleurs ce type de guerre qui leur semble plus « scientifique » et moins risqué. Ce dernier développe également le tir à ricochets pour l'artillerie et les cavaliers de tranchée. S'il réussit à imposer ses conceptions tant qu'il est en service, Vauban a cependant du mal à les pérenniser en créant un corps d'ingénieurs spécifiques et, à partir des années 1700, de nombreux généraux préfèrent revenir à la vieille méthode sanglante, mais plus rapide de l'assaut des places.

Vauban joue aussi un rôle majeur dans la construction de la « ceinture de fer », puisqu'il participe à la création ou au réaménagement d'au moins 130 places sur toutes les frontières. Si l'ingénieur, comme son rival hollandais

Carte 7 La «ceinture de fer» de Vauban (1665-1707)

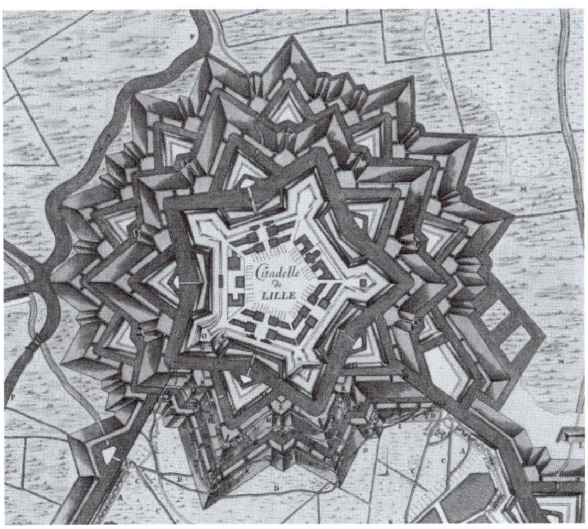

Fortifications de Lille

Coehoorn, n'invente pas la fortification bastionnée qui date du XVIe siècle (la « trace italienne »), il la perfectionne et systématise. Conseillant, en 1673, au roi et à Louvois de faire son « pré carré », c'est-à-dire de rationaliser le tracé des frontières pour éviter les enclaves et les redents, il protège le Nord de la France par un système de trois lignes parallèles de places fortes, qui permet de résister à l'invasion, en 1708, et préserve durablement le royaume.

4. Une nouvelle guerre sur mer

« On se rencontre, on se salue, on se canonne et la mer n'en reste pas moins salée », Maurepas, ministre de la Marine de Louis XV.

Ligne de file : cette formation de combat consiste à aligner ses navires sur une seule ligne serrée pour profiter au maximum de leur puissance de feu.

La guerre sur mer connaît elle aussi des évolutions avec l'accroissement du nombre de vaisseaux, qui supplantent les galères comme navires principaux, même si celles-ci perdurent jusqu'au XVIIIe siècle. Avec leur armement constitué d'un nombre toujours plus important de canons (à cette époque un seul navire en embarque à peu près autant que toute une armée sur un champ de bataille), ces vaisseaux bouleversent les tactiques, puisqu'on abandonne l'éperonnage et l'abordage (le choc) au profit de la cannonade (le feu). Pour profiter pleinement de leur puissance de feu, à partir du milieu du XVIIe siècle, les amiraux adoptent tous, à la suite des Hollandais, le système de la bataille en **ligne de file**. Au départ novateur, ce système finit cependant par scléroser la guerre sur mer jusqu'à la fin du XVIIIe siècle, les grands combats n'étant guère décisifs.

Développée une première fois sous Richelieu, la marine française périclite complètement à l'époque de Mazarin, la France n'ayant plus les moyens d'entretenir une grande marine de guerre. À partir de 1661, Colbert, puis son fils Seignelay (de 1683 à 1690), s'attellent à sa reconstruction en rebâtissant presque tout : les ports avec leurs arsenaux (Brest, Toulon, Dunkerque, Rochefort), une filière de constructions navales qui nécessite des fournitures nombreuses et variées (bois, métaux, cordages, voiles, canons...) et un personnel très qualifié (charpentier, fondeurs de canons...). Ce défi technique et industriel est largement relevé, puisqu'à la mort de Colbert en 1683, la France possède 220 navires de combat et surclasse même la *Navy*. La qualité des vaisseaux est également d'un haut niveau. On forme ou on attire de l'étranger des artisans et des charpentiers, et un système de classes, l'inscription maritime, assure, à partir de 1668-1670, un recrutement plus rationnel des marins, ressource rare et précieuse (environ 50 000 matelots en France).

Jean Bart

Néanmoins, la *Royale* comporte certaines faiblesses. Les officiers d'épée qui dirigent les opérations en mer sont souvent dépendants des officiers de plume, qui gèrent le volet administratif et sont les véritables décideurs. Ainsi, si les Colbert réussissent à mettre en place une remarquable administration maritime, la flotte française manque globalement d'amiraux compétents et audacieux, à l'exception de quelques grands noms comme Duquesne ou Tourville et de corsaires impétueux comme **Jean Bart**, Ducasse, Forbin ou Duguay-Trouin. Au XVIIe siècle, les deux marines de guerre les plus puissantes restent donc la

Navy et la flotte hollandaise, malgré un certain déclin de cette dernière à partir de la guerre de Hollande.

III. Le développement de la diplomatie avec un réseau et des pratiques à l'échelle européenne

1. La structuration des organisations diplomatiques

La diplomatie est toujours avant tout du ressort des souverains, qui se réservent le droit de faire la guerre, la paix ou de conclure des alliances. Cependant, pour décider, ils s'appuient sur les délibérations de leurs conseils, où plusieurs personnes jouent un rôle important: les premiers ministres éventuels (Richelieu et Mazarin en France, Olivarès en Espagne...), un secrétaire d'État des Affaires étrangères ou son équivalent dans les autres cours européennes, des généraux influents comme Turenne, Marlborough ou le prince Eugène de Savoie, parfois le ministre de la guerre comme Louvois dans les années 1670-1680. Dans les Provinces-Unies, les décisions majeures sont prises par les États Généraux, tandis qu'en Angleterre, le roi doit obtenir le consentement du Parlement.

Au XVIIe siècle, la tendance générale est à la structuration d'une administration particulière comme c'est le cas en France pour le département des Affaires étrangères créé en 1589. Cette administration emploie un personnel qui s'étoffe avec des commis, des juristes, des interprètes, des chiffreurs, des bureaux spécialisés, un dépôt d'archives... On assiste également à la mise en place d'un réseau permanent d'ambassades et de résidents qui remplacent de plus en plus les émissaires extraordinaires envoyés pour des missions ponctuelles. Grâce à sa puissance financière, la France entretient le réseau le plus important d'Europe, avec 22 représentants. Tout un jeu de préséances permet de hiérarchiser les diplomates en fonction du prestige des États qu'ils servent, de leur statut officiel (un ambassadeur est plus important qu'un résident ou un envoyé) et social (appartenir à la plus haute noblesse est un atout non négligeable). S'il y a parfois des emprisonnements, une certaine immunité protège les titulaires et parfois même le quartier des ambassades, comme à Rome ou à Madrid, avant que des abus amènent à supprimer ces derniers à la fin du siècle.

Le diplomate a tout d'abord un rôle de représentation, ce qui lui impose de mener une vie fastueuse à la hauteur de l'éclat de son maître, de participer aux nombreuses réceptions et festivités publiques, de transmettre des messages officiels à l'occasion de grands événements (naissances, décès, mariages...). Parfois, certains vont plus loin en se faisant les organisateurs d'une habile propagande, qui passe par la diffusion d'écrits défendant le point de vue de leur pays. Jouant le rôle d'un « honnête espion », un bon ambassadeur doit aussi se tenir constamment informé des bruits de la Cour, de la situation politique, économique et militaire du pays hôte. Les rapports des envoyés vénitiens sont alors connus pour être les mieux renseignés d'Europe. Cela suppose de nouer des contacts fructueux, d'acheter le concours d'hommes ou de femmes bien placés, et d'engager des agents pour influer sur les décisions locales.

2. Négociations et grands congrès internationaux

Même en temps de guerre, les négociations diplomatiques ne cessent jamais, qu'elles soient secrètes ou officielles. Le but est de rallier une puissance neutre, de détacher un adversaire d'une coalition ou de préparer une future succession, comme ce fut le cas à plusieurs reprises, tout d'abord en 1668 et surtout entre 1697 et 1700, pour se partager l'héritage espagnol de Charles II, dont tout le monde attendait la mort prochaine. Les subsides peuvent là encore jouer un rôle majeur. Ainsi, la France verse chaque année un million de livres à la Suède pour qu'elle mène ses opérations militaires contre l'Empereur dans les années 1630, et l'argent s'avère également très utile pour que l'Angleterre de Charles II et de Jacques II reste alliée ou affiche une neutralité bienveillante à l'égard de Louis XIV. Ce dernier n'hésite pas à influer sur les affaires intérieures d'États secondaires, que ce soit lors de l'élection à l'archevêché de Cologne ou à l'occasion de la manipulation de la cour de Savoie pour qu'elle reste un satellite de la France. Il soutient également à plusieurs reprises la révolte des Malcontents hongrois contre leur chef, l'Empereur Habsbourg. Mais ce dernier n'est pas en reste, distribuant le titre d'Électeur à la Bavière, en 1623 et celui de roi au Brandebourg, en 1701, pour obtenir leur soutien.

Les pourparlers sont encore plus intenses au moment des grands congrès de paix qui concluent les principaux conflits du siècle. Si on prend l'exemple de la paix de Westphalie, il faut cinq ans d'intenses négociations entre 1643 et 1648 pour que 179 plénipotentiaires, certains comprenant plusieurs centaines de personnes (420 pour la délégation française !), aboutissent à un accord global à Münster et Osnabrück. Il faut également trois ans pour négocier la paix des Pyrénées en 1659, qui voit, chose unique, les rois Philippe IV et Louis XIV avec leurs principaux ministres se rencontrer pour signer le traité. Pendant ces longs mois, l'évolution de la situation militaire ne peut qu'influer sur les discussions. Celles-ci nécessitent une armada de juristes capables de rédiger des textes sans laisser subsister la moindre faille et de tracer des frontières précises et incontestables. Les enjeux sont considérables, puisqu'il s'agit non seulement de régler le conflit en cours, mais d'assurer une paix équitable et durable, en instaurant un nouvel équilibre entre les grandes puissances. La multiplication de ces congrès impliquant une grande partie de l'Europe (Westphalie, en 1648, Utrecht, en 1713, plus tard Aix-la-Chapelle, en 1748, Paris, en 1763…) est aussi l'occasion de partager une même conception de la diplomatie avec des rituels particuliers entre les grandes puissances européennes.

▶ Voir carte 10, Atlas en fin d'ouvrage

À RETENIR

- La guerre de Trente Ans (1618-1648) est le principal conflit du siècle, affaiblissant durablement l'Allemagne et les Habsbourg, tandis que la Suède et surtout la France émergent comme grandes puissances.
- Ambitieux et fort d'une armée nombreuse et efficace, Louis XIV conquiert plusieurs territoires au détriment surtout de l'Espagne, mais se met à dos une grande partie de l'Europe.
- Les Bourbon héritent du trône espagnol à partir de 1700, mais la guerre de Succession d'Espagne est difficile pour la France qui voit émerger la puissance anglaise.
- La guerre entraîne une hausse considérable des effectifs, une modernisation des appareils militaires et le développement d'une diplomatie permanente à l'échelle européenne.

LES DATES ESSENTIELLES

1618-1648 : guerre de Trente Ans jusqu'à la paix de Westphalie

1635 : entrée de la France dans la guerre

1659 : paix des Pyrénées entre la France et l'Espagne

1667-1668 : guerre de Dévolution

1672-1678 : guerre de Hollande qui se termine par le traité de Nimègue

1679-1684 : politique des Réunions de Louis XIV et signature de la trêve de Ratisbonne

1688-1697 : guerre de la Ligue d'Augsbourg avec ravage du Palatinat et victoires de Luxembourg. Elle se termine par le traité de Ryswick

1700-1721 : Grande guerre du Nord, avec la Suède de Charles XII

1701-1713 : guerre de Succession d'Espagne, qui se termine par le traité d'Utrecht

POUR ALLER PLUS LOIN

Sélection bibliographique

Lucien Bély, *L'art de la paix en Europe. Naissance de la diplomatie moderne, XVIIe-XVIIIe siècle*, Paris, PUF, 2007.

Jean-Philippe Cénat, *Le roi stratège. Louis XIV et la direction de la guerre, 1661-1715*, Rennes, PUR, 2010.

Jean Chagniot, *Guerre et société à l'époque moderne*, Nouvelle Clio, Paris, PUF, 2001.

Olivier Chaline, *Les armées du roi. Le grand chantier. XVIIe-XVIIIe siècle*, Paris, A. Colin, 2016.

Daniel Dessert, *La Royale. Vaisseaux et marins du Roi-Soleil*, Paris, Fayard, 1996.

John A. Lynn, *Les guerres de Louis XIV*, Paris, Perrin, 2010.

Ressources Internet

www.musee-armee.fr (Musée des Invalides)

http://www.monatlas.fr/Hist/Z_Diacchronie/France (nombreuses cartes qui permettent de suivre tous les conflits en France et en Europe au XVIIe siècle)

https://www.histoire-image.org/etudes/traite-pyrenees

CHAPITRE

8

Vers un État plus fort : le développement de l'absolutisme

PLAN DU CHAPITRE

Pour faire face notamment aux impératifs militaires, l'État français, comme ses concurrents européens, doit augmenter considérablement ses ressources financières, ce qui entraîne également une croissance de l'appareil administratif et renforce le pouvoir central. Si l'absolutisme, supposant en théorie la puissance absolue, c'est-à-dire sans limite, du roi s'affirme dès le XVIe siècle et même dès le Moyen Âge, on considère généralement qu'il atteint son apogée au XVIIe siècle, notamment sous le règne de Louis XIV. Cependant, cette vision d'un roi omnipotent doit être fortement nuancée, car ce dernier se heurte à de nombreuses limites et résistances.

Problématique

Comment les États se sont renforcés et modernisés sous la pression de la guerre et de la fiscalité au XVIIe siècle ?

I. Une hausse sans précédent de la fiscalité liée à la guerre

1. Des revenus de plus en plus importants...

Au XVIIe siècle, les dépenses royales s'envolent, ce qui permet à la France de remporter la lutte face aux Habsbourg, dont les ressources sont pourtant supérieures au départ. Dans les années 1610, les revenus nets du royaume varient entre 17 et 20 millions de livres. Une amplification fiscale a lieu, lorsque la France intervient directement dans la guerre de Trente Ans, Richelieu faisant passer le revenu de 24 millions en 1633 à 33 millions en 1638 et même 54 millions de livres en 1642. Sous Mazarin, les recettes tournent autour de 40 millions, avant de repartir à la hausse sous Louis XIV, de manière quasi continue, des années 1660 (44,5 millions en 1662) jusqu'en 1697 (110 millions). Mais la France, épuisée par les années de luttes, voit ses revenus décroître pendant la guerre de Succession d'Espagne, ces derniers passant de 73 millions, en 1698, à 43 millions à la fin du conflit. On observe une hausse comparable des dépenses dans les autres royaumes européens en guerre au XVIIe siècle, même si cette hausse est peut-être un peu moins forte.

Domaine : Revenus provenant des terres, des droits féodaux et des monopoles sur certains produits possédés par le roi.

Théoriquement, depuis le Moyen Âge, on considère que les rois doivent vivre des revenus de leur **domaine**, mais en France celui-ci ne rapporte qu'environ 5 % de ses recettes. Le monarque doit donc recourir à des ressources « extraordinaires », constituées d'**impôts directs** et **indirects**, complétées par des contributions sur le clergé (en France, on parle de « don gratuit », impôt en fait négocié). Ces impôts sont parfois négociés et consentis par des assemblées nationales (Parlement anglais, États Généraux aux Provinces-Unies) ou régionales (**pays d'État** en France, Cortès en Espagne...). Ce régime fiscal est très inégal, tant au niveau social (les pauvres et les paysans sont les principaux contributeurs) que géographique (certaines régions, généralement celles qui sont rattachées à un royaume depuis peu ou qui se situent en périphérie paient généralement moins que le cœur ancien d'un État).

Les **impôts directs** comprennent essentiellement la taille ou contribution, levés sur tous les sujets, tandis que les **impôts indirects** sont constitués de divers droits de douane, de taxes sur les boissons, le sel (gabelle en France), les achats et ventes (*alcabala* en Castille)...

2. ... mais qui restent insuffisants

Au XVIIe siècle, ce système est largement obsolète, à cause d'une très forte augmentation des dépenses, liées avant tout à la guerre. En France, à la fin du règne d'Henri IV, les dépenses ne sont encore que de 20 à 30 millions de livres, mais elles passent à 70 millions avant l'entrée en guerre officielle de la France en 1635. Les 110-120 millions sont atteints ensuite, entre 1635 et 1659, à l'apogée de la lutte contre les Habsbourg. Si le chiffre tombe à 63 millions pendant les années calmes de la décennie 1660, les 100 millions sont à nouveau dépassés avec la guerre de Hollande et ne diminuent pas pendant la période de « paix armée » des années 1680. La guerre de la Ligue d'Augsbourg connaît un nouveau sommet, autour de 165 millions de livres, lui-même dépassé pendant la guerre de Succession d'Espagne (220 millions). Les dépenses explosent également chez les Habsbourg, en Angleterre ou dans les Provinces-Unies.

Pays d'état / Pays d'élection : En France, les pays d'État étaient les provinces généralement périphériques ayant conservé des états provinciaux, c'est-à-dire une assemblée représentative des trois ordres et qui négociaient le paiement de l'impôt avec les officiers du roi. Ces pays s'opposaient aux pays d'élection qui étaient gérés plus directement par les représentants du roi.

En fait, à l'exception de quelques années de paix notamment dans la décennie 1660, le budget français est presque constamment en déficit, voire même en très fort déficit. Ainsi, sous Richelieu, le manque à gagner ne cesse d'augmenter et varie entre 41 et 84 millions. Mazarin maintient les mêmes ordres de grandeur. Si Louis XIV réussit à les réduire légèrement jusqu'en 1700, le déficit explose pendant la guerre de Succession d'Espagne, avec souvent plus de 150 millions de livres. La situation est encore pire en Espagne où la monarchie est encore plus endettée et doit parfois suspendre ses paiements. Dans l'urgence, il faut donc recourir de plus en plus à des expédients pour trouver de nouvelles recettes : emprunts, parfois forcés, manipulations monétaires, nouvelles taxes (sur les troupeaux transhumants ou sur la laine en Espagne) et surtout multiplication des créations d'**offices**‣ en France. Ces dernières s'apparentent en fait à un prêt non remboursable fait au roi, qui verse un intérêt annuel sous forme de gages. En Espagne, si le roi peut compter sur l'arrivée d'or et d'argent d'Amérique, la frappe de monnaie en trop grande quantité entraîne une inflation galopante. Si elle permet d'éponger en partie la dette, elle désorganise largement l'économie. En Angleterre comme dans les Provinces-Unies, le roi ou le stadhouder doivent demander régulièrement le consentement du Parlement ou des États Généraux pour obtenir plus d'argent, ce qui entraîne souvent des batailles politiques, mais ce consentement permet globalement une meilleure rentrée des impôts et la fiscalité y est en fait plus élevée qu'en France.

▶ Voir p. 87

3. Ambiguïtés et innovations du système fisco-financier français

Pour lever les impôts indirects, la monarchie française, comme en Castille, doit recourir au système de la **ferme**, qui implique de nombreux financiers. Ces derniers sont souvent très mal vus et accusés d'accumuler des richesses considérables au détriment du peuple, pressuré sans ménagement. Si certains font effectivement fortune (William Beik a montré qu'en Languedoc les élites et intermédiaires financiers avaient récupéré près de 30 % de l'impôt direct en 1647 et 36,4 % en 1677 !), un financier sur cinq finit ruiné, et le métier est risqué, car l'État ne rembourse pas toujours ses dettes et connaît des banqueroutes partielles en temps de paix, en organisant des procès spectaculaires pour dénoncer les abus des partisans. Comme ces derniers ne sont pas seuls en mesure d'avancer les millions de livres demandées par le roi, ils doivent faire appel aux « Grands » du royaume (bourgeois, nobles, gens d'Église, souvent dissimulés sous le voile opaque de prête-noms). Par cette méthode que Daniel Dessert a nommé le système fisco-financier, le roi réussit à mettre à contribution les riches, mais en leur laissant une bonne part des profits et en devenant largement dépendant de ces acteurs financiers.

Ferme : système dans lequel des particuliers, appelés traitants ou partisans, avancent au roi une somme fixée dans un contrat, qu'ils récupèrent, augmentée d'un fort taux d'intérêt, en prélevant eux-mêmes les recettes fiscales.

Sous Louis XIII et Mazarin, la monarchie française ne peut réaliser de grandes réformes fiscales à cause de l'omniprésence de la guerre. Nicolas Fouquet, surintendant des Finances, à partir de 1653, réussit tant bien que mal à restaurer le crédit de l'État grâce à la clientèle qu'il s'est constituée dans les milieux financiers et en n'hésitant pas à engager sa fortune personnelle. Évidemment, cette gestion aventureuse, où se mêlent argent public et argent privé, entraîne des abus dont il sait tirer profit. D'ailleurs, tout le cercle dirigeant en bénéficie, y compris Richelieu, Mazarin ou Colbert qui accumulent respectivement une fortune de 25, 35 et 4,5 millions de livres ! Ce dernier, voulant prendre la place de Fouquet, rassemble des preuves de malversation contre lui et persuade Louis XIV qu'il est le principal responsable du marasme financier de la monarchie. Cela contribue à la chute du surintendant, en 1661, et à son remplacement par Colbert.

Ce dernier s'efforce de remettre de l'ordre dans les finances publiques. La présentation des comptes se fait plus rationnelle, avec un bilan annuel sous forme d'un « état au vrai ». Pour épurer la dette des années précédentes, il proclame une sorte de demi-banqueroute, en abaissant largement les taux d'intérêt des emprunts et en faisant juger de nombreux financiers. Puis, il limite le nombre d'offices en circulation, sans pouvoir supprimer la vénalité des charges. Pour les recettes, il réussit à accroître sensiblement les revenus du domaine royal et préfère diminuer le poids des impôts directs au profit des taxes indirectes, qui touchent toute la population. Une chasse aux exemptés et aux faux nobles est également lancée pour accroître le nombre de contribuables. Ainsi, Colbert parvient à doubler les revenus du roi et à équilibrer pratiquement le budget. Mais le retour de la guerre à partir de 1672 sonne le glas de ses efforts et oblige le ministre à recourir aux expédients et aux financiers, comme au temps de Fouquet, ce qui devient le quotidien de la monarchie jusqu'en 1715. La France souffre enfin du fait qu'elle ne dispose pas, comme les Provinces-Unies (dès 1609) et l'Angleterre (en 1694), d'une banque nationale qui lui aurait permis de lever des emprunts à des taux inférieurs à ceux pratiqués alors. Mais le crédit de la banque d'Angleterre vient aussi de la confiance accordée à la monarchie, du fait du poids renforcé du Parlement, suite à la Glorieuse révolution.

Pour financer les deux dernières guerres de Louis XIV, il faut donc innover pour trouver de nouvelles ressources fiscales. Après avoir lutté contre les faux nobles exemptés d'impôts en 1666, trente ans plus tard, le roi vend, au contraire, 500 lettres de noblesse pour renflouer ses caisses. En janvier 1695, est créée une nouvelle contribution, la **capitation**, qui touche toutes les classes sociales, y compris les privilégiés. Supprimée à la fin de la guerre de la Ligue d'Augsbourg, la capitation doit être rétablie avec le retour de la guerre en 1701. En 1710, on ajoute un nouvel impôt direct, le dixième, qui concerne les privilégiés et le dixième de tous les revenus. En 1715, la dette totale de la monarchie atteint, cependant, le montant pharamineux de deux milliards de livres !

Capitation : impôt qui établit un tarif répartissant les contribuables en 22 classes déterminées, non par la fortune, mais par le rang, la qualité et l'état des personnes, ce qui engendre des inégalités.

Tableau 3. La fiscalité dans la France d'Ancien Régime

Domaine royal	Impôts directs	Impôts indirects
Terres, bois, droits féodaux possédés par le roi	La **taille** : - réelle, car en fonction d'archives écrites (France du Sud) - personnelle, en fonction des déclarations de fortune des sujets (France du Nord) La **capitation** est créée en 1695 pour financer la guerre de la Ligue d'Augsbourg. Elle concerne tous les Français, hormis le roi Le **Dixième** est créé en 1710 pour financer la guerre de Succession d'Espagne. Il représente les 10 % de tous les revenus	- les **aides** sur la consommation et la circulation des denrées (notamment les boissons) - les **traites** : droits de douane entre provinces mais aussi à l'entrée et à la sortie du royaume - la **gabelle** sur le sel (grande diversité régionale)

4. De nombreuses révoltes antifiscales

L'accroissement de la fiscalité entraîne également une vague très importante de révoltes populaires en France, après 1635. Les plus graves touchent surtout le Sud-Ouest (Guyenne, Périgord, Quercy, Rouergue, en 1635-1636, 1643) et l'Ouest (Poitou et Angoumoisn, en 1636, « Nu-pieds » en Normandie, en 1639, révolte du papier timbré et des « Bonnets rouges » en Bretagne, en 1675).

Ces pays de bocage favorisent les embuscades et la présence militaire y est moins forte que dans le Nord-Est. Mais d'autres régions sont aussi touchées, comme le Boulonnais avec les « Lustucrus » en 1662. Les villes sont globalement plus souvent révoltées que les campagnes, car elles sont le lieu par excellence des écarts sociaux et où l'information et les rumeurs circulent plus rapidement.

La révolte des Lustucrus de 1662

S'attaquant aux hausses d'impôts et aux innovations liées à l'absolutisme, ces révoltes ne remettent cependant pas en cause ni la monarchie, ni l'ordre social traditionnel. Pour les insurgés, il s'agit d'avertir le roi qui a été trompé par ses sujets ou ignore tout de la misère de ses sujets. On invoque généralement le souvenir d'un « âge d'or » qui correspond soit au règne de Louis XII ou d' Henri IV. Elles concernent surtout les paysans, qui s'insurgent le plus souvent au printemps, avant de rentrer dans le rang au moment des moissons. Le pouvoir royal réagit par la répression, parfois très dure, comme en Normandie, en 1639, tout en faisant preuve de clémence pour apaiser les esprits. Mais avec le temps, les peuples s'habituent à cette fiscalité élevée, et les révoltes diminuent notamment à partir du règne personnel de Louis XIV. La répression devient plus dure et plus dissuasive. Mais cette baisse est relativisée par Jean Nicolas qui observe à nouveau une petite hausse après 1680 et surtout en 1710. En fait, les populations sont surtout passées d'une révolte ouverte à une résistance plus passive face aux impôts. Les autres pays d'Europe connaissent également des insurrections, voire des révolutions, face à cette montée de la fiscalité et de la centralisation. En Angleterre et dans les Provinces-Unies, le Parlement et les États généraux réussissent à garder la haute main sur le montant des impôts, ce qui limite le pouvoir royal, tout en permettant de lever des sommes plus importantes sur des sujets plus consentants. En Espagne, la monarchie s'efforce avec de grandes difficultés de mieux répartir le poids de la guerre et de la fiscalité, entre une Castille surimposée (elle assure 70 % des charges militaires !) et les autres régions plus favorisées et restées plus autonomes. Les tentatives de centralisation d'Olivares provoquent alors la révolte et conduisent à la sécession, en 1640, de la Catalogne et surtout du Portugal (alors en union personnelle avec l'Espagne).

5. La guerre a-t-elle engendré l'État moderne ?

Suivant la thèse classique développée par plusieurs historiens anglo-saxons (Hintze, Tilly, Downing, Porter), la « révolution militaire » et l'apparition des armées permanentes auraient entraîné une hausse de la pression fiscale et accouché de l'État moderne en Europe. Cette vision est aujourd'hui largement critiquée, car si les conflits ont stimulé effectivement dans un premier temps la croissance de l'État, ils n'ont pas forcément encouragé la modernisation bureaucratique. En effet, la guerre a aussi engendré des maux importants comme les révoltes fiscales, le développement de la vénalité des charges, la pratique d'expédients financiers et d'emprunts massifs ou encore des banqueroutes qui détruisent le crédit de l'État.

D'autres facteurs politiques et institutionnels sont également à prendre en compte pour mesurer la capacité des États à faire face au défi de la modernité. Le premier est que les États les plus riches, les plus peuplés, mais aussi les plus unitaires et centralisés, ont réuni de manière plus efficace les ressources et les forces nécessaires pour faire la guerre, tandis que les plus faibles ont été marginalisés, voire ont disparu, notamment en Italie et dans le Saint Empire, ou encore la Hongrie et la Pologne. Le second facteur a trait à l'héritage institutionnel de chaque État depuis le Moyen Âge. Cet héritage ne détermine pas complètement l'évolution d'un pays, mais constitue une sorte de pente de moindre résistance que les dirigeants ont tendance à suivre par facilité. Ainsi, on peut distinguer deux types d'État. Ceux d'Europe du Sud se sont généralement dotés de plusieurs institutions de type patrimonial, ce qui les a amenés à privatiser assez fortement les « services publics » (finances, armées, justice) avec le système de la vénalité des charges. Or, la présence d'une classe parasite de fonctionnaires vénaux, de financiers qui noyautent l'appareil d'État et gèrent celui-ci dans leur propre intérêt, bloque certaines réformes nécessaires et diminue l'efficacité de l'État. En revanche, les pays d'Europe du Nord (Angleterre, Scandinavie, Provinces-Unies, Suisse) ont plutôt développé des institutions marquées davantage par un régime constitutionnel et des institutions de représentation territoriale, sous la forme de parlements, d'assemblées provinciales, d'états généraux… Ces États ont alors échappé en grande partie à la vénalité des charges et conservé un système de représentation et de dialogue entre le souverain et les classes sociales dirigeantes, qui a joué un rôle important pour assurer au monarque la bonne volonté de ses sujets, notamment face à l'impôt. En effet, si ce dernier est considéré comme légitime, il est mieux levé, et avec moins de révoltes. C'est pourquoi, à l'époque moderne, la pression fiscale a été beaucoup plus forte en Angleterre ou dans les Provinces-Unies qu'en France ou en Espagne, d'autant plus que l'impôt était moins inégalitaire.

Par conséquent, si on croise tous ces facteurs, on arrive à une grande diversité de situations pour les pays d'Europe et non à une convergence. Pour certains historiens, finalement, la guerre n'a pas engendré l'État moderne, mais a, notamment en France et en Espagne, au contraire ralenti, sinon fait régresser l'édification étatique, dont la modernisation dut attendre la fin de l'absolutisme et la période révolutionnaire.

II. Renforcement du pouvoir central et de l'absolutisme

1. Le ministériat : un phénomène européen

Dans la première moitié du XVIIe siècle se développe dans la plupart des grandes monarchies européennes une nouvelle forme de gouvernement appelée le ministériat, qui consiste à déléguer l'essentiel du pouvoir royal à un homme de confiance, généralement désigné comme premier ou principal ministre. Ce phénomène touche la France, avec Richelieu et Mazarin, mais aussi l'Espagne, avec Lerme, Olivares et Haro, l'Angleterre, avec le duc de Buckingham sous Jacques Ier et Charles Ier, et même l'Empire, avec Trautmannsdorff et Auersperg sous Ferdinand III. L'objectif est de décharger le roi des tâches bureaucratiques de plus en plus importantes qu'il ne peut assumer seul, lui-même se réservant les décisions majeures et un rôle de représentation.

Olivarès, le double de Richelieu ?

▶ Voir p. 139

Contemporain de Richelieu, Gaspar de Guzman, comte d'Olivares (1587-1645) est le principal ministre de Philippe IV d'Espagne à partir de 1621. Réformateur ambitieux, il lutte contre la corruption, instaure le système de gouvernement des « **juntas** »▸, veut augmenter les recettes fiscales, tout en uniformisant et en centralisant davantage le gouvernement des différentes possessions de la monarchie. Sur le plan extérieur, il soutient les Habsbourg d'Autriche dans la guerre de Trente Ans, reprend les hostilités avec les Provinces-Unies et doit lutter contre la France. Cependant, il se heurte de plus en plus au mécontentement et au désir d'autonomie des provinces dirigées par l'Espagne (Catalogne, Portugal...). Suite à plusieurs défaites militaires, une conspiration l'oblige à s'exiler, en 1643.

Concino Concini (1575-1617) est le favori de la régente Marie de Médicis, de 1610 à son assassinat sur ordre du jeune Louis XIII, en 1617.

Charles Albert de Luynes (1578-1621) devient, à la mort de Concini, le nouveau favori de Louis XIII, qui le comble d'honneurs. Son influence reste cependant limitée jusqu'à sa mort de maladie, en 1621.

Si l'on peut considérer le surintendant des finances Sully (1559-1641) comme une sorte de Premier ministre d'Henri IV, c'est Louis XIII qui initie surtout le ministériat en France. Au début de son règne, le roi, encore trop jeune et inexpérimenté, a déjà des favoris qui accaparent l'essentiel de son pouvoir : **Concini** et **Albert de Luynes**. Richelieu, qui est rappelé au Conseil du roi, en 1624, et devient principal ministre, en 1629, joue cependant un rôle différent et plus important. Longtemps méfiant à l'égard du cardinal, qui l'intimide par son intelligence supérieure, Louis XIII finit par reconnaître en lui celui qui pourrait pallier ses insuffisances d'homme d'État. À partir de 1630, les deux hommes deviennent inséparables, et Richelieu peut compter sur le soutien indéfectible du roi pour faire face aux différents complots de la haute noblesse contre lui. Il faut d'ailleurs à ce sujet se départir du cliché d'un roi fantoche et sans personnalité, qui serait manipulé par son ministre tout puissant. Si Richelieu arrive généralement à influencer subtilement la décision de son maître, ce dernier garde dans ses mains la décision finale. Les deux hommes sont même complémentaires : le cardinal et le père Joseph, son éminence grise, ont plutôt la haute main sur les affaires diplomatiques, tandis que le roi se révèle efficace en tant que chef de guerre.

Au moment de sa mort en décembre 1642, Richelieu recommande à Louis XIII le cardinal de Mazarin pour lui succéder. Le roi suit son conseil, et la régente Anne d'Autriche le garde auprès d'elle comme principal ministre après la mort de son époux, le 14 mai 1643. Leur collaboration est des plus fructueuses. Manquant d'expérience, la régente a besoin de l'habileté et de la compétence de Mazarin pour gouverner. De son côté, ce dernier, bien que cardinal, reste un étranger, sans soutien personnel ni clientèle, et méprisé par la haute noblesse française qui voit en lui un parvenu. Il peut heureusement compter sur le soutien total de la reine, même dans les circonstances les plus difficiles comme la Fronde, pour rester en place et ainsi conforter le pouvoir royal.

2. Des gouvernements par conseils

Le roi et son principal ministre doivent en outre régulièrement consulter l'avis de plusieurs « conseils ». Les conseils d'administration et de justice, plus techniques, ne sont pas présidés par le monarque, contrairement aux conseils de gouvernement, comprenant le Conseil des finances et surtout le « **Conseil des Affaires** ». Siègent dans ce dernier des proches du roi, des hommes de confiance, des membres de sa famille et des officiers investis des plus hautes charges politiques et militaires du royaume. À la fin du XVIe et au début du XVIIe siècle, le poids politique des grands officiers de la Couronne décline de plus en plus, à l'exception de la charge de chancelier, qui est la plus influente et la plus prestigieuse. Mais son rôle diminue à son tour sous Mazarin et au début du règne personnel de Louis XIV.

Le **Conseil des Affaires**, appelé plus tard Conseil d'En-Haut, est le principal conseil de gouvernement où se prennent les décisions politiques les plus importantes.

Les grands offices de gouvernement

Les grands offices de gouvernement attribués par le roi à partir du Moyen Âge sont : le connétable (chef suprême militaire), le chancelier (justice), le grand maître (maison du roi), le grand chambellan (chambre), l'amiral (marine), le grand écuyer (écurie), le grand maître de l'artillerie et le grand voyer (routes).

Aux côtés du roi, de nouvelles fonctions apparaissent. Le surintendant des finances a la lourde tâche de trouver sans cesse de nouveaux moyens pour subvenir aux besoins grandissants de l'État, notamment pour la guerre. Bien que prestigieuse, la charge reste technique, souvent partagée entre plusieurs titulaires, qui n'ont pas une grande influence sur les affaires de l'État, à l'exception de Bullion, sous Richelieu et de Fouquet, sous Mazarin. Les autres **secrétaires d'État**, bien que contrôlant des rouages importants du gouvernement, sont souvent des créatures de Richelieu et de Mazarin, et donc plus des exécutants que des hommes influents.

Les **secrétaires d'État** apparaissent à la fin du XVIe siècle. Au nombre de quatre, ils s'occupent des Affaires étrangères, de la Guerre, de la Religion prétendue réformée (les protestants) et de la Maison du roi. Ce dernier est responsable de la Cour, de la ville de Paris et du clergé.

Dans les autres monarchies européennes, on retrouve ce système de gouvernement par conseils ou **polysynodie**▸. Ainsi, en Espagne, on en distingue treize, certains correspondants à un domaine particulier (Guerre, Finances, Inquisition…) ou à des régions ou royaumes ayant gardé une certaine autonomie (Castille, Aragon, Italie, Portugal, Flandres). Le plus important reste le Conseil d'État, en partie équivalant au Conseil des Affaires français. Parallèlement, se multiplient les ***juntas***. Dans l'Autriche des Habsbourg, la polysynodie est également la règle avec un Conseil principal (Conseil privé ou d'État) qui domine trois ou quatre autres conseils secondaires pour des domaines particuliers. En 1665, Léopold Ier institue un conseil plus restreint de gouvernement, la Conférence Secrète, reléguant le conseil privé aux affaires judiciaires. La Suède et la Russie ont tendance également à suivre ce modèle.

▸ Voir p. 244 et *sq.*

Juntas : petits comités de conseillers ayant un mode de fonctionnement plus informel et permettant de résoudre des affaires plus spécifiques.

« Je résolus sur toutes choses de ne point prendre de Premier Ministre [...] rien n'étant plus indigne que de voir d'un côté toute la fonction et de l'autre le seul titre de Roi. », Louis XIV, *Mémoires*.

Les **princes du sang** sont les princes issus légitimement d'un petit-fils de roi de France et sont donc proches de la famille royale. C'est le cas notamment des Condé au XVIIe siècle.

« Quo non ascendet ? » (Où ne montera-t-il pas ?), devise de Fouquet qui se retourna ironiquement contre lui.

3. Louis XIV et ses ministres après la « prise du pouvoir » de 1661

La mort de Mazarin dans la nuit du 8 au 9 mars 1661 marque un tournant majeur dans le gouvernement du royaume de France, puisque Louis XIV décide le lendemain, à 22 ans, de prendre désormais seul en mains les rênes du pouvoir, en se passant de premier ministre. Il profite également de l'occasion pour éliminer du Conseil d'En-Haut tous les **princes du sang**, les prélats, les maréchaux de France, et même sa mère, pour ne garder auprès de lui qu'une poignée de ministres. Malgré sa soudaineté, cette décision a été mûrement réfléchie. Comme le jeune roi n'est pas réellement pris au sérieux par les ministres et la Cour, il décide de frapper les esprits en arrêtant le 5 septembre 1661, à Nantes, Fouquet, qui joue en partie les victimes expiatoires. Colbert, qui convoite son poste, réussit à convaincre le roi de la gestion frauduleuse de son rival et lui apporte la preuve que ce dernier fortifie Belle-Île pour en faire un possible bastion de révolte. La fête somptueuse donnée par le surintendant des finances en l'honneur du roi dans son château de Vaux-le-Vicomte le 17 août 1661 ne fait qu'achever de le perdre dans l'esprit déjà convaincu de Louis XIV. Quatre jours après l'arrestation de Fouquet qui est jugé coupable et emprisonné jusqu'à sa mort à Pignerol, le roi supprime ses fonctions et les remplace par un Conseil royal des finances dirigé par Colbert, devenu contrôleur général.

Il est intéressant de noter que le ministériat disparaît également à la même époque dans la plupart des pays d'Europe. C'est le cas de l'Angleterre, qui a subi des troubles révolutionnaires aboutissant à l'exécution de Charles Ier ou encore de la monarchie des Habsbourg, lorsque Léopold Ier profite de la mort, en 1665, de son premier ministre et ancien précepteur, le comte Portia, pour imiter Louis XIV et diriger seul ses conseils. En Espagne, la faible autorité de Charles II fait que des premiers ministres continuent à exercer une bonne partie du pouvoir, mais de manière éphémère et avec l'accord nécessaire des Grands.

En 1661, Louis XIV réorganise et rationalise le fonctionnement des conseils et des départements ministériels. Les membres du Conseil d'En-Haut (limité en général à 4 ou 5 personnes), sont désormais tous choisis par le roi et portent le titre de ministres d'État. Au Conseil, les discussions sont relativement libres, Louis XIV appréciant une certaine franchise chez ses collaborateurs. Enfin, le roi tranche, en se ralliant très souvent à l'avis de la majorité. Mais parfois, il rejette une proposition pour bien montrer qu'il est le maître. D'autre part, avec le temps, une partie de plus en plus importante des décisions est prise ou préparée hors du Conseil, lors d'un tête-à-tête avec un ministre ou un conseiller important. C'est ce qu'on appelle le travail du roi ou la « liasse », du nom des dossiers apportés par les ministres.

Jean-Baptiste Colbert

Sous Louis XIV, les attributions des départements ministériels sont mieux délimitées et perdurèrent globalement jusqu'à la Révolution. Le déclin de la chancellerie se prolonge. Impressionnés par la puissance de **Colbert**, de nombreux historiens ont considéré qu'après 1661 l'homme fort de la monarchie est désormais le contrôleur général des finances, dont les attributions comprennent, en plus des finances publiques, l'agriculture, l'industrie, le commerce, les ponts et chaussées et une partie de l'administration intérieure. Cependant cette toute-puissance apparente est aujourd'hui remise en question car Colbert doit surtout fournir l'argent nécessaire aux autres départements, sans pouvoir beaucoup influer sur le choix des dépenses. Ainsi, ce qui fait sa force c'est qu'il cumule avec les Finances les départements de la Maison du roi, de la Marine et la surintendance des bâtiments. Inversement, son successeur de 1683 à 1689, Claude Le Peletier, réduit au seul contrôle général, aura un rôle très effacé. Les secrétariats d'État les plus influents sont les deux départements liés à la guerre, qui ont toute l'attention du roi et gèrent des sommes considérables. Il s'agit avant tout du secrétariat d'État de la Guerre, mais aussi de celui de la Marine, constitué en 1669, qui s'occupe également des colonies et est souvent lié à un troisième département, celui de la Maison du roi. Le secrétaire d'État des Affaires étrangères n'a pas forcément un rôle prépondérant dans la politique extérieure, car celle-ci est étroitement supervisée par le roi et le Conseil d'En-haut. Enfin, le secrétaire d'État de la RPR (Religion prétendue réformée) occupe une fonction encore plus modeste. Deux ou trois autres grandes charges viennent compléter cet organigramme du pouvoir : la surintendance des bâtiments du roi (sorte de ministère chargé de la « gloire du roi »), la direction générale des fortifications, à partir de 1691 ou, plus secondairement, l'administration des postes. Quant à la direction de la guerre, elle est un enjeu fondamental pour Louis XIV, qui s'intéresse particulièrement à ce domaine, allant régulièrement sur le front jusqu'en 1693 et, surtout, en dirigeant les opérations depuis Versailles, avec le développement de la stratégie de cabinet sous Louvois.

4. Louis XIV et les rivalités ministérielles

Après 1661, Louis XIV veut être le seul décideur d'importance dans son gouvernement et avoir la haute main sur des « créatures » de modeste extraction, qui dépendent entièrement de lui. En 1661, le roi hérite en fait des conseillers de Mazarin. Le plus important dans les années 1660 est Colbert, qui cumule de nombreuses fonctions et étend ses réseaux de clientèle dans les rouages de l'État. Son influence est contrebalancée par celle des Le Tellier père et fils, qui colonisent l'administration militaire et deviennent de plus en plus importants avec la guerre de Hollande. La rivalité entre les Colbert et les Le Tellier a souvent été dramatisée et exagérée. Certes, les deux clans ont tendance à cumuler les fonctions à leur profit et cherchent à avoir un rôle prépondérant auprès du roi. Ils ont également une vision différente des priorités économiques et militaires de la France : les Colbert insistent sur le développement commercial, maritime et colonial, alors que les Le Tellier ont une vision plus continentale et purement militaire de la puissance française. Cependant, leur conception du service est finalement identique et chacun veut promouvoir la gloire du roi par une politique visant à assurer la prépondérance française en Europe. D'autre part, certains membres de la famille Colbert (Gilbert Colbert de Saint-Pouanges, qui est premier commis de la Guerre, ou Charles Colbert de Croissy, qui est secrétaire d'État des Affaires étrangères de 1680 à sa mort en 1696) sont plus proches des Le Tellier que de leur propre clan.

Certains historiens, notamment Daniel Dessert, ont largement critiqué cette prétendue omnipotence du roi, considérant que ce dernier, connaissait mal les dossiers. Imbu de son ego, il se serait laissé manipuler par ses grands ministres et n'aurait eu que l'illusion de gouverner. Certes, Louis XIV fut forcément influencé par les avis de ses ministres qui maîtrisaient mieux les dossiers dans les détails, pouvaient filtrer certaines informations et faire avancer leurs idées ou leurs intérêts personnels. Mais le roi ne fut jamais la dupe de ses conseillers. Il tint constamment à rester bien informé par des canaux multiples et quiconque aurait cherché à le tromper ou le trahir l'aurait payé cher. En outre, très travailleur (il passait de nombreuses heures à étudier chaque affaire), il acquit progressivement une grande expérience, qui lui permettait de dominer tous ses ministres à la fin de son règne. On considère habituellement qu'il se serait efforcé de maintenir un certain équilibre entre les Colbert et les Le Tellier, afin de sauvegarder son autorité. Or, une nouvelle répartition des pouvoirs intervient, en 1683, à la mort de Colbert. En effet, si Seignelay (1651-1690), le fils de Colbert, hérite de la Marine, c'est Louvois qui devient le ministre prépondérant dans les années 1680, accumulant un nombre impressionnant de charges dans ses mains (département de la Guerre, surintendances des Bâtiments et des Postes, chancelier du prestigieux ordre du Saint-Esprit). En fait, le roi est toujours resté le maître, et la répartition des charges, en 1683, montre qu'il ne craint pas l'influence de Louvois. Privilégiant les liens d'homme à homme et n'aimant pas les nouvelles têtes, il n'hésite pas à donner de nombreuses charges aux personnes qu'il juge les plus compétentes, même si cela va parfois à l'encontre de la rationalité administrative.

Louis II Phélypeaux de Pontchartrain est contrôleur général des Finances et secrétaire d'État de la Marine depuis 1689 et 1690, puis finit chancelier de 1699 à 1714. Jérôme hérite de la Marine de 1699 à 1715.

Jules-Louis Bolé de Chamlay (1650-1719) est un conseiller militaire très écouté de Louvois et de Louis XIV, devenant une sorte de ministre de la Guerre bis après 1691.

La mort en 1691 d'un ministre aussi puissant que Louvois bouleverse profondément la manière de gouverner de Louis XIV, au point que Jean-Christian Petitfils a parlé de seconde prise du pouvoir du roi après celle de 1661. Une nouvelle famille ministérielle gagne alors en importance, les **Phélypeaux de Pontchartrain**, avec Louis II et son fils Jérôme. L'empire de Louvois est démembré et le roi s'implique alors davantage dans la direction de la guerre, avec l'aide de **Chamlay**. Désormais, Louis XIV ne veut plus de ministres ambitieux et impérieux, capables de lui tenir tête, mais privilégie jusqu'en 1715 des hommes fidèles, travailleurs, bons administrateurs et qui ne lui font plus d'ombre. Si certains d'entre eux cumulent d'importantes charges, comme Michel Chamillart (à la fois contrôleur général des Finances et secrétaire d'État de la Guerre dans les années 1700), ils n'ont jamais la même influence qu'un Colbert ou un Louvois. Au niveau de la structure du gouvernement, on passe également d'un système pyramidal où le roi n'avait pour interlocuteurs que quelques ministres importants qui transmettaient ensuite ses ordres, à un système en « râteau », où un nombre plus important de grands commis doivent rendre directement des comptes au souverain. 1691 serait alors l'acte de naissance véritable de la monarchie administrative, celle-ci succédant à l'âge des grands clans ministériels.

5. Une monarchie absolue sans limite en France ?

Le règne de Louis XIV est généralement considéré comme l'apogée de la monarchie absolue en France et l'aboutissement d'une évolution qui a commencé dès la fin du Moyen Age et à la Renaissance. La monarchie absolue confère au souverain un pouvoir théoriquement incontestable, parfait et sans limite (sens étymologique). En effet, il est à l'origine des lois (pouvoir législatif), les fait appliquer dans tout le royaume (exécutif) et rend la justice en dernier recours. Les atteintes à la personne du roi sont considérées comme les crimes les plus graves (crime de lèse-majesté). Si aujourd'hui le régime est souvent associé à l'idée de dictature et de tyrannie, il avait au contraire un sens très positif aux yeux des sujets de Louis XIV, qui le considéraient comme le plus stable, à l'inverse des républiques considérées comme anarchiques.

Les fondements de cette doctrine viennent de la nationalisation de maximes issues du droit romain et du droit canon, qui font du monarque le seul représentant légitime du royaume, le garant de l'intérêt général et le seul capable de dire et de faire la loi. On insiste alors sur l'idée d'une souveraineté indivisible. Une grande partie de sa légitimité vient également du caractère divin de son pouvoir. En effet, par le sacre qui lui confère le pouvoir de guérir les écrouelles, le roi de France devient une sorte de représentant de Dieu sur terre. Le pouvoir de Dieu étant sans limite, on estime que celui du roi doit l'être aussi.

Si en théorie personne ne conteste le fait que le roi possède tous les pouvoirs, en pratique cela est un peu différent. Tout d'abord, ses pouvoirs sont encadrés par une sorte de constitution non écrite, les *lois fondamentales du royaume*. Ainsi, si le roi possède une vingtaine de droits régaliens comme celui de déclarer la guerre, de battre monnaie, d'accorder des privilèges, de retenir exceptionnellement la justice (droit de grâce, système des lettres de cachet), de convoquer des assemblées, d'assujettir à des impositions…, il doit en revanche respecter certains principes immuables. Parmi eux, on trouve l'idée que le roi ne dispose point à sa guise de la couronne et du domaine royal, dont il n'est que le simple usufruitier. Cela suppose également qu'il ne peut pas fixer lui-même sa succession, le respect de la fameuse loi salique primant sur sa volonté. Louis XIV chercha à contrevenir à cette règle, en permettant notamment l'accession au trône de ses fils légitimés, mais le parlement de Paris cassa son testament en 1715. Le roi doit également obéir aux commandements de Dieu, se montrer bon catholique et ne pouvait être protestant. Il doit aussi écouter ses ministres et d'ailleurs le plus souvent il suit leurs avis. Un roi qui déciderait de tout et tout seul serait d'ailleurs vu comme un tyran. Enfin, il doit respecter les nombreux privilèges qui sont attachés à des personnes, des groupes sociaux ou des régions.

6. Une Europe absolutiste au XVIIe siècle ?

Si la France apparaît comme modèle de la monarchie absolue au XVIIe siècle et si elle exerce un rayonnement puissant sur ses voisins, doit-on en déduire que l'Europe est alors entièrement gagnée par ce phénomène? L'Espagne, comme les Habsbourg d'Autriche ont effectivement tendance à renforcer le pouvoir central, comme d'autres États plus ou moins secondaires (Suède, Russie, Savoie, Prusse), même si la noblesse résiste et parvient parfois à préserver ses privilèges ou son influence politique. D'autres États en revanche ne suivent pas la même évolution. La Pologne reste une monarchie élective et faible, empêtrée souvent dans des luttes intestines et nobiliaires et n'arrive pas à construire un État centralisé suffisamment fort. Elle le paiera à la fin du XVIIIe siècle. Les Provinces-Unies qui ont acquis chèrement leur indépendance face à l'Espagne au début du XVIIe siècle restent une république avec un gouvernement largement décentralisé (sorte d'État fédéral) et contrôlé largement par l'élite marchande. Au niveau fédéral, les États Généraux des Provinces-Unies prennent les décisions majeures en accord avec le Grand Pensionnaire chargé de la politique étrangère et le stathouder, chef militaire suprême en cas de guerre, venant traditionnellement de la famille d'Orange-Nassau.

Mais c'est en Angleterre que l'absolutisme connaît son plus grave revers. En effet, les Stuart, dès Jacques Ier (1603-1625), tentent d'imiter le modèle français en renforçant les prérogatives du roi au détriment du Parlement. Mais la résistance est à chaque fois très vive, et les rois ne peuvent l'emporter. Charles Ier (1625-1642) est celui qui va le plus loin, en se passant de réunir le Parlement à partir de 1629 et en se procurant des ressources financières et militaires sans son consentement. Mais cela déclenche une guerre civile à partir de 1642, qui aboutit à la victoire des parlementaires et de Cromwell, en 1647. Charles Ier est finalement exécuté, le 30 janvier 1649, et le pays est dirigé par une République jusqu'à la restauration monarchique de 1660.

Charles II (roi de 1660 à 1685), se montre assez habile et modéré, ne voulant replonger le pays dans la guerre civile. Mais son frère Jacques II (1685-1688) est moins prudent et finit par exaspérer ses sujets en se rapprochant trop de Louis XIV et des catholiques. Les Anglais en appellent alors à son gendre Guillaume d'Orange▸ pour le chasser du trône avec succès, en 1688, lors de la « Glorieuse Révolution ». Couronné nouveau roi sous le nom de Guillaume III, il doit cependant faire quelques concessions au Parlement en acceptant la Déclaration des Droits de février 1689. Contrairement à la plupart des monarchies d'Europe

▶ Voir encadré p. 119

au XVIIe siècle, l'Angleterre ne suit donc pas la tendance absolutiste et s'achemine, au contraire, vers une monarchie plus modérée et constitutionnelle.

Cromwell et l'éphémère république anglaise

Oliver Cromwell (1599-1658) est surtout connu pour son engagement en tant que chef de l'armée parlementaire durant la guerre civile anglaise. Après avoir réformé son armée (la New Model Army), il joue un rôle important dans l'exécution du roi Charles Ier en 1649, puis il proclame la République ou Commonwealth, qu'il finit par transformer en une sorte de dictature personnelle, en 1653. Puritain, il fait régner l'austérité et s'engage dans la guerre contre l'Espagne, en 1656. Bien que victorieux à Dunkerque, il est emporté par la maladie le 3 septembre 1658.

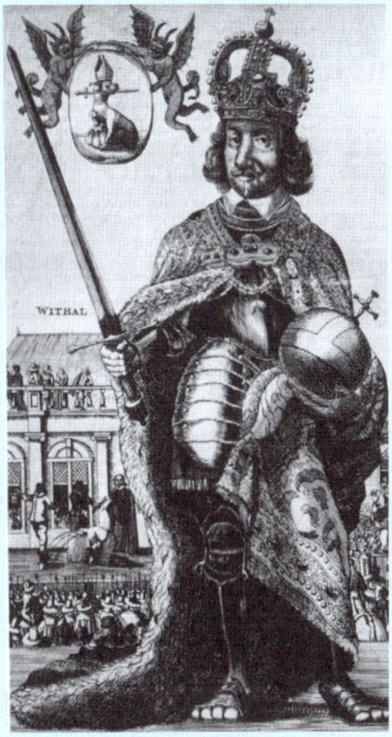

Caricature hollandaise montrant Cromwell en roi tout-puissant (à l'arrière-plan, l'exécution de Charles Ier)

III. Les relais du pouvoir dans les provinces

1. 1. Offices et officiers au XVIIe siècle

En France, les offices sont des charges confiées par le roi à des particuliers, ce qui leur confère une parcelle de l'administration dans la magistrature, la justice, les finances, la police, la gestion du domaine royal… Elles sont considérées comme des dignités, puisque son titulaire participe au pouvoir royal. Le terme d'officiers s'applique aussi au XVIIe siècle aux officiers généraux de l'armée et désigne dans ce cas les grades les plus importants. Enfin, il existe aussi des officiers seigneuriaux, municipaux et au service des Etats provinciaux. Plus ou moins prestigieuses (les meilleures sont les offices parlementaires et des autres cours souveraines), ces charges apportent de nombreux avantages à leurs titulaires : des gages réguliers avec souvent une part variable en plus (pourcentage sur les affaires traitées, présents offerts aux juges et appelés épices…), des honneurs et des privilèges (exemptions fiscales, certains offices sont anoblissants).

Elles sont progressivement devenues vénales et, grâce à la Paulette (cf. définition p. 87) peuvent être transmises à un héritier, ce qui rend les officiers inamovibles (à moins que le roi ne rachète leur charge, ce qui est très rare). Les officiers qui étaient 4-5 000 en 1515, sont un peu plus de 20 000 en 1610 et plus de 41 000 en 1641 avant une expansion un peu moins forte par la suite. Cette hausse s'explique surtout pour des raisons fiscales et la monarchie est très inventive pour en créer de nouveaux offices, en dédoublant par exemple ceux qui existent, même si l'attractivité des charges est inégale.

«Toutes les fois que Votre Majesté crée un office, Dieu crée un sot pour l'acheter.» **Louis de Pontchartrain**, contrôleur des finances.

1. 2. Un absolutisme niveleur et centralisateur ?

Traditionnellement, l'absolutisme est perçu comme un pouvoir niveleur et centralisateur, cherchant à s'imposer aux autres pouvoirs, voire à les éliminer. Pour contrebalancer l'influence des Grands et pour s'imposer en province, la monarchie française a renforcé le rôle des **commissaires** et des intendants, qui sont considérés comme les agents par excellence de la centralisation et du renforcement de l'autorité royale. Apparus ponctuellement au XVIe siècle pour des missions temporaires, ils deviennent permanents à partir de 1635 avec des missions avant tout financières et judiciaires. Supprimés pendant la Fronde, ils sont rétablis par Mazarin, et Louis XIV étend encore leurs pouvoirs au détriment de ceux des **gouverneurs** et des **lieutenants généraux**, mais aussi des autres officiers provinciaux. Cette toute puissance des intendants doit cependant être nuancée, car ces derniers doivent en fait composer constamment avec les élites et les pouvoirs locaux (parlements, gouverneurs, États). En Lorraine et en Alsace, le roi s'appuie aussi bien sur les gouverneurs militaires de la province pour être informé de la situation et obéi. En fonction de la personnalité et de la présence effective de chacun (il existe de nombreux problèmes d'absentéisme), les ministres et secrétaires d'État font appel aux uns ou aux autres, en jouant parfois de leurs rivalités. Ainsi, à Lyon, l'interlocuteur principal de la monarchie n'est pas l'intendant, mais la famille de Villeroy, qui contrôle l'archevêché et le gouvernement de la province. Il en est d'ailleurs de même en Bourgogne avec les Condé.

Un **commissaire**, contrairement à un officier, n'est pas propriétaire de sa charge qui n'est pas vénale. Il peut donc être révoqué à tout moment par le roi.

Représentant le roi, et créés dès le XVe siècle, les **gouverneurs** doivent maintenir l'ordre et assurer la défense de leur gouvernement. Ils appartiennent généralement à la haute noblesse et sont révocables comme les intendants. Les **lieutenants généraux** sont leurs adjoints.

Dans le souci d'intégrer les provinces nouvellement conquises (Roussillon, Alsace, Franche-Comté…), le pouvoir royal, loin de chercher à imposer un modèle uniforme, se contente de négocier avec les élites et les pouvoirs locaux, en leur laissant souvent une grande autonomie. C'est à ce prix que sont achetés la paix sociale et l'attachement des populations. Louis XIV confirme donc les privilèges, statuts et coutumes existants. Après avoir rassuré les élites locales au moment du rattachement, on s'efforce ensuite de rogner certaines exemptions, de rallier des personnes influentes et de placer des hommes dévoués à la monarchie dans les institutions locales. Il s'agit de vider peu à peu ces dernières de leur contenu ou de les contourner, en s'adaptant à la plus ou moins grande résistance rencontrée. Enfin, sur le plan culturel ou linguistique, la France ne cherche pas à imposer systématiquement son mode de vie.

Finalement ces provinces sont bien intégrées et ne se révoltent pas contre le pouvoir royal. Une des clés de cette réussite est que le roi fait confiance à ces peuples récemment rattachés, en laissant les élites locales accéder aux charges importantes, sans donner la préférence à des Français de souche ou à « un parti français ». La meilleure gestion de l'administration française contribue également à faire accepter la nouvelle domination. Il faut enfin garder à l'esprit que les agents de la monarchie restent peu nombreux à cette époque. En 1665, ils sont environ 46 000, soit un officier pour 400 habitants, ce qui est très loin des 5,4 millions de fonctionnaires actuels !

En Espagne, globalement, on assiste également à un certain renforcement du pouvoir royal dans les différentes possessions de la couronne, avec pour objectifs d'amoindrir la puissance de la noblesse féodale et de grignoter progressivement les prérogatives des institutions locales. Mais la centralisation n'est pas poussée autant qu'en France, chaque province ou royaume conservant une plus grande autonomie. En outre, les vice-rois ne possédant pas la totalité des prérogatives royales, les élites locales peuvent parfois s'opposer à eux en faisant appel à l'arbitrage de Madrid. Comme en France, l'obéissance n'est donc acquise qu'au prix d'un subtil dosage entre coercition, négociation et patronage.

Les Habsbourg d'Autriche s'efforcent aussi de mieux contrôler et de réduire l'autonomie des royaumes de Bohême et de Hongrie, ce qui entraîne parfois la révolte de cette dernière, soutenue à l'occasion par Louis XIV et les Turcs. En dépit des efforts de centralisation, les États héréditaires manquent d'unité, avec une grande hétérogénéité de peuples et d'institutions locales. La centralisation et l'uniformisation progressent aussi en Russie, où les Tsars réduisent les innombrables particularismes juridiques et les coutumes locales, ainsi que les emprunts aux droits étrangers.

Dans l'ensemble, la plupart des grandes monarchies ont tendance à renforcer progressivement le pouvoir central, même si les résistances et les particularismes locaux restent encore très forts.

Les **assemblées représentatives** comprennent sous l'Ancien Régime les États généraux, qui rassemblent des représentants élus des trois ordres (noblesse, clergé et tiers-état) et les assemblées de notables dont les membres sont cette fois choisis.

Les **cours souveraines** sont des juridictions supérieures dont le roi seul peut casser les jugements ou arrêts. Elles comprennent les parlements, dont le plus important est celui de Paris, la chambre des comptes, la cour des aides (pour les contentieux financiers) et celle des monnaies.

2. Effacement et neutralisation des parlements et des assemblées représentatives ?

Plusieurs historiens ont établi un lien entre l'instauration de l'absolutisme et l'effacement ou la neutralisation des organes de consultation, de conseil et de contrôle qu'étaient les **assemblées représentatives** et les **cours souveraines** ou supérieures. E. Le Roy Ladurie propose ainsi comme date de naissance de l'absolutisme en France les dernières sessions des États généraux, en 1614, et d'assemblées des notables en 1627. L'historiographie traditionnelle a longtemps présenté le développement de l'absolutisme en termes d'affrontement entre d'un côté la royauté et de l'autre les autonomies provinciales, les libertés et les privilèges des différents corps constitutifs de la société française. Les rois auraient eu pour objectif de museler, d'abaisser et d'humilier les parlements et les corps intermédiaires, en les pliant, par exemple, par des lits de justice à répétition. Si dans les moments de crise (guerres civiles, régences), la monarchie est en difficulté, elle se renforce au contraire sous les règnes d'Henri IV et de Louis XIV.

Les parlements sous l'Ancien Régime

À l'époque moderne, les parlements désignent des réalités différentes entre les États. En Angleterre, il s'agit bien d'une assemblée qui représente avant tout les notables du pays (nobles et haut clergé pour la chambre des Lords, chevaliers et bourgeois pour la chambre des Communes) avec des attributions à la fois judiciaires et politiques (rôle de conseil et surtout vote de l'impôt). Les États Généraux aux Provinces-Unies ont un rôle encore plus important, étant donné qu'il n'y a pas de roi. En France, en revanche, les parlements ne sont que les hautes cours de justice du royaume. Le plus important est le Parlement de Paris, dont le ressort s'étend sur un très large bassin parisien. Cependant, les parlements ont également pour fonction d'enregistrer les ordonnances et édits proposés par le roi. À cette occasion, les parlementaires peuvent exercer leur droit de remontrances, c'est-à-dire présenter des corrections ou critiquer les lois, comme cela fut le cas au début de la Fronde. Néanmoins, le roi n'est pas obligé d'en tenir compte et peut forcer l'enregistrement en se déplaçant en personne lors d'« un lit de justice ».

Ce dernier se passe du consentement d'une assemblée représentative, quand il crée, en 1695, la capitation, puis le dixième, en 1710. Quelques assemblées provinciales sont également supprimées au cours du XVIIe siècle, mais les principales subsistent (Languedoc, Bretagne, Provence, Bourgogne notamment). Le Roi-Soleil réussit également à rogner fortement les prérogatives des parlements, en 1667 (interdiction d'interpréter les édits et ordonnances une fois enregistrés) et surtout, en 1673 (obligation d'enregistrer les édits sans droit de remontrances suspensif, ce qui évite tout blocage). Cette évolution s'explique par la victoire du monarque au moment de la Fronde et le poids croissant du contrôle royal sur les magistrats. Mais la monarchie prend soin également de ne pas trop heurter les parlementaires et n'utilise que rarement les armes controversées de la cassation de leurs arrêts ou de l'**évocation** des procès. En fait, si le roi maintient vigoureusement l'interdiction aux parlements de se mêler de politique, il respecte leurs fonctions judiciaires et utilise leurs compétences juridiques pour préparer les ordonnances. Cela compense leurs désillusions et même les pertes financières occasionnées par la diminution du prix de leurs charges imposée par Colbert.

Évocation : Procédure qui consiste à confier une affaire à une autre cour que celle où elle était initialement jugée.

Il y a souvent une sorte d'alliance de fait entre le roi et les élites provinciales, les intérêts étant convergents. Ils mènent une politique commune pour le bien de la province, et les États consentent désormais plus facilement à l'impôt demandé par le roi. Ce dernier contrôle d'ailleurs mieux les réseaux locaux de clientèles et réussit à les rattacher à son autorité. La monarchie ne cesse donc pas d'être consultative à partir du XVIIe siècle. De même, les parlements ne sont

Carte 8 Généralités et parlements en France

pas réduits à une totale docilité. Leur attitude est très variable face au roi, en fonction des lois qu'ils ont à voter et des circonstances locales.

En Espagne au XVIIe siècle, si on observe également un certain déclin des **Cortès** (celles de Castille ne sont plus réunies à partir de 1664), ce déclin est là encore à relativiser. C'est l'arrivée des Bourbon à partir de 1701 qui renforce surtout l'emprise du pouvoir royal. En Russie, la deuxième moitié du XVIIe siècle voit aussi les Tsars convoquer de moins en moins souvent les *zemskié sobory*, sorte d'États généraux du pays qui jouaient jusque-là un rôle consultatif et de discussion sans pour autant limiter sérieusement le pouvoir monarchique. En Angleterre et les Provinces-Unies, le Parlement et les États généraux conservent toujours une influence très importante. Elle se renforce même après la Glorieuse révolution de 1688-1689 outre-Manche.

Cortès : assemblées représentatives des sujets qui votent notamment des subsides et profitent de cette occasion pour présenter des doléances au roi.

En France, si l'État royal se renforce face aux Grands et aux corps intermédiaires au XVIIe siècle, il ne crée pas pour autant un système rationnel et unifié comme le fera plus tard le gouvernement de la Révolution française. Les royaumes restent des mosaïques de provinces, qui gardent de forts privilèges. Bien obéi dans les régions les plus anciennement rattachées, le roi l'est moins dans les régions périphériques. Il doit s'accommoder du système existant, passer des compromis avec les élites ou les financiers, jouer de leurs divisions, si bien qu'il semble plus judicieux de parler d'un « absolutisme limité » (Robert Knecht) pour qualifier les monarchies qui suivent le système français à cette époque.

À RETENIR

- La guerre oblige les souverains à augmenter fortement la fiscalité et à innover dans ce domaine, ce qui entraîne souvent d'importantes révoltes.
- Cela engendre généralement un renforcement des États centraux, mais avec une plus grande efficacité pour les États d'Europe du Nord ayant conservé des institutions représentatives plus puissantes que pour les États patrimoniaux d'Europe du Sud.
- Les rois gouvernent généralement en s'appuyant sur des conseils, même si nombre d'entre eux ont expérimenté le système du ministériat au début du XVIIe siècle
- Si l'absolutisme a essayé de centraliser, d'abaisser les pouvoirs provinciaux et le rôle des assemblées représentatives, cela s'est plus fait par des compromis et des négociations que par la force.

LES DATES ESSENTIELLES

1614 : dernière réunion des États généraux en France avant 1789

1629-1642 : Richelieu premier ministre de Louis XIII

1642-1660 : guerre civile et république en Angleterre avec Cromwell

1643-1661 : Mazarin premier ministre pendant la minorité et les premières années du règne de Louis XIV

1649 : Exécution de Charles II d'Angleterre

1661 : Louis XIV décide de gouverner sans principal ministre après la mort de Mazarin

1688-1689 : Glorieuse révolution de Guillaume d'Orange en Angleterre et Déclaration des Droits

1691 : mort de Louvois et « 2e prise du pouvoir » de Louis XIV

1695 : création de la capitation, impôt qui touche pour la première fois toutes les classes sociales

POUR ALLER PLUS LOIN

Sélection bibliographique

Yves-Marie Bercé, Alain Molinier, Michel Peronnet, *Le XVIIe siècle : de la Contre-Réforme aux Lumières*, Hachette, 1984.

Fany Cosandey et Robert Descimon, *L'absolutisme en France. Histoire et historiographie*, Paris, Point Seuil Histoire, 2002.

Daniel Dessert, *Argent, pouvoir et société au Grand siècle*, Paris, Fayard, 1984.

Arlette Jouanna, *Le prince absolu. Apogée et déclin de l'imaginaire monarchique*, Paris, Gallimard, 2014.

François Lebrun, *Le XVIIe siècle*, Armand Colin, 2003 (retirage 2018).

Ressources internet

http://www.cours-univ.fr/cours/licence/droit/licence-droit-histoire-institutions-13.html (sur les aspects avant tout juridiques de l'absolutisme en France)

http://www.aghyn.com/categorie-1172-nos_ancetres_et_l_impot.html (mise au point sur la fiscalité d'Ancien Régime)

CHAPITRE

9

L'État contre la société ?

PLAN DU CHAPITRE

Au XVIIe siècle, le pouvoir royal connaît un indéniable renforcement de ses moyens et de sa puissance administrative. Mais le projet absolutiste entend également encadrer davantage la société, en imposant définitivement la suprématie du roi sur les élites, en accaparant l'usage légal de la violence et en légitimant cette politique par une propagande exaltant la gloire du monarque. Cette évolution reste évidemment incomplète, la monarchie se heurtant une fois de plus à des limites, dont la principale est l'opposition parfois vive des élites et de la haute noblesse qui entendent elles aussi jouer un rôle important au niveau politique et social.

Problématique

Comment le pouvoir royal cherche-t-il à mieux encadrer les élites et la violence au XVIIe siècle ?

I. La noblesse face au roi : soumission ou compromis ?

1. La noblesse entre réseaux d'influences et « devoir de révolte »

Les rois de France comme ailleurs en Europe doivent tenir compte des intérêts de la haute noblesse qui se révolte à plusieurs reprises. Les Grands possèdent en effet des moyens importants : un patrimoine imposant (leur fortune peut dépasser le million de livres pour les plus puissants en France), des charges leur conférant une autorité et une légitimité significatives à l'échelle locale ou provinciale, et un réseau étendu de parents et clients qu'ils peuvent mobiliser pour défendre leur cause.

Les liens de clientèle et de fidélité

Les liens de clientèle et de fidélité sont fondamentaux pour comprendre la société d'Ancien Régime, non seulement en France, mais aussi en Angleterre et en Espagne et dans une grande partie de l'Europe. Il s'agit d'une relation personnelle d'homme à homme, entre un patron et un client, avec des obligations et un intéressement réciproques. En échange de sa fidélité et des services qu'il rend à son patron, un client attend de ce dernier des récompenses, celles-ci se manifestant généralement par l'obtention de charges. Si l'intérêt est la base de la relation patron-client, souvent un lien affectif, qui peut aller jusqu'à l'amitié la plus profonde, se développe parallèlement. Ainsi, à cette époque, la plupart des charges sont attribuées par le jeu des clientèles et les personnages les plus influents à la Cour en profitaient pour se constituer un réseau de fidèles parfois considérable.

Cependant depuis la fin du Moyen Âge, la noblesse est de plus en plus en décalage avec l'évolution de l'État royal. Celui-ci a désormais davantage besoin de juristes et d'administrateurs que de guerriers. Or, en s'arc-boutant sur ses valeurs féodales de courage et d'honneur, l'aristocratie refuse dans un premier temps les services lucratifs et décisifs que propose l'État moderne dans son administration, la justice et les finances. Il s'ensuit alors une perte d'influence, mais aussi un manque à gagner financier au profit de nouvelles classes d'origine roturière, les officiers du roi. Dans la vision politique traditionnelle, le roi n'est que le premier des nobles et doit gouverner avec leur avis, sinon il devient un tyran. Comme l'a bien montré Arlette Jouanna (*Le devoir de révolte*), le but des révoltes en France n'est pas de renverser le souverain, mais de revenir à cette tradition, en alertant l'opinion publique sur les abus d'autorité du roi ou de ses ministres. L'échec des prises d'armes, alors que le contexte des guerres de religion est plutôt favorable à la haute noblesse, amène cette dernière à changer de stratégie. Ne pouvant s'opposer au renforcement du pouvoir royal, elle cherche à accaparer au maximum pour elle et ses clients les pensions et charges dispensées par le souverain. Le ralliement d'Henri II de Condé à Louis XIII en 1626-1627 lui permet ainsi de s'enrichir considérablement, laissant plus de 16 millions de livres à sa mort en 1646.

Le cadavre de Concini pendu

Mais cette captation de la manne de l'État est forcément inégale et suscite des jalousies qui s'exacerbent lors des périodes de minorité du souverain (régence de Marie de Médicis entre 1614 et 1620, puis celle d'Anne d'Autriche de 1638 à 1651 en France), où la répartition des pensions et charges devient plus contestable, surtout si un favori arrive à les monopoliser. C'est le cas notamment avec l'ascension vertigineuse du protégé de Marie de Médicis, Concino Concini, à partir de 1610 qui est finalement assassiné sur les ordres du jeune Louis XIII le 24 avril 1617. Mais un autre favori lui succède jusqu'en 1621 : il s'agit de Charles d'Albert de Luynes qui obtient l'épée de connétable, même si son influence politique reste plus limitée. Le système du ministériat avec Richelieu et Mazarin, qui se constituent une fortune et une clientèle formidables, suscite la même réprobation de la haute noblesse, qui reste attachée au principe selon lequel le roi doit distribuer ses grâces en respectant les mérites et la naissance de chacun pour ne pas bouleverser l'ordre social établi. C'est ainsi qu'il faut comprendre la plupart des révoltes nobiliaires de la première moitié du XVIIe siècle, leur but n'étant pas réellement de remettre en cause l'absolutisme royal, mais de faire une démonstration de la capacité de nuisance de la noblesse pour inciter le monarque à lui attribuer davantage de faveurs lors d'une réconciliation. Au-delà, il s'agit enfin pour elle de défendre son identité, son mérite et sa place dans la société que le roi ne semble plus vouloir reconnaître avec le développement de l'absolutisme.

Le ***valido*** est le favori et principal ministre du roi d'Espagne.

Le ***letrado*** est un juriste castillan diplômé d'une université laïque ou religieuse.

En Espagne, l'emprise des « **validos** » sur le gouvernement gêne de la même manière les Grands qui n'ont plus accès aux charges et récompenses liées au pouvoir. Cherchant à renforcer le pouvoir tout en noyautant la monarchie et les « juntas » par des proches parents et fidèles, les validos veulent limiter l'influence de la haute aristocratie pour la remplacer par des agents plus efficaces et moins vénaux, notamment les « **letrados** ». Mais ils ne parviennent pas à associer les villes de Castille à leur action, et les Grands résistent avec plus de succès qu'en France, la crise permanente des finances obligeant le roi à concéder de larges parts de son pouvoir et à distribuer des grâces et des emplois pour assurer l'ordre et la paix sociale. On observe même plutôt un processus de décentralisation des fonctions fiscales et judiciaires dans la deuxième moitié du XVIIe siècle. La faiblesse de Charles II, roi malingre et stérile, dont tout le monde pense qu'il va mourir prochainement, mais qui règne finalement de 1665 à 1700, amène un retour en force de l'aristocratie espagnole au sein du gouvernement monarchique. Dans un premier temps, le roi étant mineur, c'est sa mère, Marianne d'Autriche qui gouverne avec l'aide de conseillers étrangers (l'Autrichien Nithard, puis l'Italien Valenzuela). Mais le fils naturel de Philippe IV, Jean d'Autriche, rallie la noblesse, chasse Valenzuela du pouvoir en 1677 et rétablit l'hégémonie de l'aristocratie sur le gouvernement. Après sa mort en 1679, aucune autre personnalité majeure n'arrive réellement à s'imposer parmi elle et personne ne peut devenir le nouveau « valido », plusieurs clans ou partis se neutralisant en grande partie jusqu'en 1701.

Les clientèles aristocratiques jouent également un rôle majeur dans les nominations dans les secteurs de la médecine, du droit, du clergé ou de l'armée en Angleterre. Ce n'est que sous Guillaume III que le roi réussit à contrôler la nomination des officiers généraux dans l'armée. Enfin, le clientélisme est utilisé par le roi et ses ministres pour faire élire des députés plus dociles à la Chambre des communes. En fait, le Parlement est pendant tout le XVIIe siècle un lieu de concurrence et de négociation pour distribuer les charges entre les diverses clientèles influentes du royaume (lords, roi, gentry, clergé, négociants). On retrouve un peu la même situation au sein des États généraux des Provinces-Unies, même si les négociants y ont plus de poids et n'ont pas à faire face au pouvoir royal inexistant.

2. Le roi face aux Grands en France

Louis XIII et le **cardinal de Richelieu** doivent faire face à des révoltes incessantes initiées par des membres de la famille royale (la mère du roi, son frère Gaston d'Orléans, son demi-frère César de Vendôme), auxquels s'ajoutent des membres de la haute aristocratie comme Condé, Henri de Montmorency, les comtes de Soissons et de Chalais, des chefs protestants (Henri de Rohan, le duc de Bouillon) et parfois les Espagnols. Si certaines sont graves (en 1632, 1636, 1641 et 1642), aucune ne parvient à renverser le cardinal. Pour y faire face, ce dernier bénéficie d'un bon réseau de renseignement, lance un démantèlement systématique des fortifications à l'intérieur du royaume et réussit à profiter de la désunion des élites.

«On ne saurait être trop sévère à punir ceux qui outrepassent leur pouvoir», Richelieu, *Maximes d'État* (1623).

Cardinal de Richelieu

Son successeur, le **cardinal Mazarin** doit faire face au même problème avec, dès sa nomination comme premier ministre, la «cabale des Importants» en 1643, et surtout, de 1648 à 1652, la principale révolte en France au XVIIe siècle : la Fronde. En fait, il s'aliène rapidement toutes les couches de la société, des petites gens qui voient augmenter la pression fiscale (les Parisiens, qui en étaient exemptés, sont forcés de payer la taille) à la bourgeoisie et la petite noblesse, détentrices de charges (Mazarin menace de remettre en cause l'hérédité de leurs offices), sans oublier les Grands, qui refusent de demeurer écartés des affaires de l'État et des positions lucratives que cela suppose.

La Fronde éclate à propos de l'enregistrement de nouveaux édits fiscaux, ce que refuse de faire le Parlement de Paris, qui souhaite profiter de la minorité du roi pour étendre ses prérogatives et se poser en contre-pouvoir. L'émeute gagnant la capitale, Anne d'Autriche et Mazarin doivent se retirer à Rueil, puis à Saint-Germain d'où ils réussissent ensuite à rependre la capitale en 1649 avec l'aide notamment de Condé. Estimant qu'il a sauvé la monarchie, ce dernier entend jouer le rôle principal au niveau politique ce qui déclenche une nouvelle fronde, avec, cette fois, des princes (Condé, Conti, Gondi, le futur cardinal de Retz, et Turenne de manière éphémère). Mazarin doit même s'exiler à Bonn et Anne d'Autriche accorder des concessions aux frondeurs. Mais elle réussit à rallier Turenne et à proclamer la majorité du petit Louis XIV le 7 septembre 1651. Condé est finalement obligé de fuir dans les Pays-Bas espagnols avec qui il combat jusqu'en 1659. Le roi peut faire son entrée triomphale dans la capitale le 21 octobre 1652 et y accueillir Mazarin en février 1653. Principale révolte contre l'autorité royale, la Fronde se termine donc par un échec, puisque, malgré la violence des affrontements, l'ampleur de la mobilisation à la fois géographique et sociale, elle n'a pas entraîné une réelle remise en cause de la monarchie. Incapables de s'unir à cause de leurs intérêts divergents, les frondeurs n'ont finalement jamais vraiment proposé un programme politique alternatif capable de séduire l'ensemble de la population.

Cardinal Jules Mazarin

Les mazarinades

Les « mazarinades » désignent les nombreux libelles et pamphlets (plusieurs milliers d'exemplaires, dont plus de 5 000 au temps de la seule Fronde), qui défendent ou surtout attaquent de manière souvent satirique ou burlesque l'action de Mazarin. Ces pièces, rédigées par des plumes anonymes ou des grands écrivains (Retz, La Rochefoucauld, Scarron, Cyrano de Bergerac…) cachés sous un pseudonyme, ne cessent de fustiger la cupidité, l'origine italienne ou encore les amours supposés du cardinal avec Anne d'Autriche. Face à cette déferlante, Mazarin se contente de répondre par le mépris et néglige de les réprimer, ce qui explique également leur extraordinaire profusion.

« Il faut de la force assurément pour tenir toujours la balance de la justice droite entre tant de gens qui font leurs efforts pour la faire pencher de leur côté », Louis XIV, *Mémoires*.

Noblesse seconde : familles situées entre la haute noblesse et les petits gentilshommes et qui accaparent les charges militaires locales, les emplois de cour, les pensions ou encore les distinctions honorifiques attribuées par le monarque.

À partir du règne personnel de Louis XIV, on observe une plus grande obéissance de la noblesse au pouvoir royal. La fin de la guerre interminable contre l'Espagne en 1659 et la mort de Mazarin en 1661 font disparaître deux des principaux motifs de mécontentement : une fiscalité trop élevée (même si elle augmente à nouveau avec le retour des guerres) et le ministériat, Louis XIV réussissant à contenter les élites par une distribution globalement jugée juste, cohérente et durable des charges et pensions. Nous avons également souligné dans le chapitre précédent comment le roi a su passer un compromis profitable pour les deux parties, avec les élites locales pour soumettre les parlements et avec les assemblées représentatives provinciales. Pour affermir son pouvoir dans les régions, il peut aussi s'appuyer sur la « **noblesse seconde** ». En fait, Louis XIV essaie de détourner les liens de clientèle à son profit, en affaiblissant l'influence des réseaux de la haute noblesse (par exemple les Condé) et en développant les clientèles ministérielles (notamment les Colbert, les Le Tellier ou les Phélypeaux) qui dépendent davantage de son bon vouloir. Il y a donc une forte imbrication des intérêts privés et publics, mais elle n'est pas forcément préjudiciable au bien commun, dans la mesure où elle permet un meilleur contrôle et une plus grande efficacité des administrations. Cependant, on peut objecter que le noyautage des administrations et des instances régionales ou locales par des clientèles amies n'a été qu'un pis-aller et que le roi n'a jamais pu se passer de ce système, qui peut apparaître comme une réminiscence de la féodalité et donc une entrave à l'absolutisme. On retrouve ici l'idée que le roi n'aurait pas voulu ou n'aurait pas pu soumettre autoritairement les élites, mais aurait finalement préféré passer avec elles un compromis pour acheter la paix sociale. En fait, Louis XIV ne voulait pas écarter la noblesse ; il souhaitait qu'elle serve le royaume que ce soit dans l'administration, l'armée ou la diplomatie et pour cela, il n'hésitait pas à récompenser largement ceux qui s'y illustraient tout en méprisant ceux qui ne voulaient pas jouer le jeu.

Les magistrats municipaux élus par les habitants d'une ville pour la diriger sont appelés **échevins** au nord de la France et **consuls** au sud.

Profitant de l'endettement considérable des municipalités, la monarchie renforce également sa tutelle sur les villes, tout en favorisant de plus en plus l'élection de proches du pouvoir en tant qu'**échevins** ou de **consuls**. Ces difficultés financières poussent en même temps de nombreuses municipalités à ne plus entretenir leurs fortifications, si elles ne constituent pas une priorité pour la défense des frontières, ce qui ne permet plus à l'avenir leur révolte face aux armées royales.

3. La noblesse, un ordre ouvert ou fermé au XVIIe siècle ?

Au XVIIe siècle, dans chaque pays d'Europe, les anciens nobles cherchent généralement à fermer leur ordre face aux nouveaux venus. Pourtant on assiste à un certain renouvellement des élites, soit par des anoblissements voulus par les souverains (lettres d'anoblissement en France, cartas de « privilegios » en Espagne), soit par l'achat de charges anoblissantes ou par le processus d'**agrégation taisible**.

L'**Agrégation** à la noblesse se fait en adoptant son style de vie, en possédant des fiefs et en s'intégrant progressivement à l'aristocratie par des mariages, sans que cela soit sanctionné par un anoblissement officiel.

En Espagne, les anoblissements officiels sont peu nombreux (272 chartes vendues de 1552 à 1700) et viennent souvent confirmer un processus d'agrégation. Il s'agit notamment d'un moyen pour la monarchie de renflouer le trésor royal. Mais ces ventes suscitent de fortes oppositions chez les Grands et dans les Cortès.

En Angleterre, on distingue habituellement la « nobility » qui comprend uniquement les pairs laïcs et ecclésiastiques et les détenteurs d'un siège à la chambre des Lords (une centaine de personnes au XVIIe siècle) et la « gentry », des grands propriétaires terriens qui ont des revenus et un mode de vie qui en font des gentlemen. Les plus riches et plus éminents portent même un titre de noblesse (chevalier, baronet) contrairement à la « petite gentry » plus locale. De 1590 à 1640, la « nobility » et même la « upper-gentry » s'inquiètent de la montée en puissance de nouveaux venus qui se sont enrichis par l'achat de biens ecclésiastiques, le commerce ou l'exercice de fonctions juridiques. Puis, pendant la période troublée de la guerre civile entre 1640 et 1660, l'aristocratie qui soutient la cause royaliste perd largement son pouvoir politique et même une partie de ses terres, poussant certains d'entre eux à l'exil. Après la restauration monarchique, le roi rétablit en partie leur pouvoir et leur puissance, et la noblesse a tendance à se fermer, en restreignant l'accès aux hautes charges et aux grandes propriétés, notamment par l'institution à partir de 1647 de la pratique du « **strict settlement** ». Mais le déclin du nombre de pairs à la fin du XVIIe siècle et la nécessité d'en créer 72 nouveaux entre 1700 et 1739, montre que la nobility n'est pas complètement fermée et qu'elle n'a pas pu empêcher l'essor de la gentry, notamment issue des villes, qui compte environ 20 000 personnes à la fin du XVIIe siècle.

Strict settlement : procédure qui assure pendant trois générations la transmission de la propriété en garantissant à l'héritier la jouissance pleine et entière de son bien, mais sans lui permettre de le vendre.

En France, Louis XIII, puis Mazarin ont révoqué à plusieurs reprises les lettres d'anoblissement pour faire rentrer davantage d'argent dans les caisses de l'État, d'autant plus que des dispenses étaient souvent accordées moyennant là encore finances. À la fin des années 1660, Louis XIV décide dans le même esprit de supprimer les possibilités d'anoblissement de plusieurs charges parlementaires et locales. Puis les choses s'accentuent lorsque le roi lance de 1666 à 1673 une grande enquête pour poursuivre et écarter les faux nobles. Si l'objectif est en grande partie fiscal, il s'agit également de définir clairement les limites de la noblesse, dont les membres doivent apporter des preuves généalogiques pour justifier leur statut sur plusieurs générations. Cela oblige les aristocrates à reconnaître implicitement que désormais c'est le roi et non la société qui est le seul juge capable de reconnaître la légitimité des titres de noblesse. Ces enquêtes entraînent une baisse importante du nombre de nobles, dont la part dans la population française diminue globalement de 1,5 % vers 1600 à 1 % en 1700. Les nombreuses guerres auxquelles ont beaucoup participé les membres du second ordre expliquent aussi ce déclin.

En fait, l'attitude de la monarchie à l'égard des anoblissements varie suivant les circonstances. En période de crise financière, notamment sous Louis XIII et pendant la guerre de la Ligue d'Augsbourg, on n'hésite pas à vendre de nombreux titres de noblesse. Le roi peut à l'occasion récompenser les hommes qui se sont illustrés à son service, que ce soient des militaires comme le corsaire Jean Bart ou des artistes comme Lully. Mais ces anoblissements sont rares (11 % selon Jean-Marie Constant) et pèsent peu en comparaison de l'agrégation par l'achat de fiefs (22 %) et surtout de l'achat de charges anoblissantes (61 %). Ces dernières concernent certains offices de cloche dans les municipalités, mais au XVIIe siècle, on recherche davantage les charges qui anoblissent directement ou indirectement, sur plusieurs générations : celles de chancelier, de conseiller d'État, de maître de requêtes, de président d'une cour souveraine, de notaires et de secrétaires du roi. L'achat de tels offices, que la **Paulette** créée en 1604 vient sécuriser, permet généralement une véritable ascension sociale. Cependant les anoblissements par office ne doivent pas être exagérés dans la mesure où la plupart de leurs titulaires étaient déjà nobles. **L'homogamie** et **l'endogamie** familiales largement répandues ne favorisent pas non plus l'intégration massive d'hommes nouveaux, même si de nouvelles lignées ministérielles font leur apparition notamment sous Louis XIV.

L'homogamie est le mariage entre individus de même statut social. **L'endogamie** va plus loin puisqu'il s'agit de la tendance à se marier à l'intérieur d'un même groupe social, géographique, professionnel, religieux.

II. La société de Cour au XVIIe siècle

1. Rituels et étiquette de Cour

Au XVIIe siècle, on assiste généralement à un certain développement de la Cour des grands princes, ce qui rehausse leur rayonnement international et permet dans une certaine mesure de mieux contrôler la haute noblesse. Le modèle le plus abouti est bien évidemment celui de Versailles, sous Louis XIV, qui influence beaucoup les autres souverains européens qui cherchent en partie à le copier, que ce soient les Habsbourg d'Autriche, de nombreux princes allemands ou les derniers Stuart en Angleterre. Cependant, chaque Cour garde ses spécificités. Ainsi, en Angleterre, la Cour est généralement peu fastueuse et un lieu de vie secondaire, largement concurrencée par la ville de Londres. En Espagne, si le roi est entouré d'une multitude de serviteurs et garde une place centrale dans tout le cérémonial, l'**étiquette** stricte de Madrid cherche cependant à le détacher de ses sujets. Contrairement aux rois de France, le monarque espagnol n'est que rarement visible ; il ne mange en public qu'une fois par semaine et dans un silence absolu ; sa chambre est interdite aux visiteurs. Incarnant une monarchie de droit divin, le roi doit constamment rester digne, grave et statique, en communiquant le moins possible avec ses sujets, même lors des conseils de gouvernement. De même aucun contact physique n'est admis. Largement prisonniers de cette étiquette pesante, les rois espagnols ont très peu modifié les rituels à l'exception de quelques innovations sous Philippe IV.

Étiquette : ensemble des règles qui organisent la vie de la famille royale, des courtisans et des serviteurs.

En France, après le raffinement de la Cour des Valois, la Cour des premiers Bourbon (Henri IV et Louis XIII) reste modeste, tant au niveau des vêtements que des manières avec des comportements plus rustiques et des mœurs plus débridées. Louis XIV redonne cependant tout son éclat à la Cour de France qui devient même le modèle à imiter pour les autres souverains européens. Longtemps itinérante, se déplaçant du Louvre à Saint-Germain-en-Laye et à Fontainebleau, elle finit par se stabiliser largement à partir de son installation à Versailles à partir de 1682.

La mécanique de la Cour de Versailles est complexe avec une étiquette minutieuse, qui met en scène le spectacle permanent de la vie du roi, qui se veut accessible à ses sujets contrairement à ce qui se passe chez les Habsbourg d'Espagne. En effet, les journées sont rythmées par les apparitions publiques de Louis XIV dont l'emploi du temps est réglé comme une horloge. Les règles de préséance sont tatillonnes et rentrent dans des détails inouïs, grâce à toute une série de petits privilèges auxquels sont très attachés les courtisans. Ainsi en va-t-il du droit de se découvrir la tête, d'entrer en premier dans une salle, de s'asseoir sur un siège, un tabouret ou de rester debout, d'avoir le droit de tenir le chandelier au lever du roi… Celui-ci sait jouer admirablement de ces marques d'attention et de prestige, tout comme les invitations au château de Marly près de Versailles, où seuls peuvent venir ceux qui ont été choisis personnellement par le roi. Toutes ces règles ont permis de discipliner et de policer une société, dont les mœurs n'étaient pas toujours recommandables. Cela demande également une stricte autocontrainte de la part des courtisans, qui doivent constamment masquer leurs émotions et suivre à la lettre des règles qui peuvent changer en fonction des désirs du roi, seul chef d'orchestre du ballet curial. On retrouve d'ailleurs le même processus à la Cour de Madrid et dans de nombreuses Cours européennes.

« Avec un almanach et une montre, on pouvait, à trois cents lieues de lui, dire avec justesse ce qu'il faisait », Saint-Simon à propos du quotidien de Louis XIV à Versailles

La journée-type de Louis XIV à Versailles

Louis XIV a un emploi du temps très planifié qui se répète presque mécaniquement chaque jour. Ainsi, le roi se lève habituellement vers 7h30-8h, cérémonie suivie par les courtisans au cours du Petit (pour les plus privilégiés), puis du Grand Lever. À 10h, le souverain assiste ensuite à la messe et tient conseil dans ses appartements de 11h à 13h. Il mange alors seul ou avec quelques familiers. L'après-midi, quand il ne chasse pas, Louis XIV se promène dans les jardins de Versailles. Il retourne au travail à 18h, à moins qu'il ne rejoigne les courtisans pour se divertir lors des soirées des Grands Appartements (jeux, ballets, représentation d'une comédie, conversation avec les dames). Il soupe vers 22h, là encore en public : c'est le souper du Grand Couvert. Enfin, le roi se couche vers 23h, au cours d'une cérémonie équivalente à celle du Petit Lever.

Dîner du roi, *Almanach pour l'année 1688*

2. Versailles, prison dorée de la noblesse ?

Depuis la thèse de Norbert Elias sur la *Société de Cour* (datant de 1933, mais publiée seulement en 1969), on estime que Louis XIV aurait réussi à domestiquer la haute noblesse en lui construisant une sorte de prison dorée à Versailles. Le roi aurait favorisé une économie de la dépense devenue un système d'asservissement, en obligeant les courtisans à se ruiner en vêtements, parfums, toilettes, bijoux luxueux ou au jeu pour montrer leur rang. Tous n'ayant pas les moyens de vivre aussi largement, les nobles seraient ensuite devenus encore plus dépendants des pensions et charges distribuées par le roi, seul capable désormais d'assurer leur train de vie dispendieux. Le développement de l'étiquette serait le deuxième volet de ce système de domestication, dans la mesure où les courtisans guettaient désormais les moindres signes de faveur ou de disgrâce et se désolaient d'être exilés loin de Versailles. Obnubilés par l'étiquette et les privilèges honorifiques parfois dérisoires qu'ils pouvaient obtenir face à leurs rivaux, ils avaient alors cessé de se révolter contre le pouvoir royal et avaient au contraire participé à la mise en scène de la glorification du roi à Versailles.

Les récompenses de Louis le Grand, *Almanach pour l'année 1676*

Si la thèse de la domestication de la noblesse reste en grande partie valable, elle doit aujourd'hui être nuancée, dans la mesure où le système versaillais est plus accepté qu'imposé aux courtisans qui y trouvent de nombreux avantages. En effet, ils peuvent mieux se situer dans la hiérarchie sociale, en connaissant précisément leurs droits et devoirs, dans une société d'ordre où chacun jalouse son voisin et est en permanence attentif aux moindres entorses aux règles. L'étiquette devient alors un moyen indispensable pour réguler et pacifier ces conflits. D'autre part, les courtisans reçoivent d'importantes pensions du roi et des charges prestigieuses dans l'armée, la diplomatie ou à la Cour. Pour eux, le service du roi est loin d'être une contrainte, mais est surtout un honneur et une récompense, y compris lorsqu'il s'agit de remplir des offices de gentilshommes à la Cour. La proximité du roi et donc la résidence à Versailles deviennent une obligation pour qui veut faire carrière, car Louis XIV nomme avant tout les personnes qu'il voit régulièrement et peut ainsi apprécier. Si le système de Versailles n'empêche pas la création de cabales de partisans à la fin du règne, ces dernières n'ont désormais plus pour objectif de s'opposer au roi, mais plutôt de se placer au mieux en vue de sa succession. D'autre part, il ne faut pas s'imaginer que toute la noblesse se presse à Versailles pour voir le roi, puisque sur 200 000 nobles, seuls 5 000 courtisans environ vivent dans la capitale et pour la plupart l'évolution de leur carrière ne dépend pas de cette fréquentation.

En Espagne, les charges de Cour sont moins nombreuses qu'à Versailles, mais elles ont également permis de fixer à Madrid les Grands et de susciter entre eux des luttes pour leur attribution. Désormais les conflits entre clans aristocratiques ne se règlent plus dans les villes ou avec des armées privées mais à la Cour, ce qui correspond à ce que l'on observe en France. En Angleterre, au début du XVIIe siècle, Jacques Ier multiplie les charges et honneurs à la Cour pour en faire un centre politique aux dépens du Parlement. Mais cela est mal vu de l'opposition qui critique fortement le vice profond de ce lieu de perdition. Sous la Restauration après 1660, l'image de la Cour n'est pas meilleure, associée largement au parti de l'étranger. En déclin, avec peu de ressources financières, la Cour des derniers Stuart ne parvient pas à rivaliser avec la bonne société londonienne et Guillaume d'Orange, protestant austère qui déteste Louis XIV, préfère laisser la Cour dans une certaine médiocrité.

III. L'encadrement de la violence

Au XVIIe siècle, l'État royal entend se réserver l'usage légitime de la violence tout en encadrant et limitant davantage celui de ses sujets. C'est le sens évidemment de la répression des révoltes, qu'elles soient nobiliaires ou populaires, mais aussi des édits réprimant la violence.

1. Interdiction des duels, grandes ordonnances et lieutenance de police de Paris

La pratique du duel s'est généralisée en France dans les années 1570, au moment où les passions politiques et religieuses s'exacerbent, notamment à la Cour. Il s'agit pour les nobles et particulièrement les militaires de défendre ainsi leur honneur en s'appropriant le droit de justice réservé normalement au roi. Alors qu'en Angleterre les duels sont plutôt tolérés comme une manière de régler les différends de la noblesse, en France, la pratique est condamnée par l'Église et surtout le monarque par un édit dès 1602. Mal appliqué (la justice se montre généralement compréhensive), cet édit est complété par un nouveau promulgué en 1626 qui inflige la mort aux contrevenants. Mais les Grands n'entendent toujours pas se plier à la nouvelle législation, comme le montre l'affaire Montmorency-Bouteville et des Chapelles, deux célèbres duellistes de l'époque qui, par

Jacques Callot, duel, 1621

défi contre le roi, se battent avec quatre autres compagnons, le 12 mai 1627, en plein Paris, sur la place Royale. Deux d'entre eux étant mortellement blessés, les deux hommes prennent la fuite, mais ils sont capturés et décapités. Louis XIV a beau durcir à plusieurs reprises la législation contre cette pratique dans les années 1670, elle se poursuit, même si la propagande royale se vante d'avoir éradiqué ce fléau (on retrouve sur le plafond de la galerie des Glaces une composition avec la légende « la fureur des duels arrêtée, 1662 »).

Louis XIV s'efforce également de punir plus sévèrement les débordements de violence qui touchent notamment les provinces où la justice est débordée. C'est ainsi qu'est mise en place pour marquer les esprits la procédure exceptionnelle des « Grands Jours », où des magistrats du parlement rendent une justice extraordinaire en sillonnant le ressort de leur province. C'est particulièrement le cas en Auvergne entre 1665-1666, puis au Puy et, enfin, à Nîmes, en 1666-1667. On retrouve cette pratique de la justice itinérante en Angleterre avec les tournées des « assizes » qui suivent deux circuits habituels : le *Home circuit*, dans le centre du pays, et le *Northern circuit* autour de York, Newcastle et Lancaster. Par la suite, ce sont les intendants et les commissaires français qui font en sorte de faire mieux respecter la justice du roi dans les provinces. Colbert apporte aussi sa contribution en faisant passer deux nouvelles ordonnances pour uniformiser, rendre plus clair et simplifier l'exercice de la justice, ce qui la rend plus rapide et plus efficace. Il s'agit de l'ordonnance sur la procédure civile en 1667 (surnommée code « Louis ») et celle sur la procédure criminelle de 1670.

Paris est un cas particulier, car la ville est très peuplée (près de 500 000 habitants vers 1700) et la criminalité y est plus forte qu'ailleurs. En 1665, l'assassinat du lieutenant criminel du Châtelet met en évidence cette insécurité. En réaction, le roi crée en 1667 la lieutenance de police de Paris, qui doit s'occuper du maintien de l'ordre (surveillance des marchés, des cabarets, auberges, tabacs, grâce à de nombreuses « mouches »), de la sécurité (pavage, éclairage, lutte contre les incendies), de la salubrité (entretien des égouts et des fontaines, dont le nombre augmente), ou encore de la surveillance de l'opinion (imprimeurs, libraires, colporteurs, théâtres). Il doit veiller aussi à l'approvisionnement régulier de la capitale en vivres, dont le défaut peut provoquer des émeutes. Cette nouvelle charge est confiée à Gabriel Nicolas de La Reynie, qui occupe cette fonction pendant trente ans, avant de laisser la place à Marc René Voyer d'Argenson de 1697 jusqu'en 1718. Il est théoriquement subordonné au secrétaire d'État de la Maison du roi, mais il dépend en fait directement du roi qu'il informe régulièrement de l'état de l'opinion dans la capitale. C'est aussi lui qui est chargé par Louis XIV d'instruire l'enquête sur le plus grand scandale du règne, l'affaire des Poisons. La Reynie s'efforce de faire disparaître les « cours des miracles », qui abritent des mendiants et un petit peuple criminel. Il nettoie autant que possible les rues, qui sont également mieux éclairées la nuit, tout en réprimant plus strictement la prostitution à partir de 1684. Des lieutenances générales de police sont ensuite étendues aux autres grandes villes de province à partir de 1699.

Gabriel Nicolas de La Reynie

2. Un recul de la violence au XVIIe siècle ?

Cette idée est largement mise en avant par la propagande royale française. S'il y eut un véritable déclin de la violence à Paris, le manque de sources et de travaux concernant le reste de la France où la police était beaucoup moins présente ne nous permet pas d'être aussi affirmatif. Bien souvent, les actes de violence se règlent au sein des communautés et ne font donc pas l'objet de procédures judiciaires. De nombreux règlements de gré à gré passés chez un notaire permettent aussi de mettre fin à des querelles secondaires (injures, petites blessures…). Seuls les crimes les plus graves (vols, viols, homicides…) sont en fait traités réellement par les différents tribunaux : des seigneurs, des villes, de l'Église et enfin du roi, ces derniers étendant ses prérogatives au détriment des autres. Au milieu du XVIIe siècle, le port d'armes est très répandu dans toutes les couches de la société et leur désarmement est très incomplet, limité surtout à Paris. Mais il semble qu'il y ait eu tout de même moins de violence sous Louis XIV que dans la première moitié du siècle. Cette tendance s'explique aussi par un meilleur contrôle des fidèles et la pratique de la confession par l'Église catholique. Cela a joué un rôle pour diminuer le nombre d'homicides ou des flambées de paniques populaires qui s'en prenaient à des boucs émissaires ou à des sorciers pour expliquer leurs malheurs.

On observe également la même tendance au déclin relatif de la violence en Angleterre à la fin du siècle. Les peines encourues deviennent plus sévères (peine de mort élargie au vol pour plus de 5 shillings, à la contrefaçon du sceau d'Angleterre ou au braconnage) et, comme en France, les juges de paix essaient de trouver des compromis entre l'application stricte de la loi et la nécessité de préserver des relations harmonieuses au sein des communautés. De même, une partie des crimes ne leur est pas rapportée. Mais il est difficile de généraliser cette tendance à l'ensemble de l'Europe.

3. Les pauvres entre charité et enfermement

Au XVIIe siècle, l'image du pauvre et du mendiant évolue. Alors que jusque-là, ils étaient perçus comme un reflet du Christ souffrant, qu'il fallait donc aider par charité, on en vient progressivement à les considérer comme des inutiles à la fois pour la société et pour l'économie, voire même comme potentiellement dangereux et frappés par une sorte de malédiction divine. Cette population marginale commence donc à susciter l'inquiétude des monarchies, qui cherchent à mieux la contrôler. À Paris, elle est très nombreuse après les troubles de la Fronde (environ 40 000 personnes dans les années 1650-1660). Se développe alors l'idée, à relier au mercantilisme (cf. chapitre 12), de faire travailler les pauvres et de les séparer du reste de la société en les enfermant dans des hôpitaux généraux. C'est ce que Michel Foucault appelle le « grand renfermement », avec la création en 1614 du premier Hôpital général à Lyon, suivi en 1656 de celui de Paris. Le but est d'évangéliser et de loger vieillards, infirmes, orphelins, prostituées et mendiants, qui, en échange du gîte et du couvert, doivent travailler en ateliers en suivant une stricte discipline, souvent mal acceptée, afin qu'ils retrouvent leur dignité. Il s'agit de sorte d'ateliers-prisons, mais qui restent semi-ouverts. En 1662, Louis XIV demande de généraliser l'opération aux autres grandes villes du royaume, mais sans fournir de moyens supplémentaires, ce qui fait que les réalisations sont rares et lentes. À Paris, vers 1700, l'Hôpital général s'occupe de 9 000 personnes, ce qui ne représente que 4 % des miséreux de la capitale. D'autre part, ces structures ne font pas disparaître les anciens hôtels-Dieu qui recueillent également les malades et les pauvres depuis le Moyen Âge et dont le nombre augmente au cours du siècle.

Cet internement a des dimensions européennes. Dans les pays de langue allemande, on crée des maisons de correction, des « Zuchthaüsern », en Angleterre, des « workhouses » et on retrouve un peu la même structure juridico-administrative en Hollande, Italie et Espagne. En Angleterre aussi, on se méfie des vagabonds et des chômeurs, notamment irlandais, objets de sanctions (fouet, pilori, prison) à distinguer des pauvres méritants (malades, vieillards, enfants) qu'il faut secourir. On crée au cours du siècle des maisons de charité, des maisons de l'aumône que l'on finance notamment par la « poor tax », dont le produit est important et ne cesse de croître (250 000 livres en 1650, 700 000 en 1700). Malgré cela, le nombre de pauvres continue d'augmenter dans la deuxième moitié du siècle. Critiquées dans les années 1690 pour leur inefficacité et certains abus, les structures d'assistance prévoient alors de plus en plus un contrôle plus strict ou un travail obligatoire. Quant à l'Espagne, c'est l'Église qui continue à prendre en charge presque exclusivement le problème de la pauvreté et le regard sur les indigents reste au contraire encore bienveillant, même si les moyens financiers manquent pour faire face à la situation.

Jacques Callot, Les gueux

IV. La propagande au service du roi ou de la nation

Au XVIIe siècle, comme au siècle précédent et même au Moyen Âge, le roi de France utilise certains moments-clé du règne pour se montrer à ses sujets et susciter son amour et son respect. C'est le cas lors de la cérémonie du sacre, où le souverain continue à se plier au rite du toucher des écrouelles, mais aussi lors des grandes entrées royales quand il parcourt son royaume, lors des lits de justice quand le roi vient en personne faire enregistrer une loi au Parlement ou enfin lors de grandes funérailles. Si Louis XIII et le jeune Louis XIV se sont pliés à ces rituels, à ces « cérémonies de l'information » (Michèle Fogel), ce n'est plus le cas à partir des années 1660, le monarque ne se montrant ensuite à ses sujets qu'à la Cour ou à l'armée. Les sièges et les prises de villes ennemies sont généralement l'occasion de mettre en scène la puissance du « roi de guerre » (Joël Cornette). Pour compenser cet effacement de sa présence, le roi et ses ministres développent également tout au long du siècle un appareil de propagande pour glorifier et répandre une image positive de la monarchie.

Pour répondre à la soif d'information des élites éclairées et aux nombreux pamphlets qui l'attaquent, Richelieu exerce un étroit contrôle sur les imprimeurs tout en soutenant un nombre considérable d'auteurs, dont le principal coordonnateur est Fancan jusqu'à son arrestation en 1627. Puis le groupe des écrivains au service du cardinal se structure davantage autour de Boisrobert, Hay du Chastelet et Chapelain. Tous trois sont académiciens, ce qui montre l'orientation également politique de l'institution. Le cardinal s'implique fortement dans la rédaction des libelles, généralement en fournissant l'idée générale. Les thèmes principaux de ces écrits sont avant tout la restauration du pouvoir de l'État et la lutte contre les Habsbourg. Ils jouent un rôle important dans l'affirmation de la Raison d'État et la sécularisation de la pensée politique au XVIIe siècle.

Théophraste Renaudot

Richelieu a également compris l'intérêt de la presse. À son époque, le seul journal français est le *Mercure français*, qui avait été créé en 1611. Le père Joseph, proche du ministre, en prend la direction et peut ainsi en orienter les publications. Mais cette publication annuelle ne suffit pas. On crée donc, par privilège royal du 30 mai 1631, un journal hebdomadaire, la *Gazette*. Sa rédaction est confiée à **Théophraste Renaudot** (1586-1653), dont la famille assure la direction jusqu'en 1749. La *Gazette*, qui comprend 4, puis bientôt 8 pages, est une sorte de moniteur officiel, qui informe ses lecteurs des nouvelles de toute l'Europe. Elle est étroitement surveillée par la monarchie. Richelieu et Louis XIII lui-même rédigent quelques articles officieux. Ce caractère orienté du journal est bien connu des lecteurs, qui sont pourtant nombreux.

Louis XIV est encore plus soucieux de son image. Il nomme historiographes des écrivains de talent, Paul Pellisson, puis, surtout, Racine et Boileau à partir de 1677. Leur fonction consiste à rédiger une sorte d'histoire officielle du règne, ce qui les amène à suivre parfois le roi dans ses campagnes militaires. Des *Te Deum* viennent également célébrer les principales victoires des armées. Mais c'est évidemment à travers les arts que cette glorification prend sa plus grande ampleur, comme nous le verrons dans le chapitre suivant. Se pose alors la question de l'efficacité de cette propagande, dans un royaume où une faible part de la population est alphabétisée et où la *Gazette de France* ne tire qu'à moins de 5 000 exemplaires. En fait, les images du roi n'ont pas pour objectif de manipuler les masses, mais pour seul et unique souci de justifier la politique française aux yeux d'une cour étroite. Le pouvoir cherche avant tout à affirmer et à proclamer sa légitimité.

Il faut également évoquer le revers de la médaille du Roi-Soleil, avec le développement de toute une légende noire à la fois dans le royaume avec les satires de Bussy-Rabutin ou les critiques de Fénelon, et surtout dans les pays protestants ennemis de la France (Provinces-Unies et Angleterre). Ces derniers ont une liberté d'expression beaucoup plus grande, ce qui permet l'essor de toute une presse d'opinion pour défendre un parti politique et faire preuve de patriotisme au moment des grands conflits européens. Les puissances protestantes insistent sur l'ambition sans limite de Louis XIV aspirant à la monarchie universelle, tyrannisant son peuple et tout particulièrement les huguenots avec la révocation de l'Édit de Nantes, ou ravageant l'Europe avec ses armées, notamment lors du tristement célèbre ravage du Palatinat en 1688-1689. L'Espagne n'est pas non plus en reste pour justifier ses guerres contre la France, avec par exemple les publications de François-Paul de Lisola, un diplomate franc-comtois qui dénonce les prétentions du roi de France lors de la guerre de Dévolution, dans son *Bouclier d'État et de justice* publié en 1667.

Après avoir supposé que Louis XIV contrôle tout de son image, puis à l'inverse que la mise en scène du pouvoir n'est que le masque d'un pouvoir non absolu, aujourd'hui les historiens ont tendance à minimiser le rôle du roi pour se focaliser sur ceux qui l'entourent et le contexte culturel et politique plus général. Ainsi, la « fabrication » de l'image royale (Peter Burke) serait plus le résultat de musiciens qui suivraient une partition d'ensemble, mais sans avoir de véritable chef d'orchestre.

À RETENIR

- Au XVIIe siècle, la haute noblesse a beaucoup contesté le développement de l'absolutisme et le principe du ministériat qui l'écartaient du pouvoir.
- Mais les rois ont souvent réussi à mieux encadrer les Grands notamment par la création d'un habile système de Cour.
- La propagande royale s'intensifia également pour mieux contrôler l'opinion publique nationale et internationale.
- La monarchie parvint enfin à limiter un peu plus la violence tout en essayant de prendre davantage en charge le problème de la pauvreté.

DATES ESSENTIELLES

- **1604 :** création de la Paulette qui renforce la vénalité des offices en France
- **1631 :** création de la *Gazette de France* par Théophraste Renaudot qui sert la propagande royale
- **1632-1642 :** nombreux complots de la haute noblesse contre Richelieu
- **1648-1652 :** la Fronde, principale révolte contre Mazarin et la régente Anne d'Autriche
- **1656 :** création de l'hôpital général de Paris pour « enfermer » les pauvres
- **1666-1673 :** grandes enquêtes de Colbert pour traquer les faux nobles
- **1667 :** création de la lieutenance de police de Paris pour mieux assurer l'ordre public
- **1682 :** Louis XIV installe la Cour de France à Versailles

POUR ALLER PLUS LOIN

Sélection bibliographique

Annie Antoine et Cédric Michon (dir.), *Les sociétés au XVIIe siècle. Angleterre, Espagne, France*, Rennes, PUR, 2006.

Laurent Bourquin, *La noblesse dans la France moderne (XVIe-XVIIIe siècle)*, Paris, Belin, 2002.

Peter Burke, *Louis XIV. Les stratégies de la gloire*, Paris, Seuil, 1995.

Yves Durand (dir.), *Hommage à Roland Mousnier. Clientèles et fidélités en Europe à l'époque moderne*, Paris, PUF, 1981.

Norbert Elias, *La société de Cour*, Paris, Champs Flammarin, 2008 (mais première publication en 1969).

Ch. Hermann, S. Jettot, C. Le Mao, *Sociétés anglaise, espagnole et française. XVIIe siècle*, Atlande, 2007.

Ressources internet

https://www.cairn.info/revue-hypotheses-2000-1-page-207.htm (article sur le fonctionnement de la cour de Versailles)

http://animationjourneeduroi.ressources.chateauversailles.fr/# (animation qui reconstitue la journée de Louis XIV à Versailles)

http://hdalab.iri-research.org/hdalab/renkan/view/?rk_id=82e85e5c-243b-11e7-9cfd-00145ea4a2be (schéma interactif sur les fêtes et divertissements à la cour de Versailles)

CHAPITRE 10

Art, culture et sciences au XVIIe siècle

PLAN DU CHAPITRE

Après la Renaissance, l'Europe du XVIIe siècle est toujours influencée par l'Italie en adoptant largement le style baroque, avant que la France ne développe un style plus personnel et plus original avec le classicisme qui va faire rayonner le royaume de Louis XIV, avec Versailles, les arts ou la littérature. Pendant ce temps, l'alphabétisation et la culture se diffusent plus largement et l'esprit critique et le rationalisme renouvellent les sciences.

Problématiques

– Quels sont les caractéristiques et les principaux représentants des deux grands styles dominants au xviie siècle, le baroque et le classicisme ?

– Comment les progrès de l'alphabétisation et des sciences entraînent un développement de l'esprit critique ?

I. Un âge baroque

1. Le baroque : un mouvement européen

Baroque : le terme vient du portugais « barroco » qui signifie au départ un gros rocher à la rondeur irrégulière, puis désigne une perle irrégulière

Né en Italie à la fin du XVIe siècle, le **baroque** est un mouvement artistique et littéraire initialement lié à la Contre-Réforme catholique. Destiné à impressionner le fidèle et le spectateur, cet art est marqué par l'ostentation et l'importance du décor, qui peut parfois être éphémère, comme au théâtre, à l'opéra ou lors de la construction d'arcs de triomphe pour les entrées des souverains. Aimant les trompe-l'œil, les dorures, la profondeur, le baroque recherche également systématiquement le mouvement, avec une préférence pour les lignes courbes, que ce soient les façades ondulées et les colonnes torses en architecture, les jeux de lumière et le goût pour les sujets dramatiques en peinture. La littérature et le théâtre aiment les déguisements, le changement et les héros refusent le fatalisme en cherchant à peser sur leur destin par leurs choix. Hostile aux règles, à la mesure ou à l'équilibre, le style baroque est plus porté vers l'excès et apparaît comme le miroir d'une époque tourmentée par les guerres de religion ou celle de Trente Ans. On retrouve enfin un goût pour la complexité avec de nombreuses métaphores et antithèses qu'il faut interpréter en faisant travailler son imagination. Art avant tout religieux et catholique, le baroque s'épanouit mieux dans les grandes monarchies et auprès de la noblesse, qui cherchent à exalter leur puissance et leur luxe, alors qu'il plaît moins à la bourgeoisie, aux commerçants et aux protestants qui se veulent plus austères.

Carte 9 Baroque et classicisme

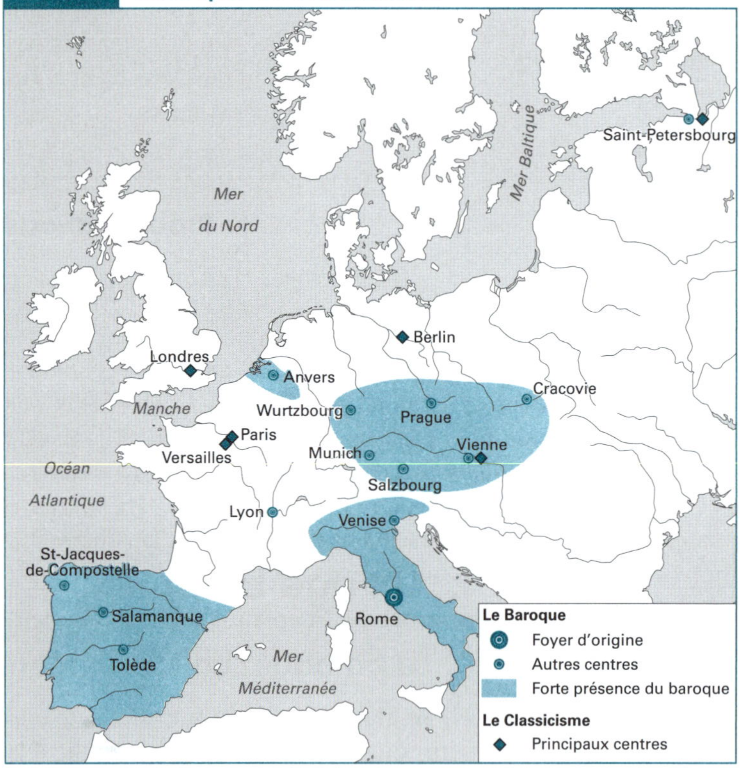

Gian Lorenzo Bernini, dit Le Bernin (1598-1680), à la fois sculpteur, architecte et peintre, a travaillé surtout pour les papes à Rome.

À Rome, principal foyer de ce nouveau style, il s'exprime dans l'achèvement du chantier de la basilique Saint-Pierre, en 1626, par Maderna et surtout **Le Bernin** (basilique Saint-Pierre de Rome : baldaquin intérieur, colonnade de la place Saint-Pierre, fontaine des quatre fleuves place Navone...) et par les œuvres de Francesco Borromini (église Sainte-Agnès-en-Agone, basilique Saint-Jean de Latran). Il s'exprime également dans la peinture, avec Annibal Carrache (v. 1560-1609), Le Caravage (v. 1571-1610), dont l'utilisation théâtrale de l'ombre et de la lumière est copiée dans toute l'Europe, notamment par Artemisia Gentileschi (1593-1653), la plus importante femme artiste du siècle (*Judith décapitant Holopherne*) et, en Espagne, par Ribera (*Le Martyre de Saint Philippe*). Puis le Baroque se répand avant tout dans les pays catholiques : en Espagne surtout avec les peintres Zurbaran, Ribera et Murillo ; dans les Pays-Bas avec Rubens (1577-1640, *L'Élévation de la Croix*), Jordaens, Van Dyck (1599-1641, *Portrait de Charles Ier*) ou encore en Allemagne du Sud et en Autriche. Le mouvement gagne ensuite une grande partie de l'Europe au cours du XVIIe siècle, malgré des résistances dans les pays protestants : l'Angleterre continue à apprécier le gothique ou le style plus Renaissance du palladianisme ; les Provinces-Unies ont une architecture plus austère et leurs peintres (De Hooch, Hals, Vermeer, *La Laitière*, Rembrandt, *La Ronde de nuit*) poursuivent une voie plus spécifique avec un goût particulier pour le portrait, les descriptions d'intérieurs, les natures mortes, les paysages, les marines (Van Ruysdael). Même en Espagne, Vélasquez (1599-1660), le plus grand peintre du pays, garde lui aussi un style original avec des compositions recherchées (*Reddition de Breda*) et ses portraits de cour (*les Ménines*).

2. L'architecture et la peinture française entre influence italienne et baroque

La France de Louis XIII et de Mazarin connaît elle aussi un âge baroque avec une certaine aspiration à la liberté et à la fantaisie, qui fait écho à la période de troubles politiques et religieux de l'époque. Mais ce courant, très influencé par l'Espagne, n'en reste pas moins original, mêlant aspects baroques et traits plus classiques qui vont triompher pleinement sous le règne de Louis XIV. La plus grande stabilité politique sous Louis XIII, le dynamisme religieux et le développement d'un mécénat chez de riches particuliers (parlementaires, financiers, marchands…) profitent au marché de l'art avec la construction de beaux hôtels particuliers ou le goût pour les portraits.

Sous Louis XIII, Paris se transforme avec la création de nouveaux quartiers et de nouveaux hôtels particuliers dans le Marais. Les grandes places commencées sous le règne précédent – la place royale devenue place des Vosges dans le Marais et la place Dauphine dans l'île de la Cité – sont achevées respectivement en 1612 et 1619. S'impose alors un style nouveau, avec cette alternance typique entre le blanc de la pierre et le rouge de la brique, le tout surmonté de toits en ardoise. Si certains y ont vu les caractéristiques d'un style Louis XIII, celui-ci est pourtant apparu dès la fin du XVIe siècle et s'est prolongé sous Louis XIV. Pendant la Régence, Marie de Médicis veut se faire construire un palais qui reflète toute sa puissance. Salomon de Brosse est donc chargé d'imaginer un bâtiment inspiré du palais Pitti de Florence,

Pavillon de la Reine, place des Vosges

avec ses bossages, colonnes, pilastres et dômes à l'italienne. C'est le palais du Luxembourg, construit de 1612 à 1623. Pour la décoration intérieure, la reine mère fait appel à Rubens, qui raconte en un cycle de 21 tableaux les événements marquants de sa vie. Paris se couvre de nouvelles églises de « style jésuite » (Saint-Paul-Saint-Louis, Saint-Gervais). À partir de 1622, Richelieu fait édifier par l'architecte Jacques Lemercier le Palais-Cardinal, qui sera en 1643 occupé par la famille royale, prenant alors son nom actuel de Palais-Royal. Le cardinal est aussi à l'origine de l'édification du nouveau collège de la Sorbonne dont il est le proviseur. Aujourd'hui il ne reste de ces bâtiments que l'église, avec son élégante coupole, qui sert de sépulture au cardinal.

La peinture française est encore fortement influencée par l'Italie (Titien, Véronèse) et les Flandres (Rubens, Rembrandt), comme l'illustre l'exemple de Simon Vouet (1590-1649), qui fait un long séjour dans la péninsule avant d'être rappelé en 1627 pour devenir le premier peintre du roi. À ce titre, il reçoit de nombreuses commandes, pour la décoration du Louvre, du Luxembourg, du Palais-Cardinal ou encore des châteaux de Rueil et Saint-Germain-en-Laye. Venu de Bruxelles à Paris, Philippe de Champaigne (1602-1674) travaille lui aussi pour de nombreux projets du roi. Peintre avant tout religieux, il est surtout célèbre pour ses portraits de Richelieu, qu'il est le seul autorisé à représenter en habit de cardinal. Deux peintres français, Nicolas Poussin (1594-1665) et Claude Gellée, dit le Lorrain (1600-1682) connaissent le succès en Italie, notamment à Rome. Le premier s'illustre par un style plus classique avec une invitation au rêve et à la méditation, tandis que le second est connu pour ses tableaux de ports imaginaires, avec leur décor néoclassique et leur luminosité crépusculaire, baignant dans une atmosphère féerique. Quant aux trois frères Le Nain, ils sont surtout célèbres pour leurs scènes de la vie rurale, qui décrivent de manière réaliste des paysans dans des intérieurs modestes et avec de nombreux enfants. Enfin, la vie quotidienne du peuple fournit le sujet principal à un autre artiste lorrain, **Georges de La Tour** (1593-1652), qui peint surtout des scènes de genre parfois moralisantes (les *Tricheurs* ou la *Diseuse de bonne aventure*) avec un usage caractéristique du clair-obscur, inspiré par Le Caravage (1571-1616) (personnages éclairés par une bougie).

Georges de La Tour, *Le tricheur à l'as de carreau*, v. 1635-1638

3. Le triomphe de l'opéra italien

Le XVIIe siècle est également marqué par l'essor de la musique baroque italienne, caractérisée par l'importance du contrepoint, des ornements et un style savant et sophistiqué. La musique instrumentale s'émancipe alors au lieu de se contenter d'accompagner les voix et l'opéra naît véritablement avec **Claudio Monteverdi** et son *Orfeo* joué en 1607. Après Florence et Rome, Venise devient rapidement le centre de l'opéra en Europe avec l'ouverture de la première salle publique en 1637 (Teatro San Cassiano). Mazarin introduit cette musique italienne en soutenant les ballets de Benserade, dramaturge et poète précieux, et en appelant à la Cour Pier Francesco Cavalli, un des maîtres de l'opéra italien. La France devient alors l'autre grand foyer de l'opéra avec surtout les œuvres de Jean-Baptiste Lully (1632-1687), originaire de Toscane et arrivé en France en 1646. Excellent musicien et danseur, il est aussi un compositeur prolifique (ballets, motets, opéras, musique sacrée), qui collabore avec Molière, Racine et Quinault. Il connaît la consécration sous Louis XIV en étant nommé surintendant de la musique royale et naturalisé français, puis inspire d'autres compositeurs français (Charpentier, Delalande, Couperin) ou étrangers (Purcell en Angleterre).

B. Strozzi, Claudio Monteverdi, v. 1630

4. Le renouveau de la littérature et du théâtre français

Après le siècle d'or espagnol marqué par les œuvres de Cervantès (1547-1616), Calderon (1600-1681) et Lope de Vega (1562-1635), et le triomphe de Shakespeare (1564-1616) en Angleterre, la littérature se développe surtout en France. Richelieu porte un grand intérêt aux lettres. Cela se concrétise par son soutien à Théophraste Renaudot (voir p. 166), dont le nom a été donné à un prix littéraire, l'un des précurseurs de la presse écrite, fondateur, en 1631, de la fameuse *Gazette*, le premier journal français et par la création, en 1635, de l'Académie française, référence à l'Akademos d'Athènes où enseignait Platon. Il s'agit de rassembler un groupe d'érudits (40) dont la tâche principale consiste à épurer la langue française pour qu'elle devienne la plus parfaite et serve de modèle pour l'Europe. Le poète Malherbe, le grammairien Vaugelas ou Guez d Balzac jouent aussi un rôle dans cette purification et structuration de la langue qui sont symbolisées par la rédaction à partir de 1639 du célèbre *Dictionnaire de l'Académie*.

Quelques poètes (Sponde, Théophile de Viau), certains romanciers comme **Scarron** et les premières œuvres de Pierre Corneille peuvent être considérées comme baroques. Richelieu assure la promotion du théâtre et prend notamment la défense de Corneille, qui connaît le succès avec sa tragicomédie *Le Cid*, jouée à partir de décembre 1636. La pièce suscite une grande controverse, la « bataille du Cid », car on reproche à l'auteur de ne pas avoir respecté la règle des trois unités (de temps, de lieu, d'action) instaurée pourtant à la demande de Richelieu. Il est également accusé d'avoir traité un sujet espagnol, alors que l'on est en guerre contre ce pays, et d'avoir présenté trop

Époux de la future Mme de Maintenon, Paul **Scarron** se rend célèbre grâce à son *Roman comique*, dans lequel il narre les aventures burlesques d'une troupe de comédiens ambulants. Scarron est par ailleurs un auteur prolifique de « mazarinades » (voir encadré p. 156).

de péripéties invraisemblables. L'Académie ne réussit pas à clore le débat, ce qui oblige le cardinal à mettre fin autoritairement à la polémique. L'œuvre de Corneille est traversée par les questions politiques et le thème du dilemme entre l'amour et l'honneur, le bonheur personnel et la raison d'État, ou encore le pouvoir et la justice. Son style s'oriente ensuite de plus en plus vers le classicisme avec des pièces s'inspirant surtout de l'Antiquité (*Britannicus*, *Horace*, *Andromède*, *Cinna*).

Par rapport à la tragédie, la comédie est considérée comme un genre mineur. Cela n'empêche pas la prolifération des troupes comiques ambulantes et le grand succès de la « Commedia dell'arte », farces italiennes avec ses personnages récurrents généralement masqués (Pantalon, Capitan, le Docteur...), sa gestuelle emphatique et ses dialogues bouffons généralement improvisés.

Ruelle : espace près du lit sur lequel la maîtresse de maison s'étendait parfois lorsqu'elle recevait ses amis.

La bonne société littéraire se réunit dans la « **ruelle** » de la marquise de Rambouillet, inaugurant le mouvement précieux. Dans une ambiance galante, écrivains, poètes et grands seigneurs discutent des thèmes à la mode, des mœurs, de littérature, de grammaire. Les précieux recherchent l'élégance et la distinction par le costume, une extrême politesse, un vocabulaire original, fait d'exagérations et de figures de style. Après la Fronde, la ruelle de Mme de Rambouillet décline au profit de celle de Mlle de Scudéry. Les genres privilégiés par les Précieuses sont la poésie galante marquée par Voiture (1593-1648), la lettre, le portrait, l'énigme et le roman d'aventures amoureuses. L'*Astrée* (1607-1627) d'Honoré d'Urfé connaît un grand succès et inspire de nombreux romans, notamment *Le Grand Cyrus* et *Clélie* (1656) de Mlle de Scudéry, dans lequel se trouve la fameuse *Carte du Tendre*, qui symbolise tous les méandres et les conventions de la galanterie précieuse et devient alors un divertissement de société.

II. Le triomphe du classicisme sous Louis XIV

1. Le classicisme, un style avant tout français

Face au baroque, en France, finit par triompher à partir du règne personnel de Louis XIV un nouveau style, le classicisme, marqué par le goût pour la clarté, la mesure et la raison, l'obéissance aux règles, les lignes droites et la symétrie. S'inspirant comme la Renaissance de l'Antiquité, l'idéal classique cherche à la revisiter dans un souci d'ordre et d'harmonie, de rigueur et de rationalité. Il vise le grandiose et le majestueux, sans tomber dans l'excès. Ainsi l'Antiquité est très présente dans tous les arts que ce soient dans les tragédies de Corneille et de Racine (*Andromaque*, *Phèdre*...), les formes poétiques comme l'ode ou l'épopée (Boileau), dans la peinture de Poussin et de Le Brun qui reprennent des thèmes inspirés de la mythologie.

Le sens de la mesure s'exprime au théâtre dans la règle des trois unités. Les écrivains et les moralistes classiques mettent en avant la figure de « l'honnête homme » qui, bien que célébré dès le début du siècle avec la parution de l'ouvrage de Nicolas Faret, *L'Honnête homme* en 1630, s'impose surtout dans la deuxième moitié du siècle. Cultivé, courtois et sociable, cet homme nouveau agit toujours avec une grande maîtrise de soi, avec raison et sans pédanterie. Une ambition morale sous-tend aussi l'art classique : les dramaturges comme **Racine** ou **Corneille**, en mettant en scène les passions de leurs héros, veulent amener le spectateur à réfléchir aux siennes. Néanmoins, cet idéal de l'Antiquité suscite une controverse à la fin du siècle avec la « querelle des Anciens et des Modernes » qui oppose le poète Boileau qui considère l'Antiquité comme une perfection indépassable à ceux pour qui « l'on peut comparer le siècle de Louis XIV au beau siècle d'Auguste » (Charles Perrault). Ces derniers l'emportent en 1694.

S'il triomphe en France, le classicisme a cependant une influence plus faible sur les autres pays, ceux d'Europe méditerranéenne et centrale restant surtout fidèle au baroque : Italie, Espagne, possessions des Habsbourg avec les architectes Erlach et Hildebrandt (palais de Schönbrunn, palais du Belvédère du prince Eugène à Vienne).

Pierre Corneille
Médée (1635)
L'Illusion comique (1636)
Le Cid (1637)
Horace (1640)
Cinna ou La clémence d'Auguste (1641)
Polyeucte (1642)
Rodogune (1644)

Jean Racine
Alexandre le Grand (1665)
Andromaque (1667)
Les Plaideurs (1668)
Britannicus (1669)
Bérénice (1670)
Mithridate (1672)
Iphigénie (1674)
Phèdre (1677)
Esther (1689)
Athalie (1691)

2. Versailles, modèle de résidence royale aux XVIIe et XVIIIe siècles

Vue aérienne du château de Versailles

Depuis la Fronde, Louis XIV souhaite s'éloigner de Paris pour créer une nouvelle résidence royale. Son choix se porte sur le modeste pavillon de chasse construit par Louis XIII à Versailles, dont le site est pourtant ingrat et marécageux. Il fait appel aux artistes qui ont déjà œuvré à Vaux-le-Vicomte au service de Fouquet : l'architecte Le Vau, le jardinier Le Nôtre et le peintre Le Brun. Au départ, Versailles est avant tout un décor de parade pour des fêtes somptueuses, le Louvre restant la résidence royale officielle. C'est pourquoi les premiers aménagements, qui débutent en 1661, concernent essentiellement les jardins, qui permettent à Le Nôtre de laisser libre cours à son génie créatif.

Le style de Le Nôtre, qui devient la référence des « jardins à la française » et se répand ensuite dans toute l'Europe, se caractérise par l'importance de la géométrie, de la symétrie et de la perspective, qui sont accentuées par des parterres, de larges avenues, des miroirs d'eau ou encore des canaux. Ainsi, à Versailles, se dessine un axe principal qui part du château jusqu'au Grand Canal et sert de point de référence pour des axes secondaires qui vont vers des bosquets décorés de statues reprenant des thèmes mythologiques. Dans ces derniers, le jardinier laisse davantage s'exprimer sa fantaisie en jouant sur les fontaines, les rocailles, le contraste entre l'ombre et la lumière. L'alimentation du parc en eau est un souci permanent. Le roi pense pouvoir détourner les eaux de l'Eure (projet de l'aqueduc de Maintenon dans les années 1680), mais doit l'abandonner au profit de la machine de Marly, qui pompe l'eau de la Seine. De nombreuses sculptures de Girardon, Puget, Marsy et plus tard Coysevox et Coustou viennent agrémenter les décorations extérieures à Versailles ou à Marly.

Sur le plan architectural, on peut distinguer trois grandes campagnes de construction, qui voient se succéder trois architectes : Louis Le Vau jusqu'à sa mort en 1670, puis François d'Orbay et enfin Jules Hardouin-Mansart. La première phase consiste avant tout à rénover le pavillon de Louis XIII, en y adjoignant côté ville les ailes symétriques des écuries et des communs. La deuxième campagne, de 1668 à 1678, a pour principal objectif d'envelopper presque entièrement l'ancien château par des constructions en pierre blanche, avec des colonnades et des toits plats « à la Mansart ». Une terrasse au premier étage s'ouvre sur le côté jardin. Côté ville en revanche, on préserve la façade en pierre et brique, et la cour est dallée de marbre. Lors d'une troisième phase, à partir de 1678, la terrasse disparaît laissant place à une somptueuse galerie recouverte de miroirs, la fameuse Galerie des Glaces, dont les plafonds peints par Le Brun, illustrent les succès du roi pendant la guerre de Hollande. En même temps, pour loger des courtisans toujours plus nombreux, on édifie l'aile du Midi, puis de 1685 à 1689, son pendant, l'aile du Nord. Enfin, de 1699 à 1710, Hardouin-Mansart et Robert de Cotte élèvent la chapelle royale, bâtiment symboliquement le plus haut du château. Les jardins sont eux aussi réaménagés. Côté sud, on perce la pièce d'eau des Suisses, on crée un jardin potager dirigé par l'agronome La Quintinie, puis on reconstruit une plus grande Orangerie. Face au château, Hardouin-Mansart édifie également côté ville les grandes écuries, les deux ailes des ministres et les grands communs. Pour disposer d'espaces plus intimes, le roi fait enfin construire plus au nord le petit château de Marly (1679-1684) et près du Grand Canal, le Grand Trianon (1686-1688).

Jardins de Versailles

Ce chantier titanesque dure donc près de quarante ans, occupant jusqu'à 30 000 ouvriers dont plusieurs régiments, pour un coût raisonnable estimé à 80 millions de livres (soit environ une année de budget de l'État). À côté du palais, une véritable ville est créée, tous les courtisans n'ayant pas un rang suffisant pour leur permettre de prétendre à une chambre au château. Hôtels particuliers, auberges et commerces fleurissent dans la ville nouvelle, qui atteint 30 000 habitants à la fin du règne. Versailles devient l'un des plus beaux palais d'Europe et sert de modèle pour la construction de nombreuses demeures royales : la rénovation d'Hampton Court en Angleterre, le palais de Schönbrunn à Vienne, Aranjuez près de Madrid, Sans-Souci à Potsdam ou encore Saint-Pétersbourg en Russie.

Palais d'Hiver, Saint-Pétersbourg

L'essentiel de la décoration intérieure de Versailles est confié à Charles Le Brun (1619-1690), élève de Vouet, qui fut repéré par Fouquet, puis par le roi. Nommé Premier Peintre en 1664, il participe à la création de la manufacture des Gobelins et a une influence importante à l'Académie royale de peinture et de sculpture. Le Brun privilégie d'abord les scènes d'histoire antique, allégoriques ou religieuses, puis participe activement au chantier versaillais. Sur les plafonds de la Galerie des Glaces, les Salons de la Guerre et de la Paix, et l'Escalier des Ambassadeurs (détruit au XVIIIe siècle), il exalte les victoires et la gloire du Roi-Soleil. Il supervise également toute la décoration intérieure du palais, s'attachant au moindre détail. À la fin de sa carrière, il souffre de la concurrence de Mignard, protégé par Louvois, qui devient le nouveau peintre en vogue. Il s'occupe de l'aménagement de la Petite Galerie et de l'appartement intérieur du roi. Les grandes compositions historiques et mythologiques cèdent en même temps la place à un art plus intime qui privilégie les portraits.

Les fastes de la Cour de Louis XIV

Au début de son règne personnel, Louis XIV organise de nombreuses grandes fêtes pour éblouir la Cour. La première est le carrousel des 5-6 juin 1662 au palais du Louvre et aux Tuileries. Elle rassemble plusieurs quadrilles rappelant les grandes civilisations (Romains, Perses, Indiens…). Puis ce sont, du 7 au 12 mai 1664, les *Plaisirs de l'île enchantée*, qui mêlent ballets, loteries, banquets dans les jardins de Versailles. Pour commémorer la paix d'Aix-la-Chapelle, le 18 juillet 1668, un nouveau divertissement est offert à la Cour au même endroit. Durant l'été 1674, on y célèbre aussi la conquête de la Franche-Comté. Après l'installation du roi à Versailles en 1682, de nombreux divertissements sont organisés pour émerveiller les courtisans : pièces de théâtres, opéras, concerts, bals, ballets… Des jeux de cartes et de hasard ou le billard animent aussi les « **soirées d'appartement** » qui ont lieu trois fois par semaine. La réception de certains visiteurs illustres est enfin l'occasion d'une mise en scène grandiose, comme lors de la réception de l'ambassadeur du roi de Siam en 1684 ou celle du Shah de Perse en 1715.

Louis XIV et sa famille dans la Seconde chambre des appartements, 1694

3. Les réalisations parisiennes et le rayonnement littéraire de la France

Si Louis XIV se concentre sur Versailles, cependant il n'oublie pas complètement Paris, qui connaît aussi d'importants travaux. Songeant d'abord à agrandir le Louvre, le roi et Colbert écartent finalement le projet du Bernin jugé trop coûteux et préfèrent celui de Claude Perrault avec sa célèbre colonnade achevée en 1670. Certains y ont vu un tournant artistique, le roi rejetant le baroque pour adopter le classicisme. Perrault édifie également deux ans plus tard l'Observatoire au sud de la capitale. À l'instigation de Colbert, on fait également construire quatre portes majestueuses, sous forme d'arcs de triomphe : les portes de Saint-Denis (1672), Saint-Martin (1674) et deux autres aujourd'hui disparues. Enfin, sous la direction de Louvois, deux grandes places royales sont édifiées par Hardouin-Mansart : la place des Victoires en 1686 et la place des Conquêtes, future place Vendôme en 1691. Rappelons enfin que Louis XIV s'intéresse beaucoup à la création de l'Hôtel royal des Invalides érigé entre 1671 et 1706 par Libéral Bruant et Hardouin-Mansart (pour le dôme)▸.

▶ Voir encadré p. 124

De nombreux courtisans ou généraux rédigent des mémoires, le plus célèbre restant le duc de Saint-Simon. C'est aussi dans le milieu aristocratique et mondain que s'inscrivent le roman *La princesse de Clèves* publié par Mme de La Fayette en 1678, mélange entre le style précieux et baroque du début du siècle et le classicisme et les *Lettres* de Madame de Sévigné (1626-1696). La seconde moitié du siècle se préoccupe beaucoup de morale, de religion, de critique sociale. Parmi les « moralistes », citons le duc de La Rochefoucauld dont les *Maximes*, éditées en 1664-1665, révèlent l'hypocrisie, la vanité, les faiblesses de l'être humain, Pascal (1623-1662), qui, dans ses *Pensées* (1670), dévoile la misère de l'homme privé de Dieu, un être faible (« un roseau pensant »), vain, inconstant, vaniteux, dont le seul parti est de parier pour l'existence de Dieu, La Fontaine (1621-1695), qui, dans ses *Fables* (1668), inspirées de Phèdre et d'Ésope, s'abrite derrière des animaux pour faire passer une critique du pouvoir et de la société ou énoncer une morale, Bossuet (1627-1704), célèbre pour ses sermons et ses oraisons funèbres. Le portrait devient un genre littéraire à la mode. La Bruyère, dans *Les Caractères et mœurs de ce siècle* (1688), dresse une galerie de portraits qui lui permet de peindre les mœurs de son siècle et de critiquer les comportements humains.

Frontispice de l'édition de 1682

Au théâtre, Racine éclipse un Corneille vieillissant à partir de 1660, sa tragédie *Bérénice* triomphant de la même œuvre créée par son concurrent en 1670. Proche du jansénisme et inspiré par l'Antiquité, Racine crée des héros passionnés et humains, aux prises avec leur destin, comme en témoignent ses succès *Andromaque, Iphigénie* ou *Phèdre*. Au même moment, la comédie gagne ses lettres de noblesse avec le succès de Jean-Baptiste Poquelin, dit Molière, acteur de génie prompt à saisir les travers de son siècle. Ses premières farces sur le modèle des comédies italiennes plaisent d'abord à Fouquet, à Monsieur (frère du roi) et bientôt à Louis XIV lui-même qui lui assure sa protection lorsque certaines de ses pièces plus osées font scandale, notamment l'*École des Femmes* et *Tartuffe* (interdite deux fois, en 1664 et 1667, sous la pression de l'Église, et autorisée en 1669). Accusé de libertinage par les dévots, il enchaîne néanmoins les succès (*Le Misanthrope*, *L'Avare*, *Le Bourgeois-Gentilhomme*...) avant de mourir épuisé en 1673 lors de la représentation du *Malade imaginaire*.

4. Politique de gloire et mécénat sous Louis XIV

« Vous pouvez, Messieurs, juger de l'estime que je fais de vous, puisque je vous confie la chose du monde qui m'est la plus précieuse, qui est ma gloire » aurait déclaré Louis XIV lors de la séance inaugurale de la Petite Académie.

La politique culturelle du Roi-Soleil s'organise autour de deux axes principaux : créer des institutions capables de favoriser l'épanouissement et le rayonnement de l'art français sous toutes ses formes, mais également utiliser les productions artistiques pour glorifier son règne. Colbert, puis après sa mort Louvois, qui occupent la charge de surintendant des bâtiments du Roi, deviennent les grands chefs d'orchestre de la politique culturelle. Le premier prend le contrôle de l'Académie Royale de Peinture, fondée en 1648, en y imposant tous les artistes qui travaillent sur les chantiers royaux. Cette institution est complétée par l'Académie des Inscriptions et Médailles créée en 1663, qui lance une série de médailles pour commémorer les grands événements du règne, et par l'Académie d'Architecture fondée en 167, qui a pour mission de formaliser et enseigner le classicisme français. Le soutien à la culture passe également par le versement d'une pension régulière à une soixantaine d'artistes et la création de charges officielles dont ont bénéficié Pellisson, puis Racine et Boileau, nommés historiographes du roi. Cette forte implication royale dans les arts n'empêche cependant pas d'autres mécènes de faire appel à des artistes de renom : le Grand Dauphin à Meudon ou les Condé à Chantilly. Enfin, les académies provinciales se multiplient et servent de relais au rayonnement artistique et culturel de la monarchie dans tout le royaume.

La stratégie de glorification du règne influe sur les formes de la production artistique. Ainsi, en peinture, on privilégie les scènes mythologiques qui sont autant d'allégories du pouvoir ou les tableaux vantant les succès guerriers du souverain. Dans ce dernier domaine, le peintre flamand Adam François van der Meulen (1632-1690) réalise un nombre considérable de scènes de bataille pour le roi, tant en peintures qu'en tapisseries. Sous quelle forme, d'ailleurs, faire figurer la gloire et la puissance royales ? Sous le pinceau des plus grands artistes, le roi devient Apollon, puis Alexandre et Soleil. Mais vers 1680, se produit une crise des représentations, les artistes ayant épuisé tous les symboles et ne sachant plus comment mettre en scène la personne du roi, dont les exploits excèdent leurs capacités ! Louis XIV étant « incomparable » au sens premier du terme, tout ornement devient superflu et on en vient à privilégier les représentations réalistes et plutôt sobres du souverain, comme l'illustre le célèbre portrait du roi en costume de sacre, peint par Rigaud en 1701.

Les symboles de Louis XIV : le Roi-Soleil et « Nec pluribus impar »

Louis XIV choisit le soleil pour emblème, car comme lui, il se veut unique, éclatant, omniscient, invincible, symbole de vie, d'ordre et de régularité. En effet, le roi comme le soleil, se lève et se couche quasiment à heure fixe, ce qui permet aux courtisans de régler leur conduite sur celle du souverain. Le soleil renvoie aussi à Apollon, dieu de la paix et des arts. Choisie à l'occasion du carrousel de 1662 par Douvrier, la devise « Nec pluribus impar » peut être vue comme une réponse française à celle de Charles Quint « Nec plus ultra » (il n'y a rien au-delà), qui fait aussi référence à « l'Empire sur lequel le soleil ne se couche jamais ». Elle n'est pas appréciée par Louis XIV, qui, sous la pression des courtisans, finit cependant par la tolérer. Difficile à traduire, elle peut être interprétée favorablement et négativement et révèle en tout cas l'orgueil du roi : « égal à plusieurs (soleils) », « pas inégal à la plupart (des princes) », « au-dessus de tous » ou encore « seul contre tous ».

III. Alphabétisation et diffusion plus générale de la culture

1. Les progrès de la scolarisation et de l'alphabétisation

Au XVIIe siècle, les Anglais sont, probablement avec les Hollandais le peuple le plus alphabétisé d'Europe, tandis que l'Europe du Sud et plus encore l'Europe de l'Est sont plus en retard. Ainsi, on observe un **taux d'alphabétisation** de 25 % en Angleterre contre 16 % en France en 1600 et l'écart s'accroît encore en 1670 (45 contre 22 %). Partout on observe des écarts importants entre hommes et femmes (généralement du simple au double), entre villes et campagnes. En France, on peut distinguer la partie nord-est sur une ligne Saint-Malo-Genève qui est plus instruite que celle du sud-ouest. Globalement, l'éloignement par rapport aux axes de communication, la dispersion de l'habitat et les zones montagneuses entraînent une baisse de l'alphabétisation, tandis que les régions où vit une importante communauté protestante (Aunis, Saintonge, Béarn, pourtour oriental du Massif central) et plus généralement les pays protestants s'en sortent souvent mieux du fait de la nécessité dans cette religion de lire soi-même la Bible.

Le **taux d'alphabétisation** prend en compte le nombre de personnes qui savent lire et écrire par rapport à la population totale.

Carte 10 Taux d'alphabétisation en France

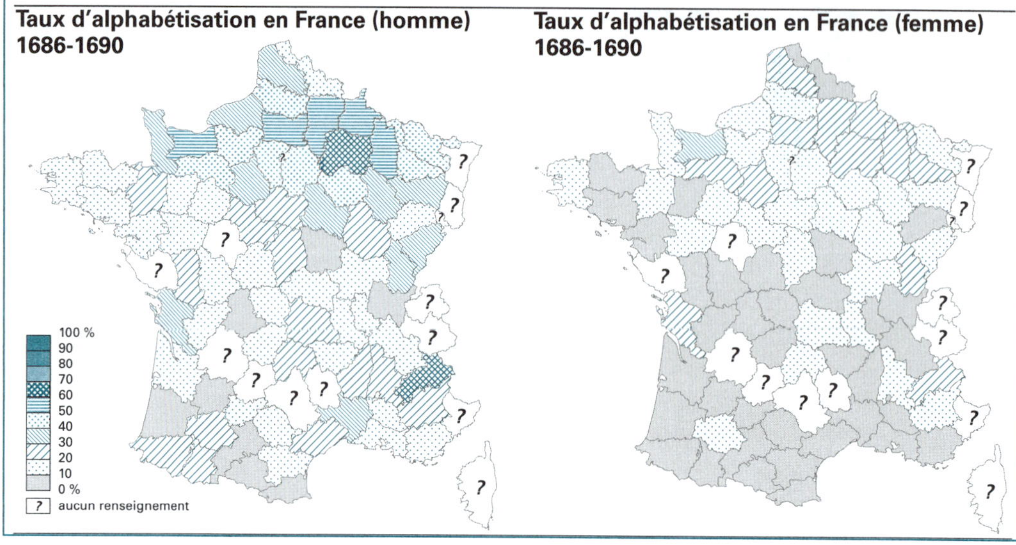

D'après Michel Nassiet, *La France au XVIIe siècle*, Belin Sup, p. 251

Enfin, si les élites parlent la langue nationale de leur pays, voire le français, qui commence à être considéré comme une langue internationale, les classes populaires continuent bien souvent à parler un dialecte régional ou un patois local (breton, flamand, allemand alsacien, basque, occitan pour la France). Mais le français progresse grâce aux efforts du pouvoir royal qui en fait la langue de l'administration, de l'armée, de la Cour, avec parallèlement un recul du latin comme langue des milieux savants.

Abraham Bosse, *Le maître d'école* (détail), v. 1638

Cette meilleure alphabétisation est évidemment liée aux progrès de la scolarisation. Celle-ci est largement prise en charge par l'Église dans les pays catholiques afin de mieux former les fidèles dans le cadre de la Contre-Réforme, ou par les différentes communautés protestantes. Pour l'enseignement primaire, si les familles nobles ou aisées peuvent offrir un précepteur à leurs enfants, la situation est plus contrastée pour les classes inférieures et dans les campagnes où l'on ne trouve pas des écoles dans tous les villages, notamment dans la France du Sud, en retard. Pour l'enseignement secondaire ou supérieur, le nombre d'étudiants à l'université a tendance à diminuer sauf pour la formation des juristes, théologiens et médecins.

Ce sont désormais les collèges humanistes qui accaparent l'essentiel des étudiants masculins, avant tout les Jésuites (près de 100 établissements dès 1640 en France), plus secondairement les oratoriens et les doctrinaires (15 à 20 collèges chacun). Certains fils de la noblesse optent également pour les académies équestres qui les destinent davantage aux métiers des armes et attirent des jeunes de toute l'Europe. Pour les filles, l'éducation en France est assurée surtout par des **congrégations**, notamment les Ursulines et on peut citer l'expérience originale de l'École de Saint-Cyr créée en 1686 par Mme de Maintenon pour les jeunes filles de la noblesse sans fortune (voir p. 184). Dans l'ensemble, l'instruction des filles est cependant jugée secondaire et doit se limiter aux principes religieux et à bien savoir tenir son foyer.

▶ Voir p. 61 et *sq.*

Congrégation : association d'hommes ou de femmes catholiques unis par le désir de vivre ensemble à la suite du Christ et dont l'engagement personnel et communautaire est formalisé par des vœux de pauvreté, chasteté et obéissance.

Visite de Louis XIV et de Mme de Maintenon à Saint-Cyr, v. 1690

Il faut cependant noter que l'instruction n'est pas toujours promue par le gouvernement (Richelieu comme Colbert n'y sont pas favorables pour des raisons mercantilistes, car ils pensent que le petit peuple délaisserait alors les activités productives), ni par les élites (en Angleterre, on trouve que l'alphabétisation encourage la diffusion de la littérature subversive et la contestation des classes inférieures).

Si la formation des maîtres est parfois insuffisante, le problème de l'instruction vient plutôt de l'absentéisme important des élèves dont les parents ont besoin pour les travaux domestiques ou dans les champs, notamment à la belle saison. Les frais de scolarisation sont également un frein pour les plus pauvres et les méthodes pédagogiques pas toujours très efficaces, notamment la méthode individuelle qui consiste à apprendre à lire chacun son tour auprès du maître, tandis que les autres élèves restent désœuvrés. La pédagogie des Jésuites avec le ***ratio studiorum*** s'avère plus adaptée comme les réformes proposées par Charles Demia à Lyon et surtout Jean-Baptiste de La Salle à Reims puis à Paris. Ces derniers proposent en effet des écoles gratuites, avec une instruction plus pratique et des groupes de niveaux où l'on enseigne à toute la classe en même temps. Les sanctions sont également plus modérées et proportionnées en cas de manquement.

Ratio studiorum ou « Plan des études », qui cherche à développer le jugement, le goût et une curiosité universelle chez les élèves.

2. Une plus large diffusion des livres et la persistance d'une culture populaire

Comme partout en Europe, les progrès de la scolarisation entraînent une diffusion plus large des livres dans la société, mais avec là encore de très grandes inégalités sociales. En effet, les imprimés sont rares dans les campagnes même si on constate des progrès grâce à la littérature de colportage qui amène aux classes populaires des almanachs, des gazettes, des ouvrages religieux, des contes, des recettes de cuisine ou encore des romans de chevalerie. La création de la Bibliothèque bleue à Troyes au début du XVIIe siècle permet la réimpression à faible coût de livres libres de droits, système qui crée des émules à Paris ou à Rouen. Mais seules les élites peuvent accéder aux éditions récentes et plus chères. Le cercle des possesseurs de bibliothèques s'élargit notamment chez les marchands, les officiers du roi, les parlementaires mais aussi chez les domestiques ou les compagnons. À la fin du siècle, on peut trouver des livres dans plus du tiers des inventaires après décès des grandes villes françaises. En Angleterre, mais aussi aux Provinces-Unies, le public peut lire aussi toute une littérature politique et pamphlétaire qui rencontre un certain succès, la censure étant beaucoup moins présente.

Charles Perrault (1628-1703) joue un rôle important dans la politique artistique de Louis XIV au sein de l'Académie française, puis il écrit une série de contes très connus : Peau d'âne, le Petit chaperon rouge, Cendrillon, le Petit poucet, le Chat botté..., tirés des *Contes de ma mère l'Oye*.

Au XVIIe siècle comme auparavant, la culture populaire reste encore largement une culture orale, faite de chansons et de contes que l'on se transmet de génération en génération. Cette culture populaire inspire également la culture écrite : les farces et comédies de la première moitié du siècle ou la publication en 1697 par **Charles Perrault** de ses célèbres contes.

Les contes de fée connaissent également un certain engouement dans les milieux cultivés. On retrouve le même processus, plus tard, en Allemagne, au XIXe siècle, avec l'écriture par les frères Grimm de contes, qui sont d'ailleurs souvent d'origine française par le biais de la diaspora protestante. Dans les villages, la sociabilité et la culture passent aussi par des fêtes, le plus souvent religieuses, mais aussi à l'occasion du carnaval ou des noces, où l'on danse, chante et joue de la musique. Des compétitions « sportives » (lutte, courses, jeux de balles) sont aussi organisées entre communautés voisines et, l'hiver, les veillées au coin du feu permettent d'agrémenter les longues soirées.

IV. Progrès scientifiques et développement de l'esprit critique

Au début du XVIIe siècle, la science connaît un nouvel essor en France et en Europe, avec le développement d'une méthode basée sur l'expérimentation et les mathématiques, qui vient remettre en cause les principes d'Aristote jusque-là dominants. Les pionniers en sont les Anglais : Harvey, qui découvre la circulation du sang (1615) et Francis Bacon et, en Italie, Galilée, qui invente une lunette astronomique et défend les thèses héliocentriques de Copernic. Si l'Église obtient la rétractation de Galilée en 1633, le poids de cette dernière sur la science ne cesse ensuite de décliner. L'Allemand Kepler découvre les relations mathématiques (dites Lois de Kepler) qui régissent les mouvements des planètes sur leur orbite et seront ensuite exploitées par Newton pour sa théorie de la gravitation.

En France, c'est le génie de **René Descartes** (1596-1650) qui marque un tournant dans le fondement de la science moderne, même si le savant passe l'essentiel de sa vie en Hollande, puis auprès de la reine de Suède, pays où il meurt en 1650. Ses travaux abordent l'algèbre, la géométrie, la physique ou encore l'optique, avant de s'orienter vers la philosophie. Il proposa surtout dans son *Discours de la méthode* publié en 1637, une nouvelle méthode scientifique de la connaissance, basée sur la raison et l'observation, et qui déboucha sur la découverte de lois universelles traduisibles en langage mathématique. Dans la lignée du cartésianisme, citons le Français Malebranche (1638-1715), le Hollandais Spinoza (1632-1677) et l'Allemand Leibniz (1646-1716).

René Descartes

Parmi les philosophes qui s'opposent à Descartes, citons le philosophe anglais **Thomas Hobbes** (1588-1679), qui est l'un des premiers à vouloir refonder, dans son ouvrage *Léviathan* (1651), la légitimité du pouvoir des dirigeants sur autre chose que la religion ou la tradition. Il juge qu'à l'état de nature «l'homme est un loup pour l'homme», condamné à une situation de guerre et de menace permanente. Seul un contrat donnant le pouvoir à un monarque tout puisant et soucieux du bien général permet d'échapper à cette barbarie naturelle et d'établir la paix.

Thomas Hobbes

Blaise Pascal (1623-1662) est l'autre grand esprit scientifique français du temps. À 18 ans, il fabrique une première machine à calculer et multiplie les expériences pratiques, notamment au sommet du Puy-de-Dôme, ce qui lui permet, à la suite des travaux de Torricelli, de prouver l'existence du vide et de la pression atmosphérique. Aujourd'hui, le «pascal» est d'ailleurs le nom international donné à l'unité de pression. À partir de 1654, il s'entretient régulièrement avec Pierre Fermat (1601-1665), réputé comme l'un des meilleurs géomètres et mathématiciens d'Europe. Tous deux posent les bases du calcul moderne des probabilités.

Malgré tous ces progrès, il manque encore des structures permettant un développement plus organisé de la science, dans la mesure où l'Église comme les universités ont tendance à défendre la tradition. Cela n'empêche pas les amateurs éclairés et souvent isolés d'entretenir une grande correspondance et de se retrouver dans quelques sociétés scientifiques. Dans la deuxième moitié du XVIIe siècle, les autorités finissent par s'intéresser à ces questions ce qui aboutit à la création d'institutions royales, dont les plus connues sont la *Royal Society* fondée par Charles II à Londres en 1662 et l'*Académie des sciences* instituée par Colbert en 1666. Cette dernière accueille des savants étrangers de renom tels le Hollandais Huygens ou le Niçois Jean-Dominique Cassini, qui dirige l'Observatoire de Paris à partir de 1671-1672. Un périodique, le *Journal des Savants* créé en 1665, assure également la diffusion des recherches. L'Académie de Berlin suivra enfin le mouvement sous l'impulsion de Leibniz en 1701.

Isaac Newton

Contrairement à l'Espagne où l'orthodoxie religieuse et l'Inquisition freinent longtemps tout développement scientifique, l'Angleterre brille notamment grâce à l'apport révolutionnaire d'**Isaac Newton** (1642-1727), qui enseigne à Cambridge. Connu surtout pour sa loi de la gravitation universelle et le principe d'inertie, il accorde une grande importance à l'observation et à l'expérience, tout en faisant progresser grandement la physique et les mathématiques avec le calcul infinitésimal. Président de la *Royal Society* à partir de 1703, il meurt en héros en étant enterré à Westminster. Mais il fallut attendre le XVIIIe siècle pour que ces théories se répandent en France et en Europe.

Ce développement général de l'esprit critique et de l'importance de la raison entraîne également ce que Paul Hazard a appelé une « crise de conscience européenne » entre 1680 et 1715, prémisse au mouvement des Lumières. Cette crise se caractérise par une montée du relativisme, grâce à la culture du voyage et à la comparaison avec les autres pays. Il s'agit surtout d'une attaque contre toutes les formes d'autorité et de tradition, qui touche les arts (« la querelle des Anciens et des Modernes »), l'histoire avec le développement de l'érudition critique de l'école bénédictine de Saint-Maur (Jean Mabillon), la philosophie avec Descartes, Malebranche et Spinoza, les sciences avec Newton, ou encore la politique avec la remise en cause de la monarchie absolue par exemple les écrits de Locke (*Essai sur la véritable origine, l'étendue et la fin du gouvernement civil*, 1690), de Fénelon (*Télémaque*), de Vauban ou du duc de Chevreuse. La religion n'est pas non plus épargnée avec une critique des miracles, des superstitions et la volonté de faire une nouvelle synthèse entre Dieu et la raison (Spinoza, Locke).

À RETENIR

- Né en Italie, le baroque se répand sur une grande partie de l'Europe catholique où il reste influent jusqu'au XVIIIe siècle.
- Influencée par le baroque et l'Italie, la France crée ensuite un style propre à partir de Louis XIV, le classicisme.
- Très soucieux de sa gloire, Louis XIV encadre les arts et la culture, le château de Versailles devenant un modèle de palais pour une grande partie de l'Europe.
- Le développement de l'alphabétisation et des sciences entraîne celui de l'esprit critique et une « crise de conscience européenne » qui touche aussi tous les domaines, y compris la politique et la religion.

LES DATES ESSENTIELLES

1607 : première de l'*Orfeo* de Monteverdi, premier opéra moderne
1631 : la *Gazette* de Théophraste Renaudot
1633 : rétraction de Galilée sous la pression de l'Église
1635 : création de l'Académie française par Richelieu
1636 : première du *Cid* de Corneille qui déclenche une controverse en France
1662 : création de la *Royal Society* à Londres
1678 : parution de la *Prince de Clèves* de Mme de Lafayette
1682 : la Cour s'installe à Versailles
1687 : Newton énonce la loi de la gravitation universelle

POUR ALLER PLUS LOIN

Sélection bibliographique

Antoine Adam, *Histoire de la littérature française au XVIIe siècle*, Paris, Albin Michel, 1997, 2 t.

Bruno Belhoste, *Histoire de la science moderne, de la Renaissance aux Lumières*, Paris, Armand Colin, coll. Cursus, 2016.

Joël Cornette et Alain Mérot (dir.), *Histoire artistique de l'Europe. Le XVIIe siècle*, Paris, Seuil, 1999.

Alain Génetiot, *Le classicisme*, Paris, PUF, 2005.

Chantal Grell, *Histoire intellectuelle et culturelle de la France du Grand siècle, 1654-1715*, Paris, 2000.

Victor-Lucien Tapié, *Le Baroque*, PUF, coll. « Que sais-je », Paris, 2000.

Ressources internet

http://www.art-baroque.net/ (sur l'art baroque en Europe et sous toutes ses formes)

http://www.carnavalet.paris.fr/sites/default/files/editeur/seance_4_-_dossier_enseignants_cp-ce1_paris_au_xviie_siecl..._0.pdf (dossier du musée Carnavalet sur Paris au XVIIe siècle)

https://www.youtube.com/watch?v=7oRPSEEEdV8 (video sur les étapes de la construction du château de Versailles avec reconstitutions 3D)

https://www.herodote.net/XVIIe_siecle-synthese-1895.php (synthèse sur les sciences au XVIIe siècle)

http://scribeaccroupi.fr/scribeaccroupi-fr/plan-du-site/ (web-séries, visites guidées, diaporamas) : un peu trop général

CHAPITRE

11

Renouveau catholique et querelles religieuses

PLAN DU CHAPITRE

Après le choc de l'apparition du protestantisme et les guerres confessionnelles du XVIe siècle, l'Europe religieuse se stabilise avec un nord protestant et un sud catholique, et ne va guère évoluer jusqu'à nos jours. On observe cependant un reflux du protestantisme, notamment en France (leur nombre en Europe passe d'un maximum de 28 millions au XVIe siècle à 15 millions en 1650), face à un catholicisme à nouveau conquérant, avec la mise en application des principes de la Contre-Réforme. De nombreux débats théologiques entraînent également des querelles impliquant le pouvoir royal, le pape et le clergé, notamment autour du jansénisme et du gallicanisme.

Problématiques

– Comment le catholicisme réussit-il à reconquérir les cœurs et les esprits face au protestantisme au XVIIe siècle ?

– Quels sont les enjeux des principaux débats théologiques au XVIIe siècle ?

I. La reconquête catholique au XVIIe siècle

Alors que la Contre-Réforme initiée par le concile de Trente (1545-1563) a entraîné un renouveau catholique dès la fin du XVIe siècle en Espagne et en Italie, ce mouvement ne gagne pleinement la France qu'au XVIIe siècle après les guerres de religion. En effet, ce n'est qu'en 1615 que l'Assemblée du clergé de France accepte les décrets conciliaires comme bases de sa doctrine officielle.

1. Un clergé renouvelé et mieux formé

Un des principaux axes de la Contre-Réforme consiste à améliorer la formation du clergé séculier, étant donné que de nombreux prêtres restent encore peu au fait des dogmes, avec un mode de vie parfois scandaleux (ivresse, concubinage, absentéisme…) ou un peu trop proche de celui de leurs fidèles. Désormais on exige d'eux une moralité exemplaire et des connaissances plus conformes à leur état pour pouvoir ensuite mieux encadrer leurs ouailles, en maintenant avec eux une certaine distance qui passe notamment par le port plus systématique de la soutane. Les prêtres doivent aussi mieux maîtriser leur communication, être clairs et plus simples dans leurs sermons, tout en préservant le côté solennel des cérémonies et des sacrements qui doivent impressionner les fidèles par leur faste et leur théâtralité. Les évêques jouent un rôle-clé par leurs tournées d'inspection pour surveiller l'orthodoxie de la doctrine et des pratiques.

Si la formation du clergé espagnol reste honorable, en France elle progresse grandement, grâce à la création de nombreux séminaires : 36 de 1642 à 1660, 56 de plus jusqu'en 1682 et encore 15 autres jusqu'en 1700. Les plus célèbres sont les établissements des Oratoriens avec la création par **Pierre de Bérulle** de l'Oratoire de France en 1613, qui s'inspire de la congrégation italienne de Philippe de Néri et s'occupe également de l'enseignement dans les collèges. En 1628, **Vincent de Paul** organise aussi des retraites pour préparer les futurs curés à leurs fonctions et des conférences à Saint-Lazare pour ceux déjà ordonnés. Il ouvre également en 1642 un séminaire pour les Bons Enfants qui se destinent à la prêtrise. Au même moment, influencé par Bérulle, Jean-Jacques Olier crée à Saint-Sulpice un séminaire qui connaît un rayonnement important par la qualité de sa formation et dépasse le seul cadre parisien. Formé à l'Oratoire de Caen, le Caennais Jean Eudes (1601-1680) finit par créer en 1643 sa propre congrégation, les Eudins, plus orientée vers le culte de Marie et du cœur de Jésus. En province, de nombreux évêques réformateurs poursuivent ce mouvement de rénovation et encadrent plus strictement les prêtres de leurs diocèses en s'appuyant généralement sur les lazaristes, les sulpiciens ou les oratoriens.

Le clergé régulier connaît lui aussi un grand mouvement d'expansion et de réforme. Richelieu s'y implique personnellement en s'occupant de **Cluny** et de **Cîteaux**, qui reviennent à une règle plus stricte. Pour ce deuxième ordre, le renouvellement vient surtout du monastère de La Trappe en Normandie, dont le chef, l'abbé de Rancé, impose une austérité rigoureuse à partir de 1662. Il accueille des hôtes illustres (le roi d'Angleterre Jacques II après son exil ou le duc de Saint-Simon) venus s'y retirer provisoirement. Les Bénédictins voient la naissance de la congrégation de Saint-Maur en 1618 et l'abbaye de Saint-Germain-des-Prés qui les rejoint en 1631. Elle devient le grand foyer de l'érudition historique en France. Quant aux ordres mendiants, les **Franciscains** se divisent en cordeliers, minimes, récollets et capucins, ces derniers jouant un rôle majeur pour conjurer les épidémies de peste. Mais ce sont les Jésuites▸, arrivés en France en 1603, qui connaissent le plus grand essor par leur rôle dans

Pierre de Bérulle (1575-1629) est un théologien et un mystique contemplatif. Fait cardinal en 1629, il joue aussi un rôle politique puisqu'il est partisan de l'alliance avec l'Espagne et le chef du parti dévot contre Richelieu.

Vincent de Paul (1581-1660) est un prêtre mystique qui s'occupe notamment des pauvres et de charité. Partisan d'un humaniste chrétien, il s'oppose aux jansénistes. Très respecté, il est canonisé en 1737.

Anciennes et prestigieuses abbayes fondées en Bourgogne au Moyen Âge, **Cluny** date de 909 et **Cîteaux** de 1098.

Franciscains : Ordre des frères mineurs, fondé par Saint François d'Assise en 1210 et qui prône la pauvreté et la simplicité évangélique.

▸ Voir encadré p. 41

Thérèse d'Avila (1515-1582) est une mystique qui réforme l'ordre du Carmel en Espagne. Elle est canonisée dès 1622.

Ursulines : ordre de Sainte-Ursule fondé en novembre 1535 à Brescia par sainte Angèle Merici et consacré avant tout à l'éducation des filles et aux soins des malades.

l'enseignement, l'importance de leurs publications ou leur influence auprès des élites et même des rois. Chez les moniales, inspirées par **Thérèse d'Avila**, les Carmélites imposent dans le royaume une mystique austère menant à l'extase (55 couvents en 1650), tandis que les Visitandines, créées par Jeanne de Chantal et François de Sales en 1610, se concentrent sur la visite des malades, puis l'enseignement. Cet ordre offre aux laïcs une manière de pratiquer leur dévotion fondée sur une adhésion totale et mystique à Dieu. L'enseignement est enfin assuré également par les **Ursulines** qui se développent surtout en France avec 300 établissements en 1670.

2. La reconquête des fidèles

La Contre-Réforme insiste sur l'importance de la messe, obligatoire les dimanches et les jours de fête. Mais le cérémonial en latin et le fait que le prêtre tourne le dos aux fidèles pendant l'office font que ces derniers se sentent écartés. C'est pourquoi on insiste de plus en plus sur la solennité du lieu et le faste des cérémonies. À la fin du siècle, pour impliquer davantage les fidèles, on répand également des livres de messe qui leur permettent de suivre les prières et de les chanter. On renforce également l'obligation de communier et de confesser ses péchés, notamment à Pâques. Les fidèles expriment aussi leur foi par un renforcement des formes de dévotion envers le Christ, les saints et surtout la Vierge, à qui fut attribué un nombre important de miracles en France. Le vœu de Louis XIII qui consacre son royaume à Marie, en 1638, ne fait qu'amplifier ce phénomène. Le développement des pèlerinages et de la vénération des images saintes suscite un grand enthousiasme dans les classes populaires avec un renouveau de la fréquentation de Chartres, du Puy ou du Mont-Saint-Michel. Si l'Église a souvent du mal à encadrer ces croyances exaltées, parfois proches de la superstition, elle ne les condamne pas vraiment, car elle y voit des manifestations concrètes de la puissance des saints que rejettent les protestants.

Confrérie : communauté à base religieuse ou profane créée pour favoriser l'entraide entre ses membres et à perpétuer certaines traditions.

Plus que jamais la dévotion pas par l'action collective et non individuelle. C'est pourquoi les **confréries** se multiplient, certaines étant associées à des métiers, d'autres à une paroisse, à un saint ou à la Vierge, à des œuvres charitables ou à des actions de pénitence. Ce mouvement est particulièrement puissant en Italie, en Espagne et en France. Il s'agit bien souvent de créer une solidarité entre ses membres, de prier pour eux, ainsi que pour les morts, de participer à des processions lors d'un décès ou d'une fête religieuse. Créée en 1627 par le duc de Ventadour, la Compagnie du Saint-Sacrement, à la fois cléricale et laïque, est la plus importante de ces confréries. Elle prend en charge de nombreuses activités : surveillance des minorités religieuses et des bonnes mœurs des fidèles, actions charitables, aide aux hôpitaux, préparation de la semaine sainte en Espagne… Attirant de nombreux clercs, mais aussi des officiers du roi, la Compagnie a une réelle influence sur la haute société. Son côté secret finit par inquiéter Richelieu, puis Mazarin et Louis XIV, alors que Louis XIII et Anne d'Autriche se montrent bienveillants à son égard.

Le XVIIe siècle voit enfin une accentuation importante de l'effort de prédication en direction non seulement des protestants, mais aussi de l'ensemble des populations rurales. Le but est de rechristianiser des régions que l'on a négligées et où subsistent des superstitions ou pratiques parfois païennes. C'est ainsi que des groupes de missionnaires sillonnent les villages, dans lesquels ils restent plusieurs semaines avec des prêches chaque jour. Pour se faire comprendre et être plus efficaces, ils utilisent la langue vernaculaire et n'hésitent pas à jouer sur l'émotion des fidèles, en les faisant chanter, en leur montrant des images pieuses, en organisant des confessions générales. Ils terminent généralement leur séjour par une cérémonie de célébration de l'eucharistie qui doit marquer les esprits pour longtemps. Ces missions sont menées par des Capucins, des Eudins, des Lazaristes, des Oratoriens ou des Jésuites, chacun usant plutôt de la peur ou de la séduction auprès des fidèles. On retrouve le même phénomène en Espagne avec surtout des Jésuites et des Capucins. Elles permettent globalement une reconquête catholique, mais rencontrent parfois des résistances des populations locales qui n'adhèrent pas à ces nouvelles formes de dévotion et peuvent même se montrer hostiles. Ce mouvement missionnaire touche également les colonies avec, par exemple, l'implantation des Jésuites dans toute l'Amérique espagnole (ils y fondent un quasi-État au Paraguay, les « réductions ») ou au Canada à partir de 1625 (évangélisation des Hurons et Algonquins, mais hostilité souvent violente des Iroquois plus réfractaires).

3. La lutte contre les superstitions et la sorcellerie

Au XVIIe siècle, en France comme en Angleterre et avec une ampleur moindre que dans l'Empire, malgré une christianisation pluriséculaire, de nombreuses superstitions, pratiques païennes ou magiques subsistent encore dans la société, et pas seulement dans certaines campagnes profondes. Ce terme de superstition a un côté évidemment subjectif puisqu'il suppose que l'on adopte ici le point de vue des autorités religieuses qui se veulent les seules légitimes et cherchent à dévaloriser des comportements jugés déviants et condamnables. Pour les populations concernées, elles adhèrent au contraire au bien-fondé de ce qu'elles considèrent comme de véritables croyances. Ces pratiques concernent des excès dans le culte des saints à qui on prête des pouvoirs démesurés ou à qui on reproche de n'avoir pas exaucé des vœux. Il s'agit aussi de diverses formes d'envoûtement et des cérémonies visant à guérir des animaux ou des proches, à obtenir de bonnes récoltes ou à assurer le bonheur des époux. Les rituels d'origine païenne lors des feux de la Saint-Jean en juin sont également très répandus et assez bien tolérés. Enfin, le recours à des guérisseurs en cas de maladie est fréquent, d'autant plus que les fondements scientifiques de la médecine de l'époque sont fragiles et ses remèdes pas toujours d'une grande efficacité (la saignée) ce qui vaut à la profession les moqueries de Molière.

Certaines pratiques ont aussi pour objectif de faire du mal à autrui, en piquant par exemple des effigies représentant un ennemi ou en jetant un sort. On touche là à la question de la sorcellerie, qui implique l'usage de magie noire pour maudire ou sauver une personne, mais qui peut aussi signifier rendre un culte au Diable et aux démons, ce qui est considéré comme beaucoup plus grave. Pour maîtriser leur art et arriver à leurs fins, les sorciers et les sorcières doivent lire des ouvrages secrets et interdits ; ils passent un pacte avec Satan et rendent un culte aux démons lors des **sabbats**. L'Église comme les autorités publiques prennent très au sérieux la lutte contre ces déviances dangereuses. En France elles lancent une véritable chasse aux sorcières, avec des enquêtes et des procès organisés par des magistrats, notamment entre 1580 et 1630, puis après l'éclatement du scandale de l'affaire des Poisons à partir de 1679.

Sabbat : réunion nocturne et occulte de sorcières avec banquets, cérémonies païennes, voire des orgies.

Ces procès concernent avant tout le monde des campagnes et tout particulièrement les femmes âgées (on retrouve là le stéréotype de la sorcière et les arguments misogynes voulant que la femme soit moins résistante moralement et émotionnellement face à l'attrait du démon). Mais l'affaire des Poisons montre que les élites sont également touchées, puisque sont impliqués dans ce scandale des hauts personnages de la Cour. La peine encourue pour les magiciens et sorcières est lourde, puisqu'ils risquent le bûcher. Avec celle des Poisons, l'affaire la plus connue en France est celle des possédées de Loudun, entre 1632 et 1634, des Ursulines accusant un curé de les avoir ensorcelées. Malgré l'exécution de ce dernier, le couvent connaît encore des troubles pendant quatre ans. Aujourd'hui, certains voient dans cette affaire surtout des problèmes mentaux liés aux frustrations sexuelles des nonnes et aux excès de l'exaltation mystique. L'Angleterre n'est pas en reste avec une multiplication des procès pour sorcellerie pendant la période troublée de 1640 à 1670. Sur 2 000 personnes poursuivies dans le pays entre 1560 et 1706, 300 sont exécutées, dont 93 % de femmes. En revanche, l'Espagne, où règne pourtant la toute-puissante Inquisition, ne cède pas à cette panique répressive.

Matthew Hopkins, *The discovery of Witches*, 1647

L'affaire des Poisons

Celle-ci commence en 1672, lorsque la marquise de Brinvilliers est accusée d'avoir empoisonné plusieurs membres de sa famille pour en hériter. Elle est exécutée 4 ans plus tard, mais l'affaire rebondit en 1678-1679 avec l'arrestation de plusieurs sorcières et devineresses : la Bosse, la Vigoureux et, la plus célèbre, la Voisin, qui fournissaient à la bonne société des horoscopes, des philtres d'amour, des poisons et se livraient à des messes occultes et à la magie noire. Plus les interrogatoires avancent, plus les accusés livrent des noms de complices et surtout de grands personnages ayant recours à leurs services, car ils comprennent rapidement qu'en impliquant des membres importants de la Cour, ils gagnent du temps et peuvent même espérer voir l'affaire étouffée pour éviter le scandale. C'est ainsi que sont impliqués des dames de la bourgeoisie, mais aussi Mme de Montespan, la favorite du roi, et le duc de Luxembourg. Une « chambre ardente » est alors chargée d'instruire le procès de 1679 à 1682 et ses révélations sont terribles : empoisonnements, pratiques sataniques, sacrifices d'enfants… Louis XIV ne souhaitant pas rendre publique l'implication de sa maîtresse, qui est aussi la mère de ses enfants légitimés, fait suspendre le procès en 1680. La Voisin est brûlée vive la même année et nombre de ses complices sont enfermés à vie. Il fait également brûler l'essentiel des pièces de l'instruction en 1709, ce qui fait que l'affaire garde aujourd'hui encore une grande part de mystère.

La Voisin

II. La lutte contre les minorités religieuses

Au XVIIe siècle, les violences restent encore fortes contre les minorités religieuses comme en témoignent les horreurs de la guerre de Trente Ans ou les politiques d'intolérance menées par la plupart des États européens. Ainsi, l'Espagne se décide finalement à expulser en 1609 les morisques▸ et poursuit sa lutte contre les crypto-judaïsants, les juifs faussement convertis au christianisme, notamment après la chute de leur protecteur Olivarès, en 1643.

▶ Voir p. 29

1. La lutte contre les catholiques et les puritains en Angleterre

En Angleterre, si 90 % de la population adhère à l'Église anglicane▸, il reste encore une importante minorité catholique, qui est de plus en plus mal considérée et marginalisée, notamment pendant la guerre civile. D'autre part, l'Écosse reste calviniste avec une Église presbytérienne, et une partie de la population du royaume, les **puritains**, espère implanter cette dernière en Angleterre. Le pouvoir royal qui cherche à rétablir l'unité religieuse du pays, accentue sa pression sur eux sous Charles Ier, ce qui entraîne leur émigration vers l'Amérique à partir de 1630. Cromwell favorise leur mouvement, mais la restauration de la monarchie leur porte un rude coup. En effet, Charles II cherche à rétablir l'anglicanisme et à mettre sous tutelle les dissidents ou non-conformistes (les différents groupes puritains), considérés comme responsables de la guerre civile et apparentés à l'ennemi hollandais. En revanche, les

▶ Voir p. 40

Puritain : protestant d'Angleterre et d'Écosse appartenant à une secte rigide apparue au XVIe siècle et très attaché à la lettre de l'Écriture et aux principes moraux.

Stuart se montrent plus tolérants à l'égard des catholiques. Mais la conversion du futur Jacques II conduit le parlement à exclure les minorités religieuses de toutes les charges publiques en 1673 (*Test act*). Considérés comme les ennemis de la nation et soupçonnés d'être une sorte de cinquième colonne de la France de Louis XIV, les catholiques subissent une frénésie de persécutions en 1678, la population et les politiciens craignant alors un vaste complot papiste (*Popish Plot*). Puis, la politique complaisante de Jacques II à l'égard à la fois des dissidents et surtout des catholiques heurte de plus en plus la majorité anglicane et est une des causes de la Glorieuse révolution de 1688. Si Guillaume III se montre ensuite plus tolérant à l'égard des dissidents (*Toleration Act* du 24 mai 1689), la fermeté reste de rigueur à l'encontre des catholiques.

2. Catholiques et protestants en France : vers la révocation de l'Édit de Nantes

C'est en France que la lutte contre la minorité protestante est peut-être poussée le plus loin. Au début du XVIIe siècle, les protestants ne sont qu'un million sur 20 millions d'habitants et leur nombre ne cesse de décliner (785 000 en 1660-1670). Ils sont concentrés dans quelques régions, qui forment une écharpe contournant par le sud le Massif central (Poitou, Aunis, Saintonge, basse Guyenne, Languedoc et Dauphiné) (Voir carte ci-dessus). Souvent, ils y sont même localement majoritaires. De plus, ils semblent constituer un véritable État dans l'État, car l'Édit de Nantes leur avait permis de contrôler de plus de 200 places fortes. Si la haute noblesse reste encore bien représentée avec six familles ducales, les protestants sont surtout nombreux dans le négoce et la bourgeoisie d'affaires, dans la mesure où les charges importantes au service de l'État leur sont de plus en plus interdites. Pour survivre dans un environnement parfois hostile, les communautés renforcent leur cohésion sociale en pratiquant l'intermariage.

▶ Voir carte 9, Atlas en fin d'ouvrage

Dans le contexte de reconquête religieuse de la Contre-Réforme, Louis XIII, très pieux, tient à mettre fin à un séparatisme jugé dangereux. S'il ne veut pas remettre en cause le principe de tolérance religieuse, il souhaite abolir les clauses politiques et militaires de l'Édit de Nantes. Lors du rattachement du Béarn à la France en 1620, il y rétablit le catholicisme dans toutes ses prérogatives, ce qui déclenche la révolte des protestants. Il faut une intervention militaire pour aboutir à la paix de Montpellier signée le 19 octobre 1622 avec le duc de Rohan, le chef des protestants. Ces derniers sont amnistiés, mais ne conservent plus que trois grandes places fortes : La Rochelle, Montauban et Montpellier. La paix n'est qu'une trêve, et le conflit reprend à partir de 1625, en se cristallisant autour de la ville de La Rochelle et de l'île de Ré, cette dernière étant prise et reprise par les protestants et les catholiques. Forts du soutien de la flotte anglaise du duc de Buckingham, les Rochelais se révoltent une deuxième fois à partir du 10 septembre 1627, ce qui amène Louis XIII et Richelieu à faire un long siège nécessitant la construction d'une digue d'1,5 km pour bloquer l'entrée du port. Souffrant de famine (sur 28 000 hab, il n'en reste plus que 5 500 à la fin du siège), les Rochelais finissent par capituler le 28 octobre 1628, perdant leurs privilèges et leurs fortifications. Puis les troupes royales soumettent les Cévennes, et on signe la paix d'Alès qui met fin à ces guerres de religion et annule tous les privilèges politiques et militaires des huguenots.

Les protestants étant restés fidèles au pouvoir royal pendant la Fronde et servant avec courage dans les armées, Mazarin se montre dans l'ensemble bienveillant et tolérant à leur égard. Mais, à partir de 1661, Louis XIV cherche de plus en plus à imposer l'unité religieuse à son royaume. Le principe même de tolérance religieuse est alors perçu comme un anachronisme et une anomalie française dans un monde où l'unité religieuse est la norme, suivant le principe du *cujus regio ejus religio* (voir p. 39). Jusqu'en 1679, Louis XIV cherche plutôt à les convertir de manière pacifique, par des limitations de plus en plus grandes du champ d'application de l'Édit de Nantes et par des incitations financières. La conversion de Turenne en 1668 semble d'ailleurs donner raison à cette politique, qui est accentuée en donnant plus d'argent à la **Caisse des économats** ou des conversions.

La **Caisse des économats** est créée en 1615 et doit amener les protestants à abandonner leurs erreurs, en leur fournissant une aide financière. Elle est confiée en 1676 à Pellisson, lui-même nouveau converti.

Puis, la politique religieuse du roi se durcit à la fin de la guerre de Hollande : obligation d'obtenir la permission du roi pour tenir des colloques et synodes, interdiction des mariages interconfessionnels, exclusion de nombreuses professions libérales, destruction de temples… De son côté, Louvois réussit à rallier

La famine pendant le siège de La Rochelle

et convertir les notables luthériens alsaciens, notamment Obrecht et Güntzer, même si cela n'entraîne pas la conversion espérée du reste de la population locale. On passe donc ensuite à une politique encore plus violente avec le début des « dragonnades », initiées par l'intendant du Poitou Marillac, à partir de 1681. Mais devant les plaintes des protestants, Louis XIV et Louvois reviennent à plus de modération et limogent Marillac. Les violences réapparaissent pourtant en 1683 et surtout en 1684 et 1685 contre les protestants béarnais. Sans initier le mouvement de répression, le pouvoir central laisse en fait une grande liberté de manœuvre aux intendants des provinces (Bâville, Foucault), qui, soucieux de montrer leur zèle, accroissent les brimades et dragonnades, tout en faisant remonter à Versailles des chiffres spectaculaires, mais très exagérés de conversions des Huguenots.

Les dragonnades

On appelle ainsi les violences, abus et humiliations commis par les soldats, tout particulièrement les dragons (infanterie montée), qui logent chez l'habitant. Le logement des gens de guerre a toujours été considéré comme une forte contrainte par les populations, qui peuvent être ruinées et n'ont plus aucune vie privée. Ce système peut donc être utilisé comme instrument de répression, comme ce fut déjà le cas pour châtier les révoltés bretons en 1675. C'est ainsi que le pouvoir royal se sert des dragonnades pour forcer les protestants récalcitrants à se convertir au catholicisme dans les années 1680 et même plus tard au cours du XVIIIe siècle.

Sans être totalement dupes de la réalité, Louvois a tendance à filtrer les rapports trop négatifs et préfère se persuader que la fin (la disparition du protestantisme) est plus importante que les moyens. Louis XIV ne peut ignorer non plus la réalité de la situation. Il n'est pas entièrement trompé par ses conseillers, mais, comme eux, il préfère se laisser porter par cette vague d'optimisme irrationnel, à un moment où sa lucidité est en plus affectée par une convalescence difficile.

Les protestants étant en train de disparaître, le roi en vient à considérer qu'il faut abolir l'Édit de Nantes. Plusieurs facteurs le poussent dans ce sens : la nécessité de reprendre la main après les initiatives mal contrôlées des intendants, le souci d'arrêter les coûteuses exemptions fiscales pour les nouveaux convertis, la volonté du roi de se faire mieux voir du pape Innocent XI avec qui il est en conflit. L'Édit de Fontainebleau est finalement acté par le roi le 17 octobre 1685, poussé en cela, non pas par son confesseur, le Père La Chaise, Mme de Maintenon ou même Louvois, mais surtout par le chancelier Michel Le Tellier. Cet édit est généralement considéré comme une des grandes fautes du règne, dans la mesure où on aurait très bien pu se contenter d'attendre l'extinction prévisible du protestantisme en France.

« Les troupes furent envoyées dans toutes les villes où il y avait le plus de protestants ; et comme les dragons, assez mal disciplinés dans ce temps-là, furent ceux qui commirent le plus d'excès, on appela cette exécution la "dragonnade" », Voltaire, Le *Siècle de Louis XIV*, 1751.

La révocation, qui interdit le culte réformé et oblige les protestants à se convertir ou à émigrer, est accueillie par des explosions de joie en France, mais est un désastre diplomatique qui ne parvient même pas à diminuer les tensions avec la papauté. Son application est largement improvisée, oscillant entre désir de convaincre et contrainte. Une petite partie des huguenots choisit l'exil (10 %, soit de 150 à 200 000 personnes jusqu'en 1730) et gagne la Hollande, l'Angleterre, la Suisse et l'Allemagne, où leur installation est parfois encouragée, comme en Brandebourg et en Hesse-Cassel. Si certains apportent avec eux leur savoir-faire et leurs réseaux (artisans de luxe, commerçants, banquiers) et connaissent parfois de belles réussites dans leur pays d'accueil, la majorité est sans qualification ou est constituée de pasteurs, et vit bien souvent dans la pauvreté. Loin de la légende dorée construite par les protestants eux-mêmes dès le XVIIIe siècle, il faut donc relativiser la catastrophe qu'aurait été pour la France le départ des Huguenots, comme leur apport dans les pays d'Europe du Nord. Ils jouèrent cependant un rôle important dans la diffusion de la culture française, dans le journalisme et la librairie, et furent souvent des propagandistes déterminés à noircir l'image de Louis XIV, quand ils ne prirent pas les armes contre lui.

Ceux qui restent en France se convertissent avec plus ou moins de sincérité ou gardent leur foi dans la clandestinité, en organisant leur culte dans des lieux isolés (les assemblées du Désert, notamment dans les Cévennes). Une répression excessive déclenche l'exaltation mystique de certains prédicateurs considérés comme des prophètes, puis aboutit à la révolte des **Camisards** en 1702. Il faut l'envoi du maréchal de Villars, qui pratique une politique faite à la fois de répression et d'apaisement (il obtient le ralliement du principal chef camisard Jean Cavalier) pour en venir à bout en 1704.

Camisards : nom donné aux calvinistes cévenols qui se révoltent entre 1702 et 1710.

III. Débats théologiques et déviances

1. Les libertins, des « esprits forts » qui défient l'Église

Au début du XVIIe siècle, l'Église doit également faire face à des « esprits forts », qui refusent le conformisme, critiquent la religion et vont même jusqu'à s'affranchir de ses principes. Mêlant jeunes galants débauchés aux mœurs dissolues et libres penseurs plus réfléchis, ces libertins, comme on les appelle bientôt, font surtout partie des élites et fréquentent les milieux littéraires. Adeptes d'Épicure dont Gassendi redécouvre la pensée, ils prennent la vie avec légèreté et La Mothe Le Vayer, le précepteur du frère de Louis XIV, finit par douter de la possibilité d'atteindre la moindre vérité. C'est pourquoi on peut considérer que les libertins érudits ont ouvert la voie à l'esprit critique du XVIIIe siècle. Le plus célèbre d'entre eux est le poète Théophile de Viau (1590-1626), dont les vers trop osés et la vie licencieuse lui valent, malgré des protections haut placées, le bannissement (il échappe de justesse au bûcher). Cette forte répression sert d'avertissement et finit par entraîner un déclin du mouvement.

2. Jansénisme et gallicanisme : un conflit à la fois politique et religieux

Le XVIIe siècle est également traversé par un grand débat théologique autour de la question du Salut et du rôle de la grâce, dans le prolongement de l'opposition entre catholiques et protestants. Alors que pour ces derniers, seule la grâce divine permet d'aller au Paradis, Calvin allant même plus loin en parlant de prédestination, les catholiques soutiennent que l'homme garde une certaine liberté et joue donc un rôle dans son Salut, sans que cela ne vienne remettre en cause la toute-puissance divine. Une synthèse est proposée par le jésuite espagnol Luis de Molina en 1588 : la grâce de Dieu incline, mais ne contraint pas le libre arbitre de l'homme. Cette vision plutôt optimiste du rôle de l'homme est ensuite développée par les humanistes chrétiens comme François de Sales avec son *Introduction à la vie dévote* (1608) qui connaît un grand succès. Il considère qu'il n'est pas nécessaire de se retirer du monde pour faire son Salut et vivre en bon chrétien.

Cornelius Jansen (1585-1638), dit Jansénius, était un religieux augustinien qui vécut en France et dirigea un collège à Louvain.

À l'opposé de ce courant, le Flamand **Jansen** s'inspire de la pensée plus pessimiste de Saint Augustin et affirme dans son ouvrage posthume *Augustinus*, publié en 1640, que l'homme ne peut pas vouloir le bien de lui-même, mais a besoin du secours d'une grâce efficace et prédéterminante de Dieu. Foncièrement corrompue, la nature humaine a donc besoin de la toute-puissance divine pour se racheter. Méprisant la vie terrestre, jugée largement vaine, ce premier jansénisme implique aussi une certaine critique de la politique, les rois étant par leurs fonctions et leur position plus enclins à pécher. Considérant que ces idées se rapprochent trop du calvinisme, le pape Urbain VIII les condamne par une bulle en 1642. Mais cela n'empêche pas les principes de ce qui va devenir le jansénisme de se répandre en France. Jansen fait des émules en France, en gagnant notamment à sa cause Jean-Ambroise Duvergier de Hauranne, abbé de Saint-Cyran, dans les années 1620. Ce dernier exerce une influence importante sur les moniales de l'**abbaye de Port-Royal-des-Champs**. Grâce à Robert Arnauld d'Andilly, grand ami de Saint-Cyran et frère de la mère Angélique qui dirige le monastère, ce dernier connaît un

L'**abbaye de Port-Royal-des-Champs** est créée en 1204 et installée dans la vallée de Chevreuse, puis transférée en 1625 au faubourg Saint-Jacques à Paris. Rasée en 1712, elle est aujourd'hui en ruines.

certain succès en attirant des laïcs souhaitant se retirer provisoirement du monde dans la vallée de Chevreuse, pour y mener une existence pieuse et austère, faite d'humilité et de charité.

Abbé de Saint-Cyran

Saint-Cyran étant également un des chefs du parti dévot qui critique la raison d'État et l'alliance de la France avec des puissances protestantes, Richelieu le fait emprisonner à Vincennes, où il reste quasiment jusqu'à sa mort, en 1643. Le cardinal soutient également les Jésuites dans leur condamnation des œuvres de Jansen. Mais ce dernier est défendu par un des frères de la mère Angélique de Port-Royal, Antoine Arnauld (1642-1695), dit le Grand Arnauld, qui publie, en 1643, un livre qui contribue beaucoup au succès du jansénisme, *De la fréquente communion*. Cet ouvrage prône un plus grand rigorisme moral et dénonce la légèreté de prétendre ingérer le corps de Dieu sans réforme intérieure véritable lors de l'eucharistie. Les thèses de Jansen ayant été à nouveau condamnées par le pape en 1653, Mazarin demande à l'assemblée du clergé de France d'imposer à tous ses membres de signer un formulaire acceptant ladite condamnation. Arnauld et les jansénistes refusent en arguant que les propositions mises à l'index ne proviennent pas du livre de Jansen, mais d'un résumé fait par un théologien parisien. Blaise Pascal entre alors dans le débat en écrivant en 1656 ses célèbres *Provinciales*, des lettres défendant le point de vue janséniste et contribuant à son expansion.

Suivant la politique de Richelieu et de Mazarin, Louis XIV est déterminé à éradiquer le jansénisme de son royaume. L'absolutisme royal ne peut en effet tolérer l'existence d'un groupe de pensée influent et plus ou moins secret, qui proclame l'autonomie de la conscience et rejette la raison d'État. Le conflit s'envenime dans les années 1660, lorsque les religieuses de Port-Royal sont surveillées et que plusieurs d'entre elles sont dispersées dans divers couvents. Ce conflit doit aussi être replacé dans un contexte de résurgence du **gallicanisme**. Ce dernier comprend aussi un volet de politique intérieure, le clergé cherchant également à accroître sa liberté à l'égard du pouvoir royal, qui, de son côté, nomme aux bénéfices ecclésiastiques et entend bien définir seul la politique religieuse du royaume. Or, entre 1662 et 1664, les relations entre la France et le Saint-Siège deviennent particulièrement tendues. En effet, en août 1662, des gardes corses du pape attaquent des hommes de l'ambassade de France à Rome. La bagarre dégénère et elle sert de prétexte àLouis XIV, qui cherche à s'affirmer sur la scène internationale, pour exiger du pape Alexandre VII des réparations humiliantes. Menacé par une intervention militaire française, ce dernier doit finalement faire des excuses publiques en 1664.

Gallicanisme : ce terme, bien que né au XIXe siècle, désigne la volonté du roi et de l'Église de France de défendre depuis le Moyen Âge une certaine autonomie face à l'autorité du pape (cela concerne la discipline, la nomination des évêques, la gestion des revenus ecclésiastiques...

En fait, gallicanisme et jansénisme sont de plus en plus mêlés à partir de ces années, car les jansénistes utilisent le gallicanisme, qu'ils savent populaire au sein des fidèles et du clergé, pour expliquer qu'en les attaquant, le pape et le roi font preuve d'une ingérence abusive dans les affaires religieuses françaises.

Un **ultramontain** est celui qui défend l'autorité spirituelle absolue du pape et l'extension de ses pouvoirs notamment face aux Églises nationales.

Face à cela, Louis XIV est assez embarrassé, car il ne veut pas apparaître comme la marionnette du pape ou comme un **ultramontain**, mais, en même temps, il a besoin de son autorité spirituelle pour condamner les principes jansénistes. Pour sortir de cette impasse et éviter une division de plus en plus grande du clergé français, le roi préfère signer en 1668-69 la paix de l'Église avec le pape et les jansénistes. Cela offre un répit à ces derniers qui en profitent pour propager leurs idées notamment parmi les élites.

Régale: ancien droit qui permet au roi de recevoir les revenus des évêchés vacants de la moitié nord du royaume et de nommer provisoirement aux bénéfices ecclésiastiques.

La **déclaration des Quatre articles** réaffirme les grands principes du gallicanisme et la supériorité des conciles sur l'autorité du pape.

L'**archevêque de Cologne** est un des sept princes qui élisent l'Empereur du Saint Empire. Il a donc une influence importante, d'autant plus qu'il possède des terres stratégiques dans la vallée du Rhin.

L'opposition avec la papauté reprend avec l'affaire de la **Régale**. En 1673, sur les conseils de Colbert, Louis XIV décide d'étendre ce droit à l'ensemble du pays. Le pape Innocent XI, élu en 1676, s'y oppose en 1678-1679. En réaction, le roi convoque une assemblée du clergé français qui confirme les nouvelles dispositions concernant la Régale et adopte le 19 mars 1682 la **déclaration des Quatre articles**. Innocent XI réplique en refusant d'investir les nouveaux évêques nommés par le roi, ce qui finit par concerner trente-cinq diocèses en 1689. La révocation de l'Édit de Nantes n'apaise pas vraiment les tensions, qui s'accentuent même en 1687. En effet, Innocent XI profite de la mort de l'ambassadeur de France à Rome, le duc d'Estrées, pour exiger en mai la fin de l'immunité du quartier franc autour de l'ambassade, qui est le dernier de ce type dans la Ville éternelle. Louis XIV ne veut pas céder, ce qui entraîne l'excommunication du nouvel ambassadeur, le marquis de Lavardin, puis l'occupation du Comtat Venaissin (État de l'Église couvrant une partie de l'actuel département du Vaucluse). La France s'oppose enfin au Saint-Siège à propos de l'élection en 1688 du nouvel **archevêque de Cologne**, le pape soutenant avec succès le très jeune prince Joseph Clément de Bavière face au candidat de Louis XIV, Guillaume-Egon de Fürstenberg. L'archevêché de Cologne étant jusque-là dans l'orbite de la France, ce changement contribue au déclenchement de la guerre de la Ligue d'Augsbourg. La mort d'Innocent XI en 1689 permet cependant une réconciliation qui a lieu en 1693: Louis XIV renonce aux Quatre articles, tandis que le pape accepte l'extension de la Régale.

Edmond Richer (1559-1631) est un ecclésiastique très gallican qui pense que la hiérarchie du clergé doit être plus souple. Ses idées influencèrent plus tard le bas clergé avant et pendant la Révolution de 1789.

Pendant ce temps, le conflit janséniste reprend de plus belle. En 1679, le roi de France décide d'expulser pratiquement tous les religieux de Port-Royal-des-Champs, obligeant également Antoine Arnauld à prendre le chemin de l'exil. Le jansénisme connaît ensuite un renouveau dans les années 1690, avec la publication des œuvres de l'oratorien Pasquier Quesnel (1634-1719), qui reprend les principes d'Arnauld, tout en défendant le gallicanisme et des idées démocratiques inspirées de **Richer** sur le rôle des curés. Ce second jansénisme est moins pessimiste sur la nature humaine que le premier, mais se montre davantage critique de l'absolutisme royal, car il estime que l'homme doit obéir avant tout à sa conscience et non à une autorité supérieure. Ces idées séduisent le bas clergé et les parlementaires (pour son message gallican) tout en suscitant l'inquiétude du pape et surtout du roi, qui, en réaction, renforce en 1695 l'autorité des évêques dans leurs diocèses.

Les tensions montent encore d'un cran en 1701 au sujet de l'affaire du « cas de conscience », lorsque des théologiens de la Sorbonne approuvent le fait que l'on peut absoudre un pénitent qui défendrait certaines idées jansénistes. Les Jésuites et Louis XIV dénoncent cette position et, en 1705, obtiennent du pape la fulmination d'une nouvelle bulle contre les jansénistes : *Vineam Domini*. Puis, en 1708, on juge Quesnel hérétique, et Louis XIV oblige l'année suivante les dernières religieuses de Port-Royal-des-Champs à quitter les lieux, les bâtiments étant entièrement détruits. Pour parachever l'anéantissement du mouvement, il obtient en 1713 du pape Clément XI la promulgation d'une dernière bulle, la célèbre *Unigenitus*, pour condamner 101 propositions de Quesnel. Le roi contraint ensuite le Parlement de Paris et la Sorbonne, qui s'y opposent, notamment par gallicanisme, à enregistrer la bulle.

▶ Voir p. 33

On est arrivé alors à un curieux paradoxe : le clergé défend le jansénisme au nom des libertés gallicanes, tandis que le champion naturel du gallicanisme, le roi, demande l'aide du pape. En fait, le véritable enjeu de l'affaire est désormais politique et concerne les limites du pouvoir royal dans les questions religieuses. Se terminant apparemment par une victoire de Louis XIV, le conflit janséniste est en fait loin d'être clos et se prolongera tout au long du XVIIIe siècle, cette fois davantage sur le terrain politique et parlementaire.

3. Le quiétisme : Bossuet contre Fénelon

Un dernier courant religieux inquiète la monarchie et le pape à la fin du XVIIe siècle : le quiétisme, dont la doctrine est élaborée par l'Espagnol Miguel de Molinos. Elle est ensuite reprise par une Française, Jeanne Guyon, et commence à séduire d'importantes personnalités de la Cour, notamment **Fénelon**, les ducs de Chevreuse et de Beauvillier et même Mme de Maintenon. Basé sur l'idée que l'âme doit être passive, en total repos (*quies*) pour mieux s'abandonner et se laisser envahir par Dieu, le quiétisme de Molinos est d'abord dénoncé par la papauté en 1687. En France, son principal adversaire est **Bossuet** qui, en 1699, obtient du roi l'emprisonnement de Mme Guyon et, du pape, la condamnation de Fénelon, également obligé de s'exiler à Cambrai.

François de Salignac de La Mothe-Fénelon (1651-1715) est un théologien, pédagogue et écrivain qui éduque le petit-fils de Louis XIV mais se montre ensuite critique envers le Roi-Soleil.

Jacques-Bénigne Bossuet (1627-1704) est évêque de Meaux, un grand prédicateur, précepteur du Grand Dauphin et un écrivain favorable à la monarchie absolue.

À RETENIR

- Au XVIIe siècle, le catholicisme se réforme profondément avec un clergé mieux formé et des méthodes nouvelles de prédication pour reconquérir les fidèles et faire reculer un protestantisme sur la défensive.
- Les Églises luttent également davantage contre les superstitions et la sorcellerie, pourtant encore largement répandues dans les populations comme en témoigne l'affaire des Poisons.
- Une certaine intolérance règne en Europe, que ce soit en Angleterre contre les catholiques ou les puritains, ou en France contre les protestants victimes de la révocation de l'Édit de Nantes en 1685.
- De nouveaux courants religieux contestataires du pouvoir de l'Église ou du roi apparaissent enfin avec les libertins, le quiétisme et surtout le jansénisme.

LES DATES ESSENTIELLES

1609 : expulsion des Morisques d'Espagne

1627-1628 : siège victorieux de la ville protestante de La Rochelle par Richelieu et Louis XIII

1640 : publication de l'*Augustinus* de Jansen, ouvrage de référence des jansénistes

1678 : complot papiste avec déchaînement de violences contre les catholiques en Angleterre

1679-1682 : affaire des Poisons, le plus grand scandale de la Cour de Louis XIV

1681 : début des dragonnades contre les protestants dans le Poitou

1685 : Édit de Fontainebleau révoquant l'Édit de Nantes

1702-1704 : révolte des Camisards (huguenots) dans les Cévennes

1713 : bulle *Unigenitus* du pape Clément XI condamnant les propositions jansénistes de Quesnel

POUR ALLER PLUS LOIN

Sélection bibliographique

Didier Boisson, Hugues Daussy, *Les Protestants dans la France moderne*, Paris, Belin Sup, 2006.

Anne Bonzon et Marc Venard, *La religion dans la France moderne*, Paris, Hachette, « Carré histoire », 1998.

Bernard Cottret, *Histoire de la Réforme protestante*, Paris, Perrin, 2010.

Monique Cottret, *Histoire du jansénisme*, Paris, Perrin, 2016.

Jean Delumeau, *Le Catholicisme entre Luther et Voltaire*, Paris, PUF, 1979 (n[elle] édition avec Monique Cottret, 2010).

Bernard Hours, *L'Église et la vie religieuse dans la France moderne, XVIe-XVIIIe siècle*, Paris, 2000.

Ressources internet

https://www.museeprotestant.org (sur le protestantisme en France)

https://www.port-royal-des-champs.eu (site du musée de Port-Royal des Champs, consacré au jansénisme)

CHAPITRE

12 Vivre dans un monde avec une faible croissance

PLAN DU CHAPITRE

En 1600, la population européenne est d'environ 100 millions d'habitants, l'Ouest étant beaucoup plus peuplé que l'Est. La France est, comme au XVIe siècle, le royaume le plus peuplé avec environ 20 millions d'habitants, comme le Saint-Empire, devant l'Italie (15 millions), l'Espagne (6-7 millions) et l'Angleterre (5 millions). Cependant, contrairement au siècle précédent et au XVIIIe siècle, dont la conjoncture est plutôt favorable, le XVIIe siècle est marqué par une situation économique moins positive et par des accidents climatiques, qui provoquent quelques crises majeures, notamment sur le plan démographique. D'autre part, le centre de gravité économique du continent commence à se déplacer de l'Europe du Sud vers l'Europe du Nord.

Problématiques

– Quelles sont les principales évolutions économiques de la France et de l'Europe au XVIIe siècle ?

– Le développement économique et commercial, impulsé par le pouvoir royal en France, a-t-il été à la hauteur des espérances placées en lui ?

I. Une économie toujours largement rurale et agraire

1. Une agriculture dominante et fondée sur les céréales

Comme au XVIe siècle, l'économie de l'essentiel de l'Europe repose encore à plus de 80 % sur l'agriculture et tout particulièrement sur la production céréalière qui est la base de l'alimentation des populations. Il s'agit essentiellement de la culture du blé, mais aussi de seigle, de sarrasin, d'orge ou encore de maïs venant d'Amérique, et qui s'étend au cours du siècle dans quelques régions, notamment en Espagne et en France. Les échanges entre les provinces sont réduits à cause de la faiblesse du réseau de transport (notamment les routes) et des nombreux péages et taxes qui freinaient le commerce. Les populations sont en plus très hostiles à l'idée de vendre leurs récoltes dans une autre région, car on a toujours peur de manquer. Ce fort cloisonnement fait que chaque région agricole doit produire tout ce dont elle a besoin pour se nourrir et ne peut guère se spécialiser dans des activités plus rentables. Il arrive également qu'une province souffre de disette, alors que sa voisine dispose d'excédents qui auraient pu la sauver.

Faute d'engrais, la jachère reste une nécessité, ce qui oblige à pratiquer l'assolement biennal ou triennal en fonction des régions. Le paysan est en fait pris dans un engrenage négatif : comme la grande majorité des terres sont consacrées aux céréales pour se nourrir, il n'y a guère de place pour les prés et pour l'élevage, qui ne produit alors pas assez de fumier pour augmenter les productions et limiter la jachère. La micropropriété largement dominante ne permet pas non plus un développement important des techniques et pratiques agricoles. On assiste cependant à un certain développement agricole en Angleterre, dans les Pays-Bas et les Provinces-Unies, annonçant la révolution qui aura lieu au siècle suivant avant tout dans ces pays. Ainsi, on introduit de nouvelles cultures (fèves, pois, haricots) pour remplacer la jachère dans l'assolement triennal▸. La fertilité des sols est améliorée en les retournant davantage et en mettant en place des prairies pour le bétail. Malgré cela, les rendements sont globalement faibles. Les meilleurs sont obtenus en Flandre et dans les Provinces-Unies (10 pour 1), en Angleterre et dans le bassin parisien (6 pour 1), mais sont beaucoup plus faibles en Espagne, Russie ou en Bretagne et dans le Forez (3 pour 1).

▶ Voir Fig. 1 p. 20

À cause de certaines conditions géographiques défavorables à l'agriculture, Jean-Pierre Poussou estime qu'environ un tiers du royaume est de manière régulière victime de problèmes alimentaires. Dans ces conditions, les communaux jouent un rôle majeur pour la survie des paysans les plus pauvres, qui peuvent y faire paître gratuitement leur faible bétail. Mais, en Angleterre, dès le début du siècle, le mouvement des **enclosures** commence à les faire disparaître, ce qui permet un certain développement agricole pour les riches propriétaires, mais entraîne un appauvrissement des plus petits et des journaliers.

Enclosure : clôture des champs en Angleterre, qui s'accompagne du passage d'une forme communautaire à une forme individualiste d'économie agraire.

La vigne et l'élevage sont d'intéressantes activités de complément dans de nombreuses régions. La première est présente presque partout en France, y compris dans les régions septentrionales. L'Ile-de-France a d'ailleurs à l'époque le plus grand vignoble du royaume à cause du marché de consommation considérable de la capitale. Les ecclésiastiques qui ont besoin d'un vin de messe, ainsi que la noblesse qui aime boire sa propre production, contribuent à l'amélioration de la qualité du vin au XVIIe siècle. Les principaux vignobles sont ceux de Bourgogne, qui s'étend alors vers le Beaujolais et le Mâconnais, pour fournir Lyon, le Bordelais et la Champagne. Cette dernière profite, à l'époque de Louis XIV, du développement de la méthode permettant de faire mousser les vins blancs. On attribue généralement cette innovation à la figure célèbre de Dom Pérignon, mais son rôle est aujourd'hui relativisé et ne doit pas être exagéré. Dans le Bordelais, se développent de plus en plus des vins de garde (on buvait jusque-là avant tout les vins de l'année), que l'on destine en grande partie à l'exportation vers l'Angleterre. Avec les guerres franco-anglaises, dans la 2e moitié du XVIIe siècle, les droits de douane sur les vins français augmentent de manière considérable, tandis que l'Angleterre par le **traité de Méthuen** donne la préférence aux vins portugais. En réaction, les viticulteurs bordelais se tournent vers une production de meilleure qualité et plus chère, à un tarif que la clientèle aristocratique anglaise est prête à payer. Il s'agit là de l'origine de la création des grands crus (les *new french clarets* au début du XVIIIe siècle). Enfin, la fabrication d'eaux de vie progresse en Charente avec le cognac, mais aussi dans les vallées de la Loire et de la Garonne et en Languedoc.

Traité de Méthuen : traité commercial signé en 1703 permettant à l'Angleterre d'exporter librement ses textiles vers le Portugal qui, en échange, peut exporter librement son vin en Angleterre.

Les animaux de basse-cour sont présents presque partout et de nombreux moutons et chèvres donnent du fumier et de la laine. Le nombre de ces derniers est encore plus important dans les régions montagneuses, qui peuvent exploiter les alpages à la belle saison, avec un système parfois complexe de transhumance. L'élevage et la laine sont des activités importantes dans les Îles britanniques et en Espagne, la laine des moutons mérinos espagnols étant considérée comme la meilleure d'Europe et donc exportée vers le nord du continent. Mais l'extension des cultures entraîne une baisse des troupeaux. Les porcs sont, en revanche, moins appréciés, car ils consomment trop de nourriture ou nécessitent des forêts de chênes (pour les glands) qui ont été en grande partie défrichées. Il en va de même pour les chevaux et les bovins, même s'ils sont très utiles pour le labourage ou le transport. En fait, c'est dans les villes qu'on en trouve le plus, à l'exception de certaines régions d'élevage. Les plus importantes pour les bovins sont, en France, l'Auvergne, le Limousin et la Normandie. Les régions montagneuses peuvent aussi profiter de la production de fromages, qui offre un supplément de revenus appréciable.

Huerta : agriculture irriguée dans les plaines côtières du pourtour de la Méditerranée.

D'autres cultures complètent ce panorama agricole : les cultures maraîchères près des grandes villes, en Flandre et Provinces-Unies, oliviers et **huertas** dans l'Europe méditerranéenne, développement du tabac, par exemple en Alsace et dans le Nord de la France, des mûriers pour la soie dans le Languedoc… Les châtaignes sont aussi une nourriture d'appoint importante dans les régions pauvres comme le sud-est du Massif central.

2. Une conjoncture économique peu favorable et de graves crises démographiques

Alors qu'au XVIe siècle, les prix céréaliers français comme européens sont en forte hausse, la tendance est, au contraire, à la baisse au XVIIe siècle, dès le début du siècle dans les régions méditerranéennes, davantage à partir de 1650-1660 pour les régions plus septentrionales. Il faudra attendre le XVIIIe siècle pour que la conjoncture soit à nouveau à la hausse. La production céréalière connaît pendant toute la période un plafond qu'elle n'arrive pas à dépasser faute de progrès techniques ou économiques. Après une période de récupération, durant le premier tiers du siècle, la production a tendance ensuite à stagner ou à baisser en fonction des régions, certaines étant également affectées par les conflits. Le passage de troupes, avec leur logement chez l'habitant et la réquisition de nourriture, est alors vécu comme des catastrophes, comme en témoignent les gravures *Les Misères de la guerre* du Lorrain Jacques Callot publiées en 1633.

Jacques Callot, *Les misères et les malheurs de la guerre*, La pendaison

Ainsi, la guerre de Trente ans ravage toute l'Europe centrale, sa population diminuant de moitié, et les troubles de la Fronde perturbent profondément les paysans du Bassin parisien. Les guerres de Louis XIV de la deuxième moitié du XVIIe siècle ont des conséquences moins dramatiques, même si la vallée du Rhin et les Pays-Bas espagnols sont un terrain d'affrontements récurrent. Dans l'ensemble, les progrès de la discipline militaire et de l'approvisionnement des troupes contribuent à diminuer les nuisances de la guerre pour les populations civiles, même si la fiscalité se fait plus pesante. La France connaît cependant des années très difficiles, de 1680 à 1720, avec un déclin industriel (surtout dans le luxe) et commercial (baisse des exportations vers les pays d'Europe du Nord).

«Les blés et autres grains, les arbres fruitiers, les vignes et même les chênes en moururent. On trouvait des glaçons dans le pain et dans le vin. Quand on crachait, à peine le crachat était-il à terre qu'il était sur l'instant changé en un morceau de glace.», Journal de Jacques Pouzaux (sur l'hiver 1709), curé de Gémozac (Charentes-Maritimes)

«Petit âge glaciaire» et crises démographiques

Pendant toute cette période, la production agricole est très sensible aux fluctuations climatiques, qui entraînent non seulement des mauvaises récoltes, mais aussi des crises économiques générales. On estime habituellement que le XVIIe siècle connaît un «petit âge glaciaire», avec surtout des printemps et des étés pluvieux et pourris, ce qui compromet les récoltes. Le froid culmine dans les années 1690 et provoque en France une famine considérable, en 1693-1694, qui cause un surplus de mortalité de 1,3 million de personnes, c'est-à-dire l'équivalent des pertes de la Première Guerre mondiale, mais pour un pays presque à moitié moins peuplé. Louis XIV fait son possible pour approvisionner le royaume, en donnant toujours la priorité à Paris et à l'armée (traque des spéculateurs, distribution de pain, achat de blé dans la Baltique). Après une rapide récupération, une autre crise majeure frappe toute l'Europe, notamment le centre: le grand hiver de 1708-1709. À Paris, les températures descendent en janvier, pendant presque trois semaines en dessous des -10 °C, allant même jusqu'à -25 dans la Beauce. Les grands fleuves sont tous gelés, les arbres fruitiers périssent, et le prix du pain connaît une flambée considérable. Deux autres vagues de froid touchent ensuite le pays en février et en mars, ce qui entraîne une surmortalité de 630 000 personnes, en 1709-1710.

La conséquence de ces crises, des nombreuses guerres et d'une conjoncture économique difficile fait que la population européenne augmente légèrement au cours du siècle, passant de 100 à 120 millions d'habitants, avec une stagnation ou une légère augmentation pour la plupart des pays. On note une augmentation un peu plus importante en Angleterre, malgré les pertes dues à la guerre civile et une grosse chute en Allemagne, à cause de la guerre de Trente Ans, partiellement compensée par une reprise dans la deuxième moitié du siècle. La peste fait encore quelques ravages, notamment en Espagne, en 1596-1602, en 1647-1652 et, en France, en 1644-1657 et entre 1663 et 1670. Du fait des guerres et de l'expulsion des Morisques, l'Espagne perd ainsi de nombreux habitants et devra attendre 1730 pour retrouver son niveau de population de l'époque de Philippe II.

Ce déclin des épidémies ne s'explique pas vraiment par des progrès de la médecine (presque inexistants), mais surtout par l'efficacité plus grande des mesures prises par l'administration (cordons sanitaires, meilleur contrôle des soldats).

Les 10 premières villes (en habitants) en Europe en 1700

	Estimation basse	Estimation haute
Londres	550 000	575 000
Paris	500 000	530 000
Naples	215 000	300 000
Amsterdam	194 000	206 000
Lisbonne	180 000	180 000
Madrid	140 000	150 000
Venise	138 000	138 000
Rome	135 000	143 000
Moscou	130 000	130 000
Milan	125 000	125 000

Si l'écrasante majorité de la population vit à la campagne, les villes connaissent une certaine croissance. La population urbaine augmente (en France, elle passe de 14,4 %, en 1600 à 17,3 %, en 1650 puis stagne sous Louis XIV). Paris, avec environ 500 000 hab, en 1700, a plus que doublé sa population au cours du siècle et écrase ses concurrentes en France, puisque Lyon (2e ville française) est cinq fois moins peuplée. Mais la capitale française, plus grande ville d'Europe, en 1600, est dépassée à cette date par Londres (550 000 hab). Notons aussi la formidable croissance d'Amsterdam (près de 200 000 hab, en 1700) et de Madrid, nouvelle capitale de l'Espagne depuis 1561, tandis que Lisbonne et les grandes villes d'Italie (Naples, Venise, Rome, Milan) restent encore très peuplées (100 à 215 000 hab).

II. De nouveaux rapports de force économiques et commerciaux en Europe

1. Le déclin espagnol

Au XVIIe siècle, l'Europe du Sud et notamment l'Espagne, n'affiche plus la même prospérité qu'au siècle passé. L'Espagne connaît même un déclin inquiétant, surtout à partir de 1620, avec une forte inflation liée à l'arrivée des métaux précieux d'Amérique (le pays est alors le plus cher d'Europe) et des salaires trop élevés pour que ses productions puissent concurrencer celles des autres États. On observe donc un déclin des grandes places lainières (Espagne centrale surtout) et de la soierie (dans le sud) espagnoles, de même que les chantiers navals et la métallurgie basque et catalane, dépassés techniquement. Dépensant trop pour sa politique extérieure, l'Espagne est alors en surexpansion et essaie de répondre au défi étranger par le protectionnisme, le maintien du monopole avec les colonies américaines et la prohibition des sorties de métaux précieux. Mais les manufactures espagnoles sont en fait incapables de fournir les produits de plus grande qualité (soieries, tapisseries, miroirs…) demandés par l'immense marché américain ce qui fait que ce dernier est surtout approvisionné par l'intermédiaire des marchands français, génois et hollandais implantés à Cadix. En Méditerranée, les Français éclipsent également les Espagnols. Il faut cependant attendre les années 1680 pour que le déclin soit enrayé, et l'arrivée de Philippe V sur le trône, en 1700, va permettre de lancer des réformes importantes au XVIIIe siècle.

▶ Voir carte 13, Atlas en fin d'ouvrage

2. Le siècle d'or hollandais

Après avoir conquis par les armes leur indépendance face à l'Espagne, les Provinces-Unies et notamment la province de Hollande, déjà prospères au XVIe siècle, connaissent une prospérité encore plus éclatante au XVIIe siècle. Malgré un territoire réduit et en partie marécageux, les Néerlandais réussissent à développer une agriculture rentable et à gagner des terres sur la mer par la technique des polders. Le grand commerce européen est alors largement dominé par les marchands hollandais, qui importent et réexportent les produits de la Baltique (bois, fer, cuivre, céréales, lins, chanvres), les vins et le sel français, les laines d'Espagne ou encore les draps anglais, grâce à une flotte marchande considérable (plus de 2 000 **flûtes** en 1650, représentant 75 % de la flotte européenne) et très productive. La pêche au large est également une spécialité des Hollandais. Avec seulement deux millions d'habitants, les Provinces-Unies ont le taux d'urbanisation le plus élevé d'Europe (50 %). Amsterdam réussit à s'imposer comme l'entrepôt de l'Europe et une place financière majeure, avec la première banque centrale du monde créée en 1609 et une bourse dynamique. Les Hollandais créent également la **VOC**, la plus grosse compagnie privée du temps, qui réalise des bénéfices record (25 % en moyenne par an). Elle est bien implantée au Cap, à Ceylan et surtout à Batavia (Java), ce qui lui permet de contrôler le trafic des épices. Une autre compagnie, moins puissante, s'occupe des Indes occidentales (la WIC) et établit des établissements dans les Antilles et à la Nouvelle-Amsterdam (future New York). Les Néerlandais s'emparent même du nord-est du Brésil portugais, entre 1630 et 1654, où ils implantent la canne à sucre. Enfin, une importante industrie soutient ce dynamisme commercial avec des chantiers navals, la transformation de produits coloniaux (sucre, tabac), des savonneries et des textiles réputés. Cependant, les guerres incessantes avec l'Angleterre et la France entraînent un essoufflement des Provinces-Unies, qui deviennent de plus en plus un partenaire secondaire, dans le cadre de l'alliance des deux pays après la prise du pouvoir de Guillaume d'Orange en Angleterre, en 1688.

Flûte : Gros bateau à trois mats, d'origine hollandaise, destiné au transport de marchandises.

La **Vereenigde Oost-Indische Compagnie (VOC)** ou Compagnie néerlandaise des Indes orientales créée en 1602 a le monopole du commerce l'Océan indien et l'Extrême-Orient et est l'un des piliers de la puissance commerciale hollandaise.

3. La réaction anglaise

L'Angleterre est l'autre grand pays à connaître un essor économique remarquable. Pour faire face à la VOC, les Britanniques créent également une Compagnie des Indes, en 1600, qui se concentre sur les échanges avec l'Inde, à partir des premiers comptoirs sur le continent. Mais c'est vers l'Amérique que la colonisation anglaise est la plus active, par la fondation, dès le début du siècle, des premières colonies qui deviendront plus tard les États-Unis. Elles fournissent du tabac, tandis que la canne à sucre se répand dans les Antilles anglaises (Barbade, Jamaïque). Malgré des crises entre 1614 et 1621, le commerce se développe aussi bien avec l'Europe du Nord-Ouest que l'Europe du Sud, où les Britanniques échangent des produits de la pêche de Terre-Neuve et des textiles contre du cuir, du sel, du vin et de l'huile.

La guerre civile ne freine qu'à peine cette expansion commerciale, et l'Angleterre se montre de plus en plus agressive face aux Hollandais, notamment en votant, en 1651, le premier **Acte de Navigation**. Cette rivalité commerciale est, en grande partie, à l'origine des deux guerres anglo-hollandaises (1652-1654 et 1665-1667), qui sont plutôt favorables à l'Angleterre, qui récupère notamment la Nouvelle-Amsterdam, rebaptisée alors New York, en 1667.

Acte de Navigation : acte de protectionnisme qui exige que toutes les importations soient directement transportées en Angleterre par des navires anglais ou par ceux du pays producteur, ce qui vise particulièrement les marchands hollandais.

Dans la deuxième moitié du siècle, le pays poursuit son expansion coloniale vers l'Amérique du Nord, les Antilles et en Inde (Bombay, autrefois portugaise, devient anglaise en 1661). Profitant des guerres et des difficultés des Hollandais aux prises avec la France de Louis XIV, les Anglais réussissent à se substituer progressivement à ces derniers en tant que « rouliers de la mer », en Europe, et à accaparer la traite négrière. Parallèlement, la production de charbon et de fer augmente fortement, tout comme l'industrie textile (draperie, mais aussi soierie). Londres devient plus que jamais le principal centre manufacturier, commercial et financier du pays, la City s'imposant à la fin du siècle comme la principale plaque tournante du commerce européen.

III. Le volontarisme économique français et ses limites

1. Mercantilisme et colbertisme en France

Dès le début du XVIIe siècle, les dirigeants français estiment que le royaume n'exploite pas suffisamment son immense potentiel économique. Richelieu essaie bien de contribuer au développement économique du pays, mais son action est rapidement stoppée par la nécessité de faire face à la guerre. C'est également la priorité de Mazarin. Il faut donc attendre l'époque de Colbert pour qu'une véritable politique économique se mette en place avec ce qu'on a appelé parfois abusivement le colbertisme. Or, celui-ci reprend en fait les principes du mercantilisme théorisés dès Henri IV, voire même avant, avec, par exemple Jean Bodin ou Antoine de Montchrestien. Loin de donner la priorité à l'économie, Colbert, comme Louis XIV et même Louvois, estime que l'objectif ultime est de faire de la France la première puissance européenne dans tous les domaines. Dans cette optique, la puissance économique est donc avant tout un moyen plus qu'une finalité. Pour cela, il faut que le royaume accumule le maximum d'espèces sonnantes et trébuchantes, dont le stock est considéré à tort comme limité, malgré l'afflux de métaux précieux venant d'Amérique. Comme la France ne possède pas de mines d'or et d'argent, la seule solution est d'augmenter l'excédent commercial. Colbert cherche donc à développer les manufactures, la flotte marchande et les échanges avec les colonies, à gagner des parts de marché en Europe, tout en protégeant les producteurs français par des droits de douane élevés. Ayant conscience du retard français dans le commerce et l'industrie, l'État doit soutenir ces secteurs et les encadrer, mais de manière provisoire, car il n'a pas vocation à avoir un rôle dirigeant permanent. Cette doctrine amène le contrôleur général des finances à encourager les évêques à réduire en 1669 le nombre des jours fériés, pour augmenter le temps de travail. Inversement ayant conscience de l'importance des protestants dans l'économie française, il s'oppose aux brimades à leur rencontre. Enfin, Colbert juge que la France doit se renforcer sur le plan militaire et notamment naval pour protéger son commerce. En 1664, puis en 1667, en suivant l'exemple des Actes de navigation anglais, il relève fortement les tarifs sur les produits étrangers et notamment hollandais. Pour ces raisons mercantilistes, Colbert accepte plutôt bien la décision de Louis XIV de déclarer la guerre à la Hollande, en 1672. Il s'efforce aussi de rationaliser l'exploitation des ressources naturelles : moulins sur les rivières, marais salants de l'Atlantique surtout et mines de sel dans l'est, exploitation des forêts avec la grande ordonnance des eaux et forêts de 1669.

2. Le développement des manufactures françaises

Contrairement à la vision pessimiste qu'en a Colbert, la France est alors la première puissance manufacturière d'Europe, avec quelques secteurs très performants, notamment dans le textile. L'industrie drapière est très répandue en Picardie, Normandie, Champagne, Poitou et Languedoc, tandis que les toiles de chanvre et de lin sont fabriquées en Champagne, dans le Lyonnais et surtout dans le nord-ouest du pays, avec de nombreuses exportations vers l'Angleterre, Cadix et, au-delà, vers les colonies américaines de l'Espagne. La sidérurgie est l'ordre grand secteur industriel, largement contrôlé par des seigneurs (les Condé en Bourgogne par exemple) ou des roturiers devenus nobles (les Wendel en Lorraine). Colbert cherche à mieux protéger ces industries en augmentant les tarifs douaniers et en les contrôlant davantage par des ordonnances visant à améliorer la qualité de la production. Il renforce également l'organisation des secteurs d'activité en **métiers jurés** ou réglés, même si certains secteurs restent libres. Les corps de métiers sont en effet organisés par des monopoles protégés où l'esprit de corps est fort avec une grande solidarité entre les membres. L'entrée dans le corps se fait généralement par cooptation mais il règne une forte endogamie et les femmes en sont souvent exclues. L'organisation est très hiérarchique avec à la base les apprentis, puis les compagnons et enfin les maîtres. Les efforts de Colbert sur la qualité permettent aux textiles français de concurrencer la production

Depuis le Moyen Âge, les **métiers jurés** ou **guildes** sont des groupements professionnels dont les statuts sont valables pour tout le royaume tandis que les métiers réglés sont organisés à l'échelle d'une ville.

anglaise et hollandaise et de remporter de nouvelles parts de marché à l'exportation, à la fin du XVIIe siècle. Mais cette omniprésence du contrôle étatique est souvent mal supportée par les artisans, négociants, armateurs et manufacturiers qui préfèrent disposer d'une plus grande liberté et s'efforcent parfois de contourner les législations, avec d'ailleurs un certain succès. Le colbertisme a également tendance à brider fortement l'innovation et à ne favoriser que le développement de la qualité, sans pouvoir jouer sur la baisse des prix.

Carte 11 Les différentes industries textiles en France au XVIIe siècle

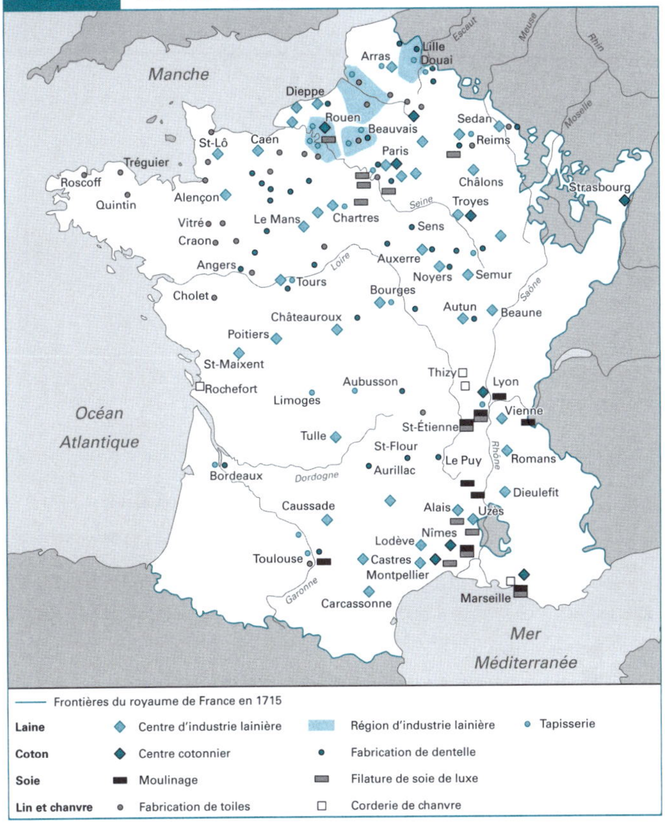

Colbert veut aussi développer de nouvelles activités, en espionnant ses concurrents européens, en attirant des techniciens et entrepreneurs étrangers à qui sont délivrés des privilèges, des subventions et des conditions favorables pour s'implanter dans le royaume. C'est ainsi qu'il amène le Hollandais Van Robais à créer à Abbeville la plus grande manufacture de draps de France. Le système des **manufactures royales** aboutit à la création d'une trentaine d'établissements, entre 1665 et 1670. Ainsi est fondée, en 1665, une manufacture pour concurrencer avec succès les miroirs vénitiens (elle s'installe quelques années plus tard à

Les **manufactures royales** sont des entreprises privées choisies par le roi, qui sont avantagées en disposant d'un monopole de 10 à 20 ans sur une production.

Saint-Gobain). L'État rachète également, en 1667, les Gobelins, qui fabriquent des tapisseries et des meubles de haute qualité. Lyon s'illustre, enfin, à partir des années 1670, dans la fabrication de soieries de qualité supérieure qui finissent par surpasser celles d'Italie et par s'imposer dans toute l'Europe.

Carte 12 Lieux d'approvisionnement de la marine de guerre française

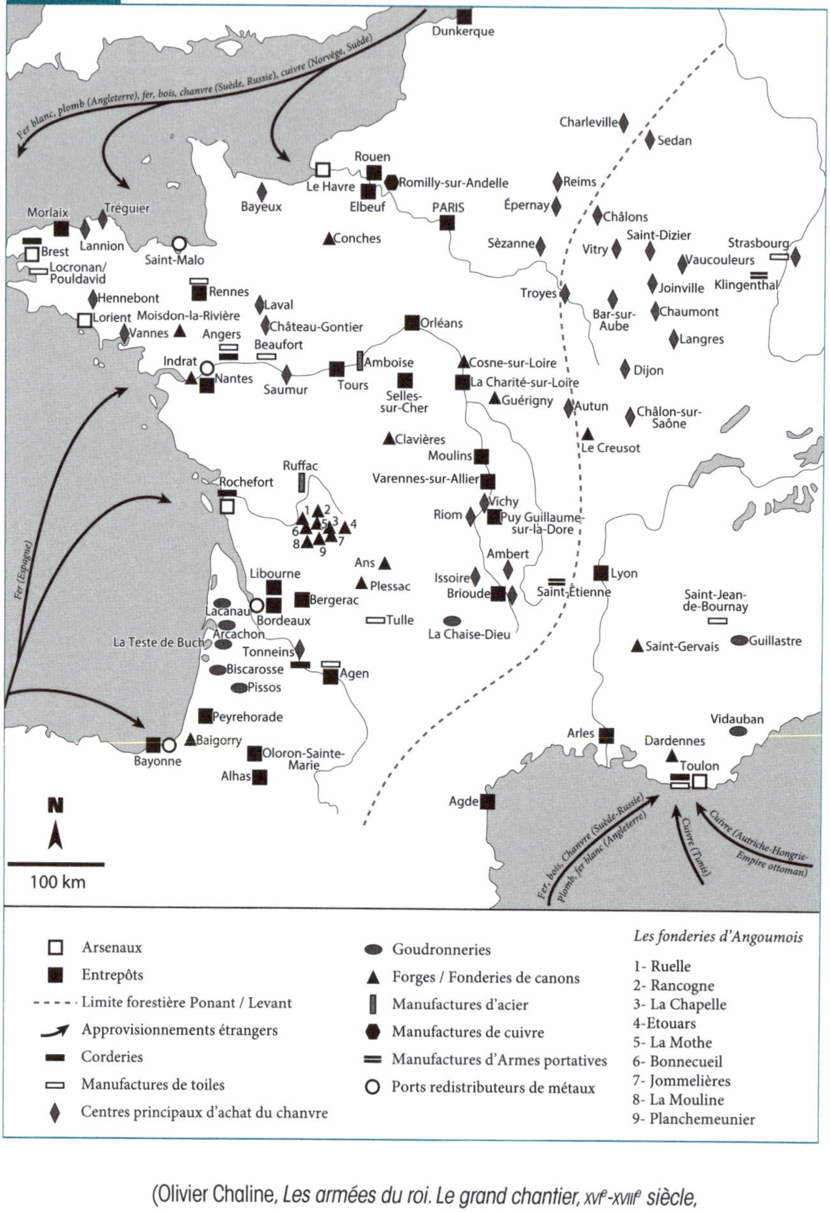

(Olivier Chaline, *Les armées du roi. Le grand chantier, XVIe-XVIIIe siècle*, Armand Colin, 2016,-p. 269)

La formidable croissance de l'armée et de la marine française est enfin à l'origine, à partir des années 1660, du développement d'un véritable complexe militaro-industriel. Ainsi la *Royale* amène la rénovation des arsenaux royaux de Toulon, du Havre et de Marseille (pour les galères). Sur la façade atlantique, alors que Richelieu privilégie Brouage pour concurrencer La Rochelle, Colbert préfère créer un nouvel arsenal à Rochefort et augmenter fortement les capacités de Brest, tandis que la Compagnie des Indes orientales s'installe à Lorient, à partir de 1666. Ces trois dernières villes connaissent alors une forte croissance démographique et économique. Chaque arsenal emploie jusqu'à plusieurs milliers de personnes et compte parmi les entreprises les plus importantes du royaume. Autour de ces arsenaux s'organise tout un arrière-pays qui, privilégiant autant que possible les liaisons fluviales, doit fournir un nombre considérable de matériaux. Le principal est le bois de construction, ce qui amène Colbert à rédiger, en 1669, une grande ordonnance sur les eaux et forêts pour rationaliser son utilisation et réserver les arbres les meilleurs pour la marine. Mais les navires ont également besoin de goudron venant surtout des Landes, de toiles pour les voiles qui sont fabriquées en Bretagne, des ancres produites surtout dans le Nivernais, des canons et des outils en métal venant des forges de l'Angoumois, du Périgord et du Nivernais.

3. Un essor commercial impulsé par l'État

Colbert développe la flotte marchande française qui assure surtout un **cabotage** sur les côtes françaises, même si certains négociants basques et malouins n'hésitent pas à pratique la pêche à la baleine ou à la morue jusqu'à Terre-Neuve. La Rochelle importe également du Canada des peaux de castors très prisées pour la fabrication de chapeaux. Richelieu essaie de copier le modèle hollandais des grandes compagnies à monopole et accorde le privilège de noblesse aux participants. Malheureusement, les résultats ne sont guère à la hauteur des espérances, ce qui n'empêche pas un essor du Canada, avec la fondation de Montréal, en 1642, et celui des Antilles (Guadeloupe, Martinique, Saint-Christophe).

Cabotage : navigation marchande près des côtes généralement sur de faibles distances.

Malgré des faiblesses, au XVIIe siècle, la France a néanmoins une balance commerciale excédentaire. Colbert crée lui aussi de nouvelles grandes compagnies par actions, avec un monopole sur un espace géographique déterminé : l'océan Indien pour la Compagnie des Indes orientales fondée en 1664, les Antilles et le Canada pour celle des Indes occidentales (1664), la Baltique pour la Compagnie du Nord (1669), l'Empire ottoman et la Méditerranée orientale pour la Compagnie du Levant (1670) et l'Afrique occidentale pour la Compagnie du Sénégal (1673). Manquant d'argent et trop bureaucratisées, ces compagnies ne suscitent cependant pas l'enthousiasme, ni des marchands ni de la noblesse (malgré une ordonnance sur la non-**dérogeance**, en 1669). Ainsi les négociants n'ont apporté que 16,4 % du capital de la Compagnie des Indes orientales, tandis que le roi en fournissait

Dérogeance : activité subordonnée au lucrative (hormis le commerce en gros) qui fait perdre à quelqu'un sa qualité de noble.

44,8 %, le reste venant de la Cour, de la noblesse de robe et des financiers. Les marchands des ports atlantiques préféraient mener leurs affaires comme ils l'entendaient et ne s'engager que dans des entreprises dont ils connaissaient personnellement les participants et pour des durées plus courtes, au lieu d'immobiliser des fonds importants sur le long terme. Par conséquent, la plupart de ces grandes compagnies à privilèges firent faillite rapidement.

À partir de 1674, la flotte française connaît une certaine expansion, et la balance commerciale française avec l'Europe devient nettement excédentaire en 1704 (plus de 15 millions de livres). La réussite des marchands malouins, au tournant des XVIIe et XVIIIe siècles, illustre une autre facette de cet essor. D'abord spécialisés dans la pêche à la morue, ces derniers se convertissent ensuite à la guerre de course, pendant les deux dernières guerres de Louis XIV (sac de Rio de Janeiro par Duguay-Trouin, en 1711). Après l'arrivée d'un Bourbon sur le trône d'Espagne, en 1700, les Malouins développent tout un commerce plus ou moins illicite, en ligne directe par le cap Horn vers les colonies espagnoles d'Amérique du Sud, au Chili et au Pérou (le commerce de la mer du Sud). Or, ce dernier, bien que risqué, offre une rentabilité exceptionnelle, car la demande des colons en biens manufacturés est considérable, d'autant plus qu'ils peuvent payer avec l'or et surtout l'argent des mines du Pérou (Potosi). Les Malouins en viennent même à prolonger leur commerce, en allant jusqu'aux Philippines et en Chine, en traversant tout le Pacifique. Mais le traité d'Utrecht en 1713 signe le glas de ces expéditions lointaines, désormais plus strictement interdites par l'Espagne. La France se tourne ensuite davantage vers les Antilles.

4. La fondation du premier empire colonial français

Enfin, la France poursuit son expansion coloniale. Le Canada se développe, surtout grâce à sa très forte fécondité (3 200 hab, en 1665, 9400, en 1679). Les « coureurs des bois » (trappeurs) et quelques explorateurs (Cavelier de La Salle, entre 1682 et 1687) permettent d'étendre la domination française à la baie d'Hudson, aux Grands Lacs et vers la vallée du Mississipi. Au début du XVIIIe siècle, une petite colonie portant le nom du roi est fondée dans le delta du fleuve : la Louisiane. Au traité de Ryswick en 1697, Louis XIV récupère la partie occidentale de Saint-Domingue, jusque-là espagnole, mais occupée déjà en partie par les **flibustiers** et les **boucaniers**. Le développement des plantations sucrières, de la traite négrière (à partir notamment du poste de Saint-Louis du Sénégal) et de la contrebande avec les colonies espagnoles commence à faire la richesse de Nantes et de Bordeaux. L'essor de Saint-Domingue débute à la fin du règne de Louis XIV, son nombre de plantations dépassant celles de la Jamaïque, dès 1720. Enfin, dans l'océan Indien, si la colonisation de Madagascar est un désastre, celle des **Mascareignes** a plus d'avenir, de même que les premiers postes en Inde (Pondichéry, Chandernagor).

Les **flibustiers** sont le nom des pirates des Caraïbes aux XVIIe et XVIIIe siècles, tandis que les **boucaniers** désignent des aventuriers qui chassent le bœuf sauvage aux Antilles pour le fumer avec un boucan.

Îles de l'océan Indien à l'est de Madagascar, les **Mascareignes** comprennent surtout les actuelles îles Maurice et de la Réunion, appelées alors Île de France et île Bourbon.

Le Code noir

Recueil d'une soixante d'articles promulgués en mars 1685 à l'initiative de Mme de Maintenon, et non de Colbert, comme on l'affirme trop souvent, le Code noir rassemble toutes les dispositions réglant la vie des esclaves dans les colonies françaises des Antilles. Bien que reconnus comme des hommes qu'il faut notamment instruire dans la foi catholique, nourrir correctement et ne pas punir abusivement, le Code considère les esclaves comme des biens meubles et détaille les châtiments que le maître peut exercer sur eux.

Article 38 : L'esclave fugitif qui aura été en fuite pendant un mois [...] aura les oreilles coupées et sera marqué d'une fleur de lis une épaule ; s'il récidive un autre mois [...], il aura le jarret coupé, et il sera marqué d'une fleur de lis sur l'autre épaule et la troisième fois, il sera puni de mort.

Article 44 : Déclarons les esclaves être meubles et comme tels entrer dans la communauté, n'avoir point de suite par hypothèque, se partager également entre les cohéritiers...

5. Un royaume mieux maîtrisé

Colbert essaie aussi de remédier au manque de voies de communication à l'intérieur du royaume. Si les routes sont un peu améliorées, il donne la priorité au transport fluvial, moins cher et plus pratique. Il facilite la navigation de nombreuses rivières ou fleuves (Lot, Garonne, Loire) et lance plusieurs projets de canaux : celui d'Orléans à Montargis, de 1679 à 1692, celui de Calais à Saint-Omer (1691) et, surtout, celui du Midi proposé et supervisé par Paul Riquet en 1666. Achevé rapidement en 1681, il permet de relier Sète à Toulouse et donc la Méditerranée à l'Atlantique par la Garonne, ce qui relance le commerce du blé et du vin en Languedoc. Mais les échanges restent limités à l'échelle locale et nationale et non internationale comme initialement prévu.

Au XVIIe siècle, les souverains cherchent également à mieux connaître l'état du royaume. Colbert lance à partir de 1663-1664 de grandes enquêtes que doivent effectuer généralement les intendants dans toutes leurs circonscriptions, mais seuls les rapports sur la Bretagne, la Normandie et le Poitou sont publiés. En 1698, le duc de Beauvillier, dans le but de parfaire l'instruction du duc de Bourgogne dont il a la charge, demande à tous les intendants de rédiger un mémoire sur l'état complet de leur généralité. Au même moment, Vauban s'intéresse, lui aussi, de plus en plus aux méthodes statistiques et aux moyens de développer le royaume sur le plan économique ou fiscal. Un grand effort de cartographie de la France est également entrepris à partir du milieu du siècle dans un but plus militaire que purement scientifique ou économique. Mais, c'est au XVIIIe siècle que la cartographie de la France fera le plus de progrès.

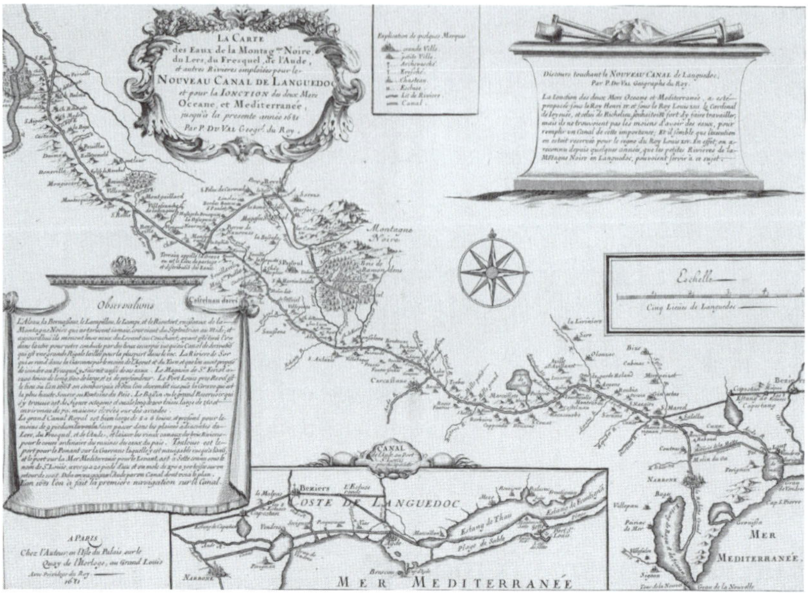

Le canal du Midi (1681)

À RETENIR

- L'économie reste encore largement rurale et fondée sur la céréaliculture, avec quelques progrès en Angleterre et surtout dans les Provinces-Unies.
- La conjoncture économique est plutôt mauvaise au XVIIe siècle, avec d'importantes crises démographiques dues, notamment, à la famine de 1693-1694 ou au grand hiver de 1709.
- L'Europe du Sud, notamment l'Espagne, décline au profit des Provinces-Unies, puis de l'Angleterre qui sont les grandes puissances maritimes et commerciales du temps.
- Grâce au mercantilisme de Colbert, la France s'efforce de développer ses manufactures, son commerce et ses colonies, mais le bilan est partagé.

LES DATES ESSENTIELLES

1602 : création de la VOC (compagnie néerlandaise des Indes orientales)

1609 : création de la banque d'Amsterdam, première banque centrale du monde

1651 : Actes de navigation en Angleterre

1667 : rachat des Gobelins par l'État français pour en faire une manufacture royale

1669 : grande ordonnance des eaux et forêts de Colbert

1681 : ouverture du canal du Midi, construit par Riquet

1693-1694 : crise et grande famine en France

1697 : la France récupère la partie occidentale de Saint-Domingue

1709 : grand hiver dans toute l'Europe

POUR ALLER PLUS LOIN

Sélection bibliographique

Pierre DEYON, *Le mercantilisme*, Paris, Flammarion, 1969.

Christophe DE VOOGD, *Histoire des Pays-Bas*, Paris, Fayard, 2003.

Bernard GAINOT, *L'Empire colonial français de Richelieu à Napoléon*, Paris, A. Colin, 2015.

Marcel LACHIVER, *Les années de misère. La famine au temps du Grand Roi*, Paris, Fayard, 1991.

Jean-Pierre POUSSOU, *La terre et les paysans en France et en Grande-Bretagne aux XVIIe et XVIIIe siècles*, Paris, SEDES, 1999.

Didier TERRIER, *Histoire économique de la France d'Ancien Régime*, Paris, Hachette, 1998.

Elizabeth TUTTLE, *Les Iles Britanniques à l'âge moderne, 1485-1783*, Paris, Hachette supérieur, 1996.

Ressources internet

https://www.cairn.info/revue-de-metaphysique-et-de-morale-2003-3-page-289.htm (article sur le mercantilisme)

http://journals.openedition.org/remi/2724 (article « Les colonies françaises au XVIIe siècle : mercantilisme et enjeux impérialistes européens », par Yves Charbit, Revue européenne des Migrations internationales, n° 22, 2006, p. 183-199)

PARTIE 3

LE XVIIIe SIÈCLE

CHAPITRE

13

Vers un nouvel équilibre européen

PLAN DU CHAPITRE

Le 1er septembre 1715, après une longue agonie, Louis XIV meurt des suites d'une gangrène à la jambe. Ainsi disparaît le monarque au régime le plus long de l'histoire de France et avec lui s'achève le Grand Siècle. S'ouvre alors un nouveau siècle et une nouvelle ère, entre espoirs de renouveau et légitimes inquiétudes sur le devenir du royaume. Si le siècle des Lumières n'a jamais été un « siècle de fer », le rayonnement français au XVIIIe n'atteint sans doute jamais celui du siècle précédent. Le court XVIIIe siècle, correspondant aux règnes de Louis XV (1715-1774) puis de Louis XVI (1774-1792), correspond à une France à la fois puissante et vacillante.

Problématiques

- Quelle est la position de la France en Europe à l'avènement de Louis XV ?
- Quels sont les formes et les facteurs du nouvel équilibre européen au XVIIIe siècle ?
- Ce nouvel équilibre est-il durable ?
- Quelles sont les puissances fragilisées et les puissantes montantes de ce siècle ?

I. L'Europe en 1715

▶ Voir carte 11, Atlas en fin d'ouvrage

L'Europe à la mort de Louis XIV est un continent en recomposition, dont les frontières et les forces découlent des guerres du siècle précédent, en particulier de la guerre de Succession d'Espagne. Les clauses des différents traités qui ont mis fin à ce conflit redessinent l'équilibre entre puissances européennes. D'un côté, les Bourbons sortent affaiblis de cette guerre, de l'autre, les membres de la **Grande Alliance** en profitent grandement.

En 1701, la Grande-Bretagne, les Provinces-Unies, la Prusse, l'Autriche et le Portugal s'allient afin de servir « de digue, de rempart, et de barrière » face à la menace de l'expansion française.

1. L'Espagne et la France : des puissances affaiblies

L'Espagne, dont le roi a renoncé à jamais prétendre à la couronne française, est une puissance amoindrie. Certes elle conserve son territoire ibérique (moins Gibraltar et Minorque, cédés à l'Angleterre) ainsi que ses colonies, mais elle perd les Pays-Bas espagnols et ses possessions méditerranéennes (le royaume de Naples, la Toscane, le Milanais et la Sardaigne) à l'avantage de l'Autriche des Habsbourg. La Sicile enfin est octroyée au duché de Savoie.

La France, sans subir des pertes aussi importantes que son allié espagnol, doit tout de même abandonner à la Grande-Bretagne des possessions américaines : la baie d'Hudson, l'Acadie et Terre-Neuve et l'île de Saint-Christophe. Elle échoue également à imposer son contrôle sur les territoires belges au nord du royaume. Elle conserve cependant les conquêtes du second XVIIe siècle dans le cadre des dispositifs des traités signés précédemment.

Par ailleurs, la France est sortie financièrement exsangue des guerres du tournant du XVIIIe siècle. À la mort de Louis XIV, la dette de l'État français est supérieure à un milliard de livres tournois, et les recettes de l'année 1715 sont insuffisantes pour couvrir les seuls intérêts de cette dette. Pour financer les efforts militaires toujours croissants du tournant du siècle, la monarchie multiplie les mesures désespérées : multiplication des emprunts, empilement de nouveaux impôts (capitation et dixième), mutations monétaires à répétition▸ (la livre tournoi en 1715 a perdu en vingt ans près d'un tiers de sa valeur métal).

▶ Voir p. 134

Les mutations monétaires

Au cours de la seconde moitié du XVIIe siècle et pendant le premier quart du XVIIIe, la monarchie française a de nouveau recours à une manipulation qui existe depuis le Moyen Âge, la mutation monétaire. Il s'agit de jouer sur la différence entre la monnaie de compte et la monnaie de paiement. La monnaie de compte pendant tout l'Ancien Régime est fondée sur le triptyque livres/sous/deniers tournois (signifiant, à l'origine, de la Touraine). Une livre vaut vingt sous. Un sou vaut douze deniers. La monnaie de paiement quant à elle repose sur une large variété d'espèces de trois types de métal (or, argent, cuivre) mais sans aucune indication de valeur en monnaie de compte (celle-ci est fixée par décret royal). Vers 1715, on compte au moins une trentaine de différentes monnaies royales en circulation.

Lors d'une mutation monétaire, soit l'on frappe une série de nouvelles pièces dont la valeur nominale reste identique aux pièces en cours antérieurement – mais dont le contenu métallique est inférieur –, soit l'on fait varier le cours des espèces déjà en circulation. Une telle opération permet d'augmenter artificiellement les recettes, au risque d'une grande confusion dans l'esprit des différents acteurs économiques.

Les problèmes financiers de la France ne doivent pas faire oublier qu'en 1715 le royaume présente encore des atouts significatifs : un empire qui s'étend sur plusieurs continents (la Nouvelle-France en Amérique du Nord, les possessions antillaises, les comptoirs français sur le littoral sénégalais, l'île Bourbon (La Réunion) et l'Isle de France (l'Île Maurice) dans l'océan Indien, les établissements français sur la côte orientale de l'Inde) ; un territoire métropolitain consolidé à l'économie prospère ; la population la plus importante d'Europe occidentale (env. 20 millions d'habitants) ; un grand rayonnement culturel et diplomatique.

2. L'émergence de nouvelles puissances

Inversement, le bilan est largement favorable à la victorieuse Grande Alliance : la Grande-Bretagne et ses alliés obtiennent satisfaction sur deux points centraux : la séparation de la couronne espagnole et de la couronne française, ainsi qu'une France contenue dans ses frontières d'avant la guerre de Succession d'Espagne. La Grande-Bretagne voit ses possessions coloniales aux Amériques s'agrandir et s'ouvrir à elle de nouveaux avantages commerciaux tandis que l'Autriche renforce son emprise continentale en Europe.

En somme, une nouvelle carte européenne se dessine en 1715 qui différencie le nouveau siècle du précédent. Si l'Europe du début du XVIIe siècle a été dominée par les deux puissances française et autrichienne, puis vers le troisième quart du siècle par la seule puissance française, l'Europe au lendemain du traité d'Utrecht est celle d'un relatif équilibre des puissances où aucune nation hégémonique ne se dégage. On peut noter trois puissances de premier plan : la France, l'Autriche et la Grande-Bretagne ; des puissances qui n'ont pas su profiter de la guerre de 1701-1714 : l'Espagne, les Provinces-Unies et la Suède ; et de nouvelles puissances émergentes : la Prusse et la Russie.

II. Un équilibre européen fragile (1715-1740)

1. L'équilibre des puissances

Les relations entre nations européennes pendant le XVIIIe siècle obéissent en large partie à une logique de préservation de l'équilibre des puissances, certes fragile, né de la fin de la guerre de Succession d'Espagne en 1714. Employant alternativement des moyens diplomatiques et des moyens militaires, les différentes puissances veillaient à ce qu'aucune autre ne devînt hégémonique.

L'expression même d'équilibre des puissances se répand au XVIIIe siècle, notamment chez les penseurs des Lumières▸. **David Hume**, réfléchissant aux rapports entre Grande-Bretagne, maison d'Autriche et royaume de France, écrit dans un article de 1752, intitulé « de l'équilibre des puissances » : « la

David Hume (1711-1776), philosophe et historien appartenant aux Lumières écossaises, défend la suprématie de la raison en matière de morale comme de religion. Diplomate à Paris à partir de 1763, il y rencontre Jean-Jacques Rousseau.

▶ Voir chapitre 16

maxime du maintien de l'équilibre des puissances est fondée sur le sens commun et une rationalité évidente». L'historien anglais **Edward Gibbon** écrit en 1787: «le philosophe a le droit [...] de considérer l'Europe comme une grande république dont les habitants ont atteint à peu près le même niveau d'éducation et de culture. L'équilibre des puissances se modifiera, notre royaume, ou les royaumes voisins, passeront par des phases de grandeur ou de dépression; mais ces événements partiels n'affecteront pas notre état général de bonheur.»

Edward Gibbon (1737-1794), historien britannique, auteur d'une monumentale œuvre, *Déclin et chute de l'Empire romain* (1776-1788). Il montre notamment le rôle du christianisme dans ce déclin.

2. La diplomatie à l'œuvre

Si le XVIIIe siècle est scandé par de grands conflits européens (notamment les guerres de Succession de Pologne et d'Autriche et la guerre de Sept Ans), il ne faut pas pour autant sous-estimer l'importance de la diplomatie européenne de l'époque. En effet, la diplomatie moderne s'est étoffée et s'est professionnalisée depuis ses débuts au temps de la Renaissance. La plupart des États européens ont un ministère des affaires étrangères en charge des tractations avec leurs voisins et à la tête d'une petite armée de fonctionnaires et d'un réseau d'ambassades à l'étranger. Les correspondances entre les cours européennes et leurs ambassadeurs, les congrès pluripartites, l'espionnage ou encore les mariages des familles royales européennes multiplient les occasions d'échanger et de traiter avec les autres nations.

La France jouit d'un atout certain: la langue française constitue alors une *lingua franca*, une langue véhiculaire pour mener les relations internationales. Le français est parlé dans la plupart des cours d'Europe et s'est substitué au latin à cette époque pour la rédaction des traités: le traité de Rastatt, signé en 1714, est ainsi le premier traité international à avoir été exclusivement rédigé en français.

Les ministres et hauts diplomates sont pour la grande majorité d'entre eux issus des rangs de l'aristocratie européenne. Partageant la même éducation et les mêmes valeurs, employant les mêmes codes et la même langue, cela peut donner l'impression d'un certain entre-soi harmonieux où prime l'esprit des Lumières. Or ces hommes n'oublient jamais qu'ils servent un monarque et un État et non un idéal européen: si l'ambiance des salons diplomatiques reste feutrée, elle est également sans pitié et ne se refuse jamais le recours à la guerre, si nécessaire.

3. La guerre au XVIIIe siècle

En continuité de la diplomatie, la guerre demeure au XVIIIe siècle un outil politique des États européens. L'évolution de l'art de la guerre a conduit à des changements par rapport au siècle précédent. Toujours plus coûteux en hommes et en argent, les nombreux conflits du XVIIIe (la France est engagée dans la plupart d'entre eux) sont pourtant moins destructeurs pour les populations européennes que, par exemple, les guerres de religion. La taille des armées (plus d'une centaine de milliers d'hommes pour chaque pays impliqué dans un des conflits du siècle) et le recours à un armement moderne, dont la maîtrise nécessite des armées entraînées et bien encadrées, amènent les gouvernements à hésiter toujours davantage avant d'engager de tels effectifs et de tels coûts. La victoire ne se solde plus tant alors par la reddition ou la destruction totale de l'ennemi, que par son retrait, d'une place forte notamment ; on cherche à contraindre l'ennemi à négocier.

Le fusil à silex à canon lisse

Au XVIIIe siècle se répandent dans les armées européennes différents modèles de fusil à canon lisse qui viennent remplacer le mousquet des siècles précédents. Au lieu d'allumer une mèche, un mécanisme métallique appelé le chien (1) vient mettre feu à la poudre en frappant la platine à silex (2). Le chargement se fait toujours par la gueule ou bouche (4) du canon (3) mais est facilité par le développement de cartouches papier qui contiennent à la fois la balle (en plomb) et la poudre et dont l'enveloppe sert de bourre.

Pour chaque tir, le soldat doit : déchirer la cartouche avec ses dents ; verser un peu de poudre dans la partie creuse de la platine à silex ; verser le restant de la poudre dans la gueule du canon, suivi du papier de la cartouche et de la balle ; tasser le tout avec une baguette ; armer le chien ; viser et enfin tirer sur la gâchette.

Pesant près de cinq kilos, long d'environ un mètre et demi, la fréquence de tir varie selon l'expérience du soldat et va de deux à quatre tirs par minute, tirs qui ne sont jamais d'une grande précision mais dont la portée atteint cent à deux cents mètres. L'efficacité sur le champ de bataille dépend donc de l'entraînement et de la discipline des soldats qui doivent savoir se tenir regroupés en ligne, tirer par salve et recharger rapidement, le tout sous la charge ou le feu ennemi.

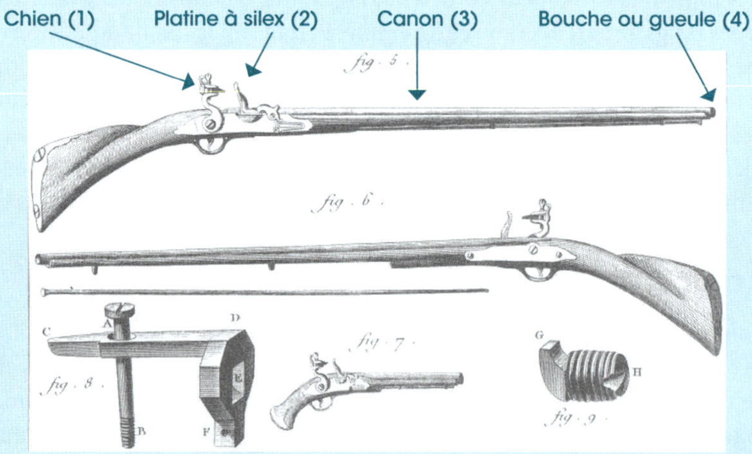

Planche Arquebuserie n° 6. Denis Diderot, Encyclopédie ou dictionnaire raisonné des sciences et arts, « Vue de la platine d'un fusil en dedans et en dehors ».

Sur mer, les forces navales des puissances européennes ont suivi la même tendance que les armées terrestres : une hausse des effectifs et des progrès technologiques qui conduisent à des changements de stratégie. Ainsi, des navires de guerre plus grands et plus rapides, équipés de canons plus efficaces et plus précis, et regroupés en des flottes plus importantes (la *Royal Navy* britannique atteint environ deux cents navires à la fin du siècle, la France, moitié moins), ont amené les amirautés à limiter, si possible, les engagements, à éviter les grandes batailles navales.

En mer comme sur terre, des problèmes de recrutement se posent aux différentes nations cherchant à augmenter leurs effectifs en raison des rudes conditions de vie, de la soumission à la discipline militaire et du risque de mort. La majorité des officiers sont des membres de l'aristocratie – sans que cela soit un gage de savoir-commander. À l'exception notable de la France, bien des pays ont encore recours à l'emploi de mercenaires. Au-delà, la conscription comme le volontariat d'hommes issus des couches populaires complètent le gros des troupes. La Grande-Bretagne recourt à la « **presse** ».

La « **presse** » est un système d'enrôlement forcé de civils dans la marine.

Critiqué dans l'opinion et contesté devant les tribunaux, ce système se maintint néanmoins pendant tout le siècle car il est jugé indispensable pour équiper la flotte impressionnante du pays.

Enrôlement forcé, caricature britannique de 1780

4. Les premiers conflits du siècle

De 1715 à 1740, les mécontentements nés des dispositifs du traité d'Utrecht nourrissent les ambitions de plusieurs monarques européens. Par ailleurs, à la même période, plusieurs décès de souverains ont aiguisé les appétits et ouvert des conflits de succession, semblables au cas de l'Espagne entre 1701 et 1714.

En Espagne, Philippe V continue de rêver du trône de France, si Louis XV venait à disparaître. Philippe est sous l'influence de sa seconde épouse, Élisabeth Farnèse, issue de la plus haute noblesse italienne. Cette dernière aspire à récupérer les anciennes possessions espagnoles en Italie et manœuvre pour faire de ses enfants les héritiers du trône espagnol. Ces ambitions sont également partagées par le cardinal italien Alberoni, conseiller proche de Philippe V et son premier ministre à partir de 1715.

En Autriche, Charles VI n'avait renoncé qu'à reculons au trône espagnol, et s'il avait bien obtenu en 1714 des concessions territoriales, italiennes notamment, il aspire toujours au retour de l'empire du temps de Charles Quint.

La Russie, jusqu'en 1721, est en conflit avec la Suède. Le tsar, Pierre Ier, mène une politique expansionniste et souhaite notamment obtenir un accès à la mer baltique. Il n'hésite pas à s'allier à différents pays européens afin d'atteindre ses objectifs. En 1721, la Suède est défaite, et la Russie est la nouvelle puissance dans la région baltique.

Frédéric-Guillaume Ier (1688-1740) est surnommé le « Roi-Sergent ».

Enfin, l'ambition de la Prusse est grande : **Frédéric-Guillaume Ier**, qui règne de 1713 à 1740, souhaite faire de ce petit (par la superficie et la population) État d'Europe centrale une puissance majeure. Passionné de l'armée et de l'art de la guerre et bourreau de travail au tempérament colérique, il développe une armée redoutable et une bureaucratie centralisée. La première est forte de 80 000 soldats : des effectifs qui peuvent paraître dérisoires, mais qui, rapportés à la population totale de la Prusse (deux millions d'habitants), représentent un effort significatif (si l'on projette le même ratio sur le royaume de France d'alors, cela équivaut à une armée française de plus d'un million d'hommes). Cette armée est par ailleurs dotée d'un équipement moderne, s'entraîne régulièrement et obéit à une discipline des plus strictes. L'administration du royaume quant à elle est particulièrement efficace, aussi fidèle au roi que l'est l'armée, et garantit l'entrée dans les finances royales de revenus fiscaux importants et réguliers. Sous son règne, la Prusse annexe la ville de Stettin (jusqu'alors possession suédoise).

Quant aux royaumes de France et de Grande-Bretagne, entre 1715 et 1740, ils ont largement aspiré au *statu quo* géopolitique. Ils ont cherché dès lors à calmer les ardeurs et à étouffer les intrigues de leurs voisins. C'est en ce sens qu'en 1716, le ministre des Affaires étrangères britannique, James Stanhope, et le cardinal Dubois, conseiller du Régent, négocient une entente diplomatique entre les deux royaumes pour la paix et le respect des traités de 1713 et 1714 et contre les velléités belliqueuses de leurs voisins, au premier chef desquels figure l'Espagne. En France, des voix s'élèvent en faveur d'une alliance avec l'Espagne des Bourbons, mais le Régent craint d'être déposé par une alliance entre les Espagnols et ses rivaux et préfère donc un rapprochement avec son cousin, George Ier. L'année suivante, cette entente se concrétise par la signature de la Triple Alliance de La Haye entre la France, la Grande-Bretagne et les Provinces-Unies.

Cependant, ce travail diplomatique ne peut éviter la guerre entre l'Espagne et l'Autriche : à l'été 1717, profitant de la guerre entre l'Autriche et l'Empire ottoman qui accapare l'attention et les moyens de Charles VI, Philippe V ordonne la reconquête de la Sardaigne. En novembre, l'île est aux mains des Espagnols. En juillet 1718, il donne l'ordre de reprendre la Sicile (possession du duc de Savoie depuis 1714). Libérée de la menace ottomane grâce à la signature du traité de paix de Passarowitz (juillet 1718), l'Autriche rejoint la Triple Alliance, devenue Quadruple, en août 1718. Les quatre États exigent le retrait espagnol de la Sicile et de la Sardaigne ; Philippe refuse et la guerre commence.

En 1718, la marine britannique engage victorieusement la flotte espagnole au large de la Sicile. Des troupes autrichiennes débarquent en Sicile mais peinent à vaincre l'armée espagnole. En France, la **conspiration de Pontcallec** échoue. L'année suivante, Philippe V soutient une invasion jacobite▸ de l'Angleterre, qui échoue à renverser la monarchie britannique. Toujours en 1719, la France s'attaque à l'Espagne par-delà les Pyrénées ainsi qu'en Floride, tandis qu'une flotte espagnole part de Cuba pour prendre les Bahamas aux Anglais.

La **conspiration de Pontcallec** est un complot ourdi par une partie de la noblesse bretonne, soutenue par l'Espagne, qui vise à substituer, sur le trône de France, Philippe V au duc d'Orléans.

▶ Voir p. 234

À la fin de l'année 1719, défait sur plusieurs fronts, le roi d'Espagne renvoie son ministre Alberoni et négocie une paix avec la Quadruple Alliance. Le traité de La Haye de 1720 met fin au conflit en sanctionnant une situation quasi identique à celle de l'avant-guerre : les deux camps renoncent à leurs conquêtes territoriales ; le duc de Savoie doit donner la Sicile à l'Autriche en échange de la Sardaigne ; la France obtient des avantages commerciaux avec le domaine espagnol ; la Grande-Bretagne se satisfait du recul espagnol ; enfin, Philippe V voit un de ses fils confirmé (par sa mère) comme héritier du duché de Parme. En 1721, Louis XV se fiance avec une princesse espagnole, semblant renforcer l'équilibre entre monarchies européennes.

5. Une paix relative

En effet, entre 1720 et 1731, l'Europe connaît une période d'accalmie. Certes, en 1725, une crise éclate entre la France et l'Espagne, lorsque Louis XV renvoie sa fiancée, l'infante, en Espagne, avant d'épouser Marie Leszczynska, la fille du roi de Pologne. Outragé, Philippe V cherche à se rapprocher de l'Autriche contre les intérêts français et en 1725, le premier traité de Vienne est conclu entre l'Espagne et l'Autriche. L'Espagne reconnaît la Pragmatique Sanction▸ et concède à la Compagnie d'Ostende (Pays-Bas autrichiens) les mêmes droits dans ses colonies que les compagnies d'Angleterre et des Provinces-Unies. L'Autriche renonce à ses prétentions à la couronne espagnole, reconnaît l'infant Carlos comme héritier des duchés de Parme et de Toscane, et promet une aide à l'Espagne pour la reconquête de Gibraltar des Anglais (en 1727, un siège espagnol du rocher échoue et en 1729, on revient au *statu quo ante bellum*). Il est prévu que Marie-Thérèse d'Autriche doit épouser Carlos d'Espagne.

▶ Voir encadré p. 233

Mais la rapide réaction franco-britannique tue dans l'œuf les projets espagnols en formant la ligue de Hanovre, qui renouvelle la Triple Alliance en y joignant la Prusse. Surtout, pendant cette décennie, l'action diplomatique franco-britannique, incarnée par le duo Fleury-Walpole, connaît des succès certains en favorisant l'entente européenne. Ainsi, en échange de la reconnaissance (anglaise, notamment) de la Pragmatique Sanction autrichienne, il est établi que l'Espagne renonce à ses tentations italiennes tandis que l'Autriche réaffirme la légitimité de Carlos, nouveau duc de Parme et fils de Philippe.

Deux artisans d'une paix européenne : Walpole et Fleury

Sur l'ordre de Louis XIV, **l'abbé de Fleury** (1653-1743) – nommé cardinal en 1726 – devient le précepteur du jeune Louis XV à partir de 1715, puis un proche conseiller. En 1726, il obtient le poste de principal ministre du roi. Il œuvre à assainir les finances de la France et à promouvoir le commerce et la paix. Il échoue toutefois à limiter l'engagement français dans les guerres de succession polonaise et autrichienne, même s'il cherche à en limiter l'étendue. Il est l'un des artisans des négociations qui conduisent à l'acquisition de la Lorraine. Jusqu'à sa mort en 1743, il gère l'ensemble de la politique française. Il a été comparé à un « Richelieu » ou un « Mazarin » de Louis XV. De par son grand âge et sa longévité au pouvoir, il fut surnommé « Son Éternité ».

Robert Walpole, comte d'Oxford (1676-1745), occupe différentes fonctions politiques entre 1701 et 1717, avant d'être nommé principal ministre de George Ier de 1721 à 1742. Comme son homologue français, il vise la stabilité politique, la prospérité économique et la paix en Europe. À la fin des années 1730, il perd en influence, puis échoue à maintenir la Grande-Bretagne hors de la guerre de Succession d'Autriche. Son effacement profite alors aux affaires françaises et il accepte de démissionner en 1742.

En 1731, sont signés les deuxième et troisième traités de Vienne. Le deuxième est signé par l'Autriche et l'Angleterre et est généralement interprété comme la fin de l'alliance franco-britannique établie en 1716. En échange de la reconnaissance anglaise de la Pragmatique Sanction, l'Autriche accepte de mettre un terme à la Compagnie d'Ostende, devenue un rival gênant pour le commerce britannique. Le troisième est signé par l'Espagne et l'Autriche, reprenant en large partie les clauses du premier traité.

6. La guerre de Succession de Pologne

La relative paix des années 1720 et du début de la décennie suivante est brisée par la guerre de Succession de Pologne (1733-1738). En 1733, Auguste II, roi de Pologne, meurt. Deux candidats (il s'agit d'une couronne élective) se disputent sa succession : d'un côté, le fils du défunt roi, Auguste, de l'autre, Stanislas Leszczynski, ancien roi de Pologne détrôné par Auguste II. Le premier, électeur de

Saxe, est soutenu par l'Autriche et la Russie. Le second, beau-père de Louis XV, est soutenu par la France et l'Espagne. Dans un premier temps, Stanislas est élu roi, mais l'armée russe le chasse de la capitale et Auguste est élu roi à son tour. L'Espagne et la France conjuguent alors leurs efforts pour restreindre la puissance autrichienne. Les conflits ont duré de 1733 à 1735, et se déroulent

Carte 13 Les territoires autrichiens

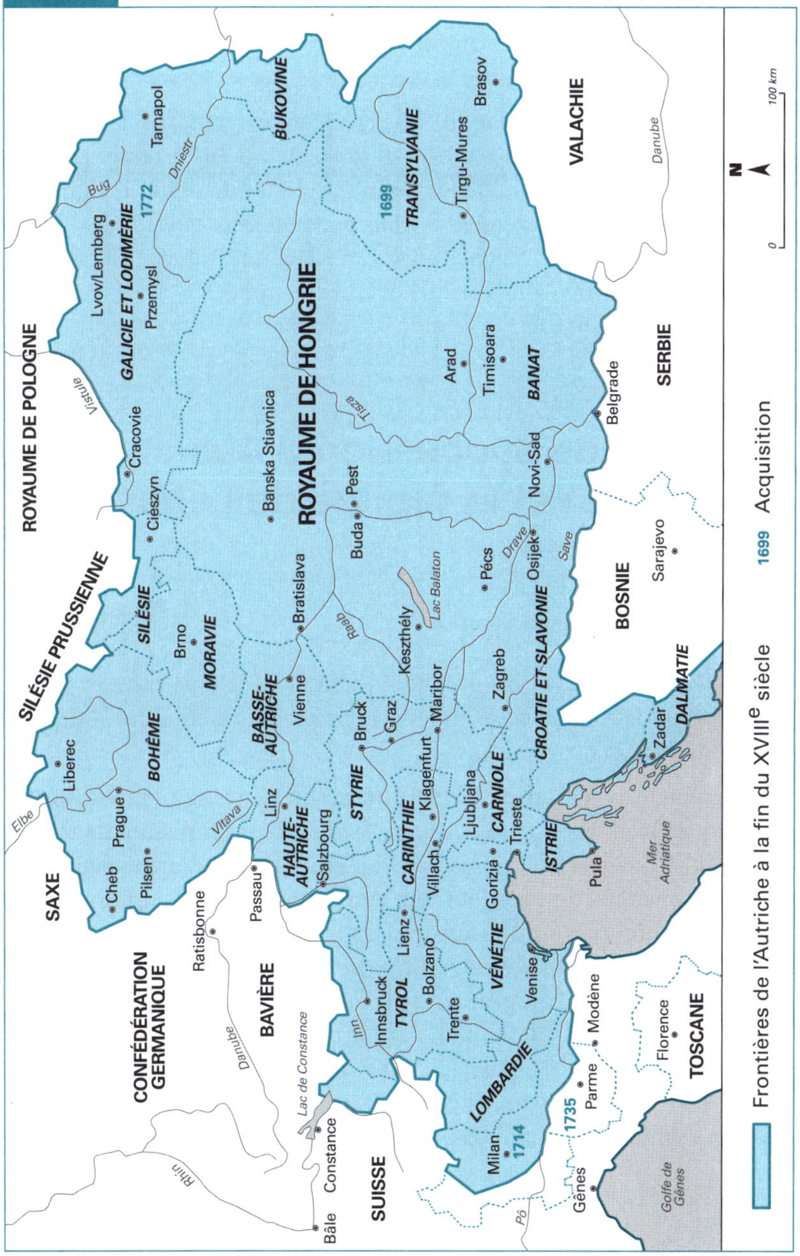

principalement hors de Pologne, en France et en Italie, puisque les prétentions territoriales des différents belligérants viennent se greffer sur la querelle successorale. En 1735, commencent des pourparlers de paix qui aboutissent en 1738 au quatrième traité de Vienne, signé entre la France, l'Espagne et l'Autriche. Il s'agit d'une série d'échanges territoriaux. Stanislas Leszczynski renonce à la couronne polonaise et reçoit le duché de Lorraine (qui à sa mort doit être cédé à la France) ; l'ancien duc de Lorraine reçoit le duché de Toscane ; l'Autriche cède Naples et la Sicile au duc de Parme (le fils de Philippe V) et ce dernier donne Parme à l'Autriche tout en renonçant à la Toscane. Enfin, la France reconnaît la Pragmatique Sanction.

Quel bilan faut-il tirer de ce conflit ? La France en sort renforcée : elle consolide sa frontière orientale avec l'acquisition (à terme) de la Lorraine ; en dépit des réticences de Fleury, son influence politique et diplomatique a augmenté, profitant notamment de l'effacement anglais pendant cette guerre. Cela a également révélé la faiblesse de l'alliance anglo-autrichienne esquissée à partir du deuxième traité de Vienne. Pour autant, l'équilibre européen n'est pas renversé, comme le montre la guerre de Succession d'Autriche.

III. La guerre de Succession d'Autriche (1740-1748) et la rupture de l'équilibre européen

1. Aux origines du conflit

En octobre 1740, Charles VI d'Autriche – l'État alors le plus vaste et peuplé d'Europe, mais sans cohérence ni cohésion territoriale ni ethnique – décède, après un règne de près de trente ans.

L'héritier voulu par Charles VI est une héritière, sa fille Marie-Thérèse (son fils unique est mort en 1716). Afin de faciliter la transmission de la couronne, pensait-il, Charles avait, plus de vingt ans plus tôt, désigné dans l'édit de la Pragmatique Sanction son héritier, puis s'était employé à faire reconnaître cette décision partout en Europe. Celle-ci est de nouveau entraînée dans une guerre dite de succession pour plusieurs raisons. D'abord, le roi de Prusse, Frédéric II, entendant profiter de la faiblesse relative de la position de Marie-Thérèse, annexe la Silésie, une région riche en hommes, en minerais ainsi que d'une industrie du textile. Ensuite, Charles de Bavière dispute le titre d'empereur à l'époux de Marie-Thérèse, François de Lorraine. La Prusse et la France soutiennent Charles. L'Espagne rejoint cette ligue anti-Habsbourg, espérant remettre la main sur des possessions italiennes. L'Angleterre, alliée aux Provinces-Unies, est favorable à François pour contrer les ambitions du royaume de France, où les bellicistes lorgnent sur les Pays-Bas autrichiens et poussent Louis XV à entrer en guerre (au risque de briser l'équilibre des puissances européennes).

La Pragmatique Sanction

En l'absence d'un héritier mâle et afin d'assurer sa succession, le roi autrichien Charles VI fait rédiger un édit de 1713, la Pragmatique Sanction (l'expression désigne à l'époque moderne un décret royal qui a valeur de loi fondamentale pour définir les limites du pouvoir royal, notamment en matière de succession). Dix ans plus tôt, son père, Léopold Ier, avait pourtant déterminé l'ordre de succession : son fils aîné, Joseph (roi de 1705 à 1711) ; son second fils, Charles (roi à partir de 1711) et en cas de décès de ce dernier sans fils, Marie-Josèphe puis Marie-Amélie, les deux filles de Joseph Ier.

Charles, par l'édit de 1713, exclut de la succession ses deux nièces pour y substituer ses propres filles, Marie-Thérèse puis Marie-Anne. Une large partie de la politique menée au cours de son règne consiste dès lors à faire reconnaître ses nouvelles dispositions : d'abord auprès de sa famille, puis des États constituant l'Empire autrichien et enfin dans les cours d'Europe.

2. Les opérations militaires

▶ Voir carte 12, Atlas en fin d'ouvrage

En 1741, l'armée française entre en campagne et attaque par l'Ouest les terres autrichiennes, enchaînant les victoires jusqu'à prendre la ville de Prague, où le prétendant Charles de Bavière se fait couronner roi de Bohême. Le rapport de forces aurait pu convaincre Marie-Thérèse à renoncer, mais il n'en est rien. Par l'intermédiaire diplomatique de la Grande-Bretagne, elle parvient à signer à la fin de 1741 une trêve avec la Prusse (sans récupérer pour autant la Silésie). Elle rallie à elle les peuples de son empire, levant des dizaines de milliers d'hommes pour son armée, armée qui s'attaque à la Bavière et saccage Munich en 1742. L'Autriche parvient ensuite à repousser la France hors de Bohême.

Ce qui semblait à un retour à la situation d'avant-guerre ne fait pas cesser les combats pour autant. La Prusse rompt la trêve signée avec l'Autriche pour attaquer derechef cette dernière en 1742 (après de nouvelles victoires prussiennes, Marie-Thérèse est contrainte de signer une paix séparée avec Frédéric II où elle lui concède notamment la Silésie). Le départ de Walpole du gouvernement infléchit clairement la stratégie britannique en faveur d'une action plus ferme contre la France. En 1743, l'armée britannique harcèle son rival français et remporte la bataille de **Dettingen** en Bavière.

La victoire de **Dettingen** est célébrée par un Te Deum du compositeur Haendel au retour du roi anglais à Londres.

En 1744, les Britanniques n'ayant pas su profiter de cette victoire, la France s'attaque aux Pays-Bas autrichiens. Marie-Thérèse contre-attaque la Lorraine, alors que la Prusse menace de nouveau la Bohême en dépit de la paix de 1742. Frédéric II remporte alors victoire sur victoire, avant de conclure une nouvelle paix en décembre 1745 qui consolide la mainmise prussienne sur la Silésie.

Cette guerre est l'occasion de rappeler que les monarques commandent encore sur le front. Ainsi George II dirige les opérations sur le champ de bataille de Dettingen (et y perd d'ailleurs son cheval). En mai 1745, la bataille de Fontenoy est la dernière dirigée par un roi de France. Il s'agit d'une victoire française sur les troupes anglo-autrichiennes. Les troupes françaises enchaînent alors les victoires aux Pays-Bas, dont la prise de Bruxelles. La gloire et la renommée populaire de **Louis XV** sont à leur plus haut.

Un an plus tôt, le peuple de France donne à **Louis XV** le surnom de « bien-aimé » lorsqu'il se rend à Metz afin d'y diriger les opérations miliaires.

Alors que des troupes espagnoles et françaises attaquent l'Italie autrichienne, la mort de Charles de Bavière change la donne puisque son fils renonce à la couronne impériale et conclut une paix avec Marie-Thérèse. Pendant ce temps, la Grande-Bretagne doit s'occuper de ce qui se trame à l'intérieur de ses propres frontières : de l'été 1745 au printemps 1746 un soulèvement **jacobite** (fomenté depuis la France) menace de nouveau la monarchie anglaise depuis l'Écosse (des révoltes jacobites avaient déjà éclaté en 1689, 1715, 1719 et 1745). La victoire finale du roi hanovrien, lors de la bataille de Culloden, met fin au danger, mais au prix d'avancées françaises aux Pays-Bas. Au printemps 1748, la France est même en position d'envahir les Provinces-Unies et remporte plusieurs batailles. Cependant, au même moment, leur avancée en Italie est arrêtée brutalement.

Les **jacobites** tirent leur nom de Jacobus (James ou Jacques en latin) : en effet, ils sont fidèles au souverain Jacques II Stuart déchu (puis à son fils et à son petit-fils), et ne reconnaissent ni Guillaume II ni ses successeurs.

▶ Voir carte ci-contre

3. La paix

L'année 1748 est finalement celle des pourparlers de paix davantage que celle des combats. Les pays belligérants cherchent une sortie honorable du conflit, éreintés par huit ans de conflit – un conflit qui a donc largement débordé du cadre initial de la succession de Charles VI et même du cadre continental puisqu'il s'est étendu aux colonies (la Grande-Bretagne a notamment conquis la Louisiane alors que la France s'empare de Madras).

Le traité d'Aix-la-Chapelle, signé en octobre 1748, étonne car il correspond à un quasi-retour à la situation d'avant-guerre. Louis XV, à la surprise générale, rend ses conquêtes à l'Autriche et échange avec l'Angleterre Madras pour la Louisiane. Selon les mots d'un représentant de la France lors des négociations de paix, Louis XV « voulait faire la paix, non en marchand, mais en roi » ; ses détracteurs ont popularisé l'expression « bête comme la paix » pour signifier leur incompréhension devant un traité qui se veut un retour à un équilibre européen mais qui dans l'opinion publique équivaut à s'être battu « pour le roi de Prusse ». Notons qu'il s'agit là d'une inflexion importante dans le rapport du peuple français avec leur roi, le début d'un désamour.

Carte 14 Les soulèvements jacobites

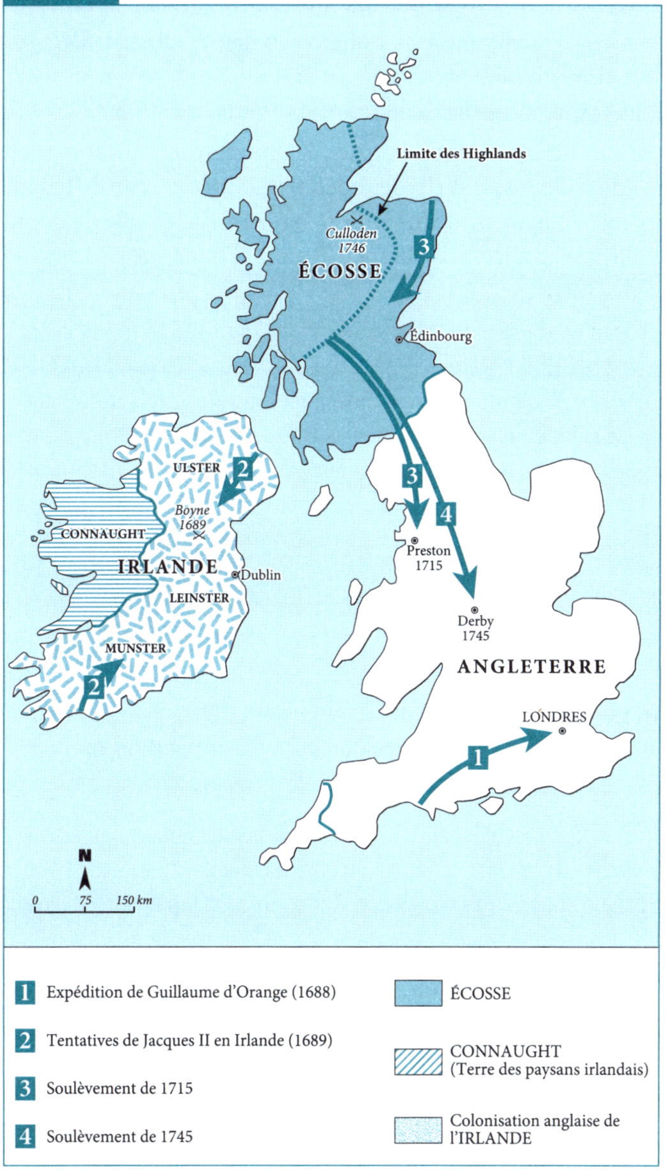

Le grand vainqueur de la guerre comme du traité est la Prusse de Frédéric II qui sort grandie et consolidée du conflit, ayant réussi à arracher la Silésie des mains autrichiennes. Voilà décidément la puissance montante en Europe centrale, et désormais la principale rivale de l'Autriche. L'Autriche quant à elle perd également plusieurs territoires en Italie, mais Marie-Thérèse a tout de même réussi à s'imposer à tous comme « le » souverain autrichien. Quant à la rivalité franco-britannique dans les colonies, le retour au *statu quo* marque davantage une pause entre les deux empires qu'un règlement définitif.

Frédéric II dit le Grand (1712-1786)

Roi de Prusse, fils de Frédéric-Guillaume Ier et petit-fils de George Ier d'Angleterre (par sa mère), il est un exemple de « despote éclairé », convaincu à la fois de son pouvoir absolu et de sa responsabilité d'user de ce pouvoir au service de son peuple.

Puni pendant sa jeunesse par son père pour ses penchants homosexuels (son père fait exécuter sous ses yeux Hans Hermann von Katte, un jeune noble, qu'il soupçonnait d'entretenir une relation romantique avec son fils), Frédéric s'épanouit davantage à partir de son accession au trône en 1740. Voltaire, qui a été accueilli à Potsdam par le roi de 1750 à 1753 et a correspondu avec lui, écrit de lui en 1759 : « Quand Sa Majesté était habillée et bottée, le stoïque donnait quelques moments à la secte d'Épicure : il faisait venir deux ou trois favoris [...]. On prenait du café. Celui à qui on jetait le mouchoir, restait demi-quart d'heure en tête à tête. Les choses n'allaient pas jusqu'aux dernières extrémités, attendu que le prince, du vivant de son père, avait été fort maltraité dans ses amours de passade ».

Musicien et compositeur accompli, il fait construire à Potsdam, non loin de Berlin, le palais d'été de Sanssouci dans un style rococo. S'il s'inscrit dans la suite de son père en matière d'administration efficace du royaume, de fiscalité et de développement d'une armée puissante, il promeut également la tolérance religieuse, abolit la torture et lutte contre le servage.

En politique extérieure, il ne recule devant aucun obstacle : redoutable et chanceux stratège militaire, il œuvre à agrandir le territoire prussien grâce aux conquêtes des guerres de la Succession d'Autriche, de Sept Ans et de la Succession de Bavière.

Dès le XIXe siècle, l'historiographie allemande en fait un héros national, un modèle de monarque. Frédéric le Grand continue de jouir d'une place centrale dans le panthéon national allemand jusque sous le Troisième Reich. Après 1945, sa réputation décline, en raison de la fascination nazie pour sa personne et son lien avec le modèle militaire prussien. L'historiographie récente a réhabilité son règne, tout en interrogeant sa place au sein du mouvement des Lumières.

L'historiographie allemande ou anglaise parle même de la **« Révolution diplomatique de 1756 »**.

Les années qui suivent le traité d'Aix-la-Chapelle ont vu s'opérer un renversement des alliances : l'Autriche, inquiète face à la nouvelle puissance de la Prusse, se rapproche par l'intermédiaire de son ministre des Affaires étrangères, le comte Kaunitz, de sa vieille rivale, la couronne de France (**traités de Versailles de 1756** et 1757). Au même moment, la Grande-Bretagne, déçue de l'inaction de l'Autriche pour soutenir les intérêts britanniques sur le continent, abandonne son alliance avec elle pour se rapprocher de la Prusse (traité de Westminster de 1756). Cette redéfinition des alliances est complète quand la Russie, elle aussi menacée par la Prusse, se joint au nouveau couple franco-autrichien. Rapidement, les relations européennes se dégradent suffisamment pour mettre ces nouvelles alliances à l'épreuve.

Carte 15 L'Europe en 1748

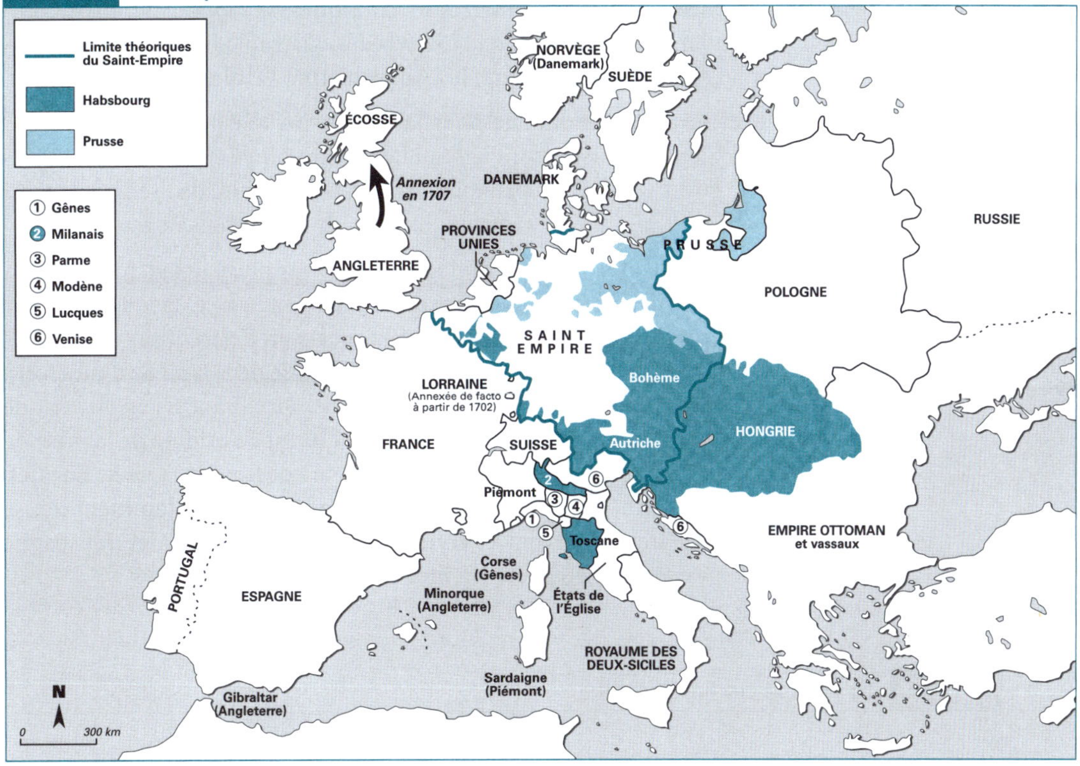

IV. La guerre de Sept Ans et le déclin de la France

1. Le déroulement de la guerre

▶ Voir carte 14, Atlas en fin d'ouvrage

La guerre de Sept Ans (1756-1763) est un conflit long et sanglant qui s'étend sur trois continents (Europe, Amérique du Nord et aux Indes). Elle est souvent décrite comme la première guerre à échelle mondiale. Elle découle des insatisfactions et rivalités territoriales et commerciales entre puissances européennes, et oppose la Grande-Bretagne (ainsi que les possessions hanovriennes du roi George) et la Prusse à l'Autriche, la France et la Russie, mais aussi l'Espagne et la Suède. Les deux principales dynamiques de la guerre sont la lutte pour les colonies entre la France et la Grande-Bretagne et la lutte pour la suprématie en Europe centrale entre la Prusse et l'Autriche.

La guerre débute avec l'attaque de la Saxe par la Prusse. Dans un premier temps, la guerre voit la France et l'Autriche remporter plusieurs batailles majeures, notamment en Amérique du Nord contre la Grande-Bretagne. Puis, à partir de l'été 1757, et du retour au gouvernement de William Pitt l'Ancien pour diriger les opérations militaires britanniques, le rapport de force commence à s'inverser. En novembre 1757, Frédéric II vainc les Français à Rossbach (en Saxe), puis, en décembre, les Autrichiens à Leuthen (en Silésie).

L'année 1758 est très difficile pour la Prusse, pressée par les armées française, autrichienne et russe, dont la population combinée était quinze fois plus importante que la population prussienne. Le génie militaire de Frédéric II et les erreurs tactiques de ses opposants lui permettent néanmoins de tenir.

Les contemporains en Angleterre baptisèrent **1759** « annus mirabilis » (année des miracles).

L'année **1759** voit la Grande-Bretagne remporter plusieurs victoires retentissantes : la prise de Québec, la victoire de Minden (en Prusse) face à une armée française, la prise de la Guadeloupe aux Français, la destruction de la flotte française lors de la bataille des Cardinaux (ou bataille de la baie de Quiberon). En 1760, les Britanniques continuent leurs prises aux Français en Amérique (Montréal) et aux Indes (le Bengale). En 1761, Pitt est à l'origine de la prise de Belle-Île, mais est amené à démissionner en octobre de la même année. En effet, il n'avait plus la confiance du nouveau roi, George III, qui a notamment refusé son projet d'une frappe préventive contre l'Espagne et ses colonies. L'Espagne ne manque pas d'entrer en guerre la même année.

Carte 16 La Prusse de Frédéric II

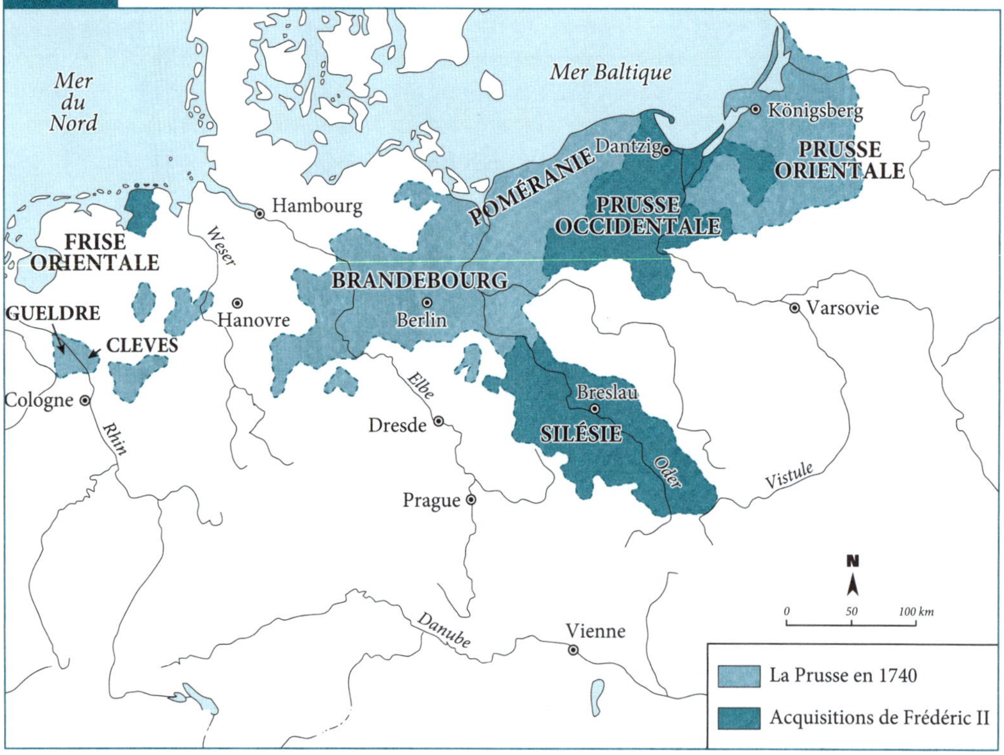

En 1762, le décès de la tsarine Élisabeth tourne à l'avantage de la Prusse : son successeur, Pierre III, grand admirateur de Frédéric II, quitte l'alliance franco-autrichienne et se range au côté de la Prusse. 1762 est pour les Britanniques une seconde « annus mirabilis » avec la défaite des Français (qui menaçaient Hanovre) lors de la bataille de Wilhelmsthal, la prise de la Martinique aux Français et de La Havane aux Espagnols et la mise en échec de l'invasion du Portugal par les troupes franco-espagnoles.

2. Le bilan de la guerre

En 1762 et 1763, les différents traités qui mettent fin au conflit, dont le traité de Paris de 1763, consacrent la puissance britannique, confortent les positions prussienne et russe, et marquent un important déclin de la puissance du royaume de France. Si sur le continent européen, on revient au *statu quo ante bellum*, les cartes sont redessinées dans les colonies. La Grande-Bretagne obtient de la France le Canada et les possessions à l'est du Mississippi ainsi que la majeure partie des anciennes possessions françaises aux Indes. La France cède la Louisiane à l'Espagne – qui donne la Floride aux Britanniques – mais parvient tout de même à ce que l'Angleterre lui rende ses possessions aux Antilles et à conserver quelques comptoirs indiens.

▶ Voir carte 14 bis, Les conséquences de la guerre de Sept ans en Europe, Atlas en fin d'ouvrage

La Grande-Bretagne s'impose donc comme la nouvelle grande puissance mondiale. Sa flotte règne sur les mers et les océans du monde et elle a largement étendu son empire et ses possibilités de commerce. L'artisan principal de ce triomphe est **William Pitt** l'Ancien, qui, sans abandonner l'allié prussien, porte l'effort de guerre britannique sur la guerre maritime et dans les colonies. Avec raison, puisque la Royal Navy réussit à la fois à vaincre les marines française et espagnole, mais surtout à isoler les troupes françaises dans les colonies et bloquer d'éventuels renforts.

La presse anglaise explique la victoire par « **Pitt**, la Pompadour, la Prusse et la Providence » : la bonne gouvernance de Pitt ; l'influence malsaine de Mme de Pompadour sur les affaires de France ; le génie militaire de Frédéric II ; le décès « chanceux » d'Élisabeth Ire.

V. Conclusion : vers un rétablissement français à la fin du XVIIIe ?

L'historiographie a longtemps pensé le XVIIIe siècle à travers le prisme d'une « Seconde guerre de Cent Ans », soit une période qui va de la guerre de la Ligue d'Augsbourg à la bataille de Waterloo et qui n'aurait été qu'une succession de conflits entre le royaume d'Angleterre et celui de France. Si cette conception a été longtemps la matrice pour penser les relations franco-britanniques sur la période, les études récentes ont soulevé des doutes quant à sa pertinence. La prise en compte d'un court XVIIIe siècle vient en effet contredire quelque peu ce point de vue. Les périodes de 1716 à 1740 et de 1763 au début des guerres révolutionnaires correspondent à deux périodes de paix relative que l'Europe n'avait pas connue depuis le début de l'époque moderne.

Les guerres européennes obéissent pendant le premier XVIIIe à deux logiques. D'abord des motifs dynastiques, car on ne doit pas oublier l'importance de l'hérédité pour la stabilité d'un pouvoir monarchique où l'État et la personne du souverain se confondent largement. Ensuite vient l'idée centrale de l'équilibre des puissances. Ainsi, la tentation de réduire à néant la grandeur des Habsbourg après la mort de Charles VI, ou du moins d'empêcher que l'ancien empire de Charles Quint ne se reconstitue, est tempérée par le risque de l'émergence d'une nouvelle puissance hégémonique. En outre, on ne saurait oublier l'attention portée à la logistique : au XVIIIe siècle, on tente de faire campagne autant que possible chez l'ennemi pour éviter les ravages liés aux batailles et aux troupes qui vivent sur le pays. De fait, comme lors des deux siècles précédents, les combats se sont concentrés principalement dans trois régions européennes : la Rhénanie, la Lombardie et les Pays-Bas – du moins jusqu'au milieu du siècle, lorsque le renversement des alliances change la donne et conduit à décentrer les campagnes militaires davantage vers l'Europe centrale et orientale.

Enfin, il convient d'interroger la situation française en Europe vers la fin du XVIIIe siècle. Si la guerre de Sept Ans a été souvent dépeinte comme désastreuse pour la France – coûteuse pour les caisses du royaume, en hommes (200 000 Français perdus outre-Rhin) et en territoires – le pays demeure néanmoins une puissance européenne. D'abord, son rayonnement culturel reste intact. Ensuite, sa population, toujours nombreuse, constitue un atout important pour sortir de la crise financière. Par ailleurs, si la France a bien été chassée d'Amérique du Nord, pour les contemporains de l'époque, les Antilles françaises sont un atout bien plus précieux que la Nouvelle-France – en sauvant les îles des Caraïbes, la diplomatie française pense préserver sa principale richesse coloniale – et à leurs yeux, la perte des territoires nord-américains ne revêt alors aucun caractère définitif. En ce sens, le duc de Choiseul, secrétaire d'État aux Affaires étrangères et principal ministre de Louis XV de 1758 à 1770, a été un habile négociateur pour la France lors du traité de Paris en 1763, atténuant le poids de la défaite française. Il soutient par la suite plusieurs réformes de la marine et de l'armée afin de renforcer la puissance du royaume.

▶ Voir chapitre 15

À retenir

- La guerre continue de marquer le XVIIIe siècle, même si de façon moins importante qu'au siècle précédent. La guerre de Succession de Pologne, celle de la Succession d'Autriche et la guerre de Sept Ans sont les principaux conflits de la période. Elles ont pour origine les querelles de successions, les ambitions territoriales des puissances européennes et les rivalités coloniales entre la France et la Grande-Bretagne.
- Ces conflits redéfinissent les frontières et les rapports entre les pays européens. Au cours du siècle, deux États se distinguent par leur essor remarquable : la Prusse, redoutable force militaire sur terre (et devenue la principale puissance

d'Europe centrale, faisant de l'ombre à l'Autriche) et la Grande-Bretagne, la nouvelle force dominante sur mer (et en passe de se constituer un empire colonial de premier plan).

- Le Royaume de France demeure une puissance majeure au XVIIIe siècle, souvent au cœur des différents systèmes d'alliances qui se font et se défont. Si elle sortait déjà affaiblie de la guerre de Succession d'Espagne au début du siècle, et si elle est de nouveau perdante à l'issue de la guerre de Sept Ans, c'est une preuve des différents atouts du royaume que ces défaites ne sont pas synonymes d'une chute du royaume.

LES DATES ESSENTIELLES

1718-1720 : guerre de la Quadruple Alliance
1721 : fin de la Grande guerre du Nord : la Russie vainc la Suède
1725 : mariage de Louis XV et de Marie Leszczynska
1733-1735 : guerre de Succession de Pologne
1741-1748 : guerre de Succession d'Autriche
1745 : victoire française de Fontenoy
1756 : traité franco-autrichien : le grand renversement des alliances
1756-1763 : guerre de Sept Ans
1766 : mort du roi de Pologne Stanislas Leszczynski : la Lorraine devient française

POUR ALLER PLUS LOIN

Sélection bibliographique

Jean Bérenger et Jean Meyer, *La France dans le monde au XVIIIe siècle*, Paris, SEDES, 1993.

Edmond Dziembowski, *La guerre de Sept Ans (1756-1763)*, Paris, Perrin, 2015.

Thierry Sarmant, *1715. La France et le monde*, Paris, Perrin, 2014.

Ressources internet

Une analyse du tableau de Pierre Lenfant, *La bataille de Fontenoy, le 11 mai 1745*, huile sur toile (1750-1760), Musée de l'Armée : https://www.histoire-image.org/etudes/bataille-fontenoy.

CHAPITRE

14

Le parachèvement de l'État

PLAN DU CHAPITRE

Lorsque Louis XV accède au trône, il n'a que cinq ans. Il est donc prévu une période de régence jusqu'à la majorité du nouveau roi, fixée au lendemain de son treizième anniversaire. La régence désigne le gouvernement en lieu du roi et au nom du roi par un autre, nommé régent. Louis XV est cependant associé à l'exercice du pouvoir – il siège par exemple lors de différents conseils ou cérémonies – car sa personne représente la monarchie qui doit se montrer. Cela contribue également à familiariser le jeune roi aux affaires du royaume.

Afin de garantir la stabilité du royaume, Louis XIV avait précisé dans son testament l'organisation de la régence : il prévoyait un conseil de régence dont Philippe, duc d'Orléans, prince du sang et neveu de Louis XIV, assumerait la présidence, mais où siégeraient également deux bâtards légitimés du Roi Soleil : Louis Auguste, duc du Maine, ainsi que Louis Alexandre, comte de Toulouse. Selon les dispositions du testament, les décisions devaient être prises à la majorité et l'avis du duc d'Orléans ne serait prépondérant qu'en cas d'égalité des voix. Louis XIV n'avait toutefois guère d'illusions sur le respect de ces clauses : « J'en connais l'impuissance et l'inutilité » écrit-il, « Mais nous pouvons tout ce que nous voulons tant que nous sommes ; après nous, nous pouvons moins que les particuliers. » Et en effet, dès le lendemain de la mort du roi, Philippe d'Orléans, qui a le soutien des princes du sang et des pairs du royaume, convainc le Parlement de Paris de le proclamer solennellement Régent du royaume, seul légitime à gouverner le pays. Deux semaines plus tard, le nouveau Régent rend au Parlement son plein droit de remontrance.

Problématiques

– Comment s'organise le pouvoir sous la régence de Philippe d'Orléans et qu'est-ce que la Polysynodie ?

– Qu'entend-on par le Système de Law ?

– Comment l'État continue-t-il de se structurer et de se réformer ?

– Quelles sont les limites du pouvoir monarchique français au XVIIIe siècle ?

Louis XV en habit d'apparat au Palais des Tuileries, v. 1715

Philippe d'Orléans, Régent de France, v. 1715

Au contraire de minorités royales précédentes, la Régence de 1715-1723 est caractérisée par une remarquable stabilité du royaume : cette stabilité tient principalement au fait que le régime hérite d'un pouvoir centralisé renforcé au siècle précédent. Ce pouvoir étatique est parachevé au cours du XVIIIe siècle.

Portrait du Régent

Philippe II d'Orléans (1674-1723) est le fils du frère cadet de Louis XIV, Philippe Ier d'Orléans, et d'une princesse allemande, Élizabeth Charlotte de Bavière, appelée « Madame » ou « Princesse Palatine ». Il passe son enfance au château de Saint-Cloud et au Palais-Royal, résidence parisienne de la maison d'Orléans, et suit une éducation princière conçue par son précepteur, Guillaume Dubois (le futur cardinal et conseiller du Régent). Présenté à Versailles dès l'âge de 10 ans, on lui confie des commandements militaires pendant la guerre de la Ligue d'Augsbourg puis pendant la guerre de Succession espagnole. En 1692, il épouse sa cousine, Françoise Marie, la plus jeune fille légitimée de son oncle. Bien que le couple ne s'entende guère (Philippe surnomme sa femme « Madame Lucifer » et multiplie les relations extraconjugales), ils ont ensemble huit enfants. Il joue un rôle important à la Cour pendant la fin du règne de Louis XIV avant d'assumer activement la fonction de Régent à partir de 1715, fonction qu'il exerce jusqu'à la majorité de Louis XV. Cette majorité ne signifie pas pour autant que le duc se retire de la vie publique, ainsi d'août 1723 à sa mort en décembre la même année, il joue le rôle de premier ministre du jeune roi, remplaçant le cardinal Dubois décédé cet été-là. À sa disparition, il est vivement regretté par Louis XV.

I. La Polysynodie pendant la Régence : une innovation sans lendemain

1. Aux origines de la Polysynodie

La Polysynodie désigne le mode de gouvernance mis en place dès le début de la régence de Philippe d'Orléans et qui disparaît en 1718, avant même la majorité de Louis XV. Le terme, qui signifie « plusieurs assemblées », a été inventé par l'abbé de Saint-Pierre. Celui-ci est l'aumônier de la duchesse d'Orléans, la mère du Régent, mais aussi diplomate (il participe aux négociations du traité d'Utrecht) et philosophe des Lumières. En plus d'être l'auteur d'un *Projet de paix universelle entre les nations*, il publie, en 1718, *La Polysynodie ou la pluralité des conseils*, où il oppose le gouvernement des conseils instauré trois ans plus tôt au règne absolu et personnel du Roi Soleil.

Fénelon (1651-1715), archevêque de Cambrai, auteur et précepteur du duc de Bourgogne. Son roman, *Les Aventures de Télémaque*, constitue une critique du règne de Louis XIV.

Louis de Rouvroy, duc de Saint-Simon (1675-1755). Ses *Mémoires* dressent un tableau précieux de la cour du royaume de France pendant la fin du règne de Louis XIV et la Régence.

Cette réforme porte en creux une critique de la concentration du pouvoir entre les seules mains du précédent roi et de ses ministres. Elle veut au contraire satisfaire la noblesse titrée, mécontente d'avoir été écartée du pouvoir sous le règne de Louis XIV et confinée à la vie de la cour, alors que dans le même temps le roi nomme aux plus hautes fonctions des hommes issus de la bourgeoisie – Saint-Simon parle d'un « long règne de la vile bourgeoisie ». Ces grands nobles ont d'abord placé leurs espoirs d'être associés au pouvoir en la personne de Louis, duc de Bourgogne, petit-fils de Louis XIV et dauphin de 1711 à sa mort, l'année suivante. Quand ce dernier décède, ils se sont alors rapprochés de Philippe d'Orléans. Ces aristocrates réformateurs ont pour principales plumes **Fénelon** et **Saint-Simon**.

2. L'organisation de la Polysynodie

À savoir le **Conseil d'État** ou **Conseil d'En-haut** ; le **Conseil des dépêches** ; le **Conseil royal des finances**.

▶ Voir p. 141

Ou **Conseil des affaires du dedans du royaume**, pour reprendre l'appellation complète.

Dès lors, la première annonce du Régent, au lendemain même de la mort de Louis XIV, est l'instauration d'une Polysynodie. La déclaration du 15 septembre 1715 en précise les modalités. **Les trois conseils** du règne précédent▸ sont remplacés par un conseil unique, le Conseil de régence. Le Conseil des parties reste inchangé. À ces deux conseils viennent s'ajouter six nouveaux : le Conseil de conscience ; le **Conseil du dedans** ; le Conseil des affaires étrangères ; le Conseil de la guerre ; le Conseil de la marine ; le Conseil des finances. Ces six conseils se substituent aux secrétaireries d'État. À la fin de l'année 1715, est enfin créé un dernier conseil, le Conseil de commerce.

Chaque conseil est composé d'un nombre variable de membres, certains des grands seigneurs, d'autres issus de la noblesse de robe. Les présidents et vice-présidents sont tous des membres de la haute noblesse. Si les anciens secrétaires d'État démissionnent, ils entrent pourtant, pour la plupart d'entre eux, au Conseil de régence. Seul le marquis de La Vrillière était maintenu secrétaire d'État, auprès du Régent, mais son champ d'action était restreint.

Parallèlement à cette réorganisation, le Régent décide le déménagement du gouvernement du royaume de Versailles à Paris: les conseils se tiennent au Louvre (les conseils polysynodiques), aux Tuileries, lieu de résidence du roi (le Conseil de régence) et à l'archevêché de Paris (le Conseil de conscience). Le Régent réside quant à lui au Palais-Royal.

3. La question de l'efficacité de la Polysynodie

Quel pouvoir détiennent les différentes instances polysynodiques? Comme les ministres du règne précédent, leur rôle est en théorie de prodiguer des conseils au roi et au Régent. Ils doivent préparer les décisions que prendrait celui-ci en son conseil, puis veiller à l'exécution de ces arrêtés. Dans la pratique, les présidents de chaque conseil exercent un réel pouvoir décisionnel.

Toutefois, force est de constater l'inefficacité croissante du nouveau système: à la place d'une aristocratie éclairée guidant la monarchie dans ses choix, il s'agit plutôt du règne du désordre, voire d'une véritable **cacophonie**. Les questions de préséance dominent les questions de fond. Les désaccords sont fréquents entre les différents membres de chaque conseil, membres qui souvent maîtrisent mal les dossiers à traiter. Le travail réel incombe de fait aux conseillers d'État et aux maîtres des requêtes. Le Conseil de régence, très peuplé, souffre pareillement d'un manque d'efficacité. Philippe d'Orléans préfère alors trancher seul, entouré de quelques très proches conseillers, dont le cardinal Dubois. On glisse donc rapidement vers un système de pouvoir personnel.

Selon le marquis d'Argenson, ces conseils «dégénèrent en vraie **pétaudière**». Le même qualifie l'ouvrage de Saint-Pierre, censé en faire une défense convaincante, de «sorte d'extrême-onction» de la Polysynodie.

À la fin du mois de septembre 1718, le Régent tire un trait sur cette réforme. Il remplace les Conseils du dedans, de la guerre et des affaires étrangères par autant de secrétaires d'État. En 1720, le conseil polysynodique de conscience est remplacé par un Conseil de conscience identique à celui du début du règne de Louis XIV. La même année, le conseil polysynodique des finances amorce sa mue en Conseil royal des finances, soit un retour au point de départ. En 1722, il en est de même pour le Conseil de commerce qui devient le Conseil du commerce. Enfin, en 1723, le Conseil de marine disparaît au profit d'un secrétaire d'État de la Marine. Au moment donc de la majorité de Louis XV, l'organisation de l'État est revenue à ce qu'il avait été sous le règne de son prédécesseur. Un dernier choix symbolique vient marquer ce retour à l'organisation antérieure: en 1722, le gouvernement quitte Paris pour se réinstaller au château de Versailles.

4. Bilan: quelle postérité pour la Polysynodie?

Si la courte période de la Polysynodie reste sans effet ni réelle postérité jusqu'à la fin de l'Ancien Régime, faut-il pour autant conclure qu'elle a constitué un échec? Les avis des contemporains ont été partagés: alors que certains dénoncent la «pétaudière» des conseils, Montesquieu▸, en 1721 en salue dans

▶ Voir p. 287

les *Lettres persanes* l'initiative : « ce ministère est peut-être celui de tous qui a gouverné la France avec plus de sens : la durée en fut courte aussi bien que celle du bien qu'il en produisit. »

De nos jours, la recherche historique travaille notamment autour de deux interrogations. D'abord, s'agissait-il d'une expérience française inédite ? La réponse est non : le royaume d'Espagne, par exemple, avait initié un système de gouvernement similaire, par conseils, dès le XVIe siècle, pour ensuite l'abolir faute d'efficacité. Ensuite, faut-il voir en la Polysynodie une rupture réelle avec le système de gouvernement précédent ? Soulignons plutôt les éléments de continuité. En effet, les grandes familles aristocratiques nommées au gouvernement de la Régence ont pourtant toutes exercé des fonctions sous le règne de Louis XIV. Inversement, le duc d'Orléans a veillé à maintenir de nombreux membres de la noblesse de robe (tous d'anciens grands commis du Roi Soleil) dans les différents conseils. De surcroît, aux échelons inférieurs du gouvernement, dans les différents bureaux – qui ne furent guère modifiés par la réforme de la Polysynodie et qui assumaient la majeure partie de la charge quotidienne d'administration des affaires du royaume –, on retrouve les mêmes officiers royaux qu'avant 1715. La facilité de la transition en 1718 entre ce système de la Polysynodie et le retour au fonctionnement d'avant 1715 souligne également à quel point la réforme n'a que peu modifié les structures profondes de la haute administration de l'État français, ni les pratiques ni les hommes.

En somme, cette expérience de courte durée relève bien d'une réforme mais en rien d'une révolution politique. Elle est révélatrice du sentiment d'un besoin de réformer le royaume, notamment après les lassitudes et les insatisfactions qui se font jour à la fin du très long règne de Louis XIV. En même temps, elle ne saurait cacher les éléments de continuité avec le fonctionnement de la monarchie absolue du XVIIe. Sans doute la Polysynodie répondait moins à une quête d'efficacité et de modernité du royaume qu'à l'envie des grands seigneurs, proches du Régent, d'être associés au pouvoir. Le vrai besoin et effort de réforme qui est mené en France au début du règne de Louis XV est l'assainissement des comptes du royaume et l'instauration du système de Law en réponse à la crise financière.

II. À la recherche de l'équilibre budgétaire : réformes fiscales et système de Law

En 1715, la situation financière du royaume de France est critique. Héritier d'une dette colossale (plus d'un milliard de livres) et d'un budget du royaume fortement déficitaire (les charges pèsent environ le double des recettes), Philippe d'Orléans a conscience qu'il faut résoudre d'urgence cette crise qui paralyse l'État : en octobre 1715, par une lettre circulaire adressée aux intendants de province, le Régent lance un **appel** à projet pour réformer l'imposition française. Les propositions sont examinées par une commission *ad hoc* au printemps 1716, ainsi que par le Conseil de finance lors de fréquentes séances extraordinaires, et même par un comité des ministres, créé pour l'occasion à la demande du duc de Noailles, président du Conseil des finances, qui siège à l'été 1717. Quatre possibilités sont identifiées par Noailles. Trois relèvent de réformes fiscales, la dernière d'une réforme monétaire.

Montesquieu répond à cet **appel** en envoyant au Régent en décembre 1715 un *Mémoire sur les dettes de l'État.*

1. Réformer les impôts?

Fiscalement, on envisage deux nouveaux impôts : soit une nouvelle capitation▸, sur le modèle de celle instaurée par Louis XIV en 1695, soit une dîme royale, sur le modèle proposé par Vauban en 1707 ; et le gouvernement réfléchit également à la réforme d'un impôt existant, la taille personnelle, impôt qui pèse sur les revenus des non-privilégiés dans les pays d'élection▸ : cet impôt est considéré comme le moins efficace, le plus injuste mais également celui qui rapporte le plus à l'État. Noailles rejette l'idée d'une nouvelle capitation, qui va à l'encontre des privilèges de la noblesse et du clergé. Si la capitation louis-quatorzienne de 1701 est maintenue, l'impôt temporaire du Dixième, créé en 1710, est bien suspendu en 1717, soulageant certes l'ensemble des contribuables, mais d'abord les privilégiés sommés de le payer. La création d'une dîme royale est également rejetée par le duc à la fois pour des raisons de principe (elle suppose l'égalité de tous devant l'impôt) et pour des raisons de logistique (comment prélever un impôt frappant tous les revenus sans étendre le système impopulaire de l'affermage, jugé coûteux et inique ?).

▶ Voir p. 134

▶ Voir p. 132

Noailles s'intéresse alors à une amélioration de la répartition de la taille personnelle : celle-ci dépendait en effet d'une évaluation des revenus de l'individu imposable ainsi que de ses circonstances personnelles (enfants, charges, santé…). En théorie, un collecteur-asséeur était chargé d'une enquête rigoureuse dans chaque paroisse pour calculer combien chacun devait, mais en pratique, la répartition de la taille était arbitraire et injuste et frappait de façon disproportionnée les plus démunis. La réforme voulue par Noailles envisage une clarification de la répartition à tous les niveaux depuis la fixation du montant annuel de la taille par le Conseil du roi. Une expérience a ainsi été menée dans la généralité de La Rochelle où une taille proportionnelle (une dîme royale de fait) se substitue en 1718 à la taille personnelle et à la capitation. La majorité des personnes imposables y trouvent leur compte, préférant une répartition égale et fixée à l'avance de l'impôt à l'arbitraire antérieur, mais les privilégiés se mobilisent contre ce nouvel impôt auquel ils ne peuvent échapper. En 1721, l'initiative est arrêtée et la taille proportionnelle supprimée dans cette généralité. La réforme de la taille demeure une ambition centrale du gouvernement tout au long du XVIIIe siècle, ainsi qu'une épine dans le pied des contrôleurs généraux des finances qui se succèdent à la tête du budget du royaume. À plusieurs reprises, faute d'une réforme de la taille, on instaure de nouveaux impôts touchant l'ensemble de la population, y compris les ordres privilégiés. En 1741, le Dixième est restauré. En 1749, il est remplacé par le Vingtième, impôt direct frappant les revenus de tous les Français à hauteur de 5 %. Un deuxième Vingtième est créé en 1756 et un troisième en 1760, qui est aboli en 1763.

Si une réforme fiscale claire ne s'impose pas sous la Régence, Philippe d'Orléans ne désespère pas de trouver la solution aux maux budgétaires ailleurs, à savoir dans une importante réforme monétaire, le système de Law.

2. Le système de Law

Parmi les différentes propositions de sortie de crise offertes au Régent, l'une d'entre elles fait figure de projet inédit, tant dans l'analyse de l'origine des problèmes de la France que dans la solution envisagée. Il s'agit du projet d'un économiste écossais, John Law. Ce dernier n'est pas à son premier essai pour convaincre un gouvernement de le laisser réformer l'économie du pays : il s'était approché, en vain, de plusieurs monarques européens, dont Louis XIV en 1708.

John Law, un Écossais à Paris

John Law (1671-1729) est un économiste écossais. Il naît dans une famille d'orfèvres et de banquiers et, adolescent, rejoint l'entreprise familiale avant de partir pour Londres après avoir hérité de la fortune de son père en 1688. Il s'adonne à une vie de plaisir et de jeux de hasard. En 1694, il se bat en duel avec un rival amoureux. Ayant tué ce dernier d'un coup d'épée, il est accusé de meurtre et condamné à mort. Sa peine est commuée en une amende mais le frère du défunt fait appel. Law fuit la justice britannique pour gagner Amsterdam puis voyage à travers l'Europe : Pays-Bas, France, Suisse, Venise… C'est à Venise qu'il pratique une étude rigoureuse des jeux d'argent (et se constitue une fortune personnelle considérable) ainsi que des techniques bancaires, parmi les plus sophistiquées d'Europe. C'est lors de ces années de voyage et d'observation qu'il développe ses théories financières fondées sur la valorisation du papier-monnaie ou billet de banque. Il postule qu'une banque nationale émettant une monnaie non métallique serait le meilleur moyen d'introduire de la souplesse dans les économies européennes et d'augmenter les sommes prêtées. Ce papier-monnaie ne serait pas convertible en argent ou en or mais sa valeur serait garantie par un capital détenu par cette même banque nationale. Après avoir proposé son plan dans différents États européens, c'est finalement en France qu'il l'expérimente à partir de 1715. En 1720, après la déroute de son système, il est de nouveau contraint à l'exil dans différentes capitales européennes avant de s'établir à Venise, où il décède en 1729 d'une pneumonie. Il reste un exemple de la forte mobilité des élites européennes au siècle des Lumières et occupe une place de visionnaire maudit dans la pensée économique de son temps.

John Law par Casimir Balthazar (1843)

Mais en 1715, face à l'ampleur de la crise financière du royaume, le Régent est convaincu par l'argumentaire de **John Law**. Pour celui-ci, la crise tient non au poids de la dette nationale mais à la mollesse de l'économie, ce qui nuit aux recettes fiscales du royaume. Afin de fluidifier les échanges, de faciliter le crédit et de stimuler la production, il propose d'augmenter la masse monétaire en circulation en recourant à une monnaie de papier et non plus métallique. En parallèle, il imagine faire des créanciers de l'État des actionnaires : au lieu d'emprunter, le royaume détiendrait une compagnie commerciale dont la vente des actions contribuerait à l'enrichir. Conservateur, le Conseil de régence préfère pourtant refuser le projet de Law. Il faut le soutien personnel de Philippe d'Orléans pour qu'il soit mis en œuvre à partir de 1716.

La première mesure de Law est de fonder une banque, la Banque générale, qui joue *de facto* le rôle de banque nationale. Elle fonctionne comme les autres institutions bancaires de l'époque (dépôt, virement, escompte, change…) mais émet en plus des billets de banque dont la valeur faciale est garantie par les avoirs propres de la banque, c'est-à-dire échangeable, si le détenteur le souhaite, contre leur valeur monétaire métallique. En vérité, l'encaisse de la Banque générale n'équivaut qu'à environ un quart de la valeur totale des billets émis, mais la confiance du public en la promesse de convertibilité suffit pendant les premières années du système à assurer leur succès. En 1718, la Banque générale devient la Banque royale, propriété du roi. Elle ouvre des succursales en province et augmente toujours plus l'émission de monnaie de papier, garantie désormais par l'État français.

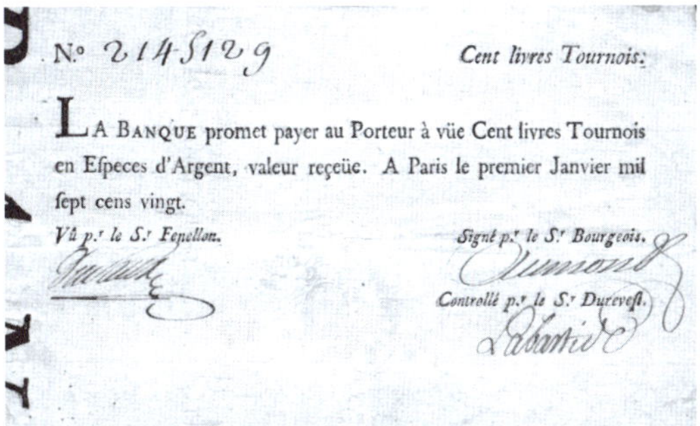

N° 2145129 — Cent livres Tournois.

LA BANQUE promet payer au Porteur à vüe Cent livres Tournois en Eſpeces d'Argent, valeur reçeüe. A Paris le premier Janvier mil ſept cens vingt.

Vû p.r le S.r Fenellon. — Signé p.r le S.r Bourgeois.

Controllé p.r le S.r Dureveſt.

Billet de la Banque royale de 100 livres, 1720

En 1717, Law met en place le second pilier de son système : il crée la *Compagnie d'Occident* (également appelée *Compagnie du Mississippi*), au capital de 100 millions de livres levé grâce à l'émission de 200 000 actions au prix de 500 livres, que l'on pouvait acheter avec le papier-monnaie de la Banque générale. Cette compagnie commerciale jouit de l'exclusivité de l'exploitation de la **Louisiane**, une colonie dont le potentiel fait rêver, mais qui à l'époque ne connaît aucune réelle mise en valeur. Afin de persuader toujours plus d'investisseurs à acheter les titres de la compagnie, Law exagère dans la publicité faite autour de la *Compagnie d'Occident* les richesses que l'on pouvait tirer de l'Amérique du Nord ; il mène également une stratégie de croissance agressive en rachetant successivement les autres compagnies de commerce (notamment du Sénégal, puis des Indes orientales). En 1719, la *Compagnie d'Occident* devient la *Compagnie des Indes* et jouit du monopole du commerce maritime et colonial français !

Louisiane : colonie fondée en 1682 autour du delta et de la vallée du Mississippi, rivale pour les colonies britanniques d'Amérique, notamment lors de la guerre de Sept Ans. Elle est cédée en 1762 à l'Espagne.

Or en cas de décalage entre la valeur en bourse et les avoirs réels de l'entreprise, il existe un réel risque de faillite. Law en est conscient et cherche à diversifier et augmenter les revenus de la compagnie. À cette fin, il achète en 1718 la ferme des tabacs puis en 1719 met en adjudication la ferme générale des impôts, soit le monopole de la fiscalité indirecte de l'État. Il s'agit de deux opérations rentables pour la Compagnie puisque la première coûte 4 millions de livres mais en rapporte plus de 7, et la seconde rapporte 90 millions de livres pour un investissement d'environ seulement la moitié.

Enfin est menée la dernière étape pour parachever le « système » de Law : par un édit d'août 1719, la dette constituée du royaume est remboursée aux nombreux créanciers, mais en billets de la Banque royale. Du jour au lendemain, les anciens créanciers de l'État se retrouvent avec un vaste capital en billets de banque à investir. Le seul débouché pour un tel capital papier se trouve être... la *Compagnie des Indes* dont le capital vient, à point nommé, d'être doublé. Ainsi le projet de Law semble-t-il aboutir à son double objectif initial : injection de liquidités dans l'économie française afin de la stimuler et transformation de la dette d'État en actions de l'État. Symbole de cette apparente réussite, Law, est nommé contrôleur général des finances en janvier 1720.

3. L'effondrement du système

Une émeute éclate devant le siège de la banque rue Quincampoix, faisant 17 morts.

Un véritable engouement se développe pour les actions de la *Compagnie d'Occident* puis *des Indes*, nourri par l'espoir de dividendes considérables. À la fin de 1719, une vive spéculation boursière se produit : le titre initial, vendu en 1717 pour 500 livres, s'échange pour plus de 10 000 livres ! Conscients que le cours des actions n'a plus aucun rapport rationnel avec la rentabilité du titre, autrement dit que la capitalisation boursière est en total décalage avec le capital réel de l'entreprise, et même avec ses perspectives de revenus les plus optimistes, les investisseurs les plus avisés se dépêchent de vendre leurs titres. Commence alors la dynamique inverse de la bulle spéculative en marche jusqu'alors : les premières ventes en nombre en entraînent d'autres et une première baisse des cours du titre, puis une autre... Pendant les premières semaines de 1720, les actionnaires sont pris de panique et le cours dévisse.

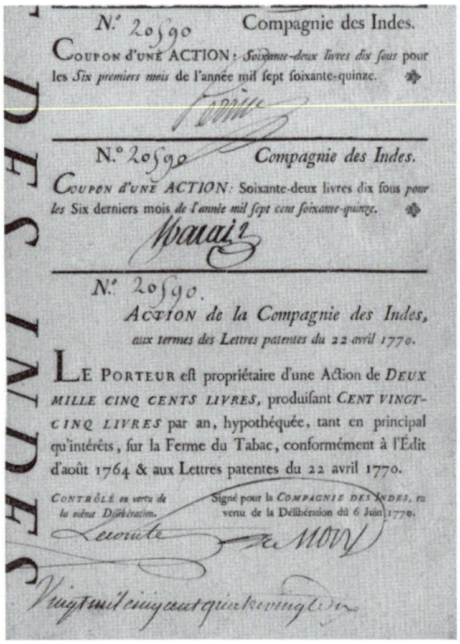
N.° 20590 Compagnie des Indes.
COUPON D'UNE ACTION : *Soixante-deux livres dix sous* pour les *Six premiers mois* de l'année mil sept soixante-quinze.

N.° 20590 *Compagnie des Indes.*
COUPON D'UNE ACTION : Soixante-deux livres dix sous *pour* les Six derniers mois *de l'année mil sept cent soixante-quinze.*

N.° 20590.
ACTION de la Compagnie des Indes,
aux termes des Lettres patentes du 22 avril 1770.

LE PORTEUR est propriétaire d'une Action de *DEUX MILLE CINQ CENTS LIVRES,* produisant *CENT VINGT-CINQ LIVRES* par an, hypothéquée, tant en principal qu'intérêts, sur la Ferme du Tabac, conformément à l'Édit d'août 1764 & aux Lettres patentes du 22 avril 1770.

CONTRÔLÉ en vertu de la même Délibération. — Signé pour la *COMPAGNIE DES INDES*, en vertu de la Délibération du 6 Juin 1770.

Action de la Compagnie des Indes

Law multiplie alors les initiatives pour soutenir artificiellement la valeur des actions, faisant racheter des milliers d'actions par la Compagnie ou promettant des dividendes mirobolants. Mais ces mesures se révélant insuffisantes, il décide en dernier espoir, au printemps 1720, d'intégrer la Banque royale dans la *Compagnie des Indes*, ce qui lui permet d'émettre des millions de livres en billets papier pour racheter encore et encore des actions de la Compagnie. Mais ce faisant, il transfère la méfiance publique des actions de la compagnie vers les billets de la Banque royale : le siège de la banque est rapidement assiégé par une foule qui cherche à se faire rembourser ses billets en numéraire. L'encaisse de la banque disparaît rapidement et à l'été 1720 celle-ci doit suspendre ses paiements. À l'automne, les dernières mesures d'un John Law contraint de se cacher sont toutes vaines : la banque est dissoute en décembre 1720 et la Compagnie des Indes est réorganisée en 1722.

4. Le bilan du système de Law

Longtemps dépeint par l'historiographie du XIXe siècle comme un escroc, John Law a depuis fait l'objet d'une réévaluation plus mesurée, voire même admirative. Il est indéniable que de nombreuses personnes ont perdu leur épargne ou leur investissement – parfois jusqu'à la ruine –, mais moins sans doute que ce qui a été dit après la chute du système. La population française a également tiré de cet épisode une grande méfiance vis-à-vis du papier-monnaie qui a empêché une modernisation de l'économie au siècle suivant. Cette méfiance s'étendant jusqu'au mot même de « banque », les établissements financiers veillent par la suite à lui préférer le terme de « crédit ». L'opinion publique reste longtemps marquée par les rapides bouleversements du système : des **fortunes** comme des ruines surviennent en l'espace de quelques jours ou semaines.

On surnomme les **fortunés** les « Mississippiens ».

Mais le système a connu également des réussites. Ainsi, le volume de monnaie en circulation a augmenté sensiblement, le crédit est reparti à la hausse et les prix ont connu une légère inflation, à même de soutenir une croissance bénéfique de l'économie. La dynamique apportée au commerce avec l'outre-mer a contribué à enrichir nombre d'acteurs économiques français, à l'image du nouveau port de Lorient créé par la *Compagnie des Indes*.

Il y a eu surtout un assainissement de la dette publique française, qui diminua d'environ moitié grâce au processus du visa, c'est-à-dire l'examen des papiers issus par la Banque royale. Sur les 3 à 4 milliards de billets émis par la banque, un demi-million d'individus en présentèrent 2,2 milliards. L'État en a reconnu, à un taux d'intérêt très faible, pour un total de 1,7 milliard, ne souhaitant pas pénaliser les petits épargnants tout en visant à pénaliser les spéculateurs. Par ailleurs, le poids de la dette privée dans le royaume a également diminué sur la même période grâce aux effets de l'inflation.

Enfin, il convient de reconnaître le rôle positif joué par le système de Law à moyen et long terme. Il a sans doute contribué à mettre fin à un siècle d'économie morose (d'environ 1620 à 1730) et à introduire la nouvelle prospérité économique et commerciale du XVIIIe siècle (parfois appelé pour cette raison le « beau siècle »), fondée, entre autres, sur le commerce maritime et commercial.

La bulle des Mers du Sud

La France n'est pas la seule à traverser des difficultés financières au XVIIIe siècle, ni à connaître des crises spéculatives. En Grande-Bretagne, la *Compagnie des Mers du Sud* (South Sea Company), fondée en 1711, se voit octroyer, au lendemain de la guerre de Succession d'Espagne, le monopole du commerce avec les colonies espagnoles en Amérique. En contrepartie, elle prend à son compte plus de la moitié de la dette nationale (des dizaines de millions de livres sterling) en échange de l'émission de nouvelles actions. Pour rendre l'opération viable, la compagnie a besoin d'augmenter la valeur de ses titres. Elle y parvient un temps non en présentant des profits commerciaux réels (les relations entre la Grande-Bretagne et l'Espagne sont mauvaises, et le commerce avec l'Amérique restreint), mais en faisant miroiter la possibilité de profits futurs considérables. Des membres du parlement et de la Cour reçoivent des actions en guise de pot-de-vin afin de promouvoir l'attractivité de la compagnie. La spéculation joue à plein et le titre s'envole : valant une centaine de livres en janvier 1720, il est multiplié par cinq en mai de la même année. Profitant du contexte, des compagnies frauduleuses se créent : elles prétendent avoir des droits sur d'autres routes commerciales alors qu'il n'en est rien. Mais les investisseurs se ruent également sur leurs actions. À l'été 1720, l'action de la *Compagnie des Mers du Sud* dépasse les mille livres ! Mais avec l'effondrement de la confiance dans les fausses compagnies, le cours de son action est divisé par plus de dix, et des milliers d'investisseurs, mais également des établissements bancaires, sont ruinés. Le nouveau ministre Robert Walpole parvient à sauver la compagnie et à restaurer la stabilité financière. Si les directeurs de la compagnie sont arrêtés pour fraude, plusieurs hommes politiques de premier plan sont épargnés par le scandale.

Isaac Newton investit dans la compagnie. S'il gagne d'abord 7 000 livres, il en perd ensuit 20 000 : « Je peux calculer les mouvements des corps célestes mais pas la folie des gens. »

III. Centralisation et unification du royaume

1. La centralisation du royaume incarnée par les règnes personnels de Louis XV et Louis XVI

Cardinal de Fleury

En 1723, Louis XV entre dans sa quatorzième année : il est donc considéré comme majeur et à même de régner en personne, mais il ne règne pas seul : il garde à ses côtés Philippe d'Orléans jusqu'à son décès en décembre de la même année, et ne se sépare jamais des conseils de son ancien précepteur, **Fleury**.

Ce dernier conseille au roi la nomination du duc de Bourbon comme premier ministre dès la mort d'Orléans, mais il est renvoyé à l'été 1726 en raison notamment de son hostilité vis-à-vis de l'Espagne. Louis XV fait alors de Fleury un cardinal et l'élève au rang de ministre d'État : il exerce alors la fonction de premier ministre jusqu'à sa mort en 1743 sans en avoir le titre officiel. À la mort de Fleury, comme Louis XIV avant lui, le roi annonce vouloir gouverner seul sans premier ministre. Il ne manque pas de qualités pour ce faire : éduqué, cultivé, bel homme et chef de guerre courageux, il est néanmoins d'un naturel à la fois timide, vaniteux et paresseux, préférant souvent la chasse aux conseils de son gouvernement. De fait, les intrigues se multiplient tout au long de son règne personnel, nuisent à la cohérence de la politique royale, et les maîtresses du roi (en particulier la marquise de Pompadour et Madame du Barry) jouent un rôle essentiel pour décider qui a ou non les faveurs de Louis XV.

Madame de Pompadour et Madame du Barry

Jeanne-Antoinette Poisson, marquise de Pompadour (1712-1764) vient d'une famille de riches officiers royaux et de financiers. Belle et dotée d'un esprit vif, elle fréquente les salons littéraires avant de tenir salon elle-même. En 1745, Louis XV fait sa rencontre et elle devient sa maîtresse pendant les cinq années suivantes. Si elle cesse d'être sa maîtresse, elle reste une influence majeure auprès du roi jusqu'à sa mort en 1764, favorisant tel ou tel candidat à un ministère ou contribuant à la disgrâce d'un autre. Elle profite de sa proximité du roi pour avantager le parti philosophique (partisans du mouvement des Lumières, par opposition au parti dévot) et use de sa grande fortune pour passer commande aux principaux artistes de l'époque.

Jeanne Bécu, comtesse du Barry (1743-1793) est la fille illégitime de parents modestes de l'Est de la France. Éduquée au couvent, dès l'âge de 15 ans, elle doit gagner sa vie dans les rues de Paris en enchaînant des petits métiers ingrats. D'une beauté rare, à 20 ans, elle est repérée par un comte aux mœurs légères, Jean-Baptiste du Barry. Ce dernier en fait sa maîtresse, puis une courtisane de luxe surnommée « Mademoiselle Lange ». Après avoir eu plusieurs amants parmi les proches et ministres du roi, elle fait la rencontre de ce dernier en 1768. La même année, elle épouse le frère de du Barry afin d'acquérir un titre de noblesse, condition pour devenir maîtresse du roi. Après une année difficile et esseulée à Versailles, en raison de ses origines roturières, elle est enfin présentée, resplendissante, à la Cour. Jouissant du luxe que lui vaut sa situation, elle ne cherche pas à intriguer politiquement, mais devient malgré elle l'ennemie de plusieurs grands du royaume, dont le duc de Choiseul. À la mort de Louis XV, elle doit quitter la Cour pour la province. Pendant la Révolution, elle est accusée d'aider les émigrés à fuir la France et elle est guillotinée en 1793.

Louis XVI, le petit-fils du défunt Louis XV, accède au trône à l'âge de 20 ans. De nature réservée et indécise, quoique cultivé et capable, le nouveau roi ne fait pas montre des qualités requises pour régner et peine à trancher. Il a le mérite de nommer des réformateurs influencés par les Lumières à des postes importants, à l'instar de Turgot au contrôle général des finances de 1774 à 1776. Mais, dans le même temps, il rappelle les parlements et se montre par moments favorable à la réaction nobiliaire, incarnée par ses deux frères, les comtes de Provence et d'Artois.

Louis XVI, 1785

Les différents gouvernements de Louis XV puis de Louis XVI mettent en œuvre une série de réformes tout au long du siècle, dont les objectifs sont relativement similaires, à savoir principalement l'assainissement des finances du royaume et la nécessité d'un équilibre politique entre l'État centralisé et le pouvoir des parlements (voir les réformes de Maupeou en 1771 puis de Lamoignon en 1788). Mais l'inconstance des deux monarques, les intrigues de la Cour et les influences de tel ou tel proche, les successions de ministres libéraux puis conservateurs nuisent à la cohérence et à l'efficacité de ces réformes, souvent limitées à des demi-mesures, voire abrogées rapidement après leur proclamation. Par ailleurs, il faut rappeler l'importance de l'héritage des siècles précédents et notamment du XVIIe siècle. La France est ainsi gouvernée par un roi et ses conseillers proches ou ministres, relayés par des intendants dans les provinces ; soit un système d'État monarchique solide et centralisé. Toutefois, et au-delà de l'opposition parlementaire, des limites existent à ce pouvoir étatique.

▶ Voir p. 145-146

▶ Voir chapitre 18, III.

2. Une centralisation à nuancer et une unification inachevée

Alexis de Tocqueville, dans *L'Ancien Régime et la Révolution*, publié en 1856, défend la thèse d'un royaume de France à la centralisation achevée au XVIIIe siècle : « De même que l'administration centrale n'a, à vrai dire, qu'un seul agent à Paris, elle n'a qu'un seul agent dans chaque province. [...] L'intendant possède toute la réalité du gouvernement. » Pour décrire les pouvoirs de ces relais du pouvoir absolu du roi, Tocqueville se fait sienne un extrait des mémoires du marquis d'Argenson : « Sachez que ce royaume de France est gouverné par trente individus. Vous n'avez ni parlements, ni états, ni gouverneurs ; ce sont trente maîtres des requêtes [les intendants, NDLA] commis aux provinces de qui dépendent le malheur ou le bonheur de ces provinces ». Une telle vision de la centralisation du royaume de France a imprégné l'historiographie au XIXe siècle puis pendant la première moitié du XXe siècle.

Or, la réalité de cette « centralisation » est à nuancer : l'historiographie récente montre comment il est impossible de dresser un tableau politique et administratif du royaume de la France sans étudier en même temps les réseaux sociaux des clientèles ou des fidélités qui sous-tendent l'Ancien Régime. En cela, les intendants ne sont que des acteurs parmi d'autres dans la gestion des provinces.

Il faut ensuite rappeler combien les réformes ont buté sur les privilèges, auxquels le monarque refuse bien souvent de toucher, puisque la noblesse comme le clergé constituent un des piliers de son pouvoir. Et quand bien même le monarque ose rogner à la marge ces privilèges, les contre-pouvoirs réactionnaires, par exemple les parlements, font tout pour bloquer une telle réforme.

Voltaire déclare en 1769, dans son *Précis du siècle de Louis XV*: « Outre ces quarante mille lois [...], nous avons cinq cent quarante coutumes différentes, en comptant les petites villes et même quelques bourgs, qui dérogent aux usages de la juridiction principale; de sorte qu'un homme qui court la poste, en France, change de lois plus souvent qu'il ne change de chevaux [...] et qu'un avocat qui sera très savant dans sa ville ne sera qu'un ignorant dans la ville voisine. Quelle prodigieuse contrariété entre les lois du même royaume. » Et en effet, la complexité du royaume de France au XVIIIe siècle est incontestable. Il est impossible d'abroger les anciennes coutumes, qui se maintiennent donc aux côtés d'une législation plus moderne, unifiée et centralisée. Il en est de même pour la complexité de l'administration du royaume: on a tendance à empiler et à multiplier les offices, au lieu de les rationaliser. Cela se prolonge à travers les découpages du pays qui ne se recoupent pas: la France des impôts n'est pas celle des diocèses ni celle des circonscriptions militaires.

Ajoutons à cela que le royaume continue de s'étendre à l'époque moderne mais qu'il reste difficile, du moins long et relativement coûteux, à parcourir: le temps, les distances mais également la diversité linguistique du pays constituent des freins à l'action de l'État. La monarchie est consciente de ces limites posées à son pouvoir et tente d'y apporter des réponses au cours du siècle. Par exemple, entre 1750 et 1793, plusieurs membres de la famille Cassini, des cartographes d'origine italienne, procèdent à l'élaboration de la première carte topographique complète et à l'échelle du royaume de France. Pour cela, ils s'appuient sur un travail de triangulation du territoire français entrepris tout au long du premier XVIIIe siècle, à la demande du roi.

À la veille de la Révolution, un habitant sur deux ne parle pas le français et à peine plus d'un sur dix le parle correctement.

IV. Un effort militaire inconstant

1. Les désillusions de l'armée française

Les progrès scientifiques et techniques appliqués à l'art de la guerre ont mené à des innovations dans la manière de combattre au XVIIe siècle, sur terre comme sur mer▸. L'armée française du siècle des Lumières est à la fois l'héritière de ces

▶ Voir p. 225-226

modernisations, et l'objet d'une série de réformes – inabouties – pour palier certaines faiblesses récurrentes. Ces réformes sont notamment encouragées par le duc de Choiseul, au gouvernement de 1758 à 1770.

En effet, les échecs militaires s'accumulent pour l'armée française au milieu du siècle, à l'exemple de la défaite humiliante face à l'armée de Frédéric le Grand pendant la guerre de Sept ans : le royaume de France, prospère et peuplé n'avait pas réussi à venir à bout de la « petite » Prusse ! Cela provoque un examen de conscience de la part des différents acteurs du domaine militaire : le second XVIIIe voit une multiplication des essais ayant pour objet d'étude les armées du roi. On peut citer, entre autres, les ouvrages suivants : en 1757, le général Maurice de Saxe rédige ses *Mémoires sur l'Art de la guerre.* Il y compare les armées française et romaine, notamment sur les questions de recrutement et de formation des soldats. En 1772, un autre général, Jacques Guibert, publie l'*Essai général de tactique*, célèbre traité militaire qui, par exemple, expose le débat entre ordre profond (organisation des troupes sur plusieurs rangs afin de créer un bloc solide pour enfoncer les lignes ennemies ou résister à la charge adverse) et ordre mince (une formation d'infanterie étirée en rang simple, afin d'élargir au maximum l'étendue de tir). Il est admiratif de l'efficacité de l'armée prussienne, et séjourne d'ailleurs en Prusse où il s'entretient avec Frédéric le Grand. En 1786, Pierre **Choderlos de Laclos** rédige un *Éloge de M. le Maréchal de Vauban* dans lequel il invite les officiers des armes savantes à aller au-delà de l'héritage de Vauban pour inventer de nouvelles méthodes de fortification.

S'il est d'abord connu pour être l'auteur des *Liaisons dangereuses* (1782), **Choderlos de Laclos** (1741-1803) fut également officier et inventeur.

Les critiques sont multiples mais s'accordent pour dire que la situation préoccupante des armées du roi tient à un facteur principal, l'état de ses officiers. Le baron de Besenval (1721-1794), officier suisse ayant servi le roi de France, écrit ainsi dans ses *Mémoires* : « Toutes les fois que j'ai vu des troupes, et que je les ai trouvées bien, en en recherchant la cause, j'ai reconnu qu'elle venait ou des talents du colonel, ou de ceux du lieutenant-colonel, du major, d'un capitaine, quelquefois d'un simple officier, et souvent, revoyant le même régiment, je ne trouvais plus rien, parce que celui qui en faisait l'âme n'y était plus. De même, les corps où il n'y avait pas d'officiers de mérite, étaient pitoyables. »

Et ce ne sont pas seulement des observateurs de l'extérieur qui arrivent à ces conclusions. Ainsi, entre 1780 et 1784, un comité de généraux, mandatés par le maréchal de Contades, se réunit toutes les semaines pendant une moitié de l'année afin d'analyser les remontées d'informations et de griefs des officiers sous leur commandement, et de proposer des mesures de réforme. Ils passent en revue de façon exhaustive l'état de l'armée française, de l'équipement aux provisions, des effectifs à la paie… L'une des questions les plus débattues est celle des congés des officiers : il fut établi que seulement un tiers des officiers d'infanterie et un quart de ceux de cavalerie restaient dans leur régiment pendant les mois d'hiver, certains des absentéistes se permettant même de manquer à l'appel d'octobre à mai. De surcroît, pendant leur absence, il est dénoncé qu'ils prennent de mauvaises habitudes et s'adonnent à des mœurs légères, à Paris et à Versailles notamment; de retour en caserne, ils s'ennuient, manquent à leurs devoirs et ne sont plus un exemple pour les hommes placés sous leurs ordres.

Les auteurs et les généraux qui réfléchissent aux raisons de la piètre qualité des officiers français mettent en avant un manque d'instruction militaire; le poids excessif de la noblesse sur le mérite; les différences entre, d'un côté, de jeunes nobles dans le besoin et donc voulant faire carrière, et de l'autre, des officiers issus d'une noblesse plus haute et plus fortunée, pour qui l'armée n'est en rien une vocation; un système de promotion qui favorise l'achat des galons et ne récompense pas la compétence militaire.

Enfin, il ne faudrait pas conclure de ces critiques que les soldats du rang quant à eux donnaient entière satisfaction et ne nécessitaient aucune réforme. Le recrutement reste en effet pendant tout le siècle un souci permanent (ainsi que la lutte contre la désertion), et l'État est contraint de continuer à acheter le service de mercenaires. Plusieurs auteurs du XVIIIe siècle encensent l'idéal du soldat-paysan, honnête, travailleur, prêt à défendre sa terre et sa patrie. Mais dans les faits, les soldats français se recrutent d'abord parmi les couches populaires urbaines, alors même que les citadins représentent moins d'un cinquième de la population totale du royaume.

Au XVIIIe, en temps de paix, environ un soldat sur dix était un mercenaire; en temps de guerre, environ un sur cinq.

Les raisons des difficultés de recrutement sont plurielles. D'abord, la solde du soldat est assez faible. Si le contrat lors de l'engagement est de six ans, nombreux sont ceux qui, à condition d'en avoir les moyens, paient un remplaçant et quittent l'armée plus tôt. Ensuite, la vie de caserne est pénible. L'entassement des soldats peut être plus qu'insalubre, il peut être mortel: nombreuses sont les épidémies qui ont pour origine un régiment. En 1757, par exemple, le typhus se répand parmi les soldats d'une escadre débarquée à Brest. L'épidémie gagne ensuite la population civile de la ville, faisant plus de 2 000 victimes militaires et un millier chez les civils. Enfin, la discipline militaire est rude et les châtiments corporels fréquents.

2. Des réformes pour moderniser et professionnaliser l'armée… aux effets limités

En réponse aux appels à la modernisation des armées du roi, les gouvernements successifs de Louis XV puis de Louis XVI multiplient les mesures censées améliorer l'efficacité combattante des troupes françaises.

Cela concerne également les autres armées et marines d'Europe, par exemple, l'armée prussienne, voir chapitre 13.

Une première voie poursuivie au cours du second XVIIIe siècle est l'ouverture d'écoles militaires – en cela, la France rattrape un certain retard vis-à-vis de ces voisins européens: la Russie avait fondé un collège de cadres à Saint-Pétersbourg en 1732; dix ans plus tôt, la Prusse fondait une académie militaire

Une **École royale** d'artillerie avait déjà été fondée en 1720 à La Fère, dans le nord du royaume.

à Potsdam. Ainsi, en 1748, est créée à Mézières, dans les Ardennes, **l'École royale du génie**, afin de former les futurs officiers du génie militaire. Les élèves sont recrutés parmi la noblesse et suivent un cursus de deux ans avant d'être affectés dans un régiment. Progressivement on autorise l'entrée d'élèves issus du tiers état, mais une ordonnance de 1776 y met fin.

Au lendemain de la guerre de Succession d'Autriche, le maréchal de Saxe convainc Louis XV de fonder une académie militaire afin de mieux former les officiers français. Les travaux de l'École militaire de Paris commencent en 1751 d'après des plans de l'architecte Ange-Jacques Gabriel, mais rapidement le manque de financement retarde le chantier.

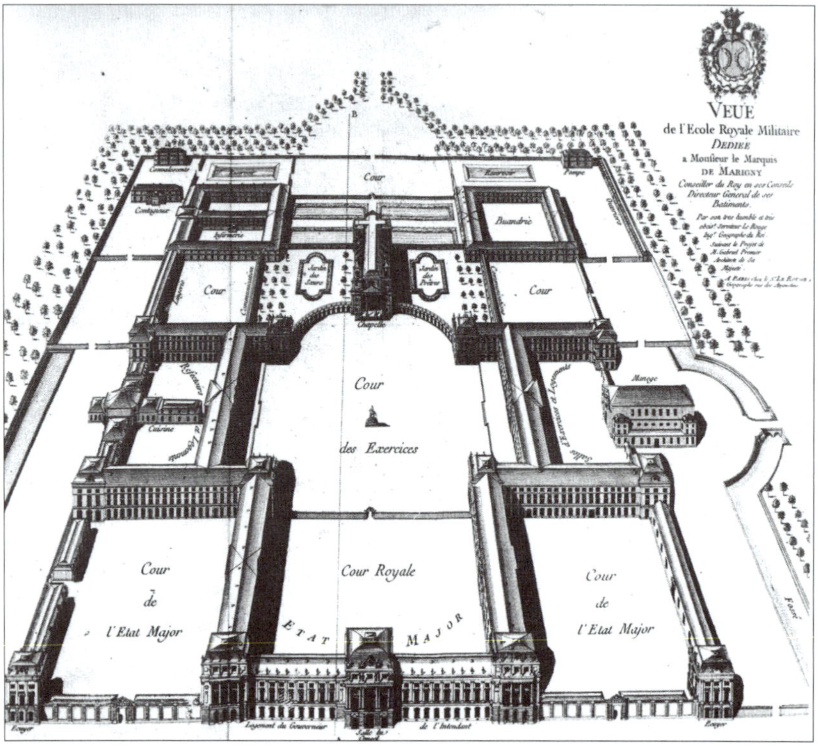

Plans de l'École Royale militaire de A.-J. Gabriel

Les premiers élèves officiers sont accueillis en 1756 alors que les bâtiments sont inachevés. Ce n'est finalement qu'en 1770 que l'ensemble est terminé, au prix d'une diminution sensible de l'ambition initiale. Louis XV avait voulu cette école pour venir en aide à une noblesse indigente, et afin d'encourager la discipline militaire, d'uniformiser la formation des officiers, et de permettre la connaissance du profil des jeunes officiers avant leur affectation. On y enseigne les mathématiques appliquées à la guerre, les fortifications, la géographie et la cartographie…

En 1775, le comte de Saint-Germain est nommé Secrétaire d'État à la Guerre. Estimant que l'École de Paris est bien trop coûteuse et inefficace, il la ferme et ouvre l'année suivante douze écoles militaires en province, capables d'accueillir davantage d'élèves pour une dépense moindre. L'enseignement, dispensé par des moines, inclut la philosophie, la rhétorique, la religion, l'histoire et la géographie, le latin et des langues vivantes, les mathématiques. Les élèves sont issus de la noblesse, fortunée pour certains, pauvre pour d'autres. En 1777, l'École royale militaire est rétablie mais en tant qu'école supérieure pour les meilleurs élèves issus des écoles préparatoires de province.

Une deuxième piste de réforme suivie est l'amélioration technique et stratégique des armes et des armées, à l'image des innovations introduites par Jean-Baptiste de Gribeauval. Cet officier et ingénieur introduit entre 1765 et 1772, puis de nouveau à partir de 1776, une artillerie légère dans l'armée française, standardise les canons en privilégiant la mobilité des pièces d'artillerie et exige une meilleure formation des artilleurs. Ces réformes expliquent la supériorité de l'artillerie française lors des guerres de la Révolution.

Enfin un dernier axe de réforme envisagé est la question du recrutement des officiers. Un débat existe entre les tenants de la noblesse de cour, à qui on ne saurait ôter le privilège du port de l'épée, et les défenseurs du mérite, qui souhaiteraient aller chercher dans les rangs de l'armée des hommes d'expérience et de valeur. Les seconds arguent que la formation ne peut suffire : comment inculquer le zèle et une éthique du travail et de l'effort à de jeunes nobles pour la plupart accusés d'indolence ? Mais toutes les réformes qui tentent de s'attaquer aux achats d'offices ou encore aux promotions sans expérience sont bien trop timides. Par exemple, le comité de généraux mentionné précédemment, qui souhaitait lutter contre l'absentéisme des officiers en hiver, ne put que limiter les congés de façon plus stricte, sans parvenir à imposer une réorganisation drastique. Et en 1781, en pleine guerre d'Indépendance américaine, l'**édit de Ségur** constitue une réaction nobiliaire en la matière puisqu'elle interdit la promotion de roturiers à des postes de commandement.

Du nom du secrétaire d'État de la Guerre, le marquis **Philippe Henri de Ségur**, petit-fils du Régent.

Pour conclure, notons que les réformes de l'État poursuivies au XVIIIe siècle sont marquées à la fois par une volonté progressiste, en lien avec la pensée des Lumières, mais aussi du sceau de la préservation des privilèges. Ce qui se révèle être une dialectique insoluble : que ce soit dans la formation des officiers des armées ou les finances royales, la pierre d'achoppement de bien des réformes demeurait les droits et privilèges de la noblesse et du clergé.

À retenir

- Sous les règnes de Louis XV puis de Louis XVI, l'entreprise de perfectionnement du pouvoir de la monarchie absolue, largement fondé au siècle précédent, se poursuit. Qu'il règne personnellement, délègue le pouvoir à plusieurs ministres, le confie à un principal ou un premier ministre, ou encore cède aux influences de favoris et de favorites, le monarque n'en demeure pas moins le cœur d'un État centralisé.
- La Polysynodie représente une tentative originale de réformer le mode de gouvernement de la monarchie sous l'Ancien Régime. Si l'expérience n'a duré que quelques années, elle a eu le mérite de stabiliser le royaume à la mort de Louis XIV et de consolider le pouvoir du Régent Philippe d'Orléans.
- Le pouvoir bute pendant tout le siècle sur plusieurs obstacles : l'absence d'unité administrative du royaume ; le poids de la dette ; la difficulté de mener des réformes jusqu'au bout.

LES DATES ESSENTIELLES

1715 : mort de Louis XIV. Avènement de Louis XV. Régence de Philippe d'Orléans et début de la Polysynodie

1716-1720 : Système de Law

1718 : fin de la Polysynodie

1723 : mort du Régent et du cardinal Dubois, nommé principal ministre l'année précédente

1726 : début du ministère de Fleury

1743 : mort du cardinal de Fleury ; Louis XV gouverne sans premier ministre

1745-1764 : influence de Mme de Pompadour

1758-1770 : le duc de Choiseul est le principal ministre

1774 : mort de Louis XV et avènement de Louis XVI

POUR ALLER PLUS LOIN

Sélection bibliographique

Laurent Avezou, *Les institutions de la France moderne (xve-xviiie siècle)*, Paris, Armand Colin, 2014.

Nicolas Buat, *John Law. La dette, ou comment s'en débarrasser*, Paris, Les Belles-Lettres, 2015.

Jean-Christian Petitfils, *Le Régent*, Paris, Fayard, 2013.

Ressources internet

La *Carte générale de la France* par les cartographes de la famille Cassini : http://gallica.bnf.fr/html/und/cartes/france-en-cartes/la-carte-de-cassini.

CHAPITRE

15 Un siècle de croissance économique et démographique

PLAN DU CHAPITRE

I. Croissance de la population et début de la transition démographique
II. Essor agricole et innovations agraires
III. Vers une première industrialisation
IV. Le développement du grand commerce et l'essor urbain
V. Les nouvelles idées économiques

Au XVIIIe siècle, l'Europe, dont le royaume de France, connaît une croissance de sa population, ainsi que de son économie, qui se différencient nettement du siècle précédent. Dans ce chapitre seront interrogés les raisons, les moteurs et les acteurs de ces changements. Des changements qui sont aussi bien d'ordre intellectuel (un renouveau des théories économiques), agricole (l'émergence d'une première agronomie moderne) et industriel (le développement de la première industrialisation), que commercial (la poursuite de la mondialisation) et urbain (l'essor des villes et des ports).

Problématiques

– Au siècle des Lumières, quelles sont les nouvelles idées économiques qui émergent en Europe ?

– Comment caractériser la croissance démographique, en France et en Europe ? Les contemporains avaient-ils conscience de cette croissance ?

– Comment l'agriculture, premier secteur économique du siècle, évolue-t-elle ?

– Quels sont les facteurs et les caractéristiques de la première industrialisation ?

– Quelle dynamique connaissent les villes et les ports au XVIIIe siècle ?

I. Croissance de la population et début de la transition démographique

1. La croissance de la population française et européenne au XVIIIe siècle

L'Europe traverse au cours du XVIIIe siècle une transformation démographique majeure : la population croît fortement, passant d'environ 120 millions d'habitants vers 1700 à 160 millions vers 1750 et plus de 190 millions vers 1800, soit un taux annuel de croissance – élevé ! – de 6 % pour la seconde moitié du siècle.

La croissance démographique en Europe au XVIIIe siècle

	vers 1700	vers 1800
Empire des Habsbourg	8 millions	28 millions
Espagne	11 millions	17 millions
France	20 millions	28 millions
Grande-Bretagne	9 millions	16,5 millions
Prusse	2 millions	9,5 millions
Russie	17,5 millions	35 millions

La France, dont le XVIIIe siècle est marqué par deux études démographiques importantes, les *Mémoires des Intendants* en 1697-1699 et le recensement de 1801, participe également à cette croissance européenne.

Pourtant, le siècle ne connaît en rien une révolution démographique. En effet, les caractéristiques principales des pays européens ne subissent pas de bouleversements importants : la natalité reste élevée, alimentée par une jeunesse européenne en âge de procréer ; **l'âge du mariage** reste tardif ; la mortalité connaît une légère baisse, notamment la mortalité infantile, mais sans que cela relève d'un franc recul. Cette légère baisse de la mortalité générale, sans signifier une hausse de l'espérance de vie (qui demeure en moyenne en Europe en-deçà de 40 ans), explique, en Europe comme en France, la croissance de la population. Sans progrès notable dans l'hygiène ni la qualité des soins en Europe, mais grâce à un recul des grandes épidémies (la dernière **peste** en France a lieu à Marseille en 1720), des famines et des guerres, la mortalité se tasse. Conjuguée en Europe occidentale avec le maintien d'une natalité relativement élevée, cette amorce d'une baisse de la mortalité au cours du second XVIIIe siècle explique le début de ce que l'on appelle la transition démographique – avec une chronologie propre à chaque pays.

En France, l'**âge moyen au mariage** est de 26 ans pour les femmes et de 28 ans pour les hommes.

Amenée par des bateaux venus d'Orient, **la peste de 1720** frappe Marseille et le sud de la Provence pendant plusieurs mois et fait plus de 100 000 victimes. Mais grâce aux mesures de quarantaine ordonnées par l'État, l'épidémie ne se propage pas au reste du royaume.

La transition démographique

Celle-ci est un modèle bâti par les démographes à partir de l'observation de l'évolution des populations d'Europe et d'Amérique du Nord. Il pose comme principe que la population de tout pays doit connaître le passage d'une démographie dite traditionnelle (taux de natalité et de mortalité élevés) à une démographie dite moderne (taux de natalité et de mortalité faibles). On distingue deux phases : une première qui correspond à la baisse de la mortalité et le maintien d'une natalité forte, et donc un accroissement naturel élevé ; une seconde pendant laquelle, alors que la baisse de la mortalité s'estompe, la natalité diminue, et avec elle l'accroissement naturel. La transition est achevée lorsque les deux taux ont fini leur diminution.

Taux de fécondité : le nombre moyen d'enfants par femme en âge de procréer. **Taux de natalité** : nombre annuel de naissances rapporté à la population totale. Alors que le second donne un aperçu général de la démographie d'un pays, le premier permet d'approcher les comportements et choix à l'œuvre au sein des familles.

À regarder de plus près, le modèle de la transition démographique ne cadre pas de façon satisfaisante avec l'évolution de la population française pendant le siècle. Si l'on compare la transformation démographique française et anglaise sur la même période, le schéma n'est pas le même. En Angleterre comme en France, il y a une baisse de la mortalité, mais alors qu'en Angleterre la natalité connaît une hausse pendant le second XVIIIe, en France, la baisse de la natalité suit de près celle de la mortalité, privant le royaume d'un accroissement naturel important. Ce recul de la **natalité** française a pour origine une baisse de la **fécondité** dès le milieu du siècle. Partout en Europe, des freins existent à la fécondité : un âge tardif au mariage, l'allaitement, et bien sûr la mortalité générale. Mais en France, on constate un début de limitation volontaire des naissances pendant la seconde moitié du siècle. Si ce phénomène se développe d'abord chez les notables et bourgeois des villes, il gagne ensuite les couches les plus populaires et rurales de la société française, et cela avant la Révolution française.

2. La hantise d'un déclin démographique en France

Ce XVIIIe siècle de croissance de la population correspond pourtant à un siècle d'obsession française concernant le déclin démographique. À partir des dernières années du règne de Louis XIV, s'ancre parmi l'élite du royaume la conviction, erronée, que la population du royaume diminue. Cette croyance persiste pendant le règne de Louis XV – elle se retrouve par exemple dans les *Lettres persanes* de Montesquieu, publiées en 1721 – puis sous Louis XVI jusque dans les premières années révolutionnaires.

▶ Voir p. 205 et *sq.*

▶ Voir partie I

Cette obsession trouve ses origines dans les nombreuses guerres, la stagnation économique ainsi que les disettes, famines et épidémies du siècle précédent▸. Elle trouve également son fondement dans la conviction intellectuelle de l'époque moderne que la santé démographique et la croissance économique vont de pair : « il n'y a richesse, ni force que d'hommes » écrivait le juriste Jean Bodin à la fin du XVIe siècle▸. Elle donne naissance au **popu-**

lationnisme et nourrit de multiples réflexions des intellectuels du royaume sur les origines de cette supposée menace et les solutions qu'il faut y apporter. Montesquieu, par exemple, critique l'interdiction religieuse du divorce car il y voit une raison de la dépopulation. Le « chevalier de Cerfvol » (il s'agit d'un pseudonyme; il n'existe aucune certitude sur l'identité réelle de l'auteur) publie en 1768 un *Mémoire sur la population, dans lequel on indique le moyen de la rétablir*. Ce « moyen » consiste principalement en la « législation du divorce » (titre d'un autre de ses ouvrages). Le mathématicien **Le Guay de Prémontval**, et il n'est pas le seul, suggère la polygamie pour permettre le repeuplement du royaume.

Populationnisme: doctrine des partisans d'un accroissement de la population qui estiment que la croissance démographique nourrit la croissance économique. Ils ont l'espoir qu'une politique nataliste doit mener à une expansion de l'activité économique.

Montesquieu et le déclin démographique

Le philosophe est celui qui a, au XVIIIe siècle, le plus influencé la théorie du déclin démographique de l'Europe en général et du royaume de France en particulier. Il affirme, par exemple, dans la lettre persane CXIII: « J'ai trouvé qu'il y a à peine sur la Terre la cinquantième partie des hommes qui y étaient du temps de César » et précise pour la France qu'elle « n'est rien en comparaison de cette ancienne Gaule », avant de conclure que « si cela continue, dans dix siècles, la Terre ne sera qu'un désert. » Dans une version corrigée des *Lettres* en 1754, l'auteur remplace « cinquantième » par « dixième », mais sa prophétie pessimiste demeure. Dans *L'Esprit des lois* de 1748, un chapitre entier s'intitule « Dépopulation de l'univers ».

« Certainement un homme aura plus d'enfants avec vingt femmes qu'avec une seule », **Le Guay de Prémontval**, *La Monogamie ou l'unité dans le mariage*, 1751.

Devant cette abondante littérature, l'historien Jean-Claude Perrot conclut qu'il s'agit là d'une « fertile erreur ». C'est-à-dire que la fausse croyance en un déclin démographique a nourri la pensée des Lumières, et notamment une critique de la monarchie absolue. En effet, en vertu de la doctrine du pouvoir de droit divin, la santé de la population française relève de la responsabilité personnelle du monarque: la croissance comme le déclin démographique sont deux reflets opposés de la sanction divine du régime. Cette croyance en un mal du siècle a également renforcé chez les acteurs politiques français la volonté de connaître avec précision l'état démographique du royaume. En 1778, est publié un ouvrage intitulé *Recherches et considérations sur la population de la France*. Il est attribué à Moheau, inspecteur des dénombrements au Contrôle général; en vérité, il s'agit de l'œuvre de Jean-Baptiste de Montyon, ancien intendant et conseiller d'État à partir de 1775. En partant du principe qu'il « ne peut y avoir d'administration éclairée dans un pays où l'état de la population est inconnu », il procède à un descriptif détaillé de la démographie d'alors. Il estime que la population française s'établit à 24 millions d'habitants (estimation basse) ou 26 (estimation haute), mettant fin définitivement à la croyance en la dépopulation du royaume. Ces calculs s'appuient sur les tableaux des baptêmes, mariages et sépultures dans chaque généralité que les intendants du roi faisaient remonter au Contrôle général. En cela, Montyon bénéficie

« La douceur du gouvernement contribue merveilleusement à la propagation de l'espèce », Montesquieu, *Lettres persanes*, CXXIII.

L'ordonnance de Saint-Germain-en-Laye (1667) impose la tenue d'un double registre d'état civil dans chaque paroisse afin de recenser les baptêmes, mariages et sépultures.

La volonté de connaître le plus précisément possible le nombre d'habitants d'un pays n'est pas propre à la France, loin de là. En 1787, les États-Unis inscrivent dans l'article premier de leur constitution l'obligation d'un recensement tous les dix ans.

des fruits de **l'ordonnance de Saint-Germain-en-Laye** prise par Louis XIV. Rappelons que les États européens ont intérêt de connaître le nombre d'habitants qui résident à l'intérieur de leurs frontières, afin d'administrer plus efficacement le pays, par exemple en calculant les impôts dus avec toujours plus de précision.

Notons enfin que la fin du XVIIIe siècle en Europe ouvre la voie à une tout autre idéologie démographique : le malthusianisme. En 1798, un prêtre anglican, **Thomas Robert Malthus** (1766-1834), publie un *Essai sur le principe de population*. Il y définit un écart divergent entre la hausse démographique et celle des vivres : « si elle n'est pas freinée, la population s'accroît en progression géométrique. Les subsistances ne s'accroissent qu'en progression arithmétique. » Afin de résoudre le hiatus entre ces deux évolutions divergentes, il propose la possibilité d'améliorer la productivité agricole, de modifier les habitudes de consommation alimentaire, ou encore de changer les comportements humains liés à la conception : se contraindre à se marier à un âge plus reculé afin de retarder la naissance du premier enfant et par là diminuer le nombre d'enfants par couple. C'est cette dernière idée qui a été la plus commentée par ses contemporains et les générations suivantes.

Thomas Robert Malthus en 1834

II. Essor agricole et innovations agraires

Une population européenne en hausse signifie une demande alimentaire en hausse. On pourrait penser que la croissance démographique du XVIIIe siècle, dans des pays aux économies encore largement tournées vers une agriculture régionale de subsistance, constitue un poids socioéconomique insurmontable : aux siècles précédents, une forte augmentation de la population avait bien souvent provoqué des famines. Mais au XVIIIe siècle, la poussée démographique a été différente : pour la première fois, l'Europe sort de ce « cercle vicieux » (essor économique, croissance démographique, excès de la demande alimentaire, surpopulation, crise), en raison notamment d'une augmentation de la production agricole européenne. En effet, la production agricole, largement héritière de la situation du siècle précédent, bénéficie en Europe de certains progrès et innovations, même si ceux-ci restent encore timides, et inégalement mis en œuvre.

1. L'amorce d'une révolution agricole en Angleterre

L'Angleterre, s'inspirant des méthodes introduites aux Pays-Bas, est le pays qui connaît les progrès les plus importants et les plus précoces. Elle généralise la rotation des cultures▸ et évite la mise en jachère, grâce notamment à l'introduction de nouvelles plantes (des légumineuses, la betterave fourragère et la pomme de terre venue des Amériques), le choix de prairies destinées à l'élevage et la forte accélération du mouvement de l'enclosure▸. Le coût

▸ Voir Fig. 1 p. 20

▸ Voir définition p. 205

social est parfois dramatique – un débat demeure sur le devenir de ceux qui, n'ayant plus accès aux communaux, cessent leur activité paysanne; pour les uns, ils quittent les campagnes pour une vie de labeur en ville, pour les autres, ils trouvent un emploi de journalier sur les exploitations plus grandes créées par les enclosures. Mais les gains en production sont réels, et les nouvelles cultures ainsi que l'extension de prairies entraînent une augmentation du bétail et donc du fumier, qui, réinvesti dans la terre comme engrais, permet à son tour une amélioration des rendements céréaliers.

2. L'«agromanie» française

Agromanie: terme inventé pendant la seconde moitié du XVIIIe siècle pour désigner le vif intérêt pour l'agriculture et l'agronomie propre à cette époque.

En France, le XVIIIe connaît un véritable engouement pour **l'agronomie**. La publication de la *Nouvelle maison rustique ou Économie générale des biens de campagne* par Louis Liger en 1700 est un succès de librairie: sans cesse complété lors de nouvelles éditions (onze!), l'ouvrage présente aussi bien les différentes cultures et leurs particularités que les nouvelles techniques agricoles développées au cours du siècle. La tonalité générale se veut davantage pratique que docte et se destine aux propriétaires fonciers et aux exploitants agricoles, aux nobles et aux bourgeois mais aussi à des cultivateurs moins aisés. Le second XVIIIe siècle voit une inflation considérable des œuvres agronomiques: la majorité des plus de mille deux cents livres sur le sujet au XVIIIe siècle sont publiés après 1750. Sans aller jusqu'à connaître un large public, ils se diffusent bien au-delà des salons et des élites de la capitale.

Agronomie: étude des principes et des processus qui régissent l'agriculture et, conséquemment, recherche de meilleures techniques de production.

Ces nouveaux écrits introduisent en France les idées d'outre-Manche, à l'instar de celles de Jethro Tull (1674-1741), agriculteur et agronome anglais. Après expérimentation sur sa propre ferme, celui-ci recommande, dans son *New Horse Hoeing* en 1731, de semer les graines en lignes droites et dans des trous ensuite recouverts de terre, au lieu de la méthode en vigueur jusqu'alors, à savoir répandre à la main les graines à la surface de la terre. Il invente à cet effet un semoir mécanique tiré par des chevaux. Cette technique améliore sensiblement la germination et augmente donc les quantités récoltées. Tull recommande également de biner la terre entre les rangées de semis pour lutter contre les mauvaises herbes, autre moyen de gagner en productivité. Il participe clairement d'une agronomie moderne qui vise à en faire une science expérimentale. Mais toutes ses idées n'étaient pas pour autant pertinentes: ainsi pensait-il, à tort, que le fumier n'était pas un **intrant** utile. Le duc de Noailles, un proche de Louis XV, est à l'initiative de la traduction de l'ouvrage de Tull en français, qui constitue la trame des deux premiers volumes du *Traité de la culture des terres* par Duhamel du Monceau, agronome français.

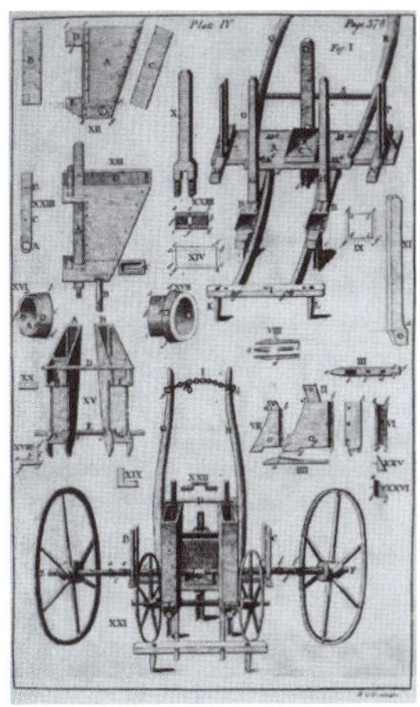

Semoir de Jethro Tull, 1762

Intrant: produit apporté aux terres et aux cultures: engrais, semences, fertilisant…

Cet intérêt pour de nouvelles méthodes à même d'améliorer la productivité agricole s'accompagne en France d'efforts du gouvernement pour augmenter la surface cultivable: une déclaration royale de 1764 «autorise

L'homme de village

les propriétaires de marais, palus et terres inondées à en opérer le desséchement », une autre de 1766 « accorde des encouragements à ceux qui défrichent les landes et terres incultes ». Mais cela ne constitue en rien une révolution agricole. Dans la plupart des régions de France, la jachère est toujours employée. De nouvelles cultures telles que le maïs ou la pomme de terre, pourtant introduites dans le royaume au siècle précédent, ne se diffusent guère. Les améliorations des rendements céréaliers sont pendant tout le XVIIIe davantage l'exception que la règle. Si la production agricole a pu suivre en France la croissance de la population, c'est avant tout grâce à une conjoncture climatique bien plus avantageuse qu'au XVIIe siècle ; les progrès liés aux différentes innovations ou au volontarisme politique sont restés marginaux ou localisés. La situation est comparable dans d'autres pays européens, en Espagne ou en Italie, par exemple : les progrès atteints en Catalogne ou dans la plaine du Pô ne peuvent masquer une situation générale bien moins dynamique.

Par ailleurs, les progrès agricoles ne doivent pas cacher la situation difficile de très nombreux paysans en Europe. En France, en dépit de l'« agromanie » du second XVIIIe, la grande majorité du Tiers-État est composée de paysans qui ne connaissent pas d'enrichissement personnel, et ce sans même prendre en compte la charge fiscale qui pèse sur eux▸.

▶ Voir p. 134

III. Vers une première industrialisation

1. Une « révolution des consommateurs » à l'origine de la proto-industrialisation du XVIIIe siècle

L'**industrialisation** est le passage d'une économie fondée sur l'artisanat et le travail à domicile ou en atelier à une économie fondée sur la mécanisation et le travail en usine.

Indiennes : étoffes légères aux motifs et coloris variés, d'abord importées des Indes, puis imitées à travers toute la proto-industrie européenne.

Dans *Le coton et ses patrons (France 1760-1840)*, Serge Chassagne évoque une double révolution silencieuse des habitudes et des modes de vie. D'abord « l'installation de rideaux aux croisées vitrées ou autour des lits traduit une volonté d'intimité », ensuite « l'usage du mouchoir de coton, et non plus de fil, reflète pour sa part un glissement de fonction du vêtement [vers] l'accessoire de propreté ». Un troisième usage vient s'ajouter à l'intimité et à l'hygiène : la mode. Les **indiennes** séduisent pour l'ameublement comme pour les vêtements féminins et masculins. La France se prend de passion pour ces étoffes dont les couleurs et les motifs changent chaque année (Christophe-Philippe Oberkampf fonde en 1760 une manufacture – la plus grande d'Europe à l'époque – de toiles imprimées à Jouy-en-Josas). La bourgeoisie est un moteur de cette consommation, mais le phénomène se diffuse jusque dans des milieux plus modestes. C'est ce qu'on appelle le mimétisme social : l'imitation par les classes populaires du mode de consommation des élites, souvent par l'intermédiaire des domestiques. La comparaison des **inventaires après décès** du XVIIe siècle et de la fin du XVIIIe siècle révèle une amélioration des conditions de vie : on est passé de quelques vêtements et articles de linge usagés à des vêtements et du linge diversifiés, souvent en bon état et à la mode.

Inventaires après-décès : actes notariés dressant la liste exhaustive des biens possédés par une personne au jour de sa mort et servant d'appui à la répartition de ces biens lors de l'héritage. Ils constituent une source précieuse pour les historiens qui cherchent à étudier les niveaux et modes de vie.

Indienne

Toile de Jouy

Rideaux, mouchoirs de coton et indiennes entraînent alors une croissance des importations de cotonnades des Indes dans la première moitié du XVIIIe siècle puis rapidement des entrepreneurs, appelés marchands-fabricants, ont voulu profiter de ce marché immense en faisant filer et tisser en France le coton par des travailleurs qui ont déjà une pratique domestique de cette activité. Cette mutation de l'appareil de production textile en France, mais aussi dans le reste de l'Europe, c'est la **proto-industrialisation**.

La **proto-industrialisation** est l'organisation du travail qui précède et conduit à l'industrialisation. Elle ne se limite pas à l'artisanat rural, et ne relève pas encore de l'industrialisation urbaine.

Celle-ci s'est diffusée en Europe au cours du XVIIIe siècle et correspond à une complémentarité entre campagnes et villes. Dans les campagnes, on trouve une main-d'œuvre abondante, docile, bon marché, souvent féminine, et disponible pendant la morte-saison. En ville, on trouve une main-d'œuvre plus qualifiée, adaptée aux tâches les plus techniques, mais aussi les marchés locaux et les réseaux de transport vers les marchés nationaux, voire internationaux. Dans l'exemple du coton et des indiennes, le circuit est contrôlé par un marchand-fabricant qui importe la matière brute, la distribue dans les campagnes pour le cardage, le peignage et la filature. Puis il renvoie les filés dans des fabriques, parfois en ville, où l'on procède au tissage et aux finitions. Enfin, il organise la distribution vers les divers marchés. On voit là le passage d'une production rurale limitée principalement à l'auto-consommation, à une main-d'œuvre rurale salariée qui dépend de la demande extérieure par l'intermédiaire du marchand-fabricant. Il s'agit d'un phénomène d'ampleur en Europe occidentale, qui, au-delà du textile, concerne également la métallurgie : la Flandre compte environ 100 000 fileuses rurales, plus de 50 000 personnes travaillent dans le textile autour de Rouen et la coutellerie regroupe des milliers d'ouvriers ruraux dans les villages de la Haute-Marne.

Un décret royal de septembre 1762 autorise le transfert à la campagne d'une partie de la fabrication métallurgique ou textile, contournant ainsi le monopole des corporations.

En France, ce système s'appelle fabrique ou manufacture, en Allemagne *Verlagsystem*, et en Angleterre *putting out system*.

2. De la proto-industrialisation à l'amorce de l'industrie à la fin du XVIIIe siècle

■ La compétitivité économique nécessite des innovations techniques

▶ Voir carte 15, Atlas en fin d'ouvrage

Bientôt, vers la fin du XVIIIe siècle, la proto-industrie est dépassée par la demande. C'est dans ce contexte que l'on se tourne vers des solutions techniques, d'autant qu'un marché croissant, avec des profits potentiels en hausse, justifie l'investissement et la prise de risques financiers que constitue l'innovation technique. Le marché des exportations de textile européen est très concurrentiel, les pays rivalisant entre eux pour exporter à un prix toujours plus compétitif. Or ce prix dépend en large partie des coûts de production, à savoir le coût des matières premières, des techniques de production et de la main-d'œuvre. Les producteurs ne peuvent pas influer sur le prix des matières premières, mais ils cherchent les moyens d'employer moins d'ouvriers, tout en produisant autant, sinon plus. La mécanisation de la production textile se développe alors. Elle concerne à la fois la quête d'une énergie efficace – c'est l'essor des machines à vapeur – et d'une machine à même de remplacer une partie des tâches humaines – c'est le développement des métiers mécaniques à filer et à tisser.

Différentes machines à vapeur avaient été expérimentées tout au long du XVIIe siècle, mais étaient toutes énergivores et rendaient l'énergie mécanique sous forme d'un mouvement alternatif peu exploitable. Les nouvelles machines à vapeur de la fin du siècle, profitant notamment des innovations de l'Écossais James Watt (1736-1819) entre 1769 et 1788, ont une efficacité énergétique bien meilleure et, grâce à plusieurs techniques, dont un balancier, peuvent transformer le mouvement alternatif du piston en un mouvement circulaire apte à faire tourner d'autres machines. En parallèle, on met au point plusieurs machines prenant en charge la transformation du coton depuis la matière brute jusqu'à l'étoffe finale. Ces machines permettent de produire un filé de coton fin, solide et homogène en un temps record et en employant moins de main-d'œuvre. Si dans les premières années du dernier quart du siècle elles sont souvent actionnées par la force tirée d'un moulin à eau, rapidement elles peuvent être couplées avec une machine à vapeur.

On parle en Angleterre de « factory system ». En France, le terme de fabrique perdure, mais ne doit pas cacher un changement de nature dans la production depuis la proto-industrie.

Enfin, une nouvelle organisation du travail vient compléter la mécanisation : c'est la naissance des usines. On passe d'un travail dispersé à un travail groupé dans un même lieu. Cela répond à des besoins techniques – regrouper les machines dans un même espace où l'énergie, hydraulique ou à vapeur, était disponible –, mais aussi au désir de contrôler la main-d'œuvre et la qualité du produit en cours de production. Cela relève également de la volonté de conserver les secrets de production, notamment certains motifs ou dessins, dans un contexte de rude concurrence et de modes qui se développent.

■ Contagion et accélération des progrès : un « cercle vertueux »

Les innovations que sont la machine à vapeur et la machine à filer engendrent à leur tour d'autres progrès. Lorsqu'une technique de la production est mécanisée, les autres ralentissent le processus : il y a donc une forte incitation à trouver de nouvelles solutions techniques.

François Crouzet parle d'un « progrès technique cumulatif » pour décrire ce processus.

Ainsi dans le textile, après la filature et le tissage mécanisés, on cherche à développer le blanchiment chimique des filés de coton ou des tissus, puis l'impression mécanique avec un cylindre qui reproduit des motifs identiques (soit une diffusion verticale des techniques dans un même secteur). Il y a également un processus de diffusion latérale, c'est-à-dire l'adaptation d'une technique à d'autres secteurs. Par exemple, dans les années 1780, sont développées des machines pour coloriser le papier peint, alors très en vogue. Mais le domaine le plus symbolique de la diffusion latérale reste celui des transports. Si **James Watt** dépose dès 1784 un brevet pour une locomotive à vapeur, il faut attendre la première décennie du XIXe siècle pour voir la concrétisation de l'idée.

James Watt

La mécanisation, encouragée par une forte demande que le système proto-industriel peinait à satisfaire, a augmenté la productivité du travail et diminué les prix de vente, ce qui a ouvert la consommation à des catégories sociales toujours plus larges… Ce « cercle vertueux » de la croissance est au cœur des débuts de l'industrie à la fin du XVIIIe siècle en Europe. Mais il faut souligner que ces débuts restent très largement cantonnés à l'Angleterre. Au-delà, seuls quelques rares secteurs, dans des régions bien précises, y participent. Enfin, si les transformations introduites dans la production constituent des changements radicaux, aux conséquences socioéconomiques, culturelles et politiques majeures, l'historiographique récente préfère pourtant parler de première industrialisation plutôt que première révolution industrielle, mettant l'accent sur la durée d'un processus qui gagna toute l'Europe, mais de façon progressive.

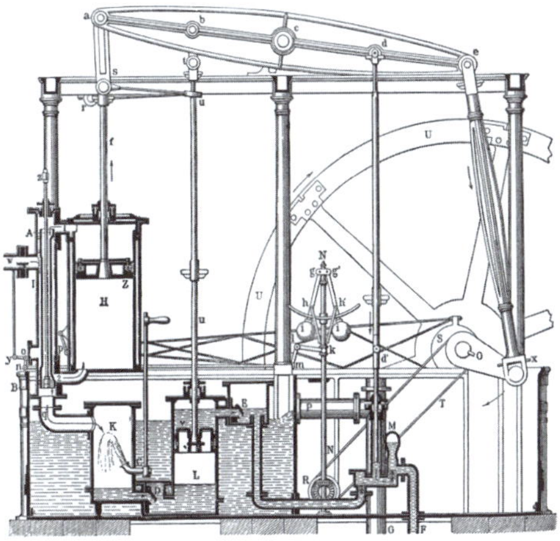

La machine à vapeur de Watt et Boulton, dessin de 1784

IV. Le développement du grand commerce et l'essor urbain

1. Un essor des échanges et des réseaux tournés vers l'international

▶ Pour le commerce international au XVIIe siècle, voir p. 215.

Le commerce national français continue de se développer au XVIIIe siècle – circulation notamment du blé, du vin et de la viande –, mais le vrai changement est l'importance et l'ampleur prises par le commerce international, et surtout le commerce atlantique. Sur le siècle, le commerce extérieur français est multiplié par cinq, le commerce avec les colonies est décuplé. Le commerce britannique suit une évolution similaire ; si le commerce hollandais connaît un certain repli, il n'en demeure pas moins important, et d'autres pays européens comme la Russie et la Scandinavie jouent un rôle clé dans certains secteurs (le bois, les fourrures, le fer).

Les activités qui participent de ce bond commercial sont surtout la pêche, le commerce en droiture et le commerce triangulaire. La pêche à la morue emploie près d'un demi-million d'hommes en France sur plus de dix mille navires. Si le commerce triangulaire a marqué la « réputation » du XVIIIe siècle, et a fait la fortune de familles et de villes de la côte Atlantique (Nantes, La Rochelle, Bordeaux…), les échanges dus au commerce en droiture pèsent plus lourds en volume.

Commerce triangulaire : commerce maritime en trois temps : des marchandises de faible valeur venues d'Europe sont échangées sur les côtes d'Afrique contre des captifs africains ; ceux-ci sont transportés aux Amériques et vendus comme esclaves ; les navires rentrent en Europe chargés de denrées coloniales à forte valeur ajoutée (sucre, tabac…).

Commerce en droiture : commerce maritime direct entre un port de départ et un port d'arrivée. La principale route de ce commerce depuis les ports français était transatlantique, vers les colonies d'Amérique, notamment les Antilles.

On désigne par le terme anglais « Tramping » cette activité de cabotage vers plusieurs ports de déchargement.

Les produits importés sont pour une part consommés dans le royaume, mais pour une grosse partie sont réexportés, aux côtés des grands produits de l'exportation nationale (au premier chef desquels les vins et spiritueux), vers le reste de l'Europe, notamment vers l'Europe du Nord. C'est un renversement du rapport de forces européen en matière de commerce par rapport au siècle précédent qui voyait la Grande-Bretagne et surtout les Pays-Bas dominer les échanges et jouir de cette prospérité.

Les raisons de cet essor sont plurielles. Les échanges sont dynamisés par la croissance économique et industrielle du siècle, ainsi que par l'expansion coloniale des puissances européennes. Ils sont également stimulés par un contexte de **libéralisation** des échanges. Enfin, ils bénéficient d'une série de progrès des techniques et des infrastructures de transport : les voies terrestres comme les voies d'eau connaissent une série d'améliorations qui facilitent la circulation des hommes et des biens importés vers des marchés intérieurs comme l'acheminement de la production nationale vers les ports et des destinations étrangères.

Voir, par exemple, les efforts de l'État français pour **libéraliser** le marché des céréales : premier édit de 1754 pour libéraliser le commerce des grains ; mesures prises par Bertin en 1763-1763 ; mesures de Turgot en 1774.

En France, les péages qui frappaient les routes royales disparaissent au cours du siècle, mais une corvée royale est instaurée en 1739 destinée à l'entretien des routes du royaume. La création du corps des ingénieurs formés à l'École des ponts et chaussées (créée en 1747 par l'intendant des finances Trudaine) contribue grandement au progrès du réseau français. Ces mêmes ingénieurs participent jusqu'en 1780 à la cartographie (*Atlas de Trudaine*) des quelque 25 000 km de routes royales. Cette entreprise permet une gestion plus efficace du réseau, soulignant, par exemple, un déséquilibre entre le nord du royaume, bien desservi, et le sud, moins intégré dans les réseaux d'échanges européens. En Angleterre, les routes principales restent aux mains de propriétaires privés. Des taxes, appelées *turnpikes*, et fixées par le parlement, sont prélevées pour l'entretien du réseau. Elles se révèlent toutefois insuffisantes pour garantir une desserte de qualité à travers tout le pays.

L'Angleterre jouit par contre d'un impressionnant essor des voies d'eau, surtout pendant la seconde moitié du siècle. À la veille du XIXe siècle, le pays est couvert d'un réseau dense de **canaux**, dynamisé en partie par l'amorce de l'industrialisation. La France au XVIIIe siècle se satisfait de ses cours d'eau navigables : la Loire, la Seine, le Rhin ou encore la Dordogne sont très fréquentés et cette fréquentation est en hausse sur le siècle, en nombre de bateaux comme en volume de marchandises convoyées. La ville d'Orléans, par exemple, connaît un essor économique important lié à la jonction de la route terrestre qui mène à Paris avec la Loire. Près de cinq mille familles de la ville vivent des activités liées au transport.

Le **canal** (privé) de Bridgewater (1761) est creusé sur environ 60 km pour acheminer à moindre coût le charbon des mines de Worsley jusqu'à Manchester. Sa réussite (prix du charbon divisé par deux) lance la « fièvre des canaux » en Angleterre.

2. Le développement de l'activité portuaire français : l'exemple de Nantes

L'essor du commerce international français stimule l'activité portuaire du royaume. Nous avons déjà mentionné la création du port de Lorient au service de la Compagnie des Indes▸, le port de Bordeaux bénéficie d'un taux annuel de croissance de près de 5 %, celui du Havre connaît un dynamisme important sous le règne de Louis XVI et Marseille échange aussi bien avec les Antilles qu'avec le Levant et l'océan Indien.

▶ Voir p. 249

De façon générale, tous les ports de la Manche, de l'océan Atlantique et de la Méditerranée participent du dynamisme maritime et commercial français, à l'instar du port de Nantes. Les auteurs de *L'Encyclopédie* brossent ainsi le

Carte 17 Structures du commerce extérieur de la France

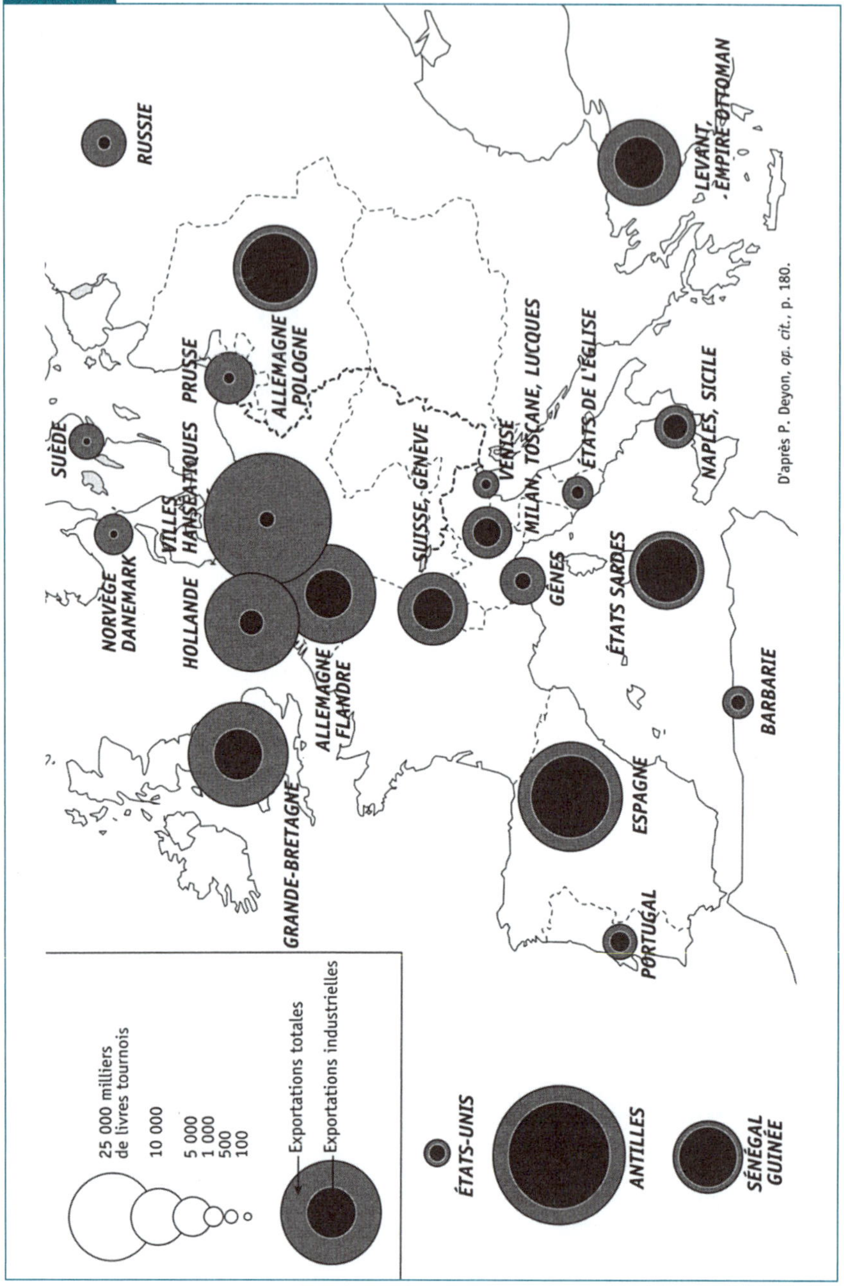

D'après P. Deyon, *op. cit.*, p. 180.

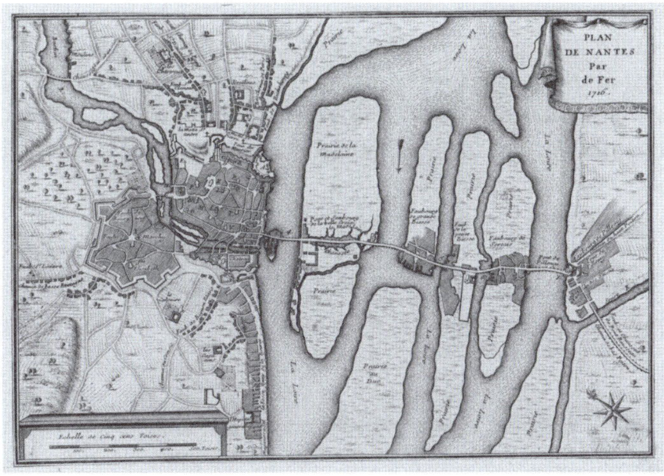

Le port de Nantes, plan de Nicolas de Fer, 1716

portrait de cette ville : « L'université de Nantes fut fondée en 1460. Mais c'est l'université du commerce qui brille dans cette ville. Ils arment tous les ans plusieurs navires pour la traite des nègres dans les colonies françaises. Ce débit de toutes sortes de marchandises est plus aisé et plus vif à Nantes que dans toutes les villes du royaume. » Nombreux sont les voyageurs qui, s'arrêtant à Nantes au XVIIIe siècle, témoignent de leur admiration pour sa prospérité. C'est le cas du jeune écrivain et agronome anglais, Arthur Young, lorsqu'il fait une étape de quelques jours dans la ville en septembre 1788. Il a témoigné combien il fut ébloui par la cité et les nombreux bâtiments neufs qui s'y dressent. Il décrit la « longue ligne de maisons, aux façades régulières » qui s'étend sur la partie du fleuve « voisine de la mer ». Il s'agit des quais nantais, qui, à la veille de la Révolution, s'étendent du Château à l'est jusqu'à l'extrémité ouest de la ville. Ces quais ont fondé la fortune de la ville et c'est là que les riches armateurs nantais ont construit leurs nouvelles demeures.

Une famille d'armateurs nantais : les Espivent

Parmi les personnes avec qui il s'est entretenu de l'économie nantaise, Young fait état d'Antoine-Anne Espivent, frère, fils et petit-fils d'armateurs nantais. Olivier Grenouilleau a analysé l'activité de l'armement « Espivent de la Villesboisnet Frères » au XVIIIe siècle, à partir de leur livre de comptes, qui révèle que sur une période entre 1764 et la Révolution, cette famille a investi dans près d'une centaine d'armements, dont treize navires pour leur propre compte. L'activité principale est la grande pêche morutière, à laquelle il faut ajouter le commerce en droiture et le commerce triangulaire, l'armement corsaire et des expéditions spéculatives. Olivier Grenouilleau conclut que ce sont des « généralistes investissant dans nombre de trafics », trafics qui sont au cœur de l'activité et la prospérité triomphante de la ville de Nantes au XVIIIe siècle.

En effet, bénéficiant d'une situation en fond d'estuaire, Nantes est une ville-port qui s'affirme à partir du XVIIe siècle comme un des premiers nœuds commerciaux français tournés vers l'Atlantique. Si l'activité portuaire date de bien avant le second XVIIe siècle, c'est à ce moment que s'amorcent les échanges avec les Antilles et l'insertion nantaise dans la traite transatlantique, une insertion plus précoce que d'autres ports atlantiques du royaume, notamment Bordeaux. Au XVIIIe siècle, Nantes constitue le premier port négrier de France, pesant pour plus de 40 % des échanges de la traite du pays. La pêche morutière, le commerce maritime nord-européen et le cabotage représentent d'autres piliers du port nantais. L'importance de cet essor se lit dans l'architecture de la ville et dans l'extension spatiale, notamment des quais.

Le développement économique de Nantes à l'époque moderne s'est nourri d'un important phénomène migratoire : ces « Nantais venus d'ailleurs » ont afflué, participé à la croissance de la ville, et contribué à attirer à leur tour d'autres étrangers. La population de la ville double au XVIIIe siècle, passant de quarante mille à quatre-vingt mille habitants. L'accroissement naturel est négatif, l'explosion démographique de la ville s'explique donc entièrement par l'immigration, venue de France et d'Europe.

3. La diversité du monde des villes

Toutes les villes ne sont certes pas des ports, mais beaucoup d'autres pôles urbains de l'intérieur du royaume participent aux croissances démographique et économique du XVIIIe siècle. Or un tel développement ne doit ni cacher les inégalités au sein des villes prospères, ni le cas des villes qui restent en marge de l'essor national.

Au cours de la seconde moitié du XVIIe siècle, le *Dictionnaire* d'Antoine Furetière avait défini la ville comme « l'habitation d'un peuple assez nombreux, qui est ordinairement fermée de murailles ». Il y ajoute un dernier critère : l'existence de privilèges. Cette définition ne correspond plus exactement à la réalité urbaine du XVIIIe siècle. D'abord, les murailles sont nombreuses à disparaître au cours du siècle, du moins en partie – une tendance qui s'accélère pendant le second XVIIIe. L'absence d'entretien ainsi que l'expansion urbaine au-delà de leur enceinte expliquent ce phénomène. Ensuite, si les privilèges urbains demeurent (les villes ont leurs propres autorités et paient moins d'impôts que la campagne), les villes ne peuvent se soustraire aux contrôles et à la surveillance de la monarchie et de ses relais en province (intendants). Enfin, se pose au XVIIIe siècle la question du seuil à partir duquel on considère une concentration d'habitants comme une ville. Au milieu du siècle, l'administration royale fixe ce seuil à 2 000 habitants avant de le relever à 4 500 en 1765. Les auteurs du XVIIIe le situent entre 2 000 et 5 000 habitants.

La France demeure un royaume très majoritairement rural : au début du siècle, le taux d'urbanisation est d'environ 15 % ; en 1735, il est de 18 % ; et à la veille de la Révolution, il est de 20 %. Ce taux national masque bien sûr des différences entre les différentes régions du pays. La Bretagne, par exemple, une province dont le poids urbain la place parmi les régions bien urbanisées du continent, voit pourtant son taux d'urbanisation baisser sur le siècle, passant d'environ 15 % à moins de 14 % quelques années avant la Révolution. De façon générale, Paris, les capitales de province et les grands ports connaissent une hausse importante de leur population (c'est le cas de Brest et de Lorient pour la Bretagne) ; ailleurs dans le royaume, la croissance urbaine est plus nuancée et plus localisée.

L'urbanisation européenne

La tendance est semblable ailleurs en Europe. Si le taux d'urbanisation européen (Russie comprise) ne croît que lentement pour atteindre 12 % à la fin du siècle, les principaux centres urbains connaissent une vitalité certaine. Londres passe de moins de 600 000 habitants à 900 000, la population de Vienne est plus que doublée quand quand celle de Berlin est plus que triplée. Lorsque le tsar Pierre le Grand lance la construction de Saint-Pétersbourg en 1703, il le fait dans une région marécageuse largement inhabitée. En 1725, la ville compte déjà 75 000 habitants. À la fin du siècle, la population dépasse les 200 000 personnes.

Plan de Saint-Pétersbourg en 1731

Au cours du XVIIIe siècle, les villes françaises sont de mieux en mieux connectées entre elles, ce qui contribue à leur croissance démographique et

▶ Voir p. 205

économique : s'il fallait une semaine pour relier Marseille depuis la capitale sous le règne de Louis XIV, le temps est divisé par deux sous Louis XVI. Il faut rappeler le poids écrasant de Paris dans l'organisation du réseau urbain français, qui influe sur les circulations entre villes : les modes et les comportements parisiens sont ainsi diffusés jusque dans les plus petites villes de province.

Les villes sont également connectées avec la campagne environnante. Il ne faut pas imaginer une ville coupée du monde rural, mais au contraire en échange permanent avec lui. La ville constitue le marché principal pour la production des campagnes et fournit des services aux ruraux. La campagne proche est le premier lieu de ravitaillement des centres urbains. La campagne ne s'arrête pas d'ailleurs aux portes de la ville mais y continue sous forme de potagers, de vignes, de basses-cours…

Entre 1785 et 1786, à Paris, les ossements du **cimetière** dit des Innocents sont transférés hors de la ville. Sur les lieux de l'ancien cimetière est ouvert un marché.

Différentes mesures sont pourtant prises par les autorités municipales pour limiter cette pénétration de la ville par la campagne. En effet, au nom de l'hygiène publique, les villes françaises connaissent une série d'améliorations au cours du siècle. Les hygiénistes recommandent toute une série d'actions afin de faire des villes des espaces modernes et salubres : le transfert des **cimetières** hors des villes ; l'approvisionnement en eau potable (nouvelles fontaines) ; l'ouverture des axes et des espaces afin de permettre une meilleure circulation des hommes, de l'air et de la lumière. Bien des villes au XVIIIe siècle connaissent également une série de chantiers d'embellissement : création de promenades, construction d'élégants bâtiments publics ou encore aménagement de grandes places.

Toutefois, ces progrès se sont souvent faits pendant la seconde moitié du siècle, et ont concerné bien davantage les grandes villes à la prospérité commerciale certaine, à l'exemple de Bordeaux (et même dans ce cas, les embellissements concernent d'abord les nouveaux quartiers, mais moins le vieux centre-ville). Beaucoup de villes connaissent encore des centres insalubres, aux rues étroites, dont l'héritage médiéval reste évident. Enfin, il faut souligner qu'en ville se concentre une population indigente nombreuse et que la criminalité demeure un souci permanent pendant tout le siècle. En réaction à cela, les autorités, municipales comme étatiques, développent au XVIIIe siècle une première police de la ville moderne. Au-delà d'une volonté de garantir la sûreté et de mettre un frein à la criminalité, la police du XVIIIe se donne pour missions : la lutte contre les épidémies et contre la **mendicité** ; la surveillance des étrangers ; l'encadrement des « vices » (notamment les jeux de hasard et la prostitution). Il n'y a pas de police nationale, même si de fait l'organisation progressive de la police parisienne sert de modèle à des villes de province. Aux côtés des patrouilles et des arrestations, on assiste à l'essor d'une bureaucratie policière chargée de l'enregistrement de toute une série d'activités, légales comme illégales.

Entre 1700 et 1784, la monarchie française est à l'origine d'un texte législatif tous les quatre ans contre la **mendicité**.

V. Les nouvelles idées économiques

On a déjà fait état de la popularité des idées agronomiques ainsi que de l'inventivité en matière monétaire dont a témoigné le système de Law‣. Il convient désormais de détailler les formes prises par la pensée économique la plus marquante du siècle, le libéralisme.

▶ Voir p. 248 et *sq.*

Si le terme appartient au XIXe siècle, les idées libérales sont pourtant prégnantes au XVIIIe siècle. Cela désigne un ensemble d'idées politiques et économiques qui ont toutes pour base une critique de l'absolutisme. Nous nous intéresserons ici aux idées libérales économiques.

1. Le libéralisme économique en France

En France, le libéralisme économique a pour origine la pensée de Pierre de Boisguilbert (1646-1714) qui pose le principe d'un ordre économique naturel qui s'auto-équilibre à condition d'être libre. Cette idée a connu deux pistes de réflexion importantes dans le royaume : la libre circulation des grains‣ et la libre circulation monétaire. Les travaux de **Vincent de Gournay** relèvent également de cette école de pensée économique. Celui-ci a notamment proposé un taux d'intérêt librement déterminé par la loi du marché, et non par décision royale, la nécessaire libération du marché du travail des contraintes des corporations ou encore le libre-échange pour les grains.

▶ Voir p. 273

Vincent de Gournay a popularisé l'expression « laisser faire, laisser passer ».

La principale déclinaison française du libéralisme économique est la physiocratie, une pensée politique et économique qui naît en France au milieu du siècle et qui remet en cause l'influence du mercantilisme‣. La physiocratie, littéralement le « gouvernement par la nature », estime que la seule source viable de richesse est l'agriculture, et que le meilleur ordre économique est celui naturel réglé par la providence. Le penseur, et chef de file du mouvement, François Quesnay, s'est efforcé de décrire cet ordre naturel dans son *Tableau économique* de 1758. Il revient au gouvernement d'en garantir le respect des règles, mais au-delà nul interventionnisme n'est nécessaire ni souhaitable. Les corporations, les barrières douanières sont autant d'obstacles à la libre marche d'un ordre naturel qu'il faut supprimer.

▶ Voir p. 209

2. Le libéralisme économique anglais

Ailleurs en Europe, les idées libérales progressent également, voire s'imposent. Le centre de gravité de cette pensée est la Grande-Bretagne et l'ouvrage d'Adam Smith, *Recherches sur la nature et les causes de la richesse des nations*, publié en 1776.

Le **Grand Tour** désigne le voyage culturel que les jeunes gens de bonne famille (en particulier britanniques) avaient pour habitude de faire à travers l'Europe continentale. Souvent entamé après les études supérieures, il visait à parfaire leur éducation.

Dans ses écrits personnels, Smith qualifie le *Tableau économique* de Quesnay d'« appréciation la plus proche de la vérité » qu'il lui a été donné de lire.

Adam Smith (1723-1790)

L'économiste écossais est de par ses origines, sa famille et son éducation, whig, presbytérien et hanovrien. Après des études à Oxford, il donne à partir de 1746 des conférences publiques à Édimbourg sur la rhétorique, les belles lettres, puis la philosophie et le droit. Il se lie d'amitié avec les principaux intellectuels du mouvement écossais des Lumières, dont David Hume. Maîtrisant la langue française, il a un vif intérêt pour les écrits de ses contemporains du continent, par exemple les auteurs de l'*Encyclopédie* ou encore Rousseau. En 1751, il est élu à l'université de Glasgow.

En 1764, il commence un **Grand Tour** continental qui dure trois ans. Il séjourne longuement en France, où il s'entretient avec les élites littéraires et philosophiques et observe le fonctionnement du pays. Il fait la rencontre également des physiocrates et échange avec eux. De 1773 à 1776, il vit à Londres, fréquente les salons et clubs de la capitale, s'intéresse aux événements qui s'accélèrent dans les colonies américaines, et achève de rédiger de la *Richesse des nations*. En 1778, en reconnaissance de son savoir, il est nommé à la direction des douanes à Édimbourg. Il ne faut pas voir là une contradiction avec ses positions en faveur du libre-échange, puisque Smith n'a jamais appelé à la fin brutale et radicale des différentes barrières douanières, mais à leur amélioration et effacement progressifs. Sa réputation tient en très large partie à son œuvre économique, mais, récemment, un intérêt nouveau s'est développé pour ses écrits sur l'éthique. Il reste un riche exemple des penseurs des Lumières et de la mobilité des élites européennes.

Adam Smith

Son ouvrage se veut un éclairage scientifique du fonctionnement de l'économie à l'attention des gouvernements. Il y avance les principes à même de guider leurs choix et suggère des pistes d'action dans le domaine économique.

Adam Smith s'oppose à l'idée populaire chez les mercantilistes selon laquelle la source de la richesse réside dans l'or et l'argent tirés principalement d'un commerce extérieur encouragé par l'État. Il suggère plutôt que la richesse d'un pays réside dans les biens et services qu'il produit, se rapprochant de l'analyse du siècle suivant qui voit dans le travail des hommes l'origine de toute richesse. Afin de stimuler la richesse nationale, Smith prône une fin des régulations imposées au commerce, ce qu'on appelle le libre-commerce.

Smith distingue trois leviers pour accroître la richesse d'un pays. D'abord, il recommande une division du travail en une multiplicité de petites tâches, pour lesquelles différents travailleurs se spécialiseraient. Une telle organisation serait plus efficace et dégagerait des surplus de capitaux. Ensuite, ces capitaux pourraient être réinvestis dans l'entreprise ou dans l'économie générale. L'accumulation de capitaux (l'épargne et l'investissement, par opposition avec la consommation) est la clé de la réussite économique, et l'État doit donc garantir la protection du capital. Enfin, de la taille et l'efficacité du marché dépendent une bonne division du travail et une bonne circulation des capitaux.

Pour Smith, le marché se régule naturellement. L'offre et la demande s'équilibrent sans besoin de l'intervention de l'État. Au contraire, ce dernier, sous la forme de monopoles, de subventions ou de privilèges en faveur de tel ou tel acteur, menace la libre régulation du marché. Smith recommande un gouvernement centré sur les fonctions régaliennes (la défense, la justice, l'éducation…) et la garantie du respect des principes économiques fondamentaux (respect de la propriété privée, de l'engagement contractuel, par exemple). Il ne défend pas une absence d'État ni une absence de taxation, tant que celle-ci est proportionnelle et n'entrave pas l'investissement de capitaux dans l'économie. Enfin, il avance l'idée que la croissance du capital profite à tous, que de la conjugaison des intérêts individuels émerge le bien commun.

Adam Smith énonce dans son ouvrage des idées qui ont déjà été évoquées chez d'autres économistes européens. Il existe, par exemple, des points communs évidents avec les physiocrates : l'importance de l'agriculture, même si elle n'est pas la seule source de richesse chez Smith (il ne défend pas non plus des prix élevés pour la production agricole, mais, au contraire, une abondance de prix bas) ; l'opposition au mercantilisme et au colbertisme ; et la défense du libre-commerce, tant à l'échelle nationale qu'internationale. Mais pour la première fois dans le siècle, une pensée économique globale est formulée.

À retenir

- La France comme l'Europe connaît une augmentation démographique au XVIIIe. La hausse française est toutefois modérée au cours de la seconde moitié du siècle par une baisse de la fécondité, et donc de la natalité. Cette baisse est propre à la société française et distingue la France de ses voisins, l'Angleterre par exemple.
- Même si le XVIIIe a connu des périodes de crise économique, la tendance sur le siècle est à la hausse des productions, agricole, et surtout industrielle. Le commerce est dynamique, notamment entre pays européens, et avec leurs colonies.
- Ce dynamisme démographique, économique et commercial bénéficie aux villes européennes en général, et aux ports en particulier. Il ne faut toutefois pas perdre de vue que la population européenne reste encore majoritairement rurale au XVIIIe siècle.
- À la fois cause et conséquence de l'essor économique, de nouvelles idées économiques, libérales, se développent, qui posent pour principe que la création de richesses passe par l'augmentation des échanges entre acteurs économiques.

LES DATES ESSENTIELLES

1703 : début de la construction de Saint-Pétersbourg

1747 : création de l'École des ponts et chaussées par Trudaine

1758 : François Quesnay publie son *Tableau économique*

1775 : fabrication en série de machines à vapeur par James Watt

1776 : Adam Smith publie ses *Recherches sur la nature et les causes de la richesse des nations*

POUR ALLER PLUS LOIN

Sélection bibliographique

Jean-Yves GRENIER, *L'économie d'Ancien Régime. Un monde de l'échange et de l'incertitude*, Paris, Albin Michel, 1996.

Caroline LE MAO, *Les villes portuaires maritimes dans la France moderne, XVIe-XVIIIe s.*, Paris, Armand Colin, 2015.

Vincent MILLIOT, « *Réformer les polices urbaines au siècle des Lumières : le révélateur de la mobilité.* » *in Crime, Histoire et Sociétés / Crime, History and Societies*, Droz, 2006/1, p. 25-50.

Jean-Claude PERROT, « Les économistes, les philosophes et la population », *in* Jacques DUPÂQUIER (dir.), *Histoire de la population française*, Paris, PUF, 1988, tome II, p. 499-545.

Daniel ROCHE (dir.), *La ville promise. Mobilité et accueil à Paris, fin XVIIe-début XIXe siècle*, Paris Fayard, 2000.

Ressources internet

Article disponible sur Revues.org (http://chs.revues.org/index195.html).

CHAPITRE

16

La France au cœur de l'Europe des Lumières

PLAN DU CHAPITRE

Le XVIIIe siècle est souvent désigné par l'expression « le siècle des Lumières ». En effet, si cette époque est marquée par des révolutions politiques – la Révolution française – elle est également remarquable par la révolution des idées qui s'opère tout au long du siècle : (ré) affirmation du pouvoir de la raison ; dénonciation des abus de pouvoir ; riches débats autour de la nature de l'homme et des rapports sociaux ; éloge de la liberté ; progrès des savoirs et de la science. Ce chapitre présente les hommes, les femmes et les idées qui ont fait les Lumières.

Problématiques

– Quelles sont les principales idées des philosophes des Lumières ?

– Comment les idées des Lumières se sont-elles diffusées en Europe au cours du siècle ?

– Les idées des Lumières constituent-elles une remise en cause de la monarchie ?

– Comment ce mouvement a-t-il profité à l'essor de la science et de l'éducation en Europe au XVIIIe siècle ?

I. La philosophie des Lumières

En 1783, est créée à Berlin une société de libre-penseurs (la *Berliner Mittwochsgesellschaft* ou Société berlinoise du mercredi) qui se réunit chaque semaine pour débattre des idées et des idéaux de l'époque. Parmi ses membres, on compte aussi bien des philosophes que des hommes de lettres, des juristes, des hommes de science ou encore des hommes d'Église. Cette société intellectuelle diffuse régulièrement ses

Emmanuel Kant (1724-1804), philosophe allemand et penseur des Lumières. Parmi ses nombreux ouvrages, les trois principales sont : la *Critique de la raison pure* ; la *Critique de la raison pratique* ; et la *Critique de la faculté de juger*.

Emmanuel Kant

Denis Diderot (1713-1784), écrivain et philosophe des Lumières, est un érudit qui embrasse plusieurs styles littéraires (roman – *Jacques le Fataliste et son maître* –, conte – *Supplément au voyage de Bougainville* –, théâtre, essai – *Paradoxe sur le comédien* – et critique littéraire et artistique). Il est surtout connu pour avoir dirigé l'*Encyclopédie* à partir de 1747.

Denis Diderot

réflexions dans une publication appelée *Berlinische Monatsschrift* (ou « Mensuel berlinois »). Dans un numéro de 1783, l'un des cofondateurs de la revue, Johann Biester, juriste et philosophe, argue que le mariage devrait être une affaire civile, soustraite à l'autorité de l'Église. Le mariage religieux serait, soutient-il, contraire aux idéaux des Lumières. En décembre 1783, Johann Zöllner, un pasteur luthérien, rédige une réponse dans laquelle il avance que seule la religion peut apporter la stabilité nécessaire à l'institution morale que doit être le mariage. Il met en garde contre des idées qui pourraient semer le trouble dans les cœurs et les esprits des foules « au nom des Lumières » et rajoute dans une note de bas de page cette interrogation : « qu'est-ce que les Lumières ? » Dans les numéros suivants de la revue, différents penseurs apportent alors chacun leur réponse, la plus notable étant celle rédigée par **Emmanuel Kant** en décembre 1784 et intitulée « Réponse à la question : Qu'est-ce que les Lumières ? ».

Il est possible de caractériser à travers ce texte de Kant les fondamentaux de la pensée des Lumières (s'il n'existait aucun dogme, mais une pluralité d'idées amplement débattues, il est tout de même possible de dégager un état d'esprit commun à tous).

1. Le rationalisme

Kant commence par regretter que les hommes ne raisonnent ni par ni pour eux-mêmes. Par paresse et par manque de courage, ils s'abstiennent de penser, pire, laissent une minorité d'autres hommes penser à leur place et exercer alors une influence abusive. Le mouvement des Lumières consiste, selon Kant, à stimuler et permettre une pensée rationnelle et autonome de chacun. « Les Lumières », écrit-il en ouverture de l'article, « c'est la sortie de l'homme hors de l'état de tutelle dont il est lui-même responsable. L'état de tutelle est l'incapacité de se servir de son entendement sans la conduite d'un autre. » Puis il lance un appel à la rationalité de tous : « Aie le courage de te servir de ton propre entendement ! Voilà la devise des Lumières. » Kant reprend ici une expression latine – *sapere aude* (« ose savoir ») – utilisée pour la première fois par le poète romain Horace au Ier siècle avant notre ère. Sentiment pleinement partagé par **Denis Diderot** qui invite à « oser penser par soi-même ».

La pensée des Lumières repose en effet sur cette conviction profonde, le rationalisme, que tout peut s'expliquer par la raison : l'homme doit faire usage de sa capacité à raisonner, de son libre-arbitre. Comme l'affirme Kant : « Pour ces Lumières, il n'est rien requis d'autre que la liberté […] de faire un usage public de sa raison. » Avant de conclure que cet usage est « le seul à pouvoir apporter les lumières parmi les hommes ». En cela, il pose également un autre principe fort des Lumières, à savoir l'égalité des hommes, qui participent tous d'une même essence, à savoir des êtres doués de raison par nature. Les Lumières ne nient pas les différences sociales entre les hommes, ni même le bien-fondé éventuel de telles différences, mais celles-ci s'avèrent contingentes alors que l'égalité naturelle des hommes demeure.

Si la métaphore des « lumières » s'est alors imposée, c'est parce qu'elle renvoie aux progrès que ces philosophes veulent apporter à leur siècle. Ils espèrent éclairer par leurs idées les esprits de leurs contemporains qui sont comme noyés dans les ténèbres de l'époque, à savoir l'ignorance, les préjugés et les superstitions. Le rationalisme conduit alors à la fin de l'**obscurantisme**.

«Tout ce qui tient intimement à la nature humaine se ressemble d'un bout de l'univers à l'autre», Voltaire.

Le terme d'**obscurantisme** s'est forgé en opposition aux « Lumières » et désigne tout système, intellectuel, politique ou religieux, qui bloque l'accès du plus grand nombre à l'éducation, aux savoirs et au progrès.

2. L'anti-obscurantisme et la tolérance religieuse

Non content d'inviter à réfléchir, Kant tient à identifier les facteurs qui entravent la raison des hommes. Il y a bien sûr ce qui relève de la responsabilité individuelle de chacun, ce qu'il appelle la paresse et la lâcheté (il peut être plus confortable de se laisser mener). Mais il y a également des forces qui abusent de leur autorité pour maintenir les hommes dans l'ignorance du savoir. Et Kant de dénoncer notamment la tutelle abusive de l'Église. Ainsi écrit-il dans l'article : « Le prêtre dit : ne raisonnez pas mais croyez ! ».

« Il suffit que les hommes s'en tiennent à l'amour chrétien ; peu importe ce qui arrive à la religion chrétienne.», G. T. Lessing, écrivain allemand (1729-1781).

C'est en effet une idée forte chez les Lumières. La critique porte non sur la foi ni sur le contenu des croyances, mais sur les institutions religieuses, leur organisation et leur poids dans la société du XVIIIe siècle. Beaucoup des hommes et femmes des Lumières se réclament non de l'**athéisme** mais du **déisme**. Ils condamnent alors les organes religieux qui empêcheraient la libre-pensée et le doute critique et prônent la liberté de conscience et la tolérance religieuse.

Le **déisme** reconnaît l'existence d'un Dieu (être suprême ou encore grand horloger) à l'origine de la création du monde, mais qui n'intervient pas dans le cours de l'histoire des hommes. Il rejette les religions révélées et toute idée de dogme religieux. L'**athéisme** est l'absence ou le refus de toute croyance en quelque divinité que ce soit.

Il est vrai qu'au XVIIIe siècle s'opère un véritable travail d'étude ethnologique vis-à-vis des religions du monde : les Lumières multiplient les écrits sur les différentes croyances des sociétés humaines, les grands monothéismes bien sûr, mais aussi les religions des peuples lointains, dont les voyageurs et explorateurs ramènent des récits. Le commerce international, les missions d'évangélisation, les entreprises coloniales sont autant de dynamiques qui amènent à la rencontre des mondes européen et extra-européen. Les penseurs des Lumières doivent alors penser l'homme « sauvage » et constatent que ce dernier vit parfois sans le cadre d'une Église tout en croyant à un ou plusieurs dieux et en respectant des règles de vie qui s'apparentent à une morale. Lorsque l'on conjugue ces observations avec la volonté de dépasser les impasses des deux siècles précédents marqués par les guerres de religion en Europe, on comprend pourquoi la tolérance (au sens d'ouverture à autrui et non d'acceptation passive et résignée) constitue pour les Lumières une valeur centrale.

L'affaire Calas : un exemple d'intolérance religieuse au XVIIIe siècle

Le protestantisme est interdit en France depuis la révocation de l'édit de Nantes en 1685.

▶ Voir p. 192 et *sq.*

Un jour d'automne 1761, un riche négociant de Toulouse, Jean Calas, découvre chez lui le cadavre de son fils aîné, Marc-Antoine, étranglé. La famille pense à un suicide et, afin d'éviter l'infamie, camoufle maladroitement l'acte. Les médecins venus constater le décès trouvent le corps suspect. Plusieurs voisins accusent la famille d'avoir assassiné leur aîné afin que celui-ci ne se convertisse pas au catholicisme▸. Les autorités ordonnent l'arrestation de tous ceux présents sur les lieux au moment du décès : Jean Calas et son épouse, son frère cadet, Pierre, une servante et un ami de la famille qui était de passage. Le 9 mars 1762, le Parlement de Toulouse condamne Jean Calas au supplice de la roue après avoir été soumis à la question ordinaire et extraordinaire. La sentence est exécutée dès le lendemain. Jean Calas clame son innocence jusqu'au bout. Son corps est brûlé après sa mise à mort. Pierre Calas est condamné au bannissement du royaume et trouve refuge à Genève, ville calviniste. Toute l'affaire, des accusations à la condamnation, a été teintée d'un fort sentiment anti-protestant, empêchant ce qu'on appellerait aujourd'hui un procès équitable.

Voltaire était initialement persuadé de la culpabilité de **Calas**. Dans une lettre de mars 1762, il compare ironiquement Jean Calas à Abraham sacrifiant son fils et écrit : « nous ne valons pas grand-chose, mais les huguenots sont pires que nous et, de plus, ils déclament contre la comédie. »

En Suisse, Pierre Calas rencontre **Voltaire** et le convainc de l'erreur judiciaire. Voltaire prend alors la défense de Calas, au nom de la lutte contre le fanatisme et l'intolérance. Il rallie à sa cause un vaste réseau de penseurs éclairés d'Europe, puis publie en 1763 son *Traité sur la tolérance à l'occasion de la mort de Jean Calas*. La pression monte sur le pouvoir royal, qui, en juin 1764, ordonne un nouveau procès. Celui-ci est délocalisé et se tient l'année suivante au Parlement de Paris : l'innocence de Jean Calas est reconnue et son nom est réhabilité. La famille Calas, qui vivait depuis l'affaire dans une grande pauvreté, reçoit de multiples dons, dont un de 30 000 livres de la part du roi Louis XV.

Jean-Baptiste Delafosse, *La malheureuse famille Calas*

3. L'éloge de la liberté et une critique de la tyrannie

Toujours dans ce même texte de 1784, Kant met en avant un autre élément central de la pensée des Lumières : la liberté de chacun, débarrassée des entraves d'un régime politique oppressant. Après avoir dénoncé la tutelle exercée par l'Église sur les esprits, il s'attaque ensuite à la tutelle imposée par l'État : « L'officier dit : ne raisonnez pas, mais faites des manœuvres ! », écrit-il. L'« officier » constitue ici la figure de l'autorité politique, et son bras armé, la discipline militaire.

Selon les Lumières, l'État ne doit pas restreindre les libertés mais les garantir, notamment les libertés de conscience, d'opinion et d'expression. Les penseurs des Lumières ne sont pas d'accord entre eux sur la physionomie du régime politique idéal, mais tous s'unissent pour critiquer les abus de la monarchie absolue, qualifiée de tyrannie. Diderot, par exemple, défend le nécessaire consentement du peuple au pouvoir et critique ainsi la légitimité d'une monarchie de droit divin. **Montesquieu** réfléchit à la nécessité de séparer les pouvoirs afin d'empêcher l'arbitraire du pouvoir absolu. Il distingue trois pouvoirs : législatif (qui vote les lois), exécutif (qui fait exécuter ces lois) et judiciaire (qui juge d'éventuelles transgressions de ces lois). L'argument de Montesquieu est que seule une séparation de ces trois pouvoirs peut garantir un équilibre du système politique et éviter les abus qui peuvent découler de leur concentration entre les mains d'un seul (si un même acteur détient les pouvoirs exécutif et législatif, il pourrait imposer des lois en sa faveur ; si un même acteur détient les pouvoirs exécutif et judiciaire, aucun contrôle de l'autorité publique n'est possible).

Dans l'article « Autorité politique » de l'*Encyclopédie*, Diderot écrit : « Le prince tient de ses sujets mêmes l'autorité qu'il a sur eux ».

Charles de Montesquieu, magistrat et philosophe. Héritier d'une fortune, il s'adonne à l'écriture. Il publie, anonymement, les *Lettres persanes* (1721), satire du royaume de France, et *De l'esprit des Lois* (1748), censuré dans plusieurs pays, mais qui, déclare Catherine II de Russie, « est [s] on bréviaire ».

La pensée des Lumières à l'œuvre : la Constitution américaine

Les écrits des Lumières ont fortement influencé les pères fondateurs des États-Unis. La pensée libérale du philosophe anglais John Locke (1632-1704), un des précurseurs de l'*Enlightment*, est au cœur de leur projet politique : le pouvoir tire sa légitimité du consentement du peuple à ce même pouvoir, qui a pour finalité la garantie des droits naturels des hommes (dont le droit de propriété). Il en est de même pour le juriste italien Cesare Beccaria, dont la réflexion est centrée sur une réforme du droit pénal : la torture doit être interdite ; la sanction doit être proportionnelle au crime commis ; les accusés ont des droits, au premier rang desquels la présomption d'innocence. La pensée de Montesquieu a également influencé la constitution américaine de 1787, qui consacre la séparation des pouvoirs (« checks and balances »). John Adams, premier vice-président des États-Unis et deuxième président, écrit ainsi : « Seul l'équilibre de ces pouvoirs entre eux peut refréner les tendances de la nature humaine à la tyrannie, les tenir en échec et préserver quelque liberté dans la constitution ».

Montesquieu

« Les princes qui ont voulu se rendre despotiques ont toujours commencé par réunir en leur personne toutes les magistratures, et plusieurs rois d'Europe toutes les grandes charges de leur État. », Montesquieu, *De l'esprit des lois*.

Ainsi, mises bout à bout, les principales idées politiques des Lumières constituent une critique cohérente de la monarchie absolue en Europe. Au pouvoir héréditaire et de droit divin, les philosophes opposent le consentement du peuple au pouvoir. À la personne du monarque absolu, origine et détentrice de tous les pouvoirs, ils opposent la séparation et l'équilibre des pouvoirs. À l'emprisonnement arbitraire et à la censure d'État, ils opposent le respect des libertés.

La dénonciation de la monarchie absolue ne signifie pas pour autant une dénonciation du principe monarchique même. Nombre des penseurs des Lumières restent favorables à la monarchie, tant que celle-ci est « éclairée », c'est-à-dire encadrée par une série de principes fondamentaux▸. D'ailleurs, il faut souligner que plusieurs monarques européens comptent parmi les soutiens des Lumières, associant une volonté progressiste à la force et à la stabilité de la monarchie absolue.

▶ Voir à ce sujet le modèle de la monarchie parlementaire anglaise, p. 144-145

Il s'agit de ceux que l'on a appelés les « despotes éclairés », parmi lesquels figurent Catherine II de Russie, Frédéric II de Prusse▸ ou encore Joseph II d'Autriche. Voltaire a rencontré Frédéric en Prusse et entretient une vaste correspondance épistolaire avec Catherine de Russie (près de 200 lettres échangées à partir de 1763). Celle que Voltaire surnomme « la bienfaitrice de l'humanité » acquiert la bibliothèque du philosophe à sa mort (quelque 7 000 volumes). Elle avait auparavant acheté la bibliothèque de Diderot.

▶ Voir encadré p. 236

Joseph II travaillant la terre, 1769

Voltaire

François-Marie Arouet, dit Voltaire (1694-1778), écrivain et philosophe. Son père, notaire puis conseiller du roi, s'était fait offrir une charge anoblissante par le grand-père de Voltaire, riche marchand de draps. Voltaire parvient à s'affranchir de la tutelle paternelle (son père le destinait au droit) pour commencer une carrière d'écrivain grâce à l'appui de la haute société. En 1716, il est exilé en province pour des vers se moquant d'une supposée aventure incestueuse du Régent. Il est embastillé pour des écrits similaires en 1717. À partir de 1718, il enchaîne les premiers succès littéraires (théâtre et poésie) et adopte le pseudonyme de Voltaire.

En 1726, un noble (le chevalier de Rohan-Chabot, fils du duc de Rohan) l'apostrophe au sujet de ses origines roturières («Monsieur de Voltaire, Monsieur Arouet, comment vous appelez-vous?»). Voltaire aurait répondu de façon cinglante: «Voltaire! Je commence mon nom et vous finissez le vôtre.» Quelques jours plus tard, il est roué de coups par les hommes de Rohan (qui assiste à la scène). Humilié, il cherche à porter plainte mais ne trouve aucun soutien dans l'élite parisienne. Il exige réparation avec tant de véhémence qu'il devient une gêne pour les autorités qui le condamnent de nouveau à l'exil. Il choisit l'Angleterre, pour laquelle il a une véritable admiration.

Voltaire et Frédéric II

Rentré en France en 1728, il est victime en 1734 d'une lettre de cachet suite à la publication clandestine des *Lettres philosophiques*, éloge de la modernité politique anglaise. Les années qui suivent le voient contourner avec prudence et esprit la censure royale. Son amitié avec Frédéric II puis la protection de Madame de Pompadour lui évitent de nouveau la Bastille. Il continue de fréquenter les élites du royaume, puis séjourne à la cour de Prusse (1749-1753), avant de se fixer à proximité de Genève pendant une quinzaine d'années. Il ne retourne à Paris, où il reçoit un accueil triomphal, que l'année de sa mort.

Voltaire fut un écrivain prolifique: contes philosophiques (*Candide ou l'optimisme*, *Zadig ou la destinée*), pièces de théâtre (*Zaïre*, *Mahomet*), essais philosophiques, historiques (*Le siècle de Louis XIV*) et scientifiques, ainsi qu'une correspondance de plus de 20 000 lettres. Il a marqué son siècle par la finesse de son esprit et l'importance de sa critique des abus de la monarchie absolue.

II. Un esprit scientifique conquérant

1. Un contexte favorable

Le mouvement des Lumières ne connaît pas de cloisonnement entre les lettres et les sciences. Les hommes et les femmes des Lumières sont des polymathes, des personnes ayant une curiosité, un goût et une maîtrise approfondie tant dans le domaine des arts et des lettres que des sciences. L'Académie de Bordeaux (d'ailleurs appelée Académie des Sciences, Belles-Lettres et Arts) décrit ainsi Montesquieu: « un de ses auditeurs et de ses coopérateurs les plus assidus ». Il est vrai qu'il s'était intéressé à des sujets aussi variés que la respiration sous l'eau, la météorologie, la gravité ou encore la botanique. Le XVIIIe siècle ne peut donc se limiter à une révolution des idées philosophiques, il correspond également à une époque de progrès scientifiques, animée par le rationalisme des Lumières et la soif de comprendre le monde dans lequel les hommes vivent.

Comme Montesquieu, bien d'autres philosophes des Lumières ont contribué à faire avancer la science: le philosophe allemand Paul-Henri d'Holbach (1723-1789), les philosophes français Jean-Jacques Rousseau (1712-1778) et Denis Diderot ou encore le naturaliste Georges-Louis de Buffon (1707-1788, auteur d'une vaste *Histoire naturelle générale et particulière avec description du Cabinet du Roi*, en 36 volumes) ont tous en commun un vif intérêt pour la chimie. L'Allemand Johann von Goethe (1749-1832) est surtout connu pour son œuvre littéraire, mais il fut également passionné de sciences: biologie, géologie, ostéologie ou encore sciences optiques. Les travaux de Newton sont diffusés en France au cours du XVIIIe siècle grâce à trois membres des Lumières: l'astronome et philosophe Pierre de Maupertuis (1698-1759), auteur d'un mémoire sur Newton destiné à l'Académie des sciences à Paris (il s'intéresse également à la biologie), Voltaire qui publie en 1738 les *Éléments de la philosophie de Newton mis à la portée de tout le monde*, enfin, en 1756, Émilie du Châtelet, mathématicienne et femme de lettres, qui publie la première traduction française de l'œuvre *Principia Mathematica* (dix ans plus tard, elle publie la traduction d'un deuxième ouvrage de Newton).

Buffon, *Histoire naturelle*

Tous ces penseurs des Lumières contribuent à la diffusion chez un large public de ce goût pour les avancées scientifiques, attisent l'intérêt du public européen pour l'essor de la raison et du savoir. Un exemple de cet intérêt est la poursuite au XVIIIe de la tradition des cabinets de curiosité, et leur transformation progressive en de véritables collections de musées. Ces cabinets sont nés à la Renaissance: ce sont des meubles, voire des pièces, dédiés à l'exposition d'objets singuliers et hétéroclites (d'origine aussi bien naturelle qu'humaine, de provenance exotique comme locale), dont le fil conducteur reste le désir de comprendre les mystères du monde. Ainsi le catalogue de la vente après décès de Louis, duc de Sully (1685-1761), révèle un cabinet riche de plus de 600 pièces. Les hommes de science du XVIIIe n'hésitent pas à intégrer ces cabinets à des structures publiques, les premiers musées, tel le comte de Buffon qui, directeur de 1739 à 1788 du Jardin du roi (qui devient en 1793, le Muséum national d'histoire naturelle), contribue à enrichir le cabinet d'histoire naturelle en achetant, par exemple, une partie du cabinet de curiosités du collectionneur Bonnier de la Mosson.

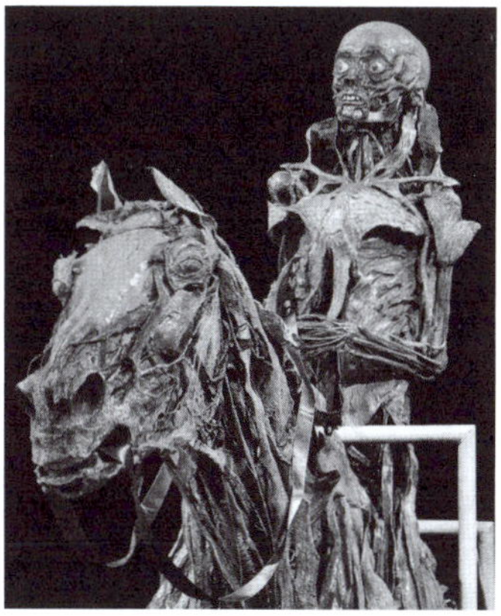

Écorché de Fragonard, Musée de l'École vétérinaire de Maisons-Alfort

La même année qu'est fondée l'école vétérinaire d'Alfort, y est ouvert un « cabinet du roy », qui rassemble les pièces les plus extraordinaires de l'école (par exemple les **écorchés** de l'anatomiste Honoré Fragonard (cousin du peintre Jean-Honoré Fragonard), réputé à la fois pour la minutie de ses dissections et la qualité de ses conservations, mais aussi pour un certain art de la mise en scène de ses réalisations), pour instruire les étudiants mais également impressionner les visiteurs. Le Britannique Hans Sloane (1660-1753) rachète plusieurs cabinets privés pendant le premier XVIIIe et les offre au tout nouveau *British Museum*, inauguré en 1759.

Écorchés : représentation dessinée ou sculptée d'un membre ou d'un corps, sans la peau ni la graisse, afin de mettre au jour les muscles, les os, les veines…

En plus de l'intérêt croissant du public, la science bénéficie également au XVIIIe siècle de la bienveillance des autorités. Les différents États européens poursuivent le mouvement, initié au XVIIe, des académies : après celles fondées à Paris et à Londres (voir p. 183), s'ouvrent notamment l'Académie de Saint-Pétersbourg en 1725, celle de Stockholm en 1739 et celle de Copenhague en 1745. En France, au cours du siècle les académies de province se multiplient, qui rivalisent de prix récompensant les meilleurs mémoires afin de stimuler la recherche et sa vulgarisation.

De façon générale, les chercheurs du XVIIIe sont les héritiers des découvertes du siècle précédent et de la naissance d'une science moderne autour de penseurs tels Descartes, Galilée ou Newton▸. Ils poursuivent un travail d'enquête scientifique rigoureuse autour de deux piliers méthodologiques que sont la démarche expérimentale et l'usage des mathématiques. Si l'absence de spécialisation a pu caractériser leurs travaux au XVIIIe siècle, marqués du sceau d'une curiosité universelle, les progrès scientifiques réalisés conduisent pourtant à une spécialisation à l'aube du XIXe : désormais, la connaissance scientifique est telle qu'elle implique la connaissance de savoirs vastes et complexes, ainsi que la maîtrise, dans de nombreux domaines du moins, d'outils et d'appareils sophistiqués et coûteux.

▶ Voir p. 184

2. Un siècle de progrès scientifiques

Il n'est pas chose aisée de résumer l'ensemble des progrès scientifiques du siècle. Nous avons donc choisi de présenter plus précisément, pour chaque domaine, un homme de science et son travail, et de souligner la dimension européenne de ce siècle de progrès.

Voir aussi les travaux de Léonard Euler (1707-1783), Alexis Clairaut (1713-1765) et de Gaspard Monge (1747-1818).

– Dans le domaine des **mathématiques**, l'exemple des Bernoulli est remarquable. Cette famille de marchands protestants originaires des Pays-Bas espagnols a fui vers la Suisse au XVIe siècle afin d'éviter la persécution religieuse. Parmi ses membres, on compte pas moins de huit mathématiciens sur trois générations au XVIIIe siècle (voir encadré ci-dessous) qui ont aussi bien collaboré entre eux qu'été des rivaux les uns pour les autres. Ils ont voyagé à travers l'Europe (Suisse, France, Allemagne, Angleterre, Italie, Suède et Russie) à la rencontre de leurs collègues et ont contribué à la formation de plusieurs autres mathématiciens notables du siècle.

Trois générations de mathématiciens du XVIIIe siècle : la famille Bernoulli

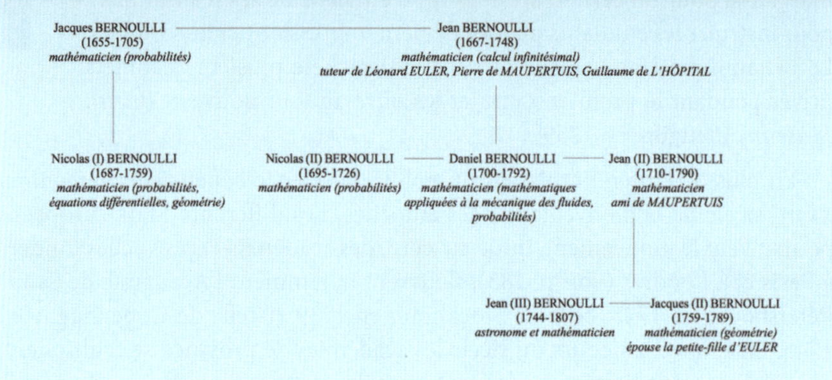

Robert Hooke (1635-1703) est un grand scientifique anglais du second XVIIe siècle.

Samuel Pepys (1633-1703), bourgeois londonien célèbre pour son *Journal* qui relate les événements, les modes et les mœurs des années 1660 et est une source précieuse pour les historiens.

– Dans le domaine de l'**astronomie** et de la **physique** : les travaux de l'Anglais Edmund Halley (1656-1742) confortent les théories de Newton. Ce fils d'une famille londonienne aisée (qui croise dans son quartier **Robert Hooke** ou encore la famille de **Samuel Pepys**), correspond avec les plus grands astronomes du moment : John Glamsteed à Londres, Johannes Hevelius à Danzig et Cassini à Paris. Il est élu professeur à Oxford en 1704 puis nommé astronome du roi en 1721. Il bénéficie notamment des progrès techniques des instruments d'observation et de mesure en astronomie. Il collabore avec Newton et calcule les trajectoires d'une vingtaine de comètes et la date de leur prochaine observation depuis la terre. Ses travaux, notamment l'annonce du retour de « sa » comète en 1758, ont permis des progrès dans la compréhension du champ magnétique de la terre et la confirmation de la force gravitationnelle (et donc la contradiction du système cartésien dans lequel l'action à distance n'existe pas).

Voir aussi les travaux de Pierre Bouger (1698-1758), Pierre de Maupertuis (1698-1759) et Pierre-Simon de Laplace (1749-1827).

– Dans le domaine des **sciences de la vie**, retenons le naturaliste suédois, Carl von Linné (1707-1778). Ce fils d'un pasteur, pauvre mais passionné de botanique, étudie la médecine et les sciences de la vie à l'université. Son travail se fait selon deux axes. Le premier consiste en un vaste et minutieux classement des espèces. Il retient comme critère initial l'étude des organes sexuels des plantes, classement dont la pertinence est mise en doute. Le second axe de travail est le développement d'un système global et rigoureux de dénomination des plantes et des animaux. Il invente ce qu'on appelle la nomenclature binominale : chaque type d'être vivant (par exemple l'homme, que Linné décrit en 1758) est identifié d'abord par le genre dont il relève (*Homo*), puis par l'espèce (*sapiens*) auquel il appartient. L'œuvre de taxonomie de Linné reste en vigueur aujourd'hui. Contrairement à son contemporain, Buffon, chez lequel existe une conscience naissante – et prudente, car opposée au dogme chrétien d'alors – de la variabilité et de l'évolution des espèces, Linné est considéré comme fixiste, c'est-à-dire qu'il estimait que les espèces, animales comme végétales, avaient été créées sous une forme qui ne connaîtrait ni adaptation ni évolution.

Voir aussi les travaux de Lazzaro Spallanzani (1729-1799) et Carl Willdenow (1765-1812).

– Le XVIIIe est également le siècle des premières expériences sur l'**électricité**. À Bologne, **Laura Bassi** (1711-1778) est seulement la deuxième femme au monde à être admise au grade de Docteur en philosophie (1732). La même année, elle est élue professeur à l'université et multiplie les cours et les pistes de recherche – parmi ses étudiants figure Alessandro Volta (qui donne son nom à l'unité électrique, le volt). Après des années d'une carrière illustre, en 1776, cette physicienne est nommée à la chaire de sciences expérimentales à l'université de Bologne. Son époux, Giuseppe Veratti, lui aussi docteur et physicien, la seconde en tant qu'assistant. C'est elle principalement qui permet la diffusion des idées newtoniennes en Italie au XVIIIe.

Laura Bassi en muse pétrarquienne en 1732 à l'occasion de son doctorat

À partir des années 1760, elle multiple les travaux expérimentaux sur l'électricité, notamment sur les possibles usages médicaux de celle-ci (les effets des stimuli électriques sur le système nerveux). Soutenue par le pape **Benoît XIV**, elle exerce son influence dans toute l'Europe comme l'atteste la correspondance pléthorique qu'elle entretient avec Voltaire, Beccaria, Spallanzani, Volta et Jean-Antoine Nollet.

Benoît XIV (1675-1758) est surnommé le Pape des Lumières en raison de son ouverture d'esprit et de son intérêt pour les arts, les lettres et les sciences.

– Dans le domaine de la **chimie**, le Français Antoine de Lavoisier (1743-1794), après des études de droit, décide de se consacrer à la science – d'abord la géologie, puis la chimie – et est admis en 1768 à l'Académie des Sciences. Un office à la Ferme générale des impôts lui garantit l'aisance financière nécessaire pour financer ses travaux et ses expériences. Il a identifié la présence et le rôle de l'oxygène (qu'il baptise « air éminemment respirable ») dans la composition de l'atmosphère, ainsi que dans la combustion. Il poursuit cette réflexion en montrant que l'eau est un composé d'hydrogène et d'oxygène (les deux termes sont de son invention). Enfin, il est le premier à formuler ce qu'on appelle la loi de la conservation de la matière, à savoir le principe chimique selon lequel rien ne se perd, rien ne se crée, tout se transforme : dans une réaction chimique, les différentes composantes de la matière s'agencent d'une nouvelle manière, sans déperdition ni addition. Ses idées sont en avance pour beaucoup de ses contemporains et il bouscule deux théories de la matière encore fortement ancrées au XVIIIe : d'un côté, l'idée que la matière n'est composée que par les quatre éléments ; de l'autre,

Voir aussi les travaux de Pieter van Musschenbroek (1692-1761), Jean-Antoine Nollet (1700-1770), Benjamin Franklin (1706-1790) et Luigi Galvani (1737-1798).

la phlogistique, selon laquelle toute matière contient une entité invisible qui se manifeste lors d'une combustion sous forme de flamme ou chaleur.

Voir aussi les travaux de Joseph Black (1728-1799) et Claude Berthollet (1748-1822).

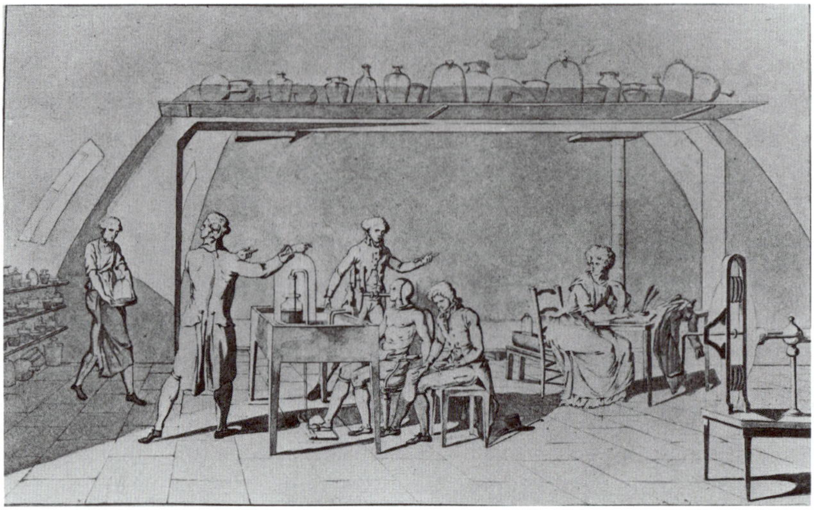

Lavoisier dans son laboratoire, dessin de Mme de Lavoisier

Inoculation : pratique consistant à mettre une personne en contact avec une forme peu virulente d'une maladie (par ex. la variole) pour l'immuniser. La famille royale a ainsi été inoculée contre la variole en 1774. La vaccination a réduit l'exposition des populations à la maladie, mais n'était pas sans risques pour l'individu.)

– Enfin, précisons que si la connaissance scientifique progresse au XVIIIe siècle, il n'en est pas de même pour la **médecine**. Il y a des avancées dans la connaissance anatomique du corps humain, mais elles ne profitent pas à la pratique médicale. Cette dernière demeure largement entravée par la persistance de vieilles croyances et d'usages erronés. Il faut tout de même rappeler les débuts timides des **inoculations** au second XVIIIe (sans les effets que connaît la vaccination au siècle suivant).

III. Sociabilités et circulation des idées

Outre-Manche, on parle d'*Enlightment*; en Italie, d'*Illuminismo*; et outre-Rhin, d'*Aufklärung*.

Rousseau a affirmé, au sujet du siècle des Lumières, « Il n'y a plus aujourd'hui de Français, d'Allemands, d'Espagnols, d'Anglais même, quoi qu'on en dise ; il n'y a que des Européens ».

Il attire ainsi l'attention sur une caractéristique essentielle du mouvement des Lumières, que nous avons déjà évoquée : son étendue. Les Lumières ne peuvent se résumer au seul royaume de France et ne peuvent se comprendre sans la prise en compte de la dimension européenne du mouvement. Quels sont donc les espaces et les modalités d'échanges entre les hommes et les femmes des Lumières ?

1. Les lieux de l'oralité

L'urbanisation du XVIIIe facilite la rencontre et les échanges. Nous avons précédemment évoqué le rôle joué par les académies et les sociétés savantes, mais les coins de rues, les cafés, les places publiques sont autant de lieux qui permettent la concentration des individus et la discussion. Ces lieux permettent les débats, mais aussi la lecture des journaux, mis à la disposition de ceux qui les fréquentent. Deux lieux incarnent en particulier la sociabilité du XVIIIe : les clubs et les salons.

▶ Voir p. 275

Le café Procope, vers 1779

The Coffee House Politicians

Le Procope est un célèbre café littéraire parisien. Fondé en 1684, il est fréquenté par Voltaire, Diderot et bien d'autres penseurs des Lumières.

« Dans quelques-unes de ces maisons, on dit des nouvelles ; dans d'autres, on joue aux échecs. Il y en a une où l'on apprête le café de telle manière qu'il donne de l'esprit à ceux qui en prennent », Montesquieu, *Lettres Persanes*.

■ Des cafés aux clubs, l'exemple de la mode anglaise

Au début du XVIIIe siècle, la mode est encore aux cafés où les hommes (les femmes n'étaient pas les bienvenues) se réunissent pour faire affaire, discuter de politique ou débattre ensemble. L'absence d'alcool contribue à une ambiance plus propice à l'écoute et l'échange. Les nouvelles locales, nationales et européennes s'y diffusent grâce à la lecture des journaux et aux colporteurs qui vendent livres, journaux, bulletins… À partir du dernier tiers du siècle, le succès des cafés s'estompe alors que celui des clubs va croissant. Les clubs sont des lieux privés fréquentés uniquement par leurs membres, tous masculins et tous membres de la *gentry* ou de la noblesse. Ils sont nés à Londres au cours du siècle dans les quartiers autour des ministères et des palais de la famille royale et chacun d'eux possède une identité propre. Leurs membres s'y réunissent pour se distraire (notamment en jouant et en pariant) et pour discuter, politique notamment. Ainsi le White's club devient le lieu où se réunissent les membres éminents du parti conservateur anglais, alors que le club voisin de Brooks's accueille les

Le café est introduit comme boisson en Angleterre au milieu du XVIIe, après le thé et le chocolat, avec le même succès.

membres du parti whig. Le glissement de la mode des cafés à celle des clubs correspond à une certaine privatisation du débat politique et intellectuel, confisqué en Grande-Bretagne par une élite dont les membres se cooptent entre eux.

■ Les salons, l'exemple de la convivialité à la française

Les salons sont des lieux de convivialité et de sociabilité (au XVIIIe, ils sont nommés « sociétés »), où se rencontrent mondains et gens de lettres. Très souvent, ils sont tenus par une femme. Les salons sont d'abord des lieux d'échange littéraire : les écrivains viennent y faire des lectures publiques de leurs œuvres ; la bonne société écoute, mais peut également discuter avec les auteurs : des liens se nouent alors, et notamment des rapports de patronage, telle personne fortunée mettant ses moyens au service de la création. Les salons sont jugés selon la diversité et les qualités des œuvres qui y sont lues et discutées : la publicité faite aux uns sert d'émulation aux autres et ainsi de suite.

Jean-François de Troy, *La lecture de Molière* (détail), 1728

Mais la raison d'être des salons ne se limite nullement à la littérature. La concentration en un même lieu de membres des élites littéraires et artistiques, scientifiques et philosophiques, mais aussi économiques et politiques est propice à des débats qui ne connaissent pas d'autres bornes que celles de l'esprit et de la raison. Leur devise s'impose alors comme *placere et docere* (« plaire et instruire »).

Selon Jean d'Alembert, éditeur de l'*Encyclopédie* aux côtés de Diderot : « en Angleterre, on se contentait que Newton fût le plus grand génie de son siècle ; en France, on aurait aussi voulu qu'il fût aimable ».

Enfin, il faut noter l'importance de l'art de la conversation, des traits d'esprit de des bons mots : il ne s'agit pas seulement de discuter et de débattre, il s'agit de le faire avec humour et brio.

Les salons avaient débuté au XVIe siècle mais connaissent une vitalité nouvelle à partir de la Régence. Il existe d'importantes rivalités : entre hôtesses (pour s'arracher et fidéliser les invités de prestige et de talent) comme entre les habitués des différents salons (prêts à faire et défaire les réputations).

Le phénomène est français, et plus particulièrement parisien. Mais la réputation des salons dépasse les frontières du royaume. Les visiteurs étrangers se bousculent à leurs portes pour y être admis – les plus avisés se munissant même de lettres de recommandation. Faut-il alors voir dans les salons le reflet des principes des Lumières ? Si pour Marc Fumaroli, la conversation y est « égalitaire dans la mesure où, à ce jeu-là, le rang et les titres, la fortune et la puissance comptent pour peu », les salons ne sont pourtant pas à l'abri des critiques de contemporains : pour les tenants du rousseauisme, ils ne font que reproduire les inégalités de l'Ancien Régime, l'illusion d'égalité ne saurait cacher les privilégiés qui les fréquentent.

Un des salons parisiens les plus célèbres est celui de Mme Geoffrin. Riche bourgeoise (son époux est le directeur de la Manufacture de glaces de miroirs), elle met sa fortune au service des Lumières, finançant généreusement, par exemple, la publication de l'*Encyclopédie*. Son salon est fréquenté par des philosophes (d'Alembert, Diderot, Voltaire ou Claude Helvétius), des hommes de lettres (Pierre de Marivaux, Friedrich Grimm ou Jean-François Marmontel), des étrangers (l'économiste Ferdinand Galiani, l'homme d'État Horace Walpole ou le prince Stanislas Poniatowski) et des artistes (François Boucher ou Carle Van Loo). Mme Geoffrin organise un dîner les mercredis (davantage consacré aux lettres) et un autre les lundis (dédié aux arts)▸. Elle convie également son entourage à des soupers, plus intimes et de fait plus mondains, et reçoit des visites plus ou moins quotidiennes, qui sont souvent un moyen de s'introduire dans ses bonnes grâces.

Parmi les autres salons renommés, ceux de la marquise du Deffand, de sa nièce Julie de Lespinasse, de Mme Helvétius ou encore de Mme d'Épinay.

▶ Voir en annexe le commentaire du tableau *Lecture de la tragédie « L'Orphelin de la Chine » de Voltaire dans le salon de Madame Geoffrin*, p. 373.

Les salons, reflets de l'évolution des modes, des sensibilités et des arts

Les salons contribuent également à diffuser les modes, vestimentaires, littéraires et artistiques, de France et d'Europe. Pendant une majeure partie du siècle, la création artistique comme littéraire en Europe demeure fortement classique, respectueuse des modèles et des genres du siècle précédent. Puis à partir des années 1750-1760, s'opère un virage stylistique vers davantage de sensibilité, les auteurs et les artistes s'efforçant de se libérer d'un classicisme jugé trop contraignant et trop louis-quatorzien, de se détacher d'un rationalisme des Lumières trop marqué.

Désormais le sentiment et la passion prennent toute leur place. Citons entre autres exemples : le roman, dit sensible, de Samuel Richardson, *Clarisse Harlowe* (1748) ; le roman d'amour de Jean-Jacques Rousseau, *La Nouvelle Héloïse* (1761) ou encore le succès à travers tout le continent du récit de Johann von Goethe, *Les Souffrances du jeune Werther* (1774). Ce dernier ouvrage appartient au mouvement littéraire allemand *Sturm und Drang* (« tempête et élan »), qui s'oppose ouvertement au rationalisme des Lumières.

2. L'écrit, vecteur privilégié des Lumières

Le vecteur privilégié des idées des Lumières reste néanmoins l'écrit, à tel point qu'on parle de l'essor d'une « république des Lettres », c'est-à-dire de l'ensemble des hommes et femmes qui en échangeant et en diffusant leurs idées par écrit ont le sentiment de construire ensemble la pensée des Lumières. Nous avons déjà fait état, à plusieurs reprises, des correspondances entre penseurs des Lumières (Mme Geoffrin elle-même compte parmi ses correspondants

Gustave III de Suède, Catherine II de Russie et Stanislas II de Pologne) ainsi que de leurs publications. L'entreprise littéraire qui incarne le mieux l'effort de diffusion des idées et des idéaux des Lumières est la réalisation de cette grande œuvre collective qu'est l'*Encyclopédie.*

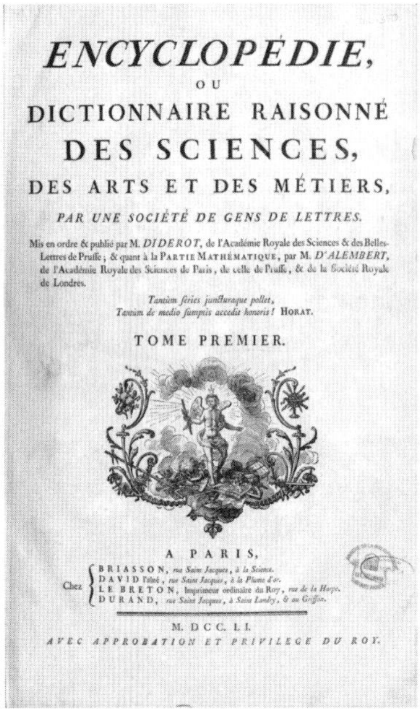
ENCYCLOPÉDIE,
OU
DICTIONNAIRE RAISONNÉ
DES SCIENCES,
DES ARTS ET DES MÉTIERS,
PAR UNE SOCIÉTÉ DE GENS DE LETTRES.
Mis en ordre & publié par M. *DIDEROT*, de l'Académie Royale des Sciences & des Belles-Lettres de Prusse; & quant à la PARTIE MATHÉMATIQUE, par M. *D'ALEMBERT*, de l'Académie Royale des Sciences de Paris, de celle de Prusse, & de la Société Royale de Londres.
Tantùm series juncturaque pollet,
Tantùm de medio sumptis accedit honoris! HORAT.
TOME PREMIER.
A PARIS,
Chez BRIASSON, *rue Saint Jacques, à la Science.*
DAVID l'aîné, *rue Saint Jacques, à la Plume d'or.*
LE BRETON, Imprimeur ordinaire du Roy, *rue de la Harpe.*
DURAND, *rue Saint Jacques, à Saint Landry, & au Griffon.*
M. DCC. LI.
AVEC APPROBATION ET PRIVILEGE DU ROY.

Page de titre du t. I de l'*Encyclopédie*, 1751

À l'origine du projet, un libraire parisien, André Le Breton, charge Diderot de traduire un ouvrage anglais, la *Cyclopaedia* ou *Dictionnaire universel des arts et des sciences*, dont les deux volumes sont un véritable succès pour son éditeur Ephraim Chambers depuis sa publication en 1728. Diderot transforme la commission en une entreprise beaucoup plus ambitieuse : il s'associe à d'Alembert pour former une équipe de plus de 120 rédacteurs qui vont présenter la somme des connaissances de l'époque dans les domaines des arts, des techniques et des sciences, mais également exposer les idées politiques, philosophiques et religieuses de l'époque. Ce projet se veut l'alliance du concret et du travail manuel avec les progrès de la raison et de la réflexion philosophique.

L'article « encyclopédie » de l'*Encyclopédie* définit ainsi l'étendue de l'entreprise : « rassembler les connaissances éparses sur la surface de la terre [...] afin que les travaux des siècles passés n'aient pas été des travaux inutiles pour les siècles qui succèderont ; que nos neveux, devenus plus instruits, deviennent en même temps plus vertueux et plus heureux ». Entre 1751 et 1772, sont composés 17 volumes de texte, qui regroupent plus de 70 000 articles, et 11 volumes de planches. En 1780, est publié un supplément de 4 volumes d'articles et d'un volume de planches, ainsi que deux volumes de tables. Plus de mille ouvriers ont travaillé à l'impression de l'ensemble. Cette œuvre collective n'a pu être possible que grâce à un financement collectif, plus de cinq mille souscripteurs avançant chacun mille livres. Les oppositions faites au projet sont une preuve du caractère inédit et critique de l'*Encyclopédie* : en 1752, les deux premiers volumes sont interdits – une interdiction qui n'est levée qu'à la fin de 1753. En 1759, l'ouvrage est mis à l'*Index* par la papauté, et de 1759 à 1765, la publication est de nouveau suspendue, interdiction contournée par la sortie des premiers volumes de planches. La censure n'a pas empêché la finalisation du projet ni sa réussite : en incluant les rééditions, plus de 25 000 exemplaires ont été diffusés à travers l'Europe à la veille de la Révolution française.

Il faut toutefois noter que cette diffusion ne concerne que le public restreint des élites éduquées de l'Europe, les seules sachant lire le français et pouvant avancer le prix de l'ensemble de l'œuvre. Ce qui nous conduit à nous interroger sur une dernière composante du siècle des Lumières, la question de l'éducation.

IV. Alphabétisation et débats sur l'éducation

1. Une république des Lettres, mais un royaume d'illettrés ?

À la veille de la Révolution française, on estime qu'un peu plus d'un Français sur trois sait lire et écrire. Force est de constater un retard du royaume de France dans ce domaine sur les pays protestants d'Europe. Mais il faut également noter une progression au cours du XVIIIe siècle. L'historien Roger Chartier a évalué le nombre d'hommes alphabétisés à la fin du XVIIe siècle à environ 30 %. Ce taux passe à plus de 45 % à la fin du XVIIIe siècle, soit une hausse de 50 %. Pour les femmes alphabétisées, on est passé de 14 à 27 %, soit un doublement du taux. Vers la fin du XVIIIe siècle, on peut distinguer trois Europes : d'abord, une Europe où l'analphabétisme est en passe de devenir un phénomène minoritaire (l'Écosse, la Prusse, les pays scandinaves…), ensuite, une Europe où l'alphabétisation a progressé sur le siècle et se situe entre 30 % et 40 % (la France, l'Autriche, la Belgique…), enfin, une Europe où l'analphabétisme demeure encore très majoritaire, soit plus de trois habitants sur quatre (l'Espagne, l'Italie, la Grèce, la Pologne…).

Derrière ces données globales, se cachent bien des disparités et des nuances. Dans le cas du royaume de France, la capitale se distingue par un très haut niveau d'alphabétisation (environ 85 % des hommes et deux tiers des femmes au lendemain de la Révolution). Au contraire, les espaces ruraux accusent un retard souvent important. Les études montent une césure géographique : les régions se situant au nord d'une ligne Saint-Malo-Genève apparaissent relativement bien alphabétisées, alors que les régions au sud de cette ligne (notamment le Massif Central et les espaces voisins) sont en deçà des moyennes nationales. Il convient également d'affiner les données selon une série de critères socioéconomiques et socioculturels : le métier ou la langue, l'âge, la foi – le protestantisme insiste sur une lecture personnelle de la Bible alors que le catholicisme est encore réticent à l'usage de la lecture par les fidèles – ou encore le sexe. L'Église a longtemps favorisé une alphabétisation partielle – la lecture – chez les femmes, réservant l'apprentissage de l'écriture aux hommes, à ses yeux destinés à exercer un métier, les femmes étant appelées à rester au foyer.

Sur la capacité de signer, François Furet dit « le choix de ce critère, auquel nous contraint l'état des sources avant le XIXe siècle, tendrait à surestimer le niveau d'instruction des populations de l'ancienne Europe ».

Enfin, la méthodologie employée pour calculer le taux d'alphabétisation à l'époque moderne a donné des chiffres qu'il nous faut nuancer. En effet, la plupart des études sur le royaume de France partent d'une enquête dirigée par Louis Maggiolo entre 1877 et 1879. Celle-ci évalue le taux d'alphabétisation entre 1686 et 1690 puis entre 1786 et 1790 à partir de la capacité des hommes et des femmes à signer leur acte de mariage. Pour Maggiolo, la capacité de signer est synonyme de la capacité d'écrire. Or l'enseignement de l'écriture et celui de la lecture n'étaient pas simultanés au XVIIIe siècle : on apprend d'abord à lire, puis, parfois, à écrire. La capacité de signer pourrait alors indiquer la maîtrise de la lecture sans signifier la maîtrise aboutie de l'écriture.

Lecture publique d'une gazette

Pour compenser et compléter les études nécessairement imparfaites sur l'alphabétisation au XVIIIe siècle, d'autres travaux se sont intéressés aux différentes pratiques de la lecture. Plusieurs sources, dont les inventaires après-décès, révèlent une tendance sur le siècle à la multiplication et à la diffusion des livres. Si le nombre de lecteurs croît également, c'est sans doute à une vitesse moindre. Il faut distinguer alors différents types de lecteurs : ceux que l'on pourrait appeler lecteurs savants (qui relèvent de la République des lettres et du mouvement des Lumières) ; ensuite des lecteurs que nous appellerons privés (ayant leur propre bibliothèque, plus ou moins importante) ; enfin, des lecteurs populaires, en nombre croissant mais encore minoritaires au sein de leur groupe social (ceux-ci ont recours aux colporteurs ou à des loueurs de livres, au prêt et aux journaux qui se diffusent dans le pays).

2. Les Lumières et l'éducation

« L'instruction et la liberté de la contradiction sont les armes dont il faut se servir pour combattre l'ignorance. », Le Mercier de la Rivière, 1767.

Les penseurs des Lumières sont convaincus de la perfectibilité de l'homme grâce à l'éducation et qu'il n'y a pas de déterminisme naturel enfermant les uns ou les autres dans l'ignorance et les fausses croyances. Cette conviction trouve une expression parallèle dans la philosophie empiriste anglaise qui, à la même époque, s'oppose à l'existence d'idées innées, soutenant au contraire que c'est dans l'expérience humaine que se développe la connaissance. Pour autant, il n'existe aucun consensus au XVIIIe siècle – ni chez les penseurs des Lumières, ni au sein de l'Église catholique, ni au niveau de l'État français – sur la pertinence d'éduquer le peuple.

Si en 1724, la monarchie renouvelle une déclaration de 1698 ordonnant une scolarité obligatoire (une école par paroisse financée par les habitants et fréquentée jusqu'à l'âge de 14 ans), son objectif véritable, dans les années qui suivent la révocation de l'édit de Nantes, est l'éducation catholique des enfants issus de familles protestants. De fait, il n'existe aucune action concrète ni concertée de la part de l'État pour promouvoir les écoles au XVIIIe siècle. L'Église est plus ambivalente sur la question : d'un côté, l'éducation des enfants dans les paroisses du royaume est un des vecteurs principaux de la doctrine catholique ; de l'autre, elle craint l'accès d'un peuple ayant appris à lire à des livres considérés comme mauvais, c'est-à-dire à même de former un esprit critique.

Enfin, les penseurs des Lumières, pourtant unanimes à défendre la raison, sont loin de s'accorder sur l'utilité de l'éducation des masses. Les écoles étant aux mains du clergé, ils craignent que l'instruction ne renforce l'obscurantisme, et, même dans l'éventualité d'une éducation éclairée, beaucoup pensent que cela conduirait à l'abandon des métiers manuels si utiles au royaume. Ainsi, Rousseau affirme : « Les pauvres n'ont pas besoin d'éducation, celle de son état est forcée ; il n'en saurait avoir d'autres », et Voltaire écrit : « Ce n'est pas le manœuvre qu'il faut instruire, c'est le bon bourgeois, c'est l'habitant des villes. » À l'opposé, d'autres penseurs craignent les conséquences d'un abêtissement du peuple, tel Adam Smith qui met en garde contre le risque d'une stupidité croissante de la main-d'œuvre du fait de la division toujours plus importante du travail▸ et en appelle à la responsabilité éducative de l'État. En France, les physiocrates sont également convaincus des vertus économiques de l'éducation, celle-ci pouvant contribuer à la diffusion des techniques agronomiques modernes dans les campagnes.

▶ Voir p. 279

À défaut de s'entendre sur les objectifs et les modalités d'une éducation moderne, les philosophes des Lumières n'ont de cesse de débattre et de discourir sur la question, une question qui marque fortement le second XVIIIe sans qu'une réponse ou une autre ne s'impose à l'opinion. Ainsi, lorsque de nouvelles écoles sont créées en France au XVIIIe siècle, il ne s'agit nullement d'une politique centralisée, mais d'initiatives locales, là où la volonté de la communauté se conjugue à une possibilité de financement.

V. Conclusion : un rayonnement français ?

▶ Voir carte 16,
Atlas en fin d'ouvrage

Nous l'avons vu, ce serait un contresens de penser les Lumières comme un phénomène français alors qu'il s'agit d'un mouvement pleinement européen. Pourtant, l'éminence des philosophes français est indiscutable et il y a un engouement partout en Europe pour la pensée de Voltaire et de ses confrères. Parallèlement, la culture française jouit d'un prestige certain à travers le continent, à l'exemple de l'architecture du château de Versailles qui demeure un modèle pour les monarques d'Europe. Toutefois, ce rayonnement s'estompe au cours du second XVIIIe siècle : l'Antiquité influence de nouveau les modes (néoclassicisme) ; la primauté est donnée à un art national, rejetant l'apport français ; enfin, d'autres cultures s'imposent comme autant de nouvelles sources d'inspiration : c'est le cas de l'art, des modes et de la culture anglais, qui se diffusent par-delà la Manche, jusqu'à susciter une véritable anglomanie, en France notamment. À la veille de la Révolution, le modèle culturel français demeure une référence, mais il est loin d'être la seule du continent.

À retenir

- Les penseurs des Lumières partagent tous la conviction que c'est la raison qui doit être le fondement de toute réforme de la société, d'une lutte contre les injustices et les inégalités, de tout progrès.
- Le mouvement des Lumières prône les libertés essentielles de l'homme (penser pour soi ; s'exprimer sans craindre la censure) et élabore une critique des abus de l'absolutisme. Il appelle également à la tolérance religieuse contre l'obscurantisme de l'époque.
- Si la France est au cœur de ce mouvement, l'essence même des Lumières n'est pas nationale, mais bel et bien européenne.
- À une époque où l'analphabétisme est encore largement majoritaire, les Lumières ont contribué à l'essor de l'écrit, de la parole et du débat public, mais sans aller jusqu'à défendre une éducation des masses.

LES DATES ESSENTIELLES

1721 : publication des *Lettres persanes* de Montesquieu
1732 : doctorat de Laura Bassi
1734 : publication des *Lettres philosophiques* de Voltaire
1751 : début de publication de *l'Encyclopédie*
1762 : condamnation à mort de Calas
1763-1778 : correspondance entre Voltaire et Catherine II
1778 : mort de Voltaire et de Rousseau

POUR ALLER PLUS LOIN

Sélection bibliographique

Pierre-Yves Beaurepaire, *L'Europe des Lumières*, Paris, PUF, 2004.

Liliane Hilaire-Pérez, *L'invention technique au Siècle des Lumières*, Paris, Albin Michel, 2000.

Antoine Lilti, *Le monde des salons. Sociabilité et mondanité à Paris au XVIIIe siècle*, Paris, Fayard, 2005.

Ressources internet

L'édition numérique collaborative et critique de l'*Encyclopédie*: http://enccre.academie-sciences.fr/encyclopedie/

CHAPITRE

17

Des crises religieuses à l'invention de la tolérance

PLAN DU CHAPITRE

I. L'évolution des pratiques religieuses
II. Le jansénisme au XVIIIe, une crise française
III. Face aux protestants et aux juifs : vers une plus grande tolérance ?

Le XVIIe siècle s'était clos sur un acte fort du pouvoir en matière religieuse : la révocation de l'édit de Nantes en 1685. Le début du XVIIIe siècle est donc marqué par l'intolérance religieuse et l'interdiction du protestantisme.

Nous avons vu dans le chapitre précédent combien le mouvement des Lumières est critique de l'Église catholique, accusée d'obscurantisme. À l'inverse de l'Église comme de l'État, les philosophes prônent la tolérance religieuse.

Problématiques

– Quelle fut la tendance de ce siècle, déchiré entre idéal philosophique, passions religieuses et intransigeance politique héritée du siècle précédent ?

– Quelle est la réalité des pratiques religieuses au XVIIIe siècle ?

– L'appel des Lumières à la tolérance est-il entendu ?

– L'apologie d'un rationalisme éclairé conduit-elle à une remise en question des croyances religieuses ?

I. L'évolution des pratiques religieuses

À la ferveur religieuse des deux siècles précédents, à la vitalité de la réforme puis de la Contre-Réforme, est opposée volontiers une certaine « tiédeur » religieuse du XVIIIe siècle, annonciatrice, en France du moins, des transformations révolutionnaires prises à partir de 1789 (par exemple, la constitution civile du clergé). Mais une telle opposition est-elle pertinente ? La question religieuse au XVIIIe tient-elle davantage du XIXe à venir que d'une continuité avec le Grand Siècle ? Nous allons ici caractériser les pratiques religieuses et la religiosité des Français pendant le siècle.

1. Une religion omniprésente

L'Église catholique a mis en œuvre une formidable entreprise de christianisation des populations européennes dans le cadre de la Contre-Réforme. La France du XVIIIe en est l'héritière. La majorité de la population adhère au dogme chrétien et respecte les différents préceptes de l'Église. Cette tendance générale est encore plus marquée dans les campagnes, où habite une (grande) majorité de la population française. Le clergé du XVIIIe siècle a également profité de la Contre-Réforme : il est mieux formé et son comportement plus en adéquation avec le message chrétien, et il suscite davantage le respect de ses ouailles.

Sans aller jusqu'à parler d'un « blanc manteau d'églises » pour le XVIIIe siècle, force est de constater que les bâtiments, lieux et monuments religieux continuent de jalonner l'espace et de marquer le paysage, qu'il soit rural ou urbain. Chaque paroisse est structurée autour d'au moins une église et un cimetière. Les monastères et les abbayes sont fréquents. Les prières publiques ne le sont pas moins : des processions, par exemple, sont tenues pour les fêtes importantes, pour célébrer les patrons de la paroisse, mais aussi pour favoriser les récoltes.

Procession de Notre-Dame de la Garde à Marseille le lendemain de la Fête-Dieu

Si la religion est manifeste dans la sphère publique, elle l'est tout autant dans la sphère privée. La sphère immédiate et essentielle de la vie des Français au XVIIIe est la famille qui est, pour la très grande majorité des Français qui sont catholiques, définie largement par la religion. L'autorité du chef de famille, sur son épouse comme sur ses enfants, s'appuie sur la Bible. Le baptême marque l'entrée dans la vie, l'extrême-onction et une sépulture chrétienne marquent la fin de la vie terrestre. Et entre-temps, le mariage, qui symbolise autant l'entrée dans une vie adulte que la fondation d'une nouvelle unité familiale, est réglementé par l'Église.

La religion est présente sous forme d'interdits et de contraintes, largement assimilés dans les règles de bonne conduite, mais également renforcés par les lois du royaume comme autant de garanties de l'ordre et des bonnes mœurs. Ainsi, l'adultère ou encore les rapports sexuels hors mariage sont non seulement interdits mais restent condamnés par beaucoup au nom de la morale. La présence à l'église n'est pas facultative : l'obligation d'au moins une communion et une confession annuelles dans l'église de sa paroisse, à Pâques, entre le vendredi saint et le deuxième dimanche de Pâques (une obligation établie par le IVe concile de Latran en 1215) demeure. Le non-respect de cette obligation est sanctionné en théorie par l'excommunication (et donc l'exclusion du mariage, et l'interdiction d'une sépulture chrétienne). L'assistance à la messe est obligatoire chaque dimanche ainsi que lors des principales fêtes (une quarantaine par an). L'État encourage cette pratique religieuse en défendant toute une série d'activités pendant les jours de messe (cabarets, marchés, foires…). L'assiduité est également encouragée dans une société où la mobilité est encore réduite et où la plupart des personnes se connaissent (et se jugent) au sein d'une même paroisse.

Enfin, les croyances populaires sont nombreuses et se greffent à la croyance fondamentale en la vie après la mort. Par exemple, une croyance très répandue affirme que toute personne qui voit l'hostie (et pour cela il faut avoir assisté à une messe) ne peut mourir ce jour-là. Inversement, l'athéisme et l'agnosticisme demeurent au XVIIIe siècle des phénomènes ultra minoritaires, nous l'avons dit : les critiques au nom du rationalisme se portent non sur le bien-fondé de croire en un dieu mais sur l'organisation et le rôle des institutions religieuses, de leur nécessité même ou d'une possible interaction individuelle et libre entre le croyant et son dieu.

Le poids du religieux dans les mentalités du XVIIIe, l'affaire de La Barre

En 1766, trois jeunes hommes, issus des élites de la ville d'Abbeville, sont accusés d'actes de profanation (un crucifix et une statue du Christ ont été dégradés). Deux sont arrêtés, le chevalier de La Barre, 20 ans, et un adolescent de 15 ans, Moisnel. Le dernier, Gaillard d'Étallonde, fuit à l'étranger. Si personne n'a vu les accusés commettre les actes en question, plusieurs témoins attestent qu'ils n'ont pas ôté leur chapeau lors du passage d'une cérémonie religieuse, comportement blasphématoire. La perquisition chez La Barre trouve également plusieurs livres interdits, dont le tout récent *Dictionnaire philosophique* de Voltaire. La Barre est condamné en première instance pour « impiété, blasphèmes, sacrilèges exécrables et abominables ». Il doit être torturé, avoir la langue tranchée, être décapité puis brûlé. La Barre se porte en appel devant le Parlement de Paris, qui confirme la sentence. Louis XV refuse de le gracier, malgré les interventions des proches du chevalier. La sentence est exécutée en juillet de la même année.

Voltaire prend connaissance de l'affaire et publie dès 1766, sous couvert d'anonymat, la *Relation de la mort du chevalier de La Barre*, qu'il dédie à Cesare Beccaria▸. Il y dénonce le manque de preuves contre La Barre, une peine disproportionnée (depuis le règne de Louis XIV le blasphème ne relevait plus de la peine de mort). Cette prise de parole, cumulée à l'émotion générale devant l'horreur de la sentence, convainc les autorités d'abandonner les poursuites contre les autres jeunes hommes.

▶ Voir p. 287

Cette affaire, comme celle de Calas▸, illustre pour les penseurs des Lumières les injustices du système pénal sous l'Ancien Régime, ainsi que les conséquences néfastes du poids de la religion et de l'Église dans la société de l'époque.

▶ Voir p. 286

2. Un début de déchristianisation ?

Si la religion demeure un fondement de la société de l'Ancien Régime, on ne peut pas ignorer toute une série d'indicateurs qui semblent dessiner un lent et progressif processus de **déchristianisation** sur le siècle.

Déchristianisation : mouvement de recul des pratiques et de la foi religieuses.

■ Une crise des vocations religieuses

On constate en effet un essoufflement dans les pays catholiques d'Europe des ordres religieux dont les effectifs suivent une tendance baissière (entre -30 et -40 % sur le dernier tiers du siècle). Ces ordres connaissent en même temps un vieillissement de leurs membres. Il en est de même pour l'ordination pendant le second XVIIIe siècle : en France, le nombre de nouveaux prêtres ordonnés baisse d'un cinquième ; on observe des baisses similaires en Espagne et en Italie.

■ Une diminution de certaines pratiques religieuses

En premier lieu, si l'assistance hebdomadaire à la messe est en théorie obligatoire, dans la pratique, elle n'est sans doute ni générale ni régulière : en cause les obligations familiales et professionnelles. Le clergé déplore fréquemment celles-ci, ainsi que la concurrence que leur font les cabarets – ce qui indiquerait un affaiblissement de la religion dans les mentalités. Le clergé dénonce également les comportements irrespectueux de nombre de fidèles pendant les messes : les uns discutent entre eux, les autres vont et viennent… Rappelons, il est vrai, que le suivi actif de la messe n'était pas chose aisée : la cérémonie est longue, menée en latin, le curé tourne le dos à l'assistance pendant la majeure partie du temps, enfin, l'usage des bancs pour l'ensemble des fidèles ne s'impose qu'au fur et à mesure du siècle. Toutefois, il est rare de voir l'Église, comme la monarchie, sanctionner les absences.

Ensuite, il faut noter une baisse de certaines pratiques funéraires. À partir de l'analyse de 20 000 testaments provençaux, et de leurs clauses religieuses (l'organisation des funérailles du testateur, les éventuelles donations à des œuvres religieuses, les demandes de messes…), l'historien Michel Vovelle a mis en évidence un recul de la pratique religieuse tout au long du siècle : la déchristianisation du royaume n'est pas le résultat de la Révolution française mais préexistait celle-ci. Il montre également comment ce processus, qui commence avec le siècle, n'est pas la conséquence d'une opposition antireligieuse (les Lumières, par exemple), mais est le produit de l'évolution des comportements.

L'étude de testaments parisiens par Pierre Chaunu a mis en avant une tendance identique (qu'il dénomme « glissade et rupture », par rapport aux pratiques religieuses des deux siècles précédents) : un désintérêt pour les gestes funéraires, qui, à partir des élites de la capitale, se répand parmi l'ensemble de la population – dès le milieu du siècle, aucune évocation religieuse n'apparaît dans un tiers des testaments. Vers le dernier quart du siècle, un tiers de la population reste fidèle aux pratiques funéraires traditionnelles et à l'œuvre de charité ; un tiers encore se contente d'une rapide référence à dieu, enfin, un tiers ne mentionne aucune considération religieuse.

Les limites de la reconquête des âmes menée lors de la Contre-Réforme

▶ Voir p. 182 et p. 299

Il faut d'abord rappeler l'importance de l'analphabétisme en France, comme ailleurs en Europe▸ : l'instruction religieuse des masses continue au XVIIIe siècle de buter contre l'incapacité de lire d'une part tout à fait significative de la population. Ensuite, il convient de souligner la crise que traverse alors la culture religieuse, fortement concurrencée par les Lumières. Alors qu'au début du siècle, les livres religieux sont majoritaires dans les librairies du royaume, à la veille de la Révolution, ils ne représentent plus qu'entre un cinquième et un dixième. La littérature est désormais majoritaire, suivie d'ouvrages théoriques mais non théologiques. Et, à l'exception des Bénédictins, l'étude des catalogues de bibliothèques de religieux montre une faible pénétration des idées nouvelles du siècle chez les clercs, renfermés sur eux-mêmes et les traditions des siècles précédents.

Une sécularisation naissante ?

Le XVIIIe siècle voit se développer une critique de la gestion ecclésiastique dans le domaine de l'assistance aux indigents. L'Église est accusée de détourner les dons pour son propre bénéfice. Les Lumières appellent à une prise en charge de l'assistance par l'État. Les philosophes souhaitent voir une politique de bienfaisance générale, qui puisse soulager le poids que constituent les plus pauvres pour chaque paroisse, qui puisse offrir un travail à ces pauvres à qui on interdit de mendier. Une telle politique publique viendrait se substituer à l'inefficacité (selon eux) de la charité de l'Église catholique.

On assiste également sous l'Ancien Régime à un début de sécularisation du mariage. Les juristes d'alors définissent le mariage doublement : comme un contrat établi entre un homme et une femme, et donc régi par des lois du royaume ; ensuite, comme un sacrement, qui relève du droit de l'Église. Si le droit canonique est à l'origine du droit du mariage sous l'Ancien Régime, le droit royal en est désormais le fondement. En effet, le mariage est un enjeu social évident, qui garantit chez les uns la stabilité de leur honneur et de leur fortune, ou qui offre la possibilité à d'autres d'une certaine mobilité sociale. Parmi d'autres facteurs, la crainte des mésalliances, la peur de voir des enfants se dérober à l'autorité parentale, et surtout paternelle, poussent la monarchie à définir une législation civile du mariage. Unc série de textes de loi royaux définit et encadre progressivement le droit du mariage à l'échelle du royaume. Ainsi, au XVIIIe siècle, le mariage est devenu une norme régie par l'État, même si le droit civil français n'en reste pas moins fortement inspiré du droit canonique. Il y a donc une progressive mainmise de l'État sur le mariage, ses enjeux, sa pratique et sa validité. Et si la célébration et l'exigence de formalités pour valider le lien matrimonial relèvent encore de l'Église, c'est comme par délégation de l'État et du Roi, alors que les effets civils, patrimoniaux par exemple, relèvent exclusivement du droit privé.

Un exemple de cette évolution est la question du consentement au mariage : le droit royal va plus loin que le droit canonique issu du Concile de Trente, en exigeant non seulement le consentement des deux futurs époux, mais également le consentement des parents. Les hommes, de 30 ans et plus, et les femmes, de 25 ans et plus, peuvent passer outre le consentement parental, à condition de pouvoir justifier de toutes les démarches nécessaires auprès de leurs parents pour l'obtenir. En-dessous de ces seuils, le consentement parental est une condition *sine qua non*. L'**exhérédation**, voire la nullité du mariage, attendent ceux qui se passent de ces formalités. Cette question récurrente du consentement parental, exigence notamment de la noblesse pour éviter des mariages jugés non avantageux, a donc été traitée de façon énergique par le pouvoir royal.

Exhérédation : fait de déshériter une personne. Au XVIIIe siècle, cela peut être un choix personnel du testateur, ou une sanction imposée par la loi.

De façon plus générale, les nouveaux comportements démographiques▸ (une limitation volontaire des naissances, une hausse des naissances hors du mariage ou avant le mariage, l'abandon d'enfants…) sont autant de pratiques qui montrent une distanciation entre la réalité et les préoccupations quotidiennes des Français et le dogme catholique.

▶ Voir p. 264

3. Le maintien d'une ferveur religieuse

Sans revenir aucunement sur ce qui vient d'être dit, il faut cependant apporter une nuance importante à ce processus de déchristianisation. Gabriel Le Bras a qualifié le terme de déchristianisation de « fallacieux » car il mesure les indices de pratique religieuse, qui « n'est qu'un des signes (de l'adhésion religieuse), le plus visible, mais aussi le plus superficiel ». L'étude des pratiques religieuses (le baptême, le mariage, la présence à la messe…) ne permet pas la prise en compte d'une religion personnelle, de la foi et de la sincérité intérieures. Certains historiens préfèrent alors parler d'un fléchissement du **conformisme** mais non pas de la foi. D'autant que de nouvelles ferveurs, certes minoritaires, se développent au cours du siècle, une preuve que le sentiment religieux est loin d'être atone. Jean Delumeau et Monique Cottret évoquent ainsi à la fois la « déchristianisation de la majorité » et la « christianisation d'une minorité ».

Le **conformisme** désigne l'attitude passive d'une personne qui adopte son comportement sur celui de son entourage, de son milieu.

La ferveur collective

À contre-courant de la baisse générale des vocations, les abbayes trappistes (une des branches de la famille cistercienne) connaissent une hausse des recrutements et dépassent à la veille de la Révolution les effectifs des abbayes cisterciennes. L'abbaye de la Trappe ou celle de Sept-Fons regroupent chacune plus d'une centaine de moines. De façon générale, les créations de confréries ne cessent pas au siècle des Lumières : elles sont, par exemple, plus nombreuses en Alsace qu'au siècle précédent.

La ferveur collective peut également se manifester dans l'espace public. L'homme de lettres des Lumières, Louis-Sébastien Mercier, décrit ainsi dans son *Tableau de Paris* (1781-1788) la Fête-Dieu dans la capitale : « Qui ne croirait, en voyant la pompe de cette fête, que la ville ne renferme aucun incrédule dans son sein ? […] Tout ferait croire que le catholicisme n'a pas un seul adversaire, un seul contradicteur ; qu'il règne, qu'il commande à tous les esprits ».

La ferveur individuelle

Et quand la ferveur n'est pas collective, elle est individuelle. Il n'est pas possible ici d'évoquer la multitude de sources qui laissent voir, non pas de manière quantitative mais qualitative, la dévotion des particuliers au XVIIIe, alors nous nous contenterons d'un exemple. Diderot, l'un des penseurs les plus irréligieux des Lumières, compte pas moins de douze prêtres dans sa famille élargie. Didier-Pierre Diderot, son frère, chanoine à la cathédrale de Langres et fondateur en 1786 des écoles chrétiennes de la ville, déclare dans son testament : « Au nom du Père, du Fils et du Saint-Esprit – un seul Dieu en trois personnes, que j'adore très humblement, auquel je crois très fermement, que j'aime de tout mon cœur et en qui je mets toute mon espérance pour le temps et pour l'éternité ».

Dans une lettre à son frère philosophe en 1760, il l'enjoint d'abdiquer sa critique de la religion, critique qu'il qualifie de « système atroce »

La ferveur des missionnaires

Le XVIIIe siècle n'est certes pas un grand siècle pour les missions d'évangélisation des peuples non chrétiens hors d'Europe : la suppression de l'ordre des Jésuites en 1773 par le pape Clément XIV met un terme à l'action de l'un des acteurs les plus dynamiques en la matière, et l'œuvre de christianisation n'a pas encore la place dans l'entreprise coloniale européenne qu'elle tient au siècle suivant. Pourtant, des missions, plus ou moins grandes, la plupart catholiques (mais d'autres protestantes), agissent aussi bien aux Amériques qu'en Asie. On peut citer, par exemple, la présence de frères capucins suisses en Russie pendant la première moitié du siècle, de missionnaires jésuites en Chine au début du siècle, de protestants danois présents aux Indes, britanniques en Amérique du Nord, suisses aux Antilles et au Surinam.

II. Le jansénisme au XVIIIe, une crise française

On a observé (voir p. 194-197) comment à la fin du règne de Louis XIV, le jansénisme a fait l'objet d'une répression sévère : condamnation de cette doctrine par plusieurs bulles pontificales, dont la bulle *Unigenitus* en 1713, condamnation des principaux penseurs jansénistes (Quesnel est déclaré hérétique en 1708) et destruction de l'abbaye de Port-Royal, principal centre janséniste du royaume. Et pourtant, ni le jansénisme ni les jansénistes ne disparaissent au lendemain de ces mesures – d'autant que, au nom du gallicanisme▸, le Parlement de Paris comme la Sorbonne soutient la liberté doctrinale en se dressant contre l'ingérence pontificale en France. Le Régent, comme le siècle, hérite donc avec ce débat et ces tensions d'une crise possible.

▶ Voir p. 199

Si le jansénisme existe ailleurs en Europe, il ne connaît ni le succès doctrinal ni l'intensité de la querelle avec le pouvoir central qui caractérisent le modèle français. Jusqu'en 1730, le jansénisme persiste à l'université de Louvain, berceau de la doctrine un siècle plus tôt. Dans le nord de l'Italie (Piémont, Lombardie, Gênes ou encore Venise), le jansénisme est influent pendant tout le siècle. Enfin, c'est aux Provinces-Unies, dans la ville d'Utrecht, que se réfugient de nombreux jansénistes français en exil.

1. La recherche d'un compromis (1715-1718)

En 1715, au nom de l'apaisement mais aussi afin de s'allier les bonnes grâces du Parlement de Paris, le Régent confie, dans le cadre de la mise en place de la Polysynodie▸, la direction du Conseil de conscience au cardinal de Noailles. Ce dernier s'était affirmé comme un proche des jansénistes pendant les dernières années du règne de Louis XIV : son refus de la bulle *Unigenitus* lui avait valu d'être écarté de la cour par le roi. Sa nomination par le Régent à la tête du conseil fait donc renaître l'espoir parmi le parti janséniste, d'autant que d'autres signaux semblent indiquer les faveurs du nouveau pouvoir pour le jansénisme. Aux côtés du cardinal de Noailles siègent également au Conseil de conscience Henri

▶ Voir p. 244 et *sq.*

d'Aguesseau (chancelier du Régent en 1717), qui, parlementaire de Paris en 1713, s'était opposé à la promulgation de la bulle *Unigenitus* ; ainsi que René Pucelle, autre magistrat du Parlement de Paris, lui aussi opposant à la bulle. Au même moment, le Régent désigne un gallican comme confesseur du jeune Louis XV, l'abbé Claude Fleury, alors que l'usage était de confier cette fonction à un jésuite.

C'est dans ce contexte que l'opposition à la bulle qui avait été écrasée par l'autoritarisme de Louis XIV renaît : la faculté de théologie de la Sorbonne annule l'acceptation de la bulle qui lui avait été imposée par Louis XIV, d'autres facultés de province suivent son exemple. Le Régent demande au pape Clément XI des explications sur la bulle, et aux évêques de France, majoritairement solidaires du pape, d'assouplir leur position afin de trouver un terrain d'entente avec ceux du clergé ayant des sympathies jansénistes. Philippe d'Orléans se retrouve alors face à une double fin de non-recevoir : le pape rejette l'appel du Régent, ôte à la Sorbonne ses privilèges et menace de retirer le cardinalat à Noailles ; les évêques que l'on appelle « constitutionnaires » refusent de chercher un terrain d'entente avec les jansénistes. Face à l'impasse, en 1717, quatre évêques de tendance janséniste déposent un appel à un **concile** général contre la bulle *Unigenitus*. On appelle ces évêques les « appelants », tout comme ceux qui se joignent à eux par la suite : plusieurs universités et une part non négligeable du clergé du royaume (une dizaine d'autres évêques, la majorité des curés parisiens et environ un clerc sur dix dans le reste du pays). Le cardinal de Noailles fait également appel, mais garde cela secret.

▶ Voir définition p. 36

2. Le retour de la répression (1718-1727)

Gravure antijanséniste

Le **lit de justice** est une procédure qui permet au roi d'imposer au parlement, par-delà son droit de remontrance, l'enregistrement d'édits ou d'ordonnances.

En 1718, Clément XI publie une bulle, *Pastoralis officiii*, qui excommunie tous ceux qui persistent à s'opposer à la bulle *Unigenitus*, mais les appelants font alors un second appel. Le Régent, exaspéré par tant de complications et en quête d'une solution efficace et rapide à la crise, change alors de politique : si de 1715 à 1717, il s'est montré conciliant, à partir de 1718, il durcit progressivement les mesures à l'encontre des jansénistes. Un revirement grandement influencé par le précepteur du roi, l'évêque Fleury.

En 1718, après la démission de Noailles, le Conseil de conscience est dissout. En 1720, Philippe d'Orléans exile plusieurs appelants par lettre de cachet, et impose au Parlement de Paris (par **lit de justice**) l'annulation des deux appels au concile général. La même année, il fait d'*Unigenitus* une loi du royaume et force, de nouveau, le parlement à l'enregistrer. Après le décès du Régent, Fleury poursuit cette politique répressive : des dizaines de milliers de lettres de cachet s'abattent sur les jansénistes ; beaucoup choisissent l'exil. Il lance une purge contre les théologiens de la Sorbonne qui s'étaient opposés à *Unigenitus* et une seconde au sein du clergé (notamment parisien). Innocent XIII (1721-1724) comme Benoît XIII (1724-1730) maintiennent la position de Clément XI, sous la pression notamment des Jésuites.

3. La résistance du jansénisme et le mouvement des convulsionnaires (1728-1752)

Malgré ces mesures, le jansénisme résiste, en particulière parmi les parlementaires parisiens. Un troisième appel au concile est lancé en 1728 et les pamphlets et autres publications jansénistes persistent (par exemple, les *Nouvelles Ecclésiastiques*, au rythme hebdomadaire). Toutefois, la cause janséniste perd un de ses plus ardents défenseurs lorsqu'en 1729 décède le cardinal de Noailles.

Il faut également souligner l'émergence, à partir du milieu des années 1720, puis la multiplication, de miracles liés aux appelants, miracles qui consolident l'adhésion populaire à la doctrine janséniste – ces miracles sont interprétés comme autant de signes de l'intervention divine en faveur de leur cause. En 1725, la dame Lafosse est guérie de pertes de sang après avoir suivi une procession menée par un prêtre appelant. En 1727, des miracles se produisent sur la tombe d'un chanoine de Reims, Gérard Rousse, lui aussi appelant. Enfin, en 1729, des guérisons miraculeuses ont lieu à Paris sur la tombe d'un diacre appelant, François de Pâris ; les témoins de ces miracles sont pris de convulsions. Rapidement, les rumeurs courent et on se rue sur ces lieux, et d'autres qui apparaissent à la suite. En 1731, on atteint un pic des miracles ainsi que des dévots pris de tremblements mystiques (naît alors le terme de « convulsionnaire »). Fleury a beau ordonner la fermeture du cimetière où repose François de Pâris, le phénomène continue de plus belle et l'intérêt du peuple pour les convulsionnaires ne faiblit pas. Les jansénistes redoublent d'efforts pour enregistrer ces miracles et pour dresser devant notaire la liste des preuves, juridiques et médicales, de leur existence. Leurs récits sont recensés dans des recueils et les gravures des convulsionnaires se multiplient.

Convulsionnaires sur la tombe du diacre Pâris

En avril 1730, Fleury organise un nouveau lit de justice pour faire de la bulle *Unigenitus* une loi de l'Église et de l'État. Et alors que le jansénisme clérical diminue en puissance, l'opposition juridique (les avocats) et législatif (les parlementaires) prend le relais. De 1730 à 1733, c'est de nouveau une impasse : les menaces royales ne suffisent pas à écraser le mouvement, les obstacles interjetés par les jansénistes ne peuvent faire plier le gouvernement. À partir de 1733, un certain répit est laissé aux jansénistes : le pouvoir, ayant des dossiers plus urgents à traiter, passe sous silence la querelle, mais le différend n'est en rien réglé.

4. L'affaire des billets de confession (1752-1756)

En 1752, l'archevêque de Paris, Christophe de Beaumont, ordonne à ses prêtres de refuser les derniers sacrements à tous ceux qui ne présentent pas un billet de confession, preuve de leur acceptation de la bulle *Unigenitus*. L'une des victimes de cette décision est Ignace Le Mere, un prêtre janséniste, qui décède sans qu'on lui ait administré l'extrême-onction. Ce cas suscite l'indignation de beaucoup et le Parlement de Paris se saisit alors de l'affaire : il ordonne l'arrestation du curé constitutionnaire. Le roi annule cette décision, arguant que le parlement n'a pas autorité pour s'immiscer dans les affaires de l'Église. Le Parlement ordonne alors la saisie des biens de l'archevêque puis interdit, en avril 1752, le refus des derniers sacrements pour défaut de billet de confession. Le roi casse de nouveau cet arrêt et fait exiler les parlementaires à Pontoise en mai 1753. En réaction, les avocats parisiens décident la grève, freinant considérablement la justice royale. Afin d'apaiser le conflit, Louis XV met fin à l'exil des parlementaires en septembre 1754 avant d'exiler l'archevêque de Paris, qui refusait tout compromis.

L'affaire se conclut en 1756, lorsque le pape interdit le refus des sacrements aux opposants de l'*Unigenitus*. La querelle, qui a trop duré, a affaibli l'autorité royale et contribué à renforcer celle des parlements. D'une doctrine religieuse du XVIIe, on est passé à un vaste mouvement de critique de l'absolutisme.

5. L'expulsion des Jésuites, le dernier rebond du conflit janséniste

Catherine Cadière séduite, 1735

Comme au XVIIe siècle, les Jésuites demeurent engagés contre le jansénisme, on a pu ainsi les qualifier d'ennemis jurés de cette doctrine.

Au XVIIIe siècle, la Compagnie compte un peu plus de trois mille religieux en France, dont quelques membres sont des personnages très haut placés, œuvrant dans les coulisses du pouvoir (comme par exemple la figure du confesseur du roi). Toutefois, l'influence jésuite est en perte de vitesse : son acharnement contre le jansénisme n'est guère populaire et contribue à faire renaître la critique gallicane quant à leur place et leur rôle dans le royaume.

Plusieurs scandales viennent alors miner leur position et mènent à leur expulsion. D'abord, en 1731, l'affaire dite Cadière, voit le procès devant le Parlement d'Aix d'un père jésuite, Jean-Baptiste Girard, accusé de viol et d'avortement forcé sur la personne d'une de ses pénitentes, Catherine Cadière, ainsi que de sorcellerie. Il est acquitté mais le scandale a terni l'image de la Compagnie. Puis, en 1757, dans le cadre de l'enquête sur la tentative d'assassinat de Louis XV par Robert-François Damiens, une éventuelle influence jésuite de l'accusé est évoquée. Enfin, en 1761, un père jésuite, Antoine Lavalette, basé en Martinique, fait banqueroute. Deux de ses créanciers portent l'affaire en justice devant le Parlement d'Aix, qui condamne la Compagnie comme étant solidaire des affaires de ses membres. La Compagnie fait appel devant le Parlement de Paris. Celui-ci confirme la condamnation en première instance mais va beaucoup plus loin : il se saisit des constitutions de l'ordre et les déclare contraires aux lois du royaume. Il n'est plus question des finances de la Compagnie mais de sa présence même en France : par un arrêt d'août 1762, le Parlement de Paris expulse les Jésuites hors des limites de son ressort. Plusieurs parlements de province, comme celui de Rouen, suivent cet exemple : les arrêts d'expulsion à l'encontre de la compagnie se multiplient. La monarchie, favorable à une compagnie gallicane (que le pape refuse), ne vient pas en aide aux Jésuites, et finit même, en novembre 1764, par publier un édit qui chasse toute la Compagnie du pays (trois ans plus tard, la Compagnie est expulsée d'Espagne et de plusieurs États italiens). Celle-ci est donc la victime de la lutte de pouvoir entre la monarchie et les parlements, et des sympathies jansénistes de ces derniers. Au final, et malgré les plaidoyers du parti dévot, Louis XV, en la personne de son ministre Choiseul, préfère abandonner un de ses alliés en échange du financement de la guerre de Sept ans concédé par le parlement.

Expulsion et embarquement des Jésuites hors des états d'Espagne le 31 mars 1767

III. Face aux protestants et aux juifs : vers une plus grande tolérance ?

1. Les juifs en France et en Europe

Rappelons d'abord que l'Europe du XVIIIe hérite des siècles précédents un regard et une politique de stigmatisation à l'égard des populations juives. Dans un continent marqué par l'hégémonie du christianisme (catholique ou protestant) qui domine encore les mœurs et les mentalités, on reproche aux juifs leurs différences : leur organisation communautaire (un « État dans l'État »), des structures sociales différentes des ordres de l'Ancien régime (pas de noblesse, ni de clergé ni de paysannat majoritaire juifs…), la domination apparente des élites économiques qui imposeraient une dépendance aux chrétiens (une perception basée sur une réalité : la pratique de métiers longtemps interdits aux chrétiens, dont, au premier chef, les métiers de la finance). De fait, la tendance du siècle est celle des exclusions, des humiliations et de l'antisémitisme. Pourtant, le siècle des Lumières voit également émerger un début d'émancipation et d'intégration de Juifs d'Europe.

■ Les juifs d'Europe au XVIIIe : importance et législation

Les populations juives d'Europe représentent toujours une minorité marginale des pays où elles résident. En Angleterre, à la fin du XVIIIe siècle, on compte moins de 20 000 juifs. Il en est de même en Italie, alors qu'ils sont le double en France et environ 50 000 aux Provinces-Unies. Dans les pays scandinaves, les juifs sont quasi absents : quelques centaines seulement en Suède, quelques milliers au Danemark et aucun en Norvège et en Finlande. En Prusse, il y a environ 10 000 juifs, à l'exception de la Silésie (conquise en 1742), qui connaît une population juive plus importante. En Bohême, ils sont près de 30 000 vers le milieu du siècle et, en Moravie, environ 25 000. La Hongrie regroupe 80 000 juifs à la veille de la Révolution. L'Autriche, après l'annexion de la Galicie et la Bucovine, compte plusieurs centaines de milliers de juifs, soit la deuxième plus grande population juive d'Europe après la Russie (près d'un million de juifs, à partir des années 1770). Il convient par ailleurs de souligner la grande mobilité des juifs d'Europe, soit en raison des différentes persécutions, soit en raison de leurs activités et notamment le commerce (voir, par exemple, les multiples échanges entre juifs du sud-ouest de la France avec la communauté d'Amsterdam et celle de Londres).

L'attitude des autorités européennes envers les juifs va de l'interdiction à une très grande tolérance, en passant par une grande variété de situations intermédiaires. Dans la péninsule Ibérique, les persécutions reprennent dans les années 1720 : **autodafés** en Espagne (1720-1745), répressions au Portugal (années 1720-1765). C'est en Pologne qu'existe la plus grande tolérance pour les juifs : une large autonomie est accordée aux communautés juives qui s'auto-administrent.

Autodafé : à l'époque moderne, condamnation par l'inquisition puis l'exécution des populations non chrétiennes en Espagne et au Portugal.

Entre ces deux extrêmes, les autres pays européens sont plutôt tolérants, de fait sinon de droit, même si cela ne signifie en rien la liberté religieuse ; au contraire, les mesures d'exclusion et autres régimes d'exceptions existent.

En 1727, l'Autriche vote pour les régions tchèques de son empire la *Familiantengesetz* qui détermine des quotas pour les juifs de ces territoires et impose que seul le fils aîné de chaque famille puisse se marier. En 1743, en Autriche-Hongrie, on instaure une taxe de tolérance, renforcée en 1746, qui vise aussi à limiter les familles nombreuses. Dans de nombreuses villes allemandes, par exemple Francfort, l'existence de ghettos est une limite *de facto* à la croissance des communautés juives. Ces mesures pour éviter la hausse du nombre de juifs n'empêchent pas ces mêmes pays d'Europe centrale de faciliter, grâce à des titres de résidence, la venue de familles juives riches (surimposées par la suite).

Il en est de même en Prusse : une loi de 1714 limite l'héritage au fils aîné ; une autre de 1730 impose plus lourdement les fils cadets.

Aux Provinces-Unies, les libertés de commerce et de citoyenneté sont concédées aux juifs du pays. En Angleterre, depuis leur ré-autorisation dans le royaume en 1656, existe une tolérance relativement importante, mais les juifs sont exclus de la citoyenneté, de la médecine, des loges maçonniques... Leur bonne insertion dans les milieux d'affaires explique principalement la croissance de leurs effectifs outre-Manche.

En France, il n'y a ni persécution ni tolérance officielle, car officiellement il n'y a pas de juifs depuis leur expulsion au XIVe ! Mais de fait, différents contournements de cette loi existent : les juifs sont présents dans le royaume en tant que « Portugais », naturalisés, ou avec des autorisations de résidence temporaire. De temps en temps, des mesures ponctuelles de répression ont pu être prises (par exemple, en 1722, la saisie des biens des juifs de France).

B. Picard, funérailles juives, *Les Acafoth ou les sept tours, autour du cercueil*, 1723

Ghetto : quartier qui est réservé, et imposé, aux juifs d'une ville. En France au XVIIIe il en a existé, à Metz par exemple.

Enfin, en Italie, les juifs sont tolérés dans la plupart des villes mais enfermés dans des **ghettos**, comme à Venise ou à Rome. La communauté juive de Livourne connaît une croissance importante sur le siècle car la ville instaure une plus grande tolérance religieuse qu'ailleurs.

L'antisémitisme

Même dans les pays où les juifs sont tolérés, l'antisémitisme est à l'œuvre, y compris parmi les élites européennes. En Angleterre, William Whiston (1667-1752), un mathématicien qui succède à Newton à Cambridge, et qui tente de concilier la chronologie de la Bible avec les observations astronomiques, explique que les difficultés d'un tel projet sont de la faute des juifs : « vers le commencement du deuxième siècle de l'ère chrétienne, les juifs ont gravement corrompu leurs copies hébraïques et grecques de l'Ancien Testament ; ils l'ont fait intentionnellement en de nombreux passages ». Un pasteur, Thomas Woolston, dont les écrits circulent par dizaines de milliers, multiplie les accusations haineuses et simplistes à l'encontre des juifs « tumultueux et puants » (*The Old Apology for the Truth of the Christian Religion*, 1732). À chaque fois, pour chaque auteur (et il en est des dizaines d'autres), il s'agit de montrer que la quête par les Lumières d'une religion naturelle, dégagée de toute corruption et tout obscurantisme, doit également se dégager des actions malfaisantes, passées et présentes, des juifs.

Rares sont ceux qui, au contraire, mettent en avant la continuité entre religion juive et chrétienne. En Irlande, en 1714, le penseur John Toland publie ses *Reasons for naturalizing the Jews in Great-Britain and Ireland*. Il y défend l'immigration des juifs du continent en Grande-Bretagne. Il vante les mérites d'un peuple monothéiste, et avance la proximité doctrinale d'un peuple qui respecte le premier des deux testaments chrétiens. Par ailleurs, il dénonce la bêtise de l'antisémitisme. Son essai n'a guère d'effet, il est même réfuté dans un tract anonyme de 1715 qui exige de se « séparer d'eux [les juifs] plutôt que de les naturaliser, crainte que Dieu ne nous rejette et nous abandonne, comme il les a rejetés. »

En France, la censure contribue, au début du XVIIIe, à appuyer une intolérance officielle vis-à-vis des juifs. Ainsi, en 1710, est publiée en Hollande une *Histoire des juifs* par un pasteur protestant, Jacques Basnage : il tente d'y démêler le vrai du faux au sujet des torts reprochés au peuple juif. En France, l'ouvrage est publié la même année, mais réécrit par un abbé catholique, Louis Dupin, à contresens des intentions honorables de Basnage. Toutes les accusations antisémites habituelles sont reprises et confirmées. Par exemple, là où Basnage critique la monarchie espagnole d'avoir expulsé les juifs en 1492, la version française selon Dupin explique que cette politique fut avisée – bien sûr, la censure craignait le parallèle avec la révocation de l'Édit de Nantes.

Les Lumières et la question juive

De façon générale, les penseurs des Lumières se montrent plutôt favorables à la tolérance religieuse des juifs. Montesquieu, par exemple, prône cette tolérance, et souligne également l'intérêt financier pour le royaume que représenterait leur intégration dans le tissu socioéconomique du pays. Cet argument économique se retrouve chez des physiocrates, inquiets d'un possible dépeuplement du pays‣ ou voyant dans une main tendue aux juifs un moyen de mettre fin aux corporations.

▶ Voir p. 262

Toutefois, il n'y a pas d'unanimité chez les philosophes : l'antisémitisme virulent de Voltaire frappe même ses contemporains. Dans son *Dictionnaire philosophique* (1764), Voltaire s'attaque aux juifs dans plus de trente des cent dix-huit articles ; l'article « juif » est d'ailleurs le plus long de l'ouvrage. Il les décrit comme étant « un peuple ignorant et barbare, qui joint depuis longtemps la plus sordide avarice à la plus détestable superstition et à la plus invincible haine pour tous les peuples qui les tolèrent et qui les enrichissent ». La phase la plus antisémite de sa carrière correspond aux quinze dernières années de sa vie, alors même qu'il se fait le champion de la tolérance en dénonçant, par exemple, les abus dans les affaires Calas‣ ou encore La Barre‣. Plus jeune, son attitude par rapport aux juifs est beaucoup moins haineuse : pendant son exil en Angleterre, il fréquente plusieurs amis juifs et écrit dans ses carnets, en langue anglaise, « Lorsque je vois des Chrétiens maudire des juifs, je crois voir des enfants taper sur leurs pères. La religion juive est la mère du christianisme, et la grand-mère du mahométisme. » D'ailleurs, les juifs contemporains de Voltaire retiennent de lui non son antisémitisme, mais son œuvre en faveur de la tolérance religieuse. Zalking Hourwitz (1751-1812), un juif polonais très actif pendant la Révolution française, écrit ainsi au sujet de Voltaire : « Les juifs lui pardonnent tout le mal qu'il leur a fait, en faveur du bien qu'il leur a fait, quoique sans le vouloir, peut-être même sans le savoir ; car s'ils jouissent depuis quelques années d'un peu de repos, ils en sont redevables au progrès des Lumières, auquel Voltaire a sûrement plus contribué qu'aucun autre écrivain, par ses nombreux ouvrages contre le fanatisme. »

▶ Voir encadrés p. 286 et 306

■ Vers l'émancipation des juifs d'Europe ?

Si le XVIIIe n'est pas encore celui des politiques générales d'émancipation du siècle suivant, héritier des progrès de la Révolution française, le siècle des Lumières connaît pourtant une série d'améliorations du sort des juifs.

L'Empereur autrichien Joseph II, par deux lois (la *Toleranzpatent* en 1781 puis la *Systematica Gentis Judicae Regulatio* de 1783) marque le début de l'émancipation des juifs de l'ère moderne – et ce avant l'égalité religieuse consacrée par la constitution américaine de 1787 ou les mesures de la Révolution française. Ces lois diminuent (mais ne suppriment pas) les impôts exceptionnels qui frappent les juifs ; elles instaurent une liberté de mouvement et de résidence, ainsi que celle d'entreprendre ; elles consacrent l'accès à l'éducation dans les écoles chrétiennes et les universités ; enfin, elles suppriment les signes extérieurs humiliants de judaïté. Cette politique vise, au-delà de la tolérance, l'intégration dans l'empire, en imposant en contrepartie la langue allemande ainsi que le service militaire. Au Portugal, après plusieurs décennies de répression sévère, la distinction entre Vieux et Nouveaux Chrétiens (donc anciennement juifs) est abolie en 1773, mettant fin aux persécutions, mais sans reconnaître la liberté religieuse pour autant. Enfin, en France, sous l'effet notamment de la pensée des Lumières, le second XVIIIe correspond à un cheminement vers l'émancipation. Des lettres patentes du monarque accordent en 1776 une série de privilèges aux juifs d'Espagne et du Portugal, notamment le droit de s'installer dans de nombreuses villes du pays. En France, si on songe à étendre l'édit de tolérance des protestants de 1787 aux juifs, cela ne se fait qu'avec la chute de l'Ancien Régime.

Les **juifs du pape** ont trouvé refuge à partir du XIIIe siècle dans les terres pontificales au sein du royaume de France. Même après le rattachement de ces terres à la France, les juifs continuent de jouir de l'administration et de la protection du pape.

Les juifs à Paris au XVIIIe siècle

Chassés de la capitale à la fin du XIVe siècle, les juifs commencent leur retour au début du XVIIIe. Il s'agit de juifs venus des trois principales régions de tolérance dans le royaume : d'Alsace, du Comtat-Venaissin et d'Avignon (dits « **juifs du pape** ») ainsi que du sud-ouest. Profitant de la tolérance des autorités, ils y séjournent de plus en plus longuement, voire y résident de façon permanente. Vers 1725, ils sont une trentaine ; au milieu du siècle, plus d'une centaine habite la capitale, et quelques autres centaines y sont de passage.

Leur acceptation est facilitée par des pratiques religieuses discrètes : par exemple, ils se rasent et parlent le français. Au début des années 1770, une petite synagogue est ouverte dans un appartement dans le quartier de la Monnaie. C'est un juif d'Avignon, bibliothécaire et interprète du roi, qui officie comme rabbin. À partir de 1776, les juifs peuvent librement s'installer dans la capitale. Une deuxième synagogue est ouverte en 1778 (d'autres suivent jusqu'à la Révolution) et en 1780 un cimetière juif est construit à la Villette. Vers 1789, on compte plus de 600 juifs parisiens.

Leur émancipation n'a pas toujours été linéaire : en 1777, le roi renouvelle l'interdiction de commerce qui frappe les juifs parisiens. La même année, le Parlement de Paris en expulse plusieurs qui n'avaient pas de passeport.

■ Le cas particulier de la Russie ?

La Russie peut paraître à contre-courant de nombreux autres pays d'Europe. En 1727, Catherine Ire ordonne l'expulsion des juifs de Russie (alors en nombre relativement faible) ; Élisabeth Ire renouvelle cet ordre en 1742 (y compris pour son médecin personnel, juif d'origine portugaise, Antonio Sanchez). Seule la conversion à la religion orthodoxe permet de rester dans le pays. Puis, au cours du second XVIIIe siècle, ont lieu un important élargissement du pays (conquêtes de terres ottomanes et, surtout, polonaises) et l'intégration de populations non russes, entre autres juives. Ces nouvelles populations juives sont nombreuses, dispersées et sans véritable capacité de résistance, politique notamment. L'État russe se pose alors la question de leur intégration ou non. S'ils ne font pas l'objet, au XVIIIe, des répressions sévères du siècle suivant (surtaxation, conversions forcées, répression policière et collective lors de pogroms…), Catherine II amorce un virage vers l'intolérance. Après leur avoir accordé initialement plusieurs libertés (de commerce, par exemple), elle ordonne la création en 1790 d'une zone de résidence juive obligatoire, de la Baltique à la mer Noire (soit principalement les anciennes terres polonaises) et l'interdiction de résider à l'est de celle-ci.

Au-delà donc des spécificités nationales, le XVIIIe siècle marque un début de tolérance des juifs en Europe, dans les idées comme dans la législation. L'influence des Lumières est notable, les faibles effectifs de nombreuses communautés ont également facilité cette évolution, enfin, il faut souligner l'intégration plus précoce dans les pays protestants (Angleterre ou Hollande, par exemple), plus enclins à la tolérance religieuse après les persécutions qu'ils ont subies.

2. Vers une tolérance des protestants dans la France de l'Ancien Régime

Interdiction et persécutions

Le XVIIIe siècle hérite de l'interdiction du protestantisme en France décidée en 1685 avec la révocation de l'Édit de Nantes. La majorité du jeune roi ne constitue nullement pour les protestants une nouvelle ère : en 1724, Louis XV renouvelle par une déclaration la législation anti-protestante de son prédécesseur. Pendant la majeure partie du siècle, les protestants restés en France (qui ne représentent plus que 2 % de la population) sont donc contraints de vivre leur religion clandestinement. Une « Église du Désert » s'organise ainsi▸, offrant aux protestants français des espaces isolés où pratiquer ensemble et où baptiser et marier les membres de leur communauté (ces actes n'ayant d'ailleurs aucune validité juridique). Ceux qui fréquentent cette Église interdite encourent des peines très lourdes, souvent la condamnation aux galères pour les hommes et l'emprisonnement pour les femmes.

▸ Particulièrement dans les Cévennes, le Languedoc, le Poitou-Charentes, le Dauphiné, le Vivarais…

Un mariage au Désert

Ainsi, les persécutions ne cessent pas au XVIIIe, mais sont moins intenses qu'au second XVIIe siècle. Elles ont lieu de façon irrégulière jusque dans les années 1760. Sous Fleury, elles sont fréquentes : en 1730, les forces de l'ordre font brûler les livres de foi des protestants de Nîmes ; en 1732, le pasteur Pierre Durand est pendu et sa sœur, Marie, emprisonnée pendant près de quarante ans…

Synode national : réunion de tous les représentants protestants de France afin de trancher les différends doctrinaux.

Le décès de Fleury en 1743 met un terme provisoire aux persécutions. Dans le Languedoc, les protestants n'hésitent plus à se réunir au vu et au su de tous. Lors d'un **synode national** en 1744, les protestants interdisent les prêches les plus polémiques (qui visent le catholicisme) et appellent à la tolérance du roi.

Mais la répression reprend dès 1745 (notamment dans le Languedoc et le Dauphiné) puis en 1748 et en 1750 (l'intendant du Languedoc impose de rebaptiser selon le rite catholique, et de force s'il le faut, les enfants protestants baptisés clandestinement). En 1754, le gouvernement envoie 30 bataillons en Languedoc afin de pourchasser les protestants du Désert, fidèles comme pasteurs, hommes comme femmes. Au début des années 1760, les persécutions diminuent puis cessent. En 1762, le dernier protestant à être exécuté est un pasteur toulousain, François Rochette. Dans les années 1770, les derniers protestants emprisonnés sont libérés, et les pratiques protestantes sortent de la clandestinité.

Des appels en faveur de la tolérance

Au cours du siècle se multiplient des appels en faveur de la tolérance religieuse en général, et protestante en particulier. Les échanges littéraires sont intenses entre protestants exilés dans les pays dits du Refuge et ceux restés dans le royaume de France. Les publications dans les pays d'exil (surtout la Suisse et les Pays-Bas) sont fréquentes pour contourner la censure royale française et sont diffusées sous le manteau. Ainsi, Laurent Angliviel de La Beaumelle (1726-1773) adresse en 1749 à Louis XV un essai, anonyme, intitulé *L'Asiatique tolérant*, un plaidoyer pour la tolérance religieuse.

Des penseurs des Lumières se greffent à cet élan littéraire protestant : Jean-Jacques Rousseau, qui enfant a reçu à Genève une éducation protestante, dans le livre IV de son ouvrage *Émile, ou de l'éducation*, formule une critique du pouvoir de l'Église, intermédiaire abusif entre le fidèle et son dieu. Les auteurs de l'*Encyclopédie*, à travers notamment les articles « calvinisme », « Genève » et « unitaires », hésitent entre conformisme catholique (on y parle des « erreurs capitales des hérétiques ») et encensement de la modernité de pasteurs qui avancent « que le premier principe d'une religion véritable est de ne rien proposer à croire qui heurte la raison ». Ils concluent ainsi que « le respect pour J.-C. et pour les Écritures est peut-être la seule chose qui distingue d'un pur déisme le christianisme de Genève ».

Ces différents écrits ont contribué à influencer l'opinion publique qui, au second XVIIIe siècle, ne soutient plus les persécutions anti-protestantes, ainsi que la monarchie, qui évolue vers un retour de la tolérance.

L'édit de 1787

En effet, en novembre 1787, Louis XVI signe à Versailles un édit « concernant ceux qui ne font pas profession de la religion catholique », qui est enregistré par le Parlement le 29 janvier 1788. Cet édit autorise la déclaration de naissances, de mariages et de décès des protestants dans des registres de l'état civil, octroyant de fait une existence juridique à la communauté protestante française. Si l'édit n'autorise ni la liberté de culte ni l'accès des protestants aux différentes charges de l'État, il s'agit pourtant d'un pas significatif en direction de l'émancipation totale des protestants de France, qui est actée pendant la Révolution française.

Cet acte de tolérance avait été précédé dans les années 1760 par l'autorisation de création de plusieurs nouveaux cimetières protestants, à Royan en 1761 ou à Nîmes en 1779. Jusqu'alors les protestants sont ensevelis clandestinement, à l'écart, souvent de nuit et sans rassemblement autorisé, ou, contournant la loi, sont enterrés dans les cimetières réservés, à partir de 1726, aux protestants étrangers dans certaines villes comme à Nantes (de la même manière, à Paris, les protestants français ont pu se présenter dans les chapelles des ambassades de pays protestantes – Danemark, Suède… – pour s'y marier ou se faire baptiser).

Un exemple de la tolérance croissante envers les protestants : le droit du mariage

Depuis la révocation de l'Édit de Nantes, les mariages protestants sont privés de valeur juridique et sont considérés comme nuls et non avenus. Mais la persistance de communautés protestantes en France, en dépit de la fin de la tolérance, a conduit à l'élaboration de stratégies de contournement qui ont mené à une plus grande tolérance au cours du siècle.

Ainsi, *Le dictionnaire des cas de conscience* de 1740 déclare les mariages interconfessionnels interdits : « un curé ne doit pas non plus marier un catholique avec une hérétique ». Mais en 1755, un juriste, Guy du Rousseaud de Lacombe, affirme qu'« il n'y a aucune loi positive ecclésiastique, ni même aucun usage de l'Église, qui déclare nuls de tels mariages ». Selon lui, les mariages entre catholiques et protestants, qui adorent tous le même Dieu, sont permis (mais non un mariage entre un chrétien et un non-chrétien). L'Église rechigne à célébrer de telles unions car elle craint que les catholiques, et les éventuels enfants issus du mariage, ne se convertissent au protestantisme. D'où une situation paradoxale : l'Église catholique reconnaît la validité de ces mariages, mais sanctionne les clercs qui les célébreraient (de la même manière, les instances protestantes en France ont œuvré pour dissuader les mariages interconfessionnels, mais dans la pratique, de tels mariages ont existé et ont été reconnus).

Au cours du siècle, le droit canonique s'est donc adapté à une pratique (certes minoritaire) : on tolère les mariages interconfessionnels sans les encourager. Ainsi prévoit-elle de lourdes sanctions pour dissuader ces mariages mixtes, et appelle très fermement à élever les enfants issus d'un tel mariage selon le rite catholique.

Au XVIIIe siècle, les mariages entre protestants et catholiques sont appelés « mariages bigarrés ».

Cette situation change avec l'édit de 1787, qui met fin à l'indétermination juridique dans laquelle se trouvaient les protestants en France depuis 1685, en leur accordant le droit de contracter un mariage non religieux, civil donc, avec les mêmes effets que les mariages catholiques. À condition de respecter la publication des bans et le consentement parental, un couple protestant peut procéder à la déclaration du mariage. Cela se fait toujours devant un curé, mais celui-ci agit en qualité d'officier de l'état civil, et non de clerc catholique. Enfin, l'édit prévoit de régulariser les mariages antérieurs à sa proclamation.

À retenir

- Le christianisme demeure la religion de quasiment tous les Européens au XVIIIe siècle. Les critiques formulées par les penseurs des Lumières n'ont conduit ni à un quelconque athéisme, ni, semblerait-il, à un recul de la foi. L'Église catholique a toutefois vu son image ternie par les attaques des Lumières.
- Les pratiques religieuses demeurent essentielles, fréquentes et régulières pour une grande majorité des habitants du siècle. Il s'observe néanmoins un léger recul de certaines pratiques auprès d'une minorité de la population. Il n'est pas toutefois aisé de prouver que la diminution de pratiques religieuses équivaut à une baisse des croyances. D'autant que des manifestations de ferveur religieuse, individuelles et collectives, se maintiennent sur le siècle.
- Les appels à la tolérance religieuse de la part des penseurs des Lumières commencent à porter leurs fruits vers la fin du siècle. Ainsi, en France, les protestants, comme la communauté juive, connaissent une amélioration de leur sort, sans encore aller jusqu'à la liberté de culte.

LES DATES ESSENTIELLES

1713 : bulle *Unigenitus*

1730 : enregistrement de la bulle *Unigenitus*

1753 : affaire des billets de confession

1764 : les Jésuites sont chassés du royaume de France

1766 : affaire de La Barre

1773 : suppression de l'ordre des Jésuites

1787 : édit de Versailles autorisant les baptêmes, mariages et sépultures des protestants

POUR ALLER PLUS LOIN

Sélection bibliographique

Bernhard Blumenkranz (dir.), *Juifs en France au XVIIIe siècle*, Paris, Commission française des Archives juives, 1994.

Patrick Cabanel, *Histoire des protestants en France (XVIe-XXIe siècle)*, Paris, Fayard, 2012.

Jean Delumeau et Monique Cottret, *Le catholicisme entre Luther et Voltaire*, Paris, PUF, 2010.

Ressources internet

Yves Krumenacker, « Le XVIIIe siècle : éveil protestant et déclin catholique ? », *Cahiers d'études du religieux. Recherches interdisciplinaires*, 2008.

CHAPITRE

18 L'impossible réforme de la monarchie française

PLAN DU CHAPITRE

Le XVIIIe siècle a vu naître et se développer une opinion publique dans les différents pays européens. En France, cette opinion a de plus en plus échappé aux efforts de contrôle de la monarchie absolue alors même que le royaume connaît une crise financière croissante qui devient le défi principal des ministres du roi. La nécessité même de réformer le royaume implique désormais d'affronter non seulement les lourdeurs structurelles du royaume, mais également cette opinion publique nouvelle et une certaine dégradation de l'image du roi. Ce chapitre présente les conditions de l'émergence d'une opinion publique, la relation entretenue entre monarchie et opinion, et la difficulté continue du royaume d'assumer l'impératif de la réforme.

Problématiques

- Que faut-il entendre par opinion publique au XVIIIe siècle ?
- Quels rapports entretient le pouvoir avec l'opinion publique ?
- L'image du roi de France s'est-elle dégradée au cours du siècle ?
- Pourquoi la monarchie française a-t-elle tant peiné à relever le défi de la dette ?

I. La naissance en Europe d'une opinion publique

1. Opinions éclairées et « paroles envolées »

À la suite des travaux précurseurs du sociologue allemand Jürgen Habermas, l'historiographie de l'Europe au XVIIIe siècle s'est intéressée à l'émergence de ce qu'il convient d'appeler une opinion publique. Une première facette en est la politisation croissante d'espaces bourgeois dévolus initialement aux lettres et aux arts : les clubs et les salons d'Angleterre puis de France et d'Allemagne. Empreints des débats des Lumières, ces espaces de circulation des idées aboutissent à la formation d'une opinion éclairée et rationnelle, distincte voire même critique du pouvoir royal, et qui dépasse la simple agrégation des opinions privées des hommes et des femmes qui y participent : une opinion publique. Ces sphères de conversations se doublent des médias écrits des Philosophes, les uns et les autres s'enrichissant réciproquement.

▶ Voir p. 289

Un deuxième aspect essentiel de l'opinion publique naissante est qu'elle échappe aux seules élites et aux discussions savantes à partir de la littérature des Lumières : une opinion est également publique parce qu'elle revêt une dimension populaire. En France, les « paroles envolées » (Arlette Farge) échangées sur les places de marché, dans la rue, sur les perrons des maisons sont la manifestation d'une opinion publique en construction et, avant d'être l'objet de l'intérêt des historiens, elles ont nourri autant les chroniques de la presse que les rapports des indicateurs de la police – ou mouches, pour réemployer l'argot de l'époque. On appelle « gazetins de la police » les milliers de pages qui rapportent les bruits et propos saisis dans les lieux publics de la capitale par les observateurs de la police au XVIIIe siècle.

Ces deux piliers de l'opinion publique ne sont pas nécessairement cloisonnés. Il a été démontré que les élites avaient un intérêt certain pour les rumeurs de caniveau. De la même manière que les Lumières, loin d'être un phénomène spécifique à la France, sont un mouvement européen, le développement au cours du XVIIIe siècle d'une opinion publique dépasse le seul cas français et a pu être observé à travers le continent.

▶ Voir chapitre 16.3

2. L'ambiguïté du pouvoir face à l'opinion publique

La monarchie française a conscience que les croyances dans le royaume n'émanent plus de la seule autorité publique. Le mémorialiste de la cour de Louis XIV, Saint-Simon, raconte comment, au début du siècle, le roi se faisait lire les gazettes de Hollande, journal rédigé en français, par son ministre des Affaires étrangères, le marquis de Torcy. Un jour ce dernier dut lire un article témoignant des paris qui se tenaient à la **bourse** de Londres au sujet de l'imminence ou non de la mort du roi. Voilà l'exemple d'un monarque voulant connaître une opinion publique européenne, au risque d'en être personnellement offusqué.

Dès le XVIIe siècle, l'expression *ditta di borsa* (« l'opinion de **la bourse** ») renvoie à une opinion des banquiers, qui prêtent des sommes toujours plus importantes aux monarques européens, quant au profil politique et économique de ces derniers. Jacques Necker, ministre genevois des Finances de Louis XVI, souligne la corrélation entre la capacité d'emprunt d'un État et le degré de confiance des investisseurs, confiance exprimée notamment à travers l'opinion publique.

En effet, de façon croissante au cours du siècle, les autorités ont tenu à s'informer des rumeurs publiques, les moyens humains et réglementaires toujours plus importants des lieutenants généraux de police en sont une preuve. La police multiplie les fiches sur les auteurs, les éditeurs et les imprimeurs,

Il est à noter qu'au XVIIIe siècle, une part importante des échanges boursiers de Londres se font depuis deux cafés de la capitale, *Jonathan's Coffee-House* et *Garraway's*, où se conjuguaient sociabilité, opinion publique et expertise financière.

et n'hésite pas à recourir à l'emprisonnement **(lettres de cachet)** comme moyen de contrôle ordinaire.

Les lettres de cachet

Il s'agit sous l'Ancien Régime de lettres servant à communiquer un ordre particulier du roi. On les désigne ainsi parce qu'elles sont fermées (« cachetées »), par opposition aux lettres patentes (« visibles »), des actes publics du souverain. Signées du roi, elles peuvent rappeler un officier ou un parlementaire à ses devoirs, exiger un exil du royaume, un internement pour raisons de folie, ou encore l'emprisonnement d'un fauteur de trouble. Si les critiques de la monarchie absolue en ont fait un exemple criant de l'arbitraire royal (Mirabeau y a consacré un essai : *Des lettres de cachet et des prisons d'État*), la réalité fut beaucoup plus complexe. De nombreuses lettres de cachet ont été émises à la demande de particuliers pour régler un différend. Ainsi si Voltaire fait l'objet d'une lettre de cachet en 1717 ordonnant son embastillement, il a également lui-même déposé plusieurs requêtes pour faire enfermer des personnes, dont une marchande de tripes trop bruyante. Au cours du XVIIIe siècle, seule une petite minorité des lettres de cachet relèvent d'affaires d'État et non privées.

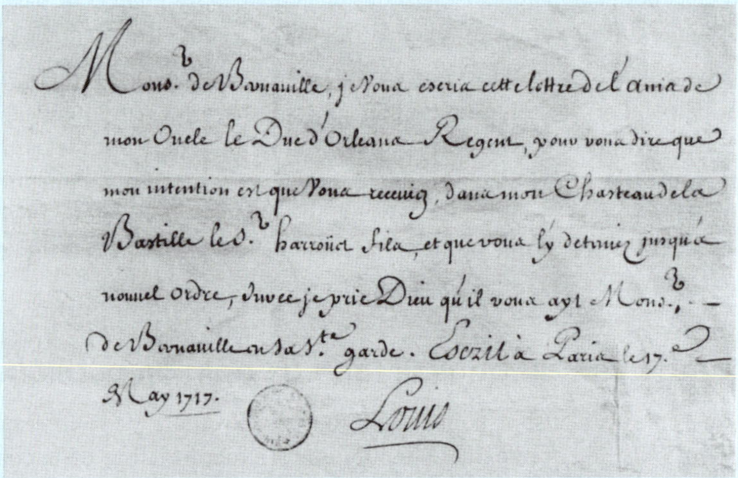

Monsr de Bernaville, je vous escris cette lettre de l'avis de mon Oncle le Duc d'Orleans Regent, pour vous dire que mon intention est que vous receviez dans mon Chasteau de la Bastille le Sr Arouet fils, et que vous l'y reteniez jusqu'à nouvel ordre, sur ce je prie Dieu qu'il vous ayt Monsr de Bernaville en sa Ste garde. Escrit à Paris le 17e May 1717.

Louis

Lettre de cachet de Voltaire

Mais le pouvoir a également cherché à renforcer un discours officiel en alimentant l'opinion publique de révélations et de rumeurs allant dans le sens du pouvoir. Ainsi des informations recueillies par la police se retrouvent bien souvent dans les gazettes de la capitale puisque lieutenants de police et **nouvellistes** se connaissent. Les mêmes lieutenants de police cherchent à influencer l'opinion en finançant des personnes à la voix porteuse pour exciter les foules et encourager les acclamations lors des grandes manifestations de loyauté à la monarchie.

Sous l'Ancien Régime, ceux qu'on appelle aujourd'hui journalistes sont appelés **nouvellistes**, des colporteurs de nouvelles.

3. L'exemple de Rétif de la Bretonne

Nicolas-Edme Rétif de la Bretonne est né dans une famille paysanne de Bourgogne. Il apprend le métier d'imprimeur et, jeune adulte, s'installe à Paris, où à trente-trois ans il publie son premier roman. Il ne cesse alors d'écrire mais continue en parallèle une activité d'imprimerie pour des raisons financières. *Les nuits de Paris* est une œuvre fleuve de plus de 3000 pages publiée à partir de 1788, et qui consiste en un peu plus de 400 récits de « nuits » dans lesquels l'auteur rapporte les choses vues et entendues pendant autant de déambulations nocturnes dans la capitale. Si une partie des descriptions est indéniablement romancée, cela n'en reste pas moins un témoignage précieux, quasi sociologique, des lieux, ambiances, acteurs et opinions en France dans les années précédant la Révolution.

Les nuits de Paris : un exemple de la surveillance de l'opinion publique

Frontispice du premier tome des *Nuits de Paris*

« J'étais allé dans un **café** de l'ancien Palais-royal, que je ne nommerai pas : j'entendis parler des affaires d'État, avec beaucoup de liberté ! Je remarquai, même,

▶ p. 295 ont été évoqués les lieux de l'oralité

que certaines personnes, dont la physionomie, quoique composée, n'annonçait pas une certaine éducation, s'exprimaient plus librement que d'autres, et disaient des choses extrêmes : j'eus des soupçons. Je m'approchai de deux de ces hommes, je leur parlai morale : rien ; ils ne m'entendaient pas. Physique : pas d'avantage ; ils ne daignaient pas m'écouter. Enfin, je hasardai un mot indifférent de politique. Ils devinrent tout oreille. Je les connus pour lors, et je les observai. Ils émoustillaient beaucoup un jeune homme de province, qui paraissait avoir la tête chaude, et qui citait toujours les gens dont il tenait les opinions. Je m'approchai de ce jeune homme. Je lui parlai morale : aussitôt il s'enflamme, et m'en fait un beau traité. Je fus sûr alors que ce n'était qu'un imprudent. Je voyais que nous étions observés : je parlai toujours très haut. Mais une petite rixe politique s'étant élevée à l'autre bout de la salle, et tout le monde y ayant couru, j'en profitai pour dire au jeune imprudent de se retirer adroitement».

(*Les nuits de Paris, ou Le spectateur nocturne*, tome 5, 10e partie, pp. 2178-2179)

L'auteur, anonyme à l'époque, est montré, selon la légende, en «Hibou-Spectateur, marchant les rues de la Capitale». Derrière lui, on peut apercevoir «un enlèvement de filles, des voleurs qui crochètent une porte, le Guet-à-cheval et le Guet-à-pied»

II. Une dégradation de l'image royale ?

1. Libelles et calomnies

«Un libelle lâché à propos, peut opérer une révolution, changer, maîtriser les esprits, et perdre un homme sans retour, ce qui a de très grands avantages.» Simon Linguet (homme de lettres et libelliste), *Théorie du libelle, ou, l'art de calomnier avec fruit*, 1775.

▶ Voir p. 156.

Au XVIIIe siècle, on appelle «libelle» un écrit diffamatoire qui cherche à salir la réputation d'un adversaire. L'historiographie récente (par exemple les travaux de Robert Darnton) a montré combien les hommes du siècle des Lumières étaient friands de ces écrits souvent clandestins, tout en comparant leurs effets à ceux des crimes les plus horribles. Ainsi les auteurs de l'*Encyclopédie* écrivent à l'article «calomnie» : «on calomnie quelqu'un, lorsqu'on lui impute des défauts ou des vices qu'il n'a pas», et comparent dans l'article «cicatrice» la calomnie à une «marque blanche ineffaçable» comme celle des «cicatrices [qui] demeurent toujours».

Dans une logique similaire aux **mazarinades** du siècle précédent, les cibles principales des libelles étaient la cour, le clergé et le couple royal. Le thème récurrent était l'état de dépravation morale et sexuelle des élites du royaume – et par là une dénonciation des abus et de la corruption de ceux au pouvoir. Parmi les libelles les plus connus du siècle, on peut citer les *Anecdotes sur Mme la comtesse du Barry*, ou encore *Le Gazetier Cuirassé ou Anecdotes Scandaleuses de la Cour de France*. Ces deux ouvrages ont été publiés anonymement même si leurs auteurs furent identifiés dès le XVIIIe siècle.

Mathieu-François Pidansat de Mairobert pour le premier, un avocat et ancien censeur royal ! Et Charles Théveneau de Morande pour le second qu'il écrit depuis son exil à Londres pour fuir des dettes et une lettre de cachet pour avoir calomnié le duc de la Vrillère. Le livre qui circule à Paris dans les mois qui suivent sa rédaction en 1771 affirme avoir été « imprimé à cent lieues de la Bastille, à l'enseigne de la liberté », une allusion à la capitale britannique qui avait alors la réputation d'être à l'opposé d'une France absolutiste et liberticide.

En effet, nombreux étaient les auteurs français clandestins qui recouraient à un éditeur londonien (ou encore hollandais ou suisse…) pour contourner la censure du **directeur de la Librairie.**

Le responsable de la censure a pour titre le directeur de la Libraire. De 1750 à 1763, la fonction est exercée par **Malesherbes**, homme d'État et de lettres, noble, qui, de tendance libérale, a cherché à protéger les encyclopédistes.

Portrait de Malesherbes par Jean Valade (collections du Musée du Carnavalet)

Parfois l'adresse étrangère n'était qu'une ruse pour cacher une édition française. L'historien James Mitchell a ainsi repéré parmi 322 ouvrages portant une adresse londonienne (et publiés entre 1787 et 1800), 292 qui avaient pourtant été imprimés en France !

Le frontispice du *Gazetier Cuirassé*

Le personnage central est le libelliste qui tire à boulets rouges dans toutes les directions, notamment vers les trois personnages du haut. Des initiales inscrites au-dessus de l'illustration permettent d'identifier ces cibles : DB (Mme du Barry – voir aussi le rébus du baril – favorite du roi), SF (Louis Phélypeaux, comte de Saint-Florentin, ministre du roi) et DM (le chancelier de Maupeou). Si le libelliste s'attire les foudres des puissants, sa cuirasse semble le protéger.

2. L'image du roi au XVIIIe siècle

Longtemps a prévalu l'idée d'une désacralisation de l'image du roi au cours du XVIIIe siècle. Il est désormais admis que la réalité était plus complexe et plus nuancée.

Sous les règnes de Louis XV puis de Louis XVI, l'iconographie officielle (véhiculée par des œuvres d'art, des cérémonies, des écrits…) met en scène l'image que la monarchie absolue a d'elle-même : un roi puissant, bienveillant, très chrétien, à la légitimité indiscutable. Les portraits en costume de sacre jouent sur les mêmes codes que le siècle précédent.

▶ Le commentaire du portrait de Louis XIV par Hyacinthe Rigaud en fin d'ouvrage

Que ce soit le tableau de Louis XV par Louis-Michel Van Loo (vers 1761-64) ou celui de Louis XVI par Joseph-Siffred Duplessis (1777), les insignes traditionnels (couronne, sceptre, collier, vêtement aux fleurs de lys) soulignent la confiance du monarque. Si d'autres portraits peuvent apparaître moins solennels, voire adoptent le style bourgeois du siècle (ainsi du portrait de Louis XV par Armand de Montpetit en 1774 ou de celui de Louis XVI par l'atelier de Duplessis vers 1776), les indices du pouvoir ne sont jamais bien loin : le cordon bleu de l'ordre du Saint-Esprit (ordre nobiliaire catholique créé par Henri III) ou le ruban rouge de l'ordre de la Toison d'or (ordre de chevalerie créé au xve siècle).

Toujours dans le registre de l'art officiel, certains tableaux insistent sur les valeurs chrétiennes du souverain (*Trait d'humanité de Louis XVI pendant l'hiver 1785*, Philibert-Louis Debucourt, 1785), et même rappellent les pouvoir thaumaturges de leurs ancêtres : la *Cavalcade de Louis XV après le Sacre* de Pierre-Denis Martin montre le nouveau roi en chemin pour la guérison des écrouelles. Deux mille malades se réunissent le lendemain du sacre dans l'espoir d'être sauvés par l'imposition des mains du roi.

Tous ces tableaux, et bien d'autres, multiplient les attributs et les situations de pouvoir royal, tout en soulignant une allure plutôt juvénile, peu importe l'âge du roi. Recopiés, imités, aux supports variés (tableaux, gravures, statues, tapisseries…), ces portraits se multiplient en fin de règne de Louis XV, notamment après l'attentat de **Damiens**.

L'attentat de Damiens contre Louis XV

Le soir du 5 janvier 1757, alors que Louis XV quitte le château de Versailles pour monter dans son carrosse, il est frappé d'un coup de couteau. Son assaillant est un domestique, Robert-François Damiens, qui a été influencé par les critiques portées contre le roi par le Parlement. Soumis à la « question » (c'est-à-dire torturé), puis jugé au cours d'un procès de plus d'un mois, il est reconnu coupable de « parricide commis sur la personne du roi » et condamné à l'écartèlement. Son exécution a lieu le 28 mars, place de Grève (l'actuelle place de l'Hôtel-de-Ville) à Paris, devant une foule importante. Il s'agit de la première fois depuis 1610, et l'assassinat d'Henri IV par Ravaillac, qu'on ose s'attaquer à la personne du roi.

▶ Voir p. 108

Gravure de 1757 (collections du musée national du château de Versailles).

En contrepoint de cette iconographie officielle, des travaux ont sondé la représentation du roi par ses sujets, leur affection pour une figure paternelle ou leur aversion pour une tutelle trop autoritaire. Les différentes sources permettant de reconstituer l'opinion publique de l'époque (gazetins, chanson populaire, littérature clandestine…) témoignent d'une image écornée par l'usure du temps, des affaires et des réformes impopulaires. Si d'un côté la propagande royale exagère la perfection et la sacralité du monarque, l'opinion publique n'hésite plus à critiquer et à moquer les défauts du roi. Mais face à la multiplication des libelles, gravures ou **vaudevilles** qui dépeignent un roi soit trop fort soit trop faible, sous influence ou n'écoutant que son désir, la rue ne remet pas en question la monarchie. Ainsi il n'y a pas tant une image mais des images du roi, une figure ni sacralisée ni désacralisée.

À l'époque moderne, le **vaudeville** désigne une chanson satirique qui s'appuie sur un air populaire préexistant.

3. L'exemple de Marie-Antoinette

En 1770, le dauphin Louis (futur Louis XVI) épouse Marie-Antoinette, la fille de l'archiduchesse Marie-Thérèse d'Autriche. Un important effort d'acculturation est attendue de la jeune femme (née en 1755), acculturation matérialisée lors du passage à la frontière entre les deux royaumes par un changement vestimentaire. Selon la mémorialiste Henriette baronne d'Oberkirch, « on l'habilla à la française […] et elle parut mille fois plus charmante ». Voilà un mariage censé conforter la réconciliation franco-autrichienne.

▶ Voir p. 236

Affublée de divers surnoms moqueurs – dont « l'Autruchienne » –, Marie-Antoinette est de plus en plus une cible de l'opinion publique. Les écrits comme les portraits diffamatoires se multiplient, s'attaquant notamment au corps de la reine. Celle-ci est vilipendée pour ses exubérances, ses dépenses (en 1785, Marie-Antoinette dépense plus de 250 000 livres en habits et en bijoux, soit plus du double que son allocation de 120 000 livres) ou ciblée pornographiquement pour sa supposée débauche sexuelle. Le pamphlet anonyme *Les Amours de Charlot et Toinette*, diffusé clandestinement en 1779, montre une reine dépravée, qui, au cours de scènes orgiaques, jette son dévolu sur le frère du roi, Charles d'Artois.

Harpie femelle, estampe de 1784

À partir de 1784, plusieurs caricatures dépeignent Marie-Antoinette, reine de France aux origines étrangères, en monstre hybride.

L'affaire du collier de la reine vient alimenter l'adversité populaire à son égard. Le cardinal de Rohan, en disgrâce auprès de Marie-Antoinette, avait été convaincu par une courtisane, Mme de la Motte, en réalité un escroc, d'offrir un somptueux collier de plus de 600 diamants à la reine. Lorsque Mme de la Motte disparaît avec le collier, le scandale éclate en 1786. Si le cardinal est blanchi par le Parlement de Paris, Mme de la Motte est arrêtée et marquée au fer rouge. Quant à la reine, pourtant innocente, son impopularité croît encore. Jean-Charles-Pierre Lenoir, lieutenant général de police puis administrateur de la Bibliothèque royale, constate en 1788 que, même en la payant, il n'est plus possible de rassembler une foule pour célébrer publiquement la reine.

III. Les hésitations au sommet de l'État français

1. Le roi et l'opposition parlementaire

Dans un contexte de dégradation des finances publiques (liée notamment aux dépenses militaires de la guerre de Sept Ans puis de la guerre d'Indépendance américaine), les **parlements** ont fait preuve d'une certaine liberté de parole, grâce en particulier à leur droit de remontrance. Ainsi, par exemple, le parlement de **Besançon** s'est illustré tout au long du siècle par sa volonté farouche de défendre les privilèges de la province, notamment en adressant des remontrances véhémentes au roi. En 1757, ce parlement refuse d'enregistrer de nouveaux impôts

▶ Voir p. 148
Louis XIV choisit Besançon comme capitale de la province de Franche-Comté, rattachée au royaume en 1678 par le traité de Nimègue.

pour financer la guerre. L'autorité royale envoie l'armée et huit conseillers sont temporairement exilés. L'année suivante, les relations se détériorent encore, et M. de Grammont, chevalier d'honneur du Parlement, est à son tour exilé. Lorsque le parlement bisontin proteste par remontrance, trente autres conseillers sont exilés. Une nouvelle batterie de remontrances est rédigée…

On peut également citer, à partir de 1763, la dégradation des relations entre le roi et le parlement de Rennes dont les membres démissionnent en 1765. L'année suivante, le parlement de Paris, qui s'est à son tour engouffré dans l'agitation parlementaire, est rappelé à l'ordre et à l'obéissance lors d'un lit de justice devenu célèbre sous l'appellation de la « flagellation ». En 1771, Maupeou, chancelier, est chargé de mener à terme une réforme des parlements du royaume. Les parlementaires parisiens sont exilés et leurs charges rachetées par l'État. De nouveaux magistrats sont nommés par le roi et peuvent être révoqués par celui-ci. La vénalité des charges est abolie et la justice rendue devient gratuite. Ces mesures fortes sont étendues aux parlements de province. Si la réforme est dénoncée comme un « coup de majesté » par les anciens parlementaires ainsi qu'une large partie de la noblesse, d'autres – dont Voltaire – y voient un progrès réel.

Toutefois, le jeune Louis XVI rétablit les anciens parlements dès son arrivée sur le trône. Le nouveau roi est tiraillé entre un souci de réforme et une fidélité aux valeurs absolutistes. Selon de nombreux témoins au sein de son entourage, il est d'un tempérament plutôt faible, peinant à trancher les débats et les différends. Manquant d'expérience politique, il est très souvent sous l'influence de proches aux avis divergents. Restaurés dans leurs privilèges, les parlementaires multiplient les obstacles aux projets impulsés par les ministres successifs du roi. Turgot, nommé en 1774, est renvoyé dès 1776, mettant fin à une volonté de despotisme éclairé.

2. Une paralysie fiscale face au poids de la dette

En 1788, la **dette** de l'État français est d'environ 4 milliards de livres, soit près de 80 % de la richesse du pays (voir illustration). À la veille de la Révolution, la première dépense du royaume est consacrée au service de cette dette : la moitié du budget annuel sert à rembourser une fraction de la dette ainsi que les intérêts
▶ Voir p. 132
dus. Comment est-on arrivé là ? Comme lors de la fin de règne de Louis XIV, les guerres ont pesé lourdement sur la dépense publique, d'autant plus qu'elles ne se limitent plus au continent européen mais s'étirent sur terre et mer des Amériques aux Indes. La participation de la France à la Guerre d'Indépendance américaine a coûté plus d'un milliard de livres. Entre 1777 et 1781, Necker, directeur du Trésor, fait le choix d'emprunter toujours plus pour financer les besoins militaires. À la fin des années 1780, la charge de la dette accumulée au cours des décennies précédentes est telle que, loin de la résorber, le budget du royaume la creuse ! Les revenus annuels sont d'environ un demi-milliard de livres alors que les dépenses ordinaires dépassent les 600 millions de livres.

Le temps présent veut que chacun supporte la Grand Fardeau,
estampe anonyme de 1789 (collections du Musée Carnavalet).
Un paysan, un clerc et un noble portent ensemble le poids de la « dette nationale »

En 1781, Necker avait rendu public le bilan financier de la France, connu sous le nom de *Compte rendu au roi*. Le scandale autour de cette révélation a contribué à son renvoi. Si son intention était de montrer que les recettes ordinaires étaient bien supérieures aux dépenses, l'opinion publique a surtout retenu combien coûtaient les pensions versées par le roi à quantité de nobles. Quelques années plus tard, non seulement le système des privilèges continue de peser sur le budget ordinaire, mais désormais les intérêts de la dette ont changé la donne : les revenus sont inférieurs aux dépenses, le budget est déficitaire.

Un des successeurs de Necker au poste de contrôleur général des finances, Charles-Alexandre de Calonne, identifie bien l'insuffisance des revenus de l'État. Dans un discours prononcé en février 1787 devant l'assemblée des notables (la réunion de près de 150 personnes choisies par Louis XVI parmi les élites du royaume pour étudier les réformes proposées par Calonne), il dénonce « les abus des privilèges pécuniaires, les exceptions à la loi commune et tant d'exceptions injustes qui ne peuvent affranchir une partie des contribuables qu'en aggravant le sort des autres ». À la place de ces « exceptions », Calonne souhaite établir un **impôt unique**, qui pèserait sur tous les propriétaires, payable en argent. Cette « subvention territoriale » se substituerait à tous les autres impôts royaux dont la corvée. Les notables réunis à Versailles rejettent très majoritairement ce projet radical, affirmant notamment que de nouveaux impôts ne pouvaient

Le projet d'un impôt payable par tous n'est pas nouveau. En 1695, Vauban propose un projet de capitation – voir le commentaire de document corrigé n° 2 – et en 1776, le parlement de Paris s'oppose au projet similaire de Turgot : « tout système qui [...] tendrait à établir entre les hommes une égalité de devoirs et à détruire les distinctions nécessaires, amènerait bientôt le désordre »

La France n'est pas le seul royaume européen à affronter une dette importante. Pour rembourser le coût colossal de la guerre de Sept Ans, la Grande-Bretagne a notamment augmenté les taxes dues par ses treize colonies américaines, un des facteurs derrière leur volonté d'indépendance.

▶ Voir p. 248

être décidés que par les États généraux. Pourtant le royaume avait cruellement besoin d'une telle réforme. La situation financière de la France est devenue intenable, elle est résumée sous la plume de Jacques Pierre Brissot dans sa *Lettre à un créancier de l'État*, ouvrage de 1787 : « les impôts ou la banqueroute ! »

Les ministres successifs de Louis XV n'ont donc pas donc réussi à mener à bout les réformes nécessaires pour sortir le royaume d'une crise financière profonde. La création d'une Loterie royale de France (1776), la multiplication des emprunts ou encore de légères hausses fiscales (par exemple la suppression des exceptions au **vingtième** (1787) ne suffisent pas. Après l'échec de l'assemblée des notables, le roi se voit contraint en 1788 de convoquer les États généraux – qui n'avaient pas été réunis depuis 1614.

À retenir

- Au XVIIIe siècle commence à émerger dans les pays européens ce qu'il convient d'appeler une opinion publique. Si les idées des Lumières et la politisation des élites urbaines participent de ce phénomène, il ne s'y limite pas. L'homme du peuple en est un acteur clé, comme la rue en est un espace majeur.
- La monarchie française était consciente de cette opinion publique naissante. Tout en cherchant à l'influencer (propagande) ou à la contrôler (censure), elle la voit lui échapper.
- L'image du roi est complexe au siècle des Lumières. Le monarque fait l'objet de critiques sévères, est caricaturé, moqué même. Cependant un attachement fort demeure entre lui et ses sujets.
- Si la gravité de la crise de la dette française au second XVIIIe amène Louis XVI à convoquer les États généraux, les Français ne veulent pas en mai 1789 la fin de la monarchie.

LES DATES ESSENTIELLES

1717 : Voltaire est embastillé par lettre de cachet

1730 : Voltaire demande et obtient la détention d'une voisine gênante par lettre de cachet

5 janvier 1757 : Attentant de Damiens contre Louis XV

1784-1786 : Affaire du collier de la reine

1787 : Réunion de l'assemblée des notables

8 août 1788 : Louis XVI convoque les États généraux

POUR ALLER PLUS LOIN

Sélection bibliographique

Robert Darnton, *Le Diable dans un bénitier. L'art de la calomnie en France, 1650-1800*, Gallimard, 2010.

Annie Duprat, *Les rois de papier. La caricature de Henri III à Louis XVI*, Belin, 2002.

Arlette Farge, *Dire et mal dire. L'opinion publique au XVIIIe siècle*, Seuil, 1992.

Joël Felix, « Ce maudit milliard qui deviendrait tôt ou tard la perte du royaume ». Banqueroutes et politique de la dette en France au XVIIIe siècle, *in* Gérard Beaur et Laure Quennouëlle-Corre, *Les crises de la dette publique XVIIIe-XXIe siècle*, IGPDE, 2019.

Pierre Retat, *L'attentat de Damiens. Discours sur l'événement au XVIIIe siècle*, Presses Universitaires de Lyon, disponible en accès freemium : L'Attentat de Damiens – Presses universitaires de Lyon (openedition.org) (1re éd. : 1971).

MÉTHODOLOGIE

Réaliser une fiche de lecture

I. Objectifs généraux de la fiche de lecture

- Pour l'étudiant, une fiche sert à :
  - Stocker des informations (fonction d'aide-mémoire).
  - Se forger une culture historique.
- Pour le chercheur, la fiche (sous la forme du compte-rendu) sert à faire circuler l'information.

II. Pendant la lecture

- Faire une lecture stylo en main pour prendre des notes et faire des commentaires.
- Identifier le sujet abordé, la problématique exposée voire la thèse défendue.
- Repérer les grandes articulations de la réflexion, les différents éléments de réponse apportés.

III. Après la lecture

- Prévoir un bref temps de recherche pour établir :

  qui est l'auteur (institution de rattachement, parcours scientifique…).

  dans quel contexte historiographique l'article/l'ouvrage lu s'inscrit.
- L'objectif de ces recherches est de parvenir à inscrire le travail lu et mis en fiche dans son contexte historiographique, à dire de quelle façon il s'y inscrit et ce qu'il lui apporte.

IV. Rédiger la fiche de lecture

- En premier lieu, elle doit présenter de manière exhaustive les références de l'article/ouvrage dont il est rendu compte.
- Une brève introduction pour présenter l'auteur, le sujet de l'article, la problématique et le champ historiographique dans lequel le travail s'inscrit, quels en sont les enjeux.

- Le développement : synthèse de l'article en insistant sur les grandes étapes du raisonnement, sur les éléments de réponse à la problématique posée.
- Enfin, apport général de l'article à la science historique ou, plus modestement, au champ historiographique dans lequel s'inscrit le travail. Pointer également de manière raisonnée les limites éventuelles du travail.

Méthode de l'explication de texte en histoire

I. Qu'est-ce qu'une explication de texte ?

L'explication de texte historique ou commentaire de document historique ne doit pas être confondue avec l'explication de texte ou le commentaire composé en français. La méthode est différente, le résultat final aussi. Le but du commentaire de document est de placer l'étudiant/le candidat dans une position proche de celle de la recherche historique.

1. Les écueils

Les principaux défauts du commentaire sont de faire de la paraphrase, d'utiliser le document comme un point de départ conduisant à des digressions et à la réalisation d'une sorte de dissertation à partir du document, ou encore de faire des contresens sur le document.

La paraphrase consiste à répéter, en plus mal, ce que dit le texte, à ne pas fournir d'explication, à ne pas mettre en perspective. Pour éviter la paraphrase (mai cela ne suffit pas), il est bon notamment de faire des citations brèves, de ne reprendre régulièrement qu'un mot, qu'un groupe de mots, voire de renvoyer simplement aux lignes commentées.

La dissertation consiste à divaguer sur un sujet qui semble proche de celui du document. Il est impensable de lire des commentaires de document où l'on commence à parler réellement du document au bout de deux pages parce que les deux premières ont été consacrées à un développement de type dissertation sur un sujet proche de celui du texte. Par exemple devant un texte du pape sur la déclaration des droits de l'homme de 1789 à faire un développement de deux pages sur la Révolution française et l'Église. Attention, les explications sur le contexte du document doivent impérativement se trouver et brièvement dans l'introduction au commentaire, mais pas dans le corps de l'explication.

Le commentaire de document est donc à certains égards un exercice frustrant puisqu'on utilise ses connaissances si et seulement si elles permettent d'éclairer le document. Il ne sert à rien notamment de montrer qu'on a beaucoup lu, encore moins d'exposer des théories ou des idées plus ou moins personnelles. Toute information qui n'aide pas à expliquer le document doit être proscrite.

Enfin, dernier risque, le contresens, autrement dit faire dire au texte le contraire de ce qu'il dit. Pour éviter cette erreur, il est indispensable de bien prendre le temps de lire le texte. Attention aussi à bien avoir conscience du caractère éventuellement très spécifique du document commenté : un document peut correspondre à un phénomène rare, ou à une attitude exceptionnelle, allant à rebours de l'évolution générale de la période.

2. Expliquer, commenter, critiquer

Les trois fondements du commentaire de document historique.

Expliquer. Expliquer ce qui est obscur, ce qui aide à une meilleure compréhension, rendre le texte plus clair et plus riche. Expliquer la terminologie (mots anciens, langage spécialisé, en pensant bien que certains termes ont un sens différent suivant la période ou le contexte). Expliquer le contenu historique de l'information et expliciter les allusions (donner le sens d'une date, d'un événement, identifier les noms de personnes et de lieu). Il faut s'attacher à montrer quel sens avaient, pour les contemporains du texte, tel mot, tel fait et bien prendre garde aux phrases simples, en réalité révélatrices d'une époque, d'une mentalité. Il s'agit donc de permettre de rendre clair pour un lecteur du XXIe siècle un document vieux de plusieurs siècles.

Commenter. Passer au crible les renseignements fournis par le document pour ne conserver que ce qui est utile, hiérarchiser l'information du secondaire à l'essentiel, exercer une sélection (un renseignement faux trouvé dans un texte peut être plus significatif qu'une indication juste, mais anecdotique). Il s'agit donc de repérer et d'interpréter les éléments importants du texte.

Critiquer. Tout document est forcément subjectif et doit donc être soumis à la critique. Il est important de ne pas accepter tout ce que dit un texte pour la vérité, mais de relever éventuellement des erreurs de raisonnement ou d'appréciation de l'auteur. On peut aussi relever les lacunes et oublis, certains silences étant parfois révélateurs.

II. Le travail préparatoire

1. Principes généraux

La situation est celle d'une fiction de recherche. On se place en apprenti par rapport à la matière du document. Par ailleurs, on se place en position de pseudo-contemporain du document. C'est en conclusion que l'on peut se permettre quelques réflexions sur les événements postérieurs au document. Exemple : un commentaire d'un texte de Louis XIV sur les protestants en 1661 n'est pas censé parler avant la conclusion de la révocation de l'édit de Nantes qui intervient en 1685.

2. Lire le document

Tâche immédiate : numéroter les lignes du texte (ne pas compter les intertitres ajoutés par le compilateur de la source), repérer les coupures (nécessaire pour déterminer s'il s'agit d'un extrait, d'un passage, etc.).

La première lecture permet d'identifier le texte. Trois types d'éléments d'identification : éléments fournis dans la présentation du document ou dans le paratexte (attention à ne pas accorder trop d'importance au titre du texte, rarement donné par l'auteur lui-même) ; éléments observables dans le document lui-même ; les connaissances de l'étudiant sur le contexte, sur le document ou sur l'auteur. N'oubliez pas d'utiliser les éventuelles notes de bas de page qui sont données pour vous aider !

La seconde lecture, crayon à la main permet de repérer les termes spécifiques, anciens, techniques, les expressions posant problème qu'il faudra expliquer dans le commentaire. Elle permet aussi de saisir le contenu historique de l'information : donner le sens d'une date, d'une expression, d'un personnage auquel le texte fait allusion. Elle conduit aussi à éclairer le texte par ce qu'il dit ou ne dit pas ou par ce qui est dit de façon tendancieuse ou inexacte. Elle réclame aussi de repérer les articulations du texte, sa structure : il faut disséquer le document. Enfin, cette lecture amène à cerner les éléments de problématique en hiérarchisant l'information de l'essentiel au secondaire (l'expression du texte, le ton, le registre utilisé langage métaphorique, type de figure etc.).

III. Organisation du commentaire

1. L'introduction

L'introduction consiste à situer le document. Elle est donc très différente de l'introduction d'une dissertation. Dans une introduction de dissertation, on introduit à une problématique générale. Dans une présentation de document, on situe un document particulier. La présentation du document doit comprendre impérativement les thèmes suivants et plutôt dans cet ordre : nature du document et sa source, auteur(s), destinataire(s), date, contexte historique, problématique, annonce du plan.

Pour la nature, il faut bien avoir à l'esprit qu'elle influence le contenu du document. Il faut donc l'identifier précisément : ordonnance, traité, testament, etc., et bien distinguer s'il s'agit d'un document privé (une lettre, un journal intime…) ou d'un document destiné à être rendu public (un document officiel, un discours…). Il faut aussi préciser s'il s'agit d'un document entier ou d'un extrait. Indiquer également d'où provient le texte (extrait d'un livre, article d'un journal ou d'une revue, inscription venant d'un recueil…).

L'auteur doit être identifié précisément et il faut donner des informations à son sujet, en montrant bien qui il est au moment de la rédaction du document (ne pas évoquer sa vie au-delà de la date du document ou très succinctement).

Si le personnage est important et très connu, il faut se focaliser sur ce qui, dans la vie ou l'œuvre de l'auteur, permet de comprendre précisément le document donné.

De l'étude de la nature et de l'auteur découle la présentation du/des destinataire(s). Il peut s'agir d'un document public s'adressant à un public large (un article de journal, une chronique), comme d'une correspondance privée destinée à être lue par une seule personne. S'il s'agit d'un destinataire spécifique, il faut le présenter comme cela a été fait pour l'auteur et sans déborder la date à laquelle a été produit le document. Se poser la question de l'objectif du texte : s'agit-il de convaincre, de dénoncer, de plaider une cause ?

La date est en général donnée (ne pas confondre la date de parution du recueil dans lequel figure le document et celle du document ! Il peut donc parfois y avoir deux dates). Vous pouvez habilement montrer que vous auriez pu retrouver cette date en partant des indications que le texte comporte.

Le contexte dans lequel le document a été produit découle de l'identification de la date. Il s'agit de présenter les événements importants qui viennent d'avoir lieu ou qui se déroulent à peu près au même moment que la date du texte. Mais ces événements doivent toujours être en rapport avec le texte et son thème. Ainsi, si vous étudiez un texte d'histoire économique, a priori donner des informations sur le contexte militaire ou politique est moins pertinent. Il est aussi intéressant de donner des informations sur le contexte de production (soulignez par exemple si le recours à l'écrit à l'époque est rare ou non). Ces thèmes qui doivent impérativement apparaître peuvent être présentés dans l'ordre qui semble le plus judicieux.

L'introduction comprend aussi une problématique, question centrale posée par le document. Elle s'achève enfin par l'annonce du plan du commentaire. Les citations seront réservées pour le développement du commentaire. L'introduction, pas plus que le commentaire d'ailleurs, ne doit comporter de jugement de valeur. L'introduction doit être bien détachée du reste du devoir : prévoyez, comme dans une dissertation de sauter deux lignes à l'issue de l'introduction.

2. Le commentaire à proprement parler

Le commentaire du document à proprement parler constitue le développement de l'exercice : les parties s'articulent autour des deux ou trois idées principales du texte. Comment constituer les « paquets » d'informations contenus dans le document ? Utilisez éventuellement des couleurs pour repérer dans le texte ce qui mérite d'être regroupé, ce qui relève du même thème.

Attention à ne pas « plaquer » vos connaissances sur le document : tel point que vous savez être très important peut être traité en une ligne dans un texte. Dans ce cas, il serait illogique par rapport à l'exercice de tenter de construire une partie de votre commentaire sur cette seule ligne. En revanche vous devez expliquer pourquoi l'auteur n'y attache pas d'importance.

Le document est une source particulière dans laquelle vous ne retrouverez pas tous les aspects étudiés dans le cours. Quand vous en faites le commentaire, il ne faut pas à tout prix essayer de tirer le document de manière à lui faire tout dire. Par ailleurs, il n'est pas question de commenter les phrases ligne à ligne, de manière linéaire. L'objectif au contraire est d'organiser le commentaire autour de quelques grands thèmes (deux ou trois) constituant les grandes parties de l'explication de texte (deux ou trois). Chaque thème est l'objet d'une analyse précise. Il convient de le préciser en deux ou trois sous-thèmes (qui constituent deux ou trois sous-parties). Le plan de l'explication de texte obéit donc à un schéma similaire à celui de la dissertation, dans l'idéal trois parties chacune constituée de trois sous-parties.

Les idées développées dans chaque partie doivent être soutenues par des citations du texte toujours expliquées à l'aide de vos connaissances. Il est inutile dans le commentaire de multiplier les citations très longues. Gardez celles qui sont les plus significatives, citez des mots isolés, voire renvoyer aux numéros de lignes. Truffez bien votre devoir d'explications, ne les regroupez pas à la fin d'un paragraphe qui débuterait par une accumulation de citations non expliquées.

Quand vous renvoyez au texte, éviter les « rébus », c'est-à-dire les mots entre parenthèses sans aucune indication (indiquez bien les lignes). Attention au commentaire des silences d'un texte ! Exercice périlleux mais indispensable nécessitant de très bien connaître le type de source (dans certains sources on ne dit pas tout par principe, par habileté politique, par pudeur, en raison de la distance avec le destinataire) et de très bien connaître le contexte (pourquoi ne parle-t-on pas de tel événement ? La situation de l'auteur explique-t-elle un silence volontaire ou une absence de connaissance de l'événement ?). Attention aussi aux absences qui peuvent aussi être dues à l'éditeur (dans ce cas si le texte est coupé, il est aisé de le repérer grâce au signe [...]).

3. La conclusion

Comme pour l'introduction, la conclusion d'une explication de texte est très formatée. Le lecteur/correcteur attend d'y trouver les éléments suivants. D'abord un **résumé de votre commentaire** (principaux résultats de l'analyse). Puis une **synthèse évoquant le ton et le style du document** (conforme ou non à la nature de la source et au statut de l'auteur ; typique d'un style spécifique ou au contraire très original). Ensuite une double réflexion sur la **portée historique du document** (quel a été l'effet du document pour les contemporains ? l'effet peut être considérable, par exemple la révocation de l'édit de Nantes ; le document peut être sans effet s'il évoque des événements anodins) distinct de l'**intérêt historiographique** (le type d'apport à la connaissance historique, donc ce que le document apporte non pas aux contemporains, mais à l'historien). La conclusion doit enfin évoquer les **lacunes** et les **limites du document** (attention, il ne s'agit surtout pas de porter un jugement sur l'auteur, de lui faire le moindre reproche, ce n'est pas la posture de l'historien ; il convient juste de rappeler les silences du texte, les raisons pour lesquels l'auteur est muet sur tel ou tel aspect ; vous pouvez également montrer en quoi la curiosité de l'homme du XXIe siècle en position de chercheur n'est pas satisfaite par le texte). La conclusion s'achève pour une **ouverture thématique ou chronologique**.

Grille d'analyse du document iconographique

I. Présentation du document

A. Nature du document

- Source : le vecteur par lequel il nous est parvenu.
- Dimensions.
- Supports, matériaux, techniques utilisées.
- Lieu de conservation actuel.
- Évolution matérielle du document : observe-t-on des différences entre l'aspect d'origine et l'actuel ?

B. Le contexte : la création

Le ou les auteurs

- Date de naissance, origines et milieu social, lieu de résidence, carrière (à la date du document).
- Appartenance professionnelle, artistique, idéologique, politique, religieuse…
- Le document dans la vie et la carrière de l'auteur. Est-il caractéristique de son travail ?

Commande et élaboration

- Le ou les commanditaires.
- Projet et réalisation : l'œuvre est-elle isolée ou fait-elle partie d'un ensemble, d'une série ?
- Finalité : à quel public/client le document était-il destiné ? Dans quel but a-t-il été commandé ? À quel lieu était-il destiné ?

C. Le contexte : le moment

La datation du document.

- Quels éléments matériels permettent de dater le document ? Relever les informations explicites fournies par le support et compléter par d'autres sources.

- Recourir aux informations implicites liées l'observation du document (inscriptions, indications iconiques, liées à la technique…)

L'inscription de l'œuvre dans son temps.

- Établir le contexte historique général (parmi les événements ou les éléments du contexte, ne retenir que ceux qui éclairent le document).
- Ne pas oublier le contexte particulier à l'œuvre : replacer l'œuvre dans l'histoire de la forme d'expression étudiée. Essayer d'établir sa représentativité : est-il caractéristique d'une tendance contemporaine ou se distingue-t-il par sa nature exceptionnelle ou marginale ?

II. Description

A. Description technique et stylistique.

Mode de construction

- Le cadre
- Le cadrage
- Les plans
- La perspective

Organisation de la surface

- Disposition des éléments dominants
- Lignes de force, de rupture
- Rendu du volume
- Couleurs et lumières : nombre, intensité, harmonie des tons, clair-obscur

B. Description thématique.

- Définir le sujet ou la nature de la scène (action, événement, vie quotidienne…)
- Comment se lit l'image : de haut en bas ? de gauche à droite ?
- Établir un inventaire ordonné des éléments représentés : le lieu, les personnages, les animaux, les objets, les actions…
- Éléments d'informations textuels

III. Interprétation et signification

À l'aide de connaissances historiques, il s'agit d'expliquer les éléments précédemment repérés. On passe ainsi de l'effet obtenu à la construction de l'effet recherché et à sa signification.

A. Analyse critique : vérité et subjectivité de la représentation

Construction de la représentation

- But et originalité des différents procédés utilisés : couleurs, utilisation des plans et des cadrages, amplification/simplification, codification (symboles, allégories…)
- Distinguer l'implicite de l'explicite, ce qui relève de la mise en scène, les marques éventuelles du mensonge
- Souligner le rapport texte/image s'il existe (fonctionnement, objectifs, signification…). Rapport au réel
- Quel rapport la représentation entretient-elle avec le réel ? Évaluer ce rapport, mesurer les écarts.
- Revenir aux conditions de la réalisation : ce qui est voulu, ce qui est non voulu (l'artiste a-t-il vu lui-même ce qu'il représente, l'imagine-t-il ou le recrée à partir des documents ?….).

B. Interprétation(s)

- Sens général : s'agit-il d'une œuvre satirique, de propagande… ?
- Existe-t-il des analyses contemporaines ? Des analyses ultérieures ? Qu'en penser ?
- Peut-on distinguer plusieurs niveaux d'interprétations possibles ?

IV. Portée du document

A. Influence et devenir

La diffusion et son mode

- Le document a-t-il été vu par un public large ? Influent ? Au moment de sa création ? Plus tard ? Le mode de diffusion a-t-il pu jouer sur sa réception ?

Impact

- Y a-t-il accord entre l'œuvre réalisée et la volonté initiale de son commanditaire ?
- Peut-on mesurer l'effet sur les contemporains ?
- Quelle est son influence postérieure ?

Postérité

- Réutilisation ? Fonction de modèle ? Utilisation différente ?

B. Intérêt pour l'historien

- Apports historiques.

- Signification de l'œuvre dans le cadre de la civilisation étudiée (originalité, importance…).

Bibliographie

CASSAGNES, Sophie, Christian DELPORTE, Georges MIROUX et Denise TURREL, *Le commentaire de document iconographique en histoire*, Paris, Ellipses, 1996, pp. 6-15.

Sujets corrigés : commentaire de documents

Sujet 1 Sciences et pouvoirs à la Renaissance

AU TRES ILLUSTRE & REVERENDISSIME SEIGNEUR,
FRANÇOIS CARDINAL DE TOURNON,
singulier & libéral Mécène des hommes studieux de vertu,
auquel Pierre Belon, son très humble domestique & serviteur,
adresse saluts & souhaits d'entière prospérité

Monseigneur, c'est à bon droit que les gens doctes vous ont en admiration, et que le peuple étranger affecté à notre république, comme aussi le français, a grandement loué et estimé l'excellence de votre jugement, et magnifié votre prudence et vertu ; car entre tous autres illustres prélats, vous avez singulièrement aimé et honoré les lettres, avancé les lettrés, et par votre spéciale faveur enflammé et promu leurs études, faisant choisir plusieurs enfants et autres plus âgés de bon esprit, que vous entretenez et faites instruire et endoctriner en tous arts par les universités en vos collèges de Tournon et autres que vous avez édifié et bien munis de gens experts et savants.

Les sciences et disciplines qui sont maintenant familières et communes à notre nation ont raison de vous avouer pour leur patron, d'autant qu'en soutenant le pesant faix de notre république, vous avez pris plaisir à leur donner commencement, à élever les gentils esprits, et à les avancer selon leurs qualités, et aussi à les employer en ce que à quoi ils sont été trouvés enclins et suffisants pour servir à l'utilité commune. De là est ensuivi que les esprits des hommes qui auparavant étaient comme endormis et détenus assoupis en profond sommeil d'ancienne ignorance, ont commencé à s'éveiller et à sortir des ténèbres où si longtemps étaient demeurés ensevelis et en sortant, ont jeté hors et tiré en évidence toutes espèces de bonnes disciplines, lesquelles, en leur tant heureuse et désirable renaissance, tout ainsi que les nouvelles plantes après l'âpre saison de l'hiver reprennent leur vigueur à la chaleur du soleil et sont consolées de la douceur du printemps, ayant semblablement trouvé un incomparable Mécène et favorable restaurateur si propice, n'arrêtèrent guère à pulluler et à produire leurs bourgeons. Puis émaillant leurs drageons, et couvrant leurs tiges de nouvelle verdure, et parvenues en leur saison d'été gracieux, chacune s'est très bien ornée de moult belles fleurettes. Et ayant puis engendré un fruit délectable et d'inestimable bonté, n'y a eu celle qui n'en ait fait présent pour le paiement des prémices du revenu à son souverain ornateur, le gracieux Soleil, duquel le bénin aspect les avait toutes remises en vigueur. C'était le roi magnanime, très sage, très puissant et prudent, François premier de ce nom, auquel, comme à un libéral Mécène des hommes studieux de vertu, il n'y avait celui qui ne s'employât de tout son pouvoir à faire présent de quelque chose d'honnête, mais surtout des fruits cueillis au délectable jardin enté de greffes exquises sur les plantes de Minerve qu'il aimait d'une singulière affection.

Aussi était-il de si bénigne et libérale nature qu'il n'y eut onc homme, étranger ou de sa nation, lui présentant aucune chose, tant fût-elle petite, qu'il ne l'ait humainement reçue, en rémunérant fort bien celui qui la présentait, de don royal et honorable guerdon[1]*. Parquoi tous en général suivaient l'exemple de ce tant vertueux et incomparable prince, père des sciences ; tellement que sa cour semblait quelque belle Académie ou ancienne école de philosophie, en laquelle étaient montrées la théorie et la pratique de toute vertu.*

Donc, Monseigneur, pour ce que les Muses vous ont connu singulièrement entre tous autres pour ennemi capital de l'ignorance, étant assurées de plusieurs sciences qui sont infuses en votre divin esprit, toutes d'un commun consentement connaissant bien votre noble cœur vous présentèrent la palme, et dès lors vous ayant élu pour leur chef, voulurent vous constituer souverain Phébus sur l'harmonie de leurs instruments aux résonnantes musiques et sur les douceurs de leurs chansons bien accordantes ; afin qu'en cette excellente musique le beau théâtre royal fût décoré par votre assistance.

Pierre Belon, Les *Observations de plusieurs singularités & choses mémorables, trouvées en Grèce, Asie, Judée, Égypte, Arabie, & autres pays étranges*, 1553, édité par Alexandra Merle, Paris, Chandeigne, coll. « Magellane », 2001, p. 51-54.

Publiées par Pierre Belon en 1553, les *Observations de plusieurs singularités et choses mémorables, trouvées en Grèce, Asie, Judée, Égypte, Arabie et autres pays étranges* font suite à un voyage dans l'Orient méditerranéen, entrepris à partir de 1546 à l'extrême fin du règne de François Ier. Apothicaire de formation, Pierre Belon y retranscrit les « topographies et particulières descriptions des lieux qui [lui] ont semblé mémorables », s'intéressant également aux mœurs des peuples rencontrés qu'à la faune et à la flore qu'il y trouve. L'un de ses projets est notamment de donner une nouvelle traduction des travaux médicaux de Dioscoride, actualisée par une confrontation du texte de l'auteur antique aux réalités végétales des régions visitées. L'ouvrage est dédié à l'un de

1. « Guerdon » : récompense.

ses protecteurs, le cardinal et archevêque de Lyon, François de Tournon. Ce dernier est un des personnages importants du milieu du XVIe siècle et appartient à cette catégorie des dignitaires de l'Église française qui a joué un rôle de premier plan aussi bien dans le domaine économique qu'intellectuel.

Si cette dédicace est adressée au cardinal de Tournon et en fait l'éloge (l. 1-13), elle permet aussi de se faire une idée plus précise de la conception et du statut des savoirs scientifiques dans la société française de la Renaissance. En effet, après cet éloge, Pierre Belon file longuement une métaphore mettant sur le même plan le mouvement de renaissance intellectuelle que connaît le XVIe siècle et qui touche de nombreux savoirs avec le réveil de la vie végétale (l. 14-30). Enfin, étendant l'éloge initial au roi qui a permis son voyage en Orient, François Ier, P. Belon donne à voir la chaîne de la production sociale du savoir, depuis le lettré en bas de cette structure jusqu'au sommet dominé par le monarque (l. 30-48). Ce faisant, Pierre Belon permet de dresser un état des lieux du programme intellectuel de la Renaissance, aussi bien dans son contenu que dans ses implications sociales.

Dans ce contexte de renouveau à peine entamé des pratiques savantes, la dédicace de Pierre Belon permet ainsi de s'interroger sur le rôle joué par des institutions du pouvoir politique dans la constitution du savoir à l'époque de la Renaissance. À une autre échelle d'analyse, il est également possible de se demander comment le projet scientifique de Pierre Belon s'inscrit dans le cadre des pratiques savantes propres à la Renaissance.

Pour répondre à ces questions, nous dresserons dans un premier temps un état des savoirs et de leur définition au milieu du XVIe siècle. Puis nous nous intéresserons à la dimension sociale de la production de ces savoirs. Enfin, nous terminerons notre réflexion en nous interrogeant sur le projet scientifique porté par Pierre Belon et ses éventuelles parts d'archaïsme.

Plan proposé

I. Un état des savoirs au milieu du XVIe siècle

Argument : pour P. Belon, Renaissance et humanisme sont dotés d'un véritable programme intellectuel.

Exemple : ce programme est visible dans la description d'un cercle vertueux : la redécouverte du savoir amène à une production d'un savoir nouveau (« émaillant leurs drageons… », l. 26-28). Il faut relever aussi et expliquer les mentions presque systématiques à la mythologie : « Mécène » (l. 25), « Soleil » (l. 30), « Muses » (l. 42), « Phébus » (l. 46). Elles fournissent le cadre pour penser le présent.

Synthèse : Renaissance et humanisme ne se conçoivent pas comme une innovation intellectuelle mais comme une résurrection des savoirs du passé.

II. La dimension sociale de la production des savoirs

Argument : après s'être intéressé au contenu du programme intellectuel de la Renaissance, il s'agit ici de montrer que ce dernier est aussi le fruit d'une organisation sociale particulière, fondée sur une hiérarchie clairement affirmée et définissant les rôles de chacun.

Exemple : il y a deux axes à privilégier. D'une part, le rôle du roi, « son souverain ornateur, le gracieux soleil », (l. 30). Il est central bien qu'il ne soit pas le mécène direct de P. Belon. Mais son exemple incite le cardinal de Tournon à faire de même ; on pourrait parler d'un mécénat en cascades. Les qualités royales sont les qualités nobles voire divines par excellence « vertueux et incomparable prince, père des sciences » (l. 39) ; son rôle dans les sciences est identique à son rôle pour ses sujets. La récompense se trouve au fondement de la pratique scientifique et de la promotion des savoirs (« don royal, honorable guerdon », l. 38). Le rôle de la cour comme institution sociale permettant le développement de l'étude : « Quelque belle Académie ou ancienne école de philosophie » (l. 40).

D'autre part, il s'agit également de mener une analyse du mécénat et de son fonctionnement de manière plus large à partir du texte. Le patron c'est-à-dire le mécène est également un savant (l. 49-55) ; c'est l'idée que l'excellence engendre naturellement l'excellence. Dans ce dispositif du mécénat, l'Église joue un rôle de premier plan : « Illustres prélats » (l. 9). « En vos collèges de Tournon » (l. 12) : fondé en 1536 par le cardinal, c'est un rappel du rôle des collèges et de leur lien avec l'institution universitaire.

Synthèse : deux échelles de production du savoir s'articulent dans ce texte. Cette opposition souligne la dépendance des savants au pouvoir des puissants pour créer une communauté (« aimé et honoré les lettres, avancé les lettrés » (l. 9).

III. Le projet scientifique de Pierre Belon

Argument : il s'agit ici de mettre en relation le projet du livre de Pierre Belon avec les cadres intellectuels et sociaux de son époque pour en mesurer l'actualité. Plutôt que voir en lui un précurseur systématique, il vaut mieux essayer de nuancer le tableau et d'insister sur le caractère hybride, tout en tension de son ouvrage.

Exemple : on peut ainsi relever le champ lexical de l'utilité et mettre en avant une nouvelle façon de fonder l'intérêt du savoir, non plus sur le lien d'homme à homme mais sur leur utilité. Reste encore à définir par rapport à quoi, point sur lequel P. Belon demeure évasif car l'utilité n'a pas encore été érigée en valeur sociale et intellectuelle.

Synthèse : le propos de P. Belon apparaît donc pleinement empreint des attentes de son époque.

En somme, ce texte de P. Belon constitue comme un manifeste du projet intellectuel de la Renaissance et de l'humanisme. Ces courants dépendent étroitement des rapports sociaux caractéristiques de l'époque moderne et ne peuvent être isolés des pratiques du patronage. Dans le même temps, leur propos n'est pas d'inventer ou de découvrir de nouveaux savoirs, mais de mettre au jour ce qui a pu être oublié, ce qui se constate notamment par le recours à un vocabulaire hérité de la période antique. Toutefois, alors que ce document est produit dans une période où le pouvoir monarchique semble solide et où les relations sociales paraissent stables, il est possible de se demander comment évolueront ces pratiques savantes si ces édifices socio-politiques venaient à être profondément ébranlés.

Sujet 2 Vauban, *Projet de capitation*, février 1695

Pour bien faire la capitation, il serait à désirer qu'avant que de résoudre la manière dont on la peut faire, il plût au Roi de se faire rendre un compte exact de l'état de ses revenus [...]. Ces fonds une fois résolus, et quelque chose de plus pour les cas imprévus, resterait à examiner les moyens plus faciles de leur levée, et ceux de les pouvoir perpétuer pendant la guerre. Pour cela il y a deux moyens à suivre, dont l'un est celui des affaires extraordinaires, et l'autre d'une taxe ou capitation judicieuse, légalement répandue sur tous les sujets en état de la payer. Le premier de ces moyens est épuisé et ne paraît plus devoir réussir, du moins pour le soutien d'une guerre de durée. Il n'y donc que la capitation à qui on puisse avoir recours, mais l'affaire est de l'établir d'une manière supportable et qui, sans continuer l'accablement des peuples au point que nous le voyons, puisse achever de fournir le nécessaire aux frais de la guerre le moins mal qu'il est possible. [...]

Au reste j'ai mis la capitation des rentes et appointements connus sur le denier 15 parce que le denier 10 m'a paru trop rude, et le 20e trop faible. Ce dernier serait cependant le plus supportable eu égard à la pauvreté du royaume, mais la crainte qu'il ne fût pas suffisant me l'a fait mettre au denier 15. Si Sa Majesté a ce projet pour agréable, après l'avoir bien fait épurer par son Conseil et subi toutes les corrections convenables, il est très nécessaire qu'elle ait la bonté de commettre les détails de son exécution dans les villes et dans les provinces à des gens de bien très éclairés et qui se donnent la patience d'examiner les choses de près et à fond sans autre considération que celle d'observer toute la justice possible dans une imposition qui ne saurait jamais être trop légale ni assez proportionnée aux facultés de ceux sur qui elle doit être imposée, évitant sur toutes choses de tomber entre les mains des traitants qui sont les véritables destructeurs du royaume, mais la faisant imposer par les intendants assistés des plus notables des provinces, et recevoir par les receveurs des tailles ou tels autres qu'il plaira à Sa Majesté, donnant le sol pour livre pour tous les frais de la levée et de l'imposition et non plus, estimant que par ce moyen on en pourra venir à bout assez facilement et sans ruiner les peuples par des contraintes qui leur font pis que tout ce que l'on tire d'eux.

[La capitation] Levée indifféremment sur tout ce qui a moyen de payer, et notamment sur le clergé, les appointements, gages et pensions de tous les officiers civils et militaires du royaume, la maison du Roi, les troupes de terre et de mer, sans en exempter aucun de ceux qui la peuvent porter, à payer annuellement et par quartier, tant que la guerre présente durera et non plus. […]

Vauban fait ensuite le détail de tous les revenus qu'il faudra imposer et arrive finalement au total général de 60 000 000 livres.

Qu'on suppose cette capitation devoir être imposée sur toutes les natures de biens qui peuvent produire du revenu, et non sur les différents étages des qualités, ni sur le nombre des personnes, parce que la qualité n'est pas ce qui fait l'abondance, non plus que l'égalité des richesses, et que le menu peuple est accablé de tailles, de gabelles, d'aides et de mille autres impôts, et encore plus de la famine qu'ils ont soufferte l'année dernière, et qui a achevé de les épuiser ; de sorte que la plus grande partie, n'ayant pour tout bien que les bras et l'industrie, sont sans ressource ni crédit, parce qu'ils n'ont plus rien. Il me paraît qu'il serait inutile de les surcharger davantage […].

Il est à remarquer qu'il y a quantité de personnes dans le royaume qui n'ont ni charges, ni qualités marquées, ni biens apparents qui ne laissent pas d'être aisées par les commerces secrets qu'ils font, ou pour avoir tout leur bien en rentes constituées soit sous leur nom ou sous des noms empruntés. Pour ce qui est des commerçants de toute espèce, il ne leur faut donner d'inquiétude que le moins qu'il sera possible, parce qu'on ne saurait trop favoriser le commerce. Et, à l'égard de ceux dont les biens sont en constitution de rentes, il est juste qu'ils en payent leur part comme tous les autres ; c'est ce qui se fera d'une manière aisée et insensible par cette capitation, sans qu'il soit nécessaire d'y rien ajouter, pas même d'en parler, évitant par ce moyen d'être obligé de fouiller dans le secret des familles […]

moyen de bien faire entendre au public que Sa Majesté ne prétend s'en servir que jusqu'au moment que la paix sera faite, et qu'aussitôt Elle remettra les choses en leur premier état, avec tous les soulagements qu'Elle y pourra ajouter. […]

Au reste, cette méthode me paraît si excellente et si judicieuse, qu'elle pourrait fort bien servir de modèle pour l'établissement des revenus du Roi à l'avenir, à l'exclusion de quantité de mauvais impôts qui sont extrêmement à charge aux peuples.

Les oisivetés de M. de Vauban, Édition intégrale établie sous la direction de Michèle Virol, Champ Vallon, 2007

Plan proposé

1. Introduction

• *Accroche et contexte*

Depuis 1688 et le déclenchement de la guerre de la Ligue d'Augsbourg, la France de Louis XIV doit affronter presque seule une grande partie de l'Europe coalisée (l'empereur et la plupart des princes allemands, l'Espagne, l'Angleterre, les Provinces-Unies, la Savoie), ce qui l'oblige à mobiliser encore plus l'ensemble de ses ressources militaires et financières. Si durant les premières années, elle y parvient plutôt bien avec un maximum d'effectifs militaires (340 000 hommes) qui ne sera dépassé que pendant les guerres de la Révolution et de l'Empire, et une hausse importante de la fiscalité, en 1693-1694, le pays a subi une grave crise économique et démographique liée à de mauvaises récoltes. En effet, cette crise a causé une surmortalité considérable d'1,3 million de personnes. De plus en plus exsangue, le royaume doit donc trouver de nouvelles ressources financières pour éviter l'effondrement et achever victorieusement cette guerre interminable.

- ***Présentation de l'auteur et du document***

C'est dans ce contexte très difficile que Vauban rédigea au début de l'année 1695 son projet de lever un nouvel impôt, la capitation. Sébastien Le Pestre de Vauban (1633-1707) est surtout connu comme étant le plus célèbre ingénieur militaire du XVIIe siècle. Grand bâtisseur, il a participé à la création ou au réaménagement d'environ 130 places des frontières françaises, et a grandement contribué à moderniser les méthodes d'attaque et de défense des forteresses, en en menant personnellement un nombre considérable. À ces titres, il influença grandement la stratégie militaire française que ce soit auprès de Louvois, le secrétaire d'État de la Guerre, ou même de Louis XIV avec qui il entretient à partir de 1691 une correspondance directe. Les deux hommes s'appréciaient énormément et Vauban disposait d'ailleurs d'une très grande liberté de ton, ce qui lui permettait parfois de critiquer son maître ou de lui faire des propositions qui n'étaient pas en rapport direct avec ses fonctions militaires. C'est ainsi que l'ingénieur commença à s'intéresser de plus en plus à partir des années 1690 aux questions économiques et fiscales, qui pour lui étaient forcément liées à la guerre et à la puissance de la France. C'est pourquoi, en février 1695, il proposa au roi un mémoire sur son projet de capitation, qui visait à créer un impôt révolutionnaire levé sur l'ensemble de la population. Ce mémoire a ensuite rassemblé avec de nombreux écrits de Vauban dans un livre intitulé les *Oisivetés*, dont la dernière édition a été établie par Michèle Virol en 2007 chez Champ Vallon.

- ***Problématique***

À partir de ce document, nous nous demanderons donc en quoi ce projet de capitation constitue une réforme audacieuse de la fiscalité d'Ancien Régime.

2. La nécessité de trouver des nouvelles ressources fiscales

A. Un peuple accablé d'impôts

- Vauban a conscience de la nécessité de lever de nouveaux impôts pour faire face à la guerre qui ruine le royaume.

- Il sait aussi que le « menu peuple est accablé de tailles, de gabelles, d'aides et de mille autres impôts ». Bien définir ces différents impôts directs (taille) et indirects (gabelle sur le sel, aides sur les biens de consommation et les marchandises) qui existent au moins depuis le début de la fin du Moyen Âge, ont beaucoup augmenté au XVIIe, mais atteignent désormais leurs limites, car le peuple est ruiné et ne peut en payer davantage.

B. Le désastre de la crise de 1693-1694

- Vauban rappelle aussi que la France a été touchée en 1693-1694 par une terrible famine liée à un hiver très rigoureux et un printemps et été pluvieux, ce qui a causé une forte baisse des récoltes.
- surmortalité d'1,3 million de personnes selon Leroy-Ladurie, plus grave catastrophe démographique pour la France de Louis XIV, équivalent aux pertes de la première guerre mondiale.

C. L'impossibilité de recourir à nouveau aux affaires extraordinaires

- Vauban explique que la monarchie a jusqu'ici largement fait appel au moyen des « affaires extraordinaires » pour augmenter ses ressources.
- Ces moyens extraordinaires sont les expédients classiques utilisés par les rois de France : manipulations monétaires, emprunts, nouvelles taxes et surtout multiplication de la vente d'offices, vente de lettres de noblesse ou menace de les révoquer si on ne paie pas une nouvelle taxe…
- Mais ces méthodes ont désormais atteint leurs limites : le crédit de l'État est largement épuisé ; les particuliers ne veulent plus acheter certains offices dépréciés.

3. La capitation : un impôt révolutionnaire

A. Un impôt universel qui touche tous les sujets sans exception

- Impôt qui touche non seulement les gens du peuple, mais aussi tous les officiers du roi, qu'ils soient civils ou militaires, et surtout les privilégiés : le clergé et la noblesse, ce qui est complètement nouveau. La haute noblesse et même la famille royale pourraient donc être concernées.
- petit peuple ne doit pas être accablé davantage car il ne pourra de toute manière pas payer plus.

B. Un impôt sur les revenus et non en fonction des qualités des personnes

- Un impôt basé sur l'ensemble des revenus de la population française qui comprend les revenus des terres, loyers, les gages, appointements, pensions…
- On doit également prendre en compte les rentes (revenus du patrimoine, qui rapportent un pourcentage sur un prêt)
- En revanche, indulgence pour les revenus commerciaux que la monarchie connaît mal. Vauban ne veut pas les pénaliser en fouillant dans leurs affaires personnelles, ce qui serait préjudiciable au secret des affaires. Adepte du

colbertisme, Vauban pense qu'il faut au contraire encourager le commerce qui enrichit le royaume.

- Un impôt proportionné aux revenus levé au denier 15 (ce chiffre correspond à un pourcentage de taxation : 100 divisé par 15, soit 6,6 %). Il est donc plus élevé que le denier 20 (5 %) mais plus modéré que le denier 10 (10 %) également envisagés.
- Impôt sur les biens et non en fonction des qualités des personnes, c'est-à-dire leur statut social, car les revenus ne correspondent pas exactement à la catégorie socio-professionnelle d'une personne (tous les artisans d'un même secteur n'ont pas les mêmes ressources).

C. Un impôt qui rapporterait des sommes considérables et durables

Estimation à 60 millions de livres : somme considérable, puisque cela correspondrait à plus de la moitié des revenus de la monarchie dans les années 169 et permettrait donc à la France de poursuivre la guerre pendant longtemps.

4. L'importance des modalités de perception

A. Un impôt levé par des agents royaux et non par des traitants

- pour lever la capitation, éviter absolument de recourir aux « traitants, qui sont les véritables destructeurs du royaume » et étaient alors très impopulaires. Il s'agit des financiers à qui l'État délègue cette charge contre l'avance des sommes demandées, mais qui en profitent pour se faire une marge parfois considérable. Mais la monarchie dont le crédit est épuisé est généralement obligée de faire appel à eux et leur métier est risqué (certains finissent ruinés).
- Vauban préfère que l'impôt soit levé par des agents du roi, notamment les intendants, qui dépendent directement de la monarchie et sont les principaux relais du pouvoir dans les provinces. Ces derniers recevront cependant un pourcentage de la capitation pour leurs frais de levée : un sol par livre recouvrée, soit 1/20e ou 5 %, mais cela est moins que ce que réclamaient les traitants.

B. Un impôt pour la durée de la guerre

- Vauban insiste lourdement et à plusieurs reprises sur le fait que la capitation ne doit être réclamée que pour la durée de la guerre et donc abrogée à la fin de cette dernière. Elle ne doit pas être perçue comme une nouvelle taxe permanente.
- Crainte que la capitation soit impopulaire et suscite des révoltes antifiscales comme il y en a déjà eu à plusieurs reprises au XVIIe siècle.

C. Un impôt modèle pour l'avenir ?

Malgré son caractère provisoire, la capitation est considérée par Vauban comme l'impôt le plus juste ayant jamais été créé (« cette méthode me paraît si excellente et si judicieuse ») et il suggère au roi de la pérenniser à l'avenir ou de s'en servir pour la refondation du système fiscal français en remplacement de tous les autres impôts qui sont très inégalitaires et pas forcément d'un bon rendement.

Conclusion

Avec son projet de capitation de 1695, Vauban propose un nouvel impôt révolutionnaire qui est seul capable de répondre aux besoins d'un royaume exsangue à cause de la guerre et de la crise de 1693-1694. Universel et touchant tous les revenus à l'exception de ceux du commerce, il rapporterait une somme considérable jusqu'à la fin de la guerre et pourrait même servir de modèle pour une réforme globale de la fiscalité. En fait, le souhait de Vauban va être partiellement exhaussé par le roi. En effet, Louis XIV a bien mis en place une capitation touchant l'ensemble de la population y compris les privilégiés le 18 janvier 1695 (donc un mois avant la remise du projet de Vauban, mais le roi connaissait déjà les projets de l'ingénieur), cet impôt ne concernait pas l'ensemble des revenus mais établissait un tarif répartissant les contribuables en 22 classes déterminées par le rang, la qualité et l'état des personnes. Il était donc moins proportionnel et plus inégalitaire. En fait, le roi avait fait appel à plusieurs personnes pour élaborer la capitation, notamment l'ancien contrôleur général Claude Le Peletier, celui en fonction, Louis de Pontchartrain, et Chamlay. La décision de la créer avait été prise lors du conseil du 23 novembre 1694. Il s'agissait d'un compromis entre la position de Pontchartrain plutôt hostile au nouvel impôt et celles de Chamlay et Vauban qui voulaient un véritable impôt sur le revenu. En fait, ces dernières propositions étaient probablement trop novatrices pour l'époque, surtout en période de guerre générale et de crise financière. L'idée fit néanmoins son chemin et elle réapparut dans le célèbre projet de la Dîme royale de Vauban ou au moment de la crise de 1719-1710, aboutissant partiellement à la création du vingtième à cette même date.

Sujet 3 Le regard d'un voyageur anglais sur la France du XVIIIe siècle : Arthur Young

Le 26 [août]. Malgré tout ce que j'avais vu ou entendu sur le commerce, les richesses et la magnificence de cette ville, tout cela surpassa de beaucoup mon attente. Paris ne m'avait pas satisfait, car il n'est pas comparable avec Londres ; mais on ne peut pas mettre Liverpool en parallèle avec Bordeaux. Le grand trait dont j'avais le plus entendu parler, est celui qui est le moins frappant, je veux dire le quai, qui n'est recommandable que par sa longueur et les affaires considérables qui s'y font, ce qui, pour l'œil d'un étranger, est de fort peu d'importance, s'il est d'ailleurs dénué de beauté. La file de maisons est régulière, mais sans magnificence et sans beauté ; c'est un rivage en talus, sale, bourbeux, en partie sans être pavé, encombré d'ordures et de pierres ; des barques s'y tiennent pour charger et décharger les navires qui ne peuvent approcher ce que l'on appelle un quai. Il y a toutes les circonstances désagréables du commerce, sans l'ordre, l'arrangement et la magnificence d'un quai. Barcelone est unique à cet égard. Quand j'ai trouvé à redire aux maisons sur la rivière, je n'ai pas entendu les comprendre toutes ; le croissant qui est dans la même ligne est mieux bâti. La Place Royale, avec la statue de Louis XV au milieu, est une belle ouverture, et les bâtiments qui la composent, régulièrement élégants ; mais le quartier du Chapeau rouge est réellement magnifique, consistant en beaux édifices bâtis, comme le reste de la ville, de pierres de taille blanches : il joint au château Trompette, qui occupe près d'un demi-mille du rivage. Ce fort a été acheté au roi par une compagnie de spéculateurs qui sont maintenant à le démolir, dans le dessein d'y faire une belle place et plusieurs rues neuves, qui contiendront dix-huit cents maisons. J'ai vu un plan de la place et des rues, et si on l'exécute, ce sera une des plus belles additions faites à une ville que l'on ait encore vue en Europe. Ce grand ouvrage est à présent arrêté de peur de retrait. Le théâtre, fait il y a dix à douze ans, est certainement le plus magnifique que l'on trouve en France ; je n'ai rien vu qui en approche. Le bâtiment est isolé [...] et contient un portique de toute sa longueur, soutenu de douze grosses colonnes de l'ordre corinthien. L'entrée par ce portique est un noble vestibule qui conduit non seulement aux différentes parties du théâtre, mais aussi à une superbe salle de concert, et à des salons de rafraîchissements et de promenade : le théâtre même est d'une immense grandeur, formant le segment d'un ovale. [...] La manière de vivre qu'adoptent ici les négociants, est très luxurieuse ; leurs maisons et leurs établissements sont d'un genre dispendieux : ils donnent de grands repas, plusieurs sont servis en vaisselle plate, et la chronique scandaleuse parle de négociants qui entretiennent des filles de spectacle à un prix qui ne doit pas faire de bien à leur crédit. Ce théâtre, qui fait tant d'honneur aux divertissements de Bordeaux, fut élevé aux dépens de la ville, et coûta 270,000 l. [...] Les maisons que l'on bâtit dans tous les quartiers de la ville, témoignent trop clairement sa prospérité pour qu'on puisse s'y méprendre ; les extrémités sont toutes composées de nouvelles rues, avec d'autres encore plus nouvelles, tracées et en partie bâties. Ces maisons sont en général petites ou moyennes, faites pour des gens d'une classe inférieure : elles sont toutes de pierres blanches, et ajoutent, à mesure qu'elles s'achèvent, à la beauté de la ville. Je m'informai depuis quand ces nouvelles rues avaient été tracées, et je trouvai qu'il y avait en général quatre ou cinq ans, c'est-à-dire depuis la paix, et la couleur des pierres des rues qui les suivent indique que l'esprit de bâtir avait cessé pendant la guerre. Depuis la paix tout a marché avec beaucoup d'activité.

Arthur Young, *Les Voyages en France, pendant les années 1787-88-89 et 90, Entrepris plus particulièrement pour s'assurer de l'état de l'Agriculture, des Richesses, des Ressources et de la Prospérité de cette Nation*, Paris, Chez Buisson, 1793, tome 1, p. 128-133.

En 1794, est publiée la première traduction en langue française de l'ouvrage d'Arthur Young, *Les Voyages en France, pendant les années 1787-88-89 et 90*, dont la première édition anglaise date de 1792. Arthur Young (1741-1820) est un agriculteur, un agronome et un auteur anglais. Il fait partie de ces voyageurs étrangers venus en France qui, à travers leurs récits de voyage, apportent un éclairage privilégié – le regard de l'autre – sur l'état du royaume de France au XVIIIe siècle. L'angle d'étude choisie par Arthur Young est celle d'un économiste ayant un vif intérêt pour les origines de la prospérité française de l'époque, en particulier pour les campagnes et la production agricole françaises.

Dans l'extrait qu'il nous est donné à étudier, Young s'intéresse non pas au monde rural, mais à une ville florissante, Bordeaux. Le texte adopte à la fois une tonalité que l'on pourrait appeler « touristique », qui revient sans cesse sur les splendeurs bordelaises selon un critère esthétique, mais aussi un biais davantage analytique, qui se concentre sur les preuves urbaines de la richesse locale et, au-delà, nationale. Écrites pendant les dernières années de l'Ancien Régime, ces lignes constituent un riche témoignage de l'essor urbain et économique d'une des grandes villes du royaume de France, même si, par moments, elles trahissent la fierté nationale de l'auteur, un Britannique qui ne peut s'empêcher de comparer ce qu'il observe avec son pays natal.

Après avoir livré son impression générale de Bordeaux (l. 1-4), Young s'emploie d'abord à décrire le quai principal de la ville (l. 4-12), avant de s'étendre sur les travaux d'embellissement qui ont été menés à Bordeaux (l. 12-22) et de développer un exemple de ces travaux, à savoir le théâtre (l. 22-27 puis l. 32-33). Il fait ensuite mention du train de vie des négociants bordelais (l. 28-31), pour enfin s'attacher à la question de l'extension urbaine et la construction de nouvelles rues et maisons (l. 33-41).

Cet extrait du récit de voyage d'Arthur Young nous invite alors à nous interroger sur les caractéristiques de l'essor urbain français vers la fin du XVIIIe siècle à travers une étude de cas de la ville de Bordeaux.

Afin de développer ces caractéristiques, nous étudierons dans un premier temps l'importance des quais bordelais au cœur de l'activité économique de la ville. Puis nous nous intéresserons à la croissance démographique dont témoigne ce texte. Enfin, nous nous interrogerons sur l'action urbanistique à l'œuvre dans la ville de Bordeaux.

Plan proposé

1. Bordeaux : un port actif du XVIIIe siècle

Argument : pour Arthur Young, les quais de Bordeaux constituent le cœur de sa prospérité.

Idées à commenter : Au fondement de la prospérité bordelaise : le commerce. Dès l'ouverture de sa présentation de Bordeaux, Young s'enthousiasme sur le « commerce » de la ville, à l'origine de ses « richesses » (l. 1), commerce et richesses qui surpassent même ceux de la ville anglaise de « Liverpool » (l. 3).

À l'origine de l'importance du commerce pour cette ville se trouve son activité portuaire concentrée sur ses quais. Si l'auteur semble de prime abord être déçu par le quai, « trait le moins frappant » (l. 5) de la ville selon ses dires, ce n'est que d'un point de vue esthétique (l'expression « dénué de beauté », l. 7, est répétée à la ligne suivante « sans beauté », puis de nouveau l. 11 « sans la magnificence »), et en tant qu'« étranger » – que l'on peut comprendre ici qu'en tant que touriste – visitant la ville pour la première fois. En tant qu'économiste, il reconnaît l'importance vitale du quai principal de la ville, le long duquel se concentre l'essentiel des activités commerciales (« le quai, qui n'est recommandable que par sa longueur et les affaires considérables qui s'y font », l. 5-6). C'est finalement à travers une succession d'épithètes a priori péjoratifs (« sale », « bourbeux », « encombré »...) que l'auteur parvient à retranscrire le tableau d'un front de fleuve très fréquenté, où les différents métiers liés au commerce portuaire s'affairent, des marins aux négociants. L'utile prime ici sur le beau.

Enfin, le cœur du métier de la ville est rappelé aux lignes 9-10. Les « barques » sont de petites embarcations pour la navigation sur le fleuve, qui par leur manœuvrabilité peuvent décharger puis charger rapidement les cargos des « navires », qui sont des embarcations destinées à la navigation de cabotage ou hauturière même. L'importance du commerce maritime international est rappelée de nouveau à la fin du texte (l. 40-41) lorsque Young précise que le retour à la « paix » a permis le renouveau des échanges.

Connaissances à apporter au texte : Il faut expliquer la comparaison faite avec Liverpool : port du nord-est de l'Angleterre, devenu deuxième port du pays à la fin du XVIIIe, grâce principalement au commerce mené avec les Antilles britanniques (sucre), la Virginie (tabac) et à la traite négrière.

Il faut détailler l'importance portuaire bordelaise, premier port français à la fin du XVIIIe siècle. Bordeaux prospère moins sur la traite que Nantes (quatre fois moins d'expéditions de traite sur un grand XVIIIe siècle), mais cela ne veut pas dire qu'elle ne vit pas de l'esclavage. Au contraire. L'activité principale consiste dans le commerce en droiture avec les Antilles : les produits importés proviennent donc de l'exploitation des esclaves des plantations. En complément, le port exporte une partie de la production viticole de la région bordelaise.

Enfin, il faut préciser la « paix » évoquée dans le texte, soit la fin de la Guerre d'Indépendance américaine en 1783 et la signature des traités de Paris et de Versailles en septembre de la même année.

2. L'essor démographique bordelais

Argument : La prospérité économique de la ville est à l'origine d'un essor démographique important au cours du XVIIIe siècle.

Idées à commenter : Il faut s'arrêter sur ces « maisons que l'on bâtit dans tous les quartiers de la ville » (l. 33-34), des maisons qui ne sont pas seulement pour les riches « négociants » dont le train de vie trahit l'opulence (« luxurieuse » et « dispendieuse », l. 29), mais « pour des gens d'une classe inférieure ».

Bordeaux, son commerce et ses richesses, constitue donc une ville attractive, qui offre des opportunités d'emploi voire d'enrichissement personnel.

À cette hausse démographique correspond une extension spatiale de la ville : « les extrémités sont toutes composées de nouvelles rues, avec d'autres encore plus nouvelles, tracées et en partie bâties ». Afin d'accueillir ces nouvelles populations, on construit partout et sans cesse, repoussant les limites de la ville historique toujours plus loin vers les campagnes aux alentours.

Connaissances à apporter au texte : Il convient de préciser l'essor démographique bordelais auquel fait allusion l'auteur. Cette hausse est le fruit d'une migration importante vers Bordeaux, qui alimente à son tour une hausse de l'accroissement naturel. Entre le début et la fin du XVIIIe siècle, Bordeaux passe de 45 000 habitants à plus de 100 000, et accède au rang de troisième ville du pays. Cet afflux démographique est une migration du travail principalement, constituée majoritairement de jeunes hommes originaires des campagnes et régions voisines de Bordeaux, mais il faut également rendre compte d'une immigration étrangère, britannique (irlandaise et jacobite) et hollandaise notamment.

Une population qui fait plus que doubler sur le siècle implique deux transformations urbaines : une densification et une extension du bâti. Young y fait référence en parlant des nouvelles rues qui s'étendent sans cesse. Le silence du texte sur la question des murailles de la ville peut également être interprété comme un signe de cette extension. Jusqu'à la fin du XVIIe siècle, Bordeaux présente encore l'aspect d'une ville médiévale ceinte de remparts, mais pendant tout le XVIIIe siècle, l'arrivée de nouveaux habitants conjuguée à l'essor économique de la ville bouleverse le paysage urbain. Les faubourgs se multiplient et on cherche à les relier au centre historique ; on ouvre la ville sur le fleuve ; on reconstruit dans le centre pour lutter contre l'exiguïté ; on construit de nouvelles portes, plus larges ; on assèche des terres pour y construire de nouveaux quartiers.

3. Une ambition d'embellissement urbain

Argument : L'auteur insiste sur une caractéristique essentielle de l'évolution urbaine de Bordeaux au XVIIIe siècle : la ville ne se contente pas de grandir et d'encourager l'activité commerciale, elle est également ambitieuse culturellement et artistiquement, mène une politique d'embellissement.

Idées à commenter : Young montre comment l'embellissement de la ville se fait selon deux axes : le divertissement, principalement des élites (Young développe longuement l'exemple de l'édification à grands frais du nouveau théâtre de la ville, l. 22-28) et l'esthétisme, en insistant sur l'importance de promouvoir au sein de l'espace urbain une impression d'ouverture et d'harmonie (passage sur la « Place royale », l. 14-15 ; le théâtre « isolé » dans l'espace, l. 23 ; les nombreuses références à l'architecture unifiée, aux façades harmonieuses : l. 15-17 ou encore l. 37).

L'auteur montre également comment tout cela est le résultat d'une volonté publique (le « roi », l. 18 et 22, et la municipalité, l. 33) alliée à des investissements privés (« spéculateurs », l. 18).

Connaissances à apporter au texte : Il faut rappeler l'influence majeure de trois intendants de la généralité de Bordeaux. D'abord, Claude Boucher, à l'origine par exemple de la Place Royale (construite en l'honneur de Louis XV, elle ouvre une double perspective, du fleuve depuis la ville, et de la ville depuis le fleuve) ; puis Louis de Tourny ; enfin, Nicolas de Saint-Maur, à l'origine par exemple du théâtre. Il ne faut pas oublier toutes les initiatives privées, soit en coordination avec les projets des autorités, ou à l'échelle d'individus et de familles : les élites de la ville (parlementaires, armateurs, négociants…) se font construire de somptueux hôtels particuliers, en ayant soin de les intégrer stylistiquement au paysage urbain.

En somme, cet extrait des récits de voyage d'Arthur Young, consacré à l'essor urbain de Bordeaux, constitue un bel exemple d'une grande ville jouissant d'une prospérité commerciale conjuguée à un urbanisme heureux au XVIIIe siècle. Peut-on pour autant conclure qu'il s'agit d'un exemple représentatif de toutes les villes du royaume ? La réponse doit être nuancée. Si les villes principales françaises connaissent des évolutions semblables (on peut penser à la capitale ou à Nantes), cela ne s'est pas toujours fait à une échelle aussi importante. Quant aux villes moyennes et aux petites villes de France, leur essor est plus lent et bien moins frappant, démographiquement, économiquement comme du point de vue de l'urbanisme. Par ailleurs ce texte de Young ne fait aucune mention d'un problème partagé par toutes les villes du pays : la misère sociale.

Sujets corrigés : dissertations

Sujet 1 Les élites en Angleterre, en France et dans la monarchie hispanique au XVIe siècle

Comprendre le sujet

- Il faut commencer par définir le terme « élites », en insistant sur la polymorphie et polysémie du terme (aristocratique, ecclésiastique, de service…). Il convient ensuite de se demander quel est le point commun entre ces différentes catégories.
- Pourquoi l'Angleterre, la France et la monarchie hispanique ?
  - Ce sont trois ensembles qui ont pour caractéristiques d'être des monarchies et d'occuper des territoires relativement vastes à l'échelle des autres États européens. Cela suppose donc un rapport différent au pouvoir souverain par rapport à de petites principautés où ces élites n'existent pas ou sont beaucoup plus étroitement dépendantes du prince.
  - Quelles sont les limites et frontières de ces trois monarchies ? Il faut en tenir compte pour éviter les hors-sujet (ne pas parler de l'Écosse ou évoquer le Portugal à partir des années 1580, par exemple).
- Le contexte chronologique : quels phénomènes propres au XVIe siècle contribuent à faire évoluer ce que sont et ce que font ces élites ?

Pièges à éviter

- Faire un plan où chacune des trois parties est consacrée à l'un des trois espaces ; il faut au contraire croiser et comparer les exemples.
- Faire un plan typologique où chacune des parties est consacrée à un type de fonctions des élites. Outre qu'un tel plan ne permet pas d'évoquer tous les aspects du sujet, il peut aussi tendre à minimiser l'évolution chronologique et les changements au cours de la période.

Proposition de correction

Les élites sont à l'image des sociétés qui les ont produites. Conçues comme un groupe restreint de personnes, les élites se définissent par le premier rang qu'elles occupent dans une société donnée. Mais elles sont également indissociables de l'idée de choix puisque le terme est une forme archaïque du participe passé du verbe « élire » : dès lors, le terme d'« élites » désigne moins un groupe en capacité de faire des choix grâce à sa position sociale qu'un ensemble de personnes choisies par une autorité supérieure, ici les souverains. Ainsi, dans un XVIe siècle qui débute avec la Renaissance et qui s'achève avec la fin des guerres de Religion et de l'affrontement entre la monarchie hispanique d'une part et les royaumes de France et d'Angleterre d'autre part, les élites anglaises, françaises et hispaniques connaissent de profondes mutations à mettre en rapport avec les transformations du pouvoir et de l'État. En cela, elles sont étroitement associées au pouvoir qui les a créées, qui les maintient ou qui les défait. Il faut donc se demander dans quelle mesure leurs relations au pouvoir souverain façonnent les élites anglaises, françaises et hispaniques. Pour répondre à cette question, nous verrons dans un premier temps que le service du roi est à l'origine de l'existence de ces élites. Dans un deuxième temps, nous tâcherons d'analyser les stratégies de distinction déployées par les membres de ces élites afin de consolider la faveur royale. Enfin, nous achèverons notre réflexion par un rapide examen de tentatives d'émancipation de certaines élites.

I. Le service royal comme justification de l'existence des élites

Argument : avec le développement des administrations royales et l'accroissement de l'autorité monarchique qui la sous-tend, les élites se définissent et se justifient par rapport au pouvoir royal.

Exemple : pendant l'essentiel de la période, l'archétype du service rendu par les élites au souverain passe par le service des armes ; ce dernier justifie en retour la place de premier plan occupée par ces militaires de haut rang. C'est le cas de Gonzalo Fernández de Cordoba (1453-1515), le Gonzalve de Cordoue des Français, qui devient vice-roi de Naples après s'être illustré contre les troupes de Louis XII notamment, ou de l'amiral Gaspard de Coligny (1519-1572) qui intègre le conseil du roi. Pour les élites n'appartenant pas à la noblesse, cette dépendance au service du roi est sans doute encore plus marquée : ainsi, l'ascension des ecclésiastiques ou les juristes est le résultat de l'appui et de la faveur du monarque, comme Thomas Wolsey qui intègre le conseil d'Henri VIII d'Angleterre en 1509 au titre d'aumônier du roi et devient archevêque de York et cardinal en 1515.

Synthèse : le service du roi crée, justifie et renforce les élites anglaises, françaises et hispaniques. Mais cette faveur royale étant par nature rare et versatile, elle entraîne une concurrence entre les élites pour la gagner et la conserver.

II. La distinction au risque de la tension

Argument : cette volonté de capter de manière durable la faveur royale amène ces élites à faire des choix politiques et/ou religieux pour se distinguer de leurs rivaux. Ce faisant, elles entraînent avec elles tous leurs clients et fidèles.

Exemple : en Angleterre, durant le bref règne d'Édouard VI (1547-1553), la rivalité des frères Edward et Thomas Seymour illustre à l'extrême les tensions existant au sein des élites de gouvernement : le premier, régent du royaume, doit faire face à une tentative de prise de pouvoir par le second, qu'il fait exécuter (1548). Ailleurs, une partie importante des choix politiques de Philippe II d'Espagne dans les deux premières décennies de son règne est liée aux deux factions emmenées par le duc d'Albe, qui défend des positions bellicistes, et par le prince d'Eboli, tenant davantage pour les négociations. De même, en France, une explication des guerres de Religion ne peut faire l'économie de la rivalité entre le lignage des Montmorency-Coligny, partisan des thèses réformées, et celui des Guise qui soutiennent au contraire le catholicisme et plus tard la Ligue. Lorsque le souverain est suffisamment puissant, cette concurrence lui permet de s'imposer comme arbitre au sein des élites ; mais s'il est faible, les tensions factionnelles prévalent et diminuent l'autorité royale.

Synthèse : cette concurrence élitaire peut structurer de manière profonde la vie des royaumes et les options politiques retenues par les souverains.

III. S'émanciper du roi ?

Argument : la puissance et le prestige de ces élites sont tels qu'elles essaient parfois de mettre sur pied des politiques ou des alliances matrimoniales ambitieuses, leur permettant de prétendre à des couronnes.

Exemple : chez les Guise, Marie, sœur du duc François, épouse en 1538 le roi d'Écosse Jacques V. À la génération suivante, la fille de cette union, Marie Stuart, épouse le dauphin François en 1558 qui devient roi l'année suivante. De ce fait, pendant les guerres de Religion, les Guise sont suspectés d'aspirer à la couronne de France, notamment pendant les États Généraux de 1593. Dans la monarchie hispanique, le vice-roi de Naples Pedro de Toledo parvient à donner une de ses filles, Éléonore, en mariage aux Médicis ; elle devient en 1539 l'épouse de Cosme de Médicis, duc de Toscane. Mais dans ce cas, il s'agit moins d'une tentative d'émancipation que d'un moyen pour sceller des liens entre la monarchie hispanique et le duché toscan.

Synthèse : si les aspirations à un pouvoir souverain peuvent exister chez ces élites, elles sont néanmoins moins certaines que les contreparties assurées par les services rendus au monarque.

Conclusion

Il est donc possible de mettre en évidence le lien étroit qui existe entre le pouvoir souverain et les élites. Toutefois, ce lien est réciproque : si les membres des catégories élitaires ont besoin du pouvoir monarchique pour se hisser et se maintenir dans les sphères supérieures du gouvernement, ce dernier est également impossible ou mis en péril par leur absence ou leur méfiance. En ce sens, l'une des caractéristiques du XVIe siècle est donc la coalescence de l'autorité monarchique et des élites. Pourtant, il reste encore à savoir ce que peut devenir cette relation lorsque la souveraineté n'accepte plus aucun partage, qu'elle devient absolue.

Sujet 2 Les voyages de formation et d'agrément en Europe aux XVIIe et XVIIIe siècles

Introduction

Pour **l'accroche**, plusieurs solutions possibles :

- partir de l'évolution historiographique avec l'intérêt grandissant des historiens pour les voyages seulement depuis une trentaine d'années. Ainsi, le renouveau de l'histoire des mentalités dans les années 1970 a permis d'étudier avec un nouveau regard les récits de voyage des contemporains. Intérêt aussi renouvelé pour une histoire matérielle du voyage, même si la varie rupture dans ce domaine a plutôt lieu au début du XIXe siècle avec le chemin de fer et le développement du tourisme.
- partir directement de la définition de « voyage » et donc des termes du sujet, en citant par ex celle de l'*Encyclopédie* ou celle donnée par des auteurs du XVIIIe.
- partir du constat de Paul Hazard dans *La crise de conscience européenne*, selon lequel, à partir des années 1680, une Europe des Lumières caractérisée par la mobilité et le mouvement aurait succédé à une Europe classique marquée par la sédentarité, l'éloge de la stabilité et de l'ordre, et une relative immobilité. Bref développement des voyages, notamment de formation et d'agrément, serait le symbole de cette évolution, qu'il faut cependant nuancer en expliquant que le Moyen Âge ou les XVIe et XVIIe ont également connu d'importantes mobilités et que l'immobilité de ces temps n'est qu'apparente.

Analyse du sujet et de ses termes

- « **Voyage** » : 3 idées importantes le définissent :
  - transport d'une personne dans un espace plus ou moins lointain et que l'on parcourt pour des finalités multiples (commerce, religion, curiosité...),
  - lien pédagogique fort entre le voyage et son récit, les deux devant instruire,
  - puissance métaphorique du voyage comme image de la vie et du destin.

Il n'est pas toujours facile de savoir où commence et où finit le voyage, activité distincte de la brève excursion autant que de la résidence prolongée à l'étranger. Le voyage peut être tiré du côté d'une définition large de la mobilité, intégrant les migrations saisonnières, les déplacements de colporteurs, de marchands ou de militaires. Déplacement ponctuel à travers un espace qui n'est pas connu et maîtrisé et qui permet des rencontres. Voyage agit non seulement sur l'individu qui se déplace mais aussi sur les sociétés d'accueil et de départ. Ainsi une conscience des identités collectives se constitue à la faveur du voyage.

- **« de formation et d'agrément » :** La formation suppose un apprentissage, une éducation ou la découverte de savoirs, de nouveaux lieux, de nouvelles personnes… L'agrément permet d'inclure les premiers touristes au XVIIIe qui voyagent pour leur plaisir, même si celui-ci est souvent lié à l'idée d'approfondir des connaissances, de s'ouvrir à l'autre et à une nouvelle culture. Cela exclut les voyageurs qui se déplacent pour des motifs « professionnels » (militaires, espions, migrations de travail, ecclésiastiques à Rome, migrations forcées comme les huguenots après 1685). Cela revêt une certaine ambiguïté pour les artistes, savants et scientifiques qui voyagent à la fois pour se former et pour travailler, et pour la situation particulière des pèlerins. On peut cependant les inclure dans la liste comme également les « touristes », les gens de lettres, philosophes, étudiants, princes et diplomates.

Enfin, il faut bien rester dans le cadre de l'Europe et ne pas déborder sur les voyages en Amérique ou en Orient.

Problématiques

Les voyages de formation et d'agrément ont-ils contribué à l'ouverture et au changement de perception des Européens aux XVIIe et XVIIIe siècles ?

Malgré leur diversité, les voyages de formation et d'agrément ont-ils contribué à la diffusion d'une identité commune et cosmopolite pour les élites européennes aux XIIIe et XVIIIe siècles ?

Développement

I. La diversité des voyageurs et de leurs objectifs

A. Le Grand Tour et la formation de la jeunesse dorée

1) Un voyage élitiste vers l'Europe occidentale

- Définition : voyage de formation du jeune gentilhomme, dont la pratique remonte au XVIe siècle et a été inventée en quelque sorte par les Anglais. Mais c'est au XVIIIe que le terme en vient à désigner des pérégrinations de plusieurs mois – voire années – qui conduisent le voyageur à travers une grande partie de l'Europe, sans pour autant la réduire à un modèle rigide et unifié.

- Objectif : parfaire les connaissances nécessaires à un noble et même la haute bourgeoisie. Souvent effectué sous l'œil d'un précepteur, à la fois professeur, tuteur et « maître de plaisir ».

- Pratiqué surtout par les Anglais, Allemands et Hollandais, moins par les Italiens et en Europe centrale et orientale.

- Ce tour concerne surtout l'Europe occidentale avec des étapes qui varient légèrement en fonction des peuples qui le pratiquent : avant tout vers la France et l'Italie, plus secondairement en Allemagne, Provinces-Unies et Angleterre.

2) Les fonctions du Grand Tour

- fonction d'apprentissage : voyage d'initiation pour améliorer connaissances diverses (langues, politique, art militaire, « sciences galantes », art de la conversation)
- fonction de représentation : permettre au gentilhomme de s'inscrire dans une tradition et de prendre pleinement sa place au sein de la noblesse.
- fonction d'exutoire : le voyage est un espace de liberté pour la jeunesse, qui échappe, souvent pour la première fois, à l'autorité parentale directe (fêtes, jeux, aventures galantes…).

B. Une formation professionnelle

1) Étudiants et ingénieurs

Déclin de la mobilité internationale étudiante à cause de la rupture religieuse de l'Europe. Mais voyages pour certaines écoles techniques pour étudier la métallurgie, les mines).

2) Marchands et artisans

Formation dans les grandes villes commerçantes d'Europe, notamment dans les colonies marchandes de leur nationalité à Amsterdam, Bordeaux, Hambourg… Artisans plus rares à l'étranger.

3) Élites politiques

Souvent indispensable pour les diplomates. Exemple aussi de certains fils de ministres comme Seignelay, envoyé par Colbert faire un tour d'Europe (Hollande, Angleterre) pour apprendre son futur emploi de secrétaire d'État de la Marine.

4) Artistes

Voyages, surtout en Italie considérée comme la terre des arts depuis la Renaissance.

- Place privilégiée de Rome (ruines antiques, œuvres de la Renaissance, siège de la papauté). Modèle de l'Académie de France à Rome créée en 1666, qui accueille des artistes français pour se former. Cela permet aussi de nouer des contacts dans un milieu cosmopolite et d'acquérir une réputation.
- Rôle aussi de Florence, Venise, Naples et Paris.
- Exemple enfin des voyages musicaux pour se former surtout en Italie auprès des grands maîtres, s'initier à l'opéra, puis concurrence de Paris, Dresde,

Londres, Madrid. Exemple des voyages du jeune Mozart à travers toute l'Europe pour se former et trouver des mécènes.

C. Le voyage pour la connaissance : philosophes, savants, francs-maçons et princes

1) Philosophes et écrivains

Nombreux voyages des Français en Angleterre au XVIIIe, pays qui fascine par son régime politique. Séjour de certains philosophes auprès de princes (Voltaire avec Frédéric II, Diderot avec Catherine II…).

2) Savants et francs-maçons

- Savants : surtout à la fin du XVIIIe. Voyages d'académiciens français en Laponie en 1736 ; voyages minéralogistes en Italie (Dolomieu).
- Francs-maçons : idéal de sociabilité internationale et égalitaire qui considère les voyages comme un élément essentiel à la formation idéologique des initiés.

3) Des princes

Voyages pour s'instruire et s'inspirer de l'étranger pour réformer ensuite leur pays. Exemple de Pierre le Grand de Russie au début du XVIIIe, du futur Joseph II d'Autriche…

II. Les conditions du voyage

A. Les progrès des réseaux de transport et les premiers guides de voyage

1) Des transports plus rapides et plus efficaces

- Si la mer et les voies d'eau sont utilisées et facilitées par la construction de canaux, la route reste privilégiée par les voyageurs. Au XVIIIe, progrès sensible du transport terrestre, notamment en France (26 000 km de voies pavées en 1789), mais qualité qui décline plus on va vers l'Europe de l'Est.
- Développement des messageries et des postes à travers l'Europe.
- Diversification des voitures particulières et de leur confort.

2) Guides de voyages et progrès de la cartographie routière

Création d'atlas, de cartes des routes, d'itinéraires. Les guides, récits de voyage et romans d'aventure sont de plus en plus nombreux dans les bibliothèques des élites au XVIIIe. Ex. le plus complet : *Itinéraire d'une partie de l'Europe* de Louis Dutens.

B. Le développement des structures d'accueil des voyageurs

1) Développement du nombre et de la qualité des auberges

Création de nombreux hôtels, auberges et amélioration du confort.

Sinon, on s'en remet à la tradition de l'hospitalité qui perdure.

2) Le système des lettres de recommandation

Ce système ouvre les portes d'amis ou de connaissances indirectes et permet d'entrer dans des réseaux de sociabilité recherchés (monde des savants, République des lettres, salons, milieux artistiques, cours, francs-maçons…).

3) L'apparition des premières stations touristiques

- stations thermales : rôle pionnier des Anglais à Bath en Angleterre au XVIIIe, puis création d'autres villes thermales : Spa dans les Pays-Bas, Baden-Baden, Aix en Savoie, Carlsbad et Marienbad en Bohême…
- stations balnéaires : modèle de Brighton à partir de 1740. On profite de la vie mondaine plus qu'on ne se baigne. Puis développement de la côte d'Azur pour profiter d'un climat plus clément l'hiver.

  Séjours réservés à une élite fortunée.

C. Les dangers et les obstacles aux voyages

1) De nombreux dangers

- brigands/pirates, surtout dans les forêts, montagnes et zones frontalières, mais les voyageurs rapportent surtout les bruits qui courent et n'en sont pas victimes directement.
- les guerres entraînent généralement une baisse des voyages, mais attirent parfois des curieux. Les Britanniques affichent au XVIIIe un certain détachement, leur pays n'étant pas touché directement par les conflits.
- épidémies (peste) ou contrôle d'hygiène à la frontière (quarantaine, par exemple)
- intempéries et accidents : tempêtes en Méditerranée, montagne considérée comme un milieu effrayant avec neige, ravins…

2) Le renforcement des contrôles d'identité : obstacle aux voyages ?

- On voit une volonté de plus en plus grande des États de contrôler les déplacements et les passages de frontière, surtout en temps de guerre. La France de Louis XIV, puis de Louis XV fait figure de modèle. Au XVIIIe, les techniques d'identification se développent avec la création des passeports, mais on craint avant tout les gens du peuple, les pèlerins et on a peur des vagabonds et des voleurs.
- Obstacle de la langue : pas si problématique car le latin et surtout le français sont largement répandus dans les élites. La véritable frontière est plus sociale, entre élites et peuple.

III. Le retour de voyage : une ouverture sur l'autre et l'ailleurs ?

A. Les souvenirs et preuves du voyage

- Présents ou souvenirs (œuvres d'art, copies ou originaux d'antiquités, portraits) pour garnir les cabinets de curiosité.

- Grand prestige social des voyageurs dont la compagnie est recherchée dans les salons…
- Nombreux récits de voyage écrits. Certains supposent une prise de note attentive au cours du périple avec de nombreux clichés récurrents et une tendance à l'héroïsation du voyageur.

B. Un nouveau regard sur le monde ?

- A priori, le voyageur est censé apporter un regard neuf sur le monde et s'ouvrir ainsi l'esprit. Au XVIIIe, avec les Lumières, développement de la figure du voyageur-philosophe qui mène une enquête approfondie sur les pays visités pour instruire ses compatriotes.
- Mais en fait, les voyages sont souvent des descriptions stéréotypées des lieux visités, qui reprennent le texte des guides et des autres récits publiés auparavant.
- Néanmoins, un regard plus personnel et plus sentimental se développe à la fin du XVIIIe, précurseur du romantisme. Évolution également du regard sur la montagne, au départ dépréciée et qui devient une « horreur sublime », un lieu majestueux. De même se manifeste un certain intérêt pour les endroits sauvages et reculés.

C. La constitution d'une culture cosmopolite ?

1) Relativisme culturel ou ethnocentrisme ?

- Pour l'homme des Lumières, les voyages devaient amener un certain relativisme culturel, développer le sens critique et la tolérance.
- Mais les jeunes gens du Grand Tour ont tendance à rester entre eux et à développer une vision ethnocentrique des pays visités avec reprise des clichés sur les peuples visités et sentiment de supériorité nationale.

2) Diffusion des modes ou repli nationaliste ?

- Les voyages permettent de diffuser des modes ou des goûts (anglomanie et francophilie, diffusion de l'art italien, redécouverte de l'Antiquité au XVIIIe).
- Mais en même temps, ils peuvent susciter une réaction de repli nationaliste face à ces modes.

3) De l'utilité des voyages

La critique des voyages, plus au XVIIe qu'au XVIIIe, va parfois jusqu'à leur dénier toute utilité : il importe moins de connaître le monde que soi-même.

4. Conclusion

- **Bilan** : Malgré les obstacles et les dangers, on assiste à un important développement des voyages de formation et d'agrément avec les progrès des réseaux de transport, la publication de nombreux guides et avec la mode du Grand

Tour. Malgré la diversité des objectifs et des voyageurs, les voyages ont dans l'ensemble contribué à l'apparition d'une culture et d'une identité commune et cosmopolite pour les élites européennes. Mais celle-ci ne doit pas être surestimée en raison du maintien de nombreux stéréotypes, d'un fort ethnocentrisme et même du développement du patriotisme.

- **Ouverture :** Dès la fin du XVIIIe, on perçoit un changement dans la pratique du voyage avec la création de nouvelles écoles spécialisées et la perte de centralité des cours princières. Les voyages deviennent plus rapides et l'espace parcouru se resserre. Les périodes révolutionnaire et impériale, avec des guerres incessantes et le développement du nationalisme, va perturber la pratique du Grand Tour et remettre en cause la culture cosmopolite des élites, typique des Lumières et de l'Ancien Régime. Mais c'est dans la première moitié du XIXe qu'apparaît la rupture la plus importante avec le développement des chemins de fer et la naissance du tourisme dans les années 1840.

Sujet 3 — La France à la veille de la Révolution française

Comprendre le sujet

- Il faut commencer par définir les termes du sujet. « La France » renvoie ici tant au pays, en tant que territoire regroupant des hommes et leurs activités – soit la société et l'économie françaises – qu'au royaume, c'est-à-dire au pouvoir de l'État français, l'organisation du pouvoir à l'intérieur des frontières nationales et le rayonnement de la puissance française à l'étranger. « La Révolution française » couvre l'ensemble des événements depuis l'ouverture des États généraux le 5 mai 1789 jusqu'au coup d'État de Bonaparte en novembre 1799, qui conduisent à la chute de la monarchie absolue et à la fin de la société d'ordres et des privilèges.
- Pourquoi « à la veille de » ? Cette locution signifie qu'il est demandé de s'intéresser à la situation de la France juste avant le début de la Révolution française.
- Dès lors, « la Révolution française » est à prendre comme une référence chronologique : il faut dresser un tableau de la France vers le début de l'an 1789.
- Mais il faut également comprendre « la Révolution française » comme un bouleversement majeur dont il faut sonder les origines – il faut prendre en compte la période avant mai 1789 pour expliquer comment Louis XVI en vient à convoquer les États généraux, choix qui déclenche une série d'événements qui se précipitent sans que les acteurs politiques en aient le véritable contrôle. Cela peut nécessiter de remonter sur l'ensemble du XVIIIe siècle comme d'analyser l'accélération des mécontentements au cours des premiers mois de 1789.

Pièges à éviter

- Il s'agit donc d'un sujet dit « tableau », qui consiste à dresser le tableau ou le portrait d'un objet d'étude – ici, la France – à un moment spécifique, en général une année – ici, 1789, mais avant le début des événements révolutionnaires. L'année spécifiée a toujours été choisie pour la richesse et l'ampleur des éléments de réponse à apporter, elle a un intérêt qu'il convient de mettre en évidence (dans le cas présent, cela est même précisé dans l'intitulé du sujet). Il peut s'agir bien souvent d'un « tournant », mais il est inutile de le préciser tellement cela constitue une évidence.
- Il faut toujours répondre à un sujet « tableau » selon un plan thématique. La difficulté est double : éviter des plans « à tiroir » avec des grands axes interchangeables (par exemple la politique française ; l'économie française ; la société française…) ; donner une impression d'histoire statique : un plan thématique n'exclut pas de mettre en évidence des évolutions, des changements.
- Il faut à tout prix éviter le hors-sujet : dans tout sujet « tableau », il est essentiel de ne jamais évoquer quoique ce soit qui a lieu après le moment précisé dans le sujet. Ici, à aucun moment du développement peut-on se rapporter aux événements de la Révolution française, c'est-à-dire à ce qui se passe à partir du 5 mai 1789. Le sujet ne porte pas sur la Révolution française. Il est toutefois permis en conclusion d'ouvrir sur ces événements postérieurs au sujet.
- Inversement, on ne peut pas se cantonner au seul moment précisé dans le sujet : il ne s'agit pas ici de se limiter aux premiers mois de 1789, il faut au contraire remonter en arrière afin de comprendre ce qui explique l'état de la France d'alors. Dans le cas présent, le règne de Louis XVI suffit dans l'ensemble à répondre convenablement au sujet. Il serait envisageable d'y rajouter le règne de Louis XV. Il est toutefois très important d'adopter le bon angle d'étude : il faut toujours partir de la situation prérévolutionnaire de la France en 1789. Un plan chronologique qui résumerait les principales évolutions du pays de 1715 ou 1774 à 1789 serait tout aussi hors-sujet qu'un devoir sur la France révolutionnaire.

Proposition de correction

Lorsque s'ouvrent les États généraux au début du mois de mai 1789, personne n'imagine qu'ils vont déboucher sur les événements révolutionnaires qui mettent fin à l'Ancien Régime. Si la France est confrontée à une série de crises depuis plusieurs années, elle n'en demeure pas moins un pays puissant et influent. Il faut donc se demander en quoi l'état de la France à la veille de la Révolution laisse entrevoir des signes annonciateurs d'une révolution politique à venir sans pour autant que celle-ci ne fût ni évidente ni inéluctable. Pour répondre à cela, nous montrerons dans un premier temps que la France reste un royaume puissant à la veille de la Révolution. Ni la monarchie ni le pays ne sont cependant tout-puissants : dans un deuxième temps, nous tâcherons de dégager les faiblesses de la France. Enfin, nous achèverons notre réflexion en examinant comment ces contradictions propres à la France conduisent à l'impasse politique et à la convocation des États généraux.

I. Un royaume peuplé, prospère et puissant…

Argument : À la fin du XVIIIe siècle, le royaume de France demeure l'une des principales puissances, sinon la principale puissance, d'Europe. Reposant sur une monarchie absolue consolidée, forte d'un siècle de croissance et bénéficiant d'un rayonnement européen et mondial incontestable, la France connaît à la veille de la Révolution française bien des atouts.

Idées principales :

- En 1789, la monarchie absolue s'incarne en la personne de Louis XVI, au pouvoir depuis 1774. Ce dernier est à la tête d'un État fort et centralisé. Son gouvernement peut s'appuyer à la fois sur des ministères efficaces concentrés à Versailles et à Paris, ainsi que des officiers royaux compétents dans les différentes provinces du pays.
- Avec plus de 26 millions d'habitants en 1789 grâce à un siècle de croissance, la démographie française tranche avec la morosité du siècle précédent.
- Une économie prospère qui repose notamment sur une modernisation des infrastructures du pays, les progrès de la production agricole, l'amorce de l'industrialisation et l'essor du commerce international.
- En 1789, la France jouit d'une réputation culturelle et artistique à travers toute l'Europe. Elle incarne sans doute mieux que tout autre pays le mouvement des Lumières.
- Le rayonnement de la France à l'étranger se manifeste également par son influence diplomatique et sa puissance militaire et coloniale.

Exemple : La victoire française dans le cadre de la Guerre d'Indépendance américaine (1776-1783). De la déclaration de l'indépendance en 1776 à 1778, les révolutionnaires des treize colonies sont seuls face à la puissance des armées britanniques. Le soutien d'une large partie de la population ne suffit pas à compenser le manque d'expérience et de commandement militaires, des finances insuffisantes et l'absence d'une vraie flotte de guerre. Mais en février 1778, la signature d'un traité d'alliance avec la France change la donne : l'aide au financement de la guerre, l'envoi de troupes terrestres et surtout l'apport de la marine française renversent le rapport de force et mènent à une succession de victoires pour l'alliance, qui culminent lors de la capitulation britannique à Yorktown en octobre 1781. La victoire des insurgés est confirmée par la signature des traités de Paris et de Versailles en septembre 1783 : vingt ans après la défaite française au cours de la Guerre de Sept Ans, la France tient sa revanche sur la Grande-Bretagne.

II. … Mais fragilisé par des contradictions internes…

Argument : Si la puissance de la France ne fait aucun doute, elle ne saurait cacher des contradictions internes au royaume et la société du pays ; ces contradictions, à défaut de réformes ambitieuses et abouties, menacent d'affaiblir le pouvoir établi.

Idées principales :

- Une société inégalitaire divisée en trois ordres dont deux, le clergé et la noblesse, sont privilégiés (exemptés notamment de la majorité des impôts du pays), alors que la charge fiscale pèse lourdement sur le Tiers-État (qui regroupe environ 98 % des Français). Au sein de chaque ordre, on retrouve une grande diversité des situations socio-économiques.

- Un contexte malheureux qui se distingue de la conjoncture heureuse du siècle : les années précédant la Révolution française connaissent une dégradation météorologique (1785 : sécheresse ; 1787 : pluies diluviennes ; 1787-1788 : hiver très rigoureux) qui entraîne une série de (très) mauvaises récoltes, une hausse des prix des céréales et une crise de subsistance. La soudure de 1789 s'annonce très difficile.

- La crise budgétaire : les dernières années de l'Ancien Régime correspondent à une succession de déficits budgétaires qui creusent la dette de l'État.

Exemple : Le déséquilibre budgétaire de 1788. Le dernier budget connu à la veille de la Révolution française présente des dépenses totales de 629 millions de livres pour des recettes de seulement 503 millions de livres. Non seulement le budget est largement déficitaire (d'environ 25 %), mais il l'est pour de mauvaises raisons : le premier poste des dépenses est celui du service de la dette du royaume (310 millions de livres, soit plus de la moitié de l'ensemble des dépenses annuelles !). Les deux tiers de cette dette ont été contractés depuis l'arrivée au pouvoir de Louis XVI et correspondent à une hausse de plus de la moitié des dépenses annuelles de l'État français (pour financer notamment la Guerre d'Indépendance américaine). Puisque les revenus de l'État sont restés stables jusqu'en 1789, il a fallu emprunter massivement. Les dépenses militaires (165 millions de livres) sont le deuxième poste de dépense du pays. Les frais de la vie de cour (35 millions de livres) ne représentent « que » 5 % des dépenses, mais lorsque l'on considère que moins d'un pour cent de la population en jouit, ils paraissent dès lors excessifs.

- La critique croissante du régime : les Lumières dénoncent les abus et l'arbitraire du pouvoir absolu, les limites imposées aux libertés individuelles et l'intolérance religieuse. Les révolutions anglaise (1688) et américaine (1776) constituent des modèles d'espoir pour une partie des élites françaises.

- L'impasse des réformes : en 1789, force est de constater que les nombreuses tentatives de réforme menées par les gouvernements successifs de Louis XV puis de Louis XVI ont échoué. Ces réformes ont eu deux objectifs majeurs : instaurer un meilleur équilibre des pouvoirs entre la monarchie et les parlements du pays ; moderniser l'économie et augmenter les recettes fiscales en instaurant davantage d'égalité devant l'impôt (renvoi de Turgot en 1776 ; renvoi de Calonne en 1787 puis échec de Brienne la même année).

III. ... Qui conduisent à l'ouverture des États généraux

Argument : Devant l'ampleur de la crise, Louis XVI est amené à adopter une série de mesures dont la principale est la convocation des États généraux.

Idées principales :

À la veille de la Révolution française :

- L'État est en situation de faillite imminente et le roi est contraint à des mesures radicales pour mettre fin à la crise. Necker, ministre populaire auprès du peuple parisien, a été rappelé au gouvernement depuis août 1788. Il a multiplié les mesures pour tenter de résoudre la crise frumentaire. Afin d'assainir les finances du pays, il a également cherché le soutien du Parlement de Paris et de l'Assemblée des notables.
- Les États généraux ont été convoqués en janvier 1789 par Louis XVI ; les membres ont été élus en mars. Les parlementaires avaient demandé leur convocation dès 1787. Il s'agit d'une institution de crise, signe d'un affaiblissement du pouvoir royal (la dernière convocation remonte à 1614 sous la régence de Marie de Médicis).
- Le pamphlet « Qu'est-ce que le Tiers-État ? » de l'abbé Sieyès, publié en janvier 1789, alimente le débat public en appelant à une réforme du mode de scrutin des États, préférant un vote par tête et non par ordre.
- Partout dans le royaume, des cahiers de doléance ont été rédigés, sur ordre du roi en février 1789, afin que les demandes des différentes composantes de la société française soient enregistrées.

Exemple : Environ 60 000 cahiers de doléances sont rédigés dans les paroisses du royaume. Il s'agit de textes où les Français expriment leurs plaintes et leurs souhaits. Ils ont été ensuite réunis en une synthèse unique par ordre. Les cahiers du clergé sont favorables à la seule reconnaissance de la religion catholique, à des mesures de lutte contre l'amoralité mais aussi contre la misère du peuple. Les cahiers de la noblesse sont divisés entre une tendance libérale et une autre conservatrice. De façon générale, ils se montrent peu ouverts à l'idée d'une fiscalité universelle. Enfin, les cahiers du Tiers-État abordent une série de griefs communs (une justice royale trop complexe, des impôts trop lourds, notamment la gabelle, des prix trop élevés…) tout en exprimant un attachement à la personne du roi, une sympathie pour Necker et une volonté générale de réforme en faveur de davantage de justice sociale.

- Depuis plusieurs mois, le pays est secoué par une série d'émeutes (par exemple à Rennes, à Paris, à Marseille) ouvrières, étudiantes, frumentaires…

En conclusion, il est donc possible de mettre en évidence une crise plurielle qui frappe la France à la veille de la Révolution française – tout autant politique que sociale, économique et morale. La convocation des États généraux doit être comprise comme la prise de conscience par Louis XVI de la gravité de la situation du pays, la volonté de montrer qu'il souhaite écouter ses sujets et ainsi apaiser les tensions, et a l'espoir de débloquer la situation en parvenant à faire accepter une solution fiscale à la pénurie financière qui menace son royaume. Toutefois, il ne faut pas sous-estimer les forces du pays sur lesquelles peut encore compter la monarchie. Le contexte socio-économique est mauvais, mais la conjoncture générale du siècle qui précède a été bien plus favorable. Le clergé comme la noblesse constituent des soutiens naturels du roi. D'autres crises ont secoué les règnes de ses prédécesseurs sans ébranler l'ordre du pays : les fondements de la monarchie absolue sont anciens et paraissent appelés à durer encore. Par ailleurs, le message majoritaire qui émerge des cahiers de doléance est favorable à des réformes mais ne constitue en rien une remise en cause de la monarchie. En ce sens, la France à la veille de la Révolution française est une puissance qui traverse une crise véritable, mais elle n'est pas encore une France révolutionnaire.

Sujets corrigés : commentaire d'image

Sujet 1 Le massacre de la Saint-Barthélemy par Frans Hogenberg

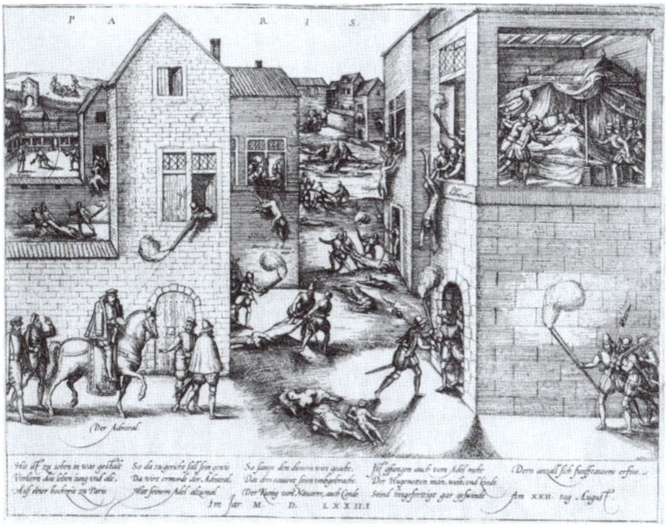

Si la Saint-Barthélemy (24 août 1572) est un événement bien connu dans son déroulement et dans ses conséquences, il reste néanmoins l'un des événements les plus délicats à interpréter et à expliquer.

Le 18 août 1572 sont célébrées à Paris les noces d'Henri de Navarre, chef du parti huguenot, et Marguerite de Valois, sœur du roi Charles IX. Ce mariage doit permettre de réconcilier les protestants avec la cour et intervient à la suite de la paix de Saint-Germain qui avait mis un terme à la troisième guerre de Religion (1568-1570). À l'occasion de ces noces, la capitale du royaume accueille un grand nombre de membres du parti protestant, venus participer aux festivités. Pour des raisons imprécises, le 22 août, un petit seigneur catholique, Maurevert, tente d'assassiner l'amiral de Coligny, un des chefs protestants et membre du conseil du roi. Son échec suscite chez les huguenots une inquiétude et, plus largement, réveille le spectre de divisions confessionnelles et des coups de force menés par différentes factions. Pour prévenir ce risque, le conseil du roi décide de faire exécuter les principaux responsables protestants ; ces exécutions commencent dans la nuit du 23 au 24 août. Mais ce qui devait être un ensemble de meurtres ciblés devient rapidement un massacre auquel participe la milice bourgeoise de Paris.

Une gravure de Frans Hogenberg (v. 1538-v. 1590), alors actif à Cologne, témoigne de cet événement et de sa répercussion européenne. Si elle n'est pas datée précisément, elle rapporte les faits qui se sont déroulés à partir du 22 août 1572. Il est d'ailleurs significatif que ce soit cette date qui figure (à deux reprises) sur la gravure d'Hogenberg : pour le graveur germanique contemporain des faits, la tentative d'assassinat sur Coligny est le premier acte d'un événement qui s'étend dans la durée et dont l'importance ne fait guère de doute, même si la dénomination de « Saint-Barthélemy » ne s'est pas encore imposée pour désigner l'ensemble des massacres commis à l'encontre des protestants à partir du 24 août 1572.

Cette gravure se compose d'une image centrale et de deux cartouches, encadrant l'image en haut et en bas. Le cartouche supérieur contient un texte en français servant de légende à l'image et l'inférieur montre des vers allemands jouant un rôle similaire. L'image, quant à elle, donne à voir plusieurs scènes et plusieurs temporalités : sur la gauche de la gravure, on voit l'arquebusade de Maurevert contre Coligny, « Der Admiral », monté sur un cheval ; à droite en haut, on voit la chambre et le lit dans lequel il est assassiné, puis défenestré deux jours plus tard. Au centre de la gravure, au premier comme au dernier plan, on voit des scènes de massacre qui ont eu lieu peu après l'exécution de Coligny et des chefs du parti protestant. Si la juxtaposition de scènes qui se sont déroulées à différents moments tend à leur donner une unité de sens, elle participe également à une dramatisation de l'événement afin de mobiliser les spectateurs.

Il faut donc se demander dans quelle mesure cette gravure constitue non seulement un témoignage sur les massacres de la Saint-Barthélemy mais aussi une prise de position sur cet épisode des guerres de Religion françaises. Pour répondre à cette question

I. La mort d'un chef protestant, la faillite d'un roi ?

Argument : il y a une opposition entre l'attitude de Coligny à cheval et celle du roi (« Der Kunig »), représenté dans le quart supérieur gauche de l'image.

Exemple : le roi est représenté en train de jouer au jeu de paume c'est-à-dire délaissant les affaires l'État, alors que Coligny tient et lit un texte (un papier de gouvernement, un livre religieux ?), dans une attitude de travail.

Synthèse : il y a là une volonté d'exalter Coligny et de discréditer l'autorité royale. Il s'agit là d'une façon de montrer que le roi n'est pas en mesure de jouer son rôle de protecteur de ses sujets protestants.

II. La « violence sacrale »

Argument : les violences décrites dans la gravure témoignent d'une des particularités des guerres de Religion, le caractère sacré que revêtent les violences commises à l'égard des tenants d'une autre religion, ce que D. Crouzet appelle la « violence sacrale » (*Les Guerriers de Dieu*).

Exemple : une fois tué, Coligny est également défenestré ; au premier plan, on peut voir des corps démembrés ; au centre du tableau, un homme éventre un cadavre…

Synthèse : la violence montrée par F. Hogenberg n'est pas simple exagération de sa part. Les participants au massacre expriment ainsi de manière corporelle la souillure spirituelle de l'hérésie.

III. La gravure comme acte de mobilisation

Argument : la gravure s'inscrit dans un contexte européen de mobilisation ou de sensibilisation aux violences endurées par la minorité huguenote en France.

Exemple : l'emploi de deux langues montre que la gravure est destinée à une circulation internationale, en direction d'un public francophone ou germanophone. En ce sens, elle s'inscrit bien dans un espace de débat européen qui cherche à mobiliser au-delà des frontières des principautés.

Synthèse : la gravure montre l'écho européen de la Saint-Barthélemy, tout en participant elle-même à l'inscrire dans un contexte politique et confessionnel plus vaste que les seules guerres de Religion françaises. En cela, les textes et les gravures édités sont d'une nature semblable aux conflits confessionnels.

En conclusion, il est donc possible de dire que cette gravure de F. Hogenberg est un témoignage important sur le massacre de la Saint-Barthélemy. Elle énonce les causes du massacre (incompétence du pouvoir royal, attentat contre Coligny) et montre les violences commises à l'encontre des huguenots. Par ailleurs, elle est également l'un des moyens de communication qui donnent à cet événement sa dimension européenne et sensibilise les tenants de la Réformation en Europe aux violences qui ont cours dans le royaume de France. Pour autant, et bien que sa date de réalisation et de diffusion ne soit pas précisée, elle reste d'une certaine façon un instantané : la gravure ne donne pas à voir la vague de massacres déclenchée dans le reste du royaume et qui dure jusqu'à l'automne 1572.

Sujet 2 Le portrait de Louis XIV par Hyacinthe Rigaud (1701)

Présentation du document

Le portrait de Louis XIV réalisé par Rigaud en 1701 est probablement le portrait le plus célèbre non seulement du Roi-Soleil mais de tous les rois de France. Son succès s'est poursuivi jusqu'à nos jours avec de multiples représentations dans les manuels scolaires et fait de lui une icône par excellence des rois. Il s'agit d'un tableau de grande taille (2,77 m x 2 m, ce qui rend le roi plus grand) qui a été peint par Hyacinthe Rigaud (1659-1743), portraitiste renommé et très à la mode à la Cour depuis les années 1680 grâce à sa grande habileté technique. À la tête d'un atelier prospère qui emploie plus de trente artistes, Rigaud n'hésite pas à leur déléguer une partie de son ouvrage et ce sera également le cas pour le portrait de Louis XIV. C'est d'ailleurs ce dernier qui a commandé le tableau au peintre à l'automne 1700. En effet, à la mort du roi d'Espagne Charles II le 1er octobre, ce dernier désigne comme son seul héritier Philippe d'Anjou, petit-fils de Louis XIV, qui devient alors Philippe V d'Espagne. Avant de rejoindre sa nouvelle patrie en décembre 1700, ce dernier est peint par Rigaud à la demande de son grand-père, puis, à son tour demande au peintre d'exécuter un portrait de Louis XIV pour qu'il puisse se souvenir de lui. Le roi de France posa à plusieurs reprises dans ses appartements au début de 1701 avant que l'œuvre ne soit achevée à la fin de l'année. Le tableau est aujourd'hui conservé au musée du Louvre, mais on en trouve de nombreuses copies au château de Versailles, à Chantilly, au musée de l'Armée ou encore au musée Ingres de Montauban.

Comment ce tableau réussit-il à exprimer la majesté du pouvoir royal en mêlant éléments traditionnels et subtiles innovations ?

I. Un roi en costume de sacre pour symboliser la monarchie

A. Un décor d'apparat

Portrait d'apparat qui se réfère au sacre de Louis XIV, qui a pourtant eu lieu il y a près de cinquante ans, le 7 juin 1654 à Reims, alors que le roi avait 16 ans. Dans le tableau, tout est théâtralisé avec un cadre dédoublé par la présence d'un dais en forme de baldaquin et un rideau pourpre (couleur de la majesté des rois depuis l'Antiquité).

Au-dessous et derrière le roi, se trouve un trône décoré en bleu (couleur de la Vierge) avec des fleurs de lys : symbole des rois de France depuis le XIIe, les trois pétales rappelant la Sainte Trinité.

Enfin, la verticalité de la pose du roi, du baldaquin et du trône est renforcée par la présence d'une grande colonne qui symbolise la force et la stabilité. Un bas-relief doré en bas représente Thémis, la déesse grecque de la justice, qui tient une balance et une épée.

B. Les attributs classiques de la monarchie

Le tableau reprend tous les objets et symboles classiques de la monarchie portés par le roi lors de son sacre et conservés à l'abbaye de Saint-Denis :

- le manteau en velours bleu doublé d'hermine et parsemé de lys. Manteau porté « à la Balagny », comme on portait les capes et les manteaux sous Louis XIII.
- le collier d'or de l'ordre du Saint-Esprit, ordre de chevalerie créé en 1579 par Henri III, avec au centre une croix de Malte et une colombe, emblème du pouvoir depuis le sacre de Clovis.
- l'épée du sacre dite de Charlemagne ou « Joyeuse », porté sur le côté gauche, attribut guerrier et symbole de son rôle de protecteur du royaume et de l'Église.
- le sceptre dans la main droite, symbole de commandement : celui plus court d'Henri IV et non de Charlemagne pourtant utilisé lors des sacres. Volonté de mettre en avant la filiation avec le premier des Bourbons ?
- la couronne posée sur un simple tabouret, plus petite, plus légère et fermée : ce n'est pas celle utilisée pour le sacre mais qui sera portée pour les funérailles du roi.

- la main de justice à côté de la couronne, symbole du pouvoir justicier avec des significations religieuses (le pouce = le roi et la puissance divine, l'index = raison, le majeur = charité, les deux derniers doigts repliés = foi et pénitence).

  ⇨ Louis XIV incarne donc les trois pouvoirs habituels des souverains : le pouvoir religieux, militaire et judiciaire. Air de majesté également dans la pose avec la main sur la hanche, signe de pouvoir fréquemment reproduit par la suite. Il n'a pas besoin de s'appuyer sur aucun trône. Le regard du roi semble fixer le peintre ou le spectateur. Cette pose est la reprise de celle déjà utilisée par Rigaud pour le portrait de Louis XIV devant Namur en 1694.

C. Mais des symboles curieusement transformés ou détournés

Si tous les attributs habituels du pouvoir royal sont présents, ils sont cependant légèrement transformés de leur représentation classique :

- rare portrait où le roi est debout en costume de sacre et ce très longtemps après la cérémonie
- le lourd manteau du roi est ouvert laissant apparaître des vêtements de Cour modernes.
- le roi s'appuie sur son sceptre qui est à l'envers comme s'il s'agissait d'une canne, mais celle-ci est en équilibre précaire sur le tabouret.
- seule la garde de l'épée est visible et dans un équilibre qui semble précaire.
- le roi ne porte ni la couronne ni la main de justice, qui sont posées négligemment sur le côté.
- le tabouret semble former avec le trône une sorte de couche, qui peut rappeler qu'en 1701 Louis XIV a de plus en plus de mal à se déplacer.

II. Un tableau composite et divisé en deux parties

A. Réalisme et idéalisation du corps du roi : l'opposition entre le visage et les jambes

On peut en effet distinguer les deux parties apparentes du corps de Louis XIV :

- La tête du roi, réaliste et correspondant à celle d'un homme alors âgé de 63 ans, avec des traits affaissés, quelques rides, des cernes et une bouche qui a en fait souffert de plusieurs opérations (on lui a arraché les dents et une partie du palais en 1685). En revanche, la lourde perruque de cheveux bruns, mise à la mode par Louis XIII qui souffrait de calvitie précoce, permet de souligner la majesté royale et d'augmenter la taille du roi. Elle cacherait aussi un furoncle résistant à la nuque. Il n'y a pas ici de volonté de rajeunir Louis XIV, qui ne cherchait d'ailleurs pas à dissimuler une vieillesse que tout le monde connaissait (il fut ainsi représenté en fauteuil roulant dans les jardins de Versailles ou Marly et un portrait en cire en relief, très réaliste, fut réalisé par Antoine Benoist en 1705). En fait, le visage fut peint par Rigaud lui-même sur une toile différente puis fixée sur le reste du tableau. Il reprend le portrait déjà effectué par Rigaud en 1694 et réemployé également en 1700 (*Le roi chez lui*).

- Les jambes sont en revanche celles d'un homme jeune, gainées de soie et avec des chaussures à talons rouges alors à la mode à la Cour. Les vêtements portés par le roi sous son manteau de sacre cherchent également à illustrer l'excellence des manufactures royales par ses dentelles, bas de soie, culotte courte et bouffante en brocard de Sedan… Cette représentation est bien évidemment idéalisée et ne correspondait pas au mauvais état de santé du roi en 1701 (il souffrait de la goutte et était accablé par de nombreux deuils familiaux), qui fut même incapable de poser réellement devant Rigaud et avait bien du mal à rester debout. Certains historiens (Burke, Marin, Goffman) ont vu dans la position des pieds l'esquisse d'un pas de danse, rappelant le goût de Louis XIV pour les ballets dans sa jeunesse. Nicolas Milvanovic considère qu'il s'agit plutôt de la reprise de la position de la statue de Martin Desjardins représentant le roi sur la place des Victoires en 1686 ou de la position déjà utilisée par Rigaud pour son portrait de 1694. Ce corps vigoureux renvoie alors à la puissance d'un roi toujours élégant et qui ne vacille pas. Il s'agit aussi d'une réponse aux pamphlets qui couraient en Europe du Nord contre le vieux roi et transformaient souvent ses jambes en d'énormes mollets, ou les transformaient en cannes, en sabots… Rigaud aurait alors habilement répondu à ces critiques.

B. Les « deux corps du roi »

Cette alliance curieuse entre la tête d'un vieil homme sur un corps jeune fait du portrait une œuvre intemporelle mêlant solennité et décontraction et réconciliant les contraires. On peut également l'interpréter comme une illustration de la théorie des « deux corps du roi » développée par l'historien Kantorowicz, qui considère qu'il faut distinguer dans chaque souverain un roi physique qui est celui du corps mortel de chaque homme, et le roi symbolique qui, lui, ne meurt jamais et est sacré. C'est là le sens des expressions « le roi ne meurt jamais » ou « le roi est mort, vive le roi ! ». D'ailleurs Louis XIV dira sur son lit de mort : « Je m'en vais, mais l'État demeurera toujours. »

C. Espace public et espace privé dans le tableau

Enfin, une dernière distinction peut être observée dans le tableau de part et d'autre d'une diagonale allant d'en haut à gauche vers le bas à droite, et suivant l'orientation de l'épée du roi.

- À gauche : espace public, théâtral et baroque où l'on retrouve le roi jeune (jambes) en costume de courtisan. Lieu du passé avec références antiques et vers lequel le roi regarde rétrospectivement.
- À droite : espace plus privé et intime, qui correspond davantage à une chambre à coucher et dans lequel vit le vieux roi (visage) et qui correspond au présent.

5. Conclusion

Dans son portrait, Rigaud reprend les regalia habituels du sacre mais en les détournant. Il s'affranchit également des représentations classiques et à l'antique en vogue au début du règne personnel de Louis XIV, puisqu'à l'exception de Thémis, on ne trouve nulle référence à l'Antiquité, à Alexandre, Hercule ou Apollon contrairement aux représentations réalisées par Le Brun ou Mignard. Désormais on représente le roi lui-même sans les artifices de l'allégorie ou de l'Antiquité. Le portrait de Rigaud plut énormément à Louis XIV qui, au lieu d'être comparé à des héros de la mythologie, assuma pleinement son corps réel bien qu'un peu idéalisé. D'ailleurs, alors qu'il était habituellement pointilleux quant à ses représentations, il ne contrôla absolument pas la réalisation du tableau et fit entièrement confiance à l'artiste. Alors qu'initialement le tableau devait être envoyé à Philippe V en Espagne, le roi préféra le garder pour lui et commanda une copie pour son petit-fils qui ne fut finalement jamais expédiée. L'original fut présenté à Versailles en janvier 1702 et suscita l'admiration de la Cour, puis il resta dans la salle du trône. De nombreuses copies furent également réalisées, de dimensions variées, et répandues dans toute la France et même en Europe. L'œuvre eut donc une grande postérité, servant de modèle pour de nombreux portraits royaux jusqu'au XIXe siècle et, au-delà, pour ceux des présidents de la République dont la pose est souvent proche de celle de Louis XIV.

Sujet 3 Lecture de la tragédie « L'orphelin de la Chine » de Voltaire dans le salon de Madame Geoffrin par Anicet Lemonnier

Dans nos représentations contemporaines, les idées comme les acteurs des Lumières sont très souvent associés au phénomène des salons : ces réunions de gens de lettres, des arts et des sciences qui se tenaient chez une femme de la haute société française, et où l'on aimait converser et débattre avec esprit.

La *Lecture* est fréquemment employée comme illustration de ce phénomène. Ce tableau est l'œuvre d'Anicet Charles Gabriel Lemonnier (1743-1824), qui constitue *a priori* un témoin intéressant des Lumières et des salons. Sa carrière s'étend de la fin du règne de Louis XV (il remporte le prix de Rome en 1772) à l'Empire (il est directeur de la manufacture des Gobelins de 1810 à 1816), en passant par la période révolutionnaire. Sous l'Ancien Régime, il fréquenta plusieurs salons dont celui de Mme Geoffrin.

Le tableau semble de prime abord représenter un salon typique des Lumières. En effet, l'image se compose d'une cinquantaine de personnes réunies dans un salon richement décoré. On peut distinguer un premier plan composé d'une première rangée d'hommes et de femmes de laquelle se dégagent à la fois le lecteur de l'assemblée (Le Kain), assis à une table au centre du tableau, et l'hôtesse du salon (Mme Geoffrin), le personnage féminin assis le plus à droite. Au deuxième plan, se mêlent deux autres rangées d'invités, les uns assis, les autres debout. Enfin, au dernier plan, on distingue le mur du fond de la pièce, orné de tableaux et au centre duquel trône un buste de Voltaire, auteur de la pièce dont on fait ici la lecture. Sont ainsi réunis à la fois des hommes politiques (Turgot ou Choiseul, par exemple), de sciences (Buffon) et de lettres (Marivaux), des artistes (Van Loo ou Rameau) et des philosophes (Rousseau, Diderot, d'Alembert).

Lemonnier a lui-même attribué à cette *Lecture* la date de 1755. Or cette huile sur toile (d'environ 1,3 m sur 1,9 m) a été peinte en 1812, soit environ un demi-siècle après l'événement mondain qu'il représente, et plusieurs éléments laissent à penser qu'il s'agit moins d'une « photographie » d'une scène réelle que d'une reconstitution imaginaire – à commencer par le fait que la pièce dont on fait la lecture ne fut achevée qu'en 1775. Il faut donc se demander dans quelle mesure cette œuvre constitue un témoignage historique ou une mise en scène allégorique des Lumières. Pour répondre à cette question, nous verrons d'abord comment cette œuvre est révélatrice de l'identité plurielle des salons du XVIIIe ; puis nous étudierons les incohérences du tableau, fruit de l'imagination du peintre ; enfin, nous montrerons que la vérité de la *Lecture* se trouve dans son sens allégorique plus que dans sa précision factuelle.

I. L'identité plurielle des salons du XVIIIe siècle

Argument : ce tableau met en avant trois facettes essentielles des salons du temps des Lumières : une activité littéraire ; un espace public où peuvent agir des femmes ; un milieu aristocratique et mondain.

Exemple 1 : la scène est construite autour de la lecture publique faite par l'acteur Le Kain d'une pièce de théâtre écrite par Voltaire ; la majorité des invités ont le regard porté sur le lecteur ou sur l'auteur représenté sous forme de buste. Il était fréquent qu'une maîtresse de maison invite des auteurs illustres pour lire leurs écrits. Après la lecture, une conservation polie s'organisait autour des mérites de l'œuvre.

Exemple 2 : il faut noter la présence de plusieurs femmes parmi l'assemblée : l'hôtesse, Mme Geoffrin, bien sûr, mais aussi Mlle de Lespinasse (tout à gauche du tableau), autre salonnière, Françoise de Graffigny et Anne-Marie du Boccage, deux femmes de lettres, ou encore l'actrice Mlle Clairon. On peut penser ici aux thèses de Jürgen Habermas sur l'espace public et l'espace privé : les salons constituent un moyen pour certaines femmes de jouer un véritable rôle public en étant les médiatrices lors des débats entre penseurs des Lumières.

Exemple 3 : les hommes sont en costume de cour (perruque, culotte et bas de soie, décorations nobiliaires) et parmi les différents invités on compte plusieurs comtes/comtesses, duc/duchesses et un prince. En effet, les salons au XVIIIe sont la continuité d'un loisir aristocratique né au siècle précédent.

Synthèse : il ne faut pas penser ces caractéristiques comme exclusives mais plutôt comme complémentaires : un salon du XVIIIe est tout cela à la fois.

II. Les incohérences du tableau

Argument : s'il révèle bien la nature profonde des salons du XVIIIe, ce tableau présente plusieurs incohérences : une datation problématique ; un certain inconfort qui interpelle ; une unité de temps qui tranche avec la réalité.

Exemple 1 : cette scène n'a jamais pu avoir lieu, ni en 1755 ni à une autre date. *L'Orphelin de Chine* date de 1775 et non de 1755. Mlle de Lespinasse ne fréquente le salon de Mme Geoffrin qu'une décennie plus tard. En 1755, Choiseul est ambassadeur à Rome, et Montesquieu décède en février de cette année. Ni Rousseau ni Buffon n'ont assisté à l'un des salons de Mme Geoffrin.

Exemple 2 : si la présentation en rangées est bien commode pour l'artiste qui souhaite présenter au spectateur les différentes personnalités mises en scène, elle ne correspond vraisemblablement pas à la réalité ni au confort de ce qu'on appelait alors des cercles. Par ailleurs, les différentes sources indiquent des assemblées allant d'une poignée d'invités à une petite vingtaine de personnes, mais jamais une cinquantaine.

Exemple 3 : Mme Geoffrin, comme d'autres hôtesses, ne tenait pas un seul salon mais plusieurs : elle tenait le lundi soir un salon autour des arts, le mercredi soir un autre consacré aux lettres, et à d'autres moments de la semaine accueillait des invités divers en petit comité.

Synthèse : l'œuvre propose une vision trop rigide des salons, alors que l'historien Antoine Lilti souligne que l'essence du phénomène des salons tient à « la diversité des pratiques ». C'est pourquoi il ne faut pas attribuer à ce tableau de valeur documentaire, mais plutôt une valeur symbolique.

III. Une portée allégorique

Argument : ce tableau est une représentation *a posteriori* des Lumières à leur apogée.

Exemple : lorsque l'œuvre est présentée au public en 1814, le livret du Salon résume l'intention de l'artiste : « offrir la réunion de tous les personnages célèbres en France à l'époque qu'il a choisie, qui est celle de 1755 ». C'est-à-dire une synthèse idéale des Lumières à travers le salon parisien par excellence de Mme Geoffrin, où se rencontrent nobles éclairés, puissants du second XVIIIe, hommes et des femmes de lettres, philosophes, artistes et scientifiques.

Synthèse : la place éminente de la France au sein de l'Europe des Lumières est célébrée par ce tableau. En plaçant les esprits les plus brillants de l'époque sous le patronage d'une femme et non plus du Roi, Lemonnier témoigne des changements idéologiques de l'époque.

Ce tableau sert bien souvent d'illustration de l'activité philosophique et de la sociabilité propres aux Lumières. Or il ne doit pas être compris comme un témoignage documentaire : il n'atteste pas de la rencontre en un lieu unique de toutes ces personnes. Il est plutôt une expression *a posteriori* de la sociabilité des salons et de la circulation des idées des Lumières. En cela, le tableau est le reflet de l'histoire du mot même de salon puisque le terme – au sens de lieu de rencontre et de débat – n'apparaît qu'au lendemain de la Révolution et n'était pas usité au XVIIIe siècle ; on parlait alors de cercle ou de société.

Liste des souverains et souveraines des XVIe-XVIIIe siècles

Rois de France

Louis XII (1498-1515)

François Ier (1515-1547)

Henri II (1547-1559)

François II (1559-1560)

Charles IX (1560-1574)

Henri III (1574-1589)

Henri IV (1589-1610)

Louis XIII (1610-1643)

Louis XIV (1643-1715)

Louis XV (1715-1774)

Louis XVI (1774-1792)

Rois et reines d'Angleterre

Henri VII (1485-1509)

Henri VIII (1509-1547)

Édouard VI (1547-1553)

Lady Jeanne Grey (1553)

Marie Ire (1553-1558)

Élisabeth Ire (1558-1603)

Jacques Ier (1603-1625)

Charles Ier (1625-1649)

Oliver Cromwell (1653-1658)

Richard Cromwell (1658-1659)

Charles II (1660-1685)

Jacques II (1685-1688)

Guillaume III (1688-1702)

Anne Stuart (1702-1714)

George Ier (1714-1727)

George II (1727-1760)

George III (1760-1820)

Rois d'Espagne

Isabelle la Catholique (1474-1504) et Ferdinand d'Aragon (1479-1516)

Jeanne Ire la Folle (1504-1555) et Philippe Ier le Beau (1504-1506)

Charles Quint (1516-1556)

Philippe II (1556-1598)

Philippe III (1598-1621)

Philippe IV (1621-1665)

Charles II (1665-1700)

Philippe V (1700-1724)

Louis Ier (1724)

Philippe V (1724-1746)

Ferdinand VI (1746-1759)

Charles III (1759-1788)

Charles IV (1788-1808)

Empereurs du Saint-Empire et souverains d'Autriche

Maximilien Ier (1493-1519)

Charles Quint (1519-1556)

Ferdinand Ier (1556-1564)

Maximilien II (1564-1576)

Rodolphe V (1576-1612)

Matthias Ier (1612-1619)

Ferdinand III (1619-1637)

Ferdinand IV (1637-1657)

Leopold IV (1657-1705)

Joseph Ier (1705-1711)

Charles VI (1711-1740)

Marie-Thérèse (1740-1780)

Joseph II (1780-1790)

Leopold XII (1790-1792)

Rois de Suède

Gustave Ier (1523-1560)

Éric XIV (1560-1568)

Jean III (569-1592)

Sigismond (1592-1599)

Charles IV (1604-1611)

Gustave II Adolphe (1611-1632)

Christine (1632-1654)

Charles X Gustave (1654-1660)

Charles XI (1660-1697)

Charles XII (1697-1718)

Ulrique-Éléonore (1718-1720)

Frédéric Ier (1720-1751)

Adolphe-Frédéric (1751-1771)

Gustave III (1771-1792)

Monarques de Russie

Ivan III (1462-1505)

Vassili III (1505-1533)

Ivan IV le Terrible (1533-1584)

Régence de Boris Godounov (1584-1598)

Fédor Ier (1584-1598)

Irina Godouvna (1598)

Boris Godounov (1598-1605)

Fédor II (1605)

Dimitri II (1605-1606)

Vassili IV (1606-1610)

Ladislas IV (1610-1613)

Michel Ier (1613-1645)

Alexis Ier (1645-1676)

Fédor III (1676-1682)

Ivan V (1682-1696) règne conjoint avec:

Pierre Ier le Grand (1682-1725)

Catherine Ire (1725-1727)

Pierre II (1727-1730)

Anne Ire (1730-1740)

Ivan VI (1740-1741)

Élisabeth Ire (1741-1762)

Pierre III (1762)

Catherine II (1762-1796)

Électeurs de Brandebourg puis rois de Prusse

Albert de Brandebourg (1525-1568)

Albert Frédéric de Prusse (1568-1618)

Jean III Sigismond de Brandebourg (1618-1619)

Georges-Guillaume Ier de Brandebourg (1619-1640)

Frédéric-Guillaume Ier de Brandebourg (1640-1688)

Frédéric III de Brandebourg (1688-1701)

Frédéric Ier de Prusse (1701-1713)

Frédéric-Guillaume Ier de Prusse (1713-1740)

Frédéric II le Grand (1740-1786)

Frédéric-Guillaume II de Prusse (1786-1797)

Chronologie

	Faits politiques et institutionnels	Faits diplomatiques et militaires	Faits économiques, sociaux et culturels
1478	Révolte de Bourgogne récemment intégrée au royaume de France		Création de l'Inquisition royale en Castille et en Aragon
1480		Pillage d'Otrante par les Ottomans	
1482	La Provence devient française	Les Portugais édifient le fort de São Jorge da Mina dans le golfe de Guinée	
1487	Création de la Star Chamber haute cour de justice anglaise	B. Dias atteint le cap de Bonne Espérance	
1492		Prise de Grenade par les Hispaniques (2 janvier) ; Christophe Colomb atteint les actuelles Bahamas et Antilles (12 octobre)	Publication par A. Nebrija de la première grammaire d'une langue vernaculaire, la *Gramatica castellana* ; expulsion des Juifs de Castille
1493	Bulle *Inter Coetera* du pape Alexandre VI qui partage le monde entre Portugais et Castillans		Assemblée ecclésiastique de Tours pour réformer l'Eglise de France
1494		Traité de Tordesillas (7 juin) : partage du monde entre le Portugal et la Castille ; descente des armées françaises vers le royaume de Naples : début des guerres d'Italie	
1494-1512	Rétablissement de la république à Florence		
1495	Réforme du gouvernement du Saint-Empire	Prise de Naples par les Français	
1497	Création du Grand Conseil en France, consacré aux affaires judiciaires	Reconquête du royaume de Naples sur les Français	
1498		V. de Gama atteint l'Inde par voie maritime (20 mai)	
1499		Conquête du duché de Milan les troupes de Louis XII	
1500		P. Cabral atteint le Brésil	
1504		Conquête du royaume de Naples par Ferdinand II d'Aragon : intégration du royaume à la monarchie hispanique	
1506	Assemblée de notables à Tours demandant le mariage de Claude de France avec François d'Angoulême (futur François Ier)		Début du chantier de la basilique Saint-Pierre de Rome

	Faits politiques et institutionnels	Faits diplomatiques et militaires	Faits économiques, sociaux et culturels
1507			Publication de l'*Universalis Cosmographia* de M. Waldseemüller : le nom d'Amérique est attribué au nouveau continent
1508		Constitution de la ligue de Cambrai	Ouverture de l'université Complutense à Alcalà de Henares
1509		Victoire française à Agnadel contre les Vénitiens (14 mai)	
1511		A. de Albuquerque prend Malacca	
1512		Conquête de la partie méridionale du royaume de Navarre par Ferdinand II d'Aragon	
1513		Défaite française à Novare : les Français doivent évacuer le Milanais ; V. Nuñez de Balboa découvre l'océan Pacifique en traversant l'isthme de Panama ; A. de Albuquerque prend Ormuz	
1515		Victoire française à Marignan (13-14 septembre)	
1516	Concordat de Bologne entre François Ier et Léon X	Paix perpétuelle de Fribourg entre la France et les cantons suisses	L. de Vinci en France
1517			Publication des 95 thèses de Martin Luther ; fondation du collège trilingue de Louvain par Erasme
1519	Élection de l'empereur Charles Quint		
1519-1521		Première circumnavigation du globe par F. Magellan et J. S. Elcano ; conquête de l'empire aztèque par H. Cortès	
1520			Excommunication de M. Luther par Léon X (bulle *Exsurge Domine*)
1520-1521	Révoltes des *comunidades* en Castille		
1520-1536			Construction du château de Chambord
1521		Prise de Belgrade par les Ottomans	
1522		Prise de Rhodes par les Ottomans	
1524-1525	Guerre des paysans dans le Saint-Empire		
1525		Victoire impériale à Pavie et capture de François Ier (24 février)	
1526		Traité de Madrid entre Charles Quint et François Ier ; victoire ottomane à Mohacs et conquête d'une grande partie de la Hongrie	

	Faits politiques et institutionnels	Faits diplomatiques et militaires	Faits économiques, sociaux et culturels
1527		Prise et sac de Rome par les troupes de Charles Quint (6 mai)	
1528			Conciles provinciaux en France pour lutter contre la diffusion des idées luthériennes
1529	Émeutes de la « Grande Rebeyne » à Lyon	Paix de Cambrai négociée par Louise de Savoie et Marguerite d'Autriche ; siège de Vienne par les Ottomans	
1530	Couronnement impérial de Charles Quint à Bologne		Fondation du Collège des Lecteurs Royaux à Paris
1532	Édit d'union de la Bretagne à la France	Début de la conquête de l'empire inca par F. Pizarro	
1534	En France, création des légions provinciales		Acte de Suprématie : Henri VIII devient le chef de l'Eglise d'Angleterre
1534-1535			Expérience anabaptiste à Münster qui se termine par le siège et la prise de la ville par les troupes de l'évêque
1535		Prise de Tunis par les troupes de Charles Quint	
1536			Publication de l'*Institution de la religion chrétienne* par J. Calvin
1540	En France, les parlements sont chargés de la répression des hérésies		Fondation de la Compagnie de Jésus
1541			Installation définitive de Calvin à Genève
1543			Publication posthume du *De revolutionibus orbium caelestium* de N. Copernic ; publication du *De corporis fabrica humani* de Vésale.
1543-1544		Hivernage de la flotte ottomane à Toulon	
1544-1548	Révolte des *encomenderos* du Pérou		
1545-1563			Concile de Trente
1547		Victoire à Mühlberg des troupes de Charles Quint sur la ligue protestante de Smalkalde (24 avril)	
1548	Révoltes antifiscales dans le Sud-Ouest de la France		
1550			Publication des *Vies des plus illustres architectes, peintres et sculpteurs italiens* par G. Vasari
1552		Traité de Chambord entre Henri II et des princes germaniques protestants : Metz, Toul et Verdun sont données au roi de France	
1555	Paix de religion d'Augsbourg		

	Faits politiques et institutionnels	Faits diplomatiques et militaires	Faits économiques, sociaux et culturels
1557		Victoire hispanique à Saint-Quentin face aux Français (10 août)	
1559		Paix du Cateau-Cambrésis entre Henri II et Philippe II (3 avril) : fin des guerres d'Italie	Publication de l'*Index librorum prohibitorum* par la papauté
1560-1563	Minorité de Charles IX et régence de Catherine de Médicis		
1561			Colloque de Poissy
1562	Début des guerres de Religion en France		
1565		Siège de Malte par les Ottomans	
1566	Début de la révolte des Pays-Bas		
1570		Prise de Chypre par les Ottomans	
1571		Conquête des Philippines par les Espagnols ; victoire de la Sainte Ligue à Lépante face aux Ottomans (7 octobre)	
1572	Massacres de la Saint-Barthélemy		
1573		Élection d'Henri de Valois à la couronne polonaise	
1578		Bataille de Ksar el-Kebir : défaite portugaise et mort du roi Sébastien	
1579	Unions d'Arras (6 janvier) et d'Utrecht (23 janvier)		
1581		Union du Portugal et de la monarchie hispanique	
1582			Mise en application du calendrier grégorien (bulle *Inter gravissimas*)
1584		Mort du duc d'Alençon : le calviniste Henri de Navarre devient l'héritier présomptif de la couronne de France	
1588	Journée des barricades à Paris : Henri III est chassé de la capitale (12 mai) ; assassinats du duc de Guise et du cardinal de Guise	Échec de l'« Invincible armada » espagnole	
1589	Assassinat d'Henri III (1er août)	Victoire d'Henri IV à Arques contre les troupes de la Ligue (21 septembre)	
1590		Victoire d'Henri IV à Ivry contre les troupes de la Ligue (14 mars)	
1593	Révoltes des Tards-Avisés en France ; États généraux de la Ligue à Paris		
1593-1606		« Longue guerre turque » entre les Impériaux et les Ottomans	
1594	Sacre d'Henri IV à Chartres		

	Faits politiques et institutionnels	Faits diplomatiques et militaires	Faits économiques, sociaux et culturels
1595		Victoire d'Henri IV à Fontaine-Française contre les troupes hispaniques	
1597			Epidémie de peste dans la péninsule Ibérique (« peste atlantique »)
1598	Édit de Nantes (avril)	Traité de Vervins (2 mai)	
1601		Traité de Lyon entre Henri IV et Charles-Emmanuel Ier de Savoie : la France annexe la Bresse, le Bugey, le pays de Gex et le Valromey	
1602			Création de la Compagnie des Indes Orientales néerlandaises (VOC)
1603	Fondation de la première colonie anglaise en Amérique		
1604	Institution de la Paulette en France	Traité de Londres entre Jacques Ier d'Angleterre et Philippe III d'Espagne	
1606		Paix de Zsitvatorok entre l'Empire ottoman et le Saint-Empire	
1607			Première de l'Orfeo de Monteverdi, premier opéra moderne
1609		Trêve de Douze ans entre les Provinces-Unies et la monarchie hispanique	– Expulsion des morisques de la monarchie hispanique – Création de la banque d'Amsterdam, première banque centrale du monde
1610	Assassinat d'Henri IV (14 mai)		
1610-1614	Minorité de Louis XIII et régence de Marie de Médicis		
1614	Dernière réunion des États généraux en France avant 1789		
1618-1648		Guerre de Trente Ans	
1627-1628		Siège victorieux de La Rochelle par Richelieu	
1629-1642	Richelieu premier ministre de Louis XIII		
1631			Création de la Gazette de France par Théophraste Renaudot
1640			Publication de l'*Augustinus* de Jansen, ouvrage de référence des jansénistes.
1632-1642	Nombreux complots de la haute noblesse contre Richelieu		
1635		Entrée de la France dans la guerre de Trente Ans	Création de l'Académie française
1636			Première du *Cid* de Corneille

	Faits politiques et institutionnels	Faits diplomatiques et militaires	Faits économiques, sociaux et culturels
1642-1660	Guerre civile et République en Angleterre avec Cromwell		
1643-1661	Mazarin premier ministre		
1648		Paix de Westphalie	
1649	Exécution de Charles II d'Angleterre		
1651			Actes de navigation en Angleterre
1659		Paix des Pyrénées	
1648-1652	La Fronde		
1656	Création de l'hôpital général de Paris pour « enfermer » les pauvres		
1661	Louis XIV décide de gouverner seul après la mort de Mazarin		
1662			Création de la Royal Society à Londres
1666-1673	Grandes enquêtes de Colbert pour traquer les faux nobles		
1667			Rachat de la manufacture des Gobelins par l'Etat français
1667-1668	Création de la lieutenance de police de Paris	Guerre de Dévolution	
1669			Grande ordonnance des Eaux et Forêts de Colbert
1672-1678		Guerre de Hollande	
1678	Complot papiste avec déchaînement de violences contre les catholiques en Angleterre		Parution de *La Princesse de Clèves* de Mme de Lafayette
1679-1682	Affaire des Poisons		
1679-1684		Politique des Réunions de Louis XIV et trêve de Ratisbonne	
1681	Début des dragonnades contre les protestants dans le Poitou		Ouverture du canal du Midi construit par Riquet
1682			La Cour de France s'installe à Versailles
1685	Édit de Fontainebleau révoquant l'Édit de Nantes		
1687			Newton énonce la loi de la gravitation universelle
1688-1689	Glorieuse révolution de Guillaume d'Orange en Angleterre et proclamation de la Déclaration des Droits	Ravage du Palatinat par les Français	
1688-1697		Guerre de la Ligue d'Augsbourg qui se termine par le traité de Ryswick	
1691	Mort de Louvois et « 2e prise du pouvoir » de Louis XIV		

	Faits politiques et institutionnels	Faits diplomatiques et militaires	Faits économiques, sociaux et culturels
1693-1694			Crise et grande famine en France
1695	Création de la capitation		
1697			La France récupère la partie occidentale de Saint-Domingue
1700-1721		Guerre du Nord avec la Suède de Charles XII	
1701-1713		Guerre de Succession d'Espagne qui se termine par le traité d'Utrecht	
1702-1704	Révolte des Camisards dans les Cévennes		
1709			Grand hiver dans toute l'Europe
1713	Bulle Unigenitus de Clément XI contres les jansénistes		
1713		La Pragmatique Sanction	Bulle *Unigenitus*
1715	Mort de Louis XIV et avènement de Louis XV Début de la Régence de Philippe d'Orléans Début de la Polysynodie		
1716			Début du système de Law
1717		Signature de la Triple Alliance (France, Grande-Bretagne, Provinces-Unies)	Création de la *Compagnie d'Occident*
1718	Fin de la Polysynodie Conspiration de Pontcallec	Début de la guerre de la Quadruple Alliance	
1719		Révolte jacobite	La *Compagnie d'Occident* devient la *Compagnie des Indes*
1720		Fin de la guerre de la Quadruple Alliance ; traité de La Haye	Fin du système de Law Dernière peste en France (Marseille)
1721	Fiançailles de Louis XV avec la princesse espagnole Marie-Anne de Bourbon	Fin de la Grande guerre du Nord : la Russie vainc la Suède	Publication des *Lettres Persanes* de Montesquieu
1722	Le cardinal Dubois est nommé principal ministre		
1723	Majorité de Louis XV Mort du Régent Mort du cardinal Dubois		
1725	Mariage de Louis XV et de Marie Leszczynska	Signature du premier traité de Vienne	
1726	Le cardinal de Fleury devient principal ministre du roi		
1730			Enregistrement de la bulle *Unigenitus*
1731		Deuxième et troisième traités de Vienne	Apogée du phénomène des convulsionnaires

	Faits politiques et institutionnels	**Faits diplomatiques et militaires**	**Faits économiques, sociaux et culturels**
1732			Doctorat de Laura Bassi
1733		Mort du roi de Pologne Auguste II. Début de la guerre de Succession de Pologne	
1734			Publication des *Lettres philosophiques* de Voltaire
1735		Fin de la guerre de Succession de Pologne	
1738		Quatrième traité de Vienne	
1740		Frédéric II de Prusse accède au pouvoir ; mort de Charles VI d'Autriche	
1741		Début de la guerre de Succession d'Autriche	
1743	Mort du cardinal de Fleury ; Louis XV gouverne sans premier ministre	Victoire britannique de Dettingen	
1745	Début de l'influence de Mme de Pompadour	Victoire française de Fontenoy	
1746		Le dernier soulèvement jacobite est écrasé lors de la bataille de Culloden	
1747			Création de l'Ecole des ponts et chaussées par Trudaine
1748		Fin de la guerre de Succession d'Autriche ; traité d'Aix-la-Chapelle	
1751			Début de publication de l'*Encyclopédie*
1753			Affaire des billets de confession
1754			Premier édit français pour libéraliser le commerce des grains
1756		Traité franco-autrichien et traité de Westminster : le grand renversement des alliances Début de la guerre de Sept Ans	
1757	Attentat de Damiens contre Louis XV	Défaite française de Rossbach	
1758	Le duc de Choiseul devient principal ministre du roi		François Quesnay publie son *Tableau économique*
1759		Prise de Québec par les Britanniques	L'*Encyclopédie* est mise à l'index
1760			Oberkampf crée la manufacture de toiles imprimées de Jouy-en-Josas
1762		Décès de la tsarine Elisabeth	Condamnation à mort de Calas
1763		Fin de la guerre de Sept Ans ; traité de Paris	Début de la correspondance entre Voltaire et Catherine II

	Faits politiques et institutionnels	Faits diplomatiques et militaires	Faits économiques, sociaux et culturels
1764	Décès de Mme de Pompadour		Les Jésuites sont chassés du royaume de France
1766		Mort du roi de Pologne Stanislas Leszczynski : la Lorraine devient française	Affaire de La Barre
1769			James Watt dépose un brevet pour sa machine à vapeur
1770	Disgrâce de Choiseul		
1773			Suppression de l'ordre des Jésuites
1774	Mort de Louis XV et avènement de Louis XVI		Turgot est nommé au contrôle général des finances Inoculation de la famille royale contre la variole
1775		Début de la guerre d'indépendance américaine	
1776	Déclaration d'indépendance des États-Unis		Adam Smith publie *Recherches sur la nature et les causes de la richesse des nations*
1778		La France entre dans la guerre d'indépendance américaine	Mort de Voltaire et de Rousseau
1783		Fin de la guerre d'indépendance américaine ; traités de Paris et de Versailles	
1784			Emmanuel Kant publie « Réponse à la question : Qu'est-ce que les Lumières ? »
1787	Constitution américaine		Édit de Versailles autorisant les baptêmes, mariages et sépultures des protestants
1789	Convocation des États généraux Rédaction des cahiers de doléance		

Bibliographie

Sources

BRAYARD, Florent, MAUREPAS, Arnaud de, *Les Français vus par eux-mêmes : le XVIIIe siècle. Anthologie des mémorialistes du XVIIIe siècle*, Paris, Robert Laffont, coll. « Bouquins », 1996.

GRANGER, Sylvie, HUBERT, Benoît (dir.), *Souvenirs d'un villageois du Maine. Louis Simon (1741-1820)*, Rennes, PUR, 2016.

MERCIER, Louis-Sébastien, *Le Tableau de Paris, 1781-1788*, Paris, Robert Laffont, coll. « Bouquins », 1990.

RETIF DE LA BRETONNE, Nicolas, *La vie de mon père*, Paris, Classiques Garnier, 1988.

SAINT-SIMON, *Mémoires*, Paris, Gallimard, Éditions de la Pléiade par Y. Coirault, 1983-1988.

SOLNON, Jean-François (dir.), *Les sources de l'histoire de la France moderne XVIe-XVIIe-XVIIIe siècle*, Paris, Larousse, 1994.

TARONI, Martine (éd.), *François-Yves Besnard. Un prêtre en révolution. Souvenirs d'un nonagénaire*, Rennes, PUR, 2011.

Dictionnaires et atlas historiques

BELY, Lucien (dir.), *Dictionnaire de la France moderne*, Paris, PUF, 1996.

BLUCHE, François (dir.), *Dictionnaire du Grand Siècle*, Paris, Fayard, 2005.

BOURQUIN, Laurent (dir.), *Dictionnaire historique de la France moderne*, Paris, Belin, 2005.

BOUTIER, Jean, *Atlas de l'histoire de France*, t. 2 : *La France moderne, XVIe-XIXe siècle*, Paris, Autrement, 2006.

CABOURDIN, Guy et VIARD, Georges, *Lexique historique de la France d'Ancien Régime*, Paris, A. Colin, 2012.

DELON, Michel (dir.), *Dictionnaire européen des Lumières*, Paris, PUF, 2007.

FIGEAC, Michel (dir.), *L'ancienne France au quotidien. Vie et choses de la vie sous l'Ancien Régime*, Paris, A. Colin, 2007.

HELIE, Jérôme, *Petit Atlas historique des Temps modernes*, Paris, Armand Colin, 2016.

JOUANNA, Arlette (dir.), *Histoire et dictionnaire des guerres de Religion*, Paris, Robert Laffont, 1998.

–, *La France de la Renaissance. Histoire et dictionnaire*, Paris, Robert Laffont, 2001.

Sellier, Jean, *Atlas historique des provinces et régions de France : genèse d'un peuple*, Paris, Découverte, 1997.

Viguerie, Jean de, *Histoire et dictionnaire du temps des Lumières, 1715-1789*, Paris, Robert Laffont, coll. « Bouquins », 1995.

Ouvrages généraux

Audisio, Gabriel, *Les Français d'hier*, t. 1 : *Des paysans*, Paris, A. Colin, 1993 ; t. 2 : *Des croyants*, Paris, A. Colin, 1996.

Beaurepaire, Pierre-Yves, *La France des Lumières*, Paris, Belin, coll. « Histoire de France », 2011 (rééd. 2014).

Becchia, Alain, *Modernités de l'Ancien Régime (1750-1789)*, Rennes, PUR, 2012.

Bely, Lucien, *La France au xviie siècle. Puissance de l'État, contrôle de la société*, Paris, PUF, 2009.

Blond, Stéphane, Cogne, Albane et Montegre, Gilles, *Les circulations internationales en Europe, 1680-1780*, Paris, Atlande, 2011.

Boucheron, Patrick (dir.), *Histoire du monde au xve siècle*, Paris, Fayard, 2009.

Bourdeu, Étienne (dir.), *La péninsule Ibérique et le monde, 1470-1650*, Neuilly-sur-Seine, Atlande, 2014.

Bozarslan, Hamit, *Histoire de la Turquie. De l'Empire à nos jours*, Paris, Tallandier, 2013.

Braudel, Fernand, *La Méditerranée et le monde méditerranéen à l'époque de Philippe II*, Paris, Armand Colin, 1949.

Chaline, Olivier, *La France au xviiie siècle*, Paris, Belin, 2004.

Chaline, Olivier, *Le règne de Louis XIV*, Paris, Flammarion, 2005.

Cornette, Joël, *Affirmation de l'État absolu, 1492-1652*, Paris, Hachette, 2014.

–, *Absolutisme et Lumières, 1652-1783*, Paris, Hachette, 2014.

Descimon, Robert et Jouhaud, Christian, *La France du premier xviie siècle (1594-1661)*, Paris, Belin, 2000.

Figeac, Michel (dir.), *L'ancienne France au quotidien. Vie et choses de la vie sous l'Ancien Régime*, Paris, A. Colin, 2007.

Goubert, Pierre, Roche, Daniel, *Les Français et l'Ancien Régime*, Paris, A. Colin, 2 vol., 1984.

Bernand, Carmen et Serge Gruzinski, *Histoire du Nouveau Monde*, Paris, Fayard, 1991-1993.

Jouanna, Arlette, *La France du xvie siècle. 1483-1598*, Paris, PUF, 1996.

Le Roux, Nicolas, *Les Guerres de Religion, 1559-1629*, Paris, Belin, 2009.

Nassiet, Michel, *La France au xviie siècle. Société, politique, cultures*, Belin, 2006.

–, *La France du second xviie siècle (1661-1715)*, Paris, Belin sup, 2000.

Roche, Daniel, *La France des Lumières*, Paris, Fayard, 1993.

Salinero, Gregorio, *Les empires de Charles Quint*, Paris, Ellipses, 2006.

Zysberg, André, *La Monarchie des Lumières, 1715-1786*, Paris, Seuil, 2002.

Ouvrages sur la guerre et les relations internationales

Alazard, Florence, *La bataille oubliée. Agnadel, 1509 : Louis XII contre les Vénitiens*, Rennes, PUR, 2017.

Bely, Lucien, *L'art de la paix en Europe. Naissance de la diplomatie moderne, xviie-xviiie siècle*, Paris, PUF, 2007.

–, *Les relations internationales en Europe (xviie-xviiie siècles)*, Paris, PUF, 2007.

Berenger, Jean, Meyer, Jean, *La France dans le monde au xviiie siècle*, Paris, SEDES, 1993.

Bertrand, Romain, *L'Histoire à parts égales. Récits d'une rencontre Orient-Occident, xvie-xviie siècle*, Paris, Seuil, 2011.

Bodgan, Henry, *La Guerre de Trente Ans*, Paris, Perrin, 1999.

Cenat, Jean-Philippe, *Le roi stratège. Louis XIV et la direction de la guerre, 1661-1715*, Rennes, PUR, 2010.

Chaline, Olivier, *Les armées du roi. Le grand chantier, xviie-xviiie siècle*, Paris, A. Colin, 2016.

Cornette, Joël, *Le roi de guerre. Essai sur la souveraineté dans la France du Grand Siècle*, Paris, Payot, 1993.

Corvisier, André (dir.), *Histoire militaire de la France*, t. 1 : Des origines à *1715*, Paris, PUF, 1992.

–, *Histoire militaire de la France*, t. 2 : *1715-1871*, Paris, PUF, 1997.

Dziembowski, Edmond, *La guerre de Sept Ans (1756-1763)*, Paris, Perrin, 2015.

El Hage, Fadi, *La guerre de succession d'Autriche, (1741-1748)*, Paris, Economica, 2017.

Fontenay, Michel, *La Méditerranée entre la Croix et le Croissant. Navigation, commerce, course et piraterie (xvie-xixe siècle)*, Paris, Classiques Garnier, 2010.

Gruzinski, Serge, *Les Quatre parties du monde. Histoire d'une mondialisation*, Paris, La Martinière, 2004.

Haan, Bertrand, *L'Amitié entre princes. Une alliance franco-espagnole au temps des guerres de Religion, 1560-1570*, Paris, PUF, 2010.

Jubelin, Alexandre, *Par le fer et par le feu. Combattre dans l'Atlantique, xvie-xviie siècles*, Paris, Passés Composés, 2022.

Lebrun, François, *Le xviie siècle*, Paris, A. Colin, 2018.

Lynn, John A., *Les guerres de Louis XIV*, Paris, Perrin, 2010.

Parker, Geoffrey, *La Révolution militaire. La guerre et l'essor de l'Occident, 1500-1800*, Paris, Gallimard, 1993.

Poumarede, Géraud, *Pour en finir avec la croisade. Mythes et réalités de la lutte contre les Turcs aux XVIe et XVIIe siècles*, Paris, PUF, 2009.

Sarmant, Thierry, *1715. La France et le monde*, Paris, Perrin, 2014.

Sallmann, Jean-Michel, *Géopolitique du XVIe siècle. 1490-1618*, Paris, Seuil, 2003.

Subrahmanyam, Sanjay, *L'Empire portugais d'Asie, 1500-1700. Histoire politique et économique*, Paris, Maisonneuve et Larose, 1999.

Tallon, Alain, *L'Europe au XVIe sicèle. États et relations internationales*, Paris, PUF, 2010.

Ouvrages sur l'État

Avezou, Laurent, *Les institutions de la France moderne (XVe-XVIIIe siècles)*, Paris, A. Colin, 2014.

Barbiche, Bernard, *Les institutions de la monarchie à l'époque moderne*, Paris, PUF, 2012.

Berce, Yves-Marie, *Révoltes et révolutions dans l'Europe moderne, XVIe-XVIIIe siècles*, CNRS, 2013.

Blanquie, Christophe, *Les institutions de la France des Bourbons, 1589-1789*, Paris, Belin, 2003.

Boulant, Antoine, Maurepas, Arnaud de, *Les ministres et les ministères du siècle des Lumières : étude et dictionnaire, 1715-1789*, Paris, Christian, 1996.

Cornette, Joël et Mechoulan, Henry (dir.), *L'État classique, 1652-1715*, Paris, Vrin, 1996.

Cosandey, Fanny et Descimon Robert, *L'absolutisme en France : histoire et historiographie*, Paris, 2002.

Cosandey, Fanny et Poutrin, Isabelle, *Monarchies espagnole et française, 1550-1714*, Paris, Atlande, 2001.

Jouanna, Arlette, *La Saint-Barthélemy. Les mystères d'un crime d'État : 24 août 1572*, Gallimard, 2007.

–, *Le pouvoir absolu. Naissance de l'imaginaire politique de la royauté*, Paris, Gallimard, 2013.

–, *Le prince absolu. Apogée et déclin de l'imaginaire monarchique*, Paris, Gallimard, 2014.

Mousnier, Roland, *Les Institutions de la France sous la monarchie absolue*, Paris, PUF, 2005.

Stoll, Mathieu et Sarmant, Thierry, *Régner et gouverner. Louis XIV et ses ministres*, Paris, Perrin, 2010.

Ouvrages sur la société

ANTOINE, Annie et MICHON, Cédric (dir.), *Les sociétés au XVIIe siècle. Angleterre, Espagne, France*, Rennes, PUR, 2006.

AUBERT, Gautier, *Révoltes et répression dans la France moderne*, Paris, Armand Colin, 2015.

BARDET, Jean-Pierre et Jacques DUPAQUIER (dir.), *Histoire des populations d'Europe. I. Des origines aux prémices de la révolution démographique*, Paris, Fayard, 1997.

BEAUVALET-BOUTOUYRIE, Scarlett, *La population française à l'époque moderne*, Paris, Belin, 2008.

BENNASSAR, Bartolomé, *Le lit, le pouvoir et la mort. Reines et princesses en Europe de la Renaissance aux Lumières*, de Fallois, 2006.

BEROUJON, Anne, *Peuple et pauvres des villes dans la France moderne. De la Renaissance à la Révolution*, Paris, A. Colin, 2014.

BOURQUIN, Laurent, *La noblesse à l'époque moderne*, Paris, Belin, 2002.

DUBY, Georges (dir.), *Histoire de la France urbaine*, t. 3 : *La ville classique, de la Renaissance aux Lumières*, Paris, Seuil, 1981.

DURAND, Stéphane, *Les villes en France. XVIe-XVIIIe siècle*, Paris, Hachette, 2006.

DUPAQUIER, Jacques (dir.), *Histoire de la population française*, t. 2 : *De la Renaissance à 1789*, Paris, PUF, 1995.

GARNOT, Benoît, *Société, cultures et genres de vie dans la France moderne : XVIe-XVIIIe siècles*, Paris, Hachette, 1991.

HERMANN, Christian, JETTOT, Stéphane et LE MAO, Caroline, *Sociétés anglaise, espagnole et française, XVIIe siècle*, Paris, Atlande, 2007.

JACQUART, Jean, Emmanuel LE ROY LADURIE et Hugues NEVEUX, *Histoire de la France rurale*, t. 2, *L'Âge classique des paysans, 1340-1789*, Paris, Seuil, 1992.

LALANE, Sophie (dir.), LETT, Didier, PICCO, Dominique, *Une histoire des femmes en Europe (des grottes aux Lumières)*, A. Colin, 2024.

MINVIELLE, Stéphane, *La Famille en France à l'époque moderne*, Paris, A. Colin, 2010.

PUZELAT, Michel, *La vie rurale en France, XVIe-XVIIIe siècle*, Paris, A. Colin, 2002.

RIOUX, Jean-Pierre, SIRINELLI, Jean-François (dir.), *Histoire culturelle de la France*, t. 3 : *Lumières et liberté, XVIIIe-XIXe siècles*, Paris, Seuil, 1998.

ROCHE, Daniel (dir.), *La ville promise. Mobilité et accueil à Paris, fin XVIIe -début XIXe siècle*, Paris Fayard, 2000.

SAUPIN, Guy, *Les villes en France à l'époque moderne (XVIe-XVIIIe siècle)*, Paris, A. Colin, 2002.

ZELLER, Olivier, *Histoire de l'Europe urbaine. 3. La ville classique, XVIe-XVIIIe siècle*, Paris, Seuil, 2003.

Ouvrages sur l'économie

BAYARD, Françoise, GUIGNET, Philippe, *L'Économie française aux XVIe, XVIIe et XVIIIe siècles*, Paris, OPHRYS, 1991.

BRAUDEL, Fernand, *Civilisation matérielle, économie et capitalisme, XVe-XVIIIe siècle*, Paris, Armand Colin, 1979.

BUAT, Nicolas, *John Law. La dette, ou comment s'en débarrasser*, Paris, Les Belles Lettres, 2015.

DELLEAUX, Fulgene, *Histoire économique de l'Europe moderne, XVe-XVIIIe siècle*, Paris, A. Colin, 2015.

GAINOT, Bernard, *L'Empire colonial français de Richelieu à Napoléon*, Paris, A. Colin, 2015.

GRENIER, Jean-Yves, *L'économie d'Ancien Régime. Un monde de l'échange et de l'incertitude*, Paris, Albin Michel, 1996.

LACHIVER, Marcel, *Les années de misère. La famine au temps du Grand Roi*, Paris, Fayard, 1991.

LEBRUN, François, *L'Europe et le monde, XVIe-XVIIIe siècle*, Paris, A. Colin, 2018.

MEISS, Marjorie, *La culture matérielle de la France, XVIe-XVIIIe siècle*, Paris, A. Colin, 2016.

POUSSOU, Jean-Pierre, *La terre et les paysans en France et en Grande-Bretagne aux XVIIe et XVIIIe siècles*, Paris, SEDES, 1999.

TERRIER, Didier, *Histoire économique de la France d'Ancien Régime*, Paris, Hachette, 1998.

WORONOFF, Denis, *Histoire de l'industrie en France, du XVIe au XVIIIe siècles*, Paris, Seuil, 1994.

Ouvrages sur la religion

BENBASSA, Esther, *Histoire des Juifs de France*, Paris, Seuil, 1997.

BLUMENKRANZ, Bernhard (dir.), *Juifs en France au XVIIIe siècle*, Paris, Commission française des Archives juives, 1994.

BOISSON, Didier et DAUSSY, Hugues, *Les Protestants dans la France moderne*, Paris, Belin, 2006.

BONZON, Anne et VENARD, Marc, *La religion dans la France moderne*, Paris, Hachette, 1998.

CABANEL, Patrick, *Histoire des protestants en France (XVIe -XXIe siècle)*, Paris, Fayard, 2012.

COTTRET, Bernard, *Histoire de la Réforme protestante*, Paris, Perrin, 2010.

COTTRET, Monique, *Histoire du jansénisme*, Paris, Perrin, 2016.

DAKHLIA, Jocelyne et Bernard Vincent (dir.), *Les musulmans dans l'histoire de l'Europe. I. Une intégration invisible*, Paris, Albin Michel, 2011.

DELUMEAU, Jean, COTTRET, Monique, *Le catholicisme entre Luther et Voltaire*, Paris, PUF, 2010.

DEREGNAUCOURT, Gilles, POTON, Didier, *La Vie religieuse en France aux XVIe, XVIIe et XVIIIe siècles*, Paris, OPHRIS, 1994.

FOUCAULT, Didier, *Histoire du libertinage. Des goliards au marquis de Sade*, Paris, Perrin, 2007.

HOURS, Bernard, *L'Eglise et la vie religieuse dans la France moderne, XVIe-XVIIIe siècle*, Paris, PUF, 2000.

LE GOFF, Jacques, REMOND, René (dir.), *Histoire de la France religieuse*, t. 3 : *Du roi très chrétien à la laïcité républicaine*, Paris, Seuil, 1991.

LEMAITRE, Nicole, *L'Europe et les Réformes au XVIe siècle*, Paris, Ellipses, 2008.

LOUPES, Philippe, *La Vie religieuse en France au XVIIIe siècle*, Paris, Sedes, 1993.

PIERRE, Benoist, *La Monarchie ecclésiale. Le clergé de cour en France à l'époque moderne*, Seyssel, Champ Vallon, 2013.

SUIRE, Éric, *Pouvoir et religion en Europe, XVIe-XVIIIe siècle*, Paris, A. Colin, 2018.

VENARD, Marc, BONZON, Anne, *La religion dans la France moderne, XVIe-XVIIIe siècles*, Paris, Hachette, 1998.

VINCENT, Bernard, *L'islam d'Espagne au XVIe siècle. Résistances identitaires des morisques*, Saint-Denis, Bouchene, 2017.

Ouvrages sur la culture, les arts et les sciences

ADAM, Antoine, *Histoire de la littérature française au XVIIe siècle*, Paris, A. Michel, 1997.

BEAUREPAIRE, Pierre-Yves, *L'Europe des Lumières*, Paris, PUF, 2004.

BELHOSTE, Bruno, *Histoire de la science moderne, de la Renaissance aux Lumières*, Paris, A. Colin, 2016.

BLUNT, Anthony, *Art et architecture en France. 1500-1700*, Paris, Macula, 1983.

BONFAIT, Olivier, *L'art du XVIIe siècle*, Presses Universitaires de Rennes, 2023.

BROTTON, Jerry, *Le Bazar Renaissance. Comment l'Orient et l'islam ont influencé l'Occident*, Paris, Les Liens qui Libèrent, 2011.

BURKE, Peter, *Louis XIV. Les stratégies de la gloire*, Paris, Seuil, 1995.

–, *La Renaissance européenne*, Paris, Seuil, 2000.

CHARTIER, Roger, *Les origines culturelles de la Révolution française*, Paris, Seuil, 1991.

CHASTEL, André, *Le Sac de Rome, 1527. Du premier maniérisme à la Contre-Réforme*, Paris, Gallimard, 1984.

CORNETTE, Joël et MEROT, Alain (dir.), *Histoire artistique de l'Europe. Le XVIIe siècle*, Paris, Seuil, 1999.

ELIAS, Norbert, *La Société de Cour*, Paris, Flammarion, 1969.

GENETIOT, Alain, *Le classicisme*, Paris, PUF, 2005.

GILBERT, Felix, *Machiavel et Guichardin. Politique et histoire à Florence au XVIe siècle*, Paris, Seuil, 1996.

GRELL, Chantal, *Histoire intellectuelle et culturelle de la France au Grand Siècle, 1654-1715*, Paris, Nathan 2000.

GRUZINSKI, Serge, *La Pensée métisse*, Paris, Fayard, 1999.

HILAIRE-PEREZ, Liliane, *L'invention technique au Siècle des Lumières*, Paris, Albin Michel, 2000.

LILTI, Antoine, *Le monde des salons. Sociabilité et mondanité à Paris au XVIIIe siècle*, Paris, Fayard, 2005.

MARAL, Alexandre, *Le roi, la cour et Versailles. Le coup d'éclat permanent, 1682-1789*, Paris, Perrin, 2013.

SABATIER, Gérard, *Versailles ou la figure du roi*, Paris, A. Michel, 1999.

TAPIE, Victor-Lucien, *Le Baroque*, Paris, PUF, coll. « Que sais-je », 2000.

Biographies

ANTOINE, Michel, *Louis XV*, Paris, Hachette, 1997.

AUBERT, François d', *Colbert ou la vertu usurpée*, Paris, Perrin, 2010.

BERTIERE, Simone, *Mazarin. Le maître du jeu*, Paris, Éditions de Fallois, 2007.

BRIOIST, Pascal, *Léonard de Vinci, homme de guerre*, Paris, Alma, 2013.

CENAT, Jean-Philippe, *Louvois. Le double de Louis XIV*, Paris, Tallandier, 2015.

CHAUNU, Pierre et ESCAMILLA, Michèle, *Charles Quint*, Paris, Tallandier, 2012.

GARCÍA HERNÁN, Enrique, *Ignace de Loyola*, Paris, Seuil, 2016.

HILDESHEIMER, Françoise, *Richelieu*, Paris, Flammarion, 2011.

KNECHT, Robert, *Un prince de la Renaissance. François Ier et son royaume*, Paris, Perrin, 1998.

PETITFILS, Jean-Christian, *Louis XIII*, Paris, Perrin, 2008.

–, *Louis XIV*, Paris, Perrin, 1995.

–, *Louis XVI*, Paris, Perrin, 2005.

–, *Le Régent*, Paris, Fayard, 2013.

SARMANT, Thierry, *Louis XIV. L'homme et le roi*, Paris, Tallandier, 2012.

SUBRAHMANYAM, Sanjay, *Vasco de Gama. Légende et tribulations du vice-roi des Indes*, Paris, Alma, 2012.

WANEGFFELEN, Thierry, *Catherine de Médicis. Le pouvoir au féminin*, Paris, Payot, 2005.

ATLAS

1.

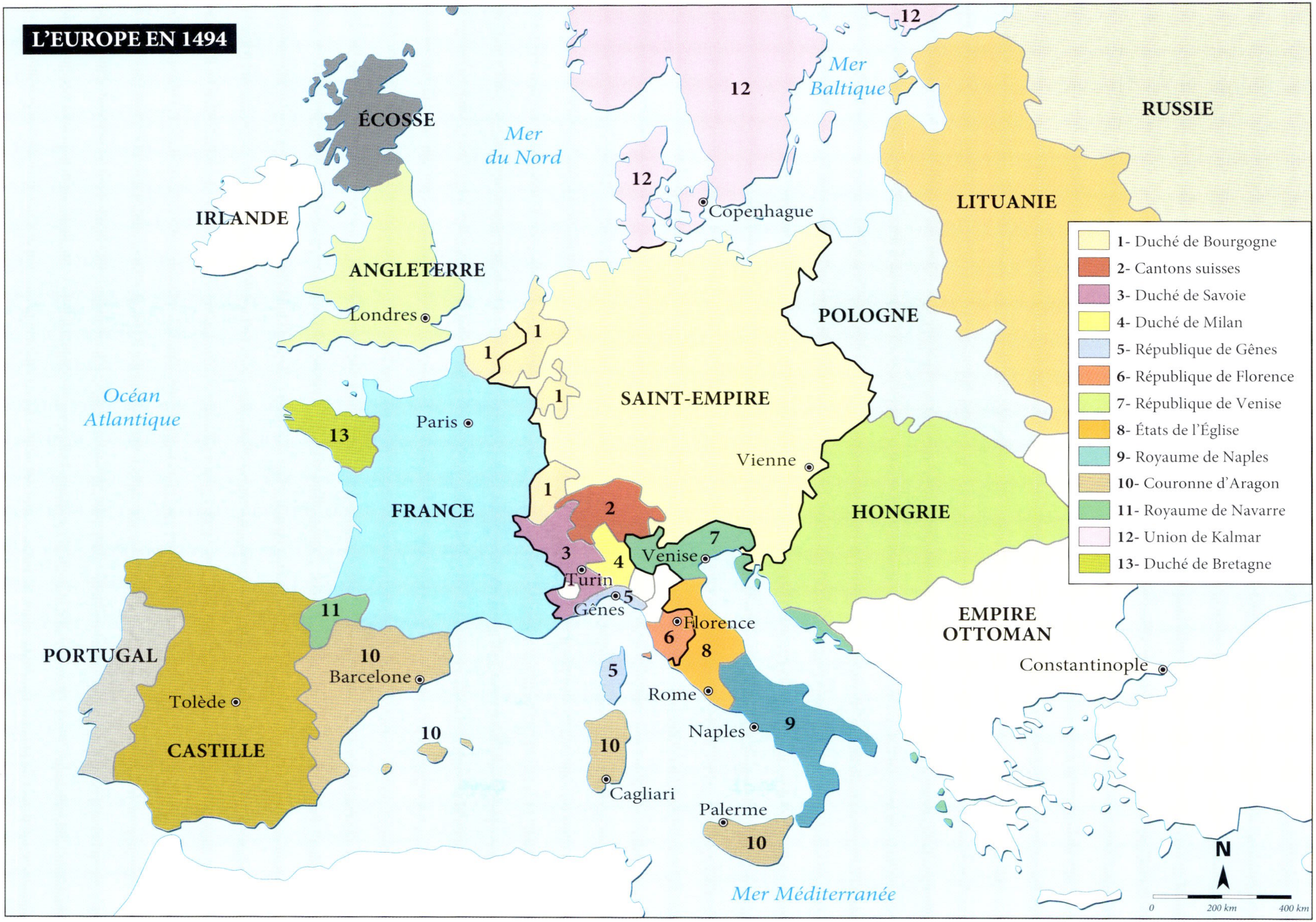

L'EUROPE EN 1494
ÉCOSSE
IRLANDE
ANGLETERRE
Londres
Mer
du Nord
Océan
Atlantique
12
12
12
Mer
Baltique
Copenhague
RUSSIE
LITUANIE
POLOGNE
SAINT-EMPIRE
Vienne
HONGRIE
FRANCE
Paris
13
1
1
1
1
2
3
4
5
6
7
8
9
10
10
10
10
10
11
5
Turin
Gênes
Venise
Florence
Rome
Naples
Cagliari
Palerme
Barcelone
Tolède
PORTUGAL
CASTILLE
EMPIRE
OTTOMAN
Constantinople
Mer Méditerranée
N
0
200 km
400 km
1- Duché de Bourgogne
2- Cantons suisses
3- Duché de Savoie
4- Duché de Milan
5- République de Gênes
6- République de Florence
7- République de Venise
8- États de l'Église
9- Royaume de Naples
10- Couronne d'Aragon
11- Royaume de Navarre
12- Union de Kalmar
13- Duché de Bretagne

2.

LA CONSTITUTION DES EMPIRES COLONIAUX ESPAGNOLS ET PORTUGAIS PAR LA DECOUVERTE DES GRANDES ROUTES MARITIMES

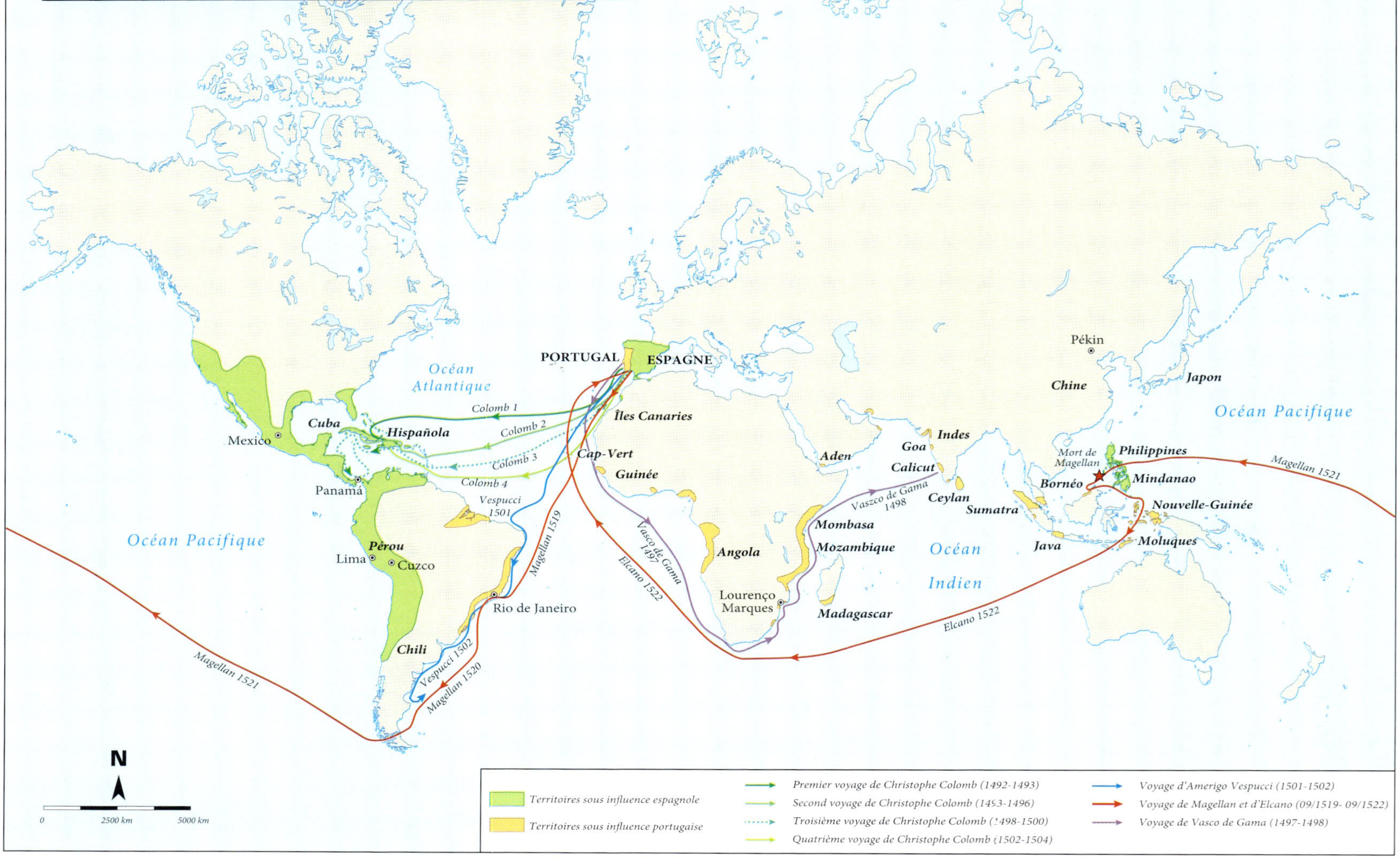

3.

Frontières du royaume de France en 1559

Frontières actuelles de la France

Siège de Parlement

Siège d'Archevêché

DAUPHINÉ — Nom de Gouvernement

Limite de Gouvernement

Enclave étrangère

Territoire conservé après le traité du Cateau-Cambrésis (1559)

4.

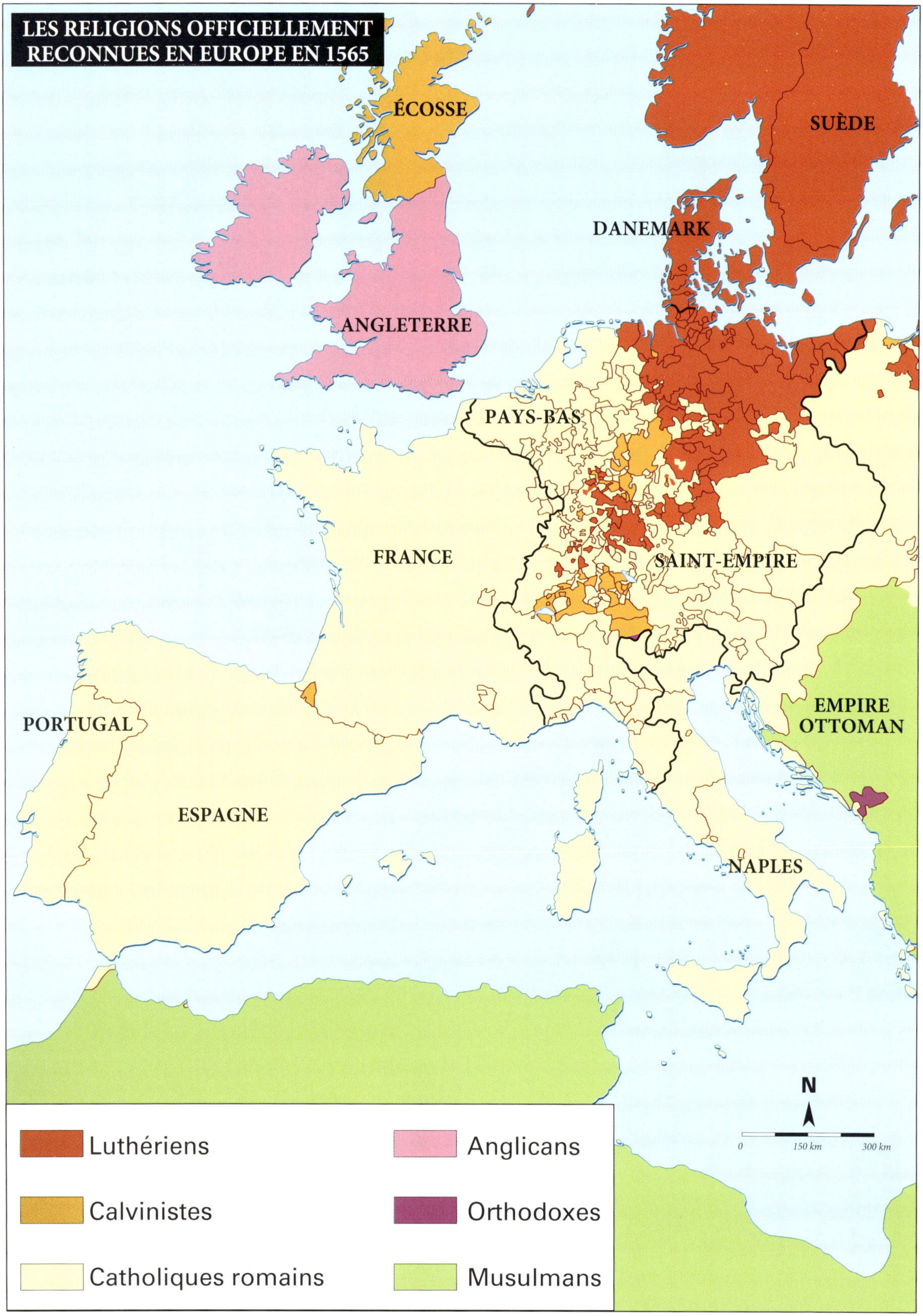
LES RELIGIONS OFFICIELLEMENT
RECONNUES EN EUROPE EN 1565
ÉCOSSE
SUÈDE
DANEMARK
ANGLETERRE
PAYS-BAS
FRANCE
SAINT-EMPIRE
PORTUGAL
ESPAGNE
EMPIRE
OTTOMAN
NAPLES
N
0
150 km
300 km
Luthériens
Anglicans
Calvinistes
Orthodoxes
Catholiques romains
Musulmans

5.

LES TERRITOIRES DES HABSBOURG
EN EUROPE EN 1581
Monarchie espagnole des Habsbourg
Possessions à partir de 1581
Territoires revendiqués
Possessions des Habsbourg d'Autriche
Frontières de l'Empire
Mer du Nord
ANGLETERRE
Union d'Utrecht
PRUSSE
Pays-Bas
SAINT-EMPIRE
Silésie
Océan atlantique
ROYAUME DE FRANCE
Franche-Comté
Bohême
Vienne
Hongrie
Tyrol
Milan
PORTUGAL 1580
Madrid
ROYAUME D'ESPAGNE
Mer Noire
EMPIRE OTTOMAN
Royaume des deux Siciles
Mer Méditerranée
N
0
175 km
350 km

6.

L'EUROPE EN 1618
Islande
(Danemark)
ROYAUME
DE SUÈDE
ROYAUME
DE NORVÈGE
(Danemark)
Finlande
Christiana
Uppsala
Mer
Baltique
EMPIRE
RUSSE
Moscou
Écosse
Edimbourg
ROYAUME
DU DANEMARK
Copenhague
Mer
du Nord
ROYAUME
D'IRLANDE
ROYAUME
D'ANGLETERRE
PROVINCES-
UNIES
Gdansk
Königsberg
Prusse
Amsterdam
Lunebourg
Brandenbourg
Berlin
Londres
Varsovie
ROYAUME
DE POLOGNE
Océan
Atlantique
Pays-Bas
espagnols
Saxe
Dresde
SAINT
EMPIRE
MONARCHIE
DES
HABSBOURG
Paris
Lorraine
Bavière
Munich
Vienne
ROYAUME DE
FRANCE
Franche-
Comté
Moldavie
Hongrie
Kanat de
Crimée
Cantons
Suisses
Transylvanie
Charolais
Turin
Savoie
Venise
Walachie
Mer
Noire
Avignon
(États de l'Église)
Florence
EMPIRE
OTTOMAN
Rép. de
Gênes
États de
l'Église
Andorre
Raguse
Monténégro
Constantinople
Corse
Madrid
Rome
ROYAUME
D'ESPAGNE
Sardaigne
(Espagne)
Naples
Royaume de
Naples
(Espagne)
Palerme
Îles Ioniennes
(Rép. de Venise)
Sicile
(Espagne)
Malte
(États de l'Église)
Crête
(Rép. de Venise)
Fez
Tunisie
(Vassal de l'Empire
ottoman)
Mer Méditerranée
MAROC
Algérie
(Vassal de l'Empire
ottoman)
Tripolitaine
(Vassal de l'Empire
ottoman)
Égypte
1- Milanais
2- Duché de Parme
3- Duché de Modène
4- République de Lucques
5- Duché de Mantoue
6- Toscane
Habsbourg d'Espagne
Habsbourg d'Autriche
N
0
250 km
500 km

7.

La Situation en 1618

- Limites du Saint-Empire en 1618
- Habsbourg d'Autriche
- Habsbourg d'Espagne

Les opérations militaires pendant la guerre de Trente Ans

- Révolte des protestants de Bohème, 1618
- Offensives des armées impériales
- Campagne de Gustave II Adolphe, 1630-1632
- Offensives espagnoles à partir de 1636
- Occupation française de la Valteline, 1625
- Offensives française à partir de 1636
- Principales batailles

Traité de Westphalie (1648)

- Traités
- Cessions faites à la Suède
- Cessions faites au Brandebourg
- Cessions faites à la France
- Les Trois-Évêchès reconnus à la France
- Pays reconnus comme indépendants
- **BAVIÈRE** Électorats en 1648

8.

L'EUROPE EN 1648
Frontières du Saint Empire
Traités de Westphalie (1648)
Villes impériales
Norvège
Oslo
Stockholm
Livonie
Riga
Russie
Royaume d'Écosse
Royaume de Suède
Irlande
Dublin
Royaume du Danemark
Copenhague
Königsberg
Duché de Prusse
Royaume d'Angleterre
Londres
Provinces-Unies
Osnabrück
Münster
Brandebourg
Berlin
Royaume de Pologne
Varsovie
Saxe
Dresde
Pays-Bas espagnols
Silésie
Prague
Bohème
Moravie
Paris
Hongrie
Moldavie
Franche-Comté
Bavière
Vienne
Buda
Transylvanie
Autriche
Charolais
Suisse
Royaume de France
Savoie
Milan
Venise
Rép. de Venise
Belgrade
Valachie
Avignon
Gênes
Toscane
États de l'Église
Empire ottoman
Royaume du Portugal
Royaume d'Espagne
Roy. de Gênes
Rome
Constantinople
Lisbonne
Madrid
Sardaigne
Naples
Royaume de Naples
Royaume de Sicile
N
0
250 km
500 km

9.

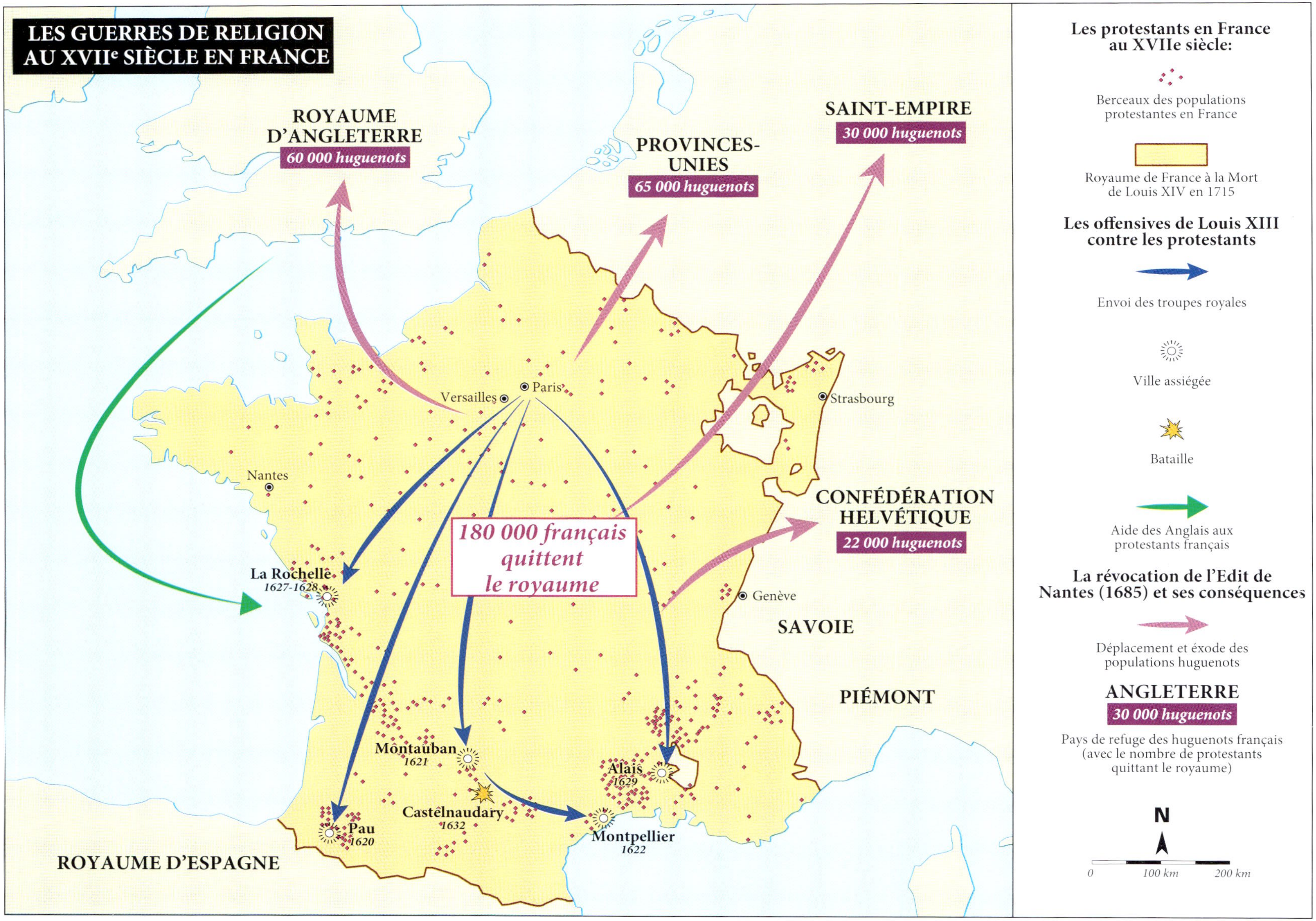
LES GUERRES DE RELIGION
AU XVIIe SIÈCLE EN FRANCE
ROYAUME D'ANGLETERRE
60 000 huguenots
PROVINCES-UNIES
65 000 huguenots
SAINT-EMPIRE
30 000 huguenots
CONFÉDÉRATION HELVÉTIQUE
22 000 huguenots
SAVOIE
PIÉMONT
ROYAUME D'ESPAGNE
180 000 français quittent le royaume
Paris
Versailles
Strasbourg
Nantes
Genève
La Rochelle
1627-1628
Montauban
1621
Castelnaudary
1632
Pau
1620
Alais
1629
Montpellier
1622
Les protestants en France au XVIIe siècle:
Berceaux des populations protestantes en France
Royaume de France à la Mort de Louis XIV en 1715
Les offensives de Louis XIII contre les protestants
Envoi des troupes royales
Ville assiégée
Bataille
Aide des Anglais aux protestants français
La révocation de l'Edit de Nantes (1685) et ses conséquences
Déplacement et éxode des populations huguenots
ANGLETERRE
30 000 huguenots
Pays de refuge des huguenots français (avec le nombre de protestants quittant le royaume)
N
0
100 km
200 km

10.

LES GAINS TERRITORIAUX DE LA FRANCE AUX XVIIe ET XVIIIe SIÈCLE

Frontières du royaume de France en 1610

Frontières du royaume de France en 1789

Gains territoriaux sous Louis XIV

Traité de Westphalie (1648)

Traité des Pyrénées (1659)

Achat de Dunkerque en 1662

Acquisition de la Paix d'Aix-la-Chapelle (1668)

Acquisition du Traité de Nimègue (1678-1679)

Confiscation du Charolais (1684)

Traité de Ryswick (1697)

Traité d'Utrecht (1713)

Territoires occupés temporairement par la France sous Louis XIV

Gains territoriaux sous Louis XV

Acquisition sous Louis XV

11.

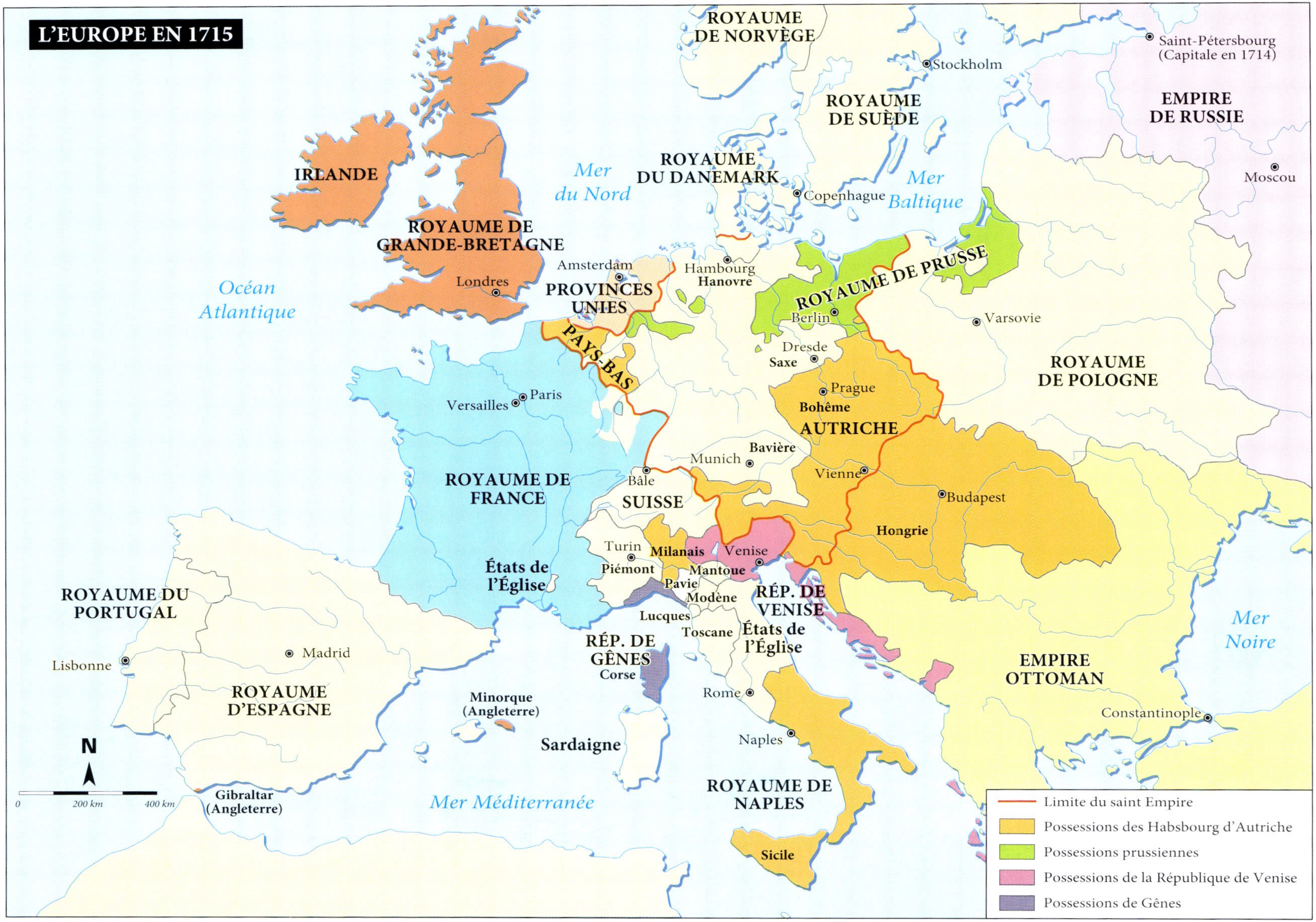
L'EUROPE EN 1715
IRLANDE
ROYAUME DE GRANDE-BRETAGNE
Londres
Océan Atlantique
Mer du Nord
ROYAUME DE NORVÈGE
Stockholm
ROYAUME DE SUÈDE
ROYAUME DU DANEMARK
Copenhague
Mer Baltique
Saint-Pétersbourg (Capitale en 1714)
EMPIRE DE RUSSIE
Moscou
Amsterdam
PROVINCES UNIES
Hambourg
Hanovre
ROYAUME DE PRUSSE
Berlin
Varsovie
PAYS-BAS
Dresde
Saxe
ROYAUME DE POLOGNE
Prague
Bohême
AUTRICHE
Versailles
Paris
Munich
Bavière
Vienne
ROYAUME DE FRANCE
Bâle
SUISSE
Budapest
Hongrie
Turin
Milanais
Venise
Piémont
Mantoue
Pavie
Modène
États de l'Église
ROYAUME DU PORTUGAL
Lisbonne
Madrid
ROYAUME D'ESPAGNE
RÉP. DE VENISE
Lucques
Toscane
États de l'Église
RÉP. DE GÊNES
Corse
Rome
Mer Noire
EMPIRE OTTOMAN
Constantinople
Minorque (Angleterre)
Sardaigne
Naples
N
0
200 km
400 km
Gibraltar (Angleterre)
Mer Méditerranée
ROYAUME DE NAPLES
Sicile
Limite du saint Empire
Possessions des Habsbourg d'Autriche
Possessions prussiennes
Possessions de la République de Venise
Possessions de Gênes

12.

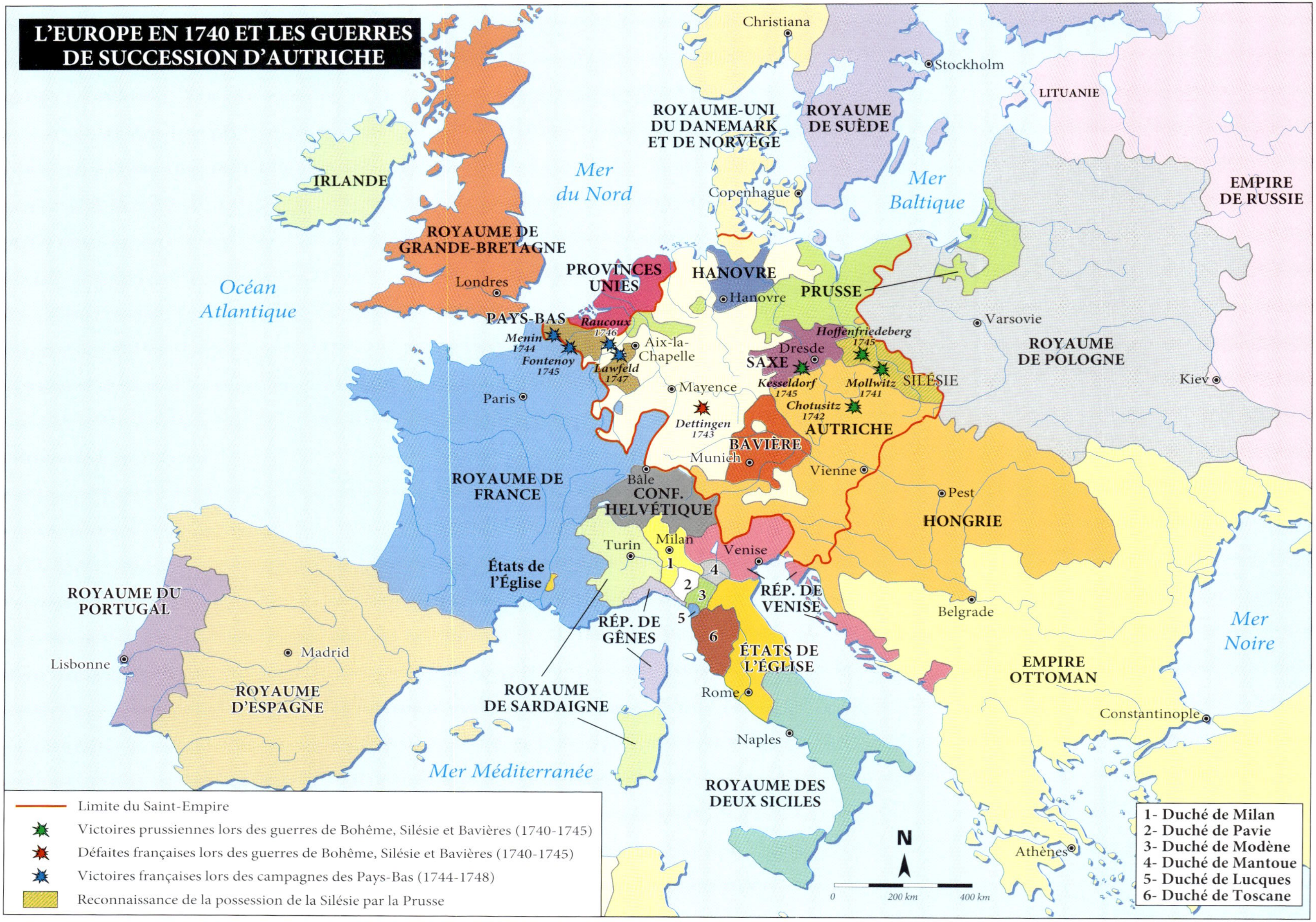
L'EUROPE EN 1740 ET LES GUERRES DE SUCCESSION D'AUTRICHE
Christiana
Stockholm
LITUANIE
ROYAUME-UNI DU DANEMARK ET DE NORVÈGE
ROYAUME DE SUÈDE
IRLANDE
Mer du Nord
Copenhague
Mer Baltique
EMPIRE DE RUSSIE
ROYAUME DE GRANDE-BRETAGNE
PROVINCES UNIES
HANOVRE
Hanovre
PRUSSE
Londres
Océan Atlantique
Varsovie
ROYAUME DE POLOGNE
PAYS-BAS
Raucoux 1746
Menin 1744
Fontenoy 1745
Lawfeld 1747
Aix-la-Chapelle
Hoffenfriedeberg 1745
Dresde
SAXE
Kesseldorf 1745
Mollwitz 1741
SILÉSIE
Kiev
Paris
Mayence
Chotusitz 1742
Dettingen 1743
AUTRICHE
BAVIÈRE
Munich
Vienne
ROYAUME DE FRANCE
Bâle
CONF. HELVÉTIQUE
Pest
HONGRIE
Turin
Milan
Venise
États de l'Église
1
4
2
3
RÉP. DE VENISE
ROYAUME DU PORTUGAL
5
RÉP. DE GÊNES
Belgrade
Mer Noire
6
Lisbonne
Madrid
ÉTATS DE L'ÉGLISE
EMPIRE OTTOMAN
ROYAUME D'ESPAGNE
ROYAUME DE SARDAIGNE
Rome
Constantinople
Naples
Mer Méditerranée
ROYAUME DES DEUX SICILES
N
Athènes
0
200 km
400 km
Limite du Saint-Empire
Victoires prussiennes lors des guerres de Bohême, Silésie et Bavières (1740-1745)
Défaites françaises lors des guerres de Bohême, Silésie et Bavières (1740-1745)
Victoires françaises lors des campagnes des Pays-Bas (1744-1748)
Reconnaissance de la possession de la Silésie par la Prusse
1- Duché de Milan
2- Duché de Pavie
3- Duché de Modène
4- Duché de Mantoue
5- Duché de Lucques
6- Duché de Toscane

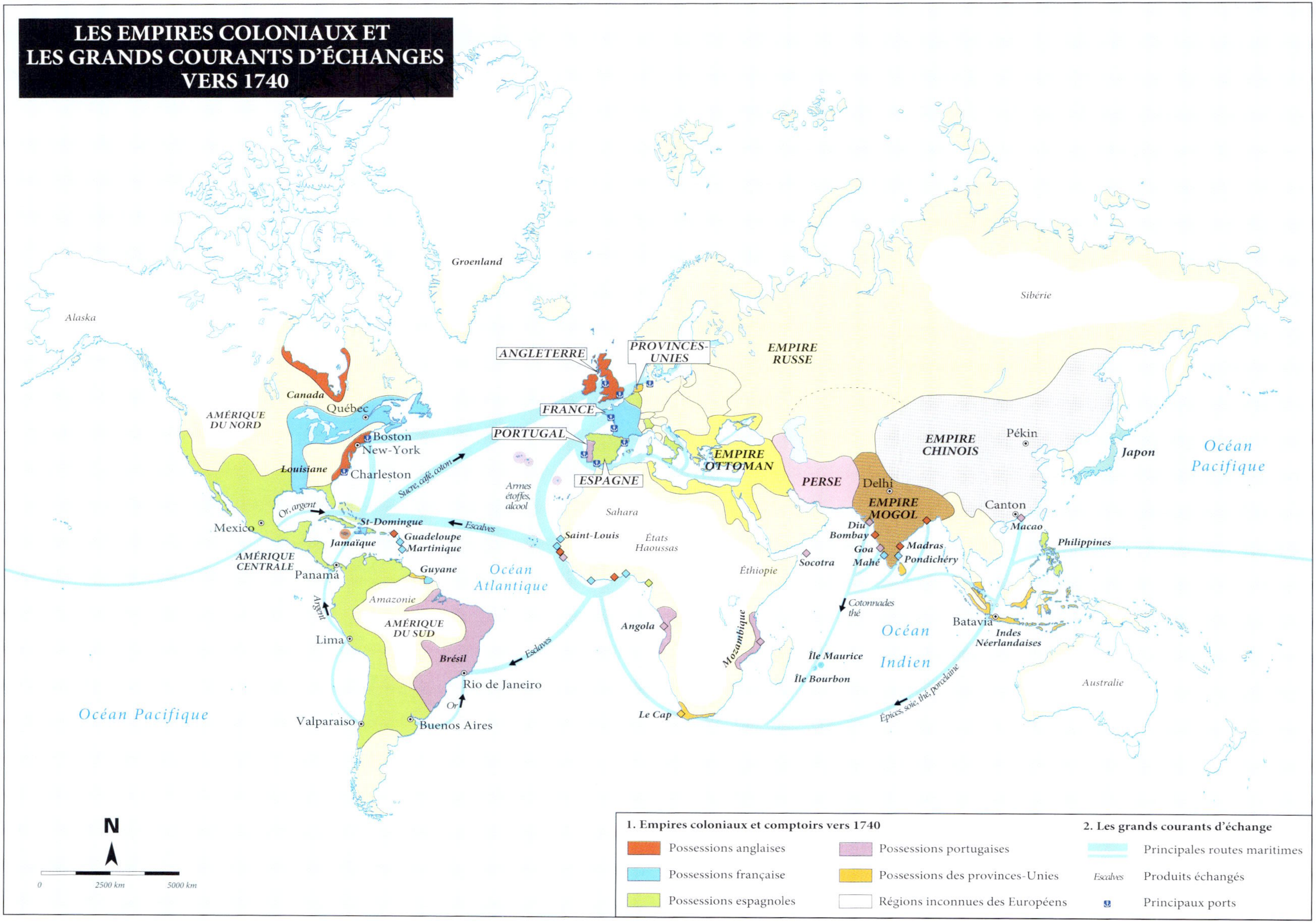
LES EMPIRES COLONIAUX ET
LES GRANDS COURANTS D'ÉCHANGES
VERS 1740
Groenland
Alaska
Sibérie
AMÉRIQUE DU NORD
Canada
Québec
Boston
New-York
Charleston
Louisiane
Mexico
AMÉRIQUE CENTRALE
Panama
Or, argent
St-Domingue
Jamaïque
Guadeloupe
Martinique
Guyane
Amazonie
AMÉRIQUE DU SUD
Brésil
Lima
Argent
Rio de Janeiro
Or
Valparaiso
Buenos Aires
Océan Pacifique
Océan Atlantique
Sucre, café, coton
Escalves
Esclaves
Armes étoffes, alcool
ANGLETERRE
PROVINCES-UNIES
FRANCE
PORTUGAL
ESPAGNE
EMPIRE RUSSE
EMPIRE OTTOMAN
PERSE
EMPIRE MOGOL
EMPIRE CHINOIS
Sahara
États Haoussas
Saint-Louis
Éthiopie
Angola
Mozambique
Le Cap
Socotra
Delhi
Diu
Bombay
Goa
Mahé
Madras
Pondichéry
Cotonnades thé
Île Maurice
Île Bourbon
Océan Indien
Épices, soie, thé, porcelaine
Pékin
Canton
Macao
Japon
Philippines
Batavia
Indes Néerlandaises
Australie
Océan Pacifique
N
0
2500 km
5000 km
1. Empires coloniaux et comptoirs vers 1740
Possessions anglaises
Possessions française
Possessions espagnoles
Possessions portugaises
Possessions des provinces-Unies
Régions inconnues des Européens
2. Les grands courants d'échange
Principales routes maritimes
Escalves
Produits échangés
Principaux ports

14.

LA GUERRE DE SEPT ANS EN EUROPE

LES CONSÉQUENCES DE LA GUERRE DE SEPT ANS SUR LES EMPIRES COLONIAUX FRANÇAIS ET ANGLAIS

15.

L'EXPANSION INDUSTRIELLE
EN FRANCE AU XVIIIe SIÈCLE
Dunkerque
Calais
Boulogne
FLANDRE
Lille
Aniche
Anzin
Escaut
Meuse
Rhin
Moselle
Manche
Cherbourg
PICARDIE
Charleville
Le Havre
Rouen
Romilly
Caen
NORMANDIE
Condé
Seine
Paris
1700: 530 000 hab
1800: 547 000 hab
Hayange
LORRAINE
Metz
Hombourg
Niederbronn
Strasbourg
ALSACE
Brest
BRETAGNE
Rennes
MAINE
Lorient
Orléans
BERRY
Amboise
Autrey
Indret
Guérigny
Loire
Nantes
Dijon
Le Creusot
Besançon
POITOU
Saône
La Rochelle
Lyon
1700: 71 000 hab
1800: 111 000 hab
Lac Léman
Océan
Atlantique
Rochefort
Clermont
Ruelle
Tulle
DAUPHINÉ
PÉRIGORD
Rhône
Dordogne
Grenoble
Bordeaux
1700: 42 000 hab
1800: 97 000 hab
Garonne
Carmaux
Alès
LANGUEDOC
Toulouse
Cette (Sète)
Marseille
1700: 88 000 hab
1800: 110 000 hab
Toulon
Mer
Méditerranée
Frontières du royaume de France en 1789
L'Industrie
Industrie métallurgique
Grandes entreprises métallurgiques
Mines de houilles
Industrie textile
Drap
Toile de lin
Soie
Pôles et sites maritimes
Grand port
Arsenal
La croissance urbaine
Population des villes en 1700
Population des villes en 1800
Autre ville principale
N
0
100 km
200 km

16.

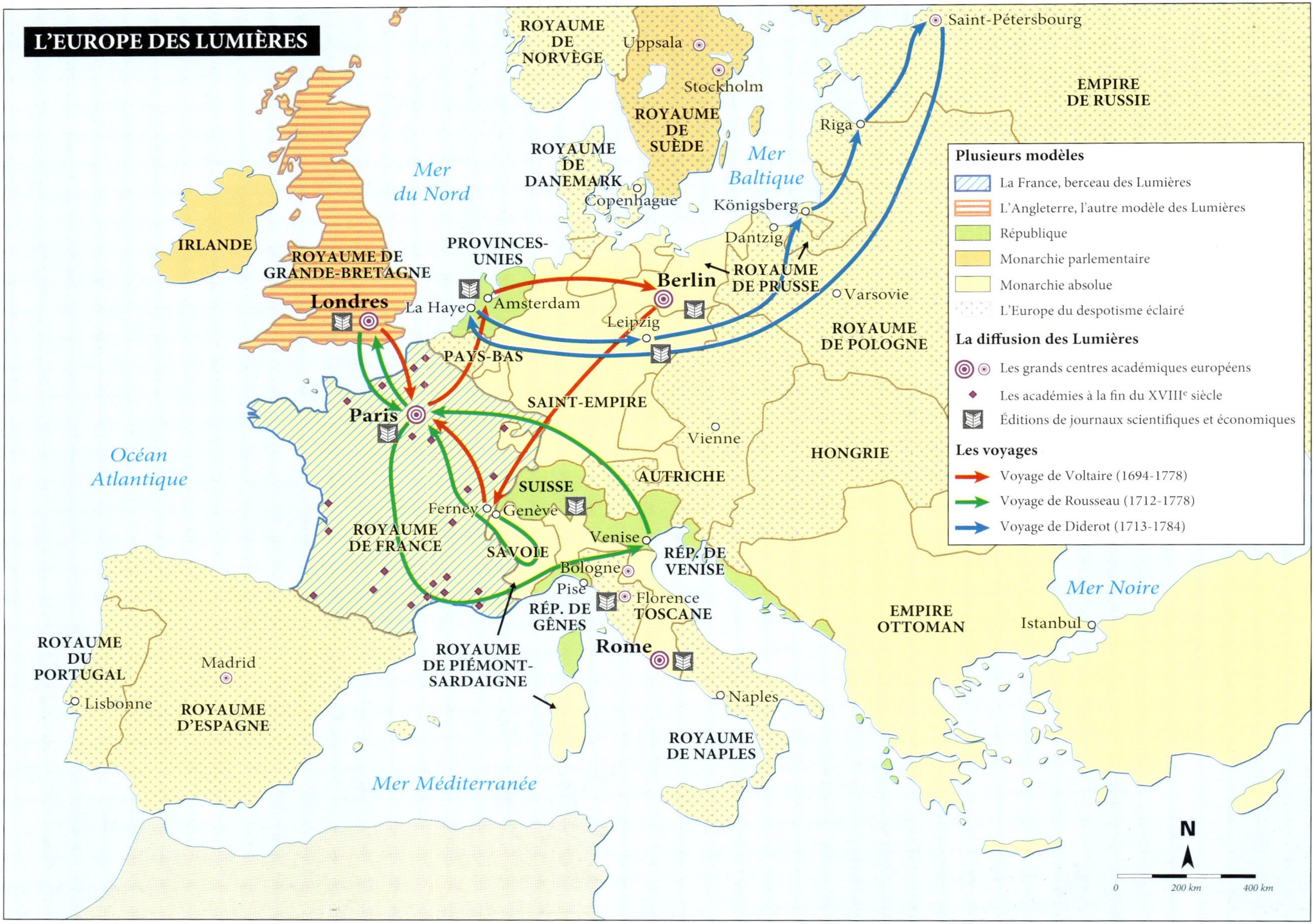

263895 - I - OSB 80° - 321 - PCA - MGS Imprimé en Espagne par Unigraf S.L. Dépôt légal : mai 2025